Das Politische in der Literatur der Gegenwart

Gegenwartsliteratur – Autoren und Debatten

Das Politische in der Literatur der Gegenwart

Herausgegeben von
Stefan Neuhaus und Immanuel Nover

DE GRUYTER

Gefördert durch die Fritz Thyssen Stiftung.

Fritz Thyssen Stiftung
für Wissenschaftsförderung

ISBN 978-3-11-056854-7
e-ISBN (PDF) 978-3-11-056856-1
e-ISBN (EPUB) 978-3-11-056864-6
ISSN 2567-1219

Library of Congress Control Number: 2018960718

Bibliografische Information der Deutschen Nationalbibliothek
Die Deutsche Nationalbibliothek verzeichnet diese Publikation in der Deutschen Nationalbibliografie; detaillierte bibliografische Daten sind im Internet über http://dnb.dnb.de abrufbar.

Umschlagabbildung: Forum_Kanzleramt-Demo_Wir_Haben_es_Satt_TTIP/wikimedia commons
Druck und Bindung: CPI books GmbH, Leck

MIX
Papier aus verantwortungsvollen Quellen
FSC® C083411

www.degruyter.com

Inhalt

Einleitung

Grundlagen

Inszenierungen und Medien

Texte und Lesarten

Einleitung

Stefan Neuhaus / Immanuel Nover

Einleitung: Aushandlungen des Politischen in der Gegenwartsliteratur

1 Das Politische und die Germanistik

Zum Germanistentag im Herbst 2016 erschien in der Wochenzeitung *Die Zeit* ein Artikel, der mit der programmatischen Überschrift „Prof. Dr. Mutlos“ den Tenor bereits andeutet: Die Verfasserin Anna-Lena Scholz moniert nicht nur die Verzagtheit und das Zweifeln der Germanist*innen, sondern beklagt vor allem, dass sich die Germanistik dem Politischen – und den Erzählungen des Politischen – kategorisch verweigere. Scholz stimmt hier nicht in das Klagelied über das Verschwinden des öffentlichen Intellektuellen in Deutschland ein; sie fordert also nicht, dass sich Literatur- und Kulturwissenschaftler*innen nun als Expert*innen zur Tagespolitik äußern. Sie fordert aber sehr wohl, dass die Germanist*innen ihre fachlichen Kompetenzen nutzen, um die ‚Erzählungen‘ des Politischen in ihrer Eigenweltlichkeit zu beleuchten. Wenn nämlich „Erzählen“ das Thema des Germanistentags ist und wir, so Moritz Baßler, „episch gesehen, im Zeitalter des Fantasy leben“[1] – Scholz liest in ihrem Artikel *Harry Potter*, *Tintenherz* und *Game of Thrones* als „Bollwerke der ‚Eigenweltlichkeit‘ gegen die Zumutungen der Moderne“[2] – dann würde der Blick auf die Erzählungen des Politischen und ihre Verfahren, ihre Ästhetik und ihre Logik naheliegen. „Auch die radikal simple Erzählung einer homogenen Nation, einer staatlich wie erotisch leicht unter Kontrolle zu haltenden Kleinfamilie, wie Pegida und AfD sie vortragen, ist eine Eigenwelt gegen die Zumutungen der Moderne. Wie kann man darüber nicht laut und hörbar reden?“[3] Der Text schließt dann folgerichtig mit der Forderung nach einer engagierten bzw. politisierten Germanistik: „Wenn aber Erzählen etwas mit Politik zu tun hat, dann ist eine entpolitisierte Germanistik einfach keine Option.“[4]

Die Option einer politisierten Germanistik sieht jedoch nicht die Installation einer Wissenschaft vor, die die Entscheidungen des Politikbetriebs kommentierend begleitet. Vielmehr scheint es darum zu gehen, das Politische, das hier von

---

1 Anna-Lena Scholz: Prof. Dr. Mutlos. In: Die Zeit Campus 20.10.2016. URL: http://www.zeit.de/2016/42/geisteswissenschaftler-kongresse-germanisten-historiker (letzter Zugriff: 29.03.2018).

2 Scholz.

3 Scholz.

4 Scholz.

https://doi.org/10.1515/9783110568561-001

der Politik kategorisch abgegrenzt werden muss, in literarischen Texten zu beobachten. Nimmt man das Stichwort der „Nation" aus dem Artikel exemplarisch auf, wird deutlich, wie eine ‚politisierte Germanistik', die das Politische in den Blick nimmt, gestaltet sein könnte: Es würde sich anbieten, die literarische Erzählung der Nation, die immer auch eine politische Erzählung ist, mit den Methoden und Theorien des Fachs zu untersuchen – was ja auch von verschiedenen Wissenschaftler*innen getan wurde.[5] Über das Fach hinaus wirken diese Analysen, wenn man sich deutlich macht, dass Literatur (oder das Imaginäre) der Wirklichkeit (oder dem Realen) nicht immer nachgängig ist; literarische Texte also auch das erst (möglicherweise) kommende Reale erzählen, kommentieren und erschaffen.

Nun ist die Germanistik, historisch betrachtet, schon immer krisengeschüttelt und sie ist offenbar auch nie dazu in der Lage gewesen, die in sie gesetzten Erwartungen zu erfüllen.[6] Die Klage über das fehlende politische Engagement der Germanistik blendet zugleich ihre historische Entwicklung aus, die nicht frei von höchst problematischen politischen Parteinahmen ist, im 19. Jahrhundert für den sich steigernden Nationalismus und im 20. Jahrhundert, als negativer Gipfelpunkt, für den Nationalsozialismus. Kaum ein anderes Fach hat sich so willfährig in den Dienst der braunen Herrscher gestellt.[7] Die Abwendung von politischer Parteinahme nach dem Zweiten Weltkrieg war auch strategisch und opportunistisch, um die vorhergehende Beteiligung möglichst vergessen zu machen, aber sie war nicht ganz unvernünftig. Die neue Politisierung der Germanistik durch die 68er-Generation führte zu einer ideologiekritischen Hoch-Zeit des Faches; im Grunde ist die seit den 1980er Jahren erfolgende Kritik an der angeblichen politischen Abstinenz ein Ausdruck der Trauer über das gescheiterte Projekt, es allen Menschen zu ermöglichen, durch Teilhabe an Literatur und Kultur zu mündigen Bürger*innen und autonomen Subjekten zu werden.[8] Es ist der Idealismus, der in

5 Vgl. Stefan Neuhaus: Literatur und nationale Einheit in Deutschland. Tübingen / Basel 2002.

6 Vgl. Frank Griesheimer / Alois Prinz (Hg.): Wozu Literaturwissenschaft? Kritik und Perspektiven. 2., durchges. Aufl. Tübingen 1992 (UTB 1640).

7 Vgl. etwa Holger Dainat / Lutz Danneberg (Hg.): Literaturwissenschaft und Nationalsozialismus. Tübingen 2003 (Studien und Texte zur Sozialgeschichte und Literatur, Bd. 99); Gerhard Kaiser: Grenzverwirrungen – Literaturwissenschaft im Nationalsozialismus. Berlin / Boston 2008.

8 Die Entwicklung dieses Konzepts dokumentiert Uwe Wittstock (Hg.): Roman oder Leben. Postmoderne in der deutschen Literatur. Leipzig 1994. Sie beginnt spätestens mit dem berühmt gewordenen Text des US-amerikanischen Literaturwissenschaftlers Leslie A. Fiedler, der 1968 in Freiburg einen Vortrag mit dem Titel *The Case for Post-Modernism* gehalten hatte, den er unter dem Titel *Cross the Border – Close the Gap* programmatisch – weil massenwirksam – in der Zeitschrift *Playboy* veröffentlichte; noch im selben Jahr erschien eine Übersetzung in der deut-

der Idee einer Aufklärung auf zweiter Stufe, einer reflexiv gewordenen Moderne[9] steckt, der auch heute noch Parteinahmen verlangt, die durch die weitere Entwicklung sowohl der Literatur als auch der Wissenschaft sowie der Öffentlichkeit und, nicht zuletzt, der Massenmedien kaum mehr zeitgemäß erscheinen. Das Politische in der Gegenwartsliteratur der sogenannten nuller oder zehner Jahre ist ein anderes als das der Jahre und Jahrzehnte nach 1968. Der Mauerfall, das Ende des Kalten Krieges und die damit einhergehenden Entideologisierungs- und Ernüchterungsprozesse haben daran erheblichen Anteil.

2 Erzählungen des Politischen

An Christian Krachts Roman *Faserland*,[10] der 1995 erschien, lässt sich zeigen, wie die „entpolitisierte Germanistik"[11] auf einen vermeintlich ‚entpolitisierten' Text reagiert: Die Auslassungen des Erzählers in *Faserland* sind in der Rezeption nicht nur weitgehend unbesehen übernommen, sondern zugleich als paradigmatische Sicht auf das Politische in der Literatur der Gegenwart etabliert worden. Die demonstrative Abkehr von der Politik, die in *Faserland* nicht zuletzt aus ästhetischen Gründen geschieht und die die Sphäre der Politik nur mehr als Reservoir für Beleidigungen aufruft („Halt's Maul, du SPD-Nazi"),[12] verunklarte eine mögliche politische Lesart der Texte, so scheint es, nachdrücklich. Spätestens mit der Pop-Literatur der 1990er Jahre war offenbar eine politische Literatur, eine *littérature engagée*, die dezidiert Stellung im Politischen bezieht – und beziehen will –, unmöglich geworden. Die avantgardistische Literatur der 1990er Jahre grenzte sich somit nicht nur ästhetisch und formal, sondern auch hinsichtlich ihres Verhältnisses zu der Politik und dem Politischen von den literarischen Vorgängern ab.

Die verbreitete These des Unpolitischen in der Literatur der Gegenwart beruht jedoch auf einem strukturellen Denkfehler, da sie die Kategorien der politischen Artikulation und Partizipation, die etwa an Texten der Nachkriegsliteratur erarbeitet wurden, nun an Texte anlegt, die ihre mögliche politische Semantik nicht aufgrund *ihrer Erzählung der Politik, sondern aufgrund ihrer Erzählung des Politi-*

---

schen Wochenzeitung *Christ und Welt*, auch dies ein Brückenschlag im Sinne Fiedlers (vgl. den Abdruck des Texts in ebd., S. 14–39).

9 Vgl. Ulrich Beck / Anthony Giddens / Scott Lash (Hg.): Reflexive Modernisierung: Eine Kontroverse. Frankfurt a. M. 1996 (edition suhrkamp 1705).

10 Christian Kracht: Faserland. Köln 1995.

11 Scholz.

12 Kracht: Faserland, S. 57.

schen gewinnen. Das Politische – als Abgrenzung zu der (Tages-)Politik und dem Politikbetrieb – kann hier sowohl als eine „Modalität der Existenz des gemeinsamen Lebens als auch eine Form kollektiven Handelns" verstanden werden, das in eine komplexe wie variable Struktur im Kontext „von Macht und von Gesetz, vom Staat und der Nation, von der Gleichheit und der Gerechtigkeit, von der Identität und der Differenz, von der *citoyenneté* und Zivilität"[13] eingebettet ist und somit die Aushandlungen des Politischen durch die Gesellschaft in den Blick nimmt. Pierre Rosanvallons Differenzierung von der Politik und dem Politischen ist folglich für die Diskussion der Literatur der Gegenwart unabdingbar:

> Indem ich substantivisch von *dem* Politischen [*du* politique] spreche, qualifiziere ich damit sowohl eine Modalität der Existenz des gemeinsamen Lebens als auch eine Form kollektiven Handelns, die sich implizit von der Ausübung *der* Politik unterscheidet. Sich auf das Politische und nicht auf die Politik beziehen, d. h. von Macht und von Gesetz, vom Staat und der Nation, von der Gleichheit und der Gerechtigkeit, von der Identität und der Differenz, von der *citoyenneté* und Zivilität, kurzum: heißt von allem sprechen, was ein Gemeinwesen jenseits unmittelbarer parteilicher Konkurrenz um die Ausübung von Macht, tagtäglichen Regierungshandelns und des gewöhnlichen Lebens der Institutionen konstituiert.[14]

Die Differenzierung von der Politik und dem Politischen macht deutlich, dass Texte nicht als unpolitisch qualifiziert werden können, nur weil sie sich nicht mit den konkreten Institutionen oder Fragen des Politikbetriebs auseinandersetzen, weil sie sich vielleicht sogar Themen widmen, die dem Bereich der Politik und des Politischen vermeintlich fernliegen und sich somit auch nicht mehr in der von der angelsächsischen Politikwissenschaft vorgeschlagenen Schematik von *policy, polity* und *politics* verorten lassen. Zugleich verunmöglicht die Öffnung von der Politik in das Politische eine trennscharfe Definition, die politische von unpolitischen Texten zu scheiden vermag. Vom „Gemeinwesen"[15] zu sprechen – um auf Rosanvallon zurückzukommen – heißt, das Politische zu erzählen, die Aushandlungen im diskursiven Akt zu beobachten und darzustellen. Diese Aushandlungen zu erzählen heißt eben nicht mehr, von (Tages-)Politik zu erzählen oder eine feste politische Position einzunehmen und zu kommunizieren.

Die Literatur der Gegenwart versucht folglich nicht mehr, auf das System der Politik mit ästhetischen oder politischen Strategien direkt einzuwirken, um dort beständige Veränderungen zu etablieren. Vielmehr öffnet die Literatur einen un-

---

13 Pierre Rosanvallon: Pour une histoire conceptuelle du politique. Paris 2003, S. 14 (Übersetzung nach: Oliver Marchart: Die politische Differenz. Frankfurt a. M. 2010, S. 13) [Hervorhebungen im Original].

14 Rosanvallon.

15 Rosanvallon.

abschließbaren politischen Diskurs und verabschiedet Letztbegründungen; das Politische wird zu der „fortgesetzte[n] Stiftung und Institution seiner selbst".[16] In der Diskursivierung des Politischen versprechen nun, wie etwa Richard Rorty gezeigt hat, literarische Texte, die im Gegensatz zu der rationalisierenden Philosophie „Gefühl und Sympathie"[17] ansprechen, einen größeren Erfolg als der Versuch der philosophischen Setzung von Gründen.[18] Mouffe fasst Rortys Überlegungen pointiert zusammen und stellt dabei nochmals die spezifische Leistung der Literatur heraus: „Deshalb billigt er Büchern wie *Onkel Toms Hütte* eine wichtigere Rolle zur Sicherung des moralischen Fortschritts zu als philosophischen Traktaten."[19]

Die Literatur beschränkt sich laut Rorty eben nicht auf den Versuch der mimetischen Abbildung von textexterner politischer ‚Wirklichkeit', sondern fungiert selbst als innovatives politisches Handeln, durch das die politische/soziale ‚Wirklichkeit' mitgestaltet wird. In Anlehnung an Aristoteles zeigt Jacques Rancière, wie diese Aushandlung des Politischen aussehen kann; so kann „Literatur als Literatur in diese Einteilung der [politischen] Räume und der Zeiten, des Sichtbaren und des Unsichtbaren, der Sprache und des Lärms eingreif[en]. Sie greift in dieses Verhältnis zwischen den Praktiken, den Formen der Sichtbarkeit und der Sprechweisen ein, die eine oder mehrere Welten zerteilen".[20]

Hannah Arendt zeigt in Absetzung von Aristoteles, der den Menschen als *zoon politikon* und damit als qua Geburt politisches Wesen qualifiziert, dass das Politische des Menschen sich erst im gemeinsamen Handeln manifestiert.[21] „Zoon politikon: als ob es *im* Menschen etwas Politisches gäbe, das zu seiner Essenz gehöre. Dies stimmt gerade nicht, *der* Mensch ist a-politisch. Politik entsteht in

16 Claude Lefort / Marcel Gauchet: Über die Demokratie. Das Politische und die Instituierung des Gesellschaftlichen. In: Autonome Gesellschaft und libertäre Demokratie. Hg. v. Ulrich Rödel. Frankfurt a. M. 1990, S. 89–122, hier: S. 96 [Hervorhebung im Original].

17 Chantal Mouffe: Dekonstruktion, Pragmatismus und die Politik der Demokratie. In: Dekonstruktion und Pragmatismus. Demokratie, Wahrheit und Vernunft. Hg. v. ders. Wien 1999, S. 11–36, hier: S. 20.

18 Vgl.: Richard Rorty: Kontingenz, Ironie und Solidarität. Frankfurt a. M. 1999, S. 91.

19 Mouffe: Dekonstruktion, Pragmatismus und die Politik der Demokratie, S. 20.

20 Jacques Rancière: Politik der Literatur. Wien 2008, S. 14.

21 „Der Mensch des Aristoteles ist damit genau das, was er bei Arendt nicht ist: ein Mensch, der aus sich heraus politisch ist." Monika Gisler: Aristoteles Gleiche sind bei Arendt Andere. Überlegungen zur philosophischen Anthropologie Aristoteles' und Hannah Arendts. In: Hannah Arendt.net. Zeitschrift für politisches Denken. Band 1, Nr. 1, (2005), o. S. http://www.hannaha rendt.net/index.php/han/article/ view/70/103 (letzter Zugriff: 10.08.2016).

dem *Zwischen-den-Menschen*, also durchaus *außerhalb des* Menschen."[22] Das Politische ließe sich somit als ein „Weltbereich [verstehen], in dem Menschen primär als Handelnde auftreten".[23] Das Handeln des Individuums ist jedoch „auf die Präsenz anderer Menschen und die Verständigung mit diesen angewiesen".[24] Arendt betont in *Vita activa* durchgehend die Bedeutung der „Pluralität" – also die „Tatsache, daß nicht ein Mensch, sondern viele Menschen auf der Erde leben"[25] – für die intersubjektive politische Kommunikation bzw. das politische Handeln, das immer in (diskursiver) Auseinandersetzung mit dem Anderen geschieht. Der hierfür notwendige Raum, der durch das Handeln und Sprechen etablierte (virtuelle) politische „Erscheinungsraum",[26] ist nicht „immer und überall vorhanden",[27] sondern bedarf der Realisierung.[28] „Er liegt in jeder Ansammlung von Menschen potentiell vor, aber eben nur potentiell."[29] Und weiter:

> Ein Erscheinungsraum entsteht, wo immer Menschen handeln und sprechend miteinander umgehen; als solcher liegt er vor allen ausdrücklichen Staatsgründungen und Staatsformen, in die er jeweils gestaltet und organisiert wird. Ihn unterscheidet von anderen Räumen, die wir durch Eingrenzungen aller Art herstellen können, daß er die Aktualität der Vorgänge, in denen er entstand, nicht überdauert, sondern verschwindet, sich gleichsam in nichts auflöst, und zwar nicht erst, wenn die Menschen verschwunden sind, die sich in ihm bewegten [...], sondern bereits, wenn die Tätigkeiten, in denen er entstand, verschwunden oder zum Stillstand gekommen sind.[30]

Liest man nun etwa die literarischen Erzählungen der Ermöglichung oder Verunmöglichung des Erscheinungsraums mit Rorty als tatsächliches politisches Handeln – das von Arendt als entscheidendes Kriterium angeführt wird –, dann wird das Verhältnis von Literatur und dem Politischen deutlich: „Die politische

---

22 Hannah Arendt: Was ist Politik? Fragmente aus dem Nachlaß. Hg. v. Ursula Ludz. München / Zürich 1993, S. 11 [Hervorhebungen im Original].

23 Arendt: Was ist Politik?, S. 15.

24 Gisler: Aristoteles Gleiche sind bei Arendt Andere, o.S.

25 Hannah Arendt: Vita activa oder Vom tätigen Leben. München / Berlin 2002, S. 17.

26 Arendt: Vita activa, S. 250–263.

27 Arendt: Vita activa, S. 250.

28 „Bevor das Handeln selbst überhaupt beginnen konnte, mußte ein begrenzter Raum fertig- und sichergestellt werden, innerhalb dessen die Handelnden dann in Erscheinung treten konnten, der Raum des öffentlichen Bereichs der Polis, dessen innere Struktur das Gesetz war [...]. Aber der Inhalt des Politischen, das, worum es in dem politischen Leben der Stadtstaaten selbst ging, war weder die Stadt noch das Gesetz – nicht Athen, sondern die Athener waren die Polis." Arendt: Vita activa, S. 244.

29 Arendt: Vita activa, S. 251.

30 Arendt: Vita activa, S. 251.

Aktivität konfiguriert die Aufteilung des Sinnlichen neu."[31] Die innovative Darstellung bzw. Sichtbarmachung[32] des Sinnlichen obliegt nun nicht allein dem politischen Handeln, sondern, so könnte betont werden, auch dem literarischen Handeln: Die politische Aktivität „[...] bringt neue Objekte und Subjekte auf die Bühne des Gemeinsamen. Sie macht sichtbar, was unsichtbar war, sie macht diejenigen als sprechende Wesen hörbar, die nur als lärmende Tiere verstanden werden."[33]

Die Literatur lässt sich jedoch nicht auf die Sichtbarmachung des Unsichtbaren reduzieren; sie ist nicht nur eine „Wissenschaft der Gesellschaft und die Erschaffung einer neuen Mythologie".[34] Vielmehr bietet sie mit der Erfindung der „Hermeneutik des Gesellschaftskörpers"[35] ein Instrumentarium, ein „poetische[s] und metapolitische[s] Modell [an], das von der Literatur als solcher installiert wurde"[36] und das nun von den Human- und Gesellschaftswissenschaften rezipiert wird. Das „Modell der symptomatischen Lektüre ist gerade die eigentliche Erfindung der Literatur. Sie ist der Intelligibilitätsmodus selbst, in dem ihre Neuheit sich durchgesetzt hat und die sie den sogenannten Interpretationswissenschaften übertragen hat".[37]

3 Literarische Identitätsentwürfe

Die Theoriebildung des Postfundamentalismus nimmt eine Vielzahl der Überlegungen der frühen Postmoderne auf und macht die dort formulierten Konzepte der Subjektivität und Identität auch für das Politische fruchtbar. Die gängigen Konzepte von Politik haben bereits in der Postmoderne ihre scheinbare Selbstverständlichkeit verloren. Das postmoderne Subjekt – und damit auch das politische Subjekt – wurde als problematisch, seine Identität als brüchig konturiert. Jean-François Lyotard hat in *Das postmoderne Wissen* – im französischen Original 1979 unter dem zu einem Schlagwort avancierten Titel *La condition postmoderne*

---

31 Rancière: Politik der Literatur, S. 14.

32 Wenn wir mit dem von Rancière geborgten Begriff der Sichtbarmachung operieren, so bedeutet dies keineswegs, dass wir Literatur auf die dokumentarische Sichtbarmachung von textexterner Realität reduzieren; vielmehr ist gerade die Sichtbarmachung des Imaginären/Fiktionalen produktiv für das Politische.

33 Rancière, S. 14.

34 Rancière, S. 33.

35 Rancière, S. 35.

36 Rancière, S. 36.

37 Rancière, S. 37.

erschienen – bündig festgestellt: „Jeder ist auf sich selbst zurückgeworfen. Und jeder weiß, daß dieses *Selbst* wenig ist.“[38] Dennoch ist man keineswegs allein: „Das Selbst ist wenig, aber es ist nicht isoliert, es ist in einem Gefüge von Relationen gefangen, das noch nie so komplex und beweglich war.“[39] Auch Ulrich Beck zeichnet in seinem Wissenschafts-Klassiker *Risikogesellschaft* von 1986 ein ambivalentes Bild der neueren Entwicklung, indem er einen „Gesellschaftswandel“ beschreibt, „[...] in dessen Verlauf die Menschen aus den Sozialformen der industriellen Gesellschaft – Klasse, Schicht, Familie, Geschlechtslagen von Männern und Frauen – *freigesetzt* werden, ähnlich wie sie im Laufe der Reformation aus der weltlichen Herrschaft der Kirche in die Gesellschaft ‚entlassen‘ wurden.“[40]

Eine wichtige Voraussetzung ist die Kontingenz von Wahrnehmung. Niklas Luhmann hat hierzu festgestellt:

> Die allgemeine Lebenslage des Menschen ist gekennzeichnet durch eine übermäßig komplexe und kontingente Welt. Die Welt ist komplex insofern, als sie mehr Möglichkeiten des Erlebens und Handelns birgt, als je aktualisiert werden können. Sie ist kontingent insofern, als diese Möglichkeiten sich in ihr abzeichnen als etwas, das auch anders sein oder anders werden könnte.[41]

Das Individuum bildet seine Identität in einem subjektiven Konstruktionsprozess, indem es versucht, eine Übereinstimmung von „äußerer und innerer Welt“ zu erreichen:[42] „Alltägliche Identitätsarbeit hat die Aufgabe, die Passungen (das *matching*) und die Verknüpfungen unterschiedlicher Teilidentitäten vorzunehmen. Qualität und Ergebnis dieser Arbeit finden in einem machtbestimmten Raum statt [...]“,[43] durchaus auch in einem politischen Raum, wenn man beispielsweise an die von der Politik verhandelten Fragen von Globalisierung und Migration denkt. Es handelt sich um einen vom Individuum selbst nur begrenzt beeinflussbaren und von vielen Faktoren beeinflussten Prozess:

---

38 Jean-François Lyotard: Das postmoderne Wissen. Ein Bericht. Hg. v. Peter Engelmann. 5. Aufl. Wien 2005 (Edition Passagen, Bd. 7), S. 54.

39 Lyotard, S. 55.

40 Ulrich Beck: Risikogesellschaft. Auf dem Weg in eine andere Moderne. Frankfurt a. M. 2003 (edition suhrkamp, Bd. 2432), S. 115.

41 Niklas Luhmann: Liebe. Eine Übung. Hg. v. André Kieserling. Frankfurt a. M. 2008, S. 12.

42 Heiner Keupp u. a.: Identitätskonstruktionen. Das Patchwork der Identitäten in der Spätmoderne. 2. Aufl. Reinbek 2002 (rowohlts enzyklopädie), S. 7.

43 Heiner Keupp: Diskursarena Identität: Lernprozesse in der Identitätsforschung. In: Identitätsarbeit heute. Hg. v. Heiner Keupp / Renate Höfer, S. 11–39, hier: S. 34.

> Gelungene Identität ermöglicht dem Subjekt das ihm eigene Maß an Kohärenz, Authentizität, Anerkennung und Handlungsfähigkeit. Weil diese Modi in der Regel aber in einem dynamischen Zusammenhang stehen, weil beispielsweise Authentizität und Anerkennung in Widerstreit geraten können, ist gelungene Identität in den allerseltensten Fällen ein Zustand der Spannungsfreiheit.[44]

Identität wird somit zu einem unabschließbaren „Projekt".[45] Im Zuge von „Identitätsarbeit"[46] werden „Identitätsstrategien" entworfen und „Identitätsbausteine"[47] zusammengefügt. Das Ergebnis von Identitätsarbeit heute ist auch mit den Schlagworten „Bastelexistenz" und „Patchwork-Identität" bezeichnet worden.[48] Identität kann somit auch als Narration verstanden werden, als Versuch, die eigenen Erfahrungen und Erlebnisse in einen sinnhaften Zusammenhang einzuordnen. Retrospektiv können aus solchen Narrationen beispielsweise Biographien und Autobiographien entstehen.

Literarische Texte, also fiktionale Narrationen, entwerfen mögliche Identitäten und spielen deren Entwicklung durch. Dass Wahrnehmungen kontingent und Identitäten brüchig sind, hat bereits die Literatur der Moderne gezeigt und damit sowohl ästhetisch als auch politisch gewirkt,[49] denn sie hat Bewegungen einer Gegenmoderne provoziert – man denke an die Bücherverbrennungen 1933 als ein besonders extremes Beispiel. In der Ära nach dem Kalten Krieg und dem Ende des politischen Gegensatzes von ‚Ost' und ‚West' scheint sich die Situation wieder verschärft zu haben. Die entstandene Pluralität wurde und wird vielfach, wohl auch zunehmend, aufgrund der differenten Lebensverhältnisse als Zwang zu einer ungewollten Freiheit begriffen.[50] Gleichwohl bleiben die frühen Überlegungen von Wolfgang Welsch bedenkenswert, der die „radikale[] Pluralität"[51] *Unsere[r] postmoderne[n] Moderne* – so der Titel seines breit rezipierten Buches – als grundsätzlich positiv begreift und zeigt, dass Pluralität Heterogenität in einer ausdifferenzierten Welt sicherstellt und so „wesentlich ethisch grundiert"[52] ist.

---

44 Keupp u. a.: Identitätskonstruktionen, S. 274.
45 Keupp u. a.: Identitätskonstruktionen, S. 65.
46 Keupp u. a.: Identitätskonstruktionen, S. 60.
47 Keupp u. a.: Identitätskonstruktionen, S. 7.
48 Keupp u. a.: Identitätskonstruktionen, S. 74.
49 Vgl. Stefan Neuhaus / Rolf Selbmann / Thorsten Unger (Hg.): Engagierte Literatur zwischen den Weltkriegen. Würzburg 2002 (Schriften der Ernst-Toller-Gesellschaft, Bd. 4).
50 Vgl. Zygmunt Bauman: Flüchtige Moderne. Aus dem Englischen von Reinhard Kreissl. Frankfurt a. M. 2003 (edition suhrkamp, Bd. 2447), S. 46.
51 Wolfgang Welsch: Unsere postmoderne Moderne. Berlin 2002, S. 4.
52 Welsch, S. 7.

Der Ruf nach einer sich stärker politisch artikulierenden Literatur dürfte sich auch den genannten Entwicklungen verdanken. Die Gegenwartsliteratur reagiert aber eher nicht, wie in Zeiten des Kalten Krieges, durch klar erkennbare Stellungnahmen für oder gegen außerhalb des Literaturbetriebs erkennbare politische Konzepte und sie wählt dennoch Strategien, die als Teilhabe am politischen Diskurs verstanden werden können – und zumindest innerhalb des Literaturbetriebs meist auch so verstanden werden.

4 Der Diskurs des Politischen in der Gegenwartsliteratur

Der vorliegende Band will einen neuen Blick auf das Politische in der Literatur der Gegenwart werfen und ausgehend von den skizzierten theoretischen Überlegungen den Diskurs des Politischen in der Literatur der Gegenwart verfolgen. Im Fokus steht die Literatur zwischen 1995 und 2016. Krachts *Faserland* wird hier als Zäsur gesetzt, wissend, dass im selben Jahr auch Günter Grass' *Ein weites Feld* und Thomas Brussigs *Helden wie wir* als zwei der besonders beachteten ‚Wenderomane' erschienen sind. Es wird nicht vorrangig um mehr oder weniger offensichtlich ‚operative' Literatur gehen, sondern eher um die Texte, die im skizzierten Sinn ein anderes, neues Verständnis des Politischen in der Gegenwartsliteratur etablieren. Freilich wird auch hier die Gleichzeitigkeit des Ungleichzeitigen mit in den Blick genommen werden. Im Spektrum der behandelten Texte und politischen Diskurse wird sich beispielhaft zeigen, welche innertextuellen literarischen und para- oder außertextuellen medialen Strategien, welche inszenatorischen Praktiken im Prozess des Aushandelns von Konzepten und Vorstellungen des Politischen in der Gegenwartsliteratur vorzufinden sind. Der auf veralteten Vorstellungen vom Politischen und vom Literarischen beruhende, zum Stereotyp geronnene Ruf nach Beteiligung der Autor*innen und Literaturwissenschaftler*innen am politischen Diskurs soll damit auf beiden Ebenen gekontert werden. Die Gegenwartsliteratur ist eminent politisch, allerdings auf andere Weise als erwartet, und die Literaturwissenschaft, die (nach Roland Barthes) die Sprache der Literatur verdoppelt,[53] fügt dem kritischen, aber polyphonen Diskurs der Literatur eine weitere Ebene hinzu.

Die dem stereotypen Ruf nach schlagkräftigen politischen Botschaften implizite Frage, ob es Aufgabe der Literatur, der sie vermittelnden Institutionen

53 Vgl. Roland Barthes: Kritik und Wahrheit. Aus dem Franz. übers. v. Helmut Scheffel. Frankfurt a. M. 1967 (edition suhrkamp, Bd. 218), S. 76.

(etwa des Theaters oder der Schule) und auch der Literaturwissenschaft ist, die Leser*innen zu mündigen Bürger*innen zu erziehen, läuft heute ins Leere. Sie kann nur dadurch noch produktiv gemacht werden, indem sie anders und neu gestellt wird, ausgehend von der Frage: Wie kann eine demokratisch verfasste Gesellschaft ihren Bürger*innen die Mittel an die Hand geben, verantwortlich für sich selbst und für andere am politischen Diskurs teilzuhaben? Auf die Literatur und die Literaturwissenschaft bezogen könnte die Frage also lauten: Wie kann Literatur dazu beitragen, politische Teilhabe im positivsten, also demokratischen Sinn zu befördern und welche Rolle kann die Literaturwissenschaft dabei spielen, indem sie Literatur vermittelt – präsentiert, kommentiert, deutet? Die Antworten, die sich hier andeuten, gehen von der Pluralität der Bedeutungen der und Zugangsweisen zur Literatur aus – eine besondere Qualität, die Literatur schon immer hatte und die heute auf besondere Weise, auch und gerade in einer Konkurrenz mit zahlreichen massenmedialen Angeboten, sichtbar und produktiv gemacht werden kann.

5 Die Beiträge

Der Band gliedert sich drei Rubriken: In der ersten Rubrik werden die *Grundlagen* des Politischen in der Literatur der Gegenwart diskutiert. Die zweite Rubrik nimmt die *Inszenierungen und Medien* in Blick, die dritte *Texte und Lesarten*.

Die erste Rubrik *Grundlagen* beginnt mit dem Beitrag von **Thomas Ernst** (Amsterdam) „Engagement oder Subversion? Neue Modelle zur Analyse politischer Gegenwartsliteraturen“, der zeigt, wie sehr sich die in der Literatur verhandelten politischen Konzepte (und damit die Literatur selbst) vor dem Hintergrund des politisch-gesellschaftlichen Wandels verändert haben und welche literarischen sowie medienöffentlichen Strategien der politischen Autorschaft dabei zu beobachten sind, so dass sich die Konturen eines differenzierten Modells subversiver Literaturen abzeichnen. Grundlegend für die neuesten Entwicklungen setzt **Lothar Bluhm** (Landau) in seinem Beitrag „Das Politische in der Literatur um 1995. Eine Erkundung“ mit dem Jahr 1995 eine zeitliche Zäsur und arbeitet die durchaus unterschiedlichen Modi des Erzählens des Politischen heraus – etwa bei Monika Maron und Günter Grass oder bei Christian Kracht und Yoko Tawada. Nach den Erzählungen des Politischen nimmt **Michael Braun** (Köln) in seinem Beitrag „Macht Gedichte. Das Politische in der Gegenwartslyrik“ einen Bereich der Literatur in den Blick, der hinsichtlich der Artikulation des Politischen oftmals abgeblendet wird und diskutiert anhand der Dichotomie von Autonomieästhetik und Engagement die Positionen der politischen Gegenwartslyrik. **Matthias Schaffrick** (Siegen) widmet sich in „‚Das wird man ja wohl noch sagen dürfen‘.

Rhetorik und Poetik der populistischen Phrase“ den Verfahren der populistischen Phrase und demonstriert die Wirkmechanismen, die sowohl in der Literatur, wie Schaffrick u. a. anhand der Texte von Elfriede Jelinek zeigt, wie auch in der textexternen Wirklichkeit konstant an Bedeutung für die Modellierung des Politischen und der politischen Auseinandersetzung gewinnen. **Kerstin Wilhelms** (Münster) erarbeitet in „Literarische Modellierungen des Politischen in Szenarien des Entscheidens“ ein Modell, mit dem der Punkt der Entscheidung – als wichtiger Moment des Politischen – in den Blick genommen werden kann und legt das zur Beobachtung des Politischen dienende Modell an Texte von Karen Duve, Dave Eggers und Kathrin Röggla an. Mit dem „Politikum der Kleidung“ fokussiert **Artur Pełka** (Łódź) einen Bereich, der politisch eminent aufgeladen ist – wie durch die entfalteten Lesarten zu Texten von Thomas Meinecke und Elfriede Jelinek deutlich wird. **Julian Osthues** (Bremen) analysiert in seinem Beitrag „Politische Implikationen der Intertextualität. Ästhetische Verfahren von rewriting im deutschsprachigen Roman der Gegenwart“ Christof Hammans *Usambara* auf den Nexus der verwendeten ästhetischen und politischen Verfahren. Mit der Untersuchung der „Dimensionen des Politischen in Poetikvorlesungen“ zeigt **Katharina Meiser** (Saarbrücken), dass das Format der Poetikvorlesung sich nicht nur für poetologische Erörterungen anbietet, sondern zudem ein Forum für die Diskussion des Politischen in den Texten und Poetologien der Autor*innen ist. Einem äußerst aktuellen Thema widmet sich **Kristin Rebien** (San Diego) in ihrem Beitrag „Jenseits der Grenzen: Europa in der zeitgenössischen deutschen Literatur“, in dem die Erzählungen Europas beispielhaft in den Texten von Ingo Schulze und Lutz Seiler nachvollzogen werden.

Die zweite Rubrik *Inszenierungen und Medien* wird durch den Beitrag von **Isabelle Stauffer** (Mainz) eröffnet: „Virtuelle Bilder des Terrorismus. *Tristesse Royale* (1999) und *September. Fata Morgana* (2010) als literarische Reflexionen auf die Medialisierung des Politischen“ – der Beitrag problematisiert die Medialisierung des Politischen zwischen Postdemokratie und 9/11. Nach den Überlegungen zur Pop-Literatur nimmt **Christoph Jürgensen** (Wuppertal) nun die Popmusik in den Blick und zeigt, wie Popmusik politisch aufgeladen wird: „Gilt es doch nach wie vor, eine Welt zu zerstören: *Ja, Panik* und ihr poplyrischer ‚Staatsakt‘“. Im folgenden Beitrag „ Das Literarische in Zeiten von PEGIDA. Politische Literatur am Beispiel von Houellebecq und Haftbefehl“ arbeitet **Sebastian Schuller** (München) das Politische in den literarischen Texten von Michel Houellebecq und den musikalischen Tracks von Haftbefehl heraus. Mit dem Beitrag von **Robert Walter-Jochum** setzt der thematische Block zu *Reenactments* und zum Theater ein: Walter-Jochum sieht sich das politische Potential von *Reenactments* genauer an und beobachtet die „(Ent-)Schärfungen – Terrorideologien als Material von *Reenactments* bei Romuald Karmakar und Milo Rau“. Ebenfalls mit den Stücken von Milo Rau beschäftigen sich

Johannes Birgfeld (Saarbrücken) und **Caroline Frank** (Kassel), die das Gerichtstheater als politisches Theater lesen: „Milo Raus *Die Moskauer Prozesse* (2013) oder: Wenn das Theater das Gerichtstheater ersetzt. Überlegungen zu Formen des politischen Theaters im 21. Jahrhundert". Das Gerichtstheater und sein politisches Potential stehen auch im Fokus von **Johanna Canaris'** (Paderborn) Beitrag „Mit der Politik ins Gericht gehen. Die politische Dimension des Gerichtsdramas am Beispiel von Ferdinand von Schirachs *Terror* (2015) und Elfriede Jelineks *Das schweigende Mädchen* (2014)". **Steffen Hendel** (Halle) verschiebt den Fokus auf eine literarische Debatte, die sich anlässlich der textexternen politischen Krise im Rahmen der Kosovo-Intervention entzündete: „Verstiegene Affirmation des Kriegs durch seine literarische Kritik: Die literarische Debatte und Produktion anlässlich der deutschen Kosovo-Intervention 1999".

Die dritte Rubrik *Texte und Lesarten* setzt mit dem Beitrag von **Sabine Zelger** (Wien) ein, der sich mit dem politischen Gehalt des Zitats beschäftigt: „Die Politik des Zitats. Zur Intersektionalisierung des Blicks bei Margret Kreidl, Elfriede Gerstl und Elfriede Jelinek". **Michael Navratil** (Potsdam) nimmt sich im folgenden Beitrag „Jenseits des politischen Realismus. Kontrafaktik als Verfahren politischen Schreibens in der Gegenwartsliteratur (Juli Zeh, Michel Houellebecq)" der Frage nach den Möglichkeiten der politischen Literatur an und zeigt das politische Potential der Kontrafaktik auf. Dass die Texte von Karen Duve nach komplexen Lesarten verlangen und einen politischen Gehalt aufweisen, macht **Urania Milevski** (Mainz) in ihren Überlegungen deutlich: Zwischen unproduktivem Zynismus und groteskem Humor: Karen Duve als politische Autorin". Ausgehend von der Erzählung des Boxens nimmt **Anna S. Brasch** (Bonn) in ihrem Beitrag „Zwischen Anpassung und Widerstand: Zur Darstellung politischer Systemwechsel im Boxroman der Gegenwart" die politischen Systemwechsel in den Blick, die die Boxerfiguren in den Texten erleben. **Eva Stubenrauch** (Bonn) beschäftigt sich in Beitrag „Das Politische der Präsenz: Ulrich Peltzers *Bryant Park*" mit den Momenten der Präsenz und beleuchtet diese auf ihre politischen Implikationen. **Stephanie Willeke** (Paderborn) legt ausgehend von der Diskussion des politischen Raums Guantánamo eine Lesart zu dem gleichnamigen Text von Dorothea Dieckmann vor: „Der eingehegte Terrorist? Dorothea Dieckmanns *Guantánamo* (2004)". **Helmut Grugger** (Limerick) zeigt in seiner politisch akzentuierten Lesart von Judith Schalanskys *Der Hals der Giraffe* am Beispiel der Hauptfigur die politischen Auswirkungen verschiedener Systeme: „Zerfallsprozesse einer Sport- und Biologielehrerin als ‚Repräsentation' des Politischen? Lesarten von Judith Schalanskys Roman *Der Hals der Giraffe* (2011)". Aus Sicht der Politikwissenschaft beschäftigen sich **Marion Löffler** (Wien) und **Georg Spitaler** (Wien) mit einem viel beachteten und vielschichtigen Text von Marlene Streeruwitz und demonstrieren neben der überzeigenden Lesart des literarischen Textes das Potential der interdisziplinären Arbeit: „Demo ohne Demos? Politische Handlungsfähigkeit, Emotionen und „Unvernehmen" in Marlene Streeruwitz' *Die Reise einer jungen Anarchistin in Griechenland* (2014)". Einen ebenfalls von Literaturkritik und Öffentlichkeit stark wahrgenommenen Text nimmt **Sonja Klocke** (Madison) in ihrem Beitrag „Die Provinz als Austragungsort globaler Probleme: Juli Zehs *Unterleuten* (2016)" in den Blick und zeigt hierbei die Möglichkeiten der engagierten Literatur in der Gegenwart auf. Mit Uwe Timms *Ikarien* wählt **Stefan Neuhaus** (Koblenz) ebenfalls einen jüngeren Roman und arbeitet an diesem das politische Potential des Schreibens und Handelns heraus. Dabei diskutiert er zudem das Verhältnis von Literatur und Politik allgemein: „Politisches Schreiben und Handeln in Uwe Timms Roman *Ikarien* (2017) – mit einigen allgemeinen Überlegungen zum Verhältnis von Literatur und Politik". Abschließend diskutiert **Brigitte Schwens-Harrant** (Wien) in einem Gespräch mit Lydia Mischkulnig das Politische in der Literatur der Gegenwart: „‚Es tritt durch diese Versuchsanordnungen etwas zutage': Lydia Mischkulnig im Gespräch".

So folgt der vorliegende Band einer chronologischen und thematischen Struktur, die über die Behandlung unterschiedlicher Autor*innen, Gattungen und Texte einerseits, über die Wiederkehr gleicher oder ähnlicher Themen und Aspekte andererseits zeigt, dass und wie Gegenwartsliteratur ihr politisches Potential ästhetisch auf neuartige Weise immer weiter entfaltet.

* * *

Der vorliegende Band geht auf eine Tagung zurück, die unter dem Titel „Das Politische in der Literatur der Gegenwart" an der Universität Koblenz-Landau, Campus Koblenz, vom 18.–20.5.2017 stattfand und durch die Fritz Thyssen Stiftung sowie die Universität Koblenz-Landau gefördert wurde, beiden Fördergebern sei an dieser Stelle ausdrücklich und sehr herzlich gedankt. Ebenso gilt unser Dank dem Verlag de Gruyter und in Person Stella Diedrich, die das Projekt Sammelband mit großartigem Engagement bis zur Drucklegung begleitete.

Die Beiträger*innen haben mit uns gemeinsam an ihren Beiträgen gearbeitet, dafür sei ihnen herzlich gedankt. In den Stil der Beiträge wurde allerdings so wenig wie möglich eingegriffen, um nicht eine (letztlich politische) Norm vorzugeben; so liegt beispielsweise die Schreibung der weiblichen und männlichen Form in der Verantwortung der Autor*innen.

Ebenfalls großer Dank gebührt Nicolai Glasenapp für seine hilfreiche redaktionelle Mitarbeit sowie vor allem Jonas Breer, aber auch Sarah Rörig und Jessica Fuchs für die Hilfe bei der Einrichtung der einzelnen Manuskripte. Auch dem Sekretariat des Instituts für Germanistik – Carina Stecker und Anja Euteneuer – gilt unser Dank für die engagierte und zuverlässige Unterstützung in allen organisatorischen Fragen.

Literaturverzeichnis

Arendt, Hannah: Was ist Politik? Fragmente aus dem Nachlaß. Hg. v. Ursula Ludz. München / Zürich 1993.

Arendt, Hannah: Vita activa oder Vom tätigen Leben. München / Berlin 2002.

Barthes, Roland: Kritik und Wahrheit. Aus dem Franz. übers. v. Helmut Scheffel. Frankfurt a. M. 1967 (edition suhrkamp, Bd. 218).

Bauman, Zygmunt: Flüchtige Moderne. Aus dem Englischen von Reinhard Kreissl. Frankfurt a. M. 2003 (edition suhrkamp, Bd. 2447).

Beck, Ulrich / Anthony Giddens / Scott Lash (Hg.): Reflexive Modernisierung: Eine Kontroverse. Frankfurt a. M. 1996 (edition suhrkamp, Bd. 1705).

Beck, Ulrich: Risikogesellschaft. Auf dem Weg in eine andere Moderne. Frankfurt a. M. 2003 (edition suhrkamp, Bd. 2432).

Dainat, Holger / Lutz Danneberg (Hg.): Literaturwissenschaft und Nationalsozialismus. Tübingen 2003 (Studien und Texte zur Sozialgeschichte und Literatur, Bd. 99).

Gisler, Monika: Aristoteles Gleiche sind bei Arendt Andere. Überlegungen zur philosophischen Anthropologie Aristoteles' und Hannah Arendts. In: HannahArendt.net. Zeitschrift für politisches Denken. Band 1, Nr. 1, (2005), o. S. URL: http://www.hannaharendt.net/index.php/han/article/ view/70/103 (letzter Zugriff: 10. 08. 2016).

Griesheimer, Frank / Alois Prinz (Hg.): Wozu Literaturwissenschaft? Kritik und Perspektiven. 2. Aufl. Tübingen 1992 (UTB 1640).

Kaiser, Gerhard: Grenzverwirrungen – Literaturwissenschaft im Nationalsozialismus. Berlin / Boston 2008.

Keupp, Heiner: Diskursarena Identität: Lernprozesse in der Identitätsforschung. In: Identitätsarbeit heute. Hg. v. Heiner Keupp / Renate Höfer. Frankfurt a. M. 1997 (suhrkamp taschenbuch wissenschaft, Bd. 1299), S. 11 – 39.

Keupp, Heiner u. a.: Identitätskonstruktionen. Das Patchwork der Identitäten in der Spätmoderne. 2. Aufl. Reinbek 2002 (rowohlts enzyklopädie).

Kracht, Christian: Faserland. Köln 1995.

Lefort, Claude / Marcel Gauchet: Über die Demokratie. Das Politische und die Instituierung des Gesellschaftlichen. In: Autonome Gesellschaft und libertäre Demokratie. Hg. v. Ulrich Rödel. Frankfurt a. M. 1990.

Luhmann, Niklas: Liebe. Eine Übung. Hg. v. André Kieserling. Frankfurt a. M. 2008.

Lyotard, Jean-François: Das postmoderne Wissen. Ein Bericht. Hg. v. Peter Engelmann. 5. Aufl. Wien 2005 (Edition Passagen, Bd. 7).

Mouffe, Chantal (Hg.): Dekonstruktion und Pragmatismus. Demokratie, Wahrheit und Vernunft. Wien 1999.

Neuhaus, Stefan / Rolf Selbmann / Thorsten Unger (Hg.): Engagierte Literatur zwischen den Weltkriegen. Würzburg 2002 (Schriften der Ernst-Toller-Gesellschaft, Bd. 4).

Neuhaus, Stefan: Literatur und nationale Einheit in Deutschland. Tübingen / Basel 2002.

Rancière, Jacques: Politik der Literatur. Wien 2008.

Rorty, Richard: Kontingenz, Ironie und Solidarität. Frankfurt a. M. 1999.

Rosanvallon, Pierre: Pour une histoire conceptuelle du politique. Paris 2003 (Übersetzung nach: Oliver Marchart: Die politische Differenz. Frankfurt a. M. 2010).

Scholz, Anna-Lena: Prof. Dr. Mutlos. In: Die Zeit Campus 20.10.2016. URL: http://www.zeit.de/2016/42/geisteswissenschaftler-kongresse-germanisten-historiker (letzter Zugriff: 29.03.2018).

Welsch, Wolfgang: Unsere postmoderne Moderne. Berlin 2002.

Wittstock, Uwe (Hg.): Roman oder Leben. Postmoderne in der deutschen Literatur. Leipzig 1994.

Grundlagen

Thomas Ernst

Engagement oder Subversion?

Neue Modelle zur Analyse politischer Gegenwartsliteraturen

„Es entsteht wieder engagierte Literatur" – mit diesem Teaser wirbt der SWR 2017 für ein Feature, das unter dem Titel *Engagierte Literatur* und am Beispiel von Ulrich Peltzer, Kathrin Röggla und Annika Reich *Die Rückkehr des politischen Romans* proklamiert.[1] In seinem Plädoyer für die politische Gegenwartsliteratur wendet sich der Beitrag jedoch zugleich selbstkritisch gegen den Engagement-Begriff: Dieser komme, so Kathrin Röggla, „aus einer anderen Zeit",[2] und Ulrich Rüdenauer konstatiert abschließend, dass sich heute „nur wenige Schriftsteller [...] mit dem Begriff der engagierten Literatur anfreunden können".[3] Auch ein Sammelband wichtiger Literaturwissenschaftler- und Gegenwartskulturtheoretiker*innen setzt 2016 den *Engagement*-Begriff zentral, wobei er einleitend fordert, dass seine Uneindeutigkeit geklärt werden müsse – dazu schlagen die Herausgeber*innen kursorisch einen „enger gefassten, politischen Sinn"[4] des Begriffs vor, sie verweisen auf eine Strömung der deutschsprachigen Literatur, „die das literarische Engagement als gesellschaftliche und vor allem sprach- und diskurskritische Verantwortung des Schriftstellers thematisiert".[5]

Mit der relativierten Position der Literatur in der Gesellschaft und vor dem Hintergrund des politischen Wandels verändern sich jedoch sowohl die literarischen wie auch die medienöffentlichen Strategien der politischen Autorschaft. In Abgrenzung von einem eng gefassten Begriff des literarischen Engagements habe ich mich in meiner Studie *Literatur und Subversion. Politisches Schreiben in der Gegenwart* (2013) um die Beschreibung eines Paradigmenwechsels von einer *engagierten Literatur* der öffentlichen Intellektuellen und politischen Inhalte zu einer *subversiven Literatur* bemüht, die auf die relativierte gesellschaftliche Bedeutung der Literatur und ihrer Autor*innen mit anderen ästhetischen und inhaltlichen Formen reagiert. Dabei war es wichtig, neben die auf eine direkte

---

1 Ulrich Rüdenauer: Engagierte Literatur. Die Rückkehr des politischen Romans. In: SWR Wissen, 12.10.2017. URL: https://www.swr.de/-/id=20217358/property=download/nid=660374/1bm90/swr2-wissen-20171012.pdf (letzter Zugriff: 01.04.2018), S. 1.

2 Kathrin Röggla, zit. n. Rüdenauer, S. 10.

3 Rüdenauer, S. 11.

4 Jürgen Brokoff / Ursula Geitner / Kerstin Stüssel: Einleitung. In: Engagement. Konzepte von Gegenwart und Gegenwartsliteratur. Hg. v. Jürgen Brokoff / Ursula Geitner / Kerstin Stüssel. Göttingen 2016 (Literatur- und Mediengeschichte der Moderne, Bd. 1), S. 9.

5 Brokoff / Geitner / Stüssel, S. 10.

https://doi.org/10.1515/9783110568561-002

Wirkung abzielenden Formen des literarischen Engagements einerseits und die (neo-)avantgardistischen Ästhetiken, die der Literatur einen autonomen Status zuweisen, andererseits auch Formen der Literatur als einer minoritären Distinktion sowie als einer Form der Dekonstruktion zu stellen. Kontur erhielt dieses Konzept der subversiven Literatur durch die Analyse von repräsentativen Beispielen wie den avancierten Popromanen von Thomas Meinecke (*Tomboy*, 1998, und *Hellblau*, 2001), dem minoritären Kanak Sprak-Konzept von Feridun Zaimoglu (*Kanak Sprak*, 1995, und *Koppstoff*, 1998) sowie der mit Topoi der Untergrund spielenden Social Beat-Bewegung (Anthologie *Social Beat, Slam Poetry*, 1997).[6]

Dieses Modell ist unter anderem auf einem DFG-Symposium und in Rezensionen diskutiert worden, insbesondere zwei kritische Nachfragen an das Konzept erscheinen mir wichtig: Erstens wurde die Frage diskutiert, wie stark die Abgrenzung engagierter von subversiven Literaturen tatsächlich zu fassen ist, sowie zweitens, ob ein solcher Paradigmenwechsel von einer engagierten zu einer subversiven Literatur sich tatsächlich erst in den 1990er Jahren konstatieren lässt.[7] Da ich mich in jener Studie auf die Entwicklung eines Analysemodells subversiver Literaturen konzentriert habe, konnte ich in der Tat nur unzureichend den unterstellten Gegensatz von einer *engagierten Gegenwartsliteratur* einerseits und *subversiven Gegenwartsliteraturen* andererseits vergleichend beschreiben. Dieser Aufgabe widmet sich der vorliegende Beitrag, indem er zunächst den Wandel politischer und emanzipatorischer Modelle (1.) sowie politischer Literaturen in der Gegenwart beschreibt (2.), wobei der Begriff der engagierten Literatur an die Figur des universellen Intellektuellen angebunden (2.1.) und diese mit den Entwicklungen der deutschen Gegenwartsliteratur und Literaturen der Subversion gegenüber gestellt wird (2.2.). Schließlich werden Literaturdebatten (3.1.), Autor*innen und Literaturen der Gegenwart (3.2.) unter dem Fokus ‚Engagement vs. Subversion' im Kontrast diskutiert.

---

6 Vgl. Thomas Ernst: Literatur und Subversion. Politisches Schreiben in der Gegenwart. Bielefeld 2013 (Onlineversion: www.thomasernst.net/lus), S. 183–490.

7 Vgl. u.a. die Diskussionsbeiträge von Maximilian Bergengruen, Gerald E. P. Gillespie, Alexander Honold, Wolf Gerhard Schmidt und Regine Strätling in: Hans-Joachim Backe: Diskussionsbericht [Sektion III: Risiken literarischer/künstlerischer Produktion, Risiken der Verständigung, Risiken der Rezeption/medienbedingte Riskanzen]. In: Literatur als Wagnis/Literature as a Risk. Hg. v. Monika Schmitz-Emans, in Zusammenarbeit m. Georg Braungart, Achim Geisenhanslüke u. Christine Lubkoll. Berlin / Boston 2013 (DFG-Symposium 2011), S. 637–643, hier: S. 638f.; sowie die Rezension von Charis Goer, die darauf verweist, dass „möglicherweise vergleichende [...] Lektüren von [engagierten, T.E.] Autoren wie Tanja Dückers, Ilija Trojanow oder Juli Zeh" die Leitthese geschärft hätten, vgl. Charis Goer: Engagement war gestern. Thomas Ernst geht dem subversiven Potenzial der Literatur nach. In: kultuRRevolution. zeitschrift für angewandte diskurstheorie (2015), H. 68, S. 104–105, hier S. 105.

1 Vom Subjekt der Aufklärung zu Anonymous: Politische und emanzipatorische Modelle im Wandel

Wer einen Begriff der politischen Literatur entwickeln will, muss die Begriffe des Politischen und des Literarischen klären. Der Begriff des Politischen könnte in einer engen Weise gefasst werden, das Politische wäre dann auf alle Tätigkeiten konzentriert, die auf die Erlangung und der Erhalt struktureller gesellschaftlicher Macht ausgerichtet sind, zentral wären dann die Bezüge auf den Staat und seine Machtapparate. Ein solch enger Begriff des Politischen erscheint allerdings für die Reflexion der deutschen Literatur als unangemessen: Die deutsche Literatur- und Philosophiegeschichte wird auch von der Konstruktion einer deutschen ‚Kulturnation' geprägt (die gerade von politischen Institutionen abgegrenzt wird), von der Idealisierung eines autonomen ästhetischen und (Genie-)Diskurses, von einem Bildungsgedanken, der der ästhetischen Erziehung eine große Bedeutung zuweist – und schließlich von der Auseinandersetzung mit der ‚Dialektik der Aufklärung', als deren Effekt der Literatur erneut eine autonome, widerständige Kraft gegen die korrumpierten politischen und ökonomischen Institutionen zugeschrieben wird.[8] Diese Traditionslinien machen allerdings einen breiten Begriff des Politischen erforderlich, der auch die Machtverhältnisse jenseits der staatlichen Institutionen in den Blick nimmt, zu denen auch die Traditionen, Hegemonien und minoritären Konzepte des Ästhetischen gehören.

Für eine germanistische Forschungsperspektive auf die nationalphilologisch bestimmte Gegenwartsliteratur ist es zudem wichtig, die Überwindung der nationalstaatlichen politischen Instanzen in den letzten Dekaden zu reflektieren. Schon 1979 zeigte Jean-François Lyotard in *La condition postmoderne*, dass die großen Erzählungen von Nationalstaat und Aufklärung an eine Legitimationsgrenze gestoßen waren.[9] Auch die Europäisierung politischer Prozesse und die Folgen der ökonomischen, medialen und kulturellen Globalisierung haben die Bedeutung nationalstaatlicher politischer Institutionen relativiert. Politische und mediale Öffentlichkeiten zersplittern zunehmend: Die Anzahl der in den Parla-

---

8 Vgl. Friedrich Schiller: Über die ästhetische Erziehung des Menschen. Mit einem Nachwort von Käte Hamburger. Stuttgart 1995 (Reclams Universal-Bibliothek, Bd. 8994); Max Horkheimer / Theodor W. Adorno: Dialektik der Aufklärung. Philosophische Fragmente. Frankfurt a. M. 2000 (12. Aufl.); Theodor W. Adorno: Engagement. In: Theodor W. Adorno: Noten zur Literatur. Frankfurt a. M. 1994 (Suhrkamp-Taschenbuch Wissenschaft, Bd. 355. 6. Aufl.), S. 409–430.

9 Vgl. Jean-François Lyotard: La Condition postmoderne. Rapport sur le savoir. Paris 1979.

menten vertretenen Parteien nimmt tendenziell zu, die ‚Volksparteien' verlieren zunehmend ihren Status und die überregionalen Zeitschriften bereits einen großen Teil ihrer früheren Abonnenten – weshalb Jürgen Habermas schon vor ein paar Jahren ernsthaft die staatliche Subventionierung des öffentlichen Zeitungswesens forderte, damit das Funktionieren der politischen Öffentlichkeit in der Bundesrepublik Deutschland garantiert bleibe.[10]

Alte Ordnungen und ihre Machtverteilungen werden von neuen Ordnungen und ihren Partizipationsmöglichkeiten abgelöst – und neue politische Bewegungen formieren sich jenseits der bekannten demokratischen Institutionen. 2004 rief Colin Crouch das Zeitalter der *Postdemokratie* aus, denn die globalisierte Ökonomie stelle eine Überforderung des nationalen Parlamentarismus dar:

> Democracy has simply not kept pace with capitalism's rush to the global. The best it can manage are certain international groupings of states, but even the most important by far of these, the European Union, is a clumsy pygmy in relation to the agile corporate giants. And anyway its democratic quality, even by minimal standards, is weak.[11]

Von heute aus betrachtet, nimmt Crouch den ‚Brexit' und das Erstarken rechtspopulistischer Bewegungen wie *PEGIDA* vorweg, die gegen Europäisierung und Globalisierung auf Kategorien des Nationalen und der ethnischen Identitäten setzen, wobei diese Bewegungen durch Parteien wie *UKIP* bzw. *AfD* auch parlamentarisch repräsentiert werden. Als Alternative dazu beschreibt Crouch die Notwendigkeit einer außerparlamentarischen demokratischen Vitalität: „Democratic politics therefore needs a vigorous, chaotic, noisy context of movements and groups. They are the seedbeds of future democratic vitality."[12] Während die Mitgliederzahlen der im Bundestag vertretenen Parteien von 1946 bis 1989 noch angestiegen sind, sind diese seit 1990 kontinuierlich gesunken, im Fall der ‚Volksparteien' CDU und SPD sogar um etwa die Hälfte.[13]

Im Gegensatz dazu konstituiert sich eine Vielfalt globaler nicht-parlamentarischer Bewegungen: Von der *Occupy*-Bewegung, die sich um eine Besetzung der Wall Street mühte, über die Protestkulturen auf der Puerta del Sol in Madrid oder

---

10 Vgl. Jürgen Habermas: Keine Demokratie kann sich das leisten. Medien, Märkte und Konsumenten: Der Philosoph Jürgen Habermas, 77, sorgt sich um die Zukunft der seriösen Zeitung. Ein Essay. In: Süddeutsche Zeitung v. 16.05.2007. URL: http://www.sueddeutsche.de/kultur/juergen-habermas-keine-demokratie-kann-sich-das-leisten-1.892340 (letzter Zugriff: 01.04.2018).

11 Colin Crouch: Post-Democracy. Cambridge 2004, S. 28.

12 Crouch, S. 120.

13 Vgl. Oskar Niedermeyer: Mitgliederentwicklung der Parteien. In: bpb – Bundeszentrale für politische Bildung, 07.10.2017. URL: https://www.bpb.de/politik/grundfragen/parteien-in-deutschland/138672/mitgliederentwicklung-cdu-und-spd (letzter Zugriff: 01.04.2018).

dem Rothschild-Boulevard in Tel Aviv, bis hin zu den unterschiedlichen Formen des sogenannten Arabischen Frühlings oder einer digitalen Widerstandsbewegung wie *Anonymous* und Whistleblowern wie Edward Snowden oder jenen, die im Kontext der *Lux-Leaks*, der *Swiss-Leaks* oder der *Panama Papers* Daten öffentlich verfügbar machen: Dies sind politische Aktionen einzelner oder vieler mit regionalen bis globalen Folgen, die sich gerade jenseits der politischen Institutionen bewegen.[14]

Es passt dazu, dass 2012 mit dem *ABC der Alternativen 2.0* ein Buch erscheint, das zwar einerseits viele politische Begriffe des 19. und 20. Jahrhunderts erläutert, daneben jedoch vor allem jene Modelle zu präsentieren versucht, die politische Bewegungen jenseits der staatlichen Strukturen beschreiben: ‚Freie Assoziation', ‚Gegenöffentlichkeit', ‚Kommunikationsguerilla', ‚Multitude', ‚Occupy' oder das ‚Rhizom'. Bemerkenswert ist hierbei, dass die Medien des Politischen kaum fokussiert werden: Zwar wird die ‚Ästhetik des Widerstands' eingeführt, daneben stehen allerdings vor allem Konzepte einer partizipativen Digitalisierung, die wiederum der Literatur und ihrer Konzentration auf den Schutz des geistigen Eigentums entgegen stehen, indem Handlungs- und Rechtsmodelle wie ‚Commons', ‚informationelle Selbstbestimmung', ‚Open Source', ‚Partizipation' und ‚Wissensallmende' erläutert werden.[15]

Einige Künstler*innen haben die neue Partizipationskultur bereits ernst genommen und die politischen Institutionen selbst in Räume der Kunst verwandelt: Christoph Schlingensief gründete Ende der 1990er Jahre an der Berliner Volksbühne die Partei *Chance 2000 – wähle dich selbst*;[16] aus dem Satiremagazin *Titanic* ging die *Partei für Arbeit, Rechtsstaat, Tierschutz, Elitenförderung und basisdemokratische Initiative*, kurz *Die Partei*, hervor, deren Parteivorsitzender Martin Sonneborn seit 2014 sogar im Europäischen Parlament sitzt und dort vor allem durch Reden auffällt, die einfache Fragen und Aussagen zu formulieren versuchen, im Kontext der Berufspolitik allerdings wie Satiren wirken.[17] Zunehmend verschärft sich der politische, der mediale und der künstlerische Diskurs, weshalb ein breites und flexibles Verständnis des Politischen notwendig wird, um die politische Literatur der Gegenwart adäquat beschreiben zu können.

---

14 Vgl. u. a. Wolfgang Kraushaar: Der Aufruhr der Ausgebildeten. Vom Arabischen Frühling zur Occupy-Bewegung. Hamburg 2012.

15 Vgl. Ulrich Brand / Bettina Lösch / Benjamin Opratko / Stefan Thimmel (Hg.): ABC der Alternativen 2.0. Von Alltagskultur bis Zivilgesellschaft. In Kooperation mit Rosa-Luxemburg-Stiftung, taz.die tageszeitung und Wissenschaftlicher Beirat von Attac. Hamburg 2012.

16 Vgl. Christoph Schlingensief / Carl Hegemann: Chance 2000 – Wähle dich selbst. Köln 1998.

17 Vgl. Martin Sonneborn: Martin Sonneborn. In: Youtube.com, seit 17.10.2010. URL: https://www.youtube.com/user/MartinSonneborn.

2 Engagement vs. Subversion: Politische Literaturen im Wandel

2.1 Von Zola zu Böll: Universelle Intellektuelle und engagierte Literatur

Das politische Schreiben wird in der medialen Öffentlichkeit oft als eine Symbiose von Werk und Autor wahrgenommen, denen man eine Form des ‚Engagements', der Positionierung und des Eingreifens in die gesellschaftliche Wirklichkeit zuschreibt. Als Prototyp einer politischen Autorschaft erscheint seit der Moderne – und im Anschluss an Émile Zolas eingreifendes Handeln in der Dreyfus-Affäre 1898 – der universelle Intellektuelle, der sich für Georg Jäger durch eine Reihe von Attributen auszeichnet:[18]

- Ein Schriftsteller setzt sein Ansehen ein, um sich in einem konkreten Fall politisch zu engagieren.
- Er tut dies im Namen allgemeiner aufklärerischer Werte wie der Wahrheit [...] und der republikanischen Grundwerte [...].
- Der Schriftsteller bedient sich der Medien, um Öffentlichkeit herzustellen, und setzt dabei spezifische publizistische und rhetorische Mittel ein (Offener Brief, Appell, Erklärung, Resolution, Gruppenmanifest).
- Der Schriftsteller bewährt sein Engagement, indem er persönlich die Konsequenzen trägt (Verurteilung, Exil).[19]

Neben dieses konkrete politische Engagement des Autors als Intellektuellem können Werke der ‚engagierten Literatur' treten, die sich mit politischen Inhalten und Institutionen, wie den Diskriminierungs-, Minorisierungs- oder Emanzipationserfahrungen ihrer Protagonist*innen, in einer realistischen Weise beschäftigen.

Ein Prototyp eines solchen engagierten Autors wäre Heinrich Böll, der als Schriftsteller öffentliche Anerkennung gewinnt und sich sowohl politisch – zum Beispiel für Dissidenten wie Alexander Solschenizyn oder Lew Kopelew, die er bei sich aufnimmt – als auch kulturpolitisch einsetzt – zum Beispiel in der *Gruppe 47* oder als Präsident des deutschen und des internationalen *PEN-Club*s. Das sym-

---

18 Die folgenden Ausführungen paraphrasieren Ernst: Literatur und Subversion, S. 19 – 181.

19 Georg Jäger: Der Schriftsteller als Intellektueller. Ein Problemaufriß. In: Schriftsteller als Intellektuelle. Politik und Literatur im Kalten Krieg. Hg. v. Sven Hanuschek / Therese Hörnigk / Christine Malende. Tübingen 2000 (Studien und Texte zur Sozialgeschichte der Literatur, Bd. 73), S. 1– 25, hier: S. 15.

bolische Kapital seiner öffentlichen Anerkennung – unter anderem durch den Georg-Büchner-Preis 1967 und den Literaturnobelpreis 1972 – verleiht ihm die gesellschaftliche Position, sich medienöffentlich für Frieden, Menschenrechte und für Gerechtigkeit – auch für Terroristen – einzusetzen. In einem Essay greift er explizit im *Spiegel* die mediale Vorverurteilung von Ulrike Meinhof durch die *Bild*-Zeitung an: „Trotzdem sollte man ihr freies Geleit bieten, einen öffentlichen Prozeß, und man sollte auch Herrn Springer öffentlich den Prozeß machen, wegen Volksverhetzung."[20] Daraufhin gerät Böll ins Visier einer Kampagne der Springer-Medien, zudem findet bei dem nun als ‚Sympathisanten' der Terroristen eingeordneten Intellektuellen 1972 eine Hausdurchsuchung statt. Diese Ereignisse wiederum verarbeitet Böll zwei Jahre später in seiner Erzählung *Die verlorene Ehre der Katharina Blum*, deren Untertitel *Wie Gewalt entstehen und wohin sie führen kann* bereits markiert, dass sie zur politischen Bewusstwerdung beitragen möchte.[21]

Wenn Böll hier als Prototyp eines engagierten Schriftstellers und *Die verlorene Ehre der Katharina Blum* als repräsentativ für den Typus der politischen Prosa erscheinen, werden natürlich zugleich Widersprüche seiner Biographie, seines Engagements und andere Werke seines Œuvres ausgeblendet. Diese Prototypenbildung hilft allerdings, zentrale Voraussetzungen seiner politischen Autorschaft und Literatur zu benennen:

- das symbolische Kapital als Schriftsteller, verliehen von führenden Institutionen des Literaturbetriebs;
- die Präsenz in der Medienöffentlichkeit durch die Veröffentlichung von Romanen, Erzählungen und Essays in einem führenden Verlag wie Kiepenheuer & Witsch und in Zeitschriften wie dem *Spiegel*;
- die Einnahme von Führungspositionen in (kultur-)politischen Institutionen und der persönliche Einsatz für verfolgte Autoren;
- der öffentliche Appell für universelle Werte wie Menschenrechte, Gerechtigkeit und Frieden;

20 Heinrich Böll: „Will Ulrike Gnade oder freies Geleit?" Schriftsteller Heinrich Böll über die Baader-Meinhof-Gruppe und „Bild". In: Der Spiegel (1972), H. 3, S. 54–57, hier: S. 57.

21 Vgl. Heinrich Böll: Die verlorene Ehre der Katharina Blum oder: Wie Gewalt entstehen und wohin sie führen kann. Mit Materialien und einem Nachwort des Autors. Köln 1992. Böll selbst expliziert die Botschaft seiner Erzählung in Interviews: „Die Moral in diesem Falle wäre: Lest mit äußerstem Mißtrauen Zeitungen, alle. [...] Glaubt nicht an die Unfehlbarkeit der Zeitung, die ja immer unterstellt wird." Vgl. Auszüge aus Interviews und Gesprächen Heinrich Bölls über „Die verlorene Ehre der Katharina Blum". In: Heinrich Böll: Die verlorene Ehre der Katharina Blum oder: Wie Gewalt entstehen und wohin sie führen kann. Mit Materialien und einem Nachwort des Autors. Köln 1992, S. 234–242, hier: S. 240.

– die Veröffentlichung von literarischen Texten, die eine politische Kritik an gesellschaftlichen Missständen, z. B. dem Kampagnenjournalismus der Boulevardmedien, in eine literarische Narration übersetzen, und die Explikation der politischen Botschaft in Epitexten.

Wer heute über den Begriff des politischen Schreibens nachdenkt, muss sich zu diesem Modell verhalten. Dabei könnte man sich einerseits im Anschluss an Theodor W. Adornos berühmten Essay gegen das *Engagement* wenden, das aus seiner Sicht „auf Geblök hinaus[läuft]“, da es ein „weltfreundliches Moment“ enthalte und somit ein „heimliches Einverständnis“, das nicht mehr in der Lage sei, den/die Leser*in „aus der Verblendung zu reißen“.[22] Anders gesagt: „Jedes Engagement für die Welt muß gekündigt sein, damit der Idee des engagierten Kunstwerks genügt werde“,[23] eine solche Literatur sieht Adorno von Samuel Beckett und Franz Kafka verwirklicht.

Andererseits gibt es die Möglichkeit, den *Engagement*-Begriff nicht in toto zurückzuweisen, sondern ihn differenzierter zu fassen. Jürgen Brokoff, Ursula Geitner und Kerstin Stüssel setzen in ihrem Sammelband von 2016 auf eine solche Differenzierung und Aktualisierung des *Engagement*-Begriffs als einer zentralen Kategorie in der Auseinandersetzung mit der Gegenwartsliteratur.[24] Die Beiträgerinnen und Beiträger arbeiten sich an Gegenwartprosa wie u. a. *Böse Schafe* (2007) von Katja Lange-Müller, *Apostoloff* (2010) von Sibylle Lewitscharoff, *Johann Holtrop* (2013) von Rainald Goetz oder *Im Kopf von Bruno Schulz* (2013) von Maxim Biller ab.

Ursula Geitner reflektiert die *Engagement-Semantik*, indem sie einen differenzierten Engagement-Begriff entwickelt, der Perspektiven jenseits der „diskreditierte[n] Tendenzliteratur“[25] eröffnen soll. Dazu diskutiert sie die einschlägigen Positionen von Georg Lukács, Theodor W. Adorno und Jean-Paul Sartre, um mit der in Roland Barthes‘ *L'activité structuraliste* formulierten – und an Sartre anschließenden – Ambivalenz von *Engagement* (Bindung an die Welt und ihre Bedeutungen) und *Derangement* (Entpflichtung von der Welt und ihren Bedeutungen) die nach Geitner für das politische Schreiben fundamentale Differenz von engagierter vs. autonomer bzw. unreiner vs. reiner Kunst dialektisch aufzuhe-

22 Adorno, S. 429.
23 Adorno, S. 425 f.
24 Vgl. auch Brokoff / Geitner / Stüssel.
25 Ursula Geitner: Stand der Dinge: Engagement-Semantik und Gegenwartsliteratur-Forschung. In: Engagement. Konzepte von Gegenwart und Gegenwartsliteratur. Hg. v. Jürgen Brokoff / Ursula Geitner / Kerstin Stüssel. Göttingen 2016 (Literatur- und Mediengeschichte der Moderne, Bd. 1), S. 19 – 58, hier: S. 19.

ben.[26] Daneben nobilitiert Geitner *die* Gegenwartsliteratur mit Eugen Wolff, der 1895 konstatierte, dass die Gegenwartsliteratur „ungeahnte Kriterien zur Erkenntnis des künstlerischen Perioden-, Stil- und Stoffwechsels“[27] liefere, weshalb sie, so Geitner, „*die* methodologische und theoretische Herausforderung und Chance“[28] darstelle, um überhaupt retrospektiv bestimmen zu können, was Literatur sei.

2.2 Revolution, Avantgarde, Minoritäten und Dekonstruktion: Literaturen der Subversion und Entwicklungen der Gegenwartsliteratur

Diese differenzierte Auseinandersetzung mit dem Engagement-Begriff, die zugleich ein starkes epistemologisches Argument für die literaturwissenschaftliche Auseinandersetzung mit der Gegenwartsliteratur liefert, spart allerdings Entwicklungen der politischen Gegenwart und die mediale Situation der Literatur in einer Gesellschaft aus, die von neuen und inzwischen vor allem digitalen Medien bestimmt wird. Man könnte im Gegensatz zu Geitner auch argumentieren, dass der politische Wandel – und als Effekt das von Michel Foucault oder Jean-François Lyotard schon in den 1970er und 1980er Jahren erklärte *Ende der (universellen) Intellektuellen* – sowie der mediale Wandel – und das von Marshall McLuhan schon in den 1960er Jahren erklärte *Ende der Gutenberg-Galaxis* – Modelle der engagierten Autorschaft, wie das prototypisch am Beispiel von Heinrich Böll beschriebene, delegitimieren oder zumindest in Frage stellen.

Ich habe daher dafür plädiert, den Begriff der Subversion zur Beschreibung politischer Literaturen zu nutzen, die ästhetisch innovativ sind, politische Relevanz nicht primär durch ihre Inhalte zu gewinnen versuchen, eher in spezifischen Gesellschaftsbereichen jenseits der bestehenden literarischen und kulturellen Institutionen wahrgenommen werden und deren Autor*innen sich nicht mehr auf die Verleihung symbolischen Kapitals durch den hegemonialen Literatur- und Medienbetrieb stützen, um allgemeine politische oder kulturpolitische Forderungen aufzustellen und diese in staatlichen Institutionen und Verfahren durchzusetzen.[29] Seit den 1990er Jahren lässt sich in kultur-, medien- und literaturwissenschaftlichen Studien eine breite, aber heterogene Nutzung des Sub-

26 Vgl. Geitner, S. 45–48, 56–58.
27 Eugen Wolff, zit. n. Geitner, S. 53.
28 Geitner, S. 53.
29 Vgl. Ernst: Literatur und Subversion, S. 29–85.

versionsbegriffs beobachten, jüngst haben Arvi Sepp und Gunther Martens den Subversionsbegriff in einem Sammelband zentral gestellt, um die gesellschaftskritische deutschsprachige Literatur nach 1945 zu beschreiben. In ihrer Einleitung verweisen Sepp und Martens folglich auf eine Theorielinie „von der marxistischen Literaturtheorie bis zu den Postcolonial Studies",[30] sie beziehen sich auf französische Theoretiker wie Maurice Blanchot, Michel Foucault und Alexandre Kojève und bestimmen Subversion in der Literatur „als eine untergründige Störung festgelegter Diskursverläufe oder Infragestellung der geltenden Zweckrationalität", die „existierende Argumentationsstrukturen, ideologische Bezugssysteme und soziale Standards in der Literatur *ad absurdum*"[31] führen.

Wenn man den polyvalenten Begriff der Subversion und seine vielfältigen Bedeutungszuschreibungen in ihrer Komplexität erfassen möchte, ist es notwendig, den historischen Bedeutungswandel des Subversionsbegriffs zu analysieren.

In einer historischen Diskursanalyse lässt sich zeigen, dass sich im deutschen Sprachraum vier Bedeutungen der Subversion nebeneinandergestellt haben: Der Begriff der Subversion wird zur Bezeichnung von

- *revolutionären Staatsumstürzen* und ihrer Vorbereitung;
- *künstlerisch-avantgardistischen Bewegungen*;
- gesellschaftlichen Gruppen und Akten *minoritärer Distinktion* sowie
- Formen der *Dekonstruktion* genutzt.

Analog dazu können literarische Texte in ein produktives Verhältnis zu Diskursen der Subversion treten, indem sie politisch-revolutionäre, künstlerisch-avantgardistische, subkulturelle und dekonstruktivistische politische Bewegungen und Ereignisse archivieren, reflektieren, problematisieren oder verhandeln – und ggf. auch selbst als Manifest der Revolution, als Dokument der avantgardistischen Tradition, ein Akt der minoritären Distinktion oder der Dekonstruktion erscheinen. Mit dieser Herangehensweise kann genauer untersucht werden, in welches Verhältnis ein jeweiliger literarischer Text, seine ästhetische Gestaltung, seine Figuren, sein Sprachregister, sein Stil oder sein*e Autor*in durch öffentliche Äußerungen zu einem jeweiligen Diskurs der Subversion treten – wobei sich diese

30 Arvi Sepp / Gunther Martens: Das Subversive in der deutschsprachigen Gegenwartsliteratur. Zum Geleit. In: Gegen den Strich. Das Subversive in der deutschsprachigen Literatur nach 1945. Hg. v. Arvi Sepp / Gunther Martens. Berlin 2017, S. 1–6, hier: S. 1. Vgl. im selben Jahr auch den Sammelband von Tobias Gerber und Katharina Hausladen sowie insbesondere die Beiträge von Roger Behrens und Diedrich Diederichsen: Tobias Gerber / Katharina Hausladen (Hg.): Compared to What? Pop zwischen Normativität und Subversion. Wien 2017.

31 Sepp / Mertens, S. 2f.

Ebenen, auch das ist ein zentrales Merkmal subversiver Literatur, widersprechen können.[32]

Zudem ermöglicht dieses Modell einen Blick auf den politischen Wandel selbst und darauf, wie dieser von literarischen Texten sowie aus der Sicht der Literaturwissenschaft wahrgenommen wird. Germanistische Kategorien wie ‚Arbeiterliteratur', ‚Frauenliteratur' oder ‚Migrantenliteratur' rubrizieren literarische Texte unter Kategorien, die sich auf die minorisierte bzw. zu emanzipierende Identität von Autor*in und/oder Protagonist*in beziehen (wobei hier der deutsche, männliche, heterosexuelle Autor bzw. Protagonist aus der Mittel- oder Oberschicht als Hegemon unmarkiert bleibt). Aus Sicht der Digital Humanities können (auch sehr einfache) quantitative Analysen helfen, um begriffliche Verschiebungen zu beschreiben: Der *Ngram Viewer* gibt einen Aufschluss über die Präsenz von Begriffen in den von Google gescannten (deutschsprachigen) Büchern. Es lässt sich eindeutig konstatieren, dass in der Zeit von 1950 bis 2008 die Nutzung der Kategorien ‚Arbeiterliteratur' (in den 1970er Jahren) und Frauenliteratur' (in den 1980er Jahren) ihren Höhepunkt bereits überschritten hat, während die ‚Migrantenliteratur' (seit den 1990er Jahren) und die Popliteratur (seit etwa 2000) bis in die Gegenwart von der Literaturwissenschaft stark genutzte Kategorien sind.[33]

3 Engagement vs. Subversion: Literaturdebatten und Literaturen der Gegenwart

3.1 Universelle vs. spezifische Intellektuelle: Literaturdebatten und Manifeste der Gegenwart

Ein zentrales Merkmal der engagierten Literatur ist die Veröffentlichung von Manifesten oder Meinungsäußerungen in bekannten Verlagen oder in überregionalen Zeitschriften und Magazinen oder durch öffentliche Reden und Vorträge. Hier lassen sich im Wesentlichen zwei Formen unterscheiden: Erstens finden sich viele Beispiele für die Selbstinszenierung von Autor*innen als universelle Intellektuelle, die sich in allgemeine politische Debatten einbringen, zweitens lassen

32 Vgl. Ernst: Literatur und Subversion, S. 87–181.

33 Diese Beobachtungen müssten allerdings noch genauer untersucht werden, denn sie beziehen sich vor allem auf die von der Literaturwissenschaft genutzten Kategorien zur Analyse (teilweise deutlich) früher erschienener Texte und geben somit eher Auskunft über den literaturwissenschaftlichen als über den literarästhetischen Diskurs.

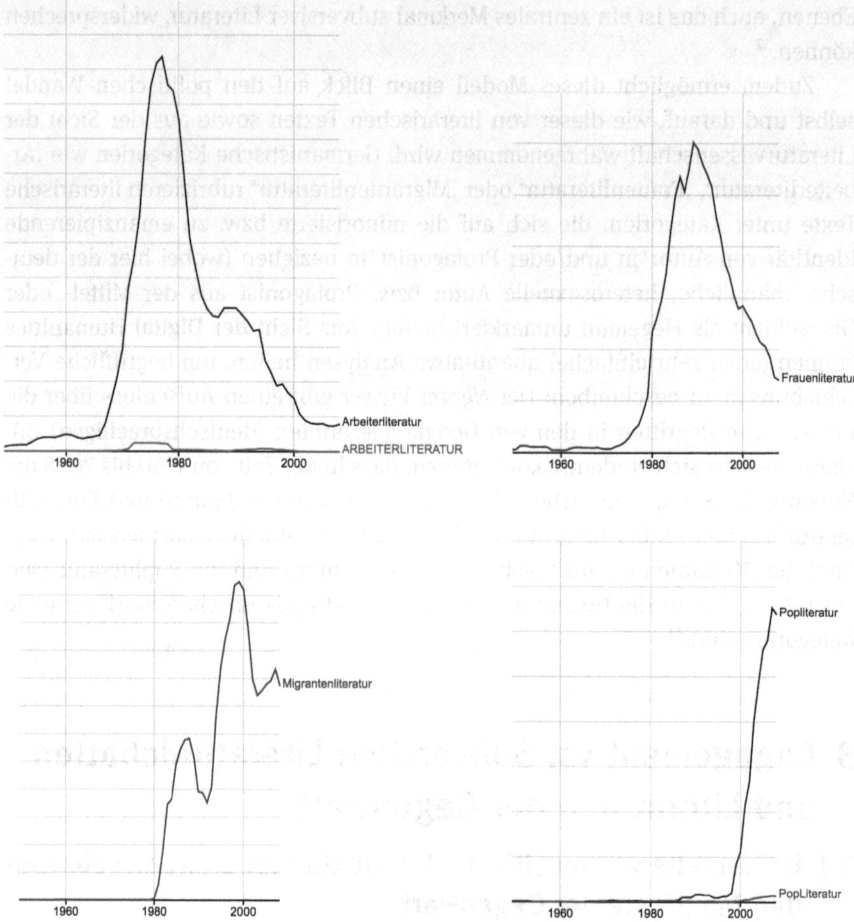

Literaturwissenschaftliche Kategorien wie ‚Arbeiterliteratur' (in den 1970er Jahren) und ‚Frauenliteratur' (in den 1980er Jahren) haben ihre Hochzeiten hinter sich, während Kategorien wie ‚Migrantenliteratur' (seit den 1990er Jahren) und ‚Popliteratur' (seit etwa 2000) wichtiger werden (vgl. https://books.google.com/ngrams; Werte vom 25.09.2018, Eingabe für den deutschsprachigen Korpus [smoothing 3, case-insensitive, zwischen 1800 und 2008]; Auszug für die Zeit von 1950 bis 2008).

sich viele Beispiele finden, in denen Autor*innen als spezifische Intellektuelle kulturpolitische und literarische Fragen verhandeln.[34]

---

34 Zur Unterscheidung des universellen vom spezifischen Intellektuellen vgl. Michel Foucault: Die politische Funktion des Intellektuellen. In: Michel Foucault: Schriften in vier Bänden. Band 3:

Während noch ‚um 1968' viele Äußerungen von universellen Intellektuellen als Parteinahmen für (eher) linke bzw. emanzipatorische Projekte bewertet werden konnten,[35] nehmen heute viele Schriftsteller*innen Partei für (eher) konservative Positionen. Komparatistisch mag hier als ein erstes Beispiel die deutsche Reaktion auf das Manifest *Indignez-vous* (2010) von Stéphane Hessel dienen, das – im Anschluss an die Praxen der Résistance – den politischen Widerstand zur globalen Durchsetzung von ökonomischer Gerechtigkeit, der Menschenrechte und eines ökologischen Umdenkens empfiehlt.[36] Dieses schmale Manifest wurde zur Folie für das deutsche Bändchen *Benehmt euch!* (2013) von Stefan Gärtner und Jürgen Roth, zwei Autoren aus dem Kontext der Neuen Frankfurter Schule, die im Gegensatz zu Hessel nicht zu einer größeren (international und links orientierten) politischen Aktivität aufrufen, sondern kulturkonservativ und -kritisch Formen der Verrohung und Verblödung im gesellschaftlichen Zusammenleben anprangern:

> Seit Jahren wird es immer schlimmer – Krach, Krach, Krach, praktisch rund um die Uhr, und zwar nicht nur an Autobahnen und in Einflugschneisen, sondern überall: im Wohngebiet, beim Einkaufen, in der U-Bahn, wo immer man sich aufhält oder sich aufzuhalten gezwungen ist.
>
> Kaum noch jemand kann sich zum Beispiel in einer Lautstärke unterhalten, die aus dem Homo sapiens einen zivilisierten Menschen macht. An nahezu jedem Nebentisch in nahezu jedem Café sitzt eine Ansammlung von Peinfiguren, die ihre unmaßgeblichen Meinungen akustisch derart ostentativ ausbreiten, daß man sich die lachhaften Schweigekreise der achtziger Jahre zurückwünscht.[37]

In dieser Anklage kann man zwar noch eine Skepsis gegen die Vermassung und die neue digitale Kulturindustrie erkennen, die Gärtners und Roths Kritik in die Tradition der Frankfurter Schule stellt. Eine ganze Reihe öffentlicher Positionie-

1976–1979. Frankfurt a. M. 2003, S. 145–152; Michel Foucault / Gilles Deleuze: Gespräch zwischen Michel Foucault und Gilles Deleuze: Die Intellektuellen und die Macht (1972). In: Michel Foucault: Von der Subversion des Wissens. Hg. v. Walter Seitter. Frankfurt a. M. 2000 (Fischer Wissenschaft, Bd. 7398), S. 106–115.

35 Vgl. z. B. Ralf Bentz u. a. (Hg.): Protest! Literatur um 1968. Eine Ausstellung des Deutschen Literaturarchivs in Verbindung mit dem Germanistischen Seminar der Universität Heidelberg und dem Deutschen Rundfunkarchiv im Schiller-Nationalmuseum Marbach am Neckar. Marbach am Neckar (Marbacher Kataloge, Bd. 51) 2000; Klaus Briegleb: 1968. Literatur in der antiautoritären Bewegung. Frankfurt a. M. 1993 (edition suhrkamp 1669).

36 Vgl. Stéphane Hessel: Empört euch! Aus dem Französischen von Michael Kogon. Berlin 2011. Neben diesen globalen Werten thematisiert Hessel als regionalen Konflikt die ‚Palästina-Frage', in der er sich einseitig auf die Seite der Palästinenser stellt und sich indifferent zur Frage der Gewalt als Widerstandsform verhält (vgl. Hessel, S. 16–21).

37 Stefan Gärtner / Jürgen Roth: Benehmt euch! Ein Pamphlet. Köln 2013, S. 9 f.

rungen von Autor*innen der Gegenwart weist allerdings in eine andere Richtung, beispielsweise die religiös fundierten von Sibylle Lewitscharoff (*1954, Georg-Büchner-Preis 2013) und Martin Mosebach (*1951, Georg-Büchner-Preis 2007). Lewitscharoff setzte sich am 2. März 2014 in ihrer Dresdner Rede *Von der Machbarkeit. Die wissenschaftliche Bestimmung über Geburt und Tod* unter anderem mit der künstlichen Befruchtung auseinander und äußerte ihre „Abscheu" über die „auf solch abartigen Wegen entstanden[en] Halbwesen", die „[n]icht ganz echt sind [...] in meinen Augen, sondern zweifelhafte Geschöpfe, halb Mensch, halb künstliches Weißnichtwas."[38] Einzelne Formulierungen ihrer skandalisierten Rede nahm die Autorin später zurück, allerdings hielt sie bei ihrer Poetikdozentur an der Universität Koblenz-Landau daran fest, dass sie keinesfalls für eine „Softeis-Version des Religiösen" stehe.[39] Mosebach wiederum, der bereits 2002 in seinem Buch *Häresie der Formlosigkeit* die römische Liturgie gegen die Reformen der katholischen Messe nach dem Zweiten Vatikanischen Konzil verteidigt hatte, argumentiert 2012 in seinem Artikel *Kunst und Religion: Vom Wert des Verbietens* für eine stärkere Anwendung des Blasphemie-Paragraphens:

> In diesem Zusammenhang will ich nicht verhehlen, dass ich unfähig bin, mich zu empören, wenn in ihrem Glauben beleidigte Muslime blasphemischen Künstlern – wenn wir sie einmal so nennen wollen – einen gewaltigen Schrecken einjagen. [...] Es wird das soziale Klima fördern, wenn Blasphemie wieder gefährlich wird.[40]

Allerdings erheben sich gegen diese Äußerungen von Lewitscharoff und Mosebach direkt andere Autor*innen, die ihre Gegenrede durch ihre eigene Biographie oder persönliche Erfahrungen legitimieren: Judith Schalansky (*1980) und Eva Menasse (*1970, Österreichischer Buchpreis 2017) kritisieren Letwitscharoff und

---

38 Sibylle Lewitscharoff: Von der Machbarkeit. Die wissenschaftliche Bestimmung über Geburt und Tod. Dresdner Rede. In: Deutschlandfunk, 06.03.2014. URL: https://www.deutschlandfunk.de/dresdner-rede-von-der-machbarkeit-die-wissenschaftliche.1818.de.html?dram:article_id=279389 (letzter Zugriff: 01.04.2018).

39 Lewitscharoff, zit. n. Franz Himpsl: Gegen die Softeis-Version des Religiösen. Sibylle Lewitscharoff als Poetik-Dozentin. In: Süddeutsche Zeitung, 18.07.2014. URL: https://www.sueddeutsche.de/kultur/sibylle-lewitscharoff-als-poetik-dozentin-gegen-die-softeis-version-des-religioesen-1.2050749 (letzter Zugriff: 01.04.2018).

40 Martin Mosebach: Kunst und Religion. Vom Wert des Verbietens. In: Frankfurter Rundschau, 18.6.2012. URL: http://www.fr.de/kultur/kunst/kunst-und-religion-vom-wert-des-verbietens-a-834087 (letzter Zugriff: 01.04.2018). Vgl. zu Mosebachs Inszenierung als konservativem Intellektuellen auch: Martin Mosebach: Häresie der Formlosigkeit. Die römische Liturgie und ihr Feind. Wien 2002. Und: Matthias Beilein: Literarische Debatten ohne Literatur? Das Beispiel Martin Mosebach. In: Trans. Internet-Zeitschrift für Kulturwissenschaften (2010), H. 17. URL: http://www.inst.at/trans/17Nr/8-3/8-3_beilein.htm (letzter Zugriff: 01.04.2018).

verweisen dabei auf ihre eigenen durch die Reproduktionsmedizin ermöglichten Schwangerschaften,[41] Ingo Schulze ironisiert Mosebachs Postulat unter dem Titel *Her mit dem Blasphemie-Gesetz!*[42] Ein breites Spektrum politischer Positionen lässt sich auch zeichnen, wenn man an das Dresdner Streitgespräch zwischen Uwe Tellkamp (*1968, Deutscher Buchpreis 2008, Deutscher Nationalpreis 2009) und Durs Grünbein (*1962, Georg-Büchner-Preis 1995) von 2018 denkt, in dem Tellkamp einige PEGIDA-nahe Positionen vertreten hat,[43] denen man allerdings Veröffentlichungen wie *Gegen den Hass* von Carolin Emcke (*1967, Friedenspreis des Deutschen Buchhandels 2016) oder die *[S]ozialistische[n] Übungen* (2014) von Dietmar Dath (*1970, Günther Anders-Preis für kritisches Denken 2018) gegenüberstellen kann, die sich in eher linke Traditionslinien einschreiben.[44]

Während in diesen politischen Auseinandersetzungen bekannte Dichotomien reproduziert werden – Religiosität vs. Atheismus, Heteronormativität vs. Homosexualität/Emanzipation, Redereglementierung vs. Meinungsfreiheit, Nationalismus vs. Kosmopolitismus –, lassen sich in den Debatten, die (jüngere) Autor*innen als spezifische Intellektuelle führen, zwei interessante Konfliktlinien beobachten: Dies betrifft erstens Autorinnen einer ‚Internet-Generation' wie Helene Hegemann (*1992) und Kathrin Passig (*1970), die nach dem Erfolg ihres (später als Plagiat gescholtenen) Debütromans bzw. nach dem Gewinn des Ingeborg-Bachmann-Preises 2006 für ihre ästhetischen Verfahren bzw. ihre Ironisierung des Literaturbetriebs gescholten werden.[45] Diese Auseinandersetzungen

---

41 Vgl. Eva Menasse: Nicht christlich, sondern krank. Zur Debatte um die Präimplantationsdiagnostik. In: Eva Menasse: Lieber aufgeregt als abgeklärt. Essays. Köln 2015, S. 26–34 (erstveröffentlicht im *Spiegel*, 2014); Judith Schalansky: Ungeheuerliche Hetze. Eklat um Rede von Sibylle Lewitscharoff. In: Süddeutsche Zeitung, 08.03.2014. URL: https://www.sueddeutsche.de/kultur/eklat-um-rede-von-sibylle-lewitscharoff-ungeheuerliche-hetze-1.1907457 (letzter Zugriff: 01.04.2018).

42 Vgl. Ingo Schulze: Blasphemie-Debatte: Her mit dem Blasphemie-Gesetz! In: Frankfurter Rundschau, 25.06.2012. URL: http://www.fr.de/kultur/blasphemie-debatte-her-mit-dem-blasphemie-gesetz-a-836219 (letzter Zugriff: 01.04.2018).

43 Vgl. u.a. Doreen Reinhard: Weltbürger trifft Sorgenbürger. In: Die Zeit, 09.03.2018. URL: https://www.zeit.de/kultur/literatur/2018-03/dresden-uwe-tellkamp-durs-gruenbein-afd-pegida (letzter Zugriff: 01.04.2018), sowie Videoauszüge des Gesprächs auf: Recherchekollektiv Dresden: Rechtspopulistische Thesen von Uwe Tellkamp, sekundiert von Götz Kubitschek [Dresden 08.03.2018]. In: Youtube.com, 08.03.2018 [Video, 20:11 Min.]. URL: https://www.youtube.com/watch?v=u8TrevOZW9k (letzter Zugriff: 01.04.2018).

44 Vgl. Carolin Emcke: Gegen den Hass. 4. Aufl. Frankfurt a.M. 2016; Dietmar Dath: Klassenkampf im Dunkeln. Zehn zeitgemäße sozialistische Übungen. Hamburg 2014.

45 Vgl. Jana Hensel: Sieger ohne Relevanz. In: Die Zeit, 26.06.2006. URL: https://www.zeit.de/online/2006/26/klagenfurt-hensel (letzter Zugriff: 01.04.2018); Redaktion Literaturkritik.de: Artikel zu Helene Hegemanns „Axolotl Roadkill" in Spiegel, FAZ, FAS, SZ und ZEIT. In: Literaturkritik.de.

um das literarische Feld und seine (digitale) Erweiterung stehen auch im Zentrum der *Perlentaucher*-Debatte um die Online-Literaturkritik, an der sich 2015 u.a. Dana Buchzik, Guido Graf, Ekkehard Knörrer, Nikola Richter, Wolfram Schütte, Jörg Sundermeier und Wolfgang Tischer beteiligen.[46] Zweitens hat Florian Kessler (*1981) 2014 die bürgerlichen Familienhintergründe der Studierenden an den Schreibschulen in Hildesheim und Leipzig als Begründung angeführt, weshalb die jüngere Gegenwartsliteratur konformistisch sei: „Jede Bildungsreisen-Rentnergruppe im Berliner Ensemble unterhält sich inhaltlich angeregter als die jungen Schriftsteller dieses Landes."[47] Literarischen Erfolg, so Kessler, müsse man sich heute leisten können, weshalb die Stimmen des Prekariats und des Außergewöhnlichen in der Literatur nicht mehr präsent seien.

3.2 Duve und Zeh vs. Lady Bitch Ray und PeterLicht: Engagierte und subversive Gegenwartsliteratur

Mit Juli Zeh (*1974, Bruno Kreisky-Preis für das politische Buch 2017) wurde in der anschließenden Debatte eine Autorin als Paradebeispiel für Kesslers These benannt,[48] die in der Tat einem Prototypen engagierter Autorschaft in der Gegenwart nahe kommt: Ihr Vater Wolfgang war von 2002 bis 2006 Direktor beim Deutschen Bundestag, sie selbst studierte sowohl Jura (inklusive eines Praktikums bei der UNO) als auch am Deutschen Literaturinstitut Leipzig, 2010 promovierte sie zur Dr. iur. In Romanen wie *Corpus Delicti: Ein Prozess* (2009), ihren Essays, die u.a. im Band *Nachts sind das Tiere* (2014) versammelt sind, oder in einem Sachbuch wie *Angriffe auf die Freiheit. Sicherheitswahn, Überwachungsstaat und der Abbau bürgerlicher Rechte* (2010, mit Ilija Trojanow) beschäftigt sich Zeh kritisch u.a. mit

Rezensionsforum, 15.02.2010. URL: https://literaturkritik.de/public/online_abo/forum/forumnachricht.php?msgID=122 (letzter Zugriff: 01.04.2018).

46 Vgl. Perlentaucher.de. Das Kulturmagazin: Perlentaucher-Debatte Literaturkritik im Netz. In: Perlentaucher.de, 26.06.2015. URL: https://www.perlentaucher.de/essay/perlentaucher-debatte-literaturkritik-im-netz.html (letzter Zugriff: 01.04.2018).

47 Florian Kessler: Lassen Sie mich durch, ich bin Arztsohn! In: Die Zeit, 23.01.2014. URL: https://www.zeit.de/2014/04/deutsche-gegenwartsliteratur-brav-konformistisch (letzter Zugriff: 01.04.2018).

48 Marc Reichwein: Juli Zeh kann viel, aber nichts für ihre Herkunft. In: Die Welt, 17.01.2014. URL: https://www.welt.de/kultur/literarischewelt/article123935492/Juli-Zeh-kann-viel-aber-nichts-fuer-ihre-Herkunft.html (letzter Zugriff: 01.04.2018).

Rechtsfragen, Formen staatlicher Kontrolle und der Regulierung des Internets.[49] Als „Schriftstellerin und Rechtsassessorin“ reichte sie 2008 eine Verfassungsbeschwerde gegen die biometrischen Reisepässe ein.[50] Zeh wird zwar in den Feuilletons als eine Protagonistin der engagierten Literatur der Gegenwart bewertet, allerdings vor allem durch ihre öffentliche Präsenz, weniger durch ihre Literatur;[51] Stefan Gärtner schreibt ihr sogar eine „stilistische Beschränktheit“ zu – sie solle besser als „Verfassungsrichterin“ oder „auch als, jawohl, Reporterin“ arbeiten.[52]

Einen weniger typischen familiären Hintergrund – und das widerspricht Kesslers These – hat Karen Duve (*1961), die allerdings ebenfalls dem Prototyp einer engagierten Autorin entspricht: Duve arbeitete nach dem Abitur lange Zeit in sehr unterschiedlichen Berufen, insbesondere als Taxifahrerin, und debütierte erst 34jährig mit der Erzählung *Im tiefen Schnee ein stilles Haus* (1995). In den letzten Jahren hat sie sich als Autorin etabliert, die in einem Roman wie *Macht* (2016) männliche Gewaltfantasien darstellt[53] oder in *Anständig essen* (2012) einen „Selbstversuch“ unternimmt, der – legitimiert durch die Erfahrungen der Autorin – einen Weg zu einem vegetarische(re)n oder vegane(re)n Leben weist:

1. Wann immer es irgend möglich ist, erledige ich meine Einkäufe in Bio-Läden.
2. Ich essen kein Fleisch aus Massentierhaltung mehr.
3. Ich werde höchstens noch 10 % von dem, was ich früher an Fisch, Fleisch und Milchprodukten konsumiert habe, essen.
4. Ich kaufe keine Lederprodukte mehr und keine Produkte, in die Daunen verarbeitet worden sind.
5. Ich konsumiere insgesamt weniger.[54]

Zwar wird diese Emanzipationsgeschichte der Ernährung auch ironisiert, die Literaturhinweise am Schluss verdeutlichen jedoch den Ernst der Narration. In zahlreichen Interviews hat Duve das Beschriebene authentifiziert, insbesondere in verschiedenen Medien für Tierschutz und vegetarische Lebensweisen.[55] Seit

49 Vgl. Juli Zeh: Corpus delicti. Ein Prozess. Frankfurt a. M. 2009; Juli Zeh: Nachts sind das Tiere. Frankfurt a. M. 2014; Ilija Trojanow / Juli Zeh: Angriffe auf die Freiheit. Sicherheitswahn, Überwachungsstaat und der Abbau bürgerlicher Rechte. München 2010.

50 Vgl. Rechtsanwälte Dr. Selbmann und Bergert: Verfassungsbeschwerde. URL: https://www.zeit.de/2008/06/Verfassungsbeschwerde28012008.pdf (letzter Zugriff: 01.04.2018).

51 Vgl. Rüdenauer, S. 5 f., 9.

52 Stefan Gärtner: Man schreibt Deutsh [sic!]. Hausputz für genervte Leser. Reinbek bei Hamburg 2006, S. 122 f.

53 Vgl. Karen Duve: Macht. Roman. Berlin 2016.

54 Karen Duve: Anständig essen. Ein Selbstversuch. 5. Aufl. München 2012, S. 324.

55 Vgl. Julia Brunke: „Freiheit für Tiere“-Interview mit Karen Duve. In: Freiheit für Tiere. Das Magazin für alle Tierfreunde (2011). URL: https://www.freiheit-fuer-tiere.de/artikel/interview-mit-

2010 gehört Karen Duve auch dem Beirat der Giordano-Bruno-Stiftung an, die sich für eine säkulare Gesellschaft und ein naturalistisch-wissenschaftliches Weltbild einsetzt.

Duve und Zeh engagieren sich somit in staatlichen und nicht-staatlichen Verfahren und Institutionen und positionieren sich zu politischen Themen wie der staatlichen Überwachung, Bürgerrechten oder dem Tierschutz. Dabei nutzen sie unterschiedliche Gattungen, Textsorten und Medienformate: von literarischen wie der Erzählung und dem Roman über Sachbücher und Essays bis hin zu Interviews, Fernsehauftritten und Verfassungsbeschwerden.

Im Gegensatz zu diesem Typus der engagierten Autorinnen stehen solche subversiven Literaturen, die mit der Authentifizierung literarischer Narrationen nur spielen und sich der politischen Einflussnahme über staatliche Institutionen verweigern oder als skeptisch erweisen. Dabei relativieren sie zugleich die gesellschaftliche Relevanz und Wirkung des Mediums Literatur, indem sie literarische Texte oft nur als Nebenprodukte – beispielsweise neben einer musikalischen Tätigkeit – produzieren. Literaturen, die als Manifeste der Revolution oder als Repräsentation von minorisierten Gruppen eine Distanz zum Staat haben, sich vor allem durch eine in avantgardistischer Tradition stehende sprachspielerische Kraft entwickeln oder sich durch die Dekonstruktion politischer Identitäten auszeichnen, wären als Literaturen der Subversion zu bezeichnen.

Solche ließen sich zum Beispiel an Kunstfiguren wie Lady Bitch Ray oder PeterLicht beschreiben: Hinter Lady Bitch Ray verbirgt sich die promovierte Sprachwissenschaftlerin Reyhan Şahin (*1980), die unter ihrem Pseudonym vor allem als GangstaRapperin auftritt und mit ihrem (nachdem der Verlag Bastei Lübbe den ursprünglichen Vertrag nicht erfüllen wollte) im Selbstverlag veröffentlichten ‚Selbsthilfebuch' *Bitchism* 2012 im Sinne der minoritären Distinktion eine spezifische Form des Feminismus konstruiert.[56] Ebenfalls unter einem Pseudonym veröffentlichte der Musiker PeterLicht (eigentlich Meinrad Jungblut) seinen Debüttext *Wir werden siegen! Buch vom Ende des Kapitalismus* (2006), wobei PeterLicht zunächst weder Fotos noch biographische Details von sich veröffentlichte und auf diese Weise den inszenatorischen Charakter der medialen Autorschaft offenlegte.[57]

Daneben stehen weiterhin literarische Texte, die die Traditionen und ästhetischen Verfahren künstlerisch-avantgardistischer Bewegungen – in diesen Fällen

karen-duve.html (letzter Zugriff: 01.04.2018); PETA Deutschland e.V.: Anständig essen – PETA zu Besuch bei Karen Duve. In: Youtube.com, 16.03.2011. URL: https://www.youtube.com/watch?time_continue=1&v=5_SQbTmAKn0 (letzter Zugriff: 01.04.2018).

56 Vgl. Lady Bitch Ray: Bitchism. Emanzipation – Integration – Masturbation. Stuttgart 2012.

57 Vgl. PeterLicht: Wir werden siegen! Buch vom Ende des Kapitalismus. Frankfurt a.M. 2008.

insbesondere jenen aus Österreich – aufgreifen und sich selbst als experimentelle Sprachspiele begreifen, wie zum Beispiel Margret Kreidls (*1964) *Zitat, Zikade. Zu den Sätzen* (2017) oder Florian Neuners (*1972) *Satzteillager* (2011).[58] Während in diesen Ansätzen Literatur als autonomer Diskurs beschrieben werden kann, der sich durch eine größtmögliche Abgrenzung von der politischen Realität auszeichnet, liegt es bei sprachdekonstruktivistischen Texten, die im weitesten Sinne der sog. ‚Migrantenliteratur' zugerechnet werden, anders. Autoren wie Zé do Rock (*1956) oder Tomer Gardi (*1974) entwickeln sprachexperimentell gebrochene Idiome des Deutschen, die die Vorstellung einer homogenen ethnischen deutschen Identität, die sich wiederum aus der Nutzung der deutschen Hochsprache speist, unterminieren. Werke wie *per anhalter durch die brasilianische galaxis* (2013) von Zé do Rock oder *broken german* (2016) von Tomer Gardi schreiben sich auf der sprachlichen Ebene in dekonstruktivistische Diskurse der Subversion ein, die von ihnen beschriebenen Inhalte und Figuren archivieren und repräsentieren allerdings auch solche der minoritären Distinktion.[59]

4 Engagierte Literatur und subversive Literaturen. Fazit

Das Anliegen dieses Beitrags ist es, ein enges Konzept der engagierten Literatur und der universellen Intellektuellen einerseits mit einem differenzierten Modell subversiver Literaturen andererseits zu kontrastieren, um die Vielfalt des politischen Schreibens in der Gegenwart präziser beschreibbar zu machen. In einem kursorischen Überblick über repräsentative Beispiele der deutschsprachigen Gegenwartsliteratur konnte gezeigt werden, dass Autorinnen wie Karen Duve und Juli Zeh ihr symbolisches Kapital, das sie von führenden Institutionen des Literaturbetriebs verliehen bekommen haben, nutzen, um durch die Veröffentlichung literarischer oder journalistischer Texte und den öffentlichen Appell für Werte wie den Daten- oder den Tierschutz (teilweise auch durch die direkte Adressierung staatlicher Institutionen) politische Wirkungen zu erzielen. Auch in ihren literarischen Narrationen und Essays thematisieren Duve und Zeh politische Themen.

Daneben haben wir gesehen, dass ältere und mit wichtigen Literaturpreisen versehene Autor*innen wie Sibylle Lewitscharoff und Martin Mosebach sich als

58 Vgl. Margret Kreidl: Zitat, Zikade. Zu den Sätzen. Wien 2017; Florian Neuner: Satzteillager. Wien 2011.

59 Vgl. Zé do Rock: per anhalter durch die brasilianische galaxis. München 2013; Tomer Gardi: broken german. roman. Graz / Wien 2016.

universelle Intellektuelle in politische, kulturelle und religiöse Debatten einschalten und – in den genannten Fällen – auf der Basis christlicher Begründungsfiguren konservative Positionen formulieren. Diese Positionen bleiben jedoch nicht unwidersprochen, jüngere Autorinnen wie Eva Menasse und Judith Schalansky formulieren (teilweise) scharfe Erwiderungen, die sie über eigene Erfahrungen authentifizieren. Auch die öffentlichen Äußerungen von Autoren wie Uwe Tellkamp bis hin zu Dietmar Dath bilden ein breites politisches Spektrum von rechten bis zu linken Positionen ab. Auffällig ist, dass jüngere Autor*innen sich eher als spezifische Intellektuelle inszenieren und beispielsweise ästhetische Fragen der Autorinszenierung (am Beispiel von Kathrin Passig beim Ingeborg-Bachmann-Preis 2006), der digitalen Zitiermöglichkeiten (am Beispiel von Helene Hegemanns Debütroman 2010) oder der sozialen Prägung von Autor*innen (Debatte um Florian Kesslers Essay 2014) diskutieren.

Neben diesen Beispielen, die repräsentativ für unterschiedliche Formen der engagierten Literatur und der öffentlichen Präsenz von (universellen bzw. spezifischen) literarischen Intellektuellen stehen, lassen sich jedoch vielfältige Formen des politischen Schreibens rubrizieren, die jenseits führender Institutionen des Literaturbetriebs existieren und ohne eine (starke) öffentliche Präsenz der (authentischen) Autoren auskommen. Dazu gehören Kunstfiguren wie Lady Bitch Ray oder PeterLicht, für die ihre literarische Autorschaft nur ein Nebenprodukt einer multimedialen Selbstinszenierung ist; die experimentelle Literatur von Margret Kreidl und Florian Neuner, die in der Tradition künstlerisch-avantgardistischer Bewegungen steht; sowie die sowohl an Verfahren der minoritären Distinktion wie auch der Dekonstruktion anschließende Literatur von Tomer Gardi und Zé do Rock.

Diese Differenzierungen sollen helfen, sowohl die unterschiedlichen Modelle der medienöffentlichen politischen Autorschaft als auch der verschiedenen politischen Literaturen zu analysieren und einander entgegenzustellen. Die zahlreichen Beispiele konnten hier nur kursorisch diskutiert und vorläufig sortiert werden, deshalb bleiben weitere *Studien der Subversion* notwendig.[60]

Literaturverzeichnis

Adorno, Theodor W.: Engagement. In: Theodor W. Adorno: Noten zur Literatur. Frankfurt a. M. 1994 (Suhrkamp-Taschenbuch Wissenschaft, Bd. 355. 6. Aufl.), S. 409–430.

---

60 Vgl. Thomas Ernst: Studien der Subversion: Konzeption eines medienwissenschaftlichen Analysemodells. In: Compared to What? Pop zwischen Normativität und Subversion. Hg. v. Tobias Gerber / Katharina Hausladen. Wien 2017, S. 111–124.

Auszüge aus Interviews und Gesprächen Heinrich Bölls über „Die verlorene Ehre der Katharina Blum“. In: Heinrich Böll: Die verlorene Ehre der Katharina Blum oder: Wie Gewalt entstehen und wohin sie führen kann. Mit Materialien und einem Nachwort des Autors. Köln 1992, S. 234–242.
Backe, Hans-Joachim: Diskussionsbericht [Sektion III: Risiken literarischer/künstlerischer Produktion, Risiken der Verständigung, Risiken der Rezeption/medienbedingte Riskanzen]. In: Literatur als Wagnis/Literature as a Risk. Hg. v. Monika Schmitz-Emans, in Zusammenarbeit m. Georg Braungart, Achim Geisenhanslüke u. Christine Lubkoll. Berlin/Boston 2013 (DFG-Symposium 2011), S. 637–643.
Beilein, Matthias: Literarische Debatten ohne Literatur? Das Beispiel Martin Mosebach. In: Trans. Internet-Zeitschrift für Kulturwissenschaften (2010), H. 17. URL: http://www.inst.at/trans/17Nr/8-3/8-3_beilein.htm (letzter Zugriff: 01.04.2018).
Bentz, Ralf u.a. (Hg.): Protest! Literatur um 1968. Eine Ausstellung des Deutschen Literaturarchivs in Verbindung mit dem Germanistischen Seminar der Universität Heidelberg und dem Deutschen Rundfunkarchiv im Schiller-Nationalmuseum Marbach am Neckar. Marbach am Neckar 2000 (Marbacher Kataloge, Bd. 51).
Böll, Heinrich: „Will Ulrike Gnade oder freies Geleit?“ Schriftsteller Heinrich Böll über die Baader-Meinhof-Gruppe und „Bild“. In: Der Spiegel (1972), H. 3, S. 54–57.
Böll, Heinrich: Die verlorene Ehre der Katharina Blum oder: Wie Gewalt entstehen und wohin sie führen kann. Mit Materialien und einem Nachwort des Autors. Köln 1992.
Brand, Ulrich / Lösch, Bettina / Opratko, Benjamin / Thimmel, Stefan (Hg.): ABC der Alternativen 2.0. Von Alltagskultur bis Zivilgesellschaft. In Kooperation mit Rosa-Luxemburg-Stiftung, taz.die tageszeitung und Wissenschaftlicher Beirat von Attac. Hamburg 2012.
Briegleb, Klaus: 1968. Literatur in der antiautoritären Bewegung. Frankfurt a.M. 1993 (edition suhrkamp 1669).
Brokoff, Jürgen / Ursula Geitner / Kerstin Stüssel: Einleitung. In: Engagement. Konzepte von Gegenwart und Gegenwartsliteratur. Hg. v. Jürgen Brokoff / Ursula Geitner / Kerstin Stüssel. Göttingen 2016 (Literatur- und Mediengeschichte der Moderne, Bd. 1).
Brunke, Julia: „Freiheit für Tiere“-Interview mit Karen Duve. In: Freiheit für Tiere. Das Magazin für alle Tierfreunde (2011). URL: https://www.freiheit-fuer-tiere.de/artikel/interview-mit-karen-duve.html (letzter Zugriff: 01.04.2018).
Crouch, Colin: Post-Democracy. Cambridge 2004.
Dath, Dietmar: Klassenkampf im Dunkeln. Zehn zeitgemäße sozialistische Übungen. Hamburg 2014.
do Rock, Zé: per anhalter durch die brasilianische galaxis. München 2013.
Duve, Karen: Anständig essen. Ein Selbstversuch. 5. Aufl. München 2012.
Duve, Karen: Macht. Roman. Berlin 2016.
Emcke, Carolin: Gegen den Hass. 4. Aufl. Frankfurt a.M. 2016.
Ernst, Thomas: Literatur und Subversion. Politisches Schreiben in der Gegenwart. Bielefeld 2013 (Onlineversion: www.thomasernst.net/lus).
Ernst, Thomas: Studien der Subversion: Konzeption eines medienwissenschaftlichen Analysemodells. In: Compared to What? Pop zwischen Normativität und Subversion. Hg. v. Tobias Gerber / Katharina Hausladen. Wien 2017, S. 111–124.
Foucault, Michel / Deleuze, Gilles: Gespräch zwischen Michel Foucault und Gilles Deleuze: Die Intellektuellen und die Macht (1972). In: Michel Foucault: Von der Subversion des

Wissens. Hg. v. Walter Seitter. Frankfurt a. M. 2000 (Fischer Wissenschaft, Bd. 7398), S. 106–115.
Foucault, Michel: Die politische Funktion des Intellektuellen. In: Michel Foucault: Schriften in vier Bänden. Band 3: 1976–1979. Frankfurt a. M. 2003, S. 145–152.
Gardi, Tomer: broken german. roman. Graz; Wien 2016.
Gärtner, Stefan: Man schreibt Deutsh [sic!]. Hausputz für genervte Leser. Reinbek bei Hamburg 2006.
Gärtner, Stefan / Roth, Jürgen: Benehmt euch! Ein Pamphlet. Köln 2013.
Geitner, Ursula: Stand der Dinge: Engagement-Semantik und Gegenwartsliteratur-Forschung. In: Engagement. Konzepte von Gegenwart und Gegenwartsliteratur. Hg. v. Jürgen Brokoff / Ursula Geitner / Kerstin Stüssel. Göttingen 2016 (Literatur- und Mediengeschichte der Moderne, Bd. 1), S. 19–58.
Gerber, Tobias / Hausladen, Katharina (Hg.): Compared to What? Pop zwischen Normativität und Subversion. Wien 2017.
Goer, Charis: Engagement war gestern. Thomas Ernst geht dem subversiven Potenzial der Literatur nach. In: kultuRRevolution. zeitschrift für angewandte diskurstheorie (2015), H. 68, S. 104–105.
Habermas, Jürgen: Keine Demokratie kann sich das leisten. Medien, Märkte und Konsumenten: Der Philosoph Jürgen Habermas, 77, sorgt sich um die Zukunft der seriösen Zeitung. Ein Essay. In: Süddeutsche Zeitung, 16. 05. 2007. URL: http://www.sueddeutsche.de/kultur/juergen-habermas-keine-demokratie-kann-sich-das-leisten-1.892340 (letzter Zugriff: 01. 04. 2018).
Hensel, Jana: Sieger ohne Relevanz. In: Die Zeit, 26. 06. 2006. URL: https://www.zeit.de/online/2006/26/klagenfurt-hensel (letzter Zugriff: 01. 04. 2018).
Hessel, Stéphane: Empört euch! Aus dem Französischen von Michael Kogon. Berlin 2011.
Himpsl, Franz: Gegen die Softeis-Version des Religiösen. Sibylle Lewitscharoff als Poetik-Dozentin. In: Süddeutsche Zeitung, 18. 07. 2014. URL: https://www.sueddeutsche.de/kultur/sibylle-lewitscharoff-als-poetik-dozentin-gegen-die-softeis-version-des-religioesen-1.2050749 (letzter Zugriff: 01. 04. 2018).
Horkheimer, Max / Adorno, Theodor W.: Dialektik der Aufklärung. Philosophische Fragmente. Frankfurt a. M. 2000 (12. Aufl.).
Jäger, Georg: Der Schriftsteller als Intellektueller. Ein Problemaufriß. In: Schriftsteller als Intellektuelle. Politik und Literatur im Kalten Krieg. Hg. v. Sven Hanuschek / Therese Hörnigk / Christine Malende (Hg.): Tübingen 2000 (Studien und Texte zur Sozialgeschichte der Literatur, Bd. 73), S. 1–25.
Kessler, Florian: Lassen Sie mich durch, ich bin Arztsohn! In: Die Zeit, 23. 1. 2014. URL: https://www.zeit.de/2014/04/deutsche-gegenwartsliteratur-brav-konformistisch.
Kraushaar, Wolfgang: Der Aufruhr der Ausgebildeten. Vom Arabischen Frühling zur Occupy-Bewegung. Hamburg 2012.
Kreidl, Margret: Zitat, Zikade. Zu den Sätzen. Wien 2017.
Lady Bitch Ray: Bitchism. Emanzipation – Integration – Masturbation. Stuttgart 2012.
Lewitscharoff, Sibylle: Von der Machbarkeit. Die wissenschaftliche Bestimmung über Geburt und Tod. Dresdner Rede. In: Deutschlandfunk, 06. 03. 2014. URL: https://www.deutschlandfunk.de/dresdner-rede-von-der-machbarkeit-die-wissenschaftliche.1818.de.html?dram:article_id=279389 (letzter Zugriff: 01. 04. 2018).
Lyotard, Jean-François: La Condition postmoderne. Rapport sur le savoir. Paris 1979.

Menasse, Eva: Nicht christlich, sondern krank. Zur Debatte um die Präimplantationsdiagnostik. In: Eva Menasse: Lieber aufgeregt als abgeklärt. Essays. Köln 2015, S. 26 – 34.

Mosebach, Martin: Häresie der Formlosigkeit. Die römische Liturgie und ihr Feind. Wien 2002.

Mosebach, Martin: Kunst und Religion. Vom Wert des Verbietens. In: Frankfurter Rundschau, 18. 06. 2012. URL: http://www.fr.de/kultur/kunst/kunst-und-religion-vom-wert-des-verbietens-a-834087 (letzter Zugriff: 01. 04. 2018).

Neuner, Florian: Satzteillager. Wien 2011.

Niedermeyer, Oskar: Mitgliederentwicklung der Parteien. In: bpb – Bundeszentrale für politische Bildung, 07. 10. 2017. URL: https://www.bpb.de/politik/grundfragen/parteien-in-deutschland/138672/mitgliederentwicklung-cdu-und-spd (letzter Zugriff: 01. 04. 2018).

Perlentaucher.de. Das Kulturmagazin: Perlentaucher-Debatte Literaturkritik im Netz. In: Perlentaucher.de, 26. 06. 2015. URL: https://www.perlentaucher.de/essay/perlentaucher-debatte-literaturkritik-im-netz.html (letzter Zugriff: 01. 04. 2018).

PETA Deutschland e.V.: Anständig essen – PETA zu Besuch bei Karen Duve. In: Youtube.com, 16. 03. 2011. URL: https://www.youtube.com/watch?time_continue=1&v=5_SQbTmAKn0 (letzter Zugriff: 01. 04. 2018).

PeterLicht: Wir werden siegen! Buch vom Ende des Kapitalismus. Frankfurt a. M. 2008.

Recherchekollektiv Dresden: Rechtspopulistische Thesen von Uwe Tellkamp, sekundiert von Götz Kubitschek [Dresden 08. 03. 2018]. In: Youtube.com, 08. 03. 2018 [Video, 20:11 Min.]. URL: https://www.youtube.com/watch?v=u8TrevOZW9k (letzter Zugriff: 01. 04. 2018).

Redaktion Literaturkritik.de: Artikel zu Helene Hegemanns „Axolotl Roadkill“ in Spiegel, FAZ, FAS, SZ und ZEIT. In: Literaturkritik.de. Rezensionsforum, 15. 02. 2010. URL: https://literaturkritik.de/public/online_abo/forum/forumnachricht.php?msgID=122 (letzter Zugriff: 01. 04. 2018).

Reichwein, Marc: Juli Zeh kann viel, aber nichts für ihre Herkunft. In: Die Welt, 17. 01. 2014. URL: https://www.welt.de/kultur/literarischewelt/article123935492/Juli-Zeh-kann-viel-aber-nichts-fuer-ihre-Herkunft.html (letzter Zugriff: 01. 04. 2018).

Reinhard, Doreen: Weltbürger trifft Sorgenbürger. In: Die Zeit, 09. 03. 2018. URL: https://www.zeit.de/kultur/literatur/2018-03/dresden-uwe-tellkamp-durs-gruenbein-afd-pegida (letzter Zugriff: 01. 04. 2018).

Rüdenauer Ulrich: Engagierte Literatur. Die Rückkehr des politischen Romans. In: SWR Wissen, 12. 10. 2017. URL: https://www.swr.de/-/id=20217358/property=download/nid=660374/1bm90/swr2-wissen-20171012.pdf (letzter Zugriff: 01. 04. 2018).

Schalansky, Judith: Ungeheuerliche Hetze. Eklat um Rede von Sibylle Lewitscharoff. In: Süddeutsche Zeitung, 08. 03. 2014. URL: https://www.sueddeutsche.de/kultur/eklat-um-rede-von-sibylle-lewitscharoff-ungeheuerliche-hetze-1.1907457 (letzter Zugriff: 01. 04. 2018).

Schiller, Friedrich: Über die ästhetische Erziehung des Menschen. Mit einem Nachwort von Käte Hamburger. Stuttgart 1995 (Reclams Universal-Bibliothek, Bd. 8994).

Schlingensief, Christoph / Hegemann, Carl: Chance 2000 – Wähle dich selbst. Köln 1998.

Schulze, Ingo: Blasphemie-Debatte: Her mit dem Blasphemie-Gesetz! In: Frankfurter Rundschau, 25. 06. 2012. URL: http://www.fr.de/kultur/blasphemie-debatte-her-mit-dem-blasphemie-gesetz-a-836219 (letzter Zugriff: 01. 04. 2018).

Sepp, Arvi / Martens, Gunther: Das Subversive in der deutschsprachigen Gegenwartsliteratur. Zum Geleit. In: Gegen den Strich. Das Subversive in der deutschsprachigen Literatur nach 1945. Hg. v. Arvi Sepp u. Gunther Martens. Berlin 2017, S. 1 – 6.

Sonneborn, Martin: Martin Sonneborn. In: Youtube.com, seit 17. 10. 2010. URL: https://www.youtube.com/user/MartinSonneborn (letzter Zugriff: 01. 04. 2018).
Trojanow, Ilija / Zeh, Juli: Angriffe auf die Freiheit. Sicherheitswahn, Überwachungsstaat und der Abbau bürgerlicher Rechte. München 2010.
Zeh, Juli: Corpus delicti. Ein Prozess. Frankfurt a. M. 2009.
Zeh, Juli: Nachts sind das Tiere. Frankfurt a. M. 2014.

Lothar Bluhm

Das Politische in der Literatur um 1995

Eine Erkundung

1 Einstieg

Eine Erkundung des Politischen in der Literatur um 1995 erfordert drei Vorab-Klärungen: Erstens in Bezug darauf, was es mit dem Politischen auf sich hat, zweitens, warum mit Blick auf Literatur und drittens, weshalb gerade im enggeführten Zeitfenster der Jahre um 1995. Den Dreh- und Angelpunkt macht natürlich die erste Vorab-Klärung aus, nämlich die Frage nach dem Politischen. Eine Klärung ist umso notwendiger, als eine jüngere sozialphilosophische Diskussion sich schwertut, hier eine befriedigende Antwort zu geben, und sich bei der Bestimmung des Phänomens gern in der Defensive hält. Wie Ulrich Bröckling und Robert Feustel zieht sie sich gern darauf zurück, dass die Frage nach dem Politischen letztlich „selbst eine eminent politische Frage“[1] sei und der Bestimmungswert des Politischen „sich gerade darin“ zeige, „die Frage danach offen zu halten“.[2] Wer weiter fragt, stößt nicht selten auf Zurückweisung: Sondiert man etwa im Horizont eines Niklas Luhmann nach dem Politischen, erhält man den deutlichen Hinweis, dass es ‚das Politische‘ gar nicht gebe, da es eine Differenz zu ‚Politik‘ impliziere, die schlichtweg nicht vorhanden sei. Noch einfacher machen es sich die Vielen, die die Frage nach dem Politischen umgehen, indem sie konstatieren, dass in den modernen Gesellschaften diese ihren politischen Charakter verloren hätten. Will sagen: Die Frage nach dem Politischen stellt sich vor diesem Hintergrund gar nicht erst – allenfalls als Bezeichnung eines Mangels.

Einen Ausweg bietet der 2003 verstorbene politische Philosoph Ernst Vollrath. Von Hannah Arendt ausgehend sieht er den „Phänomencharakter des Politischen [...] durch seine Einbettung in den kulturellen Kontext“[3] der Zeit bestimmt. Konkret bedeutet dies für Vollrath, dass das Politische „nur in Bezug auf seinen kulturellen Kontext sichtbar und einsichtig“[4] wird. Für unsere Untersuchung

1 Ulrich Bröckling / Robert Feustel: Einleitung: Das Politische denken. In: Das Politische denken. Zeitgenössische Positionen. Hg. v. dens. Bielefeld 2010, S. 7–18, hier: S. 7.

2 Bröckling / Feustel, S. 9.

3 Ernst Vollrath: Was ist das Politische? Eine Theorie des Politischen und seine Wahrnehmung. Würzburg 2003, S. 10.

4 Vollrath, S. 11.

https://doi.org/10.1515/9783110568561-003

bedeutet es: Selbst wenn ‚das Politische' also nicht unmittelbar fassbar gemacht werden kann, bleibt immerhin der Weg, es über seine Wahrnehmung, also mittelbar, sichtbar und einsichtig werden zu lassen. In der Apperzeption treten die kulturellen, sozialen, ökonomischen, rechtlichen, weltanschaulichen und religiösen sowie staatlich-organisatorischen Konstituenten einer sich als Handlungseinheit formierenden Gesellschaft hervor: Sichtbar werden ihre Strukturen, ihr Bedingungsgefüge, ihre Regelwelten – und vielleicht wird sogar ihre Qualität fixierbar. Die Literaturwissenschaft kann solcherart Kulturanalyse nur bedingt leisten, allenfalls im Zuge einer ‚dichten Beschreibung',[5] für die hier aber weder der Raum noch die Gelegenheit ist. Sie kann allerdings einen Ausschnitt aus dem kulturellen Kontext segmentieren, eben die Literatur, und danach fragen, wo und wie das Gesellschaftliche in seiner Komplexität und Variabilität im fiktionalen Rahmen des Als-ob verhandelt und dabei ein Blick auf das ‚Politische' eröffnet wird. Die Fokussierung auf ein enges Zeitfenster gestattet bei solcherart Erkundung eine gewisse Tiefenschärfe, die im zeitlichen Längsschnitt wohl schwieriger zu erreichen wäre.

Das Jahr 1995 bietet sich für solche Fokussierung an, da die Mitte der 1990er Jahre noch immer im Schlagschatten der historisch-politischen Ereignisse von 1989/1990, also der deutsch-deutschen Vereinigung sowie dem Zusammenbruch des Staatssozialismus, stand. Sie hatte zugleich auch schon die sogenannten ‚Folgen der Wende' im Blick und war neuen, unerwarteten historisch-politischen Entwicklungen ausgesetzt – an die Bürgerkriege im zerfallenden Jugoslawien und Deutschlands Einstieg in die Liga der kriegführenden Nationen sei erinnert. Nicht zufällig wird in der aktuellen Forschung von einem ‚Wendejahr 1995' gesprochen, das im Horizont von ‚Transformationen der deutschsprachigen Literatur' zu sehen sei.[6] Ob jedoch ein einzelnes Jahr ereignisgeschichtlich tatsächlich als ‚Wende' bezeichnet werden kann, darf angesichts der Prozesshaftigkeit von historischen Vorgängen sicherlich bezweifelt werden. Richtig ist gleichwohl, dass im Jahr 1995 „auffällig viele literarische Werke, die später kanonisiert wurden und retrospektiv gesehen exemplarisch stehen für zentrale Tendenzen der deutschsprachigen Gegenwartsliteratur", erschienen sind und eine gewisse „Verdichtung literarischer Ereignisse und Werke" zu registrieren ist.[7] Die ereignisgeschichtliche ‚Ver-

5 Grundlegend ist Clifford Geertz: Dichte Beschreibung. Beiträge zum Verstehen kultureller Systeme. Frankfurt a. M. 2003 (orig.: Thick description: Toward an interpretive theory of culture. In: The Interpretation of Culture. Selected Essays, 1973).

6 Heribert Tommek / Matteo Galli u. a. (Hg.): Wendejahr 1995. Transformationen der deutschsprachigen Literatur. Berlin 2015.

7 Heribert Tommek: Wendejahr 1995 – Einführung. In: Wendejahr 1995. Transformationen der deutschsprachigen Literatur. Hg. v. Heribert Tommek / Matteo Galli u. a. Berlin 2015, S. 1–7, hier:

dichtung' ist deshalb einzubinden in die Zeitentwicklung und als Markierung in einem Prozess zu verstehen. Demgemäß wird in der vorliegenden Skizze betont nicht auf *das Jahr* 1995 abgehoben, sondern von der Literatur in den Jahren *um 1995* die Rede sein. Insgesamt sind die 1990er Jahre in Deutschland im soziokulturellen Bereich in augenfälliger Weise von der Notwendigkeit und dem Bemühen um eine Neujustierung des politischen Gesamtsystems geprägt. Der in diesem Zuge zu beobachtende Aushandlungsprozess von neuen Wirklichkeitssichten manifestierte sich in diesen Jahren nicht zufällig in einer dichten Folge von literarisch-publizistischen Auseinandersetzungen, die im Kern immer die Frage nach dem Politischen stellten.[8] Die Regeln des publizistischen Streits bewirkten in dieser Stafette von Auseinandersetzungen um Christa Wolf, Botho Strauß, Peter Handke oder Martin Walser – um nur die wichtigsten zu nennen – zwangsläufig eine Komplexitätsreduktion, die die Problemstellungen tatsächlich oft eher verwischten, als dass sie zu ihrer Klärung beitrugen. In ihren notwendig planen Schwarz-Weiß-Zeichnungen konnten sie der Poetik des Vorbehalts, die moderner Literatur eigentlich eigen ist, nicht entsprechen.

So will die vorliegende Skizze den Blick nicht auf den – zudem oft genug behandelten – Streit um das Politische im öffentlichkeitswirksamen Raum der publizistischen Feuilletondebatte richten, sondern auf die Verhandlung des Politischen in der Literatur selbst. Anhand einer Auswahl literarischer Werke von Bernhard Schlink, Monika Maron und Günter Grass sowie Peter Handke, Christian Kracht und Yoko Tawada soll das Mit-, Neben- und Gegeneinander unterschiedlicher Konzeptualisierungen des Politischen in der Literatur erkundet werden.[9] Der Bezug begründet eine die Auswahl fundamentierende Unterscheidung zwischen Formen der Erinnerungsliteratur und literarischen Unternehmungen, die sich bei ihrem Bemühen um neue Kommunikationswege von der traditionellen erinnerungsliterarischen Verpflichtung auf das Geschichtliche zu lösen suchten.

S. 1. – Zu Recht relativiert Tommek in der Folge: „Freilich ist der Begriff ‚Wendejahr', versteht man ihn als absolute Zäsur, problematisch."

8 Vgl. Lothar Bluhm: Standortbestimmungen. Anmerkungen zu den Literaturstreits der 1990er Jahre in Deutschland. Eine kulturwissenschaftliche Skizze. In: Deutschsprachige Gegenwartsliteratur seit 1989. Zwischenbilanzen – Analysen – Vermittlungsperspektiven. Hg. v. Clemens Kammler / Torsten Pflugmacher. Heidelberg 2004, S. 61 – 73. – Ders.: Verdrängungsdiskurse in den Literaturstreits der neunziger Jahre. In: Literatur als Skandal. Fälle – Funktionen – Folgen. Hg. v. Stefan Neuhaus / Johannes Holzner. Göttingen 2007, S. 568 – 576.

9 Siehe dazu auch Lothar Bluhm: Von Grass bis Kracht und Tawada. Formen des historischen Erzählens in den 1990er Jahren. In: Geschichte(n) erinnern. Formen historisch-fiktionalen Erzählens in der deutschen und polnischen Literatur nach 1989. Hg. von Carsten Gansel / Monika Wolting [im Druck]. – Umfassend Stephanie Catani: Geschichte im Text. Geschichtsbegriff und Historisierungsverfahren in der deutschsprachigen Gegenwartsliteratur. Tübingen 2016.

Die Unterscheidung ist in ihrem Distinktionsvermögen schärfer und vermag den ‚Phänomencharakter des Politischen' eher in den Blick zu rücken als die sicherlich ebenfalls Erkenntnisgewinn versprechende Differenzierung nach Schreibweisen.[10]

2 Erinnerungsliteratur – Bernhard Schlink, Monika Maron und Günter Grass

Im Rahmen der gängigen literaturhistorischen wie schon der zeitgenössischen literaturkritischen Rubrizierungen wird die sogenannte ‚Erinnerungsliteratur' als dominierende Erscheinung in der Literatur der 1990er Jahre eingeschätzt. Nach Hubert Winkels repräsentiert sie „den traditionellen Anspruch der Literatur, wesentlich teilzuhaben an kollektiver Erinnerungsarbeit durch historische Vergegenwärtigung". Sie ist – mehr oder weniger – vom Anspruch geprägt, an der „politisch-moralischen Verständigung"[11] in ihrer Zeit mitzuwirken.[12] Zu den namhaften Vertretern gehören Bernhard Schlink, Monika Maron und Günter Grass, die um 1995 allesamt mit viel beachteten literarischen Werken in Erscheinung getreten sind.

Dem Anspruch, an der politisch-moralischen Verständigung in der Zeit mitzuwirken, ist bereits der Gegenstand von Bernhard Schlinks Erfolgsroman *Der Vorleser* von 1995 vielfältig verpflichtet. In der Erzählung von der existenzprägenden Fixiertheit der Erzähl- und Erzählerfigur Michael Berg auf die 21 Jahre ältere Hanna Schmitz, deren Biographie maßgeblich von ihrer schuldhaften Verstrickung in den organisierten Massenmord im Dritten Reich geprägt ist, wird

---

10 Hierzu sei insbesondere auf die Unterscheidung von Heribert Tommek verwiesen. Er versucht, „das Spektrum der Schreibweisen zwischen *literarischer* und *sozialer Zeit* mit Fokus auf das Jahr 1995 anhand von vier Positionen abzustecken: 1. sprachexperimentellen Schreibweisen, 2. Schreibweisen einer allegorischen Moderne und Postmoderne, 3. ästhetischem Realismus oder einer Unterhaltungsliteratur mit ästhetischem Anspruch, 4. metonymischem Realismus oder einer Unterhaltungsliteratur mit Anspruch auf einen inhaltlichen Neuigkeitswert." Ders.: Schreibweisen der Gegenwartsliteratur im Querschnitt des Jahres 1995. In: Wendejahr 1995. Transformationen der deutschsprachigen Literatur. Hg v. Heribert Tommek / Matteo Galli. Berlin 2015, S. 8–25, hier: S. 13.

11 Hubert Winkels: Zur deutschen Literatur 1998. In: Deutsche Literatur 1998. Jahresüberblick. Hg. von Volker Hage / Rainer Moritz / Hubert Winkels. Ditzingen 1999, S. [5].

12 Einen groben Überblick bietet Lothar Bluhm: Herkunft, Identität, Realität. Erinnerungsarbeit in der zeitgenössischen deutschen Literatur. In: Autobiographisches Schreiben in der deutschsprachigen Gegenwartsliteratur. Band 1: Grenzen der Identität und der Fiktionalität. Hg. von Ulrich Breuer / Beatrice Sandberg. München 2006, S. 69–80.

ein zentrales Moment des sogenannten ‚alten' bundesrepublikanischen Selbstverständnisses in einer durchaus irritierenden Weise neu verhandelt.[13] Im Mittelpunkt steht die Frage nach der Schuld nicht nur der ersten Tätergeneration, sondern auch die nach der Schuld der nachfolgenden zweiten, der Kinder-Generation. Zur Irritation und Kritik am Roman trug die Verknüpfung von Schuld und Analphabetismus bei der Erzählfigur der ehemaligen KZ-Aufseherin Hanna Schmitz ganz wesentlich bei. Dieses – auf jeden Fall zentrale – Erzählmotiv wurde nicht selten als Relativierung von Schuld und Verantwortlichkeit angesehen. Doch als fast wichtiger noch dürfte die Darstellung der Erzähl- und Erzählerfigur Michael Berg einzuschätzen sein. An dessen erzählter Biographie wird die Unfähigkeit der zweiten Generation narrativ entwickelt, sich aus dem Spannungsverhältnis von liebender Zuwendung zur ersten Generation und einer politisch geforderten sowie moralisch gebotenen Verurteilung von deren Untaten zu lösen und eine intakte Identität auszubilden. Der Roman stellt 1995 in allemal provozierender Weise die Frage nach Schuld und Schuldfähigkeit in Bezug auf die Verbrechen im Dritten Reich neu und greift dabei zumindest in Teilen die rezenten Deutungsmuster und Sprachregelungen der Zeit an.[14] Zum anderen bietet er in der Figur des Michael Berg mit Blick auf die bundesrepublikanische Gesellschaft und deren sogenannte ‚Aufarbeitung' die erzählerische Diagnose einer mentalen Deformation.

Im Horizont der Neujustierungen des sozio-kulturellen Systems im Deutschland der 1990er Jahre wird man den Roman sicherlich als Teil jener oft kritisierten ‚geistig-moralischen Wende' einschätzen dürfen, die bereits Anfang der 1980er Jahre im politischen Raum proklamiert worden war. Nach der deutsch-deutschen Vereinigung wurde das in der Tradition eines sozialkritischen Realismus stehende linke und linksliberale altbundesrepublikanische Paradigma mit seinen Tabus einer zunehmenden kritischen Reflexion unterzogen, die letztlich zu seiner Diskreditierung als ‚Gesinnungsästhetik' und zu einer Verschiebung der Tabus führte. Die Unerklärbarkeit und Unentschuldbarkeit des Holocaust als zentrale

---

13 Nach wie vor grundlegend ist Juliane Köster: Bernhard Schlink. Der Vorleser. (Oldenbourg Interpretationen, Bd. 98) München 2000. – Siehe auch Lothar Bluhm: „Die Würde des Menschen ist unantastbar." Anmerkungen zu Bernhard Schlinks Roman *Der Vorleser*. In: Deutschsprachige Erzählprosa seit 1990 im europäischen Kontext. Interpretationen, Intertextualität, Rezeption. Hg. von Anne-Marie Corbin / Volker Wehdeking. Trier 2003, S. 149–161.

14 Eine gänzlich andere Einschätzung bietet Achim Geisenhanslüke: „Mit den sehr zeitgemäßen Themen des Analphabetismus und der Sexualität überführt der Roman die Schuldkultur, die die Nachkriegszeit bestimmt hat, in eine Schamkultur [...]. [...] Dem Roman geht es nicht um Verarbeitung, sondern um die Abwehr von Erinnerung, die mit Schuld verbunden wäre." Ders.: In der Erinnerung. Gedächtnispolitik 1995. In: Wendejahr 1995. Transformationen der deutschsprachigen Literatur. Hg. von Heribert Tommek / Matteo Galli u.a. Berlin 2015, S. 31–49, hier: S. 34.

Konstituenten des ‚alten' bundesrepublikanischen Selbstverständnisses und als Marksteine des ‚Politischen' erfuhren eine Auflösung. Die Entgegensetzung zu Nationalsozialismus, Drittem Reich und Holocaust als identitätsstiftendes Moment verlor an Bedeutung und machte neuen Bezugsetzungen und Sprachregelungen Platz.

Das neue Paradigma, das sich in den Vordergrund schob, hatte mit dem zurückweichenden gemein, dass es historisch fundamentiert und organisiert war. Für etwa ein Jahrzehnt traten als neue Bezugsetzungen die DDR und im Kern vor allem der ‚Clash of Civilizations' beim Zusammenprall von Ost und West im Zuge der deutsch-deutschen Vereinigung in den Fokus. Doch auch dieses paradigmenbildende Strukturelement sollte im frühen 21. Jahrhundert zunehmend an Relevanz verlieren. Die 1990er Jahre sind insgesamt wohl als eine Phase des grundlegenden Kulturwandels von einem historisch-genetischen zu einem – wie es scheint – systematischen Verortungssystem einzuschätzen, das von den neuen Medien in digitaler Form getragen dann im neuen Jahrtausend zunehmend an Raum gewinnen sollte.

Doch zurück zur Mitte der 1990er Jahre: Mit Monika Marons *Animal triste* erschien 1996 ein Roman, der den genannten Zusammenprall der Zivilisationen von Ost und West in Deutschland aufgriff. Wie Schlinks *Vorleser* bietet Marons Roman auf der Oberfläche der Erzählung eine Liebesgeschichte. Stärker als Schlink schreibt Maron dabei auf dem Palimpsest der literarischen Tradition, wobei ganz ausdrücklich Kleists *Penthesilea* als Referenz markiert wird. In einer Phantasmagorisches und Reales verbindenden Erinnerungserzählung wird die zerstörerische und nicht zuletzt selbstzerstörerische Passion einer Ostberliner Paläontologin – einer Saurierforscherin – zu einem verheirateten Ulmer Insektenforscher auf diese Folie transponiert. Im mehrfach zitierten Kleist'schen Penthesilea-Diktum: „Doch von zwei Dingen schnell beschloß ich eines / dich zu gewinnen oder umzukommen",[15] gewinnt die intertextuell verstärkte Radikalität eines einseitigen Liebesbegriffs Kontur. Neben diesem Liebes-, einem eigenen Erinnerungs- sowie Generationen- und Geschlechterdiskurs kommt dem Projektionsraum einer tragischen Ost-West-Geschichte im Roman ein eigener Stellenwert zu. Damit wird die Geschichte um Liebesobsession, Verrat und Tod in Hinblick auf die deutsch-deutsche Vereinigungsgeschichte lesbar bzw. als eine Art narrative Problementwicklung fassbar. Bereits 1992 hatte Monika Maron in ihrem Essay *Nach Maßgabe meiner Begreifungskraft* anlässlich der Verleihung des Kleist-Preises an sie Penthesileas Liebe zum schließlich von ihr getöteten und zerrissenen Achill als eine radikale Abwendung von der Gemeinschaft der Amazonen

15 Monika Maron: Animal triste. Roman. Frankfurt a.M. 1997, S. 132; siehe auch S. 142 u.ö.

interpretiert, die in der Kleist'schen Darstellung die Legitimation ihrer Kultur aus der Überwindung eines vorgängigen Zwangsstaats herleitete. Der Preis der Loslösung aus diesem Sozialraum und der Selbstbehauptung als liebendes Individuum ist bei Penthesilea Wahnsinn und Tod. Marons Erzählfigur wagt in der gleichen Weise ihren Ausbruch aus der ‚Kultur' der DDR, die sich ihrerseits als Überwindung eines Zwangssystems verstand, in eine unbedingte Liebesbeziehung. Die in der Paarkonstellation einer Paläontologin und eines Insektenforschers gleichermaßen entmythisierte wie parodierte Liebespassion ist für die weibliche Erzählfigur des Romans der Versuch, einer als restriktiv erfahrenen Kulturhaftigkeit zu entfliehen und in eine neue naturhafte Unbedingtheit zu gelangen. Die Maßlosigkeit und die Einseitigkeit des Unterfangens münden zwangsläufig im Scheitern. Wenn man von der Bild- auf die Sachebene wechselt, erscheint das Modell als eine Art narrativer Kommentar zum politischen Vereinigungsprozess von 1989/1990 und dessen Folgen.

Referiert man erneut auf Monika Marons Kleist-Essay von 1992, ist der politische Kommentarcharakter gleichwohl nur eine Facette. Mit Bezug auf „die Konturen der Kleistschen Lebenskatastrophe" setzt der Roman – in den Worten Marons – „die Ahnung von der zivilisatorischen Katastrophe" um, „[...] aus der das Individuum, verstoßen aus der Natur, auf der Flucht vor den quälenden Verbindlichkeiten der Kultur, den Weg zurück nicht findet."[16] So ist das Politische, das in *Animal triste* greifbar wird, zum einen das neue Paradigma einer von der Literatur getragenen kollektiven Erinnerungsarbeit durch historische Vergegenwärtigung, konkret: die narrative kritische Reflexion der deutsch-deutschen Vereinigungsgeschichte. Zum anderen ist es im engeren Sinne die kulturkritisch fundamentierte Einsicht in die Unmöglichkeit eines radikalen Individualismus unter gesellschaftlichen Bedingungen. Das Thema wird auch in anderen literarischen Werken Monika Marons in den 1990er Jahren verhandelt, insbesondere in *Stille Zeile sechs.*[17]

Die kritische Reflexion der deutschen Wiedervereinigung und ihrer Folgen ist bei Maron eine Diskursebene, die dem Roman eingeschrieben ist, ohne ihn – jedenfalls in der öffentlichen Rezeption – zu dominieren. Dies ist beim im August 1995 erschienenen Roman *Ein weites Feld* von Günter Grass sicherlich anders. Das mit 781 Druckseiten in der Tat voluminöse Romanwerk des späteren Literatur-Nobelpreisträgers gehört zu den großen – und am meisten umstrittenen – Ereignissen auf dem Literaturmarkt der 1990er Jahre. Gebunden an die groteske

16 Monika Maron: Nach Maßgabe meiner Begreifungskraft. In: Dies.: Nach Maßgabe meiner Begreifungskraft. Artikel und Essays. Frankfurt a. M. 1993, S. 111.

17 Vgl. Lothar Bluhm / Volker Wehdeking: Monika Marons *Stille Zeile sechs* im Licht von *Pawels Briefen*. In: Interpretationen. Romane des 20. Jahrhunderts. Band 3. Stuttgart 2003, S. 239–259.

Paarkonstellation des als Wiedergänger Theodor Fontanes auftretenden Büroboten Theo Wuttke und seines ‚TagundNachtschattens' Hoftaller, der ihm gleichermaßen als Spitzel wie vertrauter Begleiter folgt, wird in einer komplexen und facettenreichen Darstellung die Geschichte der Wiedervereinigung und der Nachwendezeit entfaltet und in ihrer historischen Tiefe ausgelotet. Die Perspektive ist dezidiert kritisch und über die als politischer Autor eindeutig markierte Person von Günter Grass auch im politischen Feld klar positioniert. In weiten Teilen der Literaturkritik und -rezeption füllte *Ein weites Feld* sofort die Leerstelle des in der literarisch-publizistischen Öffentlichkeit lange geforderten ‚Romans der deutschen Einheit'. Das Werk gilt im Zeitfokus seines Erscheinens als „Antiwenderoman"[18] und trotz aller unbestreitbaren Literarizität vor allem als politische Wortmeldung.

Entsprechend harsch und kontrovers waren die Reaktionen. Die Diskussion ist schon vielfältig nachgezeichnet worden[19] und hat bereits im Mai 1996 eine umfangreiche – 495 Druckseiten starke – Dokumentation hervorgebracht.[20] Eine Fotomontage des damaligen ‚Papstes der Literaturkritik', Marcel Reich-Ranicki, als verreißenden bzw. zerreißenden Scharfrichters in der Auseinandersetzung um den Roman brachte es am 26. April 1995 immerhin auf die Titelseite des Nachrichtenmagazins *Der Spiegel*.[21] Das Politische als Streitgegenstand hatte vordergründig drei unmittelbare Bezugspunkte, nämlich die kritische Bewertung der deutsch-deutschen Vereinigung, die ebenso kritische Bewertung ihrer Folgen sowie die als beschönigend angesehene Bewertung der DDR. Der ‚klassische' und in Teilen wohl auch nicht ganz unberechtigte Vorwurf an eine linke und linksliberale kulturelle Klasse in der ‚alten' Bundesrepublik, bei ihrer Gesellschaftskritik auf dem ‚linken Auge blind' zu sein, wurde in aller Schärfe auch auf den Roman appliziert. Die Auseinandersetzung um den Grass-Roman fügt sich in dieser Hinsicht nahtlos in die Folge der publizistischen Literaturstreite der 1990er Jahre ein, in denen zum Teil auch ein Deutungsstreit um das Erbe der DDR ausgefochten wurde. Zur politischen Dimension des Romans gehört aber mindestens ebenso die kritische In-Szene-Setzung der deutschen Tradition eines Obrigkeits- und Spit-

---

18 Dieter Stolz: Günter Grass zur Einführung. Hamburg 1999, S. 176.

19 Siehe etwa Stefan Neuhaus: Literaturkritik. Eine Einführung. Göttingen 2004, S. 115–120.

20 Oskar Negt (Hg.): Der Fall Fonty. *Ein weites Feld* von Günter Grass im Spiegel der Kritik. Göttingen 1996.

21 Matthias Beilein spricht von der „wohl bekanntesten Rezension" Reich-Ranickis und verweist zu Recht darauf, dass der „Anteil von Reich-Ranickis Debattenbeiträgen" im Streit um Günter Grass und sein Buch „wohl kaum zu überschätzen" sei. Ders.: Wendejahre und Digitalisierung: Der Literaturbetrieb im Jahr 1995. In: Wendejahr 1995. Transformationen der deutschsprachigen Literatur. Hg. von Heribert Tommek / Matteo Galli u. a. Berlin 2015, S. 93–111, hier: S. 105.

zelstaats und die Frage nach dem Stellenwert des Literarischen und der Literaten in dieser ‚Schattengeschichte'. Vielleicht ist das sogar der eigentliche Kernpunkt des Politischen im Grass-Roman.

3 Die Suche nach neuen Kommunikationswegen – Peter Handke, Christian Kracht und Yoko Tawada

Die Erinnerungsliteratur, für die Bernhard Schlink, Monika Maron, Günter Grass und ihre Werke als herausragende Beispiele stehen, ist bereits qua Anspruch – ausgesprochen oder nicht –, durch historische Vergegenwärtigung an der kollektiven Erinnerungsarbeit mitzuwirken, auf das Politische gerichtet und macht es in der literarischen Bearbeitung sichtbar. Folgt man der gängigen literaturkritischen und -historischen Unterscheidung, so stehen der Erinnerungsliteratur in den 1990er Jahren verschiedene literarische Strömungen entgegen, die sich den gängigen sprachlichen Ritualen des Politischen zu entziehen suchen und auf jeweils sehr unterschiedliche Weise nach neuen Kommunikationswegen in der literarischen Verständigung Ausschau halten. Dazu gehört sicherlich die Tradition einer solipsistischen Literatur in der Weiterführung der aus den 1970er Jahren stammenden ‚Neuen Subjektivität', wie sie Peter Handke repräsentiert. Aber auch die von Hubert Winkels so genannte „‚Spät-Post-Pop-HipHop-*Moderne*'"[22] eines Christian Kracht oder das ironisch-kulturanthropologische Schreiben einer Yoko Tawada wird man dazu rechnen müssen. Gleichwohl schreiben auch diese literarischen Strömungen sich direkt oder indirekt in die Apperzeptionsgeschichte des Politischen ein.

Am ehesten wird man das bei einem Autor wie Peter Handke vermuten dürfen, der in der Mitte der 1990er Jahre immerhin zum Bezugspunkt einer der großen Literaturstreite im deutschen Kultursystem geworden ist. Nachdem im Januar 1996 in zwei Folgen in der *Süddeutschen Zeitung* sein dann auch als Buch erschienener Reisebericht *Eine winterliche Reise zu den Flüssen Donau, Save, Morawa und Drina oder Gerechtigkeit für Serbien* erschienen war, folgte eine über Monate fortlaufende heftige Kontroverse über die Parteinahme des Autors für das Krieg führende nationalistische Serbien und Handkes an Schärfe kaum zu überbietende Medienschelte in Bezug auf die mediale Darstellung des Bosnienkrie-

22 Winkels, S. 22.

ges.[23] Mit *Mein Jahr in der Niemandsbucht* war Ende 1994 ein – wie der Untertitel lautet – „Märchen aus den neuen Zeiten" erschienen,[24] das ganz der Wahrnehmungsästhetik einer späten ‚Neuen Subjektivität' verpflichtet war. Bei minimaler Erzählhandlung wird auf 1067 Druckseiten die Genese von Literatur vorgeführt und – in der Beschreibung eines Ulrich Greiner – das „Projekt" umgesetzt, dass „die Poesie als Welt und die Welt als Poesie"[25] zu sehen sei. Was vom Autor als „erzählendes Gebet"[26] präsentiert wird, ist zugleich die selbstbewusste Behauptung von Literatur als einer prioritären Weise der Wirklichkeitserschließung und der Sinnstiftung, als einer Art moderner Religion, mit dem Künstler als Offenbarungsinstanz. Bereits dieser Anspruch darf als politischer Akt und eine Spiegelung auf das Politische gewertet werden.

Das Geschehen des Buchs wird in die nahe Zukunft, den „Frühjahrsbeginn 1997", verlegt, und lässt eine Erzählstimme en passant auf einen kurzzeitig aufgeflammten Bürgerkrieg zurückblicken, der in Deutschland wie in vielen anderen Teilen der Welt entbrannt sei.[27] Inzwischen schaue dieses „Deutschland" nun aber wieder in eine neue Zukunft, „als stehe [es] zum ersten Mal an so etwas wie einem Anfang, gespensterlos, gesundet, wenngleich schwachbeinig und verdattert".[28] Dass der Autor in seinen imaginierten Rückblicken auf die Gegenwart seine Eindrücke von den Jugoslawienkriegen der 1990er Jahre verarbeitet, ist naheliegend. Wichtiger ist aber wohl etwas Grundsätzlicheres: Mit ihrer quasireligiösen Sinnstiftung in einer als sinnentleert, chaotisch, gewaltsam und lügenhaft wahrgenommenen Zeit, der Gegenwart, wird die Literatur bei Handke als nicht-politisches, tatsächlich aber natürlich eminent politisches Heilsangebot

---

23 Peter Handke: Gerechtigkeit für Serbien. Eine winterliche Reise zu den Flüssen Donau, Save, Morawa und Drina. In: Süddeutsche Zeitung vom 5./6. und 13./14. Januar 1996. Als selbständiger Druck unter dem Titel: Eine winterliche Reise zu den Flüssen Donau, Save, Morawa und Drina oder Gerechtigkeit für Serbien. Frankfurt a. M. 1996. Eine Auswahl an Diskussionsbeiträgen bieten: Franz-Josef Görtz u. a. (Hg.): Deutsche Literatur 1996. Jahresüberblick. Stuttgart 1997, S. 275–318; sowie: Noch einmal für Jugoslawien: Peter Handke. Hg. v. Thomas Deichmann. Frankfurt a. M. 1999. Siehe auch Lothar Bluhm: „Schon lange ... hatte ich vorgehabt, nach Serbien zu fahren". Peter Handkes Reisebücher oder: Möglichkeiten und Grenzen künstlerischer ‚Augenzeugenschaft'. In: WW 48 (1998), H. 1, S. 68–90.

24 Peter Handke: Mein Jahr in der Niemandsbucht. Ein Märchen aus den neuen Zeiten. Frankfurt a. M. 1994.

25 Ulrich Greiner: Die ganze Welt, das ganze Leben. Peter Handkes Tausend-Seiten-Werk *Mein Jahr in der Niemandsbucht – Ein Märchen aus den neuen Zeiten*. In: Die Zeit, Nr. 49 vom 2. Dezember 1994, Literatur, S. 1 f., hier: S. 1.

26 Handke, Niemandsbucht, S. 377.

27 Handke, Niemandsbucht, S. 780: „Die diesjährigen Kriege auf der Welt waren Bruderkriege. Die Kampfparteien wußten dabei in der Regel kaum, worum es ihnen überhaupt ging."

28 Handke, Niemandsbucht, S. 782.

unterbreitet. Damit steht der Autor in einer durchaus breiten Tradition, die auf die Romantik zurückblickt, steht Mitte der 1990er Jahre aber seltsam quer zu den gängigen Literaturdiskursen und ebenso zu den rezenten Vorstellungen vom Politischen.

Die Abwendung von den sprachlichen Ritualen der Politik in der Literatur gilt auch für die sogenannte ‚Neue deutsche Popliteratur', als deren „Gründungsdokument"[29] gern Christian Krachts ‚kleiner Bildungsroman' *Faserland* von 1995 proklamiert wird.[30] Gegenüber der verbreiteten problematischen Lesart dieses Romans – wie der Pop-Literatur überhaupt –, dass hier das ‚Politische' programmatisch eskamotiert wäre, ist schon mit guten Gründen darauf hingewiesen worden, dass die wissenschaftstopische Entgegensetzung von Erinnerungs- und Popliteratur eine unzulässige Simplifizierung darstellt.[31] Bereits in der popliterarischen Strategie des ‚Archivierens' ist das Erinnerungsprinzip schließlich schon gegeben, rekurriert nur eben auf andere Bezugsfelder, insbesondere solche der alltags- und unterhaltungskulturellen Welt. In Krachts Roman ist indes auch der ‚klassische' kritische Diskurs der traditionellen Erinnerungsliteratur präsent; er zeigt sich augenfällig bereits in den vielfältigen Bezügen auf eine verdeckte Gegenwärtigkeit des Nazismus. Das Neue – und wenn man so will: das spezifisch Politische – an deren Präsentation ist bei Kracht gleichwohl die Vorbehaltlichkeit, ist das Moment der Unsicherheit in Hinblick auf die gesellschaftlich geforderte Sicherheit und Bekenntnishaftigkeit der Positionierung. In der Figurenperspektive des sinnsuchenden namenlosen Protagonisten in *Faserland* wird das geradezu musterhaft vorgeführt: „Ich weiß", sinniert die Erzählfigur mit

---

29 Moritz Baßler: Der deutsche Pop-Roman. Die neuen Archivisten. 2. Aufl. München 2005, S. 111. – In seinem Werkartikel zum Roman schreibt Michael Peter Hehl zu Recht: „Heute gilt der von Martin Hielscher lektorierte Roman als einer der zentralen Texte deutschsprachiger Literatur der 1990er Jahre." In: Ders.: Wendejahr 1995. Transformationen der deutschsprachigen Literatur. Hg. von Heribert Tommek / Matteo Galli u. a. Berlin 2015, S. 426–437, hier: S. 426.

30 Eine kritisch-räsonierende Auseinandersetzung mit den Zuordnungsbemühungen durch Literaturkritik und Literaturwissenschaft bietet Lutz Hagestedt: Die absolute Freiheit und der Schrecken. Erinnerungskultur und Gegenwartsbezug bei Christan Kracht. In: Christian Kracht. Zu Leben und Werk. Hg. von Johannes Birgfeld / Claude D. Conter. Köln 2009, S. 131–149. Die Tradition des ‚Bildungsromans' betont Lothar Bluhm: Zwischen Auslöschung und Salvierung. Intertextuelle Ambivalenzen im Romanausgang von Christian Krachts *Faserland*. In: Produktive Rezeption. Beiträge zur Literatur und Kunst im 19., 20. und 21. Jahrhundert. Hg. von Lothar Bluhm / Achim Hölter. Trier 2010, S. 91–104. Eine schöne Kontextbestimmung unternimmt M. P. Hehl: Literatur und Pop im Jahr 1995. In: Wendejahr 1995. Transformationen der deutschsprachigen Literatur. Hg. v. Heribert Tommek / Matteo Galli. Berlin 2015, S. 134–155.

31 Lothar Bluhm: Popliteratur und Erinnerung. Kritische Anmerkungen zu einer topischen Entgegensetzung. In: Das ‚Prinzip Erinnerung' in der deutschsprachigen Gegenwartsliteratur nach 1989. Hg. von Carsten Gansel / Paweł Zimniak. Göttingen 2010, S. 47–58.

Blick auf die letztlich hilflosen Ausbruchsversuche des Freundes Alexander aus dem wohltemperierten bürgerlichen Leben,

> daß es mit Deutschland zu tun hat und auch mit diesem grauenhaften Nazi-Leben hier und damit, daß die Menschen, die ich kenne und gern habe, so eine bestimmte Kampfhaltung entwickelt haben und daß es für sie nicht mehr anders möglich ist, als aus dieser Haltung heraus zu handeln und zu denken. Das verstehe ich ja noch. Aber manchmal verstehe ich den Ansatz dieser Haltung nicht [...].[32]

Der handlungsbestimmende Druck des Wissens von den nazistischen Verbrechen in der jüngeren deutschen Vergangenheit, der vielzitierte ‚Schatten der Geschichte', wird hier in der Figurenperspektive aufgerufen und durchaus kritisch reflektiert. Dem entgegenstehend wird zugleich aber auch auf das verdeckte Weiterwirken einer vom Nazismus geprägten Lebenswirklichkeit abgehoben. Mit diesem Moment der Unsicherheit in Hinblick auf die Verbindlichkeit der bis dato gültigen historisch-politischen Referenzen gelangt ein Aspekt ins Feld des Politisch-Diskursiven, wie er zeitgleich ja auch vom so ganz anders organisierten Bestseller Bernhard Schlinks eingebracht wird.

Während die bisher angesprochenen AutorInnen Mitte der 1990er Jahre sämtlich zu den renommierten Namen des Literaturmarkts gehörten, gilt dies für Yoko Tawada nur bedingt. Heute ohne Zweifel eine der profiliertesten Erscheinungen der zeitgenössischen deutschen Literatur, war die sowohl auf Deutsch wie auf Japanisch schreibende Autorin um 1995 noch so etwas wie ein ‚Geheimtipp'. Mit ihrem Essayband *Talisman* von 1996 gehört sie dabei sicherlich nicht zu den Autorinnen und Autoren, die man so ohne weiteres im Horizont einer irgendwie ‚politisch' ausgerichteten Literatur verorten würde. In den 1990er Jahren ordnete man die Autorin – einigermaßen hilflos – häufig der sogenannten ‚Migrantenliteratur' zu oder – unglücklicher noch – der Kategorie ‚AutorInnen nichtdeutscher Muttersprache' in Deutschland.[33] In der Folge wurden Zuordnungen wie inter-, multi- oder transkulturell oder auch postkolonial erprobt, die jedoch alle in ihrer Differenzverhaftung unbefriedigend sind. Amelia Valtolina ist zuzustimmen, wenn sie feststellt, dass das Besondere in Tawadas Schreiben gerade darin liegt, dass die Autorin „sich über Grenzen im Kopf und politische

---

32 Christian Kracht: Faserland. Roman. München 2002, S. 70.

33 Siehe etwa die bibliographischen Nachweise zur Forschungsliteratur über Yoko Tawada in: Clemens Kammler / Jost Keller / Reinhard Wilczek u. a.: Deutschsprachige Gegenwartsliteratur seit 1989. Gattungen – Themen – Autoren. Eine Auswahlbibliographie. Heidelberg 2003, S. 289 f. – Von ‚Migrantenliteratur' spricht auch noch Christian Steltz in seinem Beitrag in Wendejahr 1995. Transformationen der deutschsprachigen Literatur. Hg. von Heribert Tommek / Matteo Galli u. a. Berlin 2015, S. 156 – 171. Auf Yoko Tawada geht er – wie der gesamte Sammelband – nicht ein.

Grenzen“ hinwegsetze, sie „kulturelle Vorurteile“ überwinde und „verfestigte Unterschiede und Gegenüberstellungen“[34] überschreite und auflöse.

Schaut man auf den fünfeinhalb Druckseiten schmalen, titelgebenden literarischen Essay der Sammlung *Talisman*, tritt als Spezifikum eine ironische Kulturanthropologie zutage, die es lohnt, in Hinblick auf das Phänomen des Politischen befragt zu werden. Aus einer als fremd markierten Perspektive wird in *Talisman* nach dem geheimen Sinn jenes „Stück[s] Metall am Ohr“[35] gefragt, das bei vielen Frauen in Deutschland beobachtet werden kann. Bei der Hausgenossin Gilda, einer Studentin, die als Studienobjekt im Blickfeld steht, wird die gemutmaßte Funktion als schützender Talisman vor einer unbekannten „bösen Kraft“[36] zu entschlüsseln versucht. Die berichteten Depressionen und der Suizid einer Bibliothekarin, die aktuellen Computervirenprobleme Gildas, deren Angst vor einem Wohnungseinbruch, vor Chemie in der Nahrung oder vor „zu viel überflüssige[m] Fleisch am Körper“[37] werden in Hinblick auf diese ominöse ‚böse Kraft‘ ventiliert. Dazu werden scheinbar damit in Zusammenhang stehende Handlungen, wie der Kauf von Aufklebern gegen die Atomkraft und das Waldsterben, mit Blick auf den Schutz- oder rituellen Reinigungscharakter registriert. Der Blick bleibt skeptisch. So schließt der Bericht auch mit einem wunderbaren verdeckt-ironischen Kommentar, als die Hausgenossin – offenbar als finales Reinigungsritual – sich einer Fastenkur unterzieht:

> Gilda kaufte sich [...] ein Buch über das Fasten, und einige Tage später, als ich sie im Treppenhaus traf, war sie schon dabei. Ihr Gesicht sah nicht so schmal aus wie immer, sondern eher rund, als wäre ein Wasserstau unter der Haut. Das Metallstück an ihrem Ohr wirkte schwerer und kälter als sonst. Ich verschluckte die Worte, die ich ihr sagen wollte, denn sie erschien mir plötzlich wie eine Fremde, die mich – obwohl ich in ihrer Sprache lebte – nicht versteht.[38]

Sicherlich kommt weniger das Anliegen, „Kulturen semiotisch zu betrachten“,[39] zum Tragen, wie eine jüngere Deutung mutmaßt, sondern vielmehr die Lust,

---

34 Amelia Valtolina: Von der Schwelle. In: Am Scheideweg der Sprachen. Die poetischen Migrationen von Yoko Tawada. Hg. von Amelia Valtolina / Michael Braun. Tübingen 2016, S. 79–93, hier: S. 79.

35 Yoko Tawada: Talisman. In: Dies.: Talisman. 7. Aufl. Tübingen 2011, S. 53–58, hier: S. 53.

36 Tawada, S. 53.

37 Tawada, S. 57.

38 Tawada, S. 58.

39 Clara Ervedosa: Poststrukturalismus und Postkolonialismus als Inspiration. Zum Verhältnis von Poesie und Theorie in Tawadas Text *Talisman*. In: Hamburger Gastprofessur für Interkulturelle Poetik. Yoko Tawada. Fremde Wasser. Vorlesungen und wissenschaftliche Beiträge. Hg. von Ortrud Gutjahr. Tübingen 2012, S. 368–378, hier: S. 371.

das scheinbar stimmige logozentrische Deutungsverfahren unserer – jedenfalls westlichen – Weltsicht parodierend zu demontieren. Zugleich ist der scheinbar ernste, tatsächlich aber spöttische Blick auf die typische ‚German Angst' in ihren vielfältigen Erscheinungen eine gleichermaßen kritische wie entlarvende Kulturanalyse. Das eigentliche Thema des literarischen Essays ist die unterschwellige permanente Angst, das Phänomen der dauerhaften Beunruhigung in der scheinbar so selbstgewissen modernen Welt. In ihrer ironischen Kulturanthropologie gebiert der in Szene gesetzte falsche Blick auf die falschen Gegenstände dennoch richtige Erkenntnis und offeriert dem Lesenden – wenn er sich darauf einlässt – einen Einblick in die Relativität und Reflexionsnotwendigkeit der eigenen Gewissheiten. Und genau darin liegt das Politische in Yoko Tawadas literarischem Schreiben.

4 (K)ein Fazit

Eine Summa soll hier nicht formuliert werden, nur so viel: Die verschiedenen literarischen Apperzeptionen, die in der Skizze kurz aufgezeigt wurden, sind Facetten jenes kulturellen Kontextes, in den das Politische in der Mitte der 1990er Jahre eingebettet ist und aus dem heraus es apperzeptiv zumindest ansatzweise sichtbar gemacht werden kann.

Zum Zweck der Analyse ist aus den literarischen Erscheinungen um das Jahr 1995 eine kleine Auswahl an Werken in den Blick genommen und daraufhin befragt worden, ob und wie das Politische im entsprechenden literarischen Rahmen verhandelt wurde. Vor dem Hintergrund der Neusituierung des soziokulturellen Systems und einer einsetzenden Erosion historisch-genetischer Deutungsmuster im Deutschland der 1990er Jahre sollte das Mit-, Neben- und Gegeneinander unterschiedlicher Konzeptualisierungen des Politischen erkundet werden. Als heuristische Grobunterscheidung diente die gängige Differenzierung von Erinnerungsliteratur und Literatur im Horizont einer Suche nach neuen Kommunikationswegen jenseits der paradigmatischen Verpflichtung auf das Geschichtliche.

Das Ziel der Erinnerungsliteratur, an der kollektiven Erinnerungsarbeit ihrer Zeit durch historische Vergegenwärtigung teilzuhaben, und ihr Anspruch, über die begleitende Reflexion an der politisch-moralischen Verständigung in der Gesellschaft mitzuwirken, sind mit Blick auf Bernhard Schlinks *Der Vorleser*, Monika Marons *Animal triste* und Günter Grass' *Ein weites Feld* in ihren Gemeinsamkeiten und Unterschieden skizziert worden. Als zentrale Themenfelder wurden die Schuldfrage mit Bezug auf den Holocaust und die Verantwortlichkeiten nicht nur der ‚ersten', sondern auch einer ‚zweiten Generation', das Fortwirken obrigkeitsstaatlicher Muster im Deutschland des 19. wie 20. Jahrhunderts sowie der ‚Ost-West-Clash' fixiert. Augenfällig wurde, dass und wie in der literarischen Verarbeitung gesellschaftlich rezente Deutungsmuster und gängige Sprachregelungen dabei auf-, aber eben auch angegriffen wurden. In den Beispielen greifbar wurde die Verschiebung der historischen Referenzräume vom Bezugspunkt eines Dritten Reichs und des Holocaust über die DDR bis zu übergreifenden geschichtlichen Entwicklungslinien in ihrer jeweiligen Funktion als Identität stiftende Gegenmodelle für ein gegenwärtiges Deutschland. Über alle Akzent- und Referenzverschiebungen hinweg erwies sich die narrative Diagnose einer mentalen Deformation im Deutschland der jüngeren und jüngsten Zeit als verbindendes kritisches Element.

Die Schwierigkeiten der gängigen Differenzierung von Erinnerungsliteratur und Literatur im Horizont einer Suche nach neuen Kommunikationswegen zeigen sich bereits in Bezug auf die paradigmatische Verpflichtung auf das Geschichtliche, die nicht nur in der Erinnerungsliteratur, sondern in einer durchaus vergleichbaren Form auch in einer ‚Neuen deutschen Popliteratur', im engeren Sinne in Christian Krachts *Faserland*, festgemacht werden kann. In dieser literarischen Erscheinung der späten 1990er Jahre ist das traditionelle geschichtliche Referenzfeld um die zeitgenössische Sparte der Populärkultur erweitert worden. Augenfällig ist gleichwohl der durchaus provokative Anspruch, aus dem ‚Schatten der Geschichte' herauszutreten und die Verbindlichkeiten und bisherigen soziokulturellen und politischen Tabuverpflichtungen aufzuheben. Die Tradition einer solipsistischen Literatur, die späte ‚Neue Subjektivität', wie sie in Peter Handkes *Ein Jahr in der Niemandsbucht* zum Tragen kommt, entwirft das Politische, indem sie die Literatur als quasi-religiöse Sinnstiftungseinrichtung der von ihr als sinnentleert behaupteten gegenwärtigen Zeit entgegenstellt. Die Literatur konzeptionalisiert sich dabei als eine prioritäre Weise der Wirklichkeitserschließung und als alternatives Sinngebungsangebot. In der Entgegensetzung vielleicht noch einen Schritt weiter – allerdings in einer anderen Richtung – geht die ironische Kulturanthropologie, wie sie mit dem Namen und literarischen Werk von Yoko Tawada verbunden ist. Das Politische wird in einem Schreiben fassbar, das sich den kulturellen Paradigmen entzieht, indem es die gängigen – nicht zuletzt sprachlichen – Selbstverständlichkeiten und Verfestigungen in Frage stellt und aufzulösen sucht. Aus einer in Szene gesetzten ‚Fremdperspektive' demontiert ihre Prosa scheinbar naiv und lustvoll die grundlegenden logozentrischen Deutungsverfahren und öffnet den Verstehenshorizont hin auf die Möglichkeit grundsätzlich alternativer Zugänge und die Einsicht in die Relativität der eigenen kulturellen Gewissheiten. Zugleich bietet sie eine entlarvende Kulturanalyse, die einen Blick auf die oft genug verdeckten Grundbefindlichkeiten der Unsicherheit und der Angst in unserer Zeit und in dieser Kultur gestattet.

In seinem Mit-, Neben- und Gegeneinander unterschiedlicher Konzeptionen zeigt sich das Politische Mitte der 1990er Jahre als ein Raum des Vorbehaltlichen und des Zweifels und spiegelt das Jahrzehnt als eine Periode des Übergangs. Die Herausbildung neuer Paradigmen für das neue Millennium wurde angedeutet – sie muss an anderer Stelle spezifiziert werden. Ganz unzweifelhaft ist aber auch dieser Prozess einer Neuausrichtung auf das Engste mit dem Politischen verknüpft.

Literaturverzeichnis

Baßler, Moritz: Der deutsche Pop-Roman. Die neuen Archivisten. 2. Aufl. München 2005.

Bluhm, Lothar: „Schon lange ... hatte ich vorgehabt, nach Serbien zu fahren". Peter Handkes Reisebücher oder: Möglichkeiten und Grenzen künstlerischer ‚Augenzeugenschaft'. In: Wirkendes Wort 48 (1998), H. 1, S. 68–90.

Bluhm, Lothar: „Die Würde des Menschen ist unantastbar." Anmerkungen zu Bernhard Schlinks Roman *Der Vorleser*. In: Deutschsprachige Erzählprosa seit 1990 im europäischen Kontext. Interpretationen, Intertextualität, Rezeption. Hg. von Anne-Marie Corbin / Volker Wehdeking. Trier 2003, S. 149–161.

Bluhm, Lothar: Standortbestimmungen. Anmerkungen zu den Literaturstreits der 1990er Jahre in Deutschland. Eine kulturwissenschaftliche Skizze. In: Deutschsprachige Gegenwartsliteratur seit 1989. Zwischenbilanzen – Analysen – Vermittlungsperspektiven. Hg. von Clemens Kammler / Torsten Pflugmacher. Heidelberg 2004, S. 61–73.

Bluhm, Lothar: Herkunft, Identität, Realität. Erinnerungsarbeit in der zeitgenössischen deutschen Literatur. In: Autobiographisches Schreiben in der deutschsprachigen Gegenwartsliteratur. Band 1: Grenzen der Identität und der Fiktionalität. Hg. von Ulrich Breuer / Beatrice Sandberg. München 2006, S. 69–80.

Bluhm, Lothar: Verdrängungsdiskurse in den Literaturstreits der neunziger Jahre. In: Literatur als Skandal. Fälle – Funktionen – Folgen. Hg. von Stefan Neuhaus / Johannes Holzner. Göttingen 2007, S. 568–576.

Bluhm, Lothar: Popliteratur und Erinnerung. Kritische Anmerkungen zu einer topischen Entgegensetzung. In: Das ‚Prinzip Erinnerung' in der deutschsprachigen Gegenwartsliteratur nach 1989. Hg. von Carsten Gansel / Paweł Zimniak. Göttingen 2010, S. 47–58.

Bluhm, Lothar: Zwischen Auslöschung und Salvierung. Intertextuelle Ambivalenzen im Romanausgang von Christian Krachts *Faserland*. In: Produktive Rezeption. Beiträge zur Literatur und Kunst im 19., 20. und 21. Jahrhundert. Hg. von Lothar Bluhm / Achim Hölter. Trier 2010, S. 91–104.

Bluhm, Lothar: Von Grass bis Kracht und Tawada. Formen des historischen Erzählens in den 1990er Jahren. In: Geschichte(n) erinnern. Formen historisch-fiktionalen Erzählens in der deutschen und polnischen Literatur nach 1989. Hg. von Carsten Gansel / Monika Wolting [im Druck].

Bluhm, Lothar / Volker Wehdeking: Monika Marons *Stille Zeile sechs* im Licht von *Pawels Briefen*. In: Interpretationen. Romane des 20. Jahrhunderts. Band 3. Stuttgart 2003, S. 239–259.

Bröckling, Ulrich / Robert Feustel (Hg.): Das Politische denken. Zeitgenössische Positionen. Bielefeld 2010.

Catani, Stephanie: Geschichte im Text. Geschichtsbegriff und Historisierungsverfahren in der deutschsprachigen Gegenwartsliteratur. Tübingen 2016.

Deichmann, Thomas (Hg.): Noch einmal für Jugoslawien: Peter Handke. Frankfurt a. M. 1999.

Ervedosa, Clara: Poststrukturalismus und Postkolonialismus als Inspiration. Zum Verhältnis von Poesie und Theorie in Tawadas Text *Talisman*. In: Hamburger Gastprofessur für Interkulturelle Poetik. Yoko Tawada. Fremde Wasser. Vorlesungen und wissenschaftliche Beiträge. Hg. von Ortrud Gutjahr. Tübingen 2012, S. 368–378.

Geertz, Clifford: Dichte Beschreibung. Beiträge zum Verstehen kultureller Systeme. Frankfurt a. M. 2003 (orig.: Thick description: Toward an interpretive theory of culture. In: The Interpretation of Culture. Selected Essays, 1973).

Görtz, Franz-Josef u. a. (Hg.): Deutsche Literatur 1996. Jahresüberblick. Stuttgart 1997.

Grass, Günter: Ein weites Feld. Roman. Göttingen 1995.

Greiner, Ulrich: Die ganze Welt, das ganze Leben. Peter Handkes Tausend-Seiten-Werk *Mein Jahr in der Niemandsbucht – Ein Märchen aus den neuen Zeiten*. In: Die Zeit, Nr. 49 vom 2. Dezember 1994, Literatur.

Hage, Volker / Rainer Moritz / Hubert Winkels (Hg.): Deutsche Literatur 1998. Jahresüberblick. Ditzingen 1999.

Hagestedt, Lutz: Die absolute Freiheit und der Schrecken. Erinnerungskultur und Gegenwartsbezug bei Christan Kracht. In: Christian Kracht. Zu Leben und Werk. Hg. von Johannes Birgfeld / Claude D. Conter. Köln 2009, S. 131–149.

Handke, Peter: Mein Jahr in der Niemandsbucht. Ein Märchen aus den neuen Zeiten. Frankfurt a. M. 1994.

Handke, Peter: Eine winterliche Reise zu den Flüssen Donau, Save, Morawa und Drina oder Gerechtigkeit für Serbien. Frankfurt a. M. 1996.

Kammler, Clemens / Jost Keller / Reinhard Wilczek u. a.: Deutschsprachige Gegenwartsliteratur seit 1989. Gattungen – Themen – Autoren. Eine Auswahlbibliographie. Heidelberg 2003.

Köster, Juliane: Bernhard Schlink. Der Vorleser. (Oldenbourg Interpretationen, Bd. 98) München 2000.

Kracht, Christian: Faserland. Roman. München 2002.

Maron, Monika: Stille Zeile sechs. Roman. Frankfurt a. M. 1991.

Maron, Monika: Nach Maßgabe meiner Begreifungskraft. Artikel und Essays. Frankfurt a. M. 1993.

Maron, Monika: Animal triste. Roman. Frankfurt a. M. 1997.

Negt, Oskar (Hg.): Der Fall Fonty. *Ein weites Feld* von Günter Grass im Spiegel der Kritik. Göttingen 1996.

Neuhaus, Stefan: Literaturkritik. Eine Einführung. Göttingen 2004.

Schlink, Bernhard: Der Vorleser. Roman. Zürich 1997.

Stolz, Dieter: Günter Grass zur Einführung. Hamburg 1999.

Tawada, Yoko: Talisman. 7. Aufl. Tübingen 2011.

Tommek, Heribert / Matteo Galli u. a. (Hg.): Wendejahr 1995. Transformationen der deutschsprachigen Literatur. Berlin 2015.

Valtolina, Amelia: Von der Schwelle. In: Am Scheideweg der Sprachen. Die poetischen Migrationen von Yoko Tawada. Hg. von Amelia Valtolina und Michael Braun. Tübingen 2016, S. 79–93.

Vollrath, Ernst: Was ist das Politische? Eine Theorie des Politischen und seine Wahrnehmung. Würzburg 2003.

Michael Braun

Macht Gedichte: Das Politische in der Gegenwartslyrik

Seit Goethes Faust ist der Begriff „politische Lyrik" eine Schande. Das Verdikt „ein garstig Lied! Pfui! ein politisch Lied! / Ein leidig Lied!" steht, versehen mit vier Ausrufungszeichen, die ab der Weimarer Ausgabe (1888–1919) meist getilgt wurden, im *Faust I* (V. 2092), genauer gesagt in der Szene „Auerbachs Keller". Dort fallen die Worte bei einem studentischen Zechgelage. Sie sind die Reaktion auf einen Schmähgesang: „Das liebe, heil'ge Röm'sche Reich, / Wie hält's nur noch zusammen?" Dieses Lied will aber niemand hören. Die ‚lustigen Gesellen' in Auerbachs Keller können mit dem sich auflösenden, heillos zersplitterten, nur noch durch die Kaiserkrone zusammengehaltenen „Heilige[n] Römische[n] Reich deutscher Nation" nichts anfangen. Sie sind unpolitische ‚kleine Enthusiasten'.[1] Wen die deutsche Einheit so wenig kümmert, dem muss ein Deutschlandgedicht „garstig" und „leidig" sein, und der könnte sich ein besseres politisches Lied wünschen, etwa die Marseillaise, die im Jahr vor dem Erscheinen des *Faust*-Fragments (1790) in Frankreich gesungen wurde.

Die Frage, was Deutschland politisch oder kulturell zusammenhält, bekommt Brisanz im politischen Gedicht. Das galt besonders für die Gedichte nach 1989/90. Wende und Einheit haben Deutschland im Gedicht wieder salonfähig gemacht, aber nur vorübergehend.[2] Das Thema hat eine lange Geschichte, die auf den Germania- und den Wotan-Mythos zurückgeht und in den „Vaterländischen Gesängen" im späten 18. Jahrhundert und in der Befreiungskriegslyrik im Vormärz, im Hurra-Patriotismus nach der Reichsgründung 1870/71 und in der Exillyrik Mitte des 20. Jahrhunderts ihre Höhepunkte hatte. Es hängt mit Fragen der nationalen Einheit, der kulturellen Identität, einer möglichen deutschen Leitkultur und dem historischen Ort Deutschlands in Europa und in der Welt zusammen. Viele Deutschland-Gedichte sind populär geworden und popularisiert worden, die Nationalhymne hört man vor Spielen der Fußballnationalmannschaft, das Lied von der Loreley auf Rheinschiffen. Oft ist der Verfasser dabei ganz in den Hin-

1 Karl Eibl: Das monumentale Ich. Wege zu Goethes *Faust*. Frankfurt a. M. 2000, S. 50 f. Vgl. auch Walter Hinderer: Versuch über Begriff und Theorie politischer Lyrik. In: Ders. (Hg.): Geschichte der politischen Lyrik in Deutschland. Würzburg 2007, S. 11–46; hier: S. 11 f. – Für Hinweise und Anregungen danke ich Stefan Neuhaus und Immanuel Nover sowie (in Erinnerung an Lehrerfortbildungen in den 1990er Jahren) Peter J. Brenner.

2 Vgl. dazu die Studie von Stefan Neuhaus: Literatur und nationale Einheit in Deutschland. Tübingen / Basel 2002.

https://doi.org/10.1515/9783110568561-004

tergrund getreten. Warum sind die Deutschlandgedichte nach 1989/90 nur eine repräsentative Episode gewesen? Welche Rolle spielen sie in der Geschichte der politischen Lyrik als „sprachliche Konzentrate des nationalen Selbstverständnisses, nationaler Kommunikation und Selbstauseinandersetzung, aber auch nationaler Verblendung"?[3] Meine Überlegungen gehen davon aus, dass in der politischen Einheitslyrik die Spannung von Ästhetik und Politik wieder aufbricht. Über diese „urdeutsche Spezialität" ist viel geschrieben worden.[4] Sie hat ihren neuralgischen Punkt in dem Begriff und Konzept des Engagements,[5] das sich im Deutschlandgedicht um 1989/90 konzentriert. Macht und Ohnmacht des politischen Gedichts wurden selten so deutlich. Zwar bezogen die Dichter Stellung zu den politischen Ereignissen. Aber ihr Groll, ihr Zaudern, ihr Zutun fanden kaum nennenswerte Aufmerksamkeit. Roman, Journal und Essay waren die Gattungen der Stunde. Es fand keine Lyrikdebatte statt, und in der späteren *Zeit*-Serie „Politik und Lyrik" (2011), in der es Gedichte über die Sprache der Politik, über Europa, politische Personen, die „Zwei Körper der Kanzlerin" (Monika Rinck) und den Bundespräsidenten gab, kam die deutsche Einheit praktisch nicht mehr vor. Die Frage „warum fehlt das politische Gedicht?"[6] ist also auch eine grundsätzliche Frage. Sie hat mit dem Zusammenhang von Literatur und literarischer Verantwortung zu tun, mit den Erwartungen von Literaturbetrieb und Öffentlichkeit, mit dem wohlfeilen „Rollenfach" des „engagierten Schriftstellers"[7] und mit den feinen Unterschieden zwischen Macht und Machart des Gedichts.

3 Walter Erhart: Gedichte, 1989. Die deutsche Einheit und die Poesie. In: Zwei Wendezeiten. Blicke auf die deutsche Literatur 1945 und 1989. Hg. v. dems. / Dirk Niefanger. Tübingen 1997, S. 165.

4 Hans Magnus Enzensberger: Macht und Geist: ein deutsches Indianerspiel. In: Die Zeit (8.4. 1988).

5 Maßgeblich für die neueste Forschung über Ästhetik und Engagement ist der Sammelband von Jürgen Brokoff, Ursula Geitner und Kerstin Stüssel (Hg.): Engagement. Konzepte von Gegenwart und Gegenwartsliteratur. Göttingen 2016.

6 Bernd Ulrich: Macht, Gedichte. In: Die Zeit (10.3.2011).

7 Hans Magnus Enzensberger: Ein wenig Theorie. Frankfurter Poetikvorlesungen 1964/65. In: Ders.: Scharmützel und Scholien. Über Literatur. Hg. v. Rainer Barbey. Frankfurt a.M. 2009, S. 17. Enzensberger selbst ist wohl der einzige Dichter, der vom ‚Engagement' munter desertiert ist, ohne das optimistische Grübeln zu verlernen (Blauwärts. Ein Ausflug zu dritt. Berlin 2013, S. 59). Er schreibt „moralische Gedichte", glaubt an die „prästabilisierte Disharmonie" (Leichter als Luft. Frankfurt a.M. 1999, S. 33) und hält sich durch „Gutes Zureden" politisch wach: „Bei jeder sich bietenden Gelegenheit / deutsch sein oder links oder maskulin / oder katholisch oder jung oder gelb, / oder intelligent, oder im Gegenteil – / nicht sehr ergiebig, mein Lieber!" (Ders.: Kiosk. Neue Gedichte. Frankfurt a.M. 1995, S. 63).

1 Autonomieästhetik und Engagement: Positionen politischer Lyrik

Der Begriff der politischen Lyrik hat es in Literatur und Wissenschaft oft schwer gehabt. Die Lyrik sei ein untaugliches Mittel für die Politik, so wurde gesagt, weil das Gedicht Ausdruck von Subjektivität und Sache einer Minderheit, die Politik aber Ausdruck von Machtinteressen mit demokratischen Mehrheiten sei.[8] Man hat außerdem behauptet, dass Politik kein geeigneter Inhalt für die Poesie sei, weil die künstlerische Qualität unter einer politischen Botschaft leide. Literatur dürfe sich nicht von außerkünstlerischen Zwecken leiten lassen. Dies ist die Position der ästhetischen Autonomie, die auf eine eindrucksvolle Wirkungsgeschichte von Kant bis Adorno zurückblicken kann.

Kant hat den Grundgedanken der Autonomiepoetik in der letzten seiner drei großen Kritiken dargelegt, der *Kritik der Urteilskraft* (1790). Gefragt wird nach der Funktionsweise des ästhetischen Empfindens. Hier ist für unseren Zusammenhang interessant, dass Kant seine Begründung für die Rezeption des Kunstwerks nicht in der Nachahmung der Natur und in den Regeln der Vernunft sucht wie vor ihm Gottsched. Wenn etwas künstlerisch gefällt, dann ist das eine individuelle, subjektive und kontemplative Sache. Die berühmte Formel dafür lautet, dass wir an einem Kunstwerk ein ‚interesseloses Wohlgefallen' haben.[9] Allein die harmonische Form, seine Schönheit adelt das Kunstwerk, es hat keinen äußeren Zweck, ja, es ist selbst, so die zweite ästhetisch belangvolle Formel Kants, eine „Form der Zweckmäßigkeit [...] ohne Vorstellung eines Zwecks".[10] Damit beginnt die Geschichte der Ausdifferenzierung von politischer und ästhetischer Leistung des Kunstwerks. Schiller hat aus Kants Lehre 1794, inmitten der europäischen Revolutionskriege, in der Ankündigung der *Horen*, der theoretischen Hauptzeitschrift der Weimarer Klassik, die entscheidende Konsequenz gezogen: Kunst müsse „über allen Einfluss der Zeit erhaben" sein.[11]

Die eine vermittelnde Position bezog Heine. Er stürzte sich in den Befreiungskrieg der Zeit, aber als politischer Autor ohne Parteinahme. Propaganda auf den Tagestribünen war seine Sache nicht. In der Vorrede zum *Atta Troll* schreibt er im Spätherbst 1841:

8 Max Weber: Politik als Beruf (1919). Stuttgart 2002, S. 82.

9 Immanuel Kant: Kritik der Urteilskraft. Werkausgabe. Bd. X. Hg. v. Wilhelm Weischedel. 14. Aufl. Frankfurt a. M. 1996, S. 116.

10 Ebd., S. 155.

11 Friedrich Schiller: Sämtliche Werke. Bd. V. Hg. v. Gerhard Fricke / Herbert G. Göpfert. 9. Aufl. Darmstadt 1993, S. 870.

> Damals blühte die sogenannte politische Dichtkunst. ‚Die Opposition verkaufte ihr Leder und ward Poesie.' Die Musen bekamen die strenge Weisung, sich hinfüro nicht mehr müßig und leichtfertig umherzutreiben, sondern in vaterländischen Dienst zu treten, etwa als Marketenderinnen der Freiheit oder als Wäscherinnen der christlich-germanischen Nationalität. Es erhub sich im deutschen Bardenhain ganz besonders jenes vage, unfruchtbare Pathos, jener nutzlose Enthusiasmusdunst, der sich mit Todesverachtung in einen Ocean von Allgemeinheiten stürzte.[12]

Er setzt auf ironischen Stil, Brechung von Pathos und die Entheroisierung des Mythos. „Heines unzweifelhaftes Engagement ist nicht zur Gesinnungsgeste verdorben."[13] Seine Lyrik – und auch die Prosa – gilt den Zuständen der Gegenwart. Sie macht den Augenblick zum ästhetischen Ereignis, das erschrecken und faszinieren kann.

Mischformen von Autonomiepostulat und politischer Verantwortung kommen in der Gegenwartsliteratur in kaum einem anderen Werk so auffällig zum Tragen wie in dem von Peter Handke. Handkes Aufstieg begann mit einem Affront gegen den Realismus der Gruppe 47. Bei der Tagung in Princeton Ende April 1966 provozierte er mit einer Philippika. „Beschreibungsimpotenz", so lautete sein Vorwurf an die deutsche Nachkriegsliteratur. *Ich bin ein Bewohner des Elfenbeinturms*, so bekannte er in dem gleichnamigen Band von 1966. Einer Anekdote zufolge schnappte sich Günter Grass, einer der führenden politischen Lyriker der Zeit, bei der Abschlussparty in New York Peter Handkes Mütze, schrieb mit Filzstift darauf „Ich bin der Größte" und bat dann, zuhause, in einem offenen Brief an Handke „um bessere Feinde".[14] Geholfen hat das nur Handke. 1969 nahm er in seinen Band *Deutsche Gedichte* auch Schachpartien, Börsenkurse und die „Lottozahlen vom Samstag, dem 30.11.1968" auf; darunter steht mit einer gewissen Folgerichtigkeit „Ohne Gewähr". Das soll wohl heißen, dass Dichter für nichts bürgt, er kann nichts oder er will nichts zu Deutschland sagen.

In dem Aufsatz *Die Literatur ist romantisch* (1967) bekräftigt Handke seine Ablehnung des engagierten Dichters: „Eine engagierte Literatur gibt es nicht. Der Begriff ist ein Widerspruch in sich. Es gibt engagierte Menschen, aber keine engagierten Schriftsteller. Der Begriff ‚Engagement' ist politisch. Er ist höchstens anzuwenden auf politische Schriftsteller, die aber keine Schriftsteller in dem Sinn

---

12 Heinrich Heine: Sämtliche Schriften. Bd. 7. Frankfurt a.M. / Berlin / Wien 1981, S. 494.

13 Karl Heinz Bohrer: Stil treibt Gesinnung aus. Heinrich Heines politische Prosa. In: Engagement. Konzepte von Gegenwart und Gegenwartsliteratur. Hg. v. Jürgen Brokoff / Ursula Geitner / Kerstin Stüssel. Göttingen 2016, S. 85–103; hier: S. 102.

14 Volker Weidermann: Lichtjahre. Eine kurze Geschichte der deutschen Literatur von 1945 bis heute. Köln 2006, S. 212f. Vgl. auch Helmut Böttiger: Die Gruppe 47. Als die deutsche Literatur Geschichte schrieb. München 2012, S. 392f.

sind, wie er uns hier interessiert, sondern Politiker, die schreiben, was sie *sagen* wollen."[15] In seiner Büchnerpreisrede 1973 machte er seine unpolitische Autorenrolle deutlich:

> Was ist politisches Denken? Politische Aktionen habe ich immer nur verfolgt wie Sportreportagen; betroffen fühlte ich mich jeweils erst dann, wenn die Politik blutig wurde. Und von jeher fühlte ich mit den Opfern: Beim Anblick von Opfern erschien mir meine frühere Parteinahme für eine Ideologie nur mehr als sportliches Daumenhalten. Auch das sei Ideologie, sagt man. Ein dialektischer Sprung wäre nötig, dann würde ich zwischen fern und Opfern unterscheiden können. Ich sehe, daß dieser Sprung vernünftig ist, und in jedem Gespräch vollziehe ich ihn auch, aber sobald die Opfer leibhaftig werden, mache ich ihn rückgängig. Das ist der Grund, daß ich bis jetzt unfähig bin, eine in jeder Einzelheit politische Existenz zu führen. Es gibt eine Dialektik, die nichts anderes als weltvergessene Routine ist.[16]

Doch als Handke diese Haltung des Desengagements Anfang der 1990er Jahre bei seinen Reisen durch das zerfallene Jugoslawien aufgab, um ästhetische Betrachtung mit politischer Bewertung der Zeit zu verbinden, kam das bei Kritik und Publikum weniger gut an. Handkes Reportage *Gerechtigkeit für Serbien* (1996) wurde vorgehalten, Kriegsverbrechen zu verharmlosen und Opfer zu verhöhnen; 2006 kam es zu einem Eklat, als Handke auf den Heine-Preis verzichtete.

Die Gegenposition zur Autonomieästhetik ist die Position des literarischen Engagements, deren Tradition von Gottsched über die Vormärz-Dichter bis zu Brecht und Fried reicht. Erich Fried, dem wohl populärsten und produktivsten politischen Dichter nach 1945, war Deutschland nicht genug. Er bezog Stellung auch zur Politik in Israel und Vietnam. Mit dem Band *und vietnam und* (1966), dessen Titel Martin Walser zufolge die „Zeile des Jahrzehnts" lieferte, weil er die politische Lyrik in Deutschland nach 1945 globalisierte, schlug Fried eine Bresche für die politische Poesie. Doch seine Dichtung ist nicht nur politisch in dem vordergründigen Sinne, dass er Stellungnahmen zu aktuellen Verhältnissen und Verhaltensweisen abliefert, also Agitprop-Lyrik schreibt, die dann operativ eingesetzt werden kann. Zwar stimmt es, dass viele Gedichte Frieds populär wurden, gerade auch weil sie auf Flugblättern, in Schülerzeitungen oder auf Plastiktüten verbreitet wurden. Doch was Frieds Lyrik politisch macht, ist in erster Linie seine beständige Reflexion auf Sprache. Die Einsicht, dass der Mensch ein sprachlich verfasstes Wesen ist und dass literarische Aufklärung Gadamers Formulierung

---

15 Peter Handke: Ich bin ein Bewohner des Elfenbeinturms. Frankfurt a. M. 1972, S. 26.

16 URL: https://www.deutscheakademie.de/de/auszeichnungen/georg-buechner-preis/peter-handke/dankrede (letzter Zugriff: 25.02.2018).

zufolge auch immer darin besteht, dass in der Sprache die Welt aufgeht,[17] ist nicht neu. Neuartig aber ist die ästhetische Modellierung einer politischen Ansicht: „Die Künste politisieren Stoffe oder nützen politische Stoffe, stellen sie dar, erzählen sie, spielen auf sie an und nehmen so an deren Deutungsgeschichte teil und geben sie in politische Kommunikation wieder zurück."[18] Für Fried ist die Sprache ein poetisches Modell der politischen Welterfahrung, ein Mittel zur Versöhnung von Poesie und politischer Rhetorik. Schreiben ist Handeln: „parler c'est agir" (Sartre).[19]

Frieds Gedicht *Einbürgerung* aus dem Band *und vietnam und (1966)* evoziert den Kriegstod eines namenlosen Soldaten:

weiße Hände
rotes Haar
blaue Augen

Weiße Steine
rotes Blut
blaue Lippen

weiße Knochen
roter Sand
blauer Himmel.[20]

Drei Farbadjektive, die nicht willkürlich gewählt sind, sondern den Farben der amerikanischen Flagge entsprechen, kehren in gleicher Reihenfolge strophisch wieder. Sie reichen aus, um an den Tod eines amerikanischen Soldaten zu erinnern. Indem die Substantive vom Menschen auf die Natur, vom Organischen ins Anorganische übergehen, wird das Inhumane dieses Todes zum Ausdruck gebracht.

Die „Einbürgerung", die der Titel hoffnungsvoll als gelungene Integration annonciert, wird mit einem tödlichen Ende widerlegt. Diese ‚Lehre' ist so einfach wie wirkungsvoll formuliert, doch bleibt einzuwenden, dass uns das rhetorische Wortspiel seine Gewissheiten eher aufzwingt. Hier wird ein politischer Gedanke

---

17 Zit. nach Norbert Lammert: Welche Rolle spielt die deutsche Sprache in der Wissenschaft? In: TUB Newsportal, 15.12.2017. URL: https://www.pressestelle.tu-berlin.de/menue/tub_medien/newsportal/hochschulpolitik/2017/welche_rolle_spielt_die_deutsche_sprache_in_der_wissenschaft/ (letzter Zugriff: 17.07.2018).

18 Wolfgang Braungart: Ästhetik der Politik, Ästhetik des Politischen. Ein Versuch in Thesen. Göttingen 2012, S. 31.

19 Jean-Paul Sartre: Qu-est se que la littérature? Paris 1948, S. 29.

20 Erich Fried: Gesammelte Werke. Bd. 1. Hg. v. Volker Kaukoreit / Daniela Hermes. Berlin 1993, S. 380.

poetisch bebildert, statt dass Poesie eine poetische Erkenntnis freisetzt. Der späte Erich Fried hat dieses Risiko politischer Poesie in seinem Gedicht *Fragen eines engagierten Dichters* (1974) bedacht:

> Wie lange werdet ihr brauchen / um über das / was ich sage / nicht mehr empört zu sein? // Und werde ich dann noch da sein / um es zu sagen? / Und wird es dann noch helfen / wenn man es sagt? // Wird es dann nicht zu unverständlich sein / oder zu selbstverständlich? Und werde ich dann nicht krächzen: ‚Ich hab es schon immer gesagt'?[21]

Fünf Fragen voller Selbstzweifel, die Autorrolle und Wirkungsgrad engagierter Gedichte betreffen und keine Antwort finden.

2 Sach-, Sprach- und Gebrauchswert politischer Lyrik

Günter Grass hat sich in seiner Princeton-Rede *Vom mangelnden Selbstvertrauen der schreibenden Hofnarren unter Berücksichtigung nicht vorhandener Höfe* (1966) kritisch mit dem Begriff „politischer Dichter" auseinandergesetzt. Wer sich als Dichter das Prädikat „politisch", „engagiert" oder „humanistisch" zulege oder zulegen lasse, meint Grass, der biedere sich als Berater oder als Hofnarr den Herrschenden an. Doch Hofnarren gebe es nicht mehr, weil die Höfe fehlten, und die Ratschläge der Dichter würden von Politikern ja doch nur in den Wind geschlagen. Deshalb, meint Grass, sei der Begriff „politische Lyrik" so untauglich wie der Begriff „katholischer Radfahrer".[22]

Das klingt plausibel. Um zu erklären, was ein Radfahrer ist, braucht man nicht zu wissen, ob er katholisch oder hinduistisch oder atheistisch ist. Man kann es ihm auch nicht ansehen, und wenn er eine Soutane trüge, würde man eher von einem „radfahrenden Priester" sprechen. Linguistisch gesprochen, ist das adjektivische Attribut „katholisch" ein abgeleitetes (desubstantivisches) Adjektiv, dessen Basissubstantiv („Katholik") semantisch nichts mit dem Kernsubstantiv („Radfahrer") zu tun hat. Die Satzgrammatik reicht also zur Erklärung der Konstruktion „politische Lyrik" nicht aus. Es kommt auf den Kontext an.

Man muss es dem Gedicht also nicht ansehen, dass es politisch ist. Das Politische ist ein außerästhetisches Merkmal des Gedichts. Wenn sich das Gedicht

---

21 Fried: Gesammelte Werke. Bd. 2, S. 221.

22 Günter Grass: Vom mangelnden Selbstvertrauen der schreibenden Hofnarren unter Berücksichtigung nicht vorhandener Höfe. In: Ders.: Werkausgabe. Bd. 14. Essays und Reden 1. 1955–1966. Hg. v. Volker Neuhaus / Daniela Hermes. Göttingen 1993, S. 169.

aber auf eine unmittelbare Weise in der Tagesarena ausstellt und sich politisch artikuliert, gerät es in die Nähe zum versifizierten Leitartikel, zur Tendenzpoesie, zur Agitationspropaganda und müsste wohl besser als gedichtete Politik bezeichnet werden. Zu viel Politik schadet dem Gedicht, zu viel Dichtung schwächt die Politik.

Dennoch sollten wir auf den Begriff der politischen Lyrik nicht verzichten. Die Bedenken von Günter Grass liegen ja weniger in der sprachlichen als vielmehr in der sachlichen Natur. Wenn er in seinen Deutschlandsonetten von 1993, *Novemberland*, „Land und Leute" wie ein geschiedenes Ehepaar beschreibt und die „Ästhetik" in der „wütig[en] Gegenwart" außer Plan gesetzt sieht,[23] dann sagt das wenig über Grass' Gedichtkunst aus, mit der es in diesem Falle nicht weit her ist, aber viel über sein Bild von einer vermeintlich unglücklichen Vereinigung. Es empfiehlt sich daher, das politische Gedicht auf seinen politischen Sachbezug, auf seinen sprachlichen Darstellungswert und auf seinen Gebrauchswert zu befragen:[24]

- Der Sachbezug besteht in einem konkreten, meist zeitpolitisch aktuellen Sachverhalt, auf das sich das Gedicht bezieht, in der ästhetisch sensiblen Ereignishaftigkeit (deskriptive Funktion);
- der sprachliche Darstellungswert ergibt sich aus den poetischen Mitteln, mit denen dieser Sachverhalt dargestellt, umschrieben oder verschlüsselt wird, aus der „Abwehr einer didaktischen Plotorganisation";[25] es ist die Sprache, „die den gesellschaftlichen Charakter der Poesie ausmacht, nicht ihre Verstrickung in den politischen Kampf"[26] (expressive Funktion);
- der Gebrauchswert besteht darin, wie diese poetische Darstellung vom Leser verstanden wird: als affirmativ, neutral, kritisch, selbstkritisch. Hier kommt es auf den Wirkungsgrad und die intentio operis an, also darauf, wie der dargestellte und ästhetisch transformierte Sachverhalt interpretiert wird, nicht, was er bedeutet (appellative Funktion).

---

23 Günter Grass: Späte Sonnenblumen. Ausser Plan. In: Ders.: Werkausgabe. Bd. 1, S. 287 und 291.

24 Vgl. Dieter Lamping: Bundesrepublik Deutschland / Von 1945 bis zur Wiedervereinigung. In: Hinderer: Geschichte der politischen Lyrik, S. 327–362.

25 Thomas Hecken: Engagement und Autonomie: eine Bilanz aus Sicht westlicher Gegenwart. In: Engagement. Konzepte von Gegenwart und Gegenwartsliteratur. Hg. v. Jürgen Brokoff / Ursula Geitner / Kerstin Stüssel. Göttingen 2016, S. 59–73; hier: S. 65.

26 Hans Magnus Enzensberger: Poesie und Politik (1962). In: Ders.: Scharmützel und Scholien, S. 283.

3 Die „Wende“ im Gedicht

Nach Mauerfall, Wende und Wiedervereinigung 1989/90 hat Deutschland im politischen Gedicht einen anderen Stellenwert gewonnen als zuvor. Der neue Sachbezug der politischen Gedichte ist die Einheit, die zum ersten Mal in der deutschen Geschichte friedlich und in freier Ausübung des Selbstbestimmungsrechts des Volkes hergestellt wurde. Einheitshymnen finden sich aber unter den politischen Gedichten der 1990er Jahren nicht. Diese Gedichte sind, so fasst Walter Erhart zusammen, „weniger feierlich als vielmehr reich an Katastrophen, weniger hoffnungsvoll als vielmehr niederschmetternd, weniger utopisch als vielmehr orientierungslos, weniger stabilisierend als vielmehr ich-gefährdend“.[27] Im Sinne Heines scheinen Wende und deutsche Einheit also kein Glücksstoff, sondern ein Katastrophennarrativ zu sein, erschreckende Gegenwart angesichts überwundener Vergangenheit und ungewisser Zukunft.

Die Ereignisse, die zwischen dem Fall der Mauer am 9. November 1989 und dem Tag der deutschen Vereinigung am 3. Oktober 1990 liegen, haben viele Namen: Wendezeit, friedliche Revolution, Prozess der deutschen Einheit, deutsche Wiedervereinigung. Es hat sich dabei eingebürgert, zwischen der „Wende“ und der „Wiedervereinigung“ zu unterscheiden. Der Zeitraum der Wende reicht von den ersten Demonstrationen in Ostberlin, Dresden und Leipzig im Sommer 1989 bis zu den ersten freien Volkskammerwahlen am 18. 3. 1990, danach beginnt der Prozess der Wiedervereinigung (Wirtschafts-, Währungs- und Sozialunion).[28]

Es besteht kein Zweifel darüber, wie sehr das Thema von „Wende“ und „Einheit“ die literarische Szene nach 1989 beherrscht hat. Immer wieder wurde die Forderung nach dem großen deutschen Wenderoman laut – und von den Autoren in den Augen des Feuilletons kaum erfüllt. Die unmittelbaren Reaktionen von Lyrikern auf die politischen Ereignisse 1989/90 sind indessen relativ überschaubar. Die Anthologien *Grenzfallgedichte* (1991), *Von einem Land und vom anderen* (1993) und *Nachkrieg und Unfrieden* (Neuauflage 1995) enthalten über 255 Gedichte aus dem Zeitraum 1989 ff., viele davon allerdings von wenig bekannten Dichtern und von ästhetisch nicht überzeugender Qualität. Heinz Czechowskis Gedicht *Die überstandene Wende*, geschrieben im November 1989, fasst die Ratlosigkeit angesichts einer unvorhersehbaren Zukunft in ein harmloses Wortspiel:

---

27 Erhart: Gedichte, S. 165.

28 Vgl. Frank Thomas Grub: ‚Wende‘ und ‚Einheit‘ im Spiegel der deutschsprachigen Literatur. Bd. 1. Untersuchungen. Berlin / New York 2003, S. 8.

„Was hinter uns liegt, / Wissen wir. Was vor uns liegt, / Wird uns unbekannt bleiben, / Bis wir es / Hinter uns haben."[29]

In den oben genannten Anthologien gibt es nur acht Gedichte, die „ein deutsches ‚Hauptwort' oder Adjektiv" im Titel führen.[30] Das traditionelle Deutschland-Vokabular fehlt den Gedichten zur deutschen Einheit ebenso wie das patriotische Pathos der Befreiungskriegslyrik aus dem 19. und der Nationalpanegyrik des frühen 20. Jahrhunderts. Die neue deutsche Einheit, die zuvor in weiten Kreisen der deutschen Literatur unter Tabuverdacht stand, hatte vielen Lyrikern offenbar die Sprache verschlagen.

Das berühmteste und repräsentativste Gedicht zur deutschen Einheit ist Volker Brauns *Das Eigentum:*

Da bin ich noch: mein Land geht in den Westen.
KRIEG DEN HÜTTEN FRIEDE DEN PALÄSTEN.
Ich selber habe ihm den Tritt versetzt.
Es wirft sich weg und seine magre Zierde.
Dem Winter folgt der Sommer der Begierde.
Und ich kann bleiben wo der Pfeffer wächst.
Und unverständlich wird mein ganzer Text.
Was ich niemals besaß wird mir entrissen.
Was ich nicht lebte, werd ich ewig missen.
Die Hoffnung lag im Weg wie eine Falle.
Mein Eigentum, jetzt habt ihrs auf der Kralle.
Wann sag ich wieder mein und meine alle.

Das Gedicht wurde erstmals unter dem Titel „Nachruf" in der sozialistischen Tageszeitung *Neues Deutschland* vom 4./5.8.1990, dann in der Hamburger Wochenzeitung *Die Zeit* vom 10.8.1990, seither in zahlreichen Anthologien gedruckt.[31] Es ist eines der am meisten interpretierten „Wende"-Gedichte,[32] Günter Kunert und Dirk von Petersdorff haben sich darauf in eigenen Gedichten bezogen.[33] Braun, Jahrgang 1939, gehört zu den im Krieg geborenen, in die DDR hin-

29 In: Karl Otto Conrady (Hg.): Von einem Land und vom anderen. Gedichte zur deutschen Wende 1989/90. Frankfurt a. M. 1993, S. 7.

30 Jürgen Schröder: Deutschland im Gedicht. Freiburg i. B. 2000, S. 21.

31 U. a. in *Reclams Großem Buch der deutschen Gedichte* (Hg. v. Heinrich Detering, 2007) und im *Neuen Conrady* (Hg. v. Karl Otto Conrady, 2008).

32 Vgl. Hans-Jochen Marquardt: Mit dem Kopf durch die Wende. Zu Volker Brauns Gedicht *Das Eigentum*. In: Acta Germanica 22 (1994), S. 115–130; Dieter Schlenstedt: Ein Gedicht als Provokation. In: neue deutsche literatur 40 (1992) 12, S. 124–132.

33 Günter Kunert: Allerneueste Atlantis-Hypothese. In: Ders.: Nachtvorstellung. Gedichte. München 1999, S. 20; Dirk von Petersdorff: Die Dichter über dem Alexanderplatz. In: Ders.: Wie es weitergeht. Gedichte. Frankfurt a. M. 1992, 2. Aufl. 1998, S. 33.

eingewachsenen und dort gebliebenen Autoren, die trotz aller Deformierungen den Sozialismus noch mit ‚Hoffnung' verbanden und auf einen konspirativen Realismus und das Training des aufrechten Gangs setzten. Seine Erfahrung der „Wende" hat Volker Braun mit gemischten Gefühlen beschrieben: „Öffnung der Grenze und Ausländerhaß, Warenangebot und Abwicklung, Medienfreiheit und Evaluierung".[34]

Das Gedicht besteht aus weitgehend regelmäßigen fünffüßigen Jamben. Braun handhabt das Versmaß streng, lässt den Blankvers aber kunstvoll reimend enden. Mit fünf Reimen kommen die zwölf Verse des Gedichts aus. Der zweite Vers tanzt durch die Versalien aus der Reihe, auch metrisch: Er beginnt ohne Auftakt.

Der Text hat zwei Teile. Im ersten Teil (V. 1–7) stellt sich der Sprecher in die Tradition der mittelalterlichen Spruchdichtung.[35] Wie Walther von der Vogelweide behauptet er, gleich schon im Titel, ein Eigentum, allerdings kein aus Gönnerlaune empfangenes Lehensgut, sondern einen Besitzstand, den er, wenn überhaupt jemals, sein eigen nur im geistigen Sinne hatte nennen können. In Brauns Gedicht *Das Lehen* (1980) heißt es: „Ich bleib im Lande und nähre mich im Osten. / Mit meinen Sprüchen, die mich den Kragen kosten / in anderer Zeit: noch bin ich auf dem Posten."[36] Das klingt elegisch und selbstkritisch gegenüber einer Gegenwart, in der der politische Autor nichts mehr verloren hat. Sein Ort ist zwischen dem Winter der Wende und dem einem zweiten deutschen Wirtschaftswunder gleichenden „Sommer der Begierde", also zwischen Selbstverlust und Selbstverkauf.[37] Seine Pose ist die des trotzigen Melancholikers, der wie auf Dürers berühmtem Stich *Melencolia I* (1514) mit festem, aber verlorenem Blick inmitten von Dingen sitzt, mit denen er augenscheinlich nichts mehr anfangen kann. Auch Braun umringt seinen Sprecher mit Zitaten und Sprichwörtlichkeiten, die für ihn „unverständlich" geworden sind; „bleiben wo der Pfeffer wächst" hatte *Die Zeit* am 22.6.1990 den „toten Seelen des Realsozialismus" anempfohlen, *Mein Eigenthum* heißt ein Hölderlin-Gedicht (1799), und das Zitat im zweiten Vers verdreht die Parole „Friede den Hütten, Krieg den Palästen" aus Büchners Flugschrift *Der hessische Landbote* (1834), die Braun als Inschrift auf einem Spruch-

34 Volker Braun: Ist das unser Himmel? Ist das unsere Hölle? In: Sinn und Form 45 (1993), H. 1, S. 166.

35 Vgl. Franz-Josef Holznagel: Mittelalter. In: Ders. (Hg.): Geschichte der deutschen Lyrik. Stuttgart 2004, S. 11–94; hier: S. 49.

36 In: Volker Braun: Lustgarten. Preußen. Ausgewählte Gedichte. Frankfurt a. M. 1996, S. 74.

37 Das jahreszeitliche Deutschlandbild der politischen Dichter ist oft manichäisch, auch bei Grass. Anders in den Erinnerungen an das Ende der DDR von Joachim Gauck: *Winter im Sommer – Frühling im Herbst* (Berlin 2009).

band am 1976 eingeweihten Ostberliner Palast der Republik wünschte.[38] Wenn Braun sich mit den „Palästen" einen wohlfeilen Reim auf den „Westen" macht, dann sieht er – so kann man den Vers verstehen – nun in der deutschen Vereinigung eine Kriegserklärung an die „Hütten" der Arbeiterklasse. Als Ironie der Geschichte erscheint, dass der „Palast", zunächst Sitz des Staatsrats, später der Volkskammer, dann Kulturtempel der DDR, von 2006 bis 2009 abgerissen wurde. An seiner Stelle wurde die Fassade des alten Berliner Stadtschlosses neu errichtet; ab 2019 soll hier das Humboldt Forum stehen.

Im zweiten Teil des Gedichts (V. 8–12) beklagt der Sprecher den Raub der Utopie und den Verlust der Hoffnung. „Die Hoffnung lag im Weg wie eine Falle": Das klingt rätselhaft. Wir können an das *Prinzip Hoffnung* denken, Ernst Blochs Hauptwerk, in dem die Philosophie einer besseren Zukunftswelt entworfen wird. Diese Vision aber wurde für die Intellektuellen zur Loyalitätsfalle. Wer nicht für das Hoffnungsprinzip war, das zum staatssozialistischen Grundkonsens gehörte, der war dagegen. Man hätte die Hoffnung bekämpfen müssen, um den Sozialismus zu bekämpfen.

Was bleibt, ist ein grimmiges Bild von der Vereinigung und ein melancholisches Selbstbild des Dichters. Er hat seine repräsentative Rolle als des Volkes Stimme verloren. Für ihn gilt nicht mehr, was Volker Braun 1988 in seinem Arbeitsbuch schreibt: „man sagt ihm die meinung. Er steht im gespräch. Das ist seine autorität."[39] Diese Rolle wird sentenziös und spruchgewaltig eingekleidet. Sie verliert dadurch an persönlicher Bekenntniskraft. Der Zeilenstil wirkt dann fragwürdig. Der Dichter kann nicht mehr für „alle" sprechen, wie er es zuvor gegenüber einer schweigenden oder sprachlosen Mehrheit getan hat. Er zieht sich auf eine Position ästhetischer Autonomie zurück. In den „alt-neuen Widersprüchen der begonnenen und verramschten Revolutionen, auf diesem Feld der Hoffnungen und Täuschungen, der sogenannten Gegenwart" findet er sich nicht mehr zurecht.[40] Er muss damit klarkommen, dass die DDR nicht nur von der politischen Landkarte, sondern auch aus den Köpfen verschwindet. Mit dem Bezug des Gedichts auf die verlorene ‚Sache' DDR gerät auch der Gebrauchswert

---

38 Vgl. dazu Michael Braun: Die deutsche Gegenwartsliteratur. Eine Einführung. Köln / Weimar 2010, S. 230. Seit Büchner, der die deutschen Fürsten und die französischen Revolutionäre dem Spott, der Verachtung oder dem Mitleid preisgegeben hat, ist die Unschuld des Herrscherlobs in der deutschen Literatur dahin; die Elogen auf Bismarck, Hitler und Stalin geben ihren ästhetischen Mehrwert der politischen Indienstnahme des Textes preis.

39 Volker Braun: Werktage. Arbeitsbuch 1977–1989. Frankfurt a.M. 2009, S. 892.

40 Volker Braun: Eröffnung des außerordentlichen Schriftstellerkongresses am 1. März 1990. In: Ders.: Wir befinden uns soweit wohl. Wir sind erst einmal am Ende. Äußerungen. Frankfurt a.M. 1988, S. 53.

des Landes, das er sein eigen zu nennen glaubte, in Frage. Denn wessen „Eigentum" ist die DDR nach ihrem Verschwinden? Von der selbsternannten Republik der Autoren, dem angeblichen Land der Dichter bleibt nur ein Dichter ohne Land übrig. Er ist eine traurige und trauernde Figur, wenn sein „Land in den Westen" geht, wie es Braun ausdrückt, wenn seine „Landsleute", wie Heiner Müller schreibt, mit „Händen und Füßen abstimmen gegen die Wahrheit / Die vor vierzig Jahren [s]ein Besitz war".[41]

Die Gegenwart in Reiner Kunzes *Die mauer* kommt in einem Datum ins Gedicht. Untertitelt ist es nämlich: „Zum 3. oktober 1990".[42] Paul Celan hat auf die Bedeutung solcher Daten hingewiesen. Sie sind dem Gedicht mitgegeben, markieren seine Gegenwart und seine Geschichte. Kunzes Datum ist wie eine Widmung gesetzt. Es bezeichnet den Tag der deutschen Einheit, der am 22./23. August 1990 von der Volkskammer, dem letzten parlamentarischen Gremium der DDR, beschlossen und am 3. Oktober in einem großen Staatsakt gefeiert wurde. Das Datum des 1991 erstabgedruckten Gedichts bedeutet also das Ende der DDR und den Beginn des wiedervereinigten Deutschland:

Als wir sie schleiften, ahnten wir nicht,
wie hoch sie ist
in uns

Wir hatten uns gewöhnt
an ihren horizont

Und an die windstille

In ihrem schatten warfen
alle keinen schatten

Nun stehen wir entblößt
jeder entschuldigung

Der Titel des Gedichts ruft ein anderes Datum auf. Gebaut wurde die Mauer am 13. August 1961 auf Befehl der SED-Führung, um die „Abstimmung mit den Füßen" zu beenden. 2,6 Millionen Menschen hatten in den Jahren 1949 bis 1961 die DDR verlassen, hinzu kamen 50.000 „Grenzgänger", die zwischen der DDR und hauptsächlich Westberlin pendelten. Viele Menschen, die nach dem Mauerbau aus der DDR zu fliehen versuchten, verloren an den 156,4 Kilometer langen, streng befestigten und scharf bewachten Grenzanlagen ihr Leben; die geschätzte Zahl liegt bei

41 Heiner Müller: Selbstkritik. In: Nachkrieg und Unfrieden. Gedichte als Index 1945–1995. Hg. v. Hilde Domin / Clemens Greve. Neuausgabe. Frankfurt a. M. 1995, S. 169.
42 In: Conrady: Von einem Land und vom anderen, S. 31.

über 130 Maueropfern.[43] Die DDR-Behörden haben diese eklatanten Menschenrechtsverletzungen verheimlicht. Selbst die Schriftstellerin Anna Seghers verteidigte die Mauer einst als historische Notwendigkeit. Doch in Wirklichkeit diente die Mauer als Legitimationsinstrument. Durch sie wurde die DDR-Bevölkerung eingegrenzt, jeder politische Gegner wurde ausgegrenzt. Die Mauer, offiziell „antifaschistischer Schutzwall" genannt, gehört zu den Gründungsmythen der DDR.

Reiner Kunzes Gedicht zerrüttet diesen Mythos. Der mittlere Teil (V. 4–8) beschreibt die Wirkungen der Mauer auf die Menschen. Sie hat den „horizont" begrenzt, für „windstille" gesorgt und „schatten" gespendet. Diese Wirkungen sind an sich atmosphärisch harmlos, politisch aber heikel. Von Ausreiseverbot, Fortschrittsfeindlichkeit, Stasibespitzelung kann Reiner Kunze, der im April 1977 mit seiner Familie die DDR verließ, ein Lied singen.[44] Dass im übermächtigen Schatten der Mauer niemand einen Schatten wirft, ist ein überzeugendes Bild. Man kann an die Beschattung der Staatssicherheit und an die literarischen Unglücksmenschen ohne Schatten denken. Was den Menschen zum Menschen macht, hat ihm die schattenschluckende Mauer geraubt. Deswegen ist es gut und richtig, sie zu schleifen.

Doch diese Lehre wäre zu einfach. Kunzes Gedicht beginnt mit einem Geständnis. Beim Schleifen der Mauer „ahnten wir nicht, / wie hoch sie ist / in uns". Die Mauer in den Köpfen fällt nicht über Nacht. Dafür liefert die Realgeschichte der ökonomischen und sozialen Einheit Deutschland genügend Beispiele. Am Ende des Gedichts kommt abermals ein Geständnis, diesmal erstmals im Präsens: „Nun stehen wir entblößt / jeder entschuldigung". Das kann heißen: Mit der gefallenen Mauer ist jeder Grund entfallen, sich in ihrem Schatten mit den alten Gewohnheiten abzufinden. Als Alibi für ein Arrangement mit der Diktatur hat die Mauer ausgedient. Ohne Entschuldigung zu sein bedeutet zugleich Schuld zu haben. Damit kommt ein anderer Fall ins Spiel, ein Sündenfall der Erkenntnis. Die Sünde besteht in der anfänglichen Ahnungslosigkeit der Mauerschleifer. In ihren Köpfen lebt die DDR auch nach dem 3. Oktober 1990 weiter, bestenfalls als kritische Erinnerung, vielleicht als Ostalgie, schlimmstenfalls als Revisionismus. Kunzes Gedicht mobilisiert diese Erkenntnis und bestätigt damit Hilde Domins Definition, dass das öffentliche Gedicht den politischen Menschen im Leser anspricht.[45]

---

43 Vgl. Udo Baron: Das Sterben an der Berliner Mauer. In: Die Politische Meinung 53 (2008), H. 8, S. 56.

44 Vgl. Kunzes Tagebuch *Am Sonnenhang* (1993) und die Dokumentation seiner Stasi-Akte *Deckname „Lyrik"* (1990).

45 Hilde Domin: Das politische Gedicht und die Öffentlichkeit. In: Domin und Greve: Nachkrieg und Unfrieden, S. 217.

Literaturverzeichnis

Baron, Udo: Das Sterben an der Berliner Mauer. In: Die Politische Meinung 53 (2008), H. 8.

Bohrer, Karl Heinz: Stil treibt Gesinnung aus. Heinrich Heines politische Prosa. In: Engagement. Konzepte von Gegenwart und Gegenwartsliteratur. Hg. v. Jürgen Brokoff / Ursula Geitner / Kerstin Stüssel. Göttingen 2016, S. 85–103.

Böttiger, Helmut: Die Gruppe 47. Als die deutsche Literatur Geschichte schrieb. München 2012.

Braun, Michael: Die deutsche Gegenwartsliteratur. Eine Einführung. Köln / Weimar 2010.

Braun, Volker: Eröffnung des außerordentlichen Schriftstellerkongresses am 1. März 1990. In: Ders.: Wir befinden uns soweit wohl. Wir sind erst einmal am Ende. Äußerungen. Frankfurt a. M. 1988.

Braun, Volker: Ist das unser Himmel? Ist das unsere Hölle? In: Sinn und Form 45 (1993), H. 1.

Braun, Volker: Lustgarten. Preußen. Ausgewählte Gedichte. Frankfurt a. M. 1996.

Braun, Volker: Werktage. Arbeitsbuch 1977–1989. Frankfurt a. M. 2009.

Braungart, Wolfgang: Ästhetik der Politik, Ästhetik des Politischen. Ein Versuch in Thesen. Göttingen 2012.

Brokoff, Jürgen / Ursula Geitner / Kerstin Stüssel (Hg.): Engagement. Konzepte von Gegenwart und Gegenwartsliteratur. Göttingen 2016.

Conrady, Karl Otto (Hg.): Von einem Land und vom anderen. Gedichte zur deutschen Wende 1989/90. Frankfurt a. M. 1993.

Domin, Hilde: Das politische Gedicht und die Öffentlichkeit. In: Hilde Domin / Clemens Greve: Nachkrieg und Unfrieden. Neuausgabe. Frankfurt a. M. 1995.

Eibl, Karl: Das monumentale Ich. Wege zu Goethes Faust. Frankfurt a. M. 2000.

Enzensberger, Hans Magnus: Macht und Geist: ein deutsches Indianerspiel. In: Die Zeit (8. 4. 1988).

Enzensberger, Hans Magnus: Ein wenig Theorie. Frankfurter Poetikvorlesungen 1964/65. In: Ders.: Scharmützel und Scholien. Über Literatur. Hg. v. Rainer Barbey. Frankfurt a. M. 2009.

Erhart, Walter: Gedichte, 1989. Die deutsche Einheit und die Poesie. In: Zwei Wendezeiten. Blicke auf die deutsche Literatur 1945 und 1989. Hg. v. dems. / Dirk Niefanger: Tübingen 1997.

Fried, Erich: Gesammelte Werke. Bd. 1. Hg. v. Volker Kaukoreit / Daniela Hermes. Berlin 1993.

Grass, Günter: Vom mangelnden Selbstvertrauen der schreibenden Hofnarren unter Berücksichtigung nicht vorhandener Höfe. In: Ders.: Werkausgabe. Bd. 14. Essays und Reden 1. 1955–1966. Hg. v. Volker Neuhaus / Daniela Hermes. Göttingen 1993.

Grub, Frank Thomas: ‚Wende' und ‚Einheit' im Spiegel der deutschsprachigen Literatur. Bd. 1. Untersuchungen. Berlin / New York 2003.

Handke, Peter: Dankrede. URL: https://www.deutscheakademie.de/de/auszeichnungen/georg-buechner-preis/peter-handke/dankrede (letzter Zugriff: 25. 02. 2018).

Handke, Peter: Ich bin ein Bewohner des Elfenbeinturms. Frankfurt a. M. 1972.

Hecken, Thomas: Engagement und Autonomie: eine Bilanz aus Sicht westlicher Gegenwart. In: Engagement. Konzepte von Gegenwart und Gegenwartsliteratur. Hg. v. Jürgen Brokoff / Ursula Geitner / Kerstin Stüssel. Göttingen 2016, S. 59–73.

Heine, Heinrich: Sämtliche Schriften. Bd. 7. Frankfurt /Berlin / Wien 1981.

Hinderer, Walter: Versuch über Begriff und Theorie politischer Lyrik. In: Geschichte der politischen Lyrik in Deutschland. Hg. v. dems. Würzburg 2007.

Holznagel, Franz-Josef: Mittelalter. In: Geschichte der deutschen Lyrik. Hg. v. dems. Stuttgart 2004.

Kant, Immanuel: Kritik der Urteilskraft. Werkausgabe. Bd. X. Hg. v. Wilhelm Weischedel. 14. Aufl. Frankfurt a. M. 1996.

Kunert, Günter: Allerneueste Atlantis-Hypothese. In: Ders.: Nachtvorstellung. Gedichte. München 1999.

Marquardt, Hans-Jochen: Mit dem Kopf durch die Wende. Zu Volker Brauns Gedicht *Das Eigentum*. In: Acta Germanica 22 (1994).

Müller, Heiner: Selbstkritik. In: Nachkrieg und Unfrieden. Gedichte als Index 1945–1995. Hg. v. Hilde Domin / Clemens Greve. Neuausgabe. Frankfurt a. M. 1995.

Neuhaus, Stefan: Literatur und nationale Einheit in Deutschland. Tübingen / Basel 2002.

Petersdorff, Dirk von: Die Dichter über dem Alexanderplatz. In: Ders.: Wie es weitergeht. Gedichte. Frankfurt a. M. 1992, 2. Aufl. 1998.

Sartre, Jean-Paul: Qu-est se que la littérature? Paris 1948.

Schiller, Friedrich: Sämtliche Werke. Bd. V. Hg. v. Gerhard Fricke / Herbert G. Göpfert. 9. Aufl. Darmstadt 1993.

Schlenstedt, Dieter: Ein Gedicht als Provokation. In: neue deutsche literatur 40 (1992), H. 12.

Schröder, Jürgen: Deutschland im Gedicht. Freiburg i. B. 2000.

Ulrich, Bernd: Macht, Gedichte. In: Die Zeit (10. 3. 2011).

Weber, Max: Politik als Beruf (1919). Stuttgart 2002.

Weidermann, Volker: Lichtjahre. Eine kurze Geschichte der deutschen Literatur von 1945 bis heute. Köln 2006.

Matthias Schaffrick

„Das wird man ja wohl noch sagen dürfen“: Rhetorik und Poetik der populistischen Phrase

Populismus gehört zu den meist diskutierten Themen der letzten Jahre. Kaum ein Tag vergeht ohne Schlagzeilen über das Brexit-Referendum und seine Folgen, die Wahl Donald Trumps zum amerikanischen Präsidenten und sein Agieren im Amt, über Parteien wie die AfD, den Front National, die Bewegung Cinque Stelle, über Politiker wie Victor Orbán oder Geert Wilders, um nur einige der gegenwärtigen Akteure und Parteien zu benennen. Populistische Formen des Politischen sind nicht neu, es gibt Vorläufer in der jüngeren europäischen Geschichte, man denke an Jörg Haider oder Silvio Berlusconi. Die Geschichte des Populismus aber reicht viel weiter zurück. In der Geschichte der Moderne lässt sich die Begriffsgeschichte auf das US-amerikanische *populist movement* und die People's Party im späten 19. Jahrhundert zurückführen;[1] fasst man den Begriff weiter, können die *Popularen* in der späten römischen Republik als Vorläufer gelten.[2] In den gegenwärtigen Auseinandersetzungen um das Politische haben die unterschiedlichen Formen des Populismus ungeheuerlich an Bedeutung gewonnen. Aber warum, fragt man sich, finden Populismen und Populisten allenthalben so viel Beachtung? Man ist geneigt zu fragen: Warum ist Populismus so populär?

Meine These dazu lautet, dass populistische Akteure und Organisationen gegenwärtig auf dermaßen viel Resonanz stoßen, weil sie den *common ground*, das unausgesprochene, latente Selbstverständnis liberaler Demokratien infrage stellen.[3] Das demokratische Selbstverständnis wird in der Erzählung der Moderne tradiert, in der Ideen wie Fortschritt, Autonomie, Freiheitlichkeit, Pluralisierung und Ausdifferenzierung zusammenfließen und die ihre Überzeugungskraft und Erzählgrammatik aus dem Narrativ der Aufklärung gewinnt.[4] Dieses Bündel von Merkmalen der sozialen Moderne bildet den *common ground* demokratischer

1 Vgl. Dirk Jörke / Veith Selk: Theorien des Populismus zur Einführung. Hamburg 2017, S. 17–23.

2 Vgl. Alexander Kirchner: Populismus. In: Historisches Wörterbuch der Rhetorik. Bd. 10, hg.v. Gerd Ueding. Darmstadt 2012, Sp. 933–946, hier Sp. 942f.

3 Vgl. Wolfgang Knöbl: Über alte und neue Gespenster. Historisch-systematische Anmerkungen zum „Populismus“. In: Mittelweg 36 25 (2016/2017), H. 6, S. 8–35.

4 Vgl. Albrecht Koschorke: Wahrheit und Erfindung. Grundzüge einer Allgemeinen Erzähltheorie. Frankfurt a.M. 2012, S. 262–277.

https://doi.org/10.1515/9783110568561-005

Gesellschaften. Funktionierende Demokratien sind daran interessiert, diesen Grund wachzuhalten und immer wieder neu zu erzeugen.[5]

Populismen hingegen verletzen diesen Grund politischer Selbstverständlichkeiten im Modus des ‚Das wird man ja wohl noch sagen dürfen!‘ Sie irritieren weniger das politische System in seiner alltäglichen Handlungsrationalität, auch wenn sie zuweilen versuchen, politische Grundsätze der parlamentarischen Repräsentation rhetorisch zu delegitimieren. Viel mehr als das aber verunsichern Populismen den gemeinsamen Grund, den *common ground* des gesellschaftlichen Miteinanders oder konfigurieren diesen anders, indem sie behaupten, der Stimme des Volkes Gehör zu verschaffen und eine Politik des ‚gesunden Menschenverstandes‘ zu betreiben. Die verschiedenen Spielarten des Populismus haben auf diese Weise teil an der *mise-en-forme* der Gesellschaft.[6] Sie betreffen das *Politische (le politique)*, nicht die *Politik (la politique)*.[7]

Die Literatur beobachtet diese Gründungsversuche des Politischen. Die gesellschaftlichen Verhältnisse dienen ihr als Medium ihrer Formbildungen, während sie zugleich die sprachlichen Verfahren und rhetorischen Strategien dieser Gründungen reflektiert. Daher stellt sich aus literaturwissenschaftlicher Sicht die Frage, welchen Beitrag eigentlich die zeitgenössische Literatur[8] zur gegenwärtigen Debatte über das Phänomen „Populismus“ leistet. Gibt es

- eine Auseinandersetzung mit Populismus in der Literatur,
- Populisten in der Literatur,
- populistische Rhetorik in der Literatur,
- populistische Literatur?

5 Vgl. Oliver Marchart: Die politische Differenz. Zum Denken des Politischen bei Nancy, Lefort, Badiou, Laclau und Agamben. Berlin 2010.

6 Vgl. Claude Lefort: Fortdauer des Theologisch-Politischen? Wien 1999, S. 37–39.

7 Vgl. zu dieser Unterscheidung Marchart, S. 13f. Aus Sicht der postfundamentalistischen Theorie, wie sie Marchart vertritt, ist davon auszugehen, dass einige der populistischen Akteure den Prinzipien demokratisch verfasster Gesellschaft entgegenstehen, insofern sie einer nationalen oder leitkulturellen Letztbegründung gesellschaftlicher Identität und Ordnung zusprechen, während demokratische Verfassungen die Unmöglichkeit einer letztgültigen, vorpolitischen Begründung der gesellschaftlichen Ordnung anerkennen.

8 Die Literatur steht zur sie umgebenden historischen Zeit, der Gegenwart, in einem Verhältnis der Zeitgenossenschaft. „Zeitgenossenschaft ist [...] ein spezielles Verhältnis zur Gegenwart: Man gehört ihr an, hält jedoch gleichzeitig Abstand zu ihr; genauer gesagt ist sie jenes Verhältnis zur Zeit, in dem man ihr durch eine Phasenverschiebung, durch einen Anachronismus angehört.“ Giorgio Agamben: Was ist Zeitgenossenschaft? In: Ders.: Nacktheiten. Frankfurt a.M. 2010, S. 21–35, hier S. 23.

Und welche literarhistorischen Vorläufer in der Beziehung von Literatur und Populismus gibt es? Diese Fragen wurden bislang auffällig selten und randständig behandelt. Die Forschungslage zum Themenfeld „Literatur und Populismus“ ist sehr dünn und theoretisch unbefriedigend. Das überrascht, denn politische und gesellschaftliche Verhältnisse spielen als Bedingungen literarischer Produktion und Gegenstand literarischer Reflexion seit jeher eine nicht unerhebliche Rolle für die Literatur, die zuweilen konstitutiv für ihr Selbstverständnis als engagierte Literatur wurde.[9]

1 *Viel gut essen* – Der kleine Mann von der Straße redet Klartext

Sibylle Berg gehört zu den politisch besonders stark engagierten Stimmen der Gegenwartsliteratur. Ihr Twitter-Account und ganz besonders ihre Kolumne bei *Spiegel Online* verschaffen ihr eine Plattform für ihre pointierten, satirisch-nihilistischen Statements, in denen sie sich mit dem Rechtspopulismus, der Neuen Rechten, aber auch mit der jeden Widerstand nivellierenden sozialen Dominanz des neoliberalen kapitalistischen Systems auseinandersetzt. Das sind Themen, die Berg auch literarisch behandelt. Einer der Texte, in denen das geschieht, ist das Stück *Viel gut essen*, das im Jahr 2014 am Schauspiel Köln uraufgeführt und seitdem in die Spielpläne vieler deutschsprachiger Bühnen aufgenommen wurde.[10]

Viel gut essen ist ein Monolog, in dem der ‚kleine Mann von der Straße‘ zu Wort kommt – und einmal Klartext redet. Ein Durchschnittsmann – Mittelschicht (alte Mittelklasse),[11] verheiratet, Vater eines Jungen, Angestellter im IT-Bereich einer Kanzlei für Arbeitsrecht, aus der Mitte der Gesellschaft (heterosexuell, weiß, weitere Attribute wären zu ergänzen) – also der ‚kleine Mann von der Straße‘ lässt Dampf ab, er zieht vom Leder: über den Verfall tradierter Werte des Zusammenlebens in der Familie und der Gesellschaft, über die Veränderungen in der Nachbarschaft und im Viertel, die ihm zunehmend fremd werden, über den Ver-

---

9 Vgl. Thomas Ernst: Literatur und Subversion. Politisches Schreiben in der Gegenwart. Bielefeld 2013.

10 Darunter, jeweils mit dem Jahr der Erstaufführung: das Theater Münster (2015), das ETA Hoffmann Theater Bamberg (2015), das Schauspielhaus Zürich (2016), das Landestheater Tübingen (2017), das Theater der Stadt Aalen (2017), das Kasematentheater Luxemburg (2017), das Rabenhof Theater Wien (2017) unter der Regie von Sibylle Berg und das Theater Erlangen (2018).

11 Vgl. Andreas Reckwitz: Die Gesellschaft der Singularitäten. Zum Strukturwandel der Moderne. Berlin 2017, S. 281f., 366–368.

lust kultureller Gewissheiten, über sein Unverständnis für die veränderten Wohn-, Arbeits- und Lebenswelten. Traurigerweise, das ist Sibylle Bergs hyperbolischem Zynismus geschuldet, verlässt ihn seine Frau, möchte sein Sohn nichts mit ihm zu tun haben, verliert er sowohl seinen Job als auch seine Wohnung. Seine Orientierungslosigkeit bringt ihn in Rage, macht ihn wütend, aber auch ängstlich. Der Monolog endet mit den Worten: „Ich bin wütend. Ich habe so eine Wut. Ich habe Angst."[12] Aber zuvor spult der Text die Tirade des ‚kleinen Mannes' ab:

> Ich belästige ja alle Randgruppen, als weißer, normaler Mann. Als Familienvater und Steuerzahler. Ich belästige die Ausländer, die nicht ungestört in meinen Garten kacken können, ich belästige die Hartz-IV-Empfänger mit meinem geregelten Arbeitsalltag, ich belästige Frauen durch mein Glied, ich belästige Frauen, die abtreiben wollen, mit meinem gesunden Jungen, den ich nicht in eine Toilette gespült habe. Wenn man so lange auf normale Leute einprügelt und sie anschreit: ‚Seid jetzt verdammt noch mal tolerant', dann werden sie nicht toleranter, aber sie schweigen. Wenn so lange auf die eingeprügelt und geschrien wird: ‚Wenn du deine tradierten Rollenbilder lebst, dann bist du ein Nazi, und wenn du es nicht magst, dass man in deinen Garten kackt, ist das Rassismus, und wenn du einer Frau sagst, dass sie hübsch ist, ist das Sexismus –' Dann bist du eben einfach irgendwann still.[13]

Auf die Verunsicherung durch kulturelle und soziale Pluralisierungen reagiert der ‚kleine Mann', indem er seine Normalität behauptet: weiß, Familienvater, Steuerzahler, „normale Leute". Alle anderen, die „Randgruppen", sind aus diesem Normalbereich ausgeschlossen: Ausländer, Frauen, Homosexuelle, Empfänger von Sozialleistungen. Als Reaktion auf die gesellschaftlichen Transformationen bildet sich ein Gemisch aus Sexismus, Rassismus, Antipluralismus und moralischer Verhärtung. Die persönliche Krise und der individuelle Misserfolg werden auf die politische Krise und den wahrgenommenen gesellschaftlichen Verfall projiziert.

Durch den zweiten Teil des Stückes, einen sogenannten „Zusatztext", der die Rede des ‚kleinen Mannes' zur ‚Stimme des Volkes' kollektiviert, wird *Viel gut essen* zu einer beunruhigenden Diagnose der Tendenz zu sozialer Radikalisierung. Im „Chor des gesunden Menschenverstandes", wie dieser zweite Teil überschrieben ist, verschärft sich der Ton gegenüber Frauen und Ausländern auf bedrohliche Weise. Das „Ich" spricht hier als „Wir" im Chor, der vor allem der Konstitution einer politischen Sprechposition, nämlich der des Volkes dient. Der Stimme des Volkes *(vox populi)* wird hier Gehör verschafft. Dieses „Wir" lässt sich

12 Sibylle Berg: Viel gut essen. Text für einen oder viele. Reinbek bei Hamburg 2015, Pos. 403/425.
13 Berg, Pos. 322.

aus über „Europa. Ein Haufen Länder, die nichts gemein haben",[14] die „linke Presse",[15] ‚stillende Mütter', „Homos",[16] die „politisch korrekten Bezeichnungen", die man „Nachmittage" lang lernen muss,[17] über „Lobbyisten, [...] die Banken, die Juden",[18] „die da oben",[19] die „Sexismusdebatte",[20] „Gotteskrieger" und „Islamisten":[21]

> Wir sagen, was wir denken. Wir empören uns. Wir empören uns. Wir werden viele. Wir müssen zusammenhalten, eine Armee formen. Darum sind wir hier. Die Mobilmachung des gesunden Menschenverstands. Wir sind das Volk. Das wird man ja wohl noch sagen dürfen. Die Lehrer, die Arbeitslosen, die Studienräte, die Ingenieure, die Musikwissenschaftler, wir sind keine dumpfe braune Horde, wir sind Bürger mit Bürgerrechten, und die holen wir uns. Stillgestanden. In einer Reihe. Die Ausgabe der Waffen erfolgt jetzt –
>
> Jetzt sagen wir, was gesagt werden muss. Wir wollen in dieser Welt nicht mehr leben. Dann können wir auch für sie sterben. Wir wollen nicht mehr Stimmvieh sein, Kanonenfutter, wir wollen uns von den Medien nicht sagen lassen, dass wir dumme Proleten sind, rückschrittliche Idioten, Neonazis, neoliberale Nationalisten. Wir wollen eine Welt, die wir wieder verstehen.[22]

Der Text ist eine anspielungsreiche Collage aus Versatzstücken populistischer Diskurse. Im zweiten Teil von *Viel gut essen* sind es nicht mehr die persönlichen, privaten, familiären Enttäuschungen des ‚kleinen Mannes', die mit der politischen Radikalisierung korrelieren. Der Text steigert sich zu Aggressivität, Gewaltbereitschaft und Militanz: Armee, Mobilmachung, Ausgabe der Waffen.

Entscheidend in diesem zweiten Teil des Stücks, dem „Chor des gesunden Menschenverstandes", ist das „Wir", das spricht: nämlich das Volk. „Wir sind das Volk". Der Text zitiert die politisch schlagkräftige, semantisch allerdings unbeziehungsweise unterbestimmte Formel aus Georg Büchners Revolutionsdrama *Danton's Tod* von 1835,[23] die durch die Montagsdemonstrationen in Leipzig und anderen Städten der damaligen DDR populär wurde und zuletzt von Pegida von einer revolutionären zu einer völkischen Parole umgedeutet wurde.[24] Aber wer ist

---

14 Berg, Pos. 450.
15 Berg, Pos. 463.
16 Berg, Pos. 504.
17 Berg, Pos. 516.
18 Berg, Pos. 516/529.
19 Berg, Pos. 529.
20 Berg, Pos. 541.
21 Berg, Pos. 566.
22 Berg, Pos. 604.
23 Georg Büchner: Danton's Tod. Ein Drama. In: Ders.: Dichtungen. hg.v. Henri Poschmann unter Mitarbeit von Rosemarie Poschmann, Frankfurt a.M. 2006, S. 11–90, hier S. 20.
24 Vgl. Michael Wildt: Volk, Volksgemeinschaft, AfD. Hamburg 2017.

dieses „Wir“, das das Volk ist? Und wer oder was ist das Volk, das für die Volksrhetorik populistischer Parteien den entscheidenden Referenzpunkt darstellt? Populistisch ist eine Rhetorik, die sich an das Volk wendet, indem die Rede auf das Volk rekurriert oder an das Volk appelliert.[25] Was aber genau das Volk ist, entscheidet sich in sprachlichen Auseinandersetzungen und politischen Verfahren. „[D]as Volk existiert nur aufgrund vager und sich verändernder Repräsentationen seiner selbst. Das Volk ist ein ebenso gebieterischer wie unfassbarer Souverän. Es ist ein ‚Wir‘ oder ein ‚Man‘, dessen konkrete Gestalt umstritten bleibt.“[26] Die Probleme mit dem Souverän der Demokratie ergeben sich also aus den umstrittenen Verfahren politischer Repräsentation und der sprachlichen Konkretisierung des Volkes, das als „Wir“ oder „Man“ unbestimmt bleibt, woraus wiederum ein Text wie der von Berg sein literarisches Potenzial schöpft. Das wäre die *rhetorische* Seite des populistischen Protests. Man muss dann den Folgesatz noch hinzunehmen, um auch die *poetische* Dimension des populistischen Protests zu erfassen. „Wir sind das Volk. Das wird man ja wohl noch sagen dürfen.“ Diese zwei Sätze bilden den Kristallisationspunkt des gesamten Stücks. Man sieht, dass die beiden von Rosanvallon genannten Pronomina der Volksrhetorik in den Sätzen als grammatische Subjekte aufeinanderfolgen: Das „Wir“ und das „Man“. Worin aber besteht nun die literarische Energie des „Das wird man ja wohl noch sagen dürfen“? Als vorgeprägter und wiederverwendbarer Ausdruck bleibt der Satz genauso unbestimmt wie „Wir sind das Volk“, bezieht sich jedoch zugleich legitimierend darauf. „Das wird man ja wohl noch sagen dürfen“ ist die *Phrasenlegitimationsphrase* des gesunden Menschenverstandes, die sich gegen die Sprachregeln der *political correctness* auflehnt. Es ist die Behauptung, Klartext zu reden.[27] Die Redewendung lässt sich als die rhetorische Geste des ‚kleinen Mannes‘ beschreiben, der sich von „denen da oben“ nicht den Mund verbieten lässt.

Was aber sagbar ist und was nicht, was also in den Bereich vermeintlich moralisch verwerflicher Unsagbarkeit fällt, steht nicht von vornherein fest, son-

---

25 Vgl. Kirchner, Sp. 934.

26 Pierre Rosanvallon: Für eine Begriffs- und Problemgeschichte des Politischen. Antrittsvorlesung am Collège de France, Donnerstag, den 28. März 2002. In: Mittelweg 36 20 (2011/12), H. 6, S. 43–66, hier S. 49.

27 „Die schon im Begriff [d.i. ‚Klartext‘] angezeigte Klarheit ist [...] ein *Effekt der Gewißheit*, die von ihm ausgeht. [...] Folgerichtig klärt sich sein kommunikativer Wert weder aus dem, was der Klartext sagt, noch aus einer Position der moralischen Rechtmäßigkeit. [...] Hier zählt die bloße Wucht und Durchschlagskraft, mit der ein Text auftritt.“ Nikolaus Wegmann: Engagierte Literatur? Zur Poetik des Klartexts. In: Systemtheorie der Literatur. Hg. v. Jürgen Fohrmann / Harro Müller. München 1996, S. 345–365, hier S. 360.

dern wird im Gebrauch der Redensart erst festgelegt. Die Redewendung markiert die Behauptung einer moralischen Eingrenzung des Diskurses, und sie rechtfertigt zugleich die Überschreitung dieser selbst gesetzten Diskursgrenzen. Der Satz inszeniert die Überschreitung eines moralischen *common ground*, dessen Grenzen in der Überschreitung erst festgelegt werden, und er rechtfertigt die rhetorische Überschreitung im Erwartungshorizont des gesunden Menschenverstandes. Der Satz appelliert damit an die Gemeinschaft moralisch oder politisch Gleichgesinnter und fordert deren Zustimmung ein.

Die poetische Faszination des Satzes ergibt sich aus dieser *selbstreferenziellen* Logik der Überschreitung selbstgesetzter diskursiver Grenzen. Seine Selbstbezüglichkeit sowie seine inhaltliche und personale Unbestimmtheit – ‚*Wer* wird *was* ja wohl noch sagen dürfen?' – machen ihn literarisch reizvoll. Aus rezeptionsästhetischer Sicht stellt der Satz eine Unbestimmtheitsstelle dar, die es erfordert, potenzielle Elemente dessen, was „man ja wohl noch wird sagen dürfen", zu aktualisieren und zu kombinieren, wodurch die Redensart ihr ästhetisches Potenzial entfaltet. Wie immer ist aber auch in diesem Fall keine Selbstreferenz ohne Fremdreferenz möglich. Daher erfordert die Selbstreferenzialität von „Das wird man ja wohl noch sagen dürfen" die Fremdreferenz auf den Kontext, insofern das den Satz einleitende Pronomen „das" nur durch die Referenz auf den vorausgegangenen Kontext inhaltlich oder thematisch gefüllt wird.

Aus Bergs Stück lässt sich somit Folgendes ableiten: *Erstens* wird in *Viel gut essen* die politisch-rhetorische Dimension des Volkes, das als „Wir" spricht, inszeniert und problematisiert. *Zweitens* offenbart der Text die poetische Selbstbezüglichkeit der Redensart „Das wird man ja wohl noch sagen dürfen", die die Grenzen eines moralischen *common ground* behauptet, überschreitet und diese Überschreitung zugleich rechtfertigt. Bergs Stück ist *drittens* äußerst bemerkenswert, weil es Anlass dazu gibt, den neuesten Stand der soziologischen und politikwissenschaftlichen Populismusforschung zu reflektieren. Der Text inszeniert den Konflikt von *Hyperkultur* auf der einen und *Kulturessenzialismus* auf der anderen Seite, wie ihn der Soziologie Andreas Reckwitz in seinem Buch *Die Gesellschaft der Singularitäten* (2017) beschreibt.[28] *Viel gut essen* behandelt die

---

28 Reckwitz unterscheidet zwischen den Kulturalisierungs- bzw. Valorisierungsregimen der Hyperkultur und des Kulturessenzialismus: Hyperkultur ist gekennzeichnet von singularistischer Selbstverwirklichung und der Ästhetisierung der Lebenswelt sowie der Auflösung der Differenzen zwischen eigener und fremder, hoher und populärer Kultur. Kulturessentialismus hingegen ist geprägt von kollektiver Identitätspolitik, Nationalismus oder Fundamentalismus und der Verfestigung der Differenz von Innen und Außen, wie es unter anderem für den Rechtspopulismus kennzeichnend ist. Vgl. Reckwitz, S. 298–303 zur Hyperkultur, S. 394–400 zum Kulturessenzialismus.

gegenwärtigen, d. h. spätmodernen gesellschaftlichen Entwicklungen also auf der Höhe ihrer soziologischen Beschreibung. Berg stellt in ihrem Text dar, was Reckwitz wiederholt betont, nämlich dass kulturessenzialistische Strömungen, wie sie der Sprecher des Monologs repräsentiert, in der Spätmoderne als eine „Antwort auf die systematischen Enttäuschungserfahrungen der Hyperkultur“[29] zu deuten seien. „Die subjektiven Enttäuschungen, welche die Kultur der Selbstverwirklichung, die Hyperkompetitivität der Singularitätsmärkte und das Kreativitätsdispositiv hervorrufen können, werden mit einem radikalen Gegenmodell gekontert, das auf antiindividuelle Gemeinschaft, Egalität und Tradition setzt.“[30] Aus dieser Spannung erklärt sich, warum der Sprecher des Monologs, während er über seine kulturessenzialistischen Überzeugungen sinniert, für seine Familie – die freilich niemals zurückkehren wird – ein ausgefeiltes Menü mit sorgsam ausgewählten Zutaten vorbereitet. Auf diese Weise nämlich wird der Konflikt zwischen Kulturessenzialismus und hyperkulturellem Lebensstil, zu dem unter anderem die „*kulinarische Singularisierung*“[31] gehört, in das Stück hineingeholt. Bergs Stück ermöglicht es darüber hinaus, also *viertens*, darauf hinzuweisen, dass in den vielbeachteten populismustheoretischen Beiträgen der vergangenen Jahre wie denen von Jan-Werner Müller[32] oder Andreas Reckwitz etwas für den populistischen Diskurs Konstitutives vernachlässigt wird, nämlich die Sprache und Rhetorik des Populismus. Die Merkmale des Populismus, die Müller nennt, an erster Stelle Anti-Pluralismus, zudem Anti-Elitismus und moralischer Universalismus, manifestieren sich nämlich in der Sprache, als sprachliche Formen, die insbesondere literatur- und kulturwissenschaftliche Expertise erfordern.

2 These, Fragestellung, Vorgehen

Diese Überlegungen führen mich zur These meines Beitrags, in dem es um die sprachliche und literarische Verfasstheit des Populismus, nicht so sehr um seine politische Form gehen soll. Zugespitzt formuliert lautet meine These, dass die Phrase – als leicht reproduzierbare, tendenziell inhaltsleere Formulierung – die Währung des Populismus darstellt. Populistische Rhetorik ist Phrasenrhetorik („Make America Great Again!“, „Merkel muss weg!“). Auch wenn ich diese These für richtig halte, ist sie doch etwas zu pointiert und für eine differenzierte Auseinandersetzung mit dem Thema, das eine solche unbedingt erfordert, nicht so

29 Reckwitz, S. 419.
30 Reckwitz, S. 419.
31 Reckwitz, S. 311.
32 Vgl. Jan-Werner Müller: Was ist Populismus? Berlin 2016.

gut geeignet, da sie normative Vorannahmen macht. Der Terminus ‚Phrase' fungiert nämlich bereits als Pejorativum (als „leere" oder „hohle Phrase"). Hinzu kommt in diesem Fall noch, dass auch „‚populistisch' heute meistens mit einer negativen Bewertung von Handlungen oder Personen verbunden [ist], und entsprechend kommt das Konstatieren von P.[opulismus] einem Vorwurf oder Verdikt gleich".[33]

Daher möchte ich meine These etwas präzisieren und differenzieren, auch um hervorzuheben, dass mein Gegenstand nicht die Politik des Populismus ist, nicht die politischen Diskurse oder parteipolitischen Programme meint, sondern die Form des Populismus im Literarischen, d. h. die rhetorische und poetische Transformation populistischer Figuren und Diskurse. Die literarischen Auseinandersetzungen mit dem Populismus sind gekennzeichnet durch verschiedene Arten des Umgangs mit Phrasemen.[34] In diesen Texten werden Redewendungen als „Elemente der Volkssprache"[35] verwendet und dienen der sprachlichen Performanz des „Volkmunds" oder der „Stimme des Volkes". Durch ihre Verwendung wird eine „Hinwendung zum ‚Volk'"[36] inszeniert, dessen sprachliche Eigentümlichkeiten sich in Phrasemen manifestieren. Die Funktionen der literarisch-phraseologischen Formen populistischer Rhetorik sind vielfältig: In der Regel bringt der literarische Gebrauch von Phrasemen eine sprach- oder ideologiekritische Haltung zum Ausdruck oder er reagiert sprachspielerisch auf die semantische Festigkeit und die konventionellen, tradierten Bedeutungen phraseologischer Rede, um diese Bedeutungen aufzubrechen und die ideologischen Implikationen ihres Gebrauchs zu hinterfragen.

Meine Fragestellung lautet also: Wie funktioniert die populistische Rhetorik und in welcher Form wird sie zum poetischen Prinzip? Ich möchte dieser Frage in drei Schritten nachgehen. Erstens werde ich kurz auf die Grundzüge der Populismustheorie eingehen. Zweitens werde ich die drei literaturgeschichtlichen Traditionsstränge aufzeigen, die in Sibylle Bergs literarischen Protest gegen den Populismus in Form der *Populismussatire oder Populismusparodie* eingehen: Berg

---

33 Kirchner, Sp. 933.

34 Ich verwende den Begriff ‚Phrasem' synonym mit dem Terminus ‚Phraseologismus', der im *Metzler Lexikon Sprache* als „[m]ehrelementige lexikal. Einheit" definiert wird, „deren Gesamtbedeutung in wenigstens einer Lesart verschieden ist von der Summe der Bedeutungen ihrer Elemente". Burkhard Schaeder: Phraseologismus. In: Metzler Lexikon Sprache. Hg. v. Helmut Glück. 2., überarb. u. erw. Aufl. Stuttgart / Weimar 2000, S. 530.

35 Wolfgang Eismann: Phraseme in literarischen Texten. In: Phraseologie. Ein internationales Handbuch der zeitgenössischen Forschung. Hg. v. Harald Burger / Dmitrij Dobrovol'skij / Peter Kühn / Neal R. Norrick. Bd. 1. Berlin 2007, S. 316–329, hier S. 323.

36 Eismann, S. 323.

distanziert sich von der Günter-Grass-Tradition des Schriftstellerengagements und ihre Texte stehen in der Tradition von AutorInnen wie Elfriede Jelinek und Benjamin von Stuckrad-Barre bzw. der Popliteratur der 1990er Jahre. Abschließend gehe ich auf die Funktion und das Potenzial literarischer Populismuskritik ein.

3 Theorie des Populismus in Grundzügen

Jan-Werner Müller, dessen Populismustheorie im deutschsprachigen Raum viel Beachtung gefunden hat, definiert Populismus als „Politikvorstellung, wonach einem moralisch reinen, homogenen Volk stets unmoralische, korrupte und parasitäre Eliten gegenübergesetzt werden – wobei diese Art von Eliten eigentlich gar nicht richtig zum Volk gehören."[37] Ganz entscheidend für die Politik des Populismus ist das Volk als politische Größe. Das Volk ist zwar, wie in der Präambel des deutschen Grundgesetzes deutlich wird, Konstituente und Adressat demokratischer Politik zugleich: das „Deutsche Volk" hat sich „kraft seiner verfassungsgebenden Gewalt dieses Grundgesetz gegeben"; es gilt „für das gesamte Deutsche Volk",[38] aber es ist zugleich vollkommen unbestimmt, disparat, plural, es lässt sich in seiner Gesamtheit nicht (empirisch) erfassen und darstellen.[39] Das unterscheidet Demokratien von Monarchien und totalitären politischen Systemen. Das Volk, so Niklas Luhmann gewohnt lakonisch, ist „nur ein Konstrukt, mit dem die politische Theorie Geschlossenheit erreicht. Oder anders: wer würde es merken, wenn es gar kein Volk gäbe?"[40] Für populistische Rhetorik allerdings ist das Volk der essenzielle Bezugspunkt, das *sine qua non*. Man kann nicht sagen, dass Populisten von der kategorialen Unbestimmtheit und Offenheit des Volkes nicht profitieren würden. Ganz im Gegenteil, diese Unbestimmtheit macht den Populismus zu einem proteischen Phänomen.

Die Theorie des Populismus setzt auf eine Reihe von charakteristischen Merkmalen des Populismus:
- die Vorstellung von einem „homogenen Volk",
- der Anti-Elitismus,

37 Jan-Werner Müller: Populismus: Theorie und Praxis. In: Merkur 69 (2015), H. 795, S. 28–37, hier S. 30.

38 Präambel GG.

39 Vgl. Müller: Was ist Populismus? S. 60.

40 Niklas Luhmann: Die Politik der Gesellschaft. Hg. v. André Kieserling. Frankfurt a. M. 2002, S. 366.

- der identitäre Anti-Pluralismus (den Reckwitz für noch wichtiger hält als den Anti-Elitismus),[41]
- der moralische Alleinvertretungsanspruch des Volkes,[42] nach dem geregelt wird, wer oder was gut und böse ist, wer oder was Achtung verdient und was mit Miss- oder Verachtung gestraft wird.

„Der springende Punkt ist also", um es mit Andreas Reckwitz zusammenzufassen, der sich in seinen Ausführungen zum Rechtspopulismus im Wesentlichen auf Müller stützt, „dass im populistischen Modell der Politik das Volk als Basis der Demokratie *homogen* gedacht wird"[43] – und zwar sowohl sozial als auch kulturell homogen. Das bedeutet, „dass die politische Einheit des Volkes im Kern als eine kulturelle, in der Regel nationalkulturelle Einheit verstanden wird",[44] der eine moralische, vorpolitische Substanz eigen sein soll.

Hinzu kommt bei Reckwitz außerdem, dass er – abgeleitet aus seinen Überlegungen zum Kulturessenzialismus – betont, dass der Populismus auf einem „Antagonismus von Innen und Außen, einem ‚Wir gegen die Anderen'" basiert. Im besonderen Maße werde hier mit „polarisierenden Valorisierungen" und „Entwertungen nach Art einer Freund-Feind-Logik" gearbeitet.[45]

4 Populistische Rhetorik

Durch den theoretischen Zugang erhält man einen Katalog von Merkmalen, die mal mehr, mal weniger auf populistische Akteure und Organisationen zutreffen. Ob damit wirklich alle Erscheinungen erfasst werden, die in der Selbst- und Fremdwahrnehmung als „populistisch" gelten, sei dahingestellt und ist für diesen Beitrag nicht entscheidend. Die theoretischen Positionen dienen zunächst dazu, Auswahlkriterien für geeignete literarische Text festzulegen.

Als Kritik an der theoretischen Strategie der Populismusforschung hat Margaret Canovan bereits 1982 einen phänomenologischen Zugang zum Populismus vorgeschlagen. Da sich Populismus vor allem in der politischen Rede manifestiere, so Canovans Überlegung, sei Populismus primär als rhetorisches Verfahren beobachtbar. Canovan schlussfolgert, dass das Verbindende der unterschiedlichen politischen Formen des Populismus – sie listet sieben unterschiedliche

41 Vgl. Reckwitz, S. 415.
42 Vgl. Jan-Werner Müller: Was ist Populismus? Berlin 2016, S. 66.
43 Reckwitz, S. 415.
44 Reckwitz, S. 415.
45 Reckwitz, S. 416.

Typen vom US-amerikanischen Agrarpopulismus des späten 19. Jahrhunderts bis zu einem auf charismatische Politiker zugeschnittenen Populismus auf – in ihrer gemeinsamen Rhetorik *(common rhetoric)* liege. Canovan schreibt:

> The only thing they all share is (as Ernesto Laclau has suggested) a common rhetoric. Populist rhetoric is anti-elitist, exalts ‚the people', and stresses the pathos of the ‚little man'. When such symbols are cashed out in real political situations, however, the embodiments of the common man and his enemies turn out to be bewilderingly diverse. Populist rhetoric is compatible with all kinds of different social bases and economic interests, with ideologies of different kinds or with lack of ideology altogether.[46]

Gerade die Literatur kann, wenn man sie als poetisches Reflexionsmedium der politischen Rede versteht, die populistische Rhetorik zum Thema machen, ohne den Details der politikwissenschaftlichen Subkategorisierung des Populismus Beachtung zu schenken. Der Symbolkomplex Populismus, der sich aus Anti-Elitarismus, Wertschätzung des Volkes, Pathos des kleinen Mannes und seinen Feindbildern zusammensetzt, kann in politischen Programmen sehr unterschiedlich aufgebaut sein. Er ist nicht notwendigerweise mit bestimmten ökonomischen oder ideologischen Voraussetzungen verbunden. Das Entscheidende ist, dass die einzelnen Bestandteile des Symbolkomplexes als rhetorisch funktionale Elemente gefasst werden, Populismus also offensichtlich eine Frage rhetorischer Strategien ist, die literarisch reflektiert werden können.

In einem 1999 erschienenen Text über ‚the Two Faces of Democracy' differenziert Canovan ihre Ausführungen aus demokratietheoretischer Sicht und unterscheidet zwischen dem pragmatischen und dem erlösenden Typus liberaler Demokratie. Dieses „Zwei-Säulen-Modell"[47] erklärt die Resonanz auf populistische Erlösungsversprechen als Ausdruck einer „kollektiven Enttäuschungserfahrung",[48] die aus dem pragmatischen Vollzug der Demokratie resultiert. Der pragmatische Stil demokratischer Politik schlägt sich in den moderierenden und stabilisierenden Verfahren institutionalisierter und repräsentativer Politik nieder. Eine dem Erlösungsverspechen der Demokratie anhängende Politik stellt hingegen die Souveränität des Volkes in den Vordergrund und adressiert dessen Bedürfnisse unmittelbar. „[I]n redemptive democracy [...] there is a strong anti-institutional impulse: the romantic impulse to directness, spontaneity and the

---

46 Margaret Canovan: Two Strategies for the Study of Populism. In: Political Studies 30 (1982), H. 4, S. 544–552, hier S. 552.

47 Jörke / Selk, S. 95.

48 Jörke / Selk, S. 96.

overcoming of alienation."[49] Der Sinnspruch dieser Erlösung verheißenden demokratischen Politik laute ganz im Sinne populistischer Rhetorik: „*vox populi vox dei*".[50]

Im Zusammenhang ergibt sich, dass Canovan weitere Besonderheiten populistischer Rhetorik aus ihrem demokratietheoretischen Modell ableitet. So ist der ‚romantische Impuls' laut Canovan damit verbunden, dass Populistinnen und Populisten sich ihrer Einfachheit und Direktheit loben und Kompromisse, komplizierte Aushandlungsprozesse und ‚Hinterzimmerabkommen' anprangern.[51] Populistische Rhetorik erzeuge außerdem eine emotionale Stimmung, die im alltäglichen Vollzug pragmatischer Demokratie fehle. Die enthusiasmierende Stimmung motiviere auch ansonsten unpolitische Menschen dazu, sich politisch zu engagieren. Schließlich würden die ‚erhöhten Emotionen' zumeist auf einen „charismatic leader" projiziert,[52] der das populistische Erlösungsprogramm personalisiert.

Das alles reicht jedoch nicht aus, um die Rhetorik des Populismus zu erfassen. Erst in der sprachlichen Form des wiederholbaren und vorgeprägten Phrasems entfalten diese rhetorischen Merkmale ihre populistische Qualität. Die rhetorische Figur, die für die Rhetorik des Populismus konstitutiv ist, ist die Phrase oder neutraler formuliert: das Phrasem, in das die genannten Merkmale populistischer Rhetorik wahlweise inkorporiert werden: die Stimme des Volkes in den Pronomen „man" oder „wir", eine Negation der „established structure of power" und der „dominant ideas and values of the society",[53] das Pathos des ‚kleinen Mannes' und seiner Feinde, der moralische Alleinvertretungsanspruch und die Emotionalisierung der Anliegen durch Angst und Wut.

5 Was gesagt werden muss – Literarischer Populismus?

Es fällt auf den ersten Blick nicht auf, ist aber äußerst signifikant, dass Sibylle Berg in dem oben zitierten Ausschnitt aus dem „Chor des gesunden Menschenverstandes" Günter Grass zitiert. In dem Satz „Jetzt sagen wir, was gesagt werden

49 Margaret Canovan: Trust the People! Populism and the Two Faces of Democracy. In: Political Studies 47 (1999), S. 2–16, hier S. 10.

50 Canovan: Trust the People! S. 10.

51 Vgl. Canovan: Trust the People! S. 6.

52 Canovan: Trust the People! S. 6.

53 Canovan: Trust the People! S. 3.

muss“ findet sich nämlich eine intertextuelle Anspielung auf das Gedicht *Was gesagt werden muss*, das Günter Grass am 4. April 2012 in der *Süddeutschen Zeitung* und am gleichen Tag in *La Repubblica* und *El País* veröffentlicht hat. In diesem Gedicht gemahnt Grass an die Gefahr, die von der „Atommacht Israel“ für den „ohnehin brüchigen Weltfrieden“ ausgeht und kritisiert, dass Deutschland ein „weiteres U-Boot“ nach Israel liefere, „dessen Spezialität / darin besteht, allesvernichtende Sprengköpfe“ einzusetzen.[54] Das Gedicht löste eine außerordentlich erregte und kontroverse literarisch-politische Debatte aus, die sich vor allem um die Frage drehte, „ob in Grass' Kritik an Israel eine antisemitische Grundhaltung zum Ausdruck komme“[55] – eine Frage, die das Gedicht – nebenbei bemerkt – bereits antizipiert: „das Verdikt ‚Antisemitismus' ist geläufig“.[56]

Hier geht es aber um die Frage, ob der Text, wie das Zitat in Bergs Stück nahelegt, ein populistisches Gedicht ist. Tom Buhrow hat in seinem Fernsehgespräch mit Grass am Tag nach dem Erscheinen des Gedichts eine solche Lesart nahegelegt, als er danach fragte, ob nicht der Titel des Gedichts einer „Einleitung am Stammtisch“[57] ähnlich sei, also wie die Phrase ‚Das wird man ja wohl noch sagen dürfen' funktioniert. Populistisch ist das Gedicht aber nur auf den ersten Blick und der Überschrift nach. Populistisch ist der Text nicht, wenn man ihn sich genauer ansieht:

> Warum schweige ich, verschweige zu lange,
> was offensichtlich ist und in Planspielen
> geübt wurde, an deren Ende als Überlebende
> wir allenfalls Fußnoten sind.
> [...]
> Jetzt aber, weil aus meinem Land,
> [...]
> ein weiteres U-Boot nach Israel
> geliefert werden soll, [...]
> sage ich, was gesagt werden muß.

---

54 Günter Grass: Was gesagt werden muss. In: Was gesagt wurde. Eine Dokumentation über Günter Grass' *Was gesagt werden muss* und die deutsche Debatte. Hg. v. Heinrich Detering / Per Øhrgaard. Göttingen 2013, S. 12–14, hier S. 13. Der Band enthält auch die für den Gedichtband *Eintagsfliegen* leicht modifizierte Version des Gedichts (ebd., S. 359–361).

55 Heinrich Detering / Per Øhrgaard: Einleitung. In: Was gesagt wurde. Eine Dokumentation über Günter Grass' „Was gesagt werden muss“ und die deutsche Debatte. Hg. v. dens. Göttingen 2013, S. 5–11, hier S. 6.

56 Grass, S. 12.

57 Tom Buhrow: Interview mit Günter Grass [ARD-Tagesthemen, 5. April 2012]. In: Was gesagt wurde. Eine Dokumentation über Günter Grass' *Was gesagt werden muss* und die deutsche Debatte. Hg. v. Heinrich Detering / Per Øhrgaard. Göttingen 2013, S. 95–104, hier S. 96.

> [...]
> Weil gesagt werden muß,
> was schon morgen zu spät sein könnte;
> [...]
> Und zugegeben: ich schweige nicht mehr,
> weil ich der Heuchelei des Westens
> überdrüssig bin; [...][58]

Die Sprechinstanz verweigert sich, „Wir" zu sagen, es steht kein Volk im Hintergrund, für das das „Ich" das Wort ergreift. Insofern ist das Gedicht weniger als politisches, sondern mehr als biografisches zu verstehen. Es stellt ein typisches Spätwerkgedicht[59] dar, das der Selbstverständigung eines Autors über sich selbst und seine „Herkunft, die von nie zu tilgendem Makel behaftet ist",[60] dient. Auf diese Selbstverständigungsfunktion des Gedichts weist zudem der werkinterne Rückbezug auf das erste Wort von Grass' Debütroman *Die Blechtrommel* von 1959 hin: „zugegeben". Mit dem Gedicht kehrt Grass zu seinen literarischen Anfängen zurück.[61]

Grass wählt das Politische nur als Anlass, um über ein generationelles, insbesondere persönliches Ressentiment zu räsonieren, wie Frank Schirrmacher in seiner luziden Interpretation des Textes in der *Frankfurter Allgemeinen Zeitung* dargelegt hat:

> Es ist ein Machwerk des Ressentiments, es ist, wie Nietzsche über das Ressentiment sagte, ein Dokument der ‚imaginären Rache' einer sich moralisch lebenslang gekränkt fühlenden Generation. Gern hätte er [d.i. Grass], dass jetzt die Debatte entsteht, ob man als Deutscher Israel denn kritisieren dürfe. Die Debatte aber müsste darum geführt werden, ob es gerechtfertigt ist, die ganze Welt zum Opfer Israels zu machen, nur damit ein fünfundachtzigjähriger Mann seinen Frieden mit der eigenen Biographie machen kann.[62]

Dass Berg dem ‚kleinen Mann' in *Viel gut essen* Grass' Worte in den Mund legt, reagiert auf diese Lesart des Gedichts und stellt einen negativen Traditionsbezug im Hinblick auf das politische Engagement von Schriftstellern her. In mehreren ihrer poetologischen Statements positioniert sich Berg nämlich, indem sie sich von der Günter-Grass-Tradition des aufklärerischen Schriftstellerengagements

---

58 Grass, S. 12f.

59 Vgl. Sandro Zanetti: Avantgardismus der Greise? Spätwerke und ihre Poetik. München 2012.

60 Grass, S. 13.

61 Vgl. zu solchen „werkinterne[n] Relationierungen" Zanetti, S. 122.

62 Frank Schirrmacher: Was Grass uns sagen will [Frankfurter Allgemeine Zeitung, 5. April 2012]. In: Was gesagt wurde. Eine Dokumentation über Günter Grass' *Was gesagt werden muss* und die deutsche Debatte. Hg. v. Heinrich Detering / Per Øhrgaard. Göttingen 2013, S. 49–52, hier S. 52.

abgrenzt. Diese Strategie verfolgt Berg zum Beispiel auch in einer Szene des biografischen Dokumentarfilms *Wer hat Angst vor Sibylle Berg*, in der sie vor einer mediterran anmutenden, sommerlich grünen Bergkulisse im Tessin steht und eingesteht:

> Und ich kann nicht so... Pfeife rauchen und die Welt erklären, da ist man ja eigentlich schon mal außen vor, aber Frauen erklären die Welt auch nicht, das ist ..., steht uns nicht zu, die Frauen schreiben über ihre Depressionen.[63]

Berg codiert ihre Autorschaft in Abgrenzung von Grass, dem Pfeife rauchenden, altväterlichen Welterklärer, dezidiert weiblich. Sie arbeitet sich an den Gemeinplätzen und Klischees über die Wahrnehmung weiblicher und männlicher Autoren, ihren literarischen Themen und Schreibweisen ab. Bergs polemische Distanzierungsgesten dienen dazu, die diskreditierte Position freizuräumen – Grass zum ‚kleinen Mann' zu degradieren –, um sie selbst zu besetzen und zeitgemäß zu modifizieren.

6 Elfriede Jelinek – Anti-populistischer Protest

Ich kenne zwar keine Stelle, an der Sibylle Berg explizit auf Elfriede Jelinek und ihr Werk Bezug nimmt, aber die Parallelen zwischen den beiden Autorinnen sind offensichtlich. Kathrin Röggla wurde einmal „Jelineks Tochter" genannt,[64] zu Sibylle Berg jedoch, scheint mir, passt diese literarische Genealogie wesentlich besser. Jelinek und Berg stehen in einer popliterarischen Tradition; beide eint eine nihilistisch-pessimistische Grundhaltung; beide betreiben in ihren postmodernen Texten selbstreflexive Sprach- und Wortspiele; lakonisch bis zum Zynismus beschreiben sie das Scheitern zwischenmenschlicher Beziehungen; sie schreiben „postdramatische" Theaterstücke – häufig mit apokalyptisch anmutender Weltuntergangsstimmung; sie inszenieren eine dezidiert weibliche Autorschaft, und sie verbindet ihr öffentlicher politischer Protest.

Jelinek war besonders in den 1990er Jahren politisch aktiv. Sie protestierte gegen den Aufstieg der FPÖ mit ihren ausländerfeindlichen Initiativen und Pa-

---

63 Wer hat Angst vor Sibylle Berg. Reg. Wiltrud Baier und Sigrun Köhler. Böller und Brot, 2015, TC: 13:14 – 13:32.

64 Vgl. Eva Kormann: Jelineks Tochter und das Medienspiel. Zu Kathrin Rögglas *wir schlafen nicht*. In: Zwischen Inszenierung und Botschaft. Zur Literatur deutschsprachiger Autorinnen ab Ende des 20. Jahrhunderts. Hg. v. Ilse Nagelschmidt / Lea Müller-Dannhausen / Sandy Feldbacher. Berlin 2006, S. 229 – 245.

rolen, engagierte sich gegen den erstarkenden Rechtsextremismus, gegen die Leugnung der NS-Vergangenheit und die Rehabilitation der Väter-Generation und wies auf die Gefahren und die Kontinuitäten von Antisemitismus und Rassismus hin.[65]

Diese Auseinandersetzung blieb nicht einseitig, sondern die FPÖ reagierte wiederholt auf die Kritik von Seiten der Intellektuellen und Künstler durch „die Aktivierung aller kunstfeindlichen Ressentiments".[66] Die „Künstlerdiffamierungskampagnen"[67] der FPÖ, wie Sigrid Löffler das anti-intellektuelle Agieren der Partei genannt hat, erreichten ihren Höhepunkt im Herbst 1995 mit einem mittlerweile legendären Plakat zur Wiener Gemeinderatswahl: „‚Lieben Sie Scholten, Jelinek, Häupl, Peymann, Pasterk... oder Kunst und Kultur?' Freiheit der Kunst statt sozialistischer Staatskünstler". Jelinek reagierte auf die kunstfeindliche Stimmungsmache mit ihrem ersten Aufführungsverbot 1996.

Das zweite Aufführungsverbot erfolgte im Jahr 2000 als Reaktion auf die Angelobung der FPÖ-ÖVP-Regierung am 4. Februar 2000, der sogenannten Regierung Schüssel I (Nationalratswahl am 3. Oktober 1999, ÖVP und FPÖ erreichten jeweils 26,91%, die SPÖ 33,15%). In dem Text „Meine Art des Protests", der am 7. Februar 2000 im Wiener *Standard* erschien, rechtfertigt sie das teils heftig kritisierte Aufführungsverbot für ihre Stücke auf österreichischen Bühnen. Jelinek schreibt:

> Wie ich schon öfter gesagt habe, scheint es mir, als könnte sich die Sprache, eine differenzierende, literarische Sprache, gegen diese bedrohliche, selbstgewisse, von keinem Selbstzweifel angekränkelte Sprache der feschen Technokraten und Rechthaber, die uns jetzt von überall her überschwemmen, nicht mehr durchsetzen.
>
> Die Sprache der Literatur wird, wie es die extreme Rechte immer tut, von der brutalen Eindeutigkeit ihrer inzwischen sattsam bekannten Aussprüche, die das gesunde Volksempfinden hinter sich wissen oder zu wissen glauben, sozusagen niedergeknüppelt. [...]
>
> Die Sprache kann aber nicht einfach selbst und von selbst auftreten, sie braucht dafür Platz. Von diesen Leuten will ich mir meinen Platz nicht zuweisen lassen, auch wenn die Theater unabhängig sind, sie bewegen sich ja doch im öffentlichen Raum. [...]
>
> Die neuen Machthaber sind mit ihrer Prüfung der Wirklichkeit schon fertig, wissen alles und werfen es uns auch gleich aus dem Fernsehen als Wahrheit hin, ohne es überhaupt für nötig zu halten, was sie da verkünden auch vorher zu prüfen. Heute dies, morgen wieder was andres, sie sagen es und wenn sie es sagen, ist darin schon jeder Einspruch erstickt. [...]
>
> Ich kann ihnen also auch meine Sprache als Objekt des Konsums und auch der Repräsentation (Theater, das ist ja im Allgemeinen ein Ort, wo der Staat sich repräsentiert)

65 Vgl. Pia Janke (Hg.): Jelinek-Handbuch. Stuttgart / Weimar 2013, S. 14f.

66 Sigrid Löffler: Bomben und Plakate. Zur Verhaiderung des österreichischen Kulturklimas. In: Süddeutsche Zeitung (25. Oktober 1995), S. 13.

67 Löffler, S. 13.

> nicht länger lassen. Ich muss sie ihnen entziehen, um sie erhalten zu können. Das klingt sicher pathetisch, aber: Da ich also nicht gehen kann, können wenigstens meine Stücke weggehen, um woanders (hoffentlich) irgendwie zu wirken. Anders gesagt: Sie können nur wirken, gerade indem sie weggehen.[68]

Jelineks Protest ist ein Protest durch Entzug, der aus Resignation resultiert. Resignation darüber, dass die differenzierende, zweideutige und selbstbezügliche Sprache der Literatur sich nicht gegen die brutal eindeutige, gewaltsame Sprache der „feschen Technokraten und Rechthaber", der ‚extremen Rechten', des ‚gesunden Volksempfindens', der „neuen Machthaber" behaupten kann. Im öffentlichen Raum bleibt kein Platz für die Kritik, die die „Wahrheit" von der „Macht" trennt, sondern die politische Sprache sei sich ihrer Wirklichkeit sicher. Jelinek will „ihre Sprache" nicht zum „Objekt des Konsums und der Repräsentation" degradiert sehen. Ihr Sprachentzug dient dem Spracherhalt. Ihr Protest ist Entsagung.

Eine äußerst bemerkenswerte Konstellation zwischen Elfriede Jelinek und Jörg Haider ergibt sich, wenn man berücksichtigt, wie Jelinek Haiders Rückzug aus der Bundespolitik einen Monat nach ihrem Aufführungsverbot in ihrem Theaterstück *Das Lebewohl* verarbeitet. Jörg Haider, der maßgeblich an der Bildung der Regierung Schüssel beteiligt war, zog sich im März 2000, kurz nach der Regierungsbildung, überraschend aus der Bundespolitik zurück, indem er von seinem Amt des Parteichefs der FPÖ zurücktrat. Vermutlich ist dieser Schritt als Reaktion auf die heftigen Proteste im In- und Ausland und der kurzzeitigen sogenannten EU-Sanktionen infolge der Regierungsbeteiligung der FPÖ zu werten (die allerdings nur bis zum September galten).

In ihrem Stück *Das Lebewohl*, ebenfalls aus dem Jahr 2000, macht Jelinek diesen ihrem Sprachentzug strukturell verwandten Fall von Entsagung von der Macht zum Gegenstand eines „Haidermonologs",[69] den man auf die Formel „Machterhalt durch Machtentzug" bringen könnte. Im *Lebewohl* nämlich heißt es, ganz ähnlich wie in Jelineks Protesttext: „Ich tats doch nur, um mich erneut zu nahen und dann zu bleiben."[70] Weggehen, um zu wirken…

Zu dieser „Art des Protests" erschien im österreichischen Magazin *news* und in der *Welt am Sonntag* (am 5. März 2000) Haiders Apologie. Dabei handelt es sich um einen subtilen Text, in dem Haider sich selbst, sein politisches Handeln und seinen Rücktritt erklärt, indem er ihn in einen Deutungsrahmen von göttlicher

68 Elfriede Jelinek: Meine Art des Protests. Abrufbar unter elfriedejelinek.com (in der Rubrik „zu Politik & Gesellschaft"), (Stand: 5. Februar 2018).

69 Elfriede Jelinek: Das Lebewohl. 3 kl. Dramen. 2. Aufl. Berlin 2004 [2000], S. 9.

70 Jelinek: Das Lebewohl, S. 19.

Berufung, messianischer Pflichterfüllung und jesuanischer Opferbereitschaft einspannt, was Jelinek in ihrem Text wiederum parodiert: „Jesus, runter da! Wir, rauf da, statt seiner! Ja.“[71] Jelinek nimmt Haiders Text, in der *Welt* betitelt mit „Meine Familie gab den Ausschlag“, als Quelle, verflicht ihn mit Aischylos' *Orestie*, und macht daraus ein typisch Jelinek'sches „Sekundärdrama“, *Das Lebewohl*.

In der Regieanweisung wird das Stück zwar als ‚Haidermonolog‘ bezeichnet, die Sprechinstanz heißt jedoch einfach „Der Sprecher“ und lässt die Frage „Wer spricht?“ ostentativ offen.[72] Das Stück markiert bereits paratextuell die poetische Offenheit, die der Sprache der „Machthaber“ entgegensteht. Dennoch ist klar, dass der Sprecher als Haider-Karikatur zu verstehen ist. Bemerkenswert ist, wenn man ein Bild von Haider vor Augen hat, wie die Regieanweisung den Sprecher, der von ‚einigen schönen Knaben‘ umringt sein soll, beschreibt: ein „Mann, der ebenfalls den Mund zu einem zeitlos-ewigen Lächeln gemalt hat und zu den Knaben spricht. Den Mund nicht grotesk-clownhaft, sondern wirklich schön, aber etwas unheimlich, lächelnd“.[73] Im Text gibt es einige weitere Anspielungen auf Haider, wenn es heißt: „Ich muß jetzt in mein Bundesland zurückfahren“;[74] „Muß ich denn jetzt wirklich in mein Bundesland zurückfahren?“;[75] „So muß ich denn muß ich denn in mein Bundesland fahren“;[76] „Ich geh jetzt in mein Bundesland zurück, als dessen Herrscher“;[77] „ich bin derweil in Kärnten“.[78] Außerdem findet sich eine Anspielung auf Haiders immer-braunen Ski-Lehrer-Teint: „Jeder Sonne ihr eigenes Studio zum Scheinen, dies meine Forderung.“[79]

Das Lebewohl ist ein Text sprachlicher Verkehrungen. Es ist kein Abschiedstext, sondern er steht semantisch und strukturell auf der Schwelle von Ankunft, Abschied und Aufbruch, „Dazwischen“.[80] Er beginnt mit der Ankunft des „Wir“ und einem Versprechen im doppelten Sinne von Zusage, die einen bedrohlichen Charakter annimmt, und sprachlicher Verfehlung: „Die Zuversicht vertreiben wir aus dem Land, denn wir sind stark! Entschuldigung, nein, wir

71 Jelinek: Das Lebewohl, S. 26.
72 Vgl. Kai Bremer: Postskriptum Peter Szondi. Theorie des Dramas seit 1956. Bielefeld 2017, S. 165.
73 Jelinek: Das Lebewohl, S. 9.
74 Jelinek: Das Lebewohl, S. 11.
75 Jelinek: Das Lebewohl, S. 14.
76 Jelinek: Das Lebewohl, S. 15.
77 Jelinek: Das Lebewohl, S. 27.
78 Jelinek: Das Lebewohl, S. 31.
79 Jelinek: Das Lebewohl, S. 17.
80 Jelinek: Das Lebewohl, S. 32.

bringen sie, die Zuversicht, mit federleichtem Leib. [...] Verläßlich sind wir wie der Tod, jetzt sind wir da. [...] Jetzt sind wir da."[81]

„Der Sprecher" spricht, typisch für die populistische Rhetorik, über weite Strecken des Textes als „Wir". Die Entwicklung verläuft aber anders herum als bei der Kollektivierung der Sprechinstanz zum „Chor des gesunden Menschenverstandes" in *Viel gut essen*, weil der Sprecher nicht vom „Ich" zum „Wir" wechselt, sondern vom „Wir" zum „Ich" tendiert, das zum Ende hin immer stärker in den Vordergrund tritt. Anders als bei Berg geht es im *Lebewohl* nicht um die Rhetorik des ‚kleinen Mannes', sondern um den populistischen Politiker als ‚charismatic leader' (Canovan), der sich als „Sprachrohr" für die Stimme des Volkes präsentiert. Im *Lebewohl* wird das „Wir" zwar nicht explizit als Volk, dafür aber als eine Totalität, als „alle" adressiert:

> Wer zählt uns? Es sind ja die Wählerstimmen, die zählen. Die anderen sind jedenfalls mehr. Alle sind mehr doch als viele. Wir sind alle, und wer noch fehlt, den verrechnen wir nachher miteinander. Mit dem rechnen wir ab. [...] Die vielen zählen nicht mehr, denn wir sind jetzt da. Wir sind alle.[82]
>
> [J]etzt sind wir schon ALLE. Die andern sind mehr noch. Wir aber sind ALLE![83]
>
> Wir sind ja alle, weil stets gemeinsam wir sind! Die anderen: nur viele! [...] Nur mehr die Mehrheit die anderen. Wir aber: alle.[84]
>
> Die Mehrheit sind nur noch wenige, die uns mißachten, und die wir nicht achten.[85]

Die quantitative Mehrheit der anderen, die vielen, werden zu einer Minderheit umgedeutet, indem ihnen eine auch typografisch hervorgehobene Totalität („ALLE" in Versalien) entgegengesetzt wird. Diese Verkehrung delegitimiert zugleich die Abstimmungsverfahren der repräsentativen Demokratie, also ihre pragmatischen Prozesse im Sinne von Canovan. Das Beschwören des „Wir" fungiert als Ermächtigungsstrategie, die mit der moralischen Differenz von Achtung und Missachtung verknüpft wird,[86] um auf diese Weise Politik und Moral zu entdifferenzieren. Das „Wir" schließt sich durch die sprachliche Repetition zu einer die Mehrheit missachtenden Totalität. Der offene Widerspruch zwischen der Majorität („Mehrheit") und Minorität („wenige") wird dabei zwar in Kauf genommen, aber missachtet. Es geht also nicht nur um eine moralische Missachtung, sondern ebenso um die Missachtung politischer Mehrheitsverhältnisse.

---

81 Jelinek: Das Lebewohl, S. 10.

82 Jelinek: Das Lebewohl, S. 15.

83 Jelinek: Das Lebewohl, S. 18 f.

84 Jelinek: Das Lebewohl, S. 22.

85 Jelinek: Das Lebewohl, S. 31.

86 Vgl. den Eintrag zum *Lebewohl* von Evelyn Deutsch-Schreiner in Pia Janke (Hg.): Jelinek-Handbuch. Stuttgart / Weimar 2013, S. 146.

Das *intellektuelle Establishment*, gegen das sich der „Sprecher“ wendet und dadurch seinem populistischem Anti-Elitismus Ausdruck verleiht, sind die „Schreiberlinge“, die „Lügen“ verbreiten,[87] die „Geistesfürsten“,[88] die „Dichterfürsten“,[89] „die Lügenpriester“,[90] die „Journalisten, geschirrt gehören sie unters Joch“.[91]

Jelineks Stück ist extrem anspielungsreich und vielstimmig und dadurch komplexer als Bergs Wutbürgertirade. Was bei Berg zudem fehlt, ist die historische Genealogie rechtspopulistischer Positionen, die von rechtsextremen Auffassungen häufig nicht zu unterscheiden sind. Jelinek zeigt dies am Beispiel des verharmlosenden Umgangs mit den Verbrechen des Nationalsozialismus auf:

> Wir haben keine Mitschuld an der Tat. Wir haben auch keine Morde befohlen. Das kann man von uns nicht sagen. Wir haben den Fall von Anfang an erörtert: wir warens nicht, und unsre Väter warns auch nicht. Sie könnens nicht gewesen sein. Ach! Unsere Väter warens vielleicht doch, aber es hat nichts gemacht. Es hat ihnen nicht geschadet. Wenn Sie so wollen, dann waren sies halt. Es waren abscheuliche, einmalige Verbrechen. Sowas wirds nie wieder geben. Es war einmal, es ist nicht mehr.[92]

Die deutsch-österreichische Geschichte bekommt insbesondere durch den Phraseologismus „Es war einmal“ einen märchenhaften Charakter, der die Wirklichkeit der historischen Ereignisse anzweifelt und zu einer Verhandlungssache macht, die so lax mit den Verbrechen und Morden umgeht wie mit einem Streit auf dem Schulhof: „Wenn Sie so wollen, dann waren sies halt.“ Die Vergangenheit wird dezisionistisch von der Gegenwart getrennt („es ist nicht mehr“). Die „Morde“ sind für den Sprecher vorbei und damit abgehakt. Auch die zur Phrase neigende Formulierung „abscheuliche, einmalige Verbrechen“ dient lediglich dazu, die Geschichte abzuhaken, ohne die Frage nach der historischen Verantwortung für die Erinnerung an die nationalsozialistischen Gräueltaten zu stellen.

Besonders aufschlussreich für die Analyse des Stückes ist schließlich der intertextuelle Vergleich zwischen Haiders in der Zeitung publizierter Apologie seines Rücktritts und Jelineks literarischer Bearbeitung dieses Textes. Daher möchte ich an einem Beispiel veranschaulichen, wie Haiders Vorlage in Jelineks Stück umgeschrieben wird. Bei Haider heißt es:

---

87 Jelinek: Das Lebewohl, S. 10.
88 Jelinek: Das Lebewohl, S. 11.
89 Jelinek: Das Lebewohl, S. 12.
90 Jelinek: Das Lebewohl, S. 12.
91 Jelinek: Das Lebewohl, S. 16.
92 Jelinek: Das Lebewohl, S. 13 f.

> Vorher hatte ich noch mit dem Bundeskanzler telefoniert. Ich merkte, dass auch er sich nicht im Klaren war, ob er sich freuen sollte, oder die Sache für ihn noch komplizierter würde. Ich jedenfalls versuchte, ihn zu beruhigen. Wenn ich etwas vereinbart habe, dann stehe ich dazu. Da fährt der Zug drüber! Schüssel schien beruhigt.[93]

Bei Jelinek klingt diese Stelle so:

> Ich muß nur noch mit dem Bundeskanzler telefonieren. Ich merkte, daß auch er nicht wußte, ob er sich freuen sollte oder ob die Sache für ihn noch komplizierter würde. Er denkt derzeit noch nach. Ja, der Mann denkt, der Mann denkt, da besteht kein Zweifel, ich sehs ihm ja an. Ich jedoch lenk. Der gehört auch mir, da fährt der Zug drüber. Er gehört mir, indem ich geh. So, das ist getan. Da kann er Gift drauf nehmen. Werd ich euch fehlen? Ja, ich werd euch fehlen. Klaro.[94]

Zwei Sätze von Haider werden annähernd wörtlich zitiert. Durch die temporalen Dissonanzen zwischen Präsens und Imperfekt wird jedoch die Eindeutigkeit der Vorlage verunsichert. Die Hybris des Sprechers schließlich macht die Stelle zu einer Parodie Haider'scher Selbstverliebtheit. Zugleich wird die Redewendung „Da fährt der Zug drüber" durch das „Da kann er Gift drauf nehmen" paraphrasiert, bestärkt und zugleich parodiert. Darüber hinaus entzieht die zur Phrase erstarrte Formulierung vom „Denken und Lenken" und das salopp umgangssprachliche „Klaro" dem Zitat die Ernsthaftigkeit, die sie bei Haider hat.

Kanzler Wolfgang Schüssel ebenso wie die FPÖ-Vize-Kanzlerin Susanne Riess-Passer identifiziert der Sprecher im Laufe des *Lebewohls* mit sich. Alles, was die anderen im Stück genannten Figuren tun oder sagen, tun sie als Sprechinstanz des Ich. „Nur ich bin. Sie spricht nur. Durch mich. Ich bin. Durch mich",[95] heißt es über Riess-Passer; „Ja, er ist ich",[96] über Schüssel. Am Schluss des Stückes steigert sich diese hyperbolische Überidentifikation zu einem pathologischen Egoismus, der durch die syntaktische Struktur und die rhythmisch-manische Wiederholung des Pronomens „ich" hervorgehoben wird:

> Die Freiheit vertreib: ich, das Dunkel seh gar nicht: ich. An die Stürme gebunden fühl mich: ich. Mit der Zeit wieder heiter sein will: ich. Was verborgen ist sichtbar machen will: ich. In den Spiegel schauen können will: ich auch mich. Zögern will nicht auch: ich. Mein Vater sein will auch: ich. [...] Die Toten sein will auch: ich. Mutiger Helfer sein will auch: ich. [...] Alle niedermachen will auch: ich. Alle sein will auch: ich. Kein Stein auf dem andern sein will

---

93 Jörg Haider: Meine Familie gab den Ausschlag. In: Welt am Sonntag (5. März 2000), S. 7.

94 Jelinek: Das Lebewohl, S. 26.

95 Jelinek: Das Lebewohl, S. 20.

96 Jelinek: Das Lebewohl, S. 27.

> auch: ich. Die Freiheit sein will auch: ich. Vaters Kind sein will auch: ich. Sags Mutter, sags Vater, sags Mutter, sags Vater. Sag ich. Sag doch: ich! Die ganze: Zeit![97]

Der Schluss des Stückes poetisiert die Ich-Pathologie mittels einer grammatisch gewaltsamen Rhythmisierung der Syntax und dem durch den Doppelpunkt markierten Bruch zwischen dem Objekt und dem alles auf sich beziehenden Subjekt der Rede, das von seinem Willen („will“) durchdrungen wird. Das letzte Wort bricht das Muster und ‚ruiniert‘ die Kadenz, aber es markiert auch die wirkliche Gefahr des Populismus, nämlich von einer historisch situierten und zu überwindenden Erscheinung zu einem andauernden, die Zeit aufhebenden Status politischer Ordnung zu werden.[98]

Jelineks Text ist poetisch komplexer, differenzierter, sprachspielerischer als Bergs *Viel gut essen*. Während Berg die ‚brutale Eindeutigkeit‘ der populistischen Rhetorik reproduziert, destabilisiert die Polyphonie des Monologs bei Jelinek die Selbstsicherheit der populistischen Rhetorik mithilfe komischer Elemente und sprachlicher Verschiebungen. Jelinek führt die Lächerlichkeit und die Gefährlichkeit populistischer Rhetorik gleichermaßen vor Augen. Jelineks Haidermonolog ist eine distanzierende Parodie, ein satirischer ‚Gegengesang‘, der in der Form kritischer Textbearbeitung eine Begleitstimme zu den populistisch-politischen Diskursen bildet und ihnen gegenüber eine komisch-kritische Funktion übernimmt, ohne ins Kalauernde abzugleiten, wie es zuweilen bei Berg der Fall ist.

7 Benjamin von Stuckrad-Barre – Aus dem Volksmund sammeln

Im *Historischen Wörterbuch der Rhetorik* wird darauf hingewiesen, dass der Begriff ‚Populismus‘ „wortgeschichtlich eng verbunden“ ist mit „Begriffe[n] wie ‚Popularität‘ und ‚Pop Art‘/‚Pop‘“.[99] In der Tat lassen sich mittels der Unterscheidung von populär/unpopulär oder Inklusion und Exklusion Zusammenhänge zwischen den Bereichen Popularität, Pop und Populismus darstellen. Während Popularisierung ein Inklusionsmechanismus ist, der darauf abzielt, ein möglichst großes Publikum zu erreichen, sind popkulturelle Akteure oder Produkte nicht not-

97 Jelinek: Das Lebewohl, S. 34 f.

98 Vgl. Allyson Fiddler: Staging Jörg Haider: Protest und Resignation in Elfriede Jelinek's *Das Lebewohl* and Other Recent Texts for the Theatre. In: The Modern Language Review 97 (2002), H. 2, S. 353–364, hier S. 363 f.

99 Kirchner, Sp. 934.

wendigerweise populär und inklusiv, machen aber in der Regel populäre Gegenstände (etwa der Konsumsphäre) zum Gegenstand ihrer selbstreferenziell-spektakulären Pop-Ästhetik. Populismus schließlich betreibt Exklusion durch Inklusionssemantiken („Wir und nicht ihr") und wertet unpopuläre Ansichten als vom *common ground* der Mehrheit unterdrückte Positionen moralisch auf: „Das wird man ja wohl noch sagen dürfen."

Die drei Bereiche sind also nicht nur etymologisch, sondern auch systematisch miteinander verflochten, sodass es nicht sonderlich verwundert, dass die Popliteratur nicht zuletzt aus dem Umgang mit populären Redewendungen, also den konventionellen sprachlichen Manifestationen des Volksmunds ihr Potenzial schöpft. Die Popliteratur, die mit dem Sekundären, dem Nicht-Authentischen, dem Immer-schon-Gesprochenen arbeitet, nutzt die semantische Vielfalt von Phraseologismen als Material ihrer poetischen Transformationen.

Benjamin von Stuckrad-Barres Buch *Was.Wir.Wissen.* ist der wohl eindrucksvollste Beitrag zu einer phraseologischen Poetik in der Gegenwartsliteratur. Es stammt aus dem Jahr 2005, also aus der Zeit der „komplett geisteskranken PROJEKTE",[100] wie man in Stuckrad-Barres Autofiktion *PANIKHERZ* nachlesen kann. *Was.Wir.Wissen.* ist eine Phrasensammlung in der Tradition von Gustave Flauberts *Wörterbuch der gemeinen Phrasen* (des *Dictionaire des idées reçues*, 1880), und Johann Michael Sailers *Die Weisheit auf der Gasse* über *Sinn und Geist deutscher Sprichwörter* (1810). In einem anderthalbseitigen, bemerkenswerten Vorwort klärt Stuckrad-Barre die Voraussetzungen seines Projekts:

> Es gibt nichts, was es nicht gibt, heißt es im so genannten Volksmund. Dieser wird gemeinhin als Urheber und Benutzer solcher Weisheiten, Bezeichnungen und Redewendungen identifiziert, deren Gebrauch zum Brauch geworden ist.[101]

Was ist der Volksmund? In der Metapher des Volksmunds wird *„das volk wie ein Individuum gedacht"*, vermerkt das *Grimm'sche Wörterbuch* dazu und zitiert Hoffmann von Fallersleben: „in Weimar sammelte ich selbst aus dem volksmunde".[102] Der Volksmund verheißt Ursprünglichkeit, Unverfälschtheit und Wahrheit. Der Volksmund gilt sowohl als Urheber als auch als Medium der Speicherung und Performanz von Phrasemen, die allgemein gebräuchlich sind und zum tradierten sprachlichen Bestand gehören. Der Volksmund ist ein Medi-

---

100 Benjamin von Stuckrad-Barre: Panikherz. 2. Aufl. Köln 2016, S. 404.

101 Benjamin von Stuckrad-Barre: Was.Wir.Wissen. Reinbek bei Hamburg 2005, S. 9.

102 Deutsches Wörterbuch von Jacob Grimm und Wilhelm Grimm. Zwölfter Band, II. Abteilung, Vesche–Vulkanisch, bearb. v. Rudolf Meiszner. Leipzig 1951, S. 492.

um des populären Wissens, dessen, was alle wissen. In diesem Sinne schreibt Stuckrad-Barre im Vorwort zu *Was.Wir.Wissen.* weiter:

> In diesem Buch geht es nicht um die so genannte Allgemeinbildung, sondern um die allgemeine Bildung, das tatsächlich Gewusste. [...] Um das Gewusste zu zeigen, kann man nicht alle fragen. Ein repräsentativer Anblick des Wissens ist aber zugänglich durch die Phrasen, in denen es auftritt.[103]

Anders formuliert geht es in diesem Buch um den ‚gesunden Menschenverstand', also den einfachen, allgemein verbreiteten Verstand, der sich an das Konkrete, das Alltägliche, das Erfahrbare hält und damit im Gegensatz zum abstrakt-spekulativen Vernunftgebrauch steht. Dieses Wissen also ‚tritt in Phrasen auf', und dieser ‚Auftritt' ist an der Erzeugung des Wissens beteiligt. Der ‚Auftritt', die Performanz, bereitet das Wissen repräsentativ und anschaulich („Anblick") auf.

Der Reiz dieser Sammlungen von Sailer über Flaubert bis zu Stuckrad-Barre besteht in dem Versprechen, einen Zugang zum kulturellen *common ground* durch die *Stimme des Volkes* (*vox populi*) zu erhalten. „*Vox populi, vox Dei*", das als „Weisheit der Nationen" ausgewiesen wird, steht Flauberts *Dictionaire* als Motto voran.[104] Sailers *Weisheit auf der Gasse* verteidigt gleich zu Beginn die Bedeutung des „Gemeinsinns" als *common ground* des Sozialen.[105] Stuckrad-Barre wendet das Verfahren der kanonischen Sprichwort- und Phrasensammlungen auf kreative Weise, indem er die Phraseme als Fragen formuliert, die durch eine Auflistung von Antworten mit allgemeinen Wissensbeständen gefüllt werden. Damit betreibt er Gemeinplatzrhetorik im besten Sinne, nämlich als Amplifikation eines Paradigmas, und Paradigmen sind laut Moritz Baßler „das Herzstück aller popliterarischen Verfahren zwischen Sammeln und Generieren".[106]

Stuckrad-Barres Buch besteht, vom Vorwort abgesehen, nur aus Listen. Die Liste als ästhetische Form und typisch popliterarisches Verfahren ist vor allem durch zwei Merkmale gekennzeichnet: durch die paradigmatische Äquivalenz ihrer Einträge und die Vermeidung beziehungsweise Auflösung narrativer Strukturen wie Kausalität, Finalität oder Chronologie. Die Elemente der popliterarischen Listen, bei denen es sich in der Regel um nominale Listen handelt, stehen

103 Stuckrad-Barre: Was.Wir.Wissen., S. 10.

104 Gustave Flaubert: Wörterbuch der gemeinen Phrasen. Hg. v. Hans-Horst Henschen. Berlin 2005, S. 7.

105 Vgl. Johann Michael Sailer: Die Weisheit auf der Gasse oder Sinn und Geist deutscher Sprichwörter. Frankfurt a. M. 1996 (Die Andere Bibliothek. Bd. 144), S. 18f.

106 Moritz Baßler: Der deutsche Pop-Roman. Die neuen Archivisten. 2. Aufl. München 2005, S. 102.

gleichgültig nebeneinander.[107] Die zwölf Kapitel, deren Überschriften an Zeitungsressorts erinnern – Gesellschaft, Politik, Sport, Kultur, Wirtschaft, Gesundheit etc. –, sind in jeweils ca. zehn Abschnitte aufgeteilt. Als Überschriften dieser Abschnitte dienen Phrasen, Sprichwörter, Redewendungen, die als Frage formuliert werden: „Was ist nicht von schlechten Eltern?“[108] oder „Was kommt in den besten Familien vor?“[109] im Bereich „Gesellschaft“; „Wogegen ist kein Kraut gewachsen?“[110] oder „Wie kommt man auf keinen grünen Zweig?“[111] aus dem Bereich „Flora & Fauna“; „Was ist für wen ein Mekka?“[112] oder „Was ist so sicher wie das Amen in der Kirche?“[113] im Bereich „Glaube“; „Was ist so wie sechs Richtige im Lotto?“[114] oder „Was ist schon die halbe Miete?“[115] aus dem Bereich „Wirtschaft“. Bemerkenswerterweise findet sich in der Sammlung auch ein Eintrag zu einem typischen populistischen Topos, dem ‚kleinen Mann von der Straße‘, mit dem sich der Kreis zu Sibylle Bergs *Viel gut essen* schließt:

> Und der kleine Mann von der Straße?
>
> Er geht jeden Tag zur Arbeit, ist fleißig, bringt es aber dennoch nicht zu großem Reichtum.
>
> Eine Politik, die über seine Interessen hinweggeht, ist auf Dauer zum Scheitern verurteilt.
>
> Er hat oft eine Waffe. [...]
>
> Er will nichts anderes als populistische Politik haben, denn das ist Politik, die versucht, es dem kleinen Stänkerer recht zu machen.
>
> Er muss Steuern blechen, während die da oben immer ungeschröpft davonkommen. [...]
>
> Er würde ohne Neid anerkennen, dass Spitzenpolitiker ein Mehrfaches des Durchschnittseinkommens bekommen, wenn er den Eindruck hätte, Politiker seien ihr Geld wert. [...]
>
> Er sieht es nicht gerne, wenn einer aus seinen Reihen plötzlich ganz oben ankommt: Der ist doch genauso blöd wie ich, warum werde ich dann nicht auch Präsident?
>
> Er muss sehen, wie er über die Runden kommt.[116]

107 Vgl. Matthias Schaffrick: Listen als populäre Paradigmen. Zur Unterscheidung von Pop und Populärkultur. In: KulturPoetik 16 (2016), H. 1, S. 109 – 125; Matthias Schaffrick / Niels Werber: Die Liste, paradigmatisch. In: Zeitschrift für Literaturwissenschaft und Linguistik 47 (2017), H. 3, S. 303 – 316.

108 Stuckrad-Barre: Was.Wir.Wissen., S. 13.

109 Stuckrad-Barre: Was.Wir.Wissen., S. 15.

110 Stuckrad-Barre: Was.Wir.Wissen., S. 237.

111 Stuckrad-Barre: Was.Wir.Wissen., S. 243.

112 Stuckrad-Barre: Was.Wir.Wissen., S. 197.

113 Stuckrad-Barre: Was.Wir.Wissen., S. 205

114 Stuckrad-Barre: Was.Wir.Wissen., S. 109.

115 Stuckrad-Barre: Was.Wir.Wissen., S. 115.

116 Stuckrad-Barre: Was.Wir.Wissen., S. 25 f.

Hier finden sich all die Merkmale, die auch den Mann aus der „alten Mittelklasse“ bei Berg charakterisieren: Arbeit, Fleiß, Mittelmäßigkeit und Durchschnittlichkeit, seine Bedeutung als politischer Faktor, Aggressivität und Gewaltbereitschaft, die Anti-Haltung vor allem gegen Eliten (gegen ‚die da oben‘), die befürchtete Marginalisierung und die Anfälligkeit für populistische Politik. Aber anders als Berg bringt Stuckrad-Barre den kleinen Mann mit seinen Tiraden nicht auf die Bühne, sondern macht ihn zu dem, was er ist, zum querulatorischen „Stänkerer“.

Das Verfahren der Auflistung entlarvt den vehementen populistischen Protest als Phrase. Der nicht-narrative Zugang übt Kritik an populistischer Rhetorik, die effektiver ist als Bergs hyperbolische Ausfaltung der bedauernswerten Lebensumstände des kleinen Mannes. Bergs Monolog psychologisiert die Wut und Angst des kleinen Mannes auf narrative Weise. Das Narrative aber impliziert Rechtfertigung, Motivierung und Begründung, und diese Elemente kommunikativer Vernunft zählen nicht zu den Merkmalen populistischer Rhetorik. Stuckrad-Barres Liste hingegen erklärt das Phänomen nicht, sondern macht die Form des Phrasems zum Gegenstand der poetischen Reflexion und verweist damit darauf, wie sich Populismus sprachlich konstituiert.

8 Fazit – Wie ist literarische Populismuskritik möglich?

Dieser Beitrag verlief vom Monolog des kleinen Mannes bei Sibylle Berg zum kleinen Mann als Gemeinplatz bei Benjamin von Stuckrad-Barre. Meines Erachtens stellt die ästhetische Form der Liste nicht allein ein Archiv des ‚Volksmunds‘ dar, sondern ein Medium der Kritik. Bergs Wutbürger-Monolog reproduziert die Phrasen der Populisten, indem sie ihre ‚brutale Eindeutigkeit‘ satirisch überspitzt, sie jedoch kaum poetisch destabilisiert, wie es Jelinek im *Lebewohl* gelingt. Berg imitiert die populistische Rhetorik und gerät damit in das Paradox, rhetorisch zu betreiben, was sie kritisiert. Ihr Beitrag ist mit Blick auf Reckwitz’ *Gesellschaft der Singularitäten* kultursoziologisch interessanter als literarisch, was in diesem Fall der politisch engagierten, aufklärerischen Haltung des Textes geschuldet ist, der die enttäuschte, desillusionierte und orientierungslose Gefühlslage des ‚kleinen Mannes‘ erklären möchte. Aber wie ist literarische Kritik am Populismus überhaupt möglich? Es entbehrt nämlich „nicht eines gewissen P.[opulismus], Meinungsgegner als populistisch anzuprangern“.[117] Der Vorwurf des Populismus führt in einen zirkulär-selbstreferenziellen, performativen Widerspruch. Da die

117 Kirchner, Sp. 933.

populistische Rede zu weiten Teilen selbst dermaßen überspitzt und verzerrt erscheint, hilft es nicht, sie satirisch zu überspitzen oder zu vereinfachen.

Populismuskritik gelingt, wie die Beispiele von Jelinek und Stuckrad-Barre zeigen, wenn sie die Phrasenhaftigkeit aufbricht und entkonventionalisiert. Narration ist nicht die literarische Form, in der das gelingt. Auch der Protest selbst („das wird man ja wohl noch sagen dürfen") – wie in Grass' Gedicht – ist nicht das geeignete Mittel. Die Kraft der Literatur liegt in der poetischen Destabilisierung und sprachlichen Dekonstruktion populistischer Rhetoriken, wie sie Jelinek in ihrer Parodie der egomanischen Haider'schen Erlösungsrhetorik betreibt. Sie gibt diese Rhetorik der Lächerlichkeit preis, ohne ihre rhetorische Subtilität und Bedrohlichkeit zu nivellieren.

Stuckrad-Barres Liste schließlich archiviert nicht lediglich populäre Redewendungen, sondern entfaltet durch deren interrogative Umkehrung und ihre Amplifikation zum *locus communis* ein unerwartet kritisches Potenzial, da auf diese Weise die medialen und sprachlichen Bedingungen des Populismus in den Blick geraten. Die Medialität des Volksmunds, die sprachliche Erscheinungsform der Phrase sowie ihre konstitutive Popularität, also Bekanntheit und Verbreitung, werden auf diese Weise in den Vordergrund gerückt und zum Gegenstand einer differenzierenden literarischen Reflexion und Kritik populistischer Rhetorik.

Literaturverzeichnis

Agamben, Giorgio: Was ist Zeitgenossenschaft? In: Ders.: Nacktheiten. Frankfurt a. M. 2010, S. 21–35.

Baßler, Moritz: Der deutsche Pop-Roman. Die neuen Archivisten. 2. Aufl. München 2005.

Berg, Sibylle: Viel gut essen. Text für einen oder viele. Reinbek bei Hamburg 2015.

Bremer, Kai: Postskriptum Peter Szondi. Theorie des Dramas seit 1956. Bielefeld 2017.

Büchner, Georg: Danton's Tod. Ein Drama. In: Ders.: Dichtungen. Hg. v. Henri Poschmann unter Mitarbeit von Rosemarie Poschmann, Frankfurt a. M. 2006, S. 11–90.

Buhrow, Tom: Interview mit Günter Grass [ARD-Tagesthemen, 5. April 2012]. In: Was gesagt wurde. Eine Dokumentation über Günter Grass' *Was gesagt werden muss* und die deutsche Debatte. Hg. v. Heinrich Detering / Per Øhrgaard. Göttingen 2013, S. 95–104.

Canovan, Margaret: Two Strategies for the Study of Populism. In: Political Studies 30 (1982), H. 4, S. 544–552.

Canovan, Margaret: Trust the People! Populism and the Two Faces of Democracy. In: Political Studies 47 (1999), S. 2–16.

Deutsches Wörterbuch von Jacob Grimm und Wilhelm Grimm. Zwölfter Band, II. Abteilung, Vesche–Vulkanisch, bearb. v. Rudolf Meiszner. Leipzig 1951.

Detering, Heinrich / Per Øhrgaard: Einleitung. In: Was gesagt wurde. Eine Dokumentation über Günter Grass' *Was gesagt werden muss* und die deutsche Debatte. Hg. v. dens. Göttingen 2013, S. 5–11.

Eismann, Wolfgang: Phraseme in literarischen Texten. In: Phraseologie. Ein internationales Handbuch der zeitgenössischen Forschung. Hg. v. Harald Burger / Dmitrij Dobrovol'skij / Peter Kühn / Neal R. Norrick. Bd. 1. Berlin 2007, S. 316–329.
Ernst, Thomas: Literatur und Subversion. Politisches Schreiben in der Gegenwart. Bielefeld 2013.
Fiddler, Allyson: Staging Jörg Haider: Protest und Resignation in Elfriede Jelinek's *Das Lebewohl* and Other Recent Texts for the Theatre. In: The Modern Language Review 97 (2002), H. 2, S. 353–364.
Flaubert, Gustave: Wörterbuch der gemeinen Phrasen. Hg. v. Hans-Horst Henschen. Berlin 2005.
Grass, Günter: Was gesagt werden muss. In: Was gesagt wurde. Eine Dokumentation über Günter Grass' *Was gesagt werden muss* und die deutsche Debatte. Hg. v. Heinrich Detering / Per Øhrgaard. Göttingen 2013, S. 12–14.
Haider, Jörg: Meine Familie gab den Ausschlag. In: Welt am Sonntag (5. März 2000), S. 7.
Janke, Pia (Hg.): Jelinek-Handbuch. Stuttgart / Weimar 2013.
Jelinek, Elfriede: Das Lebewohl. 3 kl. Dramen. 2. Aufl. Berlin 2004 [2000].
Jelinek, Elfriede: Meine Art des Protests. Abrufbar unter elfriedejelinek.com (in der Rubrik „zu Politik & Gesellschaft". Letzter Zugriff: 05.02.2018).
Jörke, Dirk / Veith Selk: Theorien des Populismus zur Einführung. Hamburg 2017.
Kirchner, Alexander: Populismus. In: Historisches Wörterbuch der Rhetorik. Bd. 10, hg. v. Gerd Ueding. Berlin / Boston 2012, Sp. 933–946.
Knöbl, Wolfgang: Über alte und neue Gespenster. Historisch-systematische Anmerkungen zum „Populismus". In: Mittelweg 36 25 (2016/2017), H. 6, S. 8–35.
Kormann, Eva: Jelineks Tochter und das Medienspiel. Zu Kathrin Rögglas *wir schlafen nicht*. In: Zwischen Inszenierung und Botschaft. Zur Literatur deutschsprachiger Autorinnen ab Ende des 20. Jahrhunderts. Hg. v. Ilse Nagelschmidt / Lea Müller-Dannhausen / Sandy Feldbacher. Berlin 2006, S. 229–245.
Koschorke, Albrecht: Wahrheit und Erfindung. Grundzüge einer Allgemeinen Erzähltheorie. Frankfurt a. M. 2012.
Lefort, Claude: Fortdauer des Theologisch-Politischen? Wien 1999.
Löffler, Sigrid: Bomben und Plakate. Zur Verhaiderung des österreichischen Kulturklimas. In: Süddeutsche Zeitung (25. Oktober 1995), S. 13.
Luhmann, Niklas: Die Politik der Gesellschaft. Hg. v. André Kieserling. Frankfurt a. M. 2002.
Marchart, Oliver: Die politische Differenz. Zum Denken des Politischen bei Nancy, Lefort, Badiou, Laclau und Agamben. Berlin 2010.
Müller, Jan-Werner: Populismus: Theorie und Praxis. In: Merkur 69 (2015), H. 795, S. 28–37.
Müller, Jan-Werner: Was ist Populismus? Berlin 2016.
Reckwitz, Andreas: Die Gesellschaft der Singularitäten. Zum Strukturwandel der Moderne. Berlin 2017.
Rosanvallon, Pierre: Für eine Begriffs- und Problemgeschichte des Politischen. Antrittsvorlesung am Collège de France, Donnerstag, den 28. März 2002. In: Mittelweg 36 20 (2011/12), H. 6, S. 43–66.
Sailer, Johann Michael: Die Weisheit auf der Gasse oder Sinn und Geist deutscher Sprichwörter. Frankfurt a. M. 1996 (Die Andere Bibliothek, Bd. 144).
Schaeder, Burkhard: Phraseologismus. In: Metzler Lexikon Sprache. Hg. v. Helmut Glück. 2., überarb. u. erw. Aufl. Stuttgart / Weimar 2000, S. 530.

Schaffrick, Matthias: Listen als populäre Paradigmen. Zur Unterscheidung von Pop und Populärkultur. In: KulturPoetik 16 (2016), H. 1, S. 109–125.

Schaffrick, Matthias / Niels Werber: Die Liste, paradigmatisch. In: Zeitschrift für Literaturwissenschaft und Linguistik 47 (2017), H. 3, S. 303–316.

Schirrmacher, Frank: Was Grass uns sagen will [Frankfurter Allgemeine Zeitung, 5. April 2012]. In: Was gesagt wurde. Eine Dokumentation über Günter Grass' *Was gesagt werden muss* und die deutsche Debatte. Hg. v. Heinrich Detering / Per Øhrgaard. Göttingen 2013, S. 49–52.

Stuckrad-Barre, Benjamin von: Was.Wir.Wissen. Reinbek bei Hamburg 2005.

Stuckrad-Barre, Benjamin von: Panikherz. 2. Aufl. Köln 2016.

Wegmann, Nikolaus: Engagierte Literatur? Zur Poetik des Klartexts. In: Systemtheorie der Literatur. Hg. v. Jürgen Fohrmann / Harro Müller. München 1996, S. 345–365.

Wer hat Angst von Sibylle Berg. Reg. Wiltrud Baier und Sigrun Köhler. Böller und Brot, 2015.

Wildt, Michael: Volk, Volksgemeinschaft, AfD. Hamburg 2017.

Zanetti, Sandro: Avantgardismus der Greise? Spätwerke und ihre Poetik. München 2012.

Kerstin Wilhelms

Literarische Modellierungen des Politischen in Szenarien des Entscheidens

Entscheiden ist das Kerngeschäft der Politik, daran lassen allein die vielen Einträge zur Entscheidenstheorie in politikwissenschaftlichen Lexika und Handbüchern keinen Zweifel.[1] Ebenso deuten viele Autobiographien von Politiker*innen auf die enge Verbandelung von Politik und Entscheiden hin.[2] Und auch in literarischen Darstellungen des Politischen ist das Entscheiden ein zentrales Szenario. Darauf weist z. B. der Klappentext von Ulrich Peltzers Roman *Teil der Lösung* hin:

> Christian, ein junger Journalist aus Berlin, hält sich mit Gelegenheitsjobs über Wasser. Er ist bindungslos, rastlos und eigentlich auch perspektivlos. Bis er auf seinen Streifzügen durch die Großstadt Nele kennenlernt. Die rebellische Studentin organisiert politische Protestaktionen und ist von einer Wut getrieben, die Christian fasziniert. Sie kämpft gegen den Überwachungsstaat, gegen eine zügellose Globalisierung, gegen den Kapitalismus. Trotz aller Unterschiede und äußeren Widrigkeiten werden die beiden ein Liebespaar. Doch die Konflikte spitzen sich zu. Und Christian muss sich entscheiden: Will er kämpfen oder resignieren, Teil der Lösung sein oder Teil des Problems?[3]

Entscheiden wird hier zum dramatischen, spannungsreichen Höhepunkt des Textes stilisiert und die private Liebesentscheidung zu einer höchst politischen Entscheidung: revoltieren oder anpassen?[4] In vielen politischen Gegenwartstexten spielt das Entscheiden eine solch zentrale Rolle. Die hier untersuchten Beispiele zeigen dies exemplarisch: Karen Duves *Macht*, Dave Eggers' *The Circle* und Kathrin Rögglas *Die Alarmbereiten*. Doch das Entscheiden ist in diesen Texten mehr als nur der spannungsreiche Höhepunkt eines Textes. Vielmehr sind es die

1 Vgl. unter vielen anderen z. B. Decision Theory. In: The Concise Oxford Dictionary of Politics. Hg. v. Iain McLean / Alistair McMillan. 3. Aufl. Oxford 2009, S. 136; Ulrich Klöti: „Entscheidungstheorie“. In: Lexikon der Politikwissenschaft. Theorien, Methoden, Begriffe. Band 1: A–M. Hg. v. Dieter Nohlen / Rainer-Olaf Schultze. 3. Aufl. München 2005, S. 192–195.

2 Beispielsweise Gerhard Schröders *Entscheidungen. Mein Leben in der Politik* oder Hillary Rodham Clintons *Hard Choices*. Für den Hinweis danke ich David Ginuttis, der in Münster an einer Dissertation zum Entscheiden in Politikerautobiographien arbeitet.

3 Ulrich Peltzer: Teil der Lösung. 2. Aufl. Reinbek bei Hamburg 2012, Klappentext.

4 Erstaunlicherweise wird die hier angekündigte Entscheidung Christians gar nicht erzählt. Der Text endet, bevor Christian seine Entscheidung trifft, und lässt den*die Leser*in damit in einer Unentschiedenheit zurück. Es scheint daher, dass der Prozess und nicht das Ergebnis des Entscheidens im Zentrum steht.

https://doi.org/10.1515/9783110568561-006

Entscheidensszenen, so die These, in denen das Politische *modelliert* wird. Im Folgenden werden daher die Entscheidensszenen in diesen Texten im Hinblick auf eine Poetik untersucht, die das Abstraktum ‚das Politische' konkretisiert und zur Darstellung bringt. Dazu werden zunächst kurz die Thesen der gängigen Entscheidenstheorien eingeführt, um den Begriff ‚Entscheiden' bzw. ‚Entscheidung' einzukreisen. Anhand der genannten Texte wird darauffolgend gezeigt, was ein literarisches Modell ist und wie dieses Textelement ‚das Politische' konkretisiert.

1 Das Entscheiden und das Politische

Die Formulierung vom Entscheiden als ‚dramatischer' Höhepunkt ist nicht zufällig, denn gerade die klassischen Dramen entwerfen das Entscheiden als eine für das Individuum krisenhafte Drucksituation, aus denen es – zumindest in Tragödien – meist keinen positiven Ausgang gibt.[5] Doch was ist Entscheiden? Zum einen ist es hilfreich, den Begriff des Entscheidens von einem ihm nahestehenden Begriff zu trennen: dem der Wahl. Eine Entscheidung ist, im Gegensatz zur Wahl, eine Zumutung, eine Krise.[6] Dies liegt zum einen darin begründet, das die Wahl von Freiwilligkeit, die Entscheidung aber von einem Muss gekennzeichnet ist: Ich muss mich zwischen mindestens zwei Alternativen entscheiden.[7] Zum anderen aber differenziert sich das Entscheiden von der Wahl dadurch, dass eine nötige Ressource knapp ist, z. B. Geld oder Zeit.[8] Wenn ich also in einen Buchladen gehe mit dem Budget eines Bill Gates und der Zeit einer unsterblichen Privatière, so ist die Auswahl, die ich treffe, tatsächlich eine Wahl, denn ich könnte ja alle Bücher kaufen und diese auch lesen oder ich könnte gar kein Buch kaufen. Wenn ich allerdings als Studentin in den Buchladen gehe, die zwar eine lange Literaturliste von ihrer Professorin bekommen hat, aber nur noch genau eine Nacht zur Vorbereitung auf die Klausur und nur noch 12 € auf dem Konto, so ist klar, dass ich

5 Vgl. zum Entscheiden im Drama Cornelia Vismann: Das Drama des Entscheidens. In: Urteilen/Entscheiden. Hg. v. ders. / Thomas Weitin. München: Fink 2006, S. 91–100.

6 Der Begriff ‚Krise' leitet sich aus dem griechischen Begriff κρίσις ab, der unter anderem die Bedeutung ‚Entscheidung, die einen Konflikt beendet' trägt. Vgl. Reinhard Koselleck: „Krise". In: Historisches Wörterbuch der Philosophie. Band 4: I–K. Hg. v. Karlfried Gründer / Joachim Ritter. Darmstadt 1976, S. 1235–1240, hier: S. 1235.

7 Uwe Schimank: Die Entscheidungsgesellschaft. Komplexität und Rationalität der Moderne. Wiesbaden 2005, S. 53.

8 Schimank sieht vor allem drei Knappheiten im Entscheidensprozess: Informations- und Konfliktverarbeitungskapazität sowie das Zeitbudget. Vgl. Schimank, S. 72.

mich für ein Buch entscheiden muss – die Zeit ist knapp, das Geld ist knapp, aber ich muss mich vorbereiten.

In den meisten Erzählungen ist es tatsächlich der Faktor Zeit, der als prekäre Ressource präsentiert wird. Die Knappheit der Zeit macht eine Erzählung spannend, aber zugleich liegt der Fokus auf der Zeit auch darin begründet, dass Entscheiden ein Vorgang in der Zeit ist. Es fällt nämlich recht schnell ins Auge, dass der Begriff in zwei Teile zerfällt: Dem des Entscheidens und dem der Entscheidung. Das Entscheiden ist dabei als ein Prozess mit zeitlicher Ausdehnung zu verstehen, in dem reflektiert, abgewogen, diskutiert, ausgehandelt, aber auch gezaudert und ausgesessen werden kann.[9] Die Entscheidung dagegen ist ein Punktum in der Zeit, ein Augenblick, zumeist markiert durch eine Deklaration der gefällten Entscheidung oder durch eine Tat, die als Ergebnis des Entscheidensprozesses erfolgt. Niklas Luhmann sieht in der Entscheidung eine Art Zeitenwende: Ist die Entscheidung gefällt, zerfällt die Zeit in ein Vorher und Nachher, die Entscheidung ist unhintergehbar – es gibt kein Zurück.[10]

Hier wird bereits deutlich, welche Schwierigkeiten mit dem Entscheiden einhergehen. Das Entscheiden ist eine Zumutung, wie Uwe Schimank schreibt,[11] ist unhintergehbar und doch kann man vor der Entscheidung die Konsequenzen des Entscheidens nicht in vollem Maße überblicken.[12] Diese Kontingenz macht das Entscheiden zum Risiko – und damit für den Einzelnen zur Zumutung.[13] Zugleich aber wird in demokratischen Gesellschaften das Entscheiden als hohes Gut aufgewertet. Es wird nicht (nur) als Leiden an einer entscheidensförmig gestalteten Gesellschaft[14] entworfen, sondern die Möglichkeit, Entscheidungen zu treffen, wird als Mitgestaltungsmöglichkeit an der Verfasstheit unserer Gesellschaft positiv gewertet.[15] Für die Frage nach dem Politischen in der Gegenwart

9 Vgl. Niklas Luhmann: Das Recht der Gesellschaft. Frankfurt a. M. 1995, S. 308. Joseph Vogl: Über das Zaudern. 2. Aufl. Zürich / Berlin 2008.

10 Vgl. Niklas Luhmann: Die Paradoxie des Entscheidens. In: Verwaltungsarchiv 84 (1993), S. 287–310, hier: S. 291.

11 Vgl. Schimank, S. 11.

12 Vgl. Luhmann: Die Paradoxie des Entscheidens, S. 291. Schimank, S. 48.

13 Vgl. Schimank, S. 51, 55.

14 Vgl. Schimank, S. 12.

15 Vgl. Schimank, S. 116 f. Unter dem Aspekt der ‚Autonomie' schreibt Beate Rössler über die Einschränkungen der Wahlfreiheiten in einem politischen System und einem sozialen Kontext, konstatiert dagegen aber auch: „Dieses Eingebundensein [in das Soziale, K.W.] *ermöglicht* [...] Freiheit oder Autonomie, etwa dadurch, dass in diesen sozialen, kulturellen und politischen Kontexten Wahlmöglichkeiten, Optionen bereitgestellt werden, für oder gegen die wir uns entscheiden können." Beate Rössler: Autonomie. Ein Versuch über das gelungene Leben. Berlin 2017, S. 322 [Hervorh. i. Orig., K.W.].

spitzt sich die Thematik des Entscheidens also zu einem dauerhaften Spannungsverhältnis von Entscheidenkönnen und Entscheidenmüssen zu: Entscheiden ist Ausdruck der Handlungsmacht eines Individuums und zugleich eine druckvolle Krisensituation, die es zu bewältigen gilt.

2 Karen Duves *Macht*: Entscheiden und Agency

Karen Duves Roman präsentiert genau diese politische Agency in Form von Entscheidungsmacht über den jeweils anderen. Der Ausgangssituation, mit der der Roman anhebt, ist bereits eine schwerwiegende Entscheidung vorausgegangen: Sebastian hat seine Exfrau Christine in seinem Keller eingekerkert und inszeniert dort nun mit ihr eine im hohen Maße patriarchale Beziehungskonstellation. *Macht* spielt in einer nicht allzu fernen Zukunft, in der eine matriarchale Gesellschaftsordnung die Reste der menschlichen Zivilisation im Angesicht des unvermeidlichen und nahenden Klimakollapses verwaltet. Christine war Ministerin in dieser feministischen Demokratie. Die Entscheidung, Christine einzukerkern, wird im Roman als eine politische Entscheidung begründet:

> [M]ir war einfach nicht klar, was die feministische Demokratie mit der Zeit aus einem Mann macht. Ich wusste ja nicht, dass es darauf hinausläuft, mir Stück für Stück meine Männlichkeit abhandeln zu lassen. Dieses endlose Gequatsche. Ich hatte die Wahl, mich dem ununterbrochen auszusetzen oder einfach nachzugeben, und immer öfter habe ich einfach nachgegeben. Irgendwann war nicht mehr viel übrig von dem Mann, der ich einmal gewesen war.[16]

Christines Einkerkerung ist also als Akt der Wiederaneignung einer Agency zu verstehen, die die feministische Demokratie Sebastian genommen hat. Dabei wird immer wieder deutlich, dass diese Beziehung als ein Modell für die Machtstrukturen des gesamten politischen Apparates fungiert:

> ‚Leg dich auf den Bauch'. Es gefällt mir, grausam zu sein. Diesmal gehorcht Christine widerspruchslos. Ich lege mich schwer auf sie [...] und dann ficke ich sie absichtlich grob, während sie weint. Ständig verlangen Frauen, dass man Rücksicht auf sie nimmt. [...] Und Frauen gesellschaftlich mitbestimmen zu lassen, hat nur so lange Sinn gemacht, wie wir hofften, dass die Frauen mit ihren sozialen Kompetenzen und ihrem Verantwortungsgefühl und dem ganzen Schnickschnack den Karren für uns nochmal aus dem Dreck ziehen könnten. [...] Gerechtigkeit? Gerechtigkeit ist etwas, von dem nur die Schwachen profitieren.

16 Karen Duve: Macht. Berlin 2016, S. 190 f.

> Es wäre schön blöd von den Starken, das zuzulassen. Und die Starken, das werden in den nächsten Jahren die Skrupellosen sein, die Schlauen und Aggressiven [...].[17]

Sebastians Machtfülle steht eine absolut machtlose Frau gegenüber, die ihren Exmann „Gebieter" nennen muss: „Ehrerbietung [...] besteht zwischen demjenigen, der die Macht hat, und derjenigen, die sich ihm freudig unterordnet. Du bist mein Gebieter."[18] Nach der zitierten Vergewaltigungsszene, in der Sebastians Einstellung zur Politik deutlich als eine vorgestellt wird, die in Bezug zu dem Verhältnis zu seiner Frau steht, sagt Sebastian zu ihr: „Du hast keine Wahl. Nur mich."[19] Im gleichen Atemzug beschließt er, Christine aufzugeben, da er sich neu verliebt hat in eine Frau, die in einem eher gleichberechtigten Verhältnis zu ihm steht: Elli. „Mir wird klar, dass ich den Prepper-Raum aufgeben muss. Nein, nicht muss – ich will ihn aufgeben."[20] Die Entscheidung, Christine aufzugeben ist hier deutlich als ‚Wahl' ausgestellt, also als eine freie Entscheidung ohne Druck. Diese Wahl ist Ausdruck von Sebastians Handlungsmacht, die schließlich an dem Punkt gipfelt, an dem er beschließt, Christine zu töten, was er ihr gegenüber als eine Unvermeidbarkeit darstellt:

> ‚[W]enn du mich töten willst, wirst du mich töten.'
> ‚Und ich sage dir, dass es leider unvermeidbar ist, dich zu töten.' ‚Ich beuge mich jeder Entscheidung von dir, aber ich bin sicher, dass du klug genug bist, eine bessere Lösung zu finden.'[21]

Deutlich wird hier das enorme Machtgefälle zwischen den beiden Positionen und der Machtfülle Sebastians, der er sich deutlich bewusst zeigt:

> Es ist ein wenig traurig, aber überraschenderweise ist es auch aufregend, Christine sterben zu lassen. Sie stirbt nicht aus Zufall und Gott hat dabei auch nichts zu melden, sondern sie stirbt einzig und allein deswegen, weil ich das so will. Ich. Ich treffe hier alle Entscheidungen.[22]

Dies ist der Moment absoluter Macht, die in Form von Entscheidungsgewalt über den anderen präsentiert wird. Zugleich jedoch führt diese Hybris entsprechende

17 Duve, S. 170f.
18 Duve, S. 252f.
19 Duve, S. 171.
20 Duve, S. 172. Der ‚Prepper-Raum' ist das Kellerverließ, in dem Sebastian seine Frau gefangen hält.
21 Duve, S. 252f.
22 Duve, S. 256.

Konsequenzen mit sich, denn der Augenblick absoluter Macht ist gleichzeitig der Moment der Peripetie: In der Folge entdeckt Elli durch Sebastians Fahrlässigkeit den Prepper-Raum, so dass Sebastian sie nun ebenfalls dort einkerkert. Ab diesem Moment ist er nicht mehr der Entscheider, sondern er reagiert nur noch auf die sich ihm bietenden Situationen: Elli entdeckt Christine, die noch nicht tot ist, im Keller und Sebastian wird von der Polizei zum Verhör gebeten, da nun die zweite Frau in seinem Umfeld spurlos verschwunden ist. Ihm bleibt nichts anderes übrig, als die Flucht zu planen, aber er wird am Ende doch geschnappt.

In *Macht* steht in den Entscheidenssituationen also die Agency des Entscheiders im Blickpunkt, die Seite des Entscheidenkönnens vs. des Erleidens von Entscheidungen. Dabei wird das Paar als ein *Pars pro toto*, als ein Bild für die gesamtgesellschaftliche politische Machtverteilung eingesetzt: Sie dienen als ein *Modell* für das Politische. Ein literarisches Modell ist ein bildhaftes Textelement, das dazu dienen kann, eine faktuale Vorlage in verdichteter Weise zur Darstellung zu bringen (‚Matrix') und zugleich einen literarischen Entwurf zu konstruieren (‚Applikat').[23] Im Grunde kann dabei alles, jeder Gegenstand, jedes Textelement, etc. zum Modell werden, wenn es die *Funktion* eines Modells erfüllt. Diese Funktion besteht im Wesentlichen darin, zugleich ein Modell *von* etwas und *für* etwas zu sein. Das heißt, Modelle rekurrieren zugleich auf eine Vorlage und entwerfen etwas Neues. Das ist das wesentliche Spezifikum des Modells.

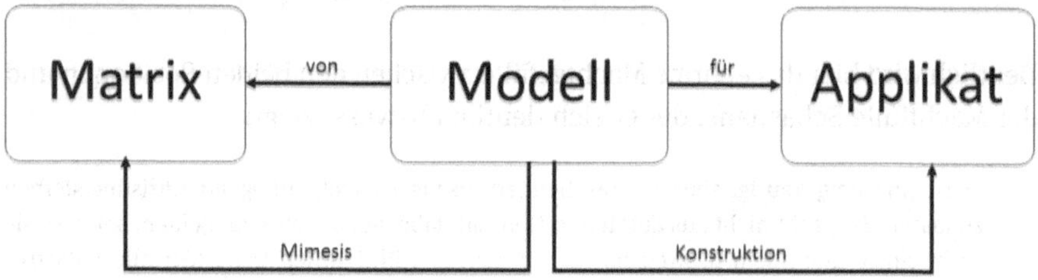

Abb.1: Vereinfachtes Modell des Modellseins[24]

„Modelle sind, wenn man so will, als ontologische Agenten tätig, welche das Reale und das Ideale immer schon im Hinblick auf die faktische Veränderung des

23 Vgl. Robert Matthias Erdbeer: Poetik der Modelle. In: Textpraxis 11 (2.2015). URL: http://www.uni-muenster.de/Textpraxis/sites/default/files/beitraege/robert-matthias-erdbeer-poetik-der-modelle.pdf, S. 6f. (letzter Zugriff: 05.10.2018).

24 Diese Grafik basiert auf dem von Robert Matthias Erdbeer und Bernd Mahr entworfenen Modell des Modellseins. Vgl. Erdbeer, S. 24.

Wirklichen betreiben."[25] Und das ist natürlich genau das, was politische fiktionale, literarische Texte ausmacht: Sie arbeiten auf der Grenze von Fakt und Fiktion und wollen die bestehenden Verhältnisse mindestens kommentieren oder eben verändern. Deshalb, so die These, sind literarische Modelle als Mittel zur Darstellung ‚des Politischen' in besonderem Maße geeignet. Das fiktionale Modell rekurriert auf faktuale Vorlagen und bringt zugleich einen Entwurf hervor, der zwar fiktional ist, aber auch durchaus hypothetischen Charakter annehmen kann, wie im Folgenden noch zu zeigen sein wird. Auf bekannte literaturwissenschaftliche Termini gebracht bedeutet dies, dass Modelle zugleich mimetisch operieren, indem sie ihre Vorlagen zur Darstellung bringen, und konstruierend operieren, indem sie ein Applikat entwerfen.[26]

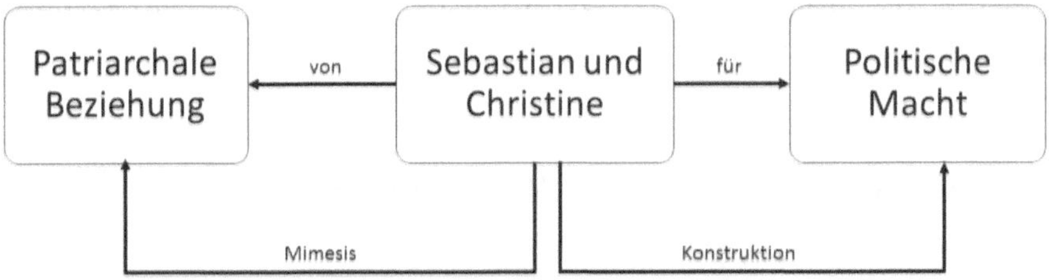

Abb. 2: Modellierung von Agency in Karen Duves *Macht*

Im Falle von *Macht* bedeutet dies, dass das Paar Christine und Sebastian Modell *von* patriarchalen Beziehungen ist und *für* die Verteilung von Herrschaft in der Gesellschaft insgesamt. Ihre Modellhaftigkeit stellen die beiden dabei immer wieder performativ aus, wenn z. B., wie bereits oben zitiert, Sebastian seine Entscheidung Christine einzukerkern als eine Entscheidung darstellt, die im Zusammenhang mit der gesamten Politik steht. Und schließlich wird deutlich, dass es sich bei Christine und Sebastian um ein Modell *für* politische Macht handelt und nicht allein *von* patriarchalen Beziehungen, indem als Vorlage verschiedene Aspekte des Politischen produktiv gemacht werden: neben geschlechterpolitischen sind dies vor allem ökonomische, religiöse, ökologische und altersbezogene Aspekte des Politischen, die im Text immer wieder anklingen.

Es scheint also zunächst so zu sein, dass literarische Texte ganz unterschiedliche Bereiche des faktualen politischen Diskurses zu Modellen des Politischen verdichten und das Politische so zur Darstellung bringen. Die Frage ist

25 Erdbeer, S. 7.
26 Vgl. Erdbeer, S. 6 f.

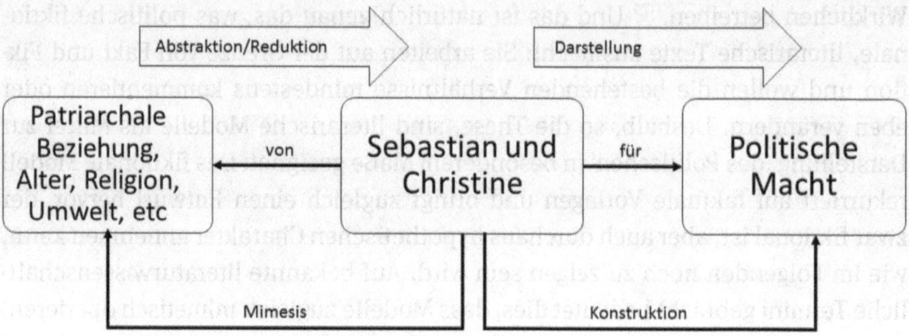

Abb.3: Modellierung von Agency in Karen Duves *Macht*

demnach also nicht so sehr, was das Politische ist, sondern was die Texte als Politisches modellieren.

3 Dave Eggers' *The Circle:* Modelle des Entscheidens

Noch deutlicher wird dies in *The Circle* von Dave Eggers. ‚The Circle' ist ein multinationales Social-Media-Unternehmen, das es auf die Daten seiner User abgesehen hat und zu immer mehr ‚Transparenz' aufruft. Die Verkörperung des ‚gläsernen Menschen' ist Mae, die immer und überall eine Kamera um den Hals trägt, die live ins Internet überträgt, sodass ihre Milliarden von Followern Mae buchstäblich bis auf die Toilette verfolgen können. Der Circle wird geleitet von drei Männern, Ty, Stenton und Bailey. Ty ist der ursprüngliche Ideengeber, ein Computernerd, der nun aber das Imperium des Circle zerschlagen möchte. Ty verkleidet sich und gibt sich Mae gegenüber als Kalden aus. Sie verliebt sich in ihn und er bemüht sich, sie auf seine Seite zu bringen. Auch hier erfolgt die Entscheidensszene als finaler Showdown des Textes. Schon die Entscheidung, sich überhaupt mit Kalden/Ty zu treffen, wird als eine Krise ausgestellt:

> ‚Mae. Please. This is life or death.' [sagt Kalden am Telefon zu Mae, K.W.] Kalden held a power over her that shamed her. [...] In every other facet of her life she was in control, but his voice alone disassembled her, and opened her to an array of bad decisions.[27]

27 Dave Eggers: The Circle. London 2013, S. 400.

Und diese schlechte Entscheidung ist, sich mit ihm zu treffen. In diesem Treffen sagt Kalden/Ty:

> Mae, this is it. You know this affects everyone. When were you last able to meaningfully contact your parents? Obviously things are messed up, and you're in a unique position to influence very crucial historical events here. This is it. This is the moment where history pivots. Imagine if you could have been there before Hitler became chancellor. Before Stalin annexed Eastern Europe. We're on the verge of having another very hungry, very evil empire on our hands, Mae.[28]

Die Entscheidung, sich Kalden anzuschließen wird deutlich als Entscheidung markiert, die unter Druck, in diesem Fall Zeitdruck, fallen muss („this is it" [„der Moment ist da"[29]]). Er flaggt die Entscheidung sehr eindeutig als eine politische Entscheidung aus, indem er Hitler und Stalin herbeizitiert, aber auch als eine persönliche. Maes Eltern haben den Kontakt zu ihr abgebrochen seit sie ‚gläsern' ist. Kalden spricht also gleichzeitig verschiedene Ebenen an, die Mae nun für ihre Entscheidung berücksichtigen soll. Im darauffolgenden Abschnitt stellt Mae ihren Viewern einen Hai vor, den Stenton bei einem Tiefseetauchgang gefunden und eingefangen hat. Diese Hai-Episode ist narrativ völlig überflüssig, bringt den Plot nicht voran, und doch wird der Hai gleich zweimal im Text ausführlich beschrieben. Diese Beschreibung allerdings macht deutlich, dass der Hai die Funktion eines Modells für den Circle erfüllt: Er ist der einzige seiner Art, er frisst alles, was ihn umgibt und ist absolut transparent, so dass der Verdauungsvorgang für alle sichtbar ist. Der Hai wird so zum Modell von realen Raubfischen, aber eben auch von globalen Unternehmenspolitiken und der Datensammelwut, die den gläsernen Menschen zum Ziel hat. Am Ende scheidet der Hai nicht einmal Kot aus, der vielleicht noch als Dünger produktiv gewesen wäre, sondern Asche. Dieser entsetzliche Hai wird nun zum Ausgangspunkt einer qualvollen Entscheidung, sich erneut mit Kalden zu treffen:

> She knew it was a mistake to meet him, especially off-camera. But something about the shark had unsettled her, had left her susceptible to bad decisions. If only someone could make these decisions for her – somehow eliminate the doubt, the possibility of failure.[30]

Das Treffen findet statt und es kommt zum Showdown. Kalden zieht den Hai heran als Modell für das gefräßige, kapitalistische Superunternehmen, das der Circle zu werden droht:

---

28 Eggers: The Circle , S. 401.

29 Dave Eggers: Der Circle. Übersetzt v. Ulrike Wasel und Klaus Timmermann. Köln 2014, S. 455.

30 Eggers: Der Circle, S. 478.

> But Mae. We saw every creature in that tank, didn't we? We saw them devoured by a beast that turned them to ash. Don't you see, that everything that goes into that tank, with that beast, with *this* beast [= the Circle, Hervorh. i. Orig., K.W.], will meet the same fate?[31]

Aus dem Hai wird also ein Modell für den Circle, das Kalden herbeiruft, um auf Maes Entscheidung in seinem Sinne Einfluss zu nehmen. Er wird zum Modell *für* den Circle und für die Notwendigkeit, dieses Unternehmen zu zerschlagen.

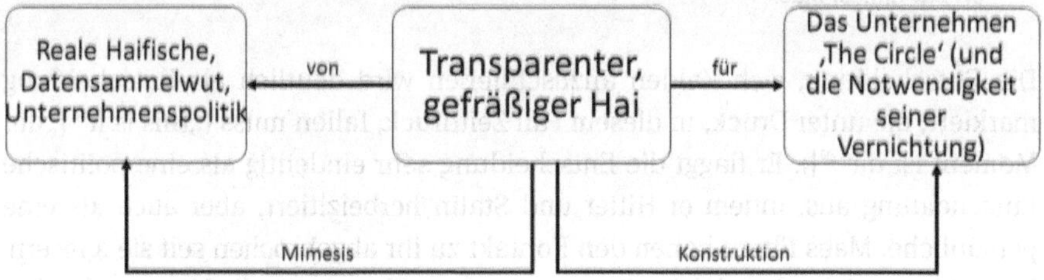

Abb. 4: Der Hai in Dave Eggers *The Circle*

Mae hingegen kommt auf ihre ganz eigene Weise zu einem Entschluss:

> Mae pictured all this. She pictured the Circle being taken apart, sold off amid scandal, thirteen thousand people out of jobs, the campus overtaken, broken up, turned into a college or mall or something worse. And finally she pictured life on a boat with this man, sailing the world, untethered, but when she tried to, she saw, instead, the couple on the barge she'd met months ago on the bay. Out there, alone, living under a tarp, drinking wine from paper cups, naming seals, reminiscing about island fires. At that moment, Mae knew what she needed to do.[32]

Die Geschichte mit dem Pärchen, das hier genannt wird, ist narrativ genauso unnötig wie die ausführlichen Haibeschreibungen. Im Entscheiden allerdings wird dieses Paar als Modell produktiv gemacht *für* einen alternativen Lebensentwurf. Dieser Lebensentwurf wird dem Hai sozusagen gegenübergestellt und Mae kommt zu einem Entschluss: Sie verrät Ty und zerschlägt den Circle nicht.

Man sieht hier also, wie komplexe politische Konstellationen wie ökonomische Prozesse, der Kapitalismus und alternative Gegenentwürfe auf sehr konkrete, anschauliche Bilder reduziert werden, die dann im Entscheidensprozess als Modelle gegenübergestellt werden und so als Ressourcen für die Entscheiderfigur dienen. Politische Texte entwickeln also Modelle des Politischen, in denen sie

31 Eggers: Der Circle, S. 485.

32 Eggers: Der Circle, S. 486.

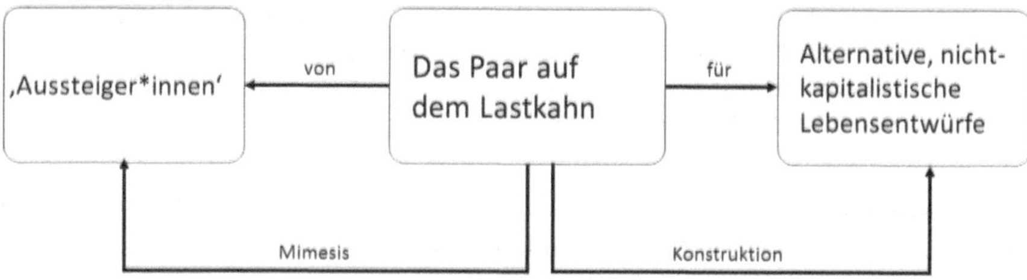

Abb. 5: Das Paar auf dem Lastkahn in Dave Eggers' *The Circle*

bestimmte Aspekte des faktualen politischen Diskurses bildhaft zu Modellen verdichten, die dann etwas Nicht-Faktuales, Hypothetisches konstruieren können. Mit anderen Worten, Modelle können mit ihrer Funktion Modell *für* etwas zu sein, eine hypothetische politische Konstellation vorwegnehmen und durchspielen. Das heißt, sie können als Szenarien fungieren.

4 Kathrin Rögglas *Die Alarmbereiten:* Szenarien des Entscheidens

Unter einem Szenario ist ein Modell mit Handlungsstruktur zu verstehen, also ein Sonderfall des Modells. Wie auch das Modell ist das Szenario eine Abstraktion von einer oder mehreren faktualen Geschehnissen. In Kathrin Rögglas Prosatext *Die Alarmbereiten* findet sich als Beispiel hierfür der Abschnitt „Wilde Jagd", der von der Kampusch-Entführung inspiriert zu sein scheint. Der Text beginnt mit dem Ausstellen der Faktualität dieser Vorlage:

> man erinnert sich nicht? ein jeder wird sich daran erinnern, schließlich waren wir alle dabei. wir alle haben noch gut vor augen: dieses foto von dem mädchen im gras und der decke darüber. die polizistin, der polizist daneben, die haustür dahinter und ‚spektakuläre selbstbefreiung nach 8 jahren höllendasein' die bildunterschrift.[33]

Es handelt sich also um eine tatsächliche Entführung, an die ‚wir alle' uns noch erinnern, indem die diskursiven Versatzstücke wie die Fotos in der Presse herbeizitiert werden. Das Szenario als Handlungsmodell ist auch zugleich Modell *für* etwas und zwar, so Eva Horn, für die Bedingungen der Möglichkeiten einer Handlung:

33 Kathrin Röggla: Die Alarmbereiten. Frankfurt a.M. 2010, S. 121.

> Im Szenario geht es weniger um die Handlung als um die *Bedingungen der Möglichkeit* für das, was auf der Ebene der Handlung, der Figuren, des Sprechens und Denkens passieren kann. Szenarien zu analysieren bedeutet daher, Bedingungen zu beobachten, die die Voraussetzungen für die Welt des Handelns sind.[34]

Es geht also im Szenario darum auszuloten, was passieren *kann*, d. h. das Szenario funktioniert in einem Modus des Hypothetischen, der Simulierung, dessen Ziel es ist, die grundlegenden Möglichkeitsbedingungen für (politisches) Handeln herauszustellen.

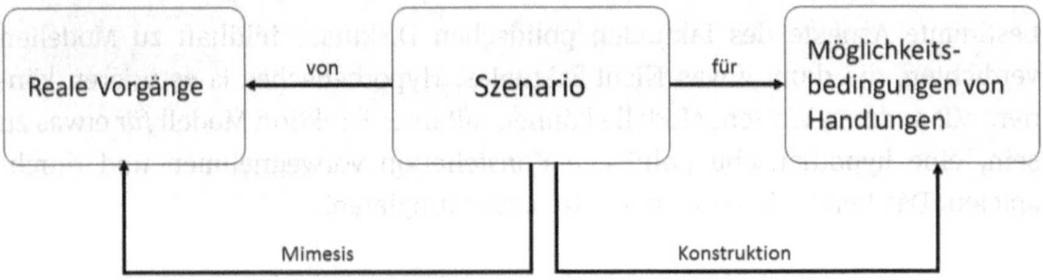

Abb. 6: Das Szenario

In „Wilde Jagd" geht es dementsprechend darum, aus dem faktualen Ereignis der Kampusch-Entführung und ihrer Befreiung ein fiktionales Szenario zu machen, mit dem die Bedingungen der Handlungsmöglichkeiten für das befreite Entführungsopfer ausgelotet werden. Dieses wird von einer Vielzahl von Stimmen umstellt, die es zu bestimmten Handlungsentscheidungen antreiben wollen. Die Erzählstimme ist die des Entführungsopfers, das in indirekter Rede diese Stimmen wiedergibt, zum Beispiel die Rede der „irgendwie-nachbarin":

> das sei doch schon ein anfang. Der anfang eines langen gesprächs, an dessen ende ich einsehen würde, dass ich nur meine laufrichtung ändern müsse, und zwar hin zu meiner familie, meinem freundeskreis und meiner nachbarschaft und nicht etwa weg von ihnen [...].[35]

Die Stimmen einer „Pseudo-Psychologin", eines „Quasi-Freundes", eines „Möchtegern-Journalisten" und einer „optimalen 14jährigen" reden beständig auf das Ich im Text ein und wollen es in ihrem jeweiligen Sinne beeinflussen. Man kann sagen, dass diese Stimmen als Ressourcen des Entscheidens, also als in diesem Fall mehr oder weniger erwünschte Beratungsinstanzen auftreten und

34 Eva Horn: Zukunft als Katastrophe. Frankfurt a. M. 2014, S. 41.
35 Röggla, S. 132.

damit die Bedingungen der Entscheidungsmöglichkeiten verkörpern: Das Entführungsopfer wird beständig von sich widersprechenden Stimmen beschallt und erscheint daher fremdbestimmt und unfähig, eine eigene Position zu diesen Stimmen einzunehmen.

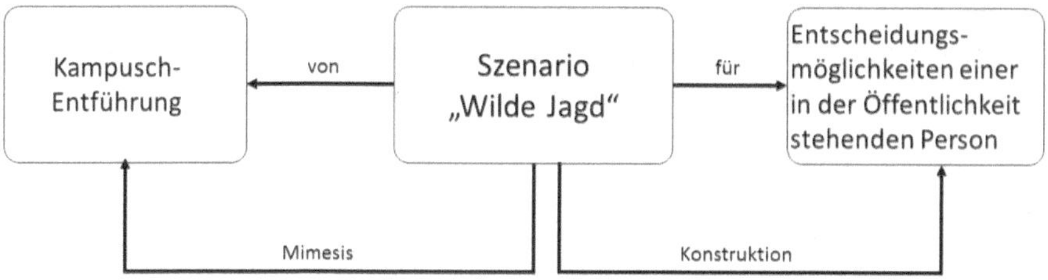

Abb. 7: „Wilde Jagd" in *Die Alarmbereiten*

In Rögglas Szenarien in die *Alarmbereiten* geht es eigentlich immer um das Entscheiden, allerdings wird eine Entscheidung nie getroffen und anders als in *Macht* scheinen die Situationen, in denen sich die Ich-Sprecher*innen befinden, nicht auf eine Entscheidung zurückführbar zu sein.[36] Der Ort der Entscheidung wird immer wieder adressiert, bleibt aber leer:

> ja, er müsse sogar so weit gehen und sagen: selbst das versagen der sicherheitskräfte habe er sich anders vorgestellt. denn auch das versagen müsse irgendwie in erscheinung treten. Er meine, wie gerne würde er jetzt sagen: ‚unsinn, man mag dem gouverneur nicht viel zutrauen, aber im moment ist er der mann, der die entscheidungen zu treffen hat.' aber das gehe nicht, denn ein gouverneur sei bisher nicht in erscheinung getreten.[37]

Rögglas *Die Alarmbereiten* befinden sich in einem Zustand der Erwartung einer Katastrophe.[38] Sie müssen eine Entscheidung treffen, können es aber nicht. Die Szenarien heben die Dualität von Entscheidenkönnen und Entscheidenmüssen auf und überführen sie in einen Zustand beständiger Entscheidensbedürftigkeit bei gleichzeitiger Entscheidensunmöglichkeit. Dem entspricht, dass das Ich im Text eigentlich stumm ist – der potenzielle Entscheider referiert lediglich in indirekter Rede die Positionen seiner Ressourcen, also seiner Berater. Eine eigene Position nimmt das Ich im Text nicht ein, es verhält sich nicht zu der Stimme, die

---

36 Vgl. Matthias Schaffrick / Nils Werber: Szenarien der Ausnahme in der Populärkultur. Einleitung. In: Zeitschrift für Literaturwissenschaft und Linguistik 46/3 (2016), S. 311–320, hier: S. 316.

37 Röggla, S. 18.

38 Vgl. Schaffrick/Werber, S. 312, 316.

es wiedergibt. Die Krise des Entscheidens wird auf diese Weise dauerhaft und löst sich nicht auf in eine wie auch immer geartete gute oder schlechte Entscheidung. Der Prozess des Entscheidens aber kommt in der Gesellschaft der Alarmbereiten niemals zu einem Abschluss. Resultat ist die bereits von Matthias Schaffrick und Nils Werber attestierte Ausnahmesituation als eine postsouveräne Konstellation permanenter Unentschiedenheit.[39] Man könnte also sagen, die Szenarien des Entscheidens bei Röggla sind modellhaft *von* realen Entscheidenssituationen und zugleich modellhaft *für* postsouveräne dauerhafte Unentschiedenheit.

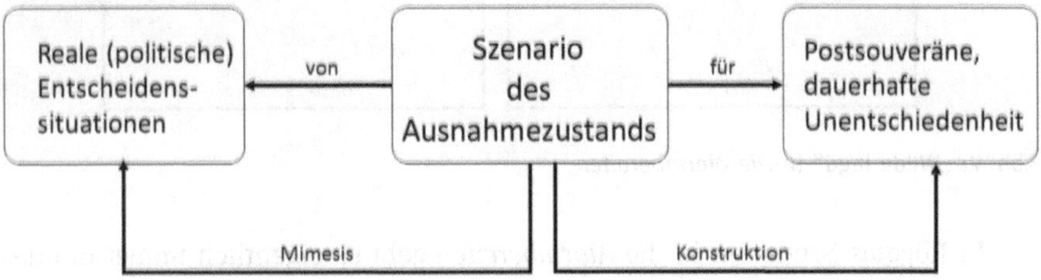

Abb. 8: Das Szenario der Ausnahmesituation in *Die Alarmbereiten*

Rögglas Szenarien loten also die Möglichkeitsbedingungen des Entscheidens in einer postsouveränen Konfigurierung des Politischen aus und deuten auf die Grenzen der individuellen Autonomie und Entscheidungsmacht.

5 Fazit: Literarische Modellierungen des Politischen

Modelle des Politischen werden auf verschiedenen Ebenen des Textes erzeugt: Auf Figurenebene kann das Personal der Erzählung das Politische verkörpern, wie in Karen Duves *Macht*, oder es werden bildhafte Textelemente eingesetzt, um politische Positionen zu modellieren und gegeneinander zu positionieren, wie in *The Circle*. Zudem können Texte als Ganzes modellhaft sein, wenn sie als Szenarien des Politischen fungieren, wie bei Röggla. Dabei stellt sich nicht so sehr die Frage, was ‚das Politische' ist, sondern was die Texte als ‚das Politische' modellieren. Das bedeutet, Texte sind nicht deshalb politisch, weil sie sich politisch

39 Vgl. ebd., S. 315 f. Als ‚postsouveränen Ausnahmezustand' bezeichnen die Autoren eine Situation oder Konstellation, „für die es keine zurechenbare Entscheidungsinstanz gibt […] keine Instanz, die Souveränität repräsentiert" (Schaffrick / Werber, S. 316).

positionieren oder weil ihre Autor*innen eine politische Position äußern, sondern weil sie eine Dynamik von Abstraktion und Konstruktion inszenieren: Die Poetik des Politischen dieser Texte liegt im Einsatz literarischer Modelle mit der Funktion, faktuale politische Diskurse und Positionen auf ein anschauliches fiktionales Modell zu reduzieren und zu abstrahieren und zugleich einen fiktionalen oder hypothetischen politischen Entwurf zu konstruieren. Diese Dynamik von Abstraktion und Konstruktion auf der Grenze von Fakt und Fiktion führen alle hier vorgestellten Texte aus und bringen so das Politische zur Darstellung.

Entscheidensszenen sind sicherlich nicht die einzigen ‚Orte' in Texten, in denen Modelle entworfen werden, allerdings werden hier im speziellen die Funktionen von Modellen sichtbar: Sie dienen der *Komplexitätsreduktion*, indem in einer Konstellation oder einem Bild das Politische entworfen wird, z. B. in *Macht*, wo komplexe gesellschaftliche Machtverhältnisse und -konflikte auf das Modell Sebastian und Christine reduziert werden; sie können als *Ressourcen* des politischen Entscheidens dienen und machen dadurch ihre Wirkmacht als Denkfiguren deutlich wie in *The Circle*, wo im Prozess des Entscheidens die Modelle Hai und Bootsleute miteinander konfrontiert werden; oder sie dienen dem Ausloten von Möglichkeitsbedingungen politischen Entscheidens und Handelns als *Szenario*, wie in *Die Alarmbereiten*. Nicolas Pethes geht in seinem Begriff vom Szenario davon aus, dass es eine prophezeiende Funktion haben kann, dass also der Text als Labor oder Experimentierraum für mögliche zukünftige Ereignisse diese dann planbar macht und so Handlungsentscheidungen nicht erst im Ernstfall spontan getroffen werden müssen.[40]

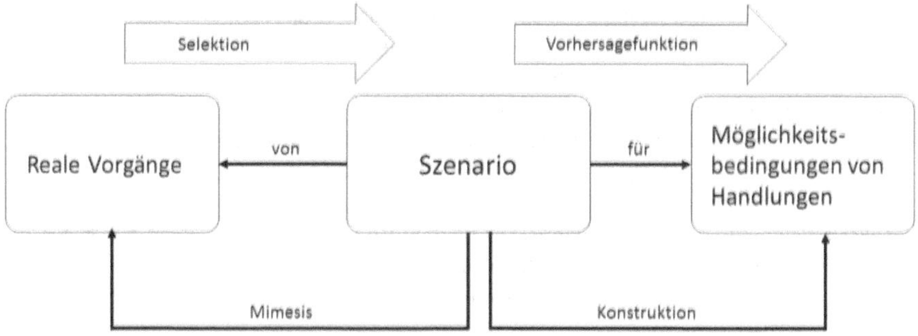

Abb. 9: Die prophezeiende Funktion von Szenarien

40 Vgl. Nicolas Pethes: ‚Thinking Ahead'. Fiction as Prediction in Popular Scripts on Political Scenarios. In: Soziale Systeme 9/2 (2003), S. 272–284, hier: S. 275.

Das Szenario selbst kann also auch als Ressource des Entscheidens dienen, indem es zukünftiges Entscheiden voraussieht. Hieran wird die Wirkmächtigkeit von Modellen deutlich, die zu Denkfiguren mit einer eigenen politischen Agency werden können: Modelle als fiktionale, hypothetische Vorwegnahme möglicher zukünftiger Situationen können handlungsleitend im realen politischen Diskurs werden.[41] Sie sind relevant für den Erkenntnisvorgang, indem sie komplexe Prozesse auf die vermeintlich relevanten Aspekte reduzieren und dadurch zur Konkretion beitragen. Allerdings ruht hier auch ein Problem im Umgang mit Modellen: denn nur was im Modell als Eigenschaften des Realen zum Einsatz kommt, also nicht Opfer der Selektion wird, wird für die Konstruktion des Applikats relevant gemacht. Modelle haben also auch immer blinde Flecken, sind interessengeleitet und perspektivenabhängig und damit kein neutrales Mittel politischer Reflexion. Das zeigt, wie wichtig es ist, auf die Modelle des Politischen zu schauen, die uns umgeben, nicht nur in der Literatur, und aufmerksam auf ihre Konstitution zu blicken, da sie als Denkfiguren eine Eigendynamik im politischen Diskurs entwickeln können.

Literaturverzeichnis

Decision Theory. In: The Concise Oxford Dictionary of Politics. Hg. v. Iain McLean / Alistair McMillan. 3. Aufl. Oxford 2009, S. 136.

Duve, Karen: Macht. Berlin 2016.

Eggers, Dave: The Circle. London 2013.

Eggers, Dave: Der Circle. Übersetzt v. Ulrike Wasel / Klaus Timmermann. Köln 2014.

Erdbeer, Robert Matthias: Poetik der Modelle. In: Textpraxis 11 (2.2015). URL: http://www.uni-muenster.de/Textpraxis/sites/default/files/beitraege/robert-matthias-erdbeer-poetik-der-modelle.pdf (letzter Zugriff: 05.10.2018).

Horn, Eva: Zukunft als Katastrophe. Frankfurt a.M. 2014.

Klöti, Ulrich: „Entscheidungstheorie“. In: Lexikon der Politikwissenschaft. Theorien, Methoden, Begriffe. Band 1: A–M. Hg. v. Dieter Nohlen / Rainer-Olaf Schultze. 3. Aufl. München 2005, S. 192–195.

Koselleck, Reinhard: „Krise“. In: Historisches Wörterbuch der Philosophie. Band 4: I–K. Hg. v. Karlfried Gründer / Joachim Ritter. Darmstadt 1976, S. 1235–1240.

Luhmann, Niklas: Die Paradoxie des Entscheidens. In: Verwaltungsarchiv 84 (1993), S. 287–310.

Luhmann, Niklas: Das Recht der Gesellschaft. Frankfurt a.M. 1995.

Peltzer, Ulrich: Teil der Lösung. 2. Aufl. Reinbek bei Hamburg 2012.

41 Hierzu wird derzeit in Münster und Karlsruhe im Rahmen des VW-Projekts *Literaturforschung und Energiewende – Entwicklung und Applikation einer literarischen Modelltheorie* geforscht.

Pethes, Nicolas: ‚Thinking Ahead'. Fiction as Prediction in Popular Scripts on Political Scenarios. In: Soziale Systeme 9/2 (2003), S. 272–284.
Röggla, Kathrin: Die Alarmbereiten. Frankfurt a. M. 2010.
Rössler, Beate: Autonomie. Ein Versuch über das gelungene Leben. Berlin 2017.
Schaffrick, Matthias / Nils Werber: Szenarien der Ausnahme in der Populärkultur. Einleitung. In: Zeitschrift für Literaturwissenschaft und Linguistik 46/3 (2016), S. 311–320.
Schimank, Uwe: Die Entscheidungsgesellschaft. Komplexität und Rationalität der Moderne. Wiesbaden 2005.
Vismann, Cornelia: Das Drama des Entscheidens. In: Urteilen/Entscheiden. Hg. v. ders. / Thomas Weitin. München 2006, S. 91–100.
Vogl, Joseph: Über das Zaudern. 2. Aufl. Zürich / Berlin 2008.

Artur Pełka

Zum Politikum der Kleidung

„Die Kleidung ist Schrift, der Mensch wird durch sie umschrieben“ (Elfriede Jelinek)

Ob in diachroner oder synchroner Perspektive: Kleidung war nie eine gesellschaftlich neutrale Angelegenheit, sondern besaß von alters her eine ausgesprochen politische Dimension.[1] Die aktuelle Brisanz der Textilien wird gerade angesichts der ökologischen Wende evident, durch welche Kleidung – wie Christine Kutschbach und Falko Schneider hervorheben – „in unübersehbarem Maße zu einem Politikum geworden ist“.[2] Allerdings ist das Sich-Kleiden als wichtiges Indiz menschlicher Identität – nicht nur im ökologischen Sinne – ein integraler Teil der (Selbst-)Politisierung des Menschen. In dieser Hinsicht teilt Kleidung eine Botschaft über ihre Trägerinnen und Träger mit – selbst wenn jene die Mode als Ausdruck der Oberflächlichkeit bzw. Eitelkeit ablehnen. So avanciert Kleidung gewissermaßen zum Medium der Kommunikation und als solches gibt sie nicht nur Auskunft über Status, Alter, Geschlecht sowie Weltanschauung, sondern sie bringt diese Faktoren performativ hervor. In diesem Sinne erscheint die *Text*ilie als selbstreferentiell und wirklichkeitskonstruierend zugleich.

Die Performativität der Kleidung manifestiert sich wohl am stärksten beim Herstellen und Unterlaufen von Geschlechteridentitäten. Das Überschreiten binärer Ordnungskonzepte bzw. Zwänge durch vestimentäre Strategien, wie es nicht nur bei sexuellen Minderheiten, sondern zum Beispiel auch bei der so genannten Metrosexualität der Fall ist, gestaltet sich zu einem politischen Akt, zumal – wie unzählige Untersuchungen im Rahmen interdisziplinär angelegter Gender Studies belegen – die Kleiderordnung jahrhundertelang als eines der wirksamen Instrumente zur Herstellung und Aufrechterhaltung der Geschlechterhierarchie fungierte und trotz einer weitgehenden Aufhebung der Trennung von Geschlechtern weiterhin seine Gültigkeit hat.

Die Politizität der Kleidung beschränkt sich nicht nur auf genderspezifische Aspekte, sondern durchdringt fast alle Lebensbereiche und dringt zurzeit massiv,

---

1 Dies belegen eindrücklich die in den letzten Jahren zahlreich erschienenen wissenschaftlichen Publikationen zum Thema Mode, darunter vor allem: Barbara Vinken: Die Blumen der Mode. Klassische & neue Texte zur Philosophie der Mode. Stuttgart 2016.

2 Christine Kutschbach / Falko Schneider (Hg.): Von Kopf bis Fuß. Bausteine zu einer Kulturgeschichte der Kleidung. Berlin 2015, S. 13.

https://doi.org/10.1515/9783110568561-007

sogar buchstäblich in die Haut als „Bekleidung *forever*“[3] in Form von Tätowierungen ein. Als Zeichen der Zeit fällt auch auf, dass Kleidung ganz deutlich in aktuelle politische Ereignisse verwickelt wird. Die Politisierung der Kleidung spiegelt sich derzeit in den heftigen Debatten über das Kopftuch beziehungsweise die Verschleierung wider, wobei der fremde Habitus als Symbol der Gefährdung des so genannten Abendlandes instrumentalisiert wird. Als Quasi-Gegengewicht zu der Dämonisierung des Fremden lässt sich eine Zunahme der Funktionalisierung von Kleidung als eine ethnisch-nationale bzw. nationalistische Insigne beobachten, wofür exemplarisch sowohl die deutsche Trachtenmode[4] als auch die so genannte ‚patriotische Kleidung‘, die derzeit Polen überflutet,[5] steht. Andererseits reagieren renommierte Modedesigner auf den Rechtsruck in der Weltpolitik, allen voran auf die xenophobe Politik Trumps, mit Entwürfen, die unter anderem ein Zeichen der Solidarität mit Immigranten setzen. In der Branche spricht man deutlich vom „politischen Erwachen der Mode“.[6]

Da der vorliegende Band nicht „politisch engagierte Kleidung“, sondern „politisch engagierte Literatur“ behandelt, muss an dieser Stelle plattitüdenhaft an die signifikante Rolle der Kleidung in fiktionalen Texten erinnert werden. Als beinahe unentbehrliches Element literarischer Texte verortet Kleidung die dargestellten Welten in entsprechenden historischen Kontexten und dokumentiert so sozio-kulturelle Ordnungen. Mittels Kleidung werden Konzepte von Individualität und Gesellschaftlichkeit, Natürlichkeit und Künstlichkeit, Weiblichkeit und Männlichkeit verhandelt, wobei die dargestellten vestimentären Akte und Codes oft eine subversive Kraft und somit politische Brisanz aufweisen.

In der deutschsprachigen Literatur gibt es bekanntlich zahlreiche Beispiele dafür. Viele der literarisierten Kleidungsattribute – von denen einige wie Werthers

---

3 Vgl. Christine Kutschbach: Bekleidung *forever*. Die Tätowierung. In: Von Kopf bis Fuß. Bausteine zu einer Kulturgeschichte der Kleidung. Hg. v. Christine Kutschbach / Falko Schneider. Berlin 2015, S. 263–271.

4 Vor den Parlamentswahlen 2017 bediente sich die AfD raffiniert der Trachtenmode, die auf ihren Wahlplakaten als Bebilderung für fremdfeindliche Parolen wie „‚Burka?‘ Ich steh’ auf Burgunder“ oder „Bunt statt Burka!“ diente.

5 Besonders seit der Machtübernahme durch die PiS-Partei tragen vor allem viele rechts-konservativ gesinnte junge Menschen Kleidungsstücke, die mit patriotischen Insignien wie dem polnischen Adler oder der Nationalflagge, aber auch mit Symbolen, die an den polnischen Widerstand während der Nazi-Besatzung erinnern, versehen sind.

6 So das Fazit der amerikanischen Medien nach dem New Yorker Fashion Week 2017. Vgl. URL: www.spiegel.de/stil/politische-mode-kleidung-hat-immer-eine-aussage-a-1144010.html (letzter Zugriff: 02.07.2018).

blauer Frack und gelbe Weste sogar Kultstatus erlangten[7] – zeichnen sich durch eine ausgesprochen politische Dimension aus. Zu den bekanntesten Texten, in denen ein vestimentärer Akt im Mittelpunkt des Geschehens steht, gehört zweifellos Gottfried Kellers Novelle *Kleider machen Leute*, in der der arme Schneider Strapinski durch seinen Mantel zum polnischen Grafen avanciert und als falscher Adliger in Verlegenheit gerät, um am Ende mit der Amtstochter Nettchen ein bodenständiges, vom Schein befreites Leben zu beginnen. Kellers Novelle führt nicht nur die Performativität der Kleidung musterhaft vor, sondern das symbolische Ablegen des Mantels wird zum quasi-politischen Akt, der den Gewinn an bürgerlicher Männlichkeit markiert.

Auch die Literatur nach 1989 liefert viele Beispiele für die politische Dimension der Kleidung. Dazu gehört zweifellos der nicht unumstrittene Roman *Tomboy* von Thomas Meinecke aus dem Jahre 1998. Seine Heldin Vivian Atkinson schreibt an ihrer zunehmend ausufernden Magisterarbeit mit dem Arbeitstitel „Von der Tracht zur Mode; zweihundert Jahre Geschlechterpolarität", auf die im Roman immer wieder rekurriert wird. So verknüpft *Tomboy* den Mode- und Geschlechterdiskurs aufs engste, wobei die dekonstruktivistischen, abstrakten Theoreme der Geschlechterperfomativität von dem Figurenpersonal performativ – vor allem durch körperliche bzw. vestimentäre Akte – nachinszeniert werden. Dieses spezifische Cross-Dressing geht mit permanenten kritischen Reflexionen und Diskussionen über die Zwänge der Kleiderordnung – unter anderem über „die politische Bewertung von Unterwäsche"[8] – einher. Das Unterwäsche-Motiv findet seinen Höhepunkt, wenn Tomboy bzw. Vivian ihren einzigen Bikini in den Papierkorb wirft, nachdem sie von den Aufzeichnungen ihrer Freundin Korinna über die Etymologie des 1946 vom französischen Autobauingenieur Réard erfundenen Badezweiteilers erfahren hat, und zwar darüber, dass das Kleidungsstück nach dem Bikini-Atoll benannt wurde, auf dem im selben Jahr eine Serie von Kernwaffentests stattfand:

> Die eigentümliche verbale Gleichsetzung von militärischen Atombomben-Zündung und modeschöpferischer Markierung weiblicher Körperlichkeit durch Louis Reard, den Erfinder des knappen, zweiteiligen, die generativen Leibesinseln junger Frauen in sowohl ent- als auch verhüllender Strategie ausstellenden Badeanzugs, erregte abermals ihren Argwohn. [...] Die gleichsam verherrlichte Leibhaftigkeit der Frau in ihrer fatalen Stigmatisierung als so zerstörerische wie abgründig schöne, durch gezielte phallokratische Aggression erzeugte

7 Zur politischen Dimension der „Werther-Tracht" vgl. Reiner Wenrich: Die Medialität der Mode: Kleidung als kulturelle Praxis. Perspektiven für eine Modewissenschaft. Bielefeld 2015, S. 372.
8 Thomas Meinecke: Tomboy. Frankfurt a. M. 1998, S. 28.

> Explosion. Vivian war sich [...] im klaren, wieso sie sich in ihrer Pubertät so ausnehmend davor gefürchtet hatte, einen sogenannten Atombusen zu bekommen.[9]

Die Passage zeugt davon, dass Meineckes Roman, der von der Kritik zu Unrecht oft als eine Parodie des dekonstruktiven Feminismus verurteilt und somit devalviert wurde, zum einen eine kenntnisreiche Studie über die Kleidungsgeschichte liefert, zum anderen – indem er die weibliche Mode mit der männlichen Politik kurzschließt – das Politikum der Kleidung in einem humoristischen Duktus sichtbar macht. Das Politische des Romans speist sich aus seiner performativen Wiederholung feministischer Thesen und besteht nicht zuletzt in der Selbst-Ironie des Autors, die sich – wie Axel Dunker plausibel ausführt – „im (literarischen) Pastiche einstellt und zur (nicht-essentialistischen) Selbst-Infragestellung führt".[10] Meinecke performt mithilfe des vorgefundenen Materials und generiert eine diskursive Oberfläche als ästhetische Bühne, die jegliche Essenz relativiert.

Zweifellos avanciert Thomas Meinecke zu einem ausgesprochenen Modekenner der deutschsprachigen Gegenwartsliteraturszene. Seine Position als Kleidungsspezialist würdigt der eingangs erwähnte Band von Barbara Vinken, der „Klassische & neue Texte zur Philosophie der Mode" – so der Untertitel – versammelt. Publiziert ist darin ein Ausschnitt aus Meineckes 2011 erschienenem Roman *Lookalikes*, dem die Herausgeberin folgenden Kommentar vorausschickt: „Unter den zeitgenössischen Schriftstellern ist nur noch Elfriede Jelinek so modebesessen wie Thomas Meinecke."[11]

In der Tat ist die österreichische Nobelpreisträgerin als Privatperson wie Autorin in der Mode sehr bewandert.[12] Mode wird in ihren Texten zu einem signifikanten Sujet und avanciert bereits 1983 zu einer Großmetapher für das Theater:

> Vielleicht eine Modeschau, bei der die Frauen in ihren Kleidern Sätze sprechen. Ich möchte seicht sein!
>
> Modeschau deswegen, weil man die Kleider auch allein vorschicken könnte. Weg mit den Menschen, die eine systematische Beziehung zu einer ersonnenen Figur herstellen

---

9 Meinecke, S. 75 – 76.

10 Axel Dunker: „Alle tanzen, doch niemand kennt die Platten". Pastiche, Sampling und Intertextualität in Thomas Meineckes Roman *Tomboy*. In: Weimarer Beiträge 52 (2006), S. 105 – 118, hier: S. 110.

11 Vinken, S. 483.

12 Vgl. Pia Janke (Hg.): Die Nestbeschmutzerin. Jelinek & Österreich. Salzburg / Wien 2002, S. 226 – 231 sowie Felicitas Zürcher: Über Hüllen. Zu Elfriede Jelineks Das Licht im Kasten (Straße? Stadt? Nicht mit mir!). In: Jelinek[Jahr]Buch. Elfriede Jelinek-Forschungszentrum 2016 – 2017. Hg. v. Pia Janke / Konstanze Fladischer. Wien 2017, S. 66 – 76, hier: S. 66 – 67.

> könnten! Wie die Kleidung, hören Sie, die besitzt ja auch keine eigene Form, sie muß um den Menschen gegossen werden, der ihre Form IST.[13]

Auffallend wendet sich Jelinek in ihren neuesten Theatertexten immer intensiver dem Thema Mode zu, indem sie Gender- und Ökologie-Fragen zu einer eigenartigen politischen Kritik verknüpft. Im Folgenden möchte ich mich zwei von ihren aktuellen Theatertexten widmen, die in einer besonderen Weise das Politikum der Kleidung thematisieren.

Im November 2012 ereignete sich in der Tazreen-Kleiderfabrik in Bangladesch ein Brand, der über 100 Menschen tötete und weiteren 200 Personen Verletzungen zufügte. Im April des folgenden Jahres stürzte ebenso in Bangladesch die Textilfabrik Rana Plaza ein. In Folge des Bauunfalls starben über 1000 Menschen und fast 2500 Personen wurden schwer verletzt. Den beiden Katastrophen fielen vorwiegend die in den Textilfabriken unter inhumanen Bedingungen arbeitenden Frauen zum Opfer. Auf diese Ereignisse reagierte Jelinek mit ihrem Zusatzstück[14] *Nach Nora*, das als Auftragswerk für das Düsseldorfer Schauspielhaus in einer dreiteiligen Aufführung *Nora hoch drei* im Oktober 2013 von Dušan Pařížek inszeniert wurde.

In dem Ursprungstext, dem 1979 uraufgeführten Theaterstück *Was geschah, nachdem Nora ihren Mann verlassen hatte oder Stützen der Gesellschaften*, der als Genre eine noch relativ traditionelle dramatische Struktur aufweist, bereitet die Titelfigur auf Anordnung der Fabrikleitung eine kleine „Tanzeinlage“[15] für potentielle Fabrikkäufer vor. Ihre Tanzübungen stimmen aber mit den Vorstellungen des Personalchefs nicht überein, denn Nora entfesselt ihren Körper in wilder Akrobatik, wodurch sie ihm im Sinne eines dekonstruktiven Feminismus ihre eigene Sprache verleiht und sich selbst affirmiert. Dieser expressive Tanz – offensichtlich unter dem Aspekt der ökonomischen Verwertbarkeit gesehen – wird vordergründig wegen der Verschwendung der Arbeitskraft heftig kritisiert: „Nicht so stürmisch. Erhöhen Sie lieber ihre Stückzahlen!“[16] – so das Kommando des Personalchefs. Auch in dem Addenda-Text *Nach Nora* wird eine Vorgabe zwecks ökonomischer Effizienz thematisiert:

---

13 Elfriede Jelinek: Ich möchte seicht sein. In: Theater heute, Jahrbuch 1983, S. 102.

14 Zu Jelineks relativ neuer Technik der Zusatz- bzw. Addenda-Stücke vgl.: Bärbel Lücke: Zur Ästhetik von Aktualität und Serialität in den Addenda-Stücken von Elfriede Jelinek zu *Die Kontrakte des Kaufmanns, Über Tiere, Kein Licht, Die Schutzbefohlenen.* Wien 2017.

15 Elfriede Jelinek: Was geschah, nachdem Nora ihren Mann verlassen hatte oder Stützen der Gesellschaften. In: Elfriede Jelinek: Theaterstücke. Reinbek 1992, S. 7–78, hier: S. 19.

16 Jelinek: Was geschah, nachdem Nora ihren Mann verlassen hatte oder Stützen der Gesellschaften, S. 7–78, hier: S. 22.

> Die können aber nähen, diese Frauen! [...] Sie können nichts an ihre Leben anstückeln, mehr wird es nicht! Sie denken in Stückzahlen, und selbst das schreibt ihnen jemand andrer vor, sie haben keine Gewalt darüber, über ihre Stückzahlen haben sie keine Gewalt, das ist so gewollt, die Stückzahl wird vorgegeben, nein, die können sie auch nicht anstückeln. Die ist, was sie ist. Sie ist die Vorgabe.[17]

Während das apodiktische Vorgeben in dem Basistext – nicht zuletzt wegen seiner dramatischen Figuration – eindeutig als männliche Praktik der Unterwerfung der Frau lesbar ist, scheint das Vorschreiben in dem Zusatzstück – das in einem postdramatischen Modus Personalisierung meidet – auf den ersten Blick einen geschlechtsneutralen Charakter zu haben, und so lässt es zunächst an die Intransparenz des globalen Kapitalismus denken. Doch beim näheren Betrachten offenbart die Struktur des Textes, dass die thematisierte Macht der Ökonomie männlich konnotiert ist. Als Quasi-Gerüst von *Nach Nora* fungiert ein Spiegel-Interview mit dem H&M-Vorstandschef und -Miteigentümer Karl-Johan Persson,[18] dessen autoritäre Phrasen sich in verfremdeter Form wie ein roter Faden durch die ganze Textur Jelineks ziehen. Vor diesem Hintergrund ist der kollektive Wir-Sprecher des Textes, der „herumkommandier[t]",[19] als ein chorischer Tenor des männlichen Managements identifizierbar, zumal sich Persson in dem Spiegel-Gespräch konsequent in einem Wir-Duktus äußert. Darüber hinaus spiegelt der Satz „Die können aber nähen, diese Frauen!"[20] genau die misogyne Logik eines Freuds wider, laut der die einzige Kulturleistung von Frauen die Erfindung „des Flechtens und des Webens" unter dem Antrieb des Penisneides zwecks Verhüllung des genitalen Mangels sei.[21] Da eine ähnliche Anspielung auf Freud in dem Basistext zu finden ist,[22] kann festgestellt werden, dass der Addenda-Text tatsächlich als Fortschreibung von *Was geschah, nachdem Nora ihren Mann verlassen hatte* konzipiert ist, die keine progressive Entwicklung nachzeichnet, sondern die

---

17 Elfriede Jelinek: Nach Nora. URL: www.elfriedejelinek.com/fnachnora.htm (letzter Zugriff: 02.07.2018).

18 Vgl. „Konsum ist etwas Gutes". Spiegel-Gespräch (28/2013). URL: http://www.spiegel.de/spiegel/print/d-102241678.html (letzter Zugriff: 02.07.2018).

19 Jelinek: Nach Nora.

20 Jelinek: Nach Nora.

21 Vgl. Sigmund Freud: Die Weiblichkeit. In: Sigmund Freud: Gesammelte Werke. Hg. v. Anna Freud u.a.. Frankfurt a.M. 1968, Bd. 15, S. 119–145, hier: S. 142.

22 Und zwar: „Nora: ...es bemerkt den auffälligen, sichtbaren und großen Penis eines Bruders oder Gespielen, erkennt ihn sofort als überlegenes Gegenstück seines kleinen und versteckten Organs und ist von da an dem Penisneid verfallen, kann nichts Kulturelles mehr schöpfen." Jelinek: Was geschah, nachdem Nora ihren Mann verlassen hatte oder Stützen der Gesellschaften, S. 7–78, hier: S. 16.

Unveränderbarkeit der Verhältnisse konstatiert. Auch über 30 Jahre nach der ersten *Nora* wird die Frau als Element einer gleichermaßen patriarchalen wie kapitalistischen Ökonomie, als eine in der phallogozentrischen Logik ‚Mangel-Ware', die zu einer ökonomisch profitablen Ware umgestaltet wird, fokussiert. Erschütternd wird diese biologistische Entsubjektivierung und Vergegenständlichung von Frauen, die letztlich zu ihrer Kommodifizierung führt, durch Phrasen wie „jede Frau ihr eigenes Textil"[23] oder „Diese Arbeiterinnen sind aber ohnedies ihre eigenen Überstunden"[24] zum Ausdruck gebracht.[25]

In Jelineks Revisiting-Perspektive gerät Emanzipation von Frauen äußerst pessimistisch in den Fokus. Noras Scheitern in dem Basistext wird in dem Addenda-Text durch das weibliche Massenopfer als namen- und sprachlose Kollektivfigur deutlich potenziert, zumal vor dem Hintergrund der Metastasierung von verantwortlichen rücksichtslos profitorientierten Konzernen. Dabei mutieren die ‚Herren der Schöpfung' – nicht zufällig heißt es in *Nach Nora* „Aber geschaffen werden sie [die Arbeitsbedingungen]. Von uns"[26] – zu modernen Göttern, die den Konsumentinnen die Schuld für die Ausbeutung und den Tod der Näherinnen zuweisen, indem sie sie als Sünderinnen instrumentalisieren:

> Sehen Sie, dann sind Sie auch schuld. Der Konsument ist schuld. Er nimmt uns das ab. Er nimmt uns die Schuld ab. Dafür macht er Schulden. Er nimmt uns das alles ab. Durch seine Schuld, durch seine Schuld, durch seine übergroße Schuld.[27]

Dieses pervertierte Glaubensbekenntnis bringt die Manipulation der Modeindustrie und die aus ihr resultierende Verblendung der KonsumentInnenmassen auf den Punkt. Die raffinierte Unsichtbarkeit der Ökonomie-Götzen, die sich „[a]n einem anderen, unsichtbaren Ort"[28] befinden, wird dabei mit dem Unsichtbar-

---

23 Jelinek: Nach Nora.
24 Jelinek: Nach Nora.
25 Die Gleichsetzung der „Textilarbeiterinnen" mit ihren „Überstunden" erinnert an den Vergleich der Sexarbeiterinnen mit dem „Pfand" in einem anderen Addenda-Text von Jelinek unter dem Titel *Jetzt dürfen die Menschen einmal aus ihren Kleidern heraus. Und schon wollen sie wieder rein!* Ob als Sex-Objekt oder Arbeitsmaschine, die Frau trägt den Wert nicht in sich, sondern muss ihn ableisten, wodurch ihr der Status von Austauschbarkeit bzw. Geringwertigkeit gegenüber anderen Waren zugeschrieben wird.
26 Jelinek: Nach Nora.
27 Jelinek: Nach Nora.
28 Jelinek: Nach Nora.

Machen der weiblichen Opfer konterkariert, was mit ihrer Prekarisierung als Praxis des Ausschlusses im Sinne Judith Butlers zusammenhängt.[29]

Jelinek thematisiert nicht nur das Unwirklich-Machen der Ausgebeuteten, sondern entlarvt die Kontinuität von kolonialen Mechanismen im globalen Kapitalismus: „Wir besitzen keine eigenen Fabriken, wir benützen fremde für uns! Wir benützen Fremde für uns!"[30] Die Globalisierung wird als eine moderne Form von Kolonialismus dekuvriert, durch die „die Anderen" nicht nur verwertet, sondern auch entmenschlicht werden:

> Und damit wir den Dreck nicht hier haben, damit wir die Dreckmenschen, die das Gewand machen, nicht hier haben und ständig anschauen müssen. Da vergeht es uns ja! Damit wir rein bleiben, aber bekleidet. Schon immer hatten wir recht und waren schlau. Schon immer waren wir woanders schlau, damit wir es hier sein konnten. Schon immer waren wir bereit zum Aufbruch in unserem neuen Gewand, am Abend.[31]

Das in dieser Passage taktgebende „Schon immer" evoziert die Fortdauer der kolonisatorischen Barbarei. Die Massenopfer der profitgierigen Textilindustrie korrespondieren dabei deutlich mit dem Genozid und rufen die menschenver- und entwertende NS-Maschinerie in Erinnerung.

Obwohl sich der Text der generierenden männlichen Form „Konsumenten" bedient, impliziert er immer wieder Frauen, die „immer etwas anziehen müssen, damit Sie jemand sind".[32] Damit weist Jelinek auf den *conspicuous consumption* hin, der darin besteht – wie Gertrud Lehnert in Anlehnung an den Soziologen Thorstein Veblen beschreibt, dass den Frauen die Aufgabe übertragen wird, der Welt den gewonnenen Wohlstand der Männer zu demonstrieren.[33] Kleidung dient sozialer Differenzierung bei der Fixierung wie Reduzierung der Frauen auf äußere Erscheinung. Darüber hinaus erzeugt der Kauf von Textilien den Schein einer Selbstaufwertung im konsumtiven Wettbewerb: „das Teil [...], Sie haben es erstanden, um Ihren Stand zu erhöhen und damit Ihren Standard."[34]

Durch den Kauf von Textilien trachten die Einzelnen, sich von der Masse abzuheben, sich als besondere Individuen zu performen, sich Einzigartigkeit zu verleihen. Doch durch den massenhaften Konsum der gleichen Waren mutieren

29 Vgl. Judith Butler: Raster des Krieges. Warum wir nicht jedes Leid beklagen. Frankfurt a. M. / New York 2010.

30 Jelinek: Nach Nora.

31 Jelinek: Nach Nora.

32 Jelinek: Nach Nora.

33 Vgl. Gertrud Lehnert: Mode, Weiblichkeit und Modernität. In: Mode, Weiblichkeit und Modernität. Hg. v. ders. Dortmund 1998, S. 7–19, hier: S. 12.

34 Jelinek: Nach Nora.

sie letztlich zu einer amorphen Masse, die von Jelinek provokativ mit der gestaltlosen Masse der Billigarbeiterinnen im globalen Süden verknüpft wird. In beiden Fällen handelt es sich um Entpolitisierung und Verlust geschichtsrelevanter Bedeutung – so der Grundgedanke von *Nach Nora:*

> Früher haben sich Menschenmassen bewegt, man nannte das Politik. Jetzt bewegen sich nur noch einzelne [...]. Es zählen bei Verbrechen nur die Massen, aber es gibt keine Massenbewegungen mehr, weil die Massen ja tot sind und sich deshalb gar nicht mehr bewegen können.[35]

Der Pessimismus der kritischen Bestandsaufnahme Jelineks in *Nach Nora* wird durch das Leitmotiv der Vanitas zugespitzt, das in einer bitteren Ironie – „Menschen sterben für Kleider"[36]– gipfelt. In dieser Hinsicht erscheint auch das im Text immer wieder auftauchende Gewand als Todesgewand und die gesamte Textur gestaltet sich letztlich zu einem literarischen Leichentuch als Epitaph. In diesem Theater-Trauertext hebt sich von dem Stimmengewirr – was in genrespezifischer Hinsicht eine Eigenartigkeit von Jelineks Texten ist – eine auktoriale Stimme ab. Dabei wird das Ich – in Korrespondenz zu „Textilarbeiterinnen" – als „Textarbeiterin"[37] zu einer modernen Klotho, welche – während sie den Textfaden spinnt – (neo-)existentialistisch an die Begrenztheit des Lebensfadens mahnt: „Die Menschen sterben sowieso".[38]

Dieser neoexistentialistische Ton beherrscht auch den neuesten Theatertext Jelineks *Licht im Kasten (Straße? Stadt? Nicht mit mir)*, der im Januar 2017 seine Premiere ebenfalls in der Modestadt Düsseldorf hatte.[39] Eine weibliche Stimme sinniert darin über Mode und menschliche Existenz. Die Reflexionen werden von einem Reklame-Leuchtkasten ausgelöst, der auch im Titel des Textes auftaucht, in dem eine H&M-Werbung für einen Bikini mit dem Model Gisele Bündchen hängt. Was diesen Text von *Nach Nora* unterscheidet, ist eine ausgeprägte philosophische Grundierung, denn im Text werden ununterbrochen Versatzstücke von Kant und Heidegger einmontiert, die das Problem von Schein und Sein thematisieren. In dieser Hinsicht rekurriert aber Jelinek auch indirekt auf Kellers Novelle, zumal immer wieder von einem „Mantel" die Rede ist. Als ein weiteres

---

35 Jelinek: Nach Nora.

36 Damit korrespondiert auch die versteckte Paronomasie „Kleid"/„Leid": „Werden sie mich töten, wenn sie mich so erblicken, angetan von dem Kleid, angetan mit dem Kleid?" Jelinek: Nach Nora.

37 Jelinek: Nach Nora.

38 Jelinek: Nach Nora.

39 Uraufführung am Düsseldorfer Schauspielhaus am 14.01.2017 in der Inszenierung von Jan Philipp Gloger.

signifikantes Kleidungsstück fungiert in dem Text zwangsläufig der H&M-Bikini, dessen Schein mit dem tragischen Sein der Textil-Hersteller konfrontiert wird:

> Dieser Bikini besteht also aus ganzer, gesamter, gesunder Baumwolle, dafür ist er so klein, daß er nicht einmal die Blöße einer Ameise bedecken könnte, und dennoch treibt er in Indien jährlich ca. 100 000 Bauern in Sachen Baumwolle in den Tod. Sie töten sich, jede Stunde einer, mit dem Unkrautgift, das sie vorher auch in die Baumwolle gejagt haben. Vorher haben sie sich in unbezahlbare Schulden gestürzt, nur damit wir unser T-Shirt um 5 Euro 90 bekommen [...], den Unkrautvertilger mußten sie extra bezahlen, mit sich selbst, nein, für sich selbst hätten sie nichts bekommen.[40]

Im Großen und Ganzen fungiert Kleidung bzw. Mode in *Licht in Kasten* als Emblem der konsumorientierten Gesellschaft, die mit ihrer Konsumgier indirekt menschliche Opfer verursacht. Dabei fungiert die Straßenwerbung mit dem Mode-Star als Ikone einer sinnentleerten Welt: „Da ist das Bild. Es strahlt heute wieder so wie immer, weil ihm kein Licht aufgehen muß, es trägt das Licht in sich. Hier sehen Sie alles, mehr gibts nicht."[41] Das Licht im Werbekasten wird hier zum göttlichen Schein stilisiert, was das Model im Bikini quasi-transzendiert. Angesichts der Vergänglichkeit von Mode erweist sich jedoch das ganze Arrangement, das die Essenz der Bekleidungsindustrie versinnbildlicht, als eine irreführende Verheißung. Die Erlösung, die es verspricht, wird reduziert auf ein Stück Stoff, das ohnehin in der nächsten Saison durch eine andere Ware ersetzt wird. Das trügerische Heil der Mode erscheint als falsche Transzendenz der textilen Oberfläche.

Angesichts der existentiellen Leere schlüpft die sprechende Figur selbst in eine quasi-göttliche Position und verkündet statt einer theologischen eine ökologische Botschaft:

> Das durchschnittliche T-Shirt wird 1,4mal im Leben getragen, Sie haben es ja gehört, nein, nicht in Ihrem Leben, in seinem, das arme Ding [...]. Doch wahrlich, ich sage euch: Das, was der Mensch anzieht, ist meist noch vergänglicher als er, es wäre ihm nicht zuzumuten, das Wissen wäre ihm nicht zuzumuten, daß dieses Kleidungsstück viel länger halten würde als er. Wenn man es nur ließe.[42]

Die Selbst-Vergöttlichung der Sprecherin, die als eine auktoriale Stimme identifizierbar ist, wird permanent durch Selbstironisierung relativiert. Damit stellt sich Jelinek samt ihren Texturen – ähnlich wie dies bei Meinecke der Fall ist – ständig in Frage. Wie die Mode selbst bleiben Jelineks ‚Kleidungstexte' gleichsam an der

---

40 Elfriede Jelinek: Licht im Kasten (Straße? Stadt? Nicht mit mir). URL: http://www.elfriedejelinek.com/flicht.htm (letzter Zugriff: 02.07.2018).

41 Jelinek: Licht im Kasten.

42 Jelinek: Licht im Kasten.

Oberfläche, aber gerade ihre Seichtigkeit – die in der Vermeidung jeglicher politischer Essenz besteht – verleiht ihnen eine politische Brisanz.

Literaturverzeichnis

Butler, Judith: Raster des Krieges. Warum wir nicht jedes Leid beklagen. Frankfurt a. M./New York 2010.

Dunker, Axel: „Alle tanzen, doch niemand kennt die Platten". Pastiche, Sampling und Intertextualität in Thomas Meineckes Roman *Tomboy*. In: Weimarer Beiträge 52 (2006), S. 105–118.

Freud, Sigmund: Die Weiblichkeit. In: Sigmund Freud: Gesammelte Werke. Hg. v. Anna Freud u. a. Frankfurt a. M. 1968, Bd. 15, S. 119–145.

Janke, Pia (Hg.): Die Nestbeschmutzerin. Jelinek & Österreich. Salzburg / Wien 2002.

Jelinek, Elfriede: Ich möchte seicht sein. In: Theater heute, Jahrbuch 1983.

Jelinek, Elfriede: Was geschah, nachdem Nora ihren Mann verlassen hatte oder Stützen der Gesellschaften. In: Elfriede Jelinek: Theaterstücke. Reinbek 1992.

Jelinek, Elfriede: Nach Nora. URL: http://www.elfriedejelinek.com/fnachnora.htm (letzter Zugriff: 02. 07. 2018).

Jelinek, Elfriede: Licht im Kasten (Straße? Stadt? Nicht mit mir). URL: http://www.elfriedejelinek.com/flicht.htm (letzter Zugriff: 02. 07. 2018).

Kutschbach, Christine: Bekleidung *forever*. Die Tätowierung. In: Von Kopf bis Fuß. Bausteine zu einer Kulturgeschichte der Kleidung. Hg. v. Christine Kutschbach / Falko Schneider. Berlin 2015.

Kutschbach, Christine / Falko Schneider (Hg.): Von Kopf bis Fuß. Bausteine zu einer Kulturgeschichte der Kleidung. Berlin 2015.

Lehnert, Gertrud: Mode, Weiblichkeit und Modernität. In: Mode, Weiblichkeit und Modernität Hg. v. ders. Dortmund 1998.

Lücke, Bärbel: Zur Ästhetik von Aktualität und Serialität in den Addenda-Stücken von Elfriede Jelinek zu *Die Kontrakte des Kaufmanns, Über Tiere, Kein Licht, Die Schutzbefohlenen*. Wien 2017.

Meinecke, Thomas: Tomboy. Frankfurt a. M. 1998.

Pfannkuch, Katharina: Proteststoff. Politik in der Mode: Ohne politische Symbole geht in der Mode momentan gar nichts mehr. Was wir tragen, hatte allerdings schon immer eine gesellschaftspolitische Dimension. Der Überblick – von Robespierre bis Westwood. In: Spiegel online. URL: http://www.spiegel.de/stil/politische-mode-kleidung-hat-immer-eine-aussage-a-1144010.html (letzter Zugriff: 02. 07. 2018).

Tietz, Janko / Susanne Amann: „Konsum ist etwas Gutes". H&M-Vorstandschef und -Miteigentümer Karl-Johan Persson über die Verantwortung der Textilhandelskette für die Arbeitsbedingungen in Bangladesch und den Widerspruch zwischen Wachstum und Nachhaltigkeit Spiegel-Gespräch, 08. 07. 2013. Spiegel online. URL: http://www.spiegel.de/spiegel/print/d-102241678.html (letzter Zugriff: 02. 07. 2018).

Vinken, Barbara: Die Blumen der Mode. Klassische & neue Texte zur Philosophie der Mode. Stuttgart 2016.

Wenrich, Reiner: Die Medialität der Mode: Kleidung als kulturelle Praxis. Perspektiven für eine Modewissenschaft. Bielefeld 2015.

Zürcher, Felicitas: Über Hüllen. Zu Elfriede Jelineks *Das Licht im Kasten (Straße? Stadt? Nicht mit mir!)*. In: Jelinek[Jahr]Buch. Elfriede Jelinek-Forschungszentrum 2016 – 2017. Hg. v. Pia Janke / Konstanze Fladischer. Wien 2017, S. 66 – 76.

Julian Osthues

Politische Implikationen der Intertextualität

Ästhetische Verfahren von *rewriting* im deutschsprachigen Roman der Gegenwart

1 Einleitung

„Er habe versucht, sich zu rasieren. Bloß der Moskitos wegen dürfe man nicht verwildern, man sei immerhin ein zivilisierter Mensch.“[1] Dieser Gedanke geht dem Protagonisten Alexander von Humboldt in Daniel Kehlmanns 2005 veröffentlichtem Bestseller *Die Vermessung der Welt* durch den Kopf, während sich der deutsche Entdecker und sein Expeditionsteam tief im Urwald Südamerikas befinden. Die Flussfahrt auf dem Rio Negro wird dabei keineswegs als spannendes Abenteuer präsentiert. Nicht nur muss ständig ein entlaufener Affe vertrieben werden, der den Entdeckern zur Last fällt, sondern vor allem die bleierne Stille: So bricht plötzlich einer der Gefährten das Schweigen mit der Bitte an Humboldt, „auch einmal etwas zu erzählen“. Etwas mürrisch erwidert dieser:

> Geschichten wisse er keine [...]. Auch möge er das Erzählen nicht. Aber er könne das schönste deutsche Gedicht vortragen, frei ins Spanische übersetzt. Oberhalb aller Bergspitzen sei es still, in den Bäumen kein Wind zu fühlen, auch die Vögel seien ruhig, und bald werde man tot sein.[2]

Es ist sicherlich nicht schwer zu erkennen, welches Gedicht dem Autor Modell gestanden hat. Jedem Goetheliebhaber dürfte diese doch befremdliche Nacherzählung von Goethes Lyrik-Klassiker *Wandrers Nachtlied* (bzw. *Ein Gleiches*) allerdings erschaudern lassen. Humboldts Unfähigkeit, das Gedicht originalgetreu wiederzugeben, mag nicht nur deshalb verwundern, da der Protagonist ansonsten keine Gelegenheit ungenutzt lässt, die europäische Kultur, den „zivilisierte[n] Mensch[en]“, ins rechte Licht zu setzen. Vor allem erstaunt Humboldts freie Übersetzung des Gedichts insofern, als sie deutlich vor Augen führt, dass es keines mehr ist. Das Gedicht ist bei Kehlmann zur „sachlichen Prosa“ [3] geronnen, der buch-

1 Daniel Kehlmann: Die Vermessung der Welt. 4. Aufl. Reinbek bei Hamburg 2008, S. 127.

2 Kehlmann: Die Vermessung der Welt, S. 128.

3 Stefan Balzter: Wo ist der Witz? Techniken zur Komikerzeugung in Literatur und Musik. Berlin 2013, S. 258.

https://doi.org/10.1515/9783110568561-008

stäblich das Poetische abgeht. Das lyrische Sprachbild Goethes ist einer lapidaren, nüchtern-realistischen, ja gewissermaßen ‚entpoetisierten' Darstellung gewichen, die statt auf sprachliche Vorstellungs- und Ausdruckskraft auf Fakten setzt. Der Roman „erlaubt sich [...] eine freie Paraphrase des lyrischen ‚Arguments'", so schreibt Alexander Honold: „[A]us meteorologischer und topographischer Sicht ist die Lage in Humboldts Zusammenfassung einwandfrei erfaßt, was aber fehlt, ist die Stimmung, die Atmosphäre im übertragenen Sinn des Wortes."[4]

Johann Wolfgang von Goethe *Wandrers Nachtlied* (1815)	Daniel Kehlmann *Die Vermessung der Welt* (2005)
Über allen Gipfeln Ist Ruh', In allen Wipfeln Spürest Du Kaum einen Hauch; Die Vögelein schweigen im Walde. Warte nur, balde Ruhest du auch	Oberhalb aller Bergspitzen sei es still, in den Bäumen kein Wind zu fühlen, auch die Vögel seien ruhig, und bald werde man tot sein.

Der Effekt dieser Nacherzählung bei Kehlmann fügt sich dabei ein in ein literarisches Verfahren, das für den Roman insgesamt konstitutiv ist: das komische Erzählen. Der Text versäumt es an keiner Stelle, zwei zentrale Akteure der deutschen Kulturgeschichte, neben Humboldt ist es der Mathematiker und Astronom Carl Friedrich Gauß, ironisch vorzuführen. Als exzentrisch, tyrannisch, kauzig erscheinen die Figuren häufig über- bzw. verzeichnet. Nicht selten wird ihr eigenbrötlerischer, narzisstischer Forscherdünkel satirisch aufs Korn genommen. An der zitierten Stelle wird die komische Wirkung über die textuelle Transformation eines Gedichts erzeugt. Was sich als Spielart einer „komischen Intertextualität"[5] näher fassen lässt, hat hier zur Folge, dass kollektive Vorstellungen (Mythen/Heldenbilder) und ihre privilegierte Stellung in Wissensdiskursen, wie z. B. im kulturellen Gedächtnis, mit komischen Mitteln ‚verrückt' und in dieser Irritation infrage gestellt werden. Dass Kehlmann seinen Protagonisten mitten im Urwald Südamerikas gerade den Dichterfürsten Goethe zitieren lässt, ist kein Zufall. Von der Travestie des Goethe'schen Gedichts, das sicherlich zu den ka-

---

4 Alexander Honold: Ankunft in der Weltliteratur. Abenteuerliche Geschichtsreisen mit Ilija Trojanow und Daniel Kehlmann. In: Neue Rundschau 118 (2007), H. 1, S. 82–104, hier: S. 99.

5 Vgl. dazu Julian Osthues: Literatur als Palimpsest. Postkoloniale Ästhetik im deutschsprachigen Roman der Gegenwart. Bielefeld 2017, S. 156.

nonischsten aller kanonischen Gedichte der deutschsprachigen Literatur gehört,[6] bleibt die fragwürdige Popularität dieses Klassikers im kollektiven Gedächtnis nicht unberührt. Kehlmanns komisches Zitat reiht sich ein in eine vielfältige Rezeptionsgeschichte des Gedichts, das bis heute zu zahlreichen, zum Teil parodistischen Nachahmungen angeregt hat.[7]

Ausgehend von der Hypothese, dass intertextuelle Verfahren es vermögen, in hegemoniale Diskurse (u. a. kritisch) einzugreifen, kulturelle Wissenskoordinaten zu irritieren, zu verschieben oder sogar auf den Kopf zu stellen, soll es nachfolgend um die Frage nach dem Politischen der Intertextualität gehen.[8] Was ist also politisch an Intertextualität? Dass mit dieser Frage ein weiter Horizont abgesteckt ist, der nur schlaglichtartig beleuchtet werden kann, liegt auf der Hand. Um die Perspektive literaturhistorisch wie -theoretisch einzugrenzen, soll ein Spezialfall der Intertextualität näher in den Fokus rücken, der im Hinblick auf das Feld der Gegenwartsliteratur besonders an Relevanz gewinnt. Gemeint ist ein Intertextualitätskonzept, das als anglo-amerikanischer Theorieimport aus den *postcolonial studies* seit einigen Jahren auch innerhalb postkolonialer Studien in der Germanistik Einzug hält. Das sog. *rewriting* hat inzwischen nicht nur begriffliche Diskussionen, sondern vereinzelt auch Kritik und Neukonzeptualisierungen provoziert, die seine grundsätzliche Übertragbarkeit auf den deutschsprachigen Kontext diskutieren.[9]

---

6 Im Artikel des Goethe-Handbuchs ist von einer „ungebührlichen Sonderstellung unter G.s Gedichten" die Rede, „ebenfalls in der Lyrik-Diskussion insgesamt, wo es zum Inbegriff des Lyrischen erhoben wurde." Terence James Reed: Wandrers Nachtlied / Ein Gleiches. In: Goethe-Handbuch. Hg. v. Regine Otte und Bernd Witte. Bd. 1. Stuttgart 1991, S. 187–194, hier: S. 192.
7 Vgl. dazu z. B. die Parodien von Karl Krauss in *Die letzten Tage der Menschheit* (1923) oder Bertolt Brechts *Liturgie vom Hauch* (1924) sowie Ernst Jandls *ein gleiches* (1970), das eine Transformation in ein Lautgedicht darstellt. Wulf Segebrecht hat die vielschichtige Adaptionsgeschichte ausführlich dokumentiert. Wulf Segebrecht: Johann Wolfgang Goethes Gedicht *Über allen Gipfeln ist Ruh* und seine Folgen. Zum Gebrauchswert klassischer Lyrik. Text, Materialien, Kommentar. München / Wien 1978, S. 91–149.
8 Bei dem vorliegenden Beitrag handelt es sich in weiten Teilen um bereits veröffentlichte Überlegungen zu *rewriting* aus meiner Dissertationsschrift, die hier zusammenfassend dargestellt und um wichtige Fragen in Hinblick auf das Thema des Politischen präzisiert und erweitert werden. Vgl. Osthues, Literatur als Palimpsest; ders: Rewriting. In: Handbuch Postkolonialismus und Literatur. Hg. v. Gabriele Dürbeck / Axel Dunker / Dirk Göttsche. Stuttgart 2017, S. 216–219; ders.: „Eine Peepshow, bei der die weißen Flecken unsere Gemüter erhitzen". Christof Hamanns *Usambara* als parodistisches rewriting kolonialer Eroberungs- und Entdeckungsszenen. In: Benennungspraktiken in Prozessen kolonialer Raumaneignung. Hg. v. Axel Dunker / Thomas Stolz / Ingo H. Warnke. Berlin / Boston 2017, S. 67–87.
9 Vgl. Osthues: Literatur als Palimpsest; ders.: Rewriting.

Von welcher Literatur im Folgenden die Rede ist, zeigt ein Blick auf einen spezifischen Ausschnitt der Gegenwartsliteratur. Dieser macht sowohl die Aktualität historischer Stoffe, wie das eingangs angeführte Beispiel bereits aufzeigt, als auch die Bedeutung und Produktivität von Intertextualität augenscheinlich. So ist ungefähr seit der Jahrtausendwende eine beachtliche Konjunktur an Romanen zu verzeichnen, die sich an kolonialen Quellentexten buchstäblich abarbeiten. Besonders die Gattung der Reise- und Entdeckerliteratur hat zu vielfältigen Umschreibungen fiktionaler sowie nicht-fiktionaler (bzw. semi-fiktionaler) Texte angeregt: Hans Christoph Buch bearbeitet in seinem Roman *Kain und Abel in Afrika* (2001) Richard Kandts Reisebericht *Caput Nili. Eine empfindsame Reise zu den Quellen des Nils* (1904), in Thomas Stangls *Der einzige Ort* (2004) haben Briefe, Dokumente und Berichte von Alexander Gordon Laing und Réne Caillié Eingang gefunden, Daniel Kehlmann übernimmt in *Die Vermessung der Welt* (2005) Passagen des Reisetagebuchs Alexander von Humboldts, während Ilija Trojanow in *Der Weltensammler* (2006) u. a. auf *The Lake Regions of Central Africa* (1860) von Richard Burton zurückgreift und Christof Hamann in *Usambara* (2007) eine Vielzahl literarischer (u. a. von Wilhelm Raabe) und nicht-literarischer (bzw. semifiktionaler) Quellentexte überschreibt, wie z. B. Oscar Baumanns Reisebericht *In Deutsch-Ostafrika während des Aufstands* (1890), *Hans Meyers Ostafrikanische Gletscherfahrten* (1890) oder Passagen aus Bruno Gutmanns ethnologischer Sammlung *Dichten und Denken der Dschagga-Neger* (1909).

Das Politische von *rewriting* ist im Kontext der Debatte um ein *writing back* mehrfach hervorgehoben worden. Während Tobias Döring *rewriting* als „Ausdruck einer literarisch-politischen Strategie“[10] auffasst, betont Marion Gymnich in ihrem für die Forschung einschlägigen Beitrag die „Tendenz zur Privilegierung der politisch-ideologischen (subversiven) Funktion von Literatur, die für die postkoloniale Literaturwissenschaft kennzeichnend“ sei sowie „das weit reichende Potential dieser Strategie zur politisch-ideologischen Kritik“.[11]

Das Hauptaugenmerk meines Beitrags gilt dabei weniger der Intentionalität, d. h. warum Texte auf Prätexte rekurrieren und welche Texte/Gattungen vorzugsweise für *rewritings* in Betracht kommen. Vielmehr geht es mir um eine Hinwendung zu den Kriterien einer ‚politischen Ästhetik der Intertextualität‘ – und damit um ein kritisch-subversives Potential, das in der Literatur wirksam wird und sich als Effekt der Überlagerung und Überschreibung von Texten ent-

10 Tobias Döring: Chinua Achebe und Joyce Cary. Ein postkoloniales Rewriting englischer Afrika-Fiktionen. Pfaffenweiler: Centaurus 1996, S. 190.

11 Marion Gymnich: ‚Writing Back‘ als Paradigma der postkolonialen Literatur. In: Kulturelles Wissen und Intertextualität. Theoriekonzeptionen und Fallstudien zur Kontextualisierung von Literatur. Hg. v. dies. / Birgit Neumann / Ansgar Nünning. Trier 2006, S. 71–86.

faltet. Mit dem Fokus auf der Frage, ‚wie' überschrieben wird, soll den an *rewritings* beteiligten „ästhetischen Verfahren"[12] deutlich mehr Beachtung zuteil werden. Denn genau an dieser Stelle haben Studien zu *rewriting* häufig einen blinden Fleck. Doch erst ein analytisch geschärfter Blick darauf, ‚wie' Texte mit Texten in Beziehung treten, gibt Antworten auf die Frage nach einem vermeintlich strategischen, (macht-)kritischen bis subversiven Potential von Intertextualität, über das sich eine politisch-ästhetische Dimension der Literatur konstituiert.

Dass das kritische Potential in der Intertextualitätsforschung zuweilen wenig Aufmerksamkeit erfährt, ist nicht zuletzt theoretisch-methodischen Prämissen (u. a. strukturalistischen Grundannahmen) geschuldet.[13] Doch ein kurzer Blick in Schlüsseltexte der Forschung, etwa von Renate Lachmann oder Gérard Genette, zeigt, dass diese von solchen Fragen nicht unberührt sind. Wenngleich Genette in seinem Konzept der ‚Hypertextualität',[14] das der Grundidee von *rewriting* nahesteht, die Beziehung von Prä- und Folgetext zwar als „Dissonanz"[15] qualitativ näher umschreibt, so ist dies anderen zu harmlos: Harald Weinrich etwa hat daran Kritik geübt, indem er eine zentrale Bedingung einführt. Wären nach Genette „so gut wie alle intertextuellen Überlagerungen [...] als Palimpseste aufzufassen", so setzt er dem entgegen, dass Text-Text-Bezüge an sich noch kein Palimpsest ausmachten. Für Weinrich können „[...] intertextuelle Bezüge [...] nur dann als Palimpseste angesehen werden [...], wenn ein Text nicht glatt und harmonisch von einem anderen überlagert wird, sondern deutliche Spuren von psychischen Verwerfungen aufweist, an denen abzulesen ist, daß hier eine alte Geschichte mit einer neuen Botschaft im Streit liegt."[16] Meine Auseinandersetzung mit dem Thema erfolgt aus einer dezidiert postkolonialen Perspektive, womit

12 Dieter Heimböckel: Verschobene Einbildungen. Afrika-Konstruktionen in der jüngsten deutschsprachigen Gegenwartsliteratur. In: Postkolonialismus und (Inter-)Medialität. Perspektiven der Grenzüberschreitung im Spannungsfeld von Literatur, Musik, Fotografie, Theater und Film. Hg. v. Laura Beck / Julian Osthues. Bielefeld 2016, S. 363–383, hier: S. 364.

13 Aus Platzgründen habe ich an dieser Stelle auf eine eingehende Diskussion verzichtet. Vgl. dazu die Ausführungen zu Palimpsest und *rewriting* in Osthues: Literatur als Palimpsest, S. 77f.

14 Darunter versteht Genette ein Verhältnis zwischen zwei Texten, bei dem ein Text B (den Genette als „Hypertext" bezeichnet) einen Text A (den „Hypotext") „auf eine Art und Weise überlagert", dass er als dessen „Ableitung" (ebd.: 15) zu verstehen ist. Gérard Genette: Palimpseste. Die Literatur auf zweiter Stufe. Frankfurt a. M. 1993, S. 15.

15 Bevor Genette in seiner Studie das Palimpsest ins Spiel bringt, beschreibt er das Verhältnis zwischen Neu und Alt: „[E]ine neue Funktion legt sich über eine alte Struktur und verschränkt sich mit ihr, und die Dissonanz zwischen diesen beiden gleichzeitig vorhandenen Elementen verleiht dem Ganzen seinen Reiz." Genette: Palimpseste, S. 532f.

16 Harald Weinrich: Schriften über Schriften. Palimpseste in Literatur, Kunst und Wissenschaften. In: Ders.: Wie zivilisiert ist der Teufel? Kurze Besuche bei Gut und Böse. München 2007, S. 23–34, hier: S. 33f.

zugleich ein Arbeits- und Forschungsfeld der jüngsten Literaturwissenschaft aufgerufen ist, das sich unlängst als ‚Postkoloniale Germanistik'[17] etabliert hat und disziplingeschichtlich „von ihrem Ursprung her politisch"[18] ist.

Zunächst sollen in einem ersten Schritt das Konzept ‚*rewriting*' (2.) näher vorgestellt sowie der politische Charakter postkolonialer Schreibprojekte erörtert werden, bevor ich anhand einer exemplarischen Analyse (3.) von Christof Hamanns Roman *Usambara* (2007) zentrale Merkmale von *rewritings* vorstelle. Am Schluss (4.) des Beitrags gilt es, einige Überlegungen zu den Grundzügen einer politischen Ästhetik der Intertextualität zu diskutieren, die mir für eine weitere Auseinandersetzung mit dem Thema produktiv erscheinen.

2 Zum Konzept *rewriting:* Begriffsgeschichte und -bedeutung

2.1 Begriffsgeschichte

Die Geschichte des Konzepts hat ihren Ursprung im anglo-amerikanischen Diskurs der *postcolonial studies.* Seine Prägung verdankt der Begriff vorrangig der seit den späten 1980er Jahren geführten Diskussion um ein sogenanntes *writing back.*[19] Nachdem dieses ab Mitte der 1990er Jahre durch Anglisten und Ameri-

17 Vgl. dazu den einschlägigen Sammelband von Gabriele Dürbeck / Axel Dunker (Hg.): Postkoloniale Germanistik. Bestandsaufnahmen, theoretische Perspektiven, Lektüren. Bielefeld 2014.
18 Dirk Göttsche: Postkolonialismus als Herausforderung und Chance germanistischer Literaturwissenschaft. In: Grenzen der Germanistik. Rephilologisierung oder Erweiterung? Hg. v. Walter Erhart. Stuttgart 2004, S. 558–576, hier: S. 560; Ziel der postkolonialen Studien ist u. a. eine „politisch ausgerichtete[ ] Kritik am Eurozentrismus, an der imperialen Macht westlicher Universalitätsbegriffe und an den kultur- und sozialgeschichtlichen Folgewirkungen des Kolonialismus" (ebd., S. 568 f.). Vgl. auch den einschlägigen Überblick von Gabriele Dürbeck: „Denn in all diesen Studien geht es immer auch darum, die Gewalt und die Machtasymmetrien in den diskursiven Praktiken aufzudecken, die Bedingungen und Rechtfertigungsstrategien ethnischer Inferiorisierung zu erforschen und damit zu deren Überwindung beizutragen." Gabriele Dürbeck: Postkoloniale Perspektiven in der Germanistik. Gegenstände, Positionen, Perspektiven. In: Postkoloniale Germanistik. Bestandsaufnahmen, theoretische Perspektiven, Lektüren. Hg. v. dies. / Axel Dunker. Bielefeld 2014, S. 19–70, hier: S. 45.
19 Der Begriff wird häufig auf Salman Rushdies Schlagwort *writing back to the centre* zurückgeführt, das zur leitenden Denkfigur der Studie *The Empire Writes Back* (2002) von Bill Ashcroft, Gareth Griffiths und Helen Tifffin avancierte. Vgl. Bill Ashcroft / Gareth Griffiths / Helen Tiffin: The Empire Writes Back. Theory and practice in post-colonial literatures. New York / London 1989.

kanisten in den deutschsprachigen Forschungskontext übersetzt worden war,[20] gewann es seit der Jahrtausendwende erneut an Aufmerksamkeit.[21] Seitdem sei *writing back*, so stellt Marion Gymnich im Jahr 2006 fest, zum „Kernkonzept der postkolonialen Literaturwissenschaft“[22] avanciert. „Intertextualität“ wird hier, wie eine unlängst publizierte Einführung in das Paradigma der Intertextualität bilanziert, „als machtkritische, dynamische Interaktion“[23] aufgefasst. Für *writing backs* ist somit charakteristisch, dass sie eine explizit postkoloniale Autorposition mit einer programmatisch-intentionalen Prämisse verknüpfen.[24] *Writing backs* zielen auf eine Re-Artikulation marginalisierten Wissens und fordern im Sinne einer Kanonrevision die Re-Präsentation der Sichtweise ehemals Kolonisierter in der westlich-eurozentrischen Literatur. Nachfahren von ehemals Kolonisierten verschafft dies die Chance,

> [...] aus der ‚Sprachlosigkeit‘ auszubrechen und das Recht auf Repräsentation der eigenen Situation einzufordern. [...] Postkoloniales ‚writing back‘ fungiert somit als Akt des Widerstandes gegen eine Vereinnahmung kolonialer und postkolonialer Gesellschaften durch die westliche Kultur.[25]

Seitens der postkolonialen Studien in der Germanistik kam zu Recht der Einwand, dass ein solches *writing back* „für die deutschsprachige Literatur kaum möglich“ scheint, „da die deutsche Sprache für die von Deutschen Kolonisierten heute kein

---

20 Eberhard Kreutzer: Theoretische Grundlagen postkolonialer Literaturkritik. In: Literaturwissenschaftliche Theorien, Modelle und Methoden. Eine Einführung. Hg. v. Ansgar Nünning. Trier 1995, S. 199–213; Döring: Chinua Achebe und Joyce Cary.

21 Gymnich, ‚Writing Back‘ als Paradigma der postkolonialen Literatur; Monika Reif-Hülser: Fremde Texte als Spiegel des Eigenen. Postkoloniale Literaturen und ihre Auseinandersetzung mit dem kulturellen Kanon. München 2006; Cecile Sandten: „How to talk ‚postcolonial‘“: Eine kritische Bestandsaufnahme der Leitbegriffe aus dem Feld der postkolonialen Theoriebildung. In: Zwischen Kontakt und Konflikt: Perspektiven der Postkolonialismus-Forschung. Hg. v. Gisela Febel u. a. Trier 2006, S. 19–37.

22 Gymnich: ‚Writing Back‘ als Paradigma der postkolonialen Literatur, S. 71.

23 Frauke Berndt / Lily Tonger-Erk: Intertextualität. Eine Einführung. Berlin 2013, S. 98.

24 In ihrem unlängst im Handbuch *Postkolonialismus und Literatur* veröffentlichten Beitrag zu ‚Writing Back‘ weist Marion Gymnich auf eine „enge Definition“ von *writing back* im angloamerikanischen Forschungsdiskurs hin, welche davon ausgeht, dass es sich dabei „um eine spezifische Ausprägung von Intertextualität“ handelt. Marion Gymnich: Writing Back. In: Handbuch Postkolonialismus und Literatur. Hg. v. Gabriele Dürbeck / Axel Dunker / Dirk Göttsche. Stuttgart 2017, S. 235–238, hier: S. 236.

25 Gymnich: ‚Writing Back‘ als Paradigma der postkolonialen Literatur, S. 72.

benutztes Ausdrucksmittel mehr ist."[26] Des Weiteren ist zu beachten, dass es im deutschsprachigen Raum im Vergleich zum anglo-amerikanischen kaum Autorinnen und Autoren mit postkolonialem Migrationshintergrund gibt. So existiere kein vergleichbares „[...] Phänomen, das sich als ‚the Empire writes back' bezeichnen ließe. Nicht die Präsenz, sondern die Absenz der ‚Anderen' und ihrer Stimmen kennzeichnet die Situation in Deutschland."[27] Deutschsprachige Autorinnen und Autoren passen folglich nur schwer in das Theoriedesign, das innerhalb der *postcolonial studies* mit dem Begriff *writing back* umschrieben ist. Denn von einem ‚Zurückschreiben' im wörtlichen Sinne zu sprechen, erscheint in Bezug auf deutschsprachige Literatur wenig überzeugend, kommen doch hier nahezu ausschließlich Autorinnen und Autoren zu Wort, die dem soziokulturellen Kontext der ehemaligen Kolonialmacht angehören.

Wenn *writing back* eher den programmatischen Referenzrahmen eines postkolonialen Schreibprojekts betont, so bleibt der Begriff *rewriting* deutlich stärker auf eine ästhetische Praxis bezogen. Erst seit einigen Jahren hat dieser auch Eingang in postkoloniale Studien zur deutschsprachigen Gegenwartsliteratur erhalten.[28] Seine zögerliche Aufnahme hat jedoch Gründe, die u. a. Problemen der Übersetzung des Begriffs in den germanistischen Forschungszusammenhang geschuldet sind. Diese wurde hierzulande maßgeblich seitens der Anglistik/Amerikanistik geleistet. Problematisch ist auch, dass die Forschungsliteratur stellenweise eine begriffliche Distinktion vermissen lässt, sodass die Grenzen zwischen den Konzepten *rewriting* und *writing back* häufig verschwim-

---

26 Axel Dunker: Einleitung. In: (Post-)Kolonialismus und deutsche Literatur. Impulse der angloamerikanischen Literatur- und Kulturtheorie. Hg. v. dems. Bielefeld 2005, S. 7–16, hier: S. 13; vgl. Dürbeck: Postkoloniale Studien in der Germanistik, S. 32.

27 Herbert Uerlings: „Ich bin von niedriger Rasse". (Post-)Kolonialismus und Geschlechterdifferenz in der deutschen Literatur. Köln / Weimar / Wien 2006, S. 22; Herbert Uerlings / Iulia-Karin Patrut: Postkolonialismus als Provokation für die Literaturwissenschaft. Eine Einleitung. In: Postkolonialismus und Kanon. Hg. v. dens. Bielefeld 2012, S. 7–35, hier: S. 32.

28 Vgl. hier die Arbeiten in chronologischer Reihenfolge: Laura Beck: Kolonialgeschichte(n) neu schreiben. Postkoloniales Rewriting in Christof Hamanns *Usambara*. Marburg 2011; Axel Dunker: „Es ist eine Frage des Gedächtnisses". Relektüren historischer und literarischer Texte in Christof Hamanns Roman *Usambara*. In: Literarische Entdeckungsreisen. Vorfahren – Nachfahrten – Revisionen. Hg. v. Hansjörg Bay / Wolfgang Struck. Köln / Weimar / Wien 2012, S. 157–171; Matthias N. Lorenz: Kracht, Coppola und Conrad. Intertextualität als Rassismuskritik in *Imperium* und *Ich werde hier sein im Sonnenschein und im Schatten*. In: Acta Germanica. German Studies in Africa. Jahrbuch des Germanistenverbandes im südlichen Afrika. Hg. v. Carlotta von Maltzan. Bd. 42. Frankfurt a. M. 2014, S. 66–77; Osthues, Literatur als Palimpsest. Matthias N. Lorenz: Distant Kinship – Entfernte Verwandtschaft. Joseph Conrads *Heart of Darkness* in der deutschen Literatur von Kafka bis Kracht. Stuttgart 2017, S. 365–389.

men und der eine Begriff nicht selten im Sinne des anderen Verwendung findet.[29] Zu diesem Umstand haben nicht zuletzt einige Beiträge in Handbüchern und Überblickswerken geführt, die beide Konzepte zwar für die germanistische Forschung übersetzen und eingehend thematisieren, es dabei allerdings versäumen, die Tragfähigkeit der Konzepte im Hinblick auf deutschsprachige Literatur kritisch zu überprüfen und Modifikationen vorzunehmen.[30] Ein Defizit herrscht damit in der Aufarbeitung des Gegenstandes insgesamt. Dieser Vorwurf scheint dabei ebenso für die jüngste Forschungsliteratur zur Intertextualität zu gelten, wie ein Blick in zwei Einführungen in das Thema belegt.[31] Bemerkenswert an den Studien ist, dass sie entweder den Kontext deutschsprachiger Literatur ausblenden oder die Konzepte *rewriting/writing back* schlichtweg außer Acht lassen.[32]

---

29 So schreibt Cecile Sandten: „Das Konzept des *writing back* kann auch analog zum Konzept ‚*rewriting*', d. h. der Neu-Interpretation, betrachtet werden, da letzteres auch einen methodologischen Kampfbegriff darstellt." Sandten: „How to talk ‚postcolonial'", S. 25; Hervorh. i. Orig. Ebenso verwendet Bachmann-Medick die Begriffe synonym; Doris Bachmann-Medick: Postcolonial Turn. In: Cultural Turns. Neuorientierungen in den Kulturwissenschaften. Hg. v. dies. 3. Aufl. Reinbek bei Hamburg 2009, S. 184–237. Bei Jana Domdey, die sich mit Ilija Trojanows *Der Weltensammler* (2006a) beschäftigt, werden die Begriffe *rewriting* und *writing back* weder differenziert noch wird ihr Verhältnis für den deutschsprachigen Zusammenhang problematisiert; vgl. Jana Domdey: Intertextuelles Afrikanissimo. Postkoloniale Erzählverfahren im Ostafrika-Kapitel in Ilija Trojanows *Der Weltensammler* (2006). In: Acta Germanica. German Studies in Africa. Jahrbuch des Germanistenverbandes im südlichen Afrika. Hg. v. Carlotta von Maltzan. Bd. 37. Frankfurt a. M. 2009, S. 45–65.

30 Zu diesen Beiträgen gehören etwa das Kapitel zu *writing back* in der Einführung zur Intertextualität von Frauke Bernd und Lily Tonger-Erk (Bernd / Tonger-Erk: Intertextualität, S. 79–81, 90–98) oder der Beitrag von Roy Sommer im *Handbuch Erzählliteratur*; Roy Sommer: Postkoloniales Erzählen: Revisionistische Intertextualität und transnationale Narrative. In: Handbuch Erzählliteratur. Theorie, Analyse, Geschichte. Hg. v. Matías Martínez. Stuttgart 2011, S. 280–282. Vgl. auch die Verwendung bei Constant Kpao Sarè: Postkoloniale Erinnerungskultur in der zeitgenössischen deutschsprachigen Afrika-Literatur. Hamburg 2012, S. 137–147.

31 Die Einführung von Berndt u. Tonger-Erk geht davon aus, dass „in der deutschsprachigen Literatur" in Hinblick auf *rewritings* „solche Einzeltextreferenzen wiederum seltener" (Berndt / Tonger-Erk: Intertextualität, S. 96) seien. Angesichts der Konjunktur an Texten, welche sich, wie eingangs vorgestellt, an kolonialen Quellentexten abarbeiten, mag diese Feststellung allerdings überraschen – und das nicht zuletzt aufgrund einer inzwischen etablierten Forschung dazu. Die jüngste Einführung von Anabel Tèrnes lässt das Thema *rewriting/writing back* schlichtweg außer Acht. Vgl. Anabel Tèrnes: Intertextualität. Der Text als Collage. Wiesbaden 2016.

32 Berndt / Tonger-Erk: Intertextualität. Eine Einführung; Tèrnes: Intertextualität. Der Text als Collage.

2.2 Begriffsbedeutung

Wie der Begriff bereits anzeigt, handelt es sich bei *rewriting* um ein englisches Wort, und genauer: um ein Kompositum, das aus dem lat. Präfix *re* (dt.: zurück, wieder, wider) und dem engl. *writing* (dt.: Schreiben, Schrift, Literatur) gebildet wird. Innerhalb der Forschungsliteratur setzt die Diskussion um die Begriffsbedeutung häufig direkt am Präfix an. Die Vorsilbe *re* aktualisiert eine Reihe von Bedeutungen: Erstens besitzt das ‚re' in *rewriting* eine ‚repetitive' Bedeutung. Doch keine Wiederholung ohne Differenz: „*Re-* kann also in seinem Wiederholungscharakter auch eine antagonistische Komponente zum Ausdruck bringen, die das ‚Zurück' als ein ‚Entgegen', eine Form des Widerstehens, des ‚Zur-Wehr-Setzens' charakterisiert."[33] Damit kann *re* zweitens ‚antagonistisch' gemeint sein und einen Akt des *writing back* ausdrücken, der einen Gegen-Diskurs, Gegen-Kanon oder eine Gegen-Geschichte (im doppelten Wortsinn) zur Hegemonie des eurozentrischen Literaturkanons entwirft.[34] Über die lat. Wurzel *re*, die auch so viel wie ‚in den früheren, richtigen Zustand setzen' bedeutet, kommt drittens – und diese zeitliche Bedeutung des Präfixes fehlt in bisherigen Definitionen – eine strategische Dimension zum Tragen, die auf die Revision eurozentrischer Denk-, Darstellungs- und Wissensordnungen abzielt zugunsten derjenigen, die im kolonialen Diskurs kein Recht auf Repräsentation besaßen und zum Schweigen verurteilt wurden:

> So bietet Intertextualität bei der literarischen Inszenierung von kreativen Gegengeschichten die Möglichkeit, die oftmals abwertenden Darstellungen der indigenen Bevölkerung im kolonialistischen Prätext umzudeuten, zu kritisieren und ihnen schließlich alternative Identitätskonzepte entgegenzustellen.[35]

Als gegendiskursives Schreibkonzept bleiben *rewritings* allerdings nicht exklusiv auf den postkolonialen Kontext begrenzt. Sie können auch in weiteren Zusammenhängen vorkommen (z. B. als feministisches *rewriting*), in Fällen also, in denen Autorinnen und Autoren ältere Texte zur Bearbeitung heranziehen, um marginalisierte Sichtweisen zu artikulieren und so zur kritischen Relektüre und Neubewertung v. a. kanonischer Texte anzuregen.[36] Häufig sind es tradierte Texte

---

33 Döring: Chinua Achebe und Joyce Cary, S. 187.

34 Vgl. Reif-Hülser, Fremde Texte als Spiegel des Eigenen, S. 71.

35 Hanne Birk / Birgit Neumann: *Go-Between:* Postkoloniale Erzähltheorie. In: Neue Ansätze in der Erzähltheorie. Hg. v. Ansgar und Vera Nünning. Trier 2002, S. 115 – 147, hier: S. 142.

36 Vgl. Döring: Chinua Achebe und Joyce Cary, S. 195; Gymnich: ‚Writing Back' als Paradigma der postkolonialen Literatur, S. 83 f.; Sandten: „How to talk ‚postcolonial'", S. 25; Gymnich: Writing Back, S. 235.

des europäischen Kanons, sog. *master narratives* wie etwa Daniel Defoes *Robinson Crusoe* (1719), Joseph Conrads *Heart of Darkness* (1889) oder Albert Camus' *L'etranger* (1942), gegen die *rewritings* anschreiben, um ihre Stellung im kulturellen Gedächtnis zu hinterfragen.[37]

Zwei Merkmale sind für *rewriting* charakteristisch: Eines bildet die Intensität der intertextuellen Beziehung. Anders als bei „rein punktuellen Verweisen auf einen literarischen Prätext"[38] ist für *rewritings* typisch, dass sie „sich in ungleich stärkerem Maße auf ihre Vorgänger-Texte einlassen."[39] *Rewritings* können ganze Handlungs- und Erzählstrukturen, räumliche Settings und Figurenkonstellationen des Prätexts zum Gegenstand ihrer literarischen Umschreibung machen. Zweitens überlassen die Autoren nichts dem Zufall, sondern bringen den Leser häufig auf die Spur: Wenn die Bezüge nicht in poetologischen Texten zur Ansprache kommen, sind die Referenztexte meist im paratextuellen Bereich (Peritext) des Romans, etwa im ‚Nachwort' oder als ‚Anmerkungen', als Quellen explizit markiert. Dazu kommt der Bereich des Epitexts, in dem die Autoren ihre Texte preisgeben (z.B. Interviews, poetologische Texte), die sie zur Überschreibung herangezogen haben.

3 *Rewriting* in Christof Hamanns *Usambara*

3.1 Der Paratext als strategischer Ort von *rewritings*

Was die Affinität gegenüber historischen Stoffen angeht, so macht Hamanns *Usambara* aus seinen Prätexten kein Geheimnis. Im Bereich des Paratexts sind die zentralen Quellen explizit ‚markiert'.[40] Diese Markierung ist typisch für *rewritings*,

37 Bsp. für solche *rewritings* wären *Foe* (1986) von J.M. Coetzee oder der unlängst erschienene Roman *Meursault, contre-enquête* (2013) von Kamel Daoud. In seiner kürzlich veröffentlichten Habilitationsschrift analysiert Matthias N. Lorenz eine Reihe von Texten der deutschsprachigen Gegenwartsliteratur, die Conrads *Heart of Darkness* für ein postkoloniales *rewriting* herangezogen haben. Lorenz: Distant Kinship, S. 365–389.

38 Gymnich: ‚Writing Back' als Paradigma der postkolonialen Literatur, S. 74.

39 Christof Hamann / Alexander Honold: Ins Fremde schreiben. Zur Literarisierung von Entdeckungsreisen in deutschsprachigen Erzähltexten der Gegenwart. In: Ins Fremde Schreiben. Gegenwartsliteratur auf den Spuren historischer und fantastischer Entdeckungsreisen. Hg. v. dens. Göttingen 2009, S. 9–20, hier: S. 13.

40 Die Differenzierung zwischen intentional ‚markierter' und ‚nicht-markierter Intertextualität' schließt an die Ausführungen von Ulrich Broich an, der im Rahmen eines ‚engen' Intertextualitätsbegriffs davon ausgeht, dass „ein Autor bei der Abfassung seines Textes sich nicht nur der Verwendung anderer Texte bewußt ist, sondern auch vom Rezipienten erwartet, daß er diese

was sich an einer Reihe von Texten der deutschsprachigen Gegenwartsliteratur nachweisen lässt. Besonders ist dies bei dem Genre sog. ‚Literarisierungen von Reise- und Entdeckerberichten' der Fall, zu dem auch Hamanns Roman zählt. Ihre Quellen nennen diese Romane vorwiegend im Anschluss an die Erzählung im peritextuellen Bereich.[41] Fehlt eine nähere Bezeichnung nicht gänzlich, ist dieser Peritext häufig mit „Nachbemerkungen",[42] „Nachwort",[43] „Literaturanmerkung"[44] oder „Hinweis"[45] überschrieben. Die Nennung der Quellen bildet somit eine Bedingung für *rewritings*, die als solche erkannt sein wollen. Die explizite Ausweisung der Quellen trianguliert zwischen Leser, Text und Autor ein Verhältnis, das den Peritext zum strategischen Ort des Übergangs werden lässt, der „zwischen Text- und Nicht-Text" verortet ist und den Genette als „geeigneten Schauplatz für eine Pragmatik und eine Strategie" bezeichnet hat, um das Textverständnis zur „besseren Rezeption des Textes und einer relevanteren Lektüre" im Sinne „des Autors und seiner Verbündeten"[46] zu lenken. Hypertextualität erfolgt „mehr oder weniger offiziell"[47], wie Genette an anderer Stelle schreibt. Dass die Nennung im Peritext eine hinreichende, aber nicht notwendige Bedingung von *rewritings* darstellt, zeigen etwa die Ausführungen Laura Becks, die in Hamanns *Usambara* ein *rewriting* von Albert Camus' *Der Fremde* erkannt hat,[48] einem Text, den der Autor selbst für seinen Roman als zentral einstuft, wenngleich er im Peritext keine Erwähnung findet.[49] Demzufolge können sich Texte auch entgegen der Absicht des Autors „hinter seinem Rücken gewissermaßen in den

---

Beziehung zwischen seinem Text und anderen Texten als vom Autor intendiert und als wichtig für das Verständnis seines Textes erkennt. Intertextualität in diesem engeren Sinn setzt also das Gelingen eines ganz bestimmten Kommunikationsprozesses voraus". Ulrich Broich: Formen der Markierung von Intertextualität: In: Intertextualität. Formen, Funktionen, anglistische Fallstudien. Hg. v. dems. / Manfred Pfister. Tübingen 1985, S. 31–47, hier: S. 31.

41 Diesen peritextuellen Bereich hat Genette mit der Kategorie „Anmerkungen" näher bestimmt. Gérard Genette: Paratexte. Das Buch zum Beiwerk des Buches. Frankfurt a. M. 2001, hier: S. 304–327.

42 Hans Christoph Buchs *Kain und Abel in Afrika* (2001) oder Marc Buhls *Rashida oder Der Lauf zu den Quellen des Nils* (2005).

43 Alex Capus *Munzinger Pascha* (1997) oder Hans Christoph Buchs *Sansibar Blues oder Wie ich Livingstone fand* (2008).

44 Thomas Stangls *Der einzige Ort* (2004).

45 Christoph Ransmayrs *Die Schrecken des Eises und der Finsternis* (1984).

46 Genette: Paratexte, S. 10.

47 Genette: Palimpseste, S. 20.

48 Beck: Kolonialgeschichte(n) neu schreiben, S. 85–132.

49 Christof Hamann: Der Erzähler und sein Autor. In: literatur für leser 33 (2010), H. 4, S. 205–210, hier: S. 208.

Text einschleichen oder einschreiben".[50] Christof Hamann selbst hat in einem poetologischen Beitrag zu *Usambara* festgestellt, dass es in seinem Roman zu einem „unbewusste[n] ,Rewriting'" gekommen sei. So habe, wie Hamann in Bezug auf Becks Studie feststellt, „eine kolonialistische Grundeinstellung" Eingang finden können, die „quer zu [s]einer Intention" stehe, „mit Hilfe der Verwendung von Prätexten den gleichgültigen und auch fragwürdigen Umgang des Ich-Erzählers bzw. den auch kolonialen Umgang Hagebuchers mit der Fremde zu subvertieren".[51] Aus einem anderen Blickwinkel ist die Markierung im Peritext bereits als eine metafiktionale Strategie des Romans – und damit auch von *rewriting* – zu lesen, die selbstreferentiell den „erkennbare[n] Konstruktcharakter des literarischen Textes"[52] ausstellt. Prätext-Markierungen können dabei nicht nur, wie das Beispiel *Usambara* exemplarisch zeigt, im Peritext erfolgen. Auch im Bereich des sog. Epitexts[53] oder auf der Ebene der Diegese, also im Text selbst, kann eine Nennung der Quellen erfolgen. Im Peritext von *Usambara* werden neben einer ungenau markierten Intertextualität („Der Roman bezieht Entdeckerberichte des 19. Jahrhunderts [...] als Material ein") der Reisebericht „Oscar Baumanns *In Deutsch-Ostafrika während des Aufstandes* (1890) sowie Hans Meyers *Ostafrikanische Gletscherfahrten* (ebenfalls 1890)"[54] aufgeführt. Darüber hinaus legt der Autor hier eine intertextuelle Spur, die von Hamanns Figur Leonhard Hagebucher

50 Dunker: „Es ist eine Frage des Gedächtnisses", S. 166 f.

51 Hamann: Der Erzähler und sein Autor, S. 209. Auch Broich geht davon aus, dass „ein Text durch andere beeinflußt sein [kann], ohne daß der Autor sich dieses Einflusses bewußt ist oder ohne daß er die Erkenntnis dieses Einflusses durch den Leser als Voraussetzung für das adäquate Verständnis seines Textes ansieht." Broich: Formen der Markierung von Intertextualität, S. 31 f.

52 Axel Dunker: Postkoloniale Ästhetik? Einige Überlegungen im Anschluss an Thomas Stangls Roman *Der einzige Ort*. In: Postkolonialismus und Kanon. Hg. v. Herbert Uerlings / Iulia-Karin Patrut. Bielefeld 2012, S. 315–325, hier: S. 318.

53 So etwa in Interviews. Vgl. hierzu die Aussage des Autors in einem seiner poetologischen Beiträgen zu *Usambara*: „Traditionell historische Romane bemühen sich darum, dieses Gemachte zu verbergen, etwa durch direkte Rede oder mit Hilfe einer autoritären, allmächtigen Erzählerstimme. Mir ging es in *Usambara* eher darum, dieses Gemachtsein von Authentizität herauszustellen. Ich wollte zeigen, dass das Echte erfunden werden kann, deswegen aber nicht machtlos ist. Im Gegenteil: Gerade dass in meinem Roman von der Vergangenheit in einer bestimmten Weise erzählt wird, schafft eine Wirklichkeit, der sich die Figuren nicht entziehen können und die sie erst zu Subjekten macht." Christof Hamann: Ruinieren, Verketten, Verformen. Zum Umgang mit Materialien beim Schreiben. In: Ins Fremde schreiben. Gegenwartsliteratur auf den Spuren historischer und fantastischer Entdeckungsreisen. Hg. v. dems. / Alexander Honold. Göttingen 2009, S. 313–322, hier: S. 321 f.

54 Christof Hamann: Usambara. Göttingen 2007, S. 261. Der Roman wird nachfolgend unter der Sigle ,U' und mit Seitenzahl im Haupttext zitiert.

zu Wilhelm Raabes gleichnamigem Protagonisten aus dem Roman *Abu Telfan oder Die Heimkehr vom Mondgebirge* (1867) führt.[55]

3.2 Ästhetische Verfahren von *rewriting*

Im Mittelpunkt der Handlung von *Usambara* steht der Wuppertaler Briefträger Fritz Binder, der nach Tansania aufbricht, um den Kilimandscharo zu besteigen. Die Bergbesteigung inszeniert der Text als eine Art literarisches ‚historisches reenactment',[56] denn Binder begibt sich auf die Spuren seines Urgroßvaters Leonhard Hagebucher, der angeblich bei der Erstbesteigung des Leipziger Geographen und Verlegersohnes Hans Meyer im Jahr 1889 dabei gewesen sein soll, wenngleich die offiziellen Quellen, wozu auch Meyers historischer Reisebericht zählt, in den Augen des Protagonisten Hagebuchers Beteiligung an der Unternehmung verschweigen. Die Hagebucher-Figur, eine fiktive und intertextuell komplex komponierte Figur, ist als Gegenfigur zu Meyer angelegt und vom Autor in das historisch verbürgte Setting der Erstbesteigung eingefügt worden. Über ihre ‚subversive Interpolation' in die historische Folie entfaltet der Roman nicht nur die Chance zur kritischen Gegenlektüre kolonialer Heldenmythen, sondern insbesondere auch ein metafiktionales Potential, das Gattungskonventionen des Reiseberichts und dessen Anspruch auf historische Verbürgtheit infrage stellt. Dass Hagebucher überdies komisch-schelmische Züge trägt, ist an anderer Stelle als Strategie einer „postkolonialen Komik"[57] gewertet worden.

Erzählerisch macht der Text dabei von einem Strukturverfahren Gebrauch, dass für historische Romane der Gegenwart typisch erscheint.[58] Die *histoire* ist in

55 Vor allem auf die Bedeutung der Intertexte Wilhelm Raabes für den Roman ist bereits ausführlich eingegangen worden, weshalb hier darauf verzichtet werden kann. Vgl. dazu die Arbeiten von Beck: Kolonialgeschichte(n) neu schreiben; Dunker: „Es ist eine Frage des Gedächtnisses"; Dirk Göttsche: Remembering Africa. The Rediscovery of Colonialism in Contemporary German Literature. Rochester / New York 2013.

56 Zum Konzept des *reenactments* vgl. auch den Beitrag von Robert Walter-Jochum im vorliegenden Band.

57 Vgl. dazu Osthues: Literatur als Palimpsest, S. 152–157 sowie ders.: Kolonialismus als Groteske. Überlegungen zu den Grundzügen einer postkolonialen Komik am Beispiel von Christian Krachts *Imperium* (2012). In: Postkolonialität denken – Spektren germanistischer Forschung. Hg. v. Obi Assemboni / Anna Babka / Laura Beck / Axel Dunker. Wien 2017, S. 183–194.

58 Dazu zählen Romane wie Hans Christoph Buchs *Kain und Abel in Afrika* (2001) und *Nolde und ich. Ein Südseetraum* (2013), Alex Capus' *Munzinger Pascha* (1997), Christoph Ransmayrs *Die Schrecken des Eises und der Finsternis* (1984), Raoul Schrotts *Finis Terrae* (1995) oder Michael Roes' *Leeres Viertel Rub' Al-Khali* (1996).

Usambara auf zwei Zeitebenen (Vergangenheit/Gegenwart) organisiert, die alternierend und jeweils von unterschiedlichen Erzählerstandpunkten aus präsentiert werden. Während auf der Vergangenheitsebene die Geschichte um die Erstbesteigung Hans Meyers im Mittelpunkt steht, die über eine heterodiegetische Erzählinstanz namens Meyer vermittelt ist, wird dem Leser auf der Gegenwartsebene hingegen schnell klar, dass hier ein homodiegetischer Erzähler das Wort hat, der die Deutungshoheit über die Auslegung der Geschichte beansprucht. Allerdings kann er sich dieser Autorität, Herr seiner Geschichte zu sein, nicht dauerhaft in Sicherheit wähnen. Mit Eintritt der Freundin Camilla in die Erzählung bringt der Autor eine kritische Gegenstimme in den Text, die das Familiennarrativ grundlegend in Zweifel zieht. Sie übt deutlich Kritik an den kolonialen Verstrickungen von Entdeckungsreisen, indem sie die Überlieferung des Ur-Enkels – ganz im Sinne von Edward Saids ‚kontrapunktischer Lektüre' – gegen den Strich liest und die Kolonialverbrechen zur Sprache bringt, die in Fritz' Abenteuergeschichte keinen Platz haben. Mehr noch führt sie Fritz als unzuverlässigen Erzähler vor, der in ihren Augen „einen auf Hollywood" (U 99) mache. Er betreibe nicht nur „Effekthascherei" (U 100), sondern vor allem „krasse Schönfärberei, die Weißen hätten die Schwarzen abgeschlachtet, das müsse doch wenigstens mal erwähnt werden." (U 100) Zwei Verfahren von *rewriting* sind damit benannt: Erstens die subversive Einfügung von (u. a. komischen) Figuren in die historische Folie des Prätexts, wodurch der Text den Konstruktcharakter von Geschichte, ihr Gemacht-Sein als Fiktion (lat. *fingere:* ‚gestalten', ‚verfertigen', ‚erdichten'), zur Disposition stellt und ein metafiktionales Potential ausspielt. Zweitens wird ein subversiver Effekt durch den Einsatz von ‚unzuverlässigem Erzählen' erzeugt: Über „weibliche Korrektivfiguren", wie Hamanns Roman am Beispiel der Camilla-Figur verdeutlicht, kann der Text „Zweifel an der Version der jeweiligen Erzählinstanz aufkommen lassen" sowie „die Aussagen der erzählenden Figur in ihrer Unzuverlässigkeit sichtbar machen und sukzessive demontieren".[59]

Abschließend will ich eine Passage in den Fokus rücken, bei der Hans Meyers Prätext *Ostafrikanische Gletscherfahrten* für ein *rewriting* benutzt wurde. Hamanns Überschreibung ist insofern als politisch zu betrachten, als sie über ästhetische Verfahren von *rewriting* zum einen Muster des kolonialen Diskurses kritisch aus- und infrage stellt. Darüber hinaus gelingt es dem Roman, über die Verwicklungen der Nachahmerschaft Fritz Binders auf der Gegenwartsebene

59 Stephanie Catani: Geschichte im Text. Geschichtsbegriff und Historisierungsverfahren in der deutschsprachigen Gegenwartsliteratur. Tübingen 2016, S. 255.

(neo-)koloniale Tendenzen der Gegenwart, die unter dem Deckmantel von Tourismus und Globalisierung fortwirken, freizulegen und zu problematisieren.[60]

Die Schlüsselstelle der Gipfeltaufe aus Meyers Bericht, die historisch nachhaltige Konsequenzen hatte für die räumlich-politischen Grenzziehungen in Ostafrika, hat Hamann in *Usambara* für ein *rewriting* herangezogen. Aus der pathetischen Selbstinszenierung bei Meyer ist so bei Hamann, wie die folgende Gegenüberstellung zeigt, eine deutlich nüchternere, realistische Situation geworden, die den Ernst der Lage am Gipfel ungeschönt vor Augen führt:

Hans Meyer *Ostafrikanische Gletscherfahrten* (1890)	Christof Hamann *Usambara* (2007)
Um ½ 11 betrat ich als erster die Mittelspitze. Ich pflanzte auf dem verwitterten Lavagipfel mit dreimaligem, von Herrn Purtscheller kräftig sekundiertem „Hurra“ eine kleine, im Rucksack mitgetragene deutsche Fahne auf und rief frohlockend: Mit dem Recht des ersten Ersteigers taufe ich diese bisher unbekannte, namenlose Spitze des Kibo, den höchsten Punkt afrikanischer und deutscher Erde: Kaiser-Wilhelm-Spitze.[61]	[...] ihren Gesichtern angesehen, wie fertig sie alle sind, auf der Spitze, sie bringen zunächst keine Silbe mehr heraus, sie heulen und ringen nach Luft. Irgendwann greift Meyer in seinen Rucksack, entrollt die deutsche Fahne, deren Holzstock er mit einigen Steinen zwischen ihnen befestigt. Sie wedelt hin und her, berührt Schleier und Gletscherbrillen. Mit dem Recht des ersten Besteigers, sagt Meyer, während er aufsteht und die beiden anderen mit ihm, taufe ich diese bisher unbekannte, namenlose Spitze des Kibo, den höchsten Punkt afrikanischer und deutscher Erde, Meyerspitze. (U 248)

Wie ist hier um- bzw. überschrieben worden? Welche ästhetischen Verfahren kommen dabei zum Tragen? Und welche Effekte gehen mit welchen ästhetischen Konsequenzen einher? Auf der *discours*-Ebene wird zum einen die exponierte Stellung und Geschlossenheit der Meyer'schen Gipfelszene durch den abrupten Einstieg in *Usambara* ästhetisch aufgebrochen. Der Erzähler Fritz Binder befindet sich zum Zeitpunkt des Erzählens bereits auf dem Weg zur Bergspitze. Die Höhenkrankheit steigt ihm zunehmend zu Kopf, was sich im Erzählen selbst ausdrückt: So laufen in dem Kapitel die Erzählebenen Vergangenheit/Gegenwart alternierend ineinander, wodurch das ambivalente Motiv des ‚Schwindels' ästhetisch in Szene gesetzt ist. Die Passage ist somit um die Nennung von Ort und

60 Auf die postkoloniale Kritik an kolonialen Wiederholungsstrukturen in der Gegenwart soll aus Platzgründen verzichtet und stattdessen ausschnitthaft auf meine Monographie verwiesen werden. Vgl. Osthues: Literatur als Palimpsest, S. 185, 195 f.

61 Hans Meyer: Ostafrikanische Gletscherfahrten. Forschungsreisen im Kilimandscharo-Gebiet. Leipzig 1890, S. 134.

Uhrzeit, also für einen Entdeckungsreisebericht typische Marker der Dokumentation und Beglaubigung, verkürzt worden. Mit dieser Formirritation wird Meyers Höhepunkt deutscher Kolonialgeschichte in Hamanns Umschreibung nicht nur degradiert. Über das Schwindelmotiv reflektiert der Text zugleich metafiktional das Erzählen selbst, wodurch das Gemacht-Sein von Geschichte als Geschichte problematisiert wird. Zu dieser Verschiebung der Prätext-Szene treten auf der *discours*-Ebene zwei weitere Erzählverfahren: ein Wechsel der Erzählposition und eine Verschiebung des Verhältnisses von ‚erzählter Zeit' und ‚Erzählzeit'. So ist aus dem homo- bzw. autodiegetischen Erzähler bei Meyer, der die Unmittelbarkeit des Erlebten über ein erlebendes Ich in Szene setzt, in Hamanns Roman ein heterodiegetischer Erzähler geworden, der auf Distanz zum Erzählten geht. Auf der *histoire*-Ebene tragen Beschreibungen der physischen Erschöpfung dazu bei, das Pathos der Szene zu hintergehen und das Bild zurechtzurücken. Dies öffnet den Blick kontrapunktisch für jene Details, die in Meyers Darstellung keinen Eingang gefunden haben bzw. mutwillig verschwiegen wurden. Dieser Effekt wird auf der *discours*-Ebene durch den Eingriff in das Verhältnis von ‚Erzählzeit' und ‚erzählter Zeit' erzeugt. Das ‚zeitraffende Erzählen' bei Meyer transponiert Hamann in *Usambara* in ein ‚zeitdehnendes Erzählen', das die Strapazen der Gipfelbesteigung realitätsmächtig ins Bild setzt. Statt „sekundiertem ‚Hurra'" bei Meyer steht den Expeditionsteilnehmern sprachlos die Erschöpfung ins Gesicht geschrieben: Niemand scheint zu „frohlocken[]"[62], sie bringen „zunächst keine Silbe mehr heraus, sie heulen und ringen nach Luft." (U 248) Dieser Realitätseffekt wird auf der Ebene der *histoire* über zwei Verfahren ausgetragen, die für den Umgang mit der historischen Folie des Reiseberichts kennzeichnend sind: Zum einen zielt das ‚modifizierende Verfahren' auf die Korrektur bzw. auf ein realistisches Zurechtrücken der pathetischen Darstellung Meyers, deren Konstruktcharakter und Unzuverlässigkeit Hamanns *rewriting* bloßstellt. Zum anderen sind es Einfügungen, die an den historischen Fakten vorbei in die Geschichtsschreibung einfließen und diese so konterkarieren. Daran haben vor allem Strategien eines komischen Erzählens Anteil: Am Gipfel wird der Mythos vom heldenhaften Entdecker mit komischen Mitteln parodiert. Wenn Meyer bei Hamann im Anschluss an die zitierte Passage eine „kleine Flasche Enzianschnaps" nebst „drei Zigarren" (U 248) aus seinem Rucksack hervorholt, um die Gipfeltaufe nicht nur in Wort, sondern buchstäblich auch in der Tat zu vollziehen, so ist dieses Ereignis von Hamann in die historische Folie eingespielt worden. Zu solch ‚interpolierenden Verfahren'[63]

---

62 Meyer: Ostafrikanische Gletscherfahrten, S. 134.

63 Auf den Begriff der Interpolation in Bezug auf *rewriting* hat Axel Dunker bereits hingewiesen; Dunker: „Es ist eine Frage des Gedächtnisses", S. 158. Der aus der Editionswissenschaft entlehnte

gehören ferner die Einfügung eines absurden Boxkampfes, der um die Namensgebung ausgetragen wird, sowie weitere konkrete Eingriffe in die Vorlage Meyers: So ist etwa aus dem „Ersteiger“ bei Meyer in Hamanns Usambara ein „Besteiger“ geworden, die Inbesitznahme des Fremden über einen typischen Topos des kolonialen Begehrens ironisch verfremdet.[64] Dieser egozentrische Akt steht quer zur ‚historischen Faktenlage‘ des Reiseberichts und führt im Verlauf der Gipfelszene zum Streit um das Recht, dem fremden Berg seinen Namen einzuschreiben: Auf diese Weise wird in Hamanns Gipfelszene die Selbst- und Geltungssucht des Entdeckers überzeichnet und ironisch verrückt, nicht ohne die Praktiken der symbolischen Besitzergreifung selbst auszustellen. Beide Verfahren der Verschiebung, ‚Modifikation‘ und ‚Interpolation‘, bedienen sich zugleich Merkmalen des komischen Erzählens, die Hamanns Überschreibung als ‚parodistisches *rewriting*‘ näher charakterisiert.

Anhand von *Usambara* lassen sich zusammenfassend drei Verfahren deduzieren, die für eine postkoloniale Perspektive auf ästhetische Verfahren des Um-, Neu- und Weiterschreibens historischer Prätexte konstitutiv erscheinen. Die gängigsten Verfahren von *rewriting* sind demnach: (1.) Der Prätext wird nahezu wörtlich wiedergegeben. Im Arrangement des Zitats mit anderen Textelementen kann sich dabei ein postkoloniales Potential entfalten. (2.) Das historische Material wird verfremdend zitiert, wodurch subversive Effekte entstehen und in Strategien zur Darstellung gelangen, die z. B. in der komischen bis grotesken Verschiebung des historischen Quellenmaterials koloniale Ordnungen irritieren, ironisch ausstellen oder gar ad absurdum führen können (3.) Der Text spielt etwas Neues in die historische Folie des Prätexts (verfälschend) ein. Als subversive Einfügungen können Interpolationen den Prätext konterkarieren, indem sie den ontologischen Status historischer Quellen, ihren Anspruch auf Faktizität und Wahrheit über ein metafiktionales-differentielles Spiel hintergehen, das die Grenzen zwischen Fakt und Fiktion auflöst (‚historiographische Metafiktion‘). Bei den Verfahren der Verfremdung (2.) und Interpolation (3.) ist den Merkmalen komischen Erzählens, die die Umschreibung zu einem ‚parodistischen *rewriting*‘

Begriff (lat. *interpolare:* ‚einschieben‘, ‚verfälschen‘) bezeichnet eine „nicht vom Autor, sondern von einem späteren Bearbeiter oder Editor stammende Veränderung eines Originaltextes durch einen nicht als solchen kenntlich gemachten Einschub von zusätzlichen Wörtern, Sätzen oder Abschnitten.“ Christoph Fasbender / Reinhold R. Grimm: Interpolation. In: Metzler Lexikon Literatur. Begriffe und Definitionen. Hg. v. Christoph Fasbender / Dieter Burdorf / Burkhard Moenninghoff. 3. Aufl. Stuttgart / Weimar 2007, S. 356.

64 Gemeint ist der für Entdeckungsreisen tradierte Topos der ‚weiblichen Fremde‘; vgl. dazu Sabine Schülting: Wilde Frauen, fremde Welten. Kolonialisierungsgeschichten aus Amerika. Reinbek bei Hamburg 1997.

machen, sowie der Rolle von unzuverlässigem und multiperspektivischem/polyphonem Erzählen eine besondere Rolle beizumessen. Über die Einfügung zusätzlicher Stimmen kann die Monoperspektive des Prätexts irritiert und anhand mehrerer, teils widersprüchlicher und miteinander konkurrierender Sichtweisen hintergangen werden. Dass eine auf Revision des Prätexts zielende Nacherzählung nicht ohne Wiederholung auskommt, zeigt den schmalen Grat zwischen Affirmation und Subversion, auf dem sich *rewritings* bewegen. Ein Kriterium für die Qualität von *rewritings* ist es daher, dieses Problem selbst- bzw. metareflexiv mitzureflektieren.

4 Schluss: Zusammenfassung und Ausblicke

Das Potential von *rewriting* basiert auf einem strategischen Umgang des Nach- bzw. Neuerzählens im Sinne einer Re-Inszenierung von Geschichte als Gegengeschichte oder Alternativversion. Dadurch vermögen *rewritings* nicht nur hegemonialen Modellen von Geschichte und Gedächtnis zuwiderzulaufen, sondern auch Bereiche des Nicht-Wissens ins Licht zu rücken und Stimmen ertönen zu lassen, die durch gewaltsame Überschreibung ausgeschlossen und zum Verschweigen gebracht worden sind. Als gedächtnispolitischer Eingriff in hegemoniale Diskurse, als Akt der Revision und Kontrafaktur, verfolgen *rewritings* demnach ein genuin politisches Projekt. Damit partizipieren sie an dem, was Thomas Ernst als „poststrukturalistischen Diskurs der Subversion" bezeichnet hat, worunter der Autor auch postkoloniale Theorien und Literatur subsumiert. Subversion wird hier aufgefasst

> [...] als die Dekonstruktion überlieferter Kategorien wie Geschichte, Identität oder Wahrheit. Im wissenschaftlichen Spezialdiskurs plädiert er für die Unabschließbarkeit von Lektüreprozessen, die Abwesenheit von Sinnzentren, die es aufzuspüren gelte, er macht sich auf die Suche nach dem Ausgeschlossenen, Widersprüchlichen und Unentscheidbaren. In Anwendungsbereichen wie den Gender, Queer und Postcolonial Studies werden zentrale Kategorien der abendländischen Geistesgeschichte dekonstruiert.[65]

Der Autor geht in seinen Überlegungen auch explizit auf die Rolle von Intertextualität ein, die „eine subversive Kraft entwickeln"[66] könne. Wenngleich der Fokus schwerpunktmäßig auf der „*Dekonstruktion von Autorfigur* [Hervorh. i. Orig.]"

65 Thomas Ernst: Literatur und Subversion. Politisches Schreiben in der Gegenwart. Bielefeld 2013, S. 156.
66 Ernst: Literatur und Subversion, S. 168.

liegt, so hat die obige Analyse zeigen können, dass an *rewritings* eine Reihe von literarischen Verfahren beteiligt sind, die eine ‚politische Ästhetik der Intertextualität' konstituieren. Die subversiven Effekte, die von *rewritings* ausgehen, zielen nicht nur auf die Infragestellung von tradierten Kategorien, sondern ebenso auf die Sichtbarmachung und Dekonstruktion asymmetrischer Machtstrukturen – und damit nicht zuletzt auf die (Re-)Artikulation des Ausgeschlossenen und Abwesenden, das sie kontrapunktisch zur Sprache bringen. Damit ist auf ein literarisches Potential verwiesen, das sich im Sinne von Jacques Rancière als ‚ästhetische Intervention', als Eingriff in die „Aufteilung des Sinnlichen"[67] begreifen lässt. Literatur kann, so schreibt Rancière in *Die Politik der Literatur*, sich in die herrschende Ordnung einmischen und einen „spezifischen Erfahrungsraum[ ]"[68] ermöglichen, in dem vormals ausgeschlossene Stimmen zu Gehör kommen und ihr Recht auf (Selbst-)Repräsentation einfordern können: „Der Ausdruck ‚Politik der Literatur' impliziert also, dass die Literatur als Literatur in diese Einteilung der Räume und der Zeiten, des Sichtbaren und des Unsichtbaren, der Sprache und des Lärms eingreift."[69] Rancières Überlegungen zur Repräsentation könnten dabei Anschluss finden an Überlegungen, die im Horizont postkolonialer Theorieansätze der 1990er Jahre unter der Leitfrage „Can the subaltern speak?"[70] diskutiert wurden und zuletzt auch unter der Problematik der ‚Fürsprache'[71] mit Bezug

---

67 Darunter versteht Rancière „[...] jenes System sinnlicher Evidenzen, das zugleich die Existenz eines Gemeinsamen aufzeigt wie auch die Unterteilungen, durch die innerhalb dieses Gemeinsamen die jeweiligen Orte und Anteile bestimmt werden. Eine Aufteilung des Sinnlichen legt sowohl Gemeinsames, das geteilt wird, fest als auch Teile, die exklusiv bleiben. Diese Verteilung der Anteile und Orte beruht auf einer Aufteilung der Räume, Zeiten und Tätigkeiten, die die Art und Weise bestimmt, wie ein Gemeinsames sich der Teilhabe öffnet, und wie die einen und die anderen daran teilhaben." Jacques Rancière: Die Aufteilung des Sinnlichen. Die Politik der Kunst und ihre Paradoxien. Hg. v. Maria Muhle. Berlin 2006, S. 25 f.

68 Jacques Rancière: Politik der Literatur. Wien 2008, S. 13.

69 Rancière: Politik der Literatur, S. 14.

70 Spivak: Gayatri Chakravorty: Can the Subaltern speak? In: Colonial Discourse and Postcolonial Theory. A Reader. Hg. v. Patrick Williams / Laura Christman. New York 1994, S. 66–111.

71 Der Literaturwissenschaftler Christof Hamann kommentiert Spivaks Grundthese wie folgt: „Die These mag radikal, ja vielleicht auch zu radikal sein, weil damit jede Fürsprache über Subalterne vergeblich ist und somit letztendlich jeder politisch-protestfähige Einspruch. Doch deutlich wird auch das Problem, dass jede Fürsprache immer auch eine Vereinnahmung, eine Kolonisierung der Subalternen bedeutet." Axel Dunker / Christof Hamann: Antikolonialismus oder Postkolonialismus? Uwe Timms Roman *Morenga* und die Germanistik. In: Postkolonialismus und (Inter-)Medialität. Perspektiven der Grenzüberschreitung im Spannungsfeld von Literatur, Musik, Fotografie, Theater und Film. Hg. v. Laura Beck / Julian Osthues. Bielefeld 2016, S. 343–362, hier: S. 347.

auf deutschsprachige Gegenwartsliteratur erneut an Beachtung gewonnen haben. Dass Rancières Ausführungen bislang in postkolonialen Studien meiner Beobachtung nach nicht beachtet wurden, mag überraschen; gleichwohl gilt dieser Vorwurf auch dem Autor selbst, worauf Ruth Sonderegger unlängst im Untertitel ihres Beitrags („Was Jacques Rancière von Gayatri Spivak lernen könnte") kritisch hingewiesen hat.[72] Eine zukünftige Beschäftigung mit der Frage nach dem Politischen der Literatur, die sich besonders der Kategorie der ‚Stimme' widmet, d. h. wer spricht, wer darf/kann sprechen und mit welchen Machteffekten, könnte hier ansetzen und nach produktiven Möglichkeiten der Kopplung von theoretischen Ansätzen und Forschungsfeldern fragen. Von solch einer Theoretisierung könnte ebenfalls die Diskussion um politische Implikationen der Intertextualität weiter profitieren.

Literaturverzeichnis

Ashcroft, Bill / Gareth Griffiths / Helen Tiffin: The Empire Writes Back. Theory and practice in post-colonial literatures. New York / London 1989.

Bachmann-Medick, Doris: Postcolonial Turn. In: Cultural Turns. Neuorientierungen in den Kulturwissenschaften. Hg. v. ders. 3. Aufl. Reinbek bei Hamburg 2009, S. 184–237.

Balzter, Stefan: Wo ist der Witz? Techniken zur Komikerzeugung in Literatur und Musik. Berlin 2013.

Beck, Laura: Kolonialgeschichte(n) neu schreiben. Postkoloniales Rewriting in Christof Hamanns „Usambara". Marburg 2011.

Berndt, Frauke / Lily Tonger-Erk: Intertextualität. Eine Einführung. Berlin 2013.

Birk, Hanne / Birgit Neumann: Go-Between: Postkoloniale Erzähltheorie. In: Neue Ansätze in der Erzähltheorie. Hg. v. Ansgar u. Vera Nünning. Trier 2002, S. 115–147.

Broich, Ulrich: Formen der Markierung von Intertextualität: In: Intertextualität. Formen, Funktionen, anglistische Fallstudien. Hg. v. dems. / Manfred Pfister. Tübingen 1985, S. 31–47.

Catani, Stephanie: Geschichte im Text. Geschichtsbegriff und Historisierungsverfahren in der deutschsprachigen Gegenwartsliteratur. Tübingen 2016.

Domdey, Jana: Intertextuelles Afrikanissimo. Postkoloniale Erzählverfahren im Ostafrika-Kapitel in Ilija Trojanows *Der Weltensammler* (2006). In: Acta Germanica. German Studies in Africa. Jahrbuch des Germanistenverbandes im südlichen Afrika. Hg. v. Carlotta v. Maltzan. Bd. 37. Frankfurt a. M. 2009, S. 45–65.

Döring, Tobias: Chinua Achebe und Joyce Cary. Ein postkoloniales Rewriting englischer Afrika-Fiktionen. Pfaffenweiler 1996.

72 Ruth Sonderegger: Die Herausforderung, (nicht) für andere zu sprechen. Was Jacques Rancière von Gayatri Spivak lernen könnte. In: Österreichische Zeitschrift für Geschichtswissenschaften 27 (2016), H. 1, S. 22–45, hier: S. 31.

Dunker, Axel: Einleitung. In: (Post-)Kolonialismus und deutsche Literatur. Impulse der angloamerikanischen Literatur- und Kulturtheorie. Hg. v. dems. Bielefeld 2005, S. 7–16.
Dunker, Axel: „Es ist eine Frage des Gedächtnisses". Relektüren historischer und literarischer Texte in Christof Hamanns Roman *Usambara*. In: Literarische Entdeckungsreisen. Vorfahren – Nachfahrten – Revisionen. Hg. v. Hansjörg Bay / Wolfgang Struck. Köln / Weimar / Wien 2012, S. 157–171.
Dunker, Axel: Postkoloniale Ästhetik? Einige Überlegungen im Anschluss an Thomas Stangls Roman *Der einzige Ort*. In: Postkolonialismus und Kanon. Hg. v. Herbert Uerlings / Iulia-Karin Patrut. Bielefeld 2012, S. 315–325.
Dunker, Axel / Christof Hamann: Antikolonialismus oder Postkolonialismus? Uwe Timms Roman *Morenga* und die Germanistik. In: Postkolonialismus und (Inter-)Medialität. Perspektiven der Grenzüberschreitung im Spannungsfeld von Literatur, Musik, Fotografie, Theater und Film. Hg. v. Laura Beck / Julian Osthues. Bielefeld 2016, S. 343–362.
Dürbeck, Gabriele: Postkoloniale Studien in der Germanistik. Gegenstände, Positionen, Perspektiven. In: Postkoloniale Germanistik. Bestandsaufnahmen, theoretische Perspektiven, Lektüren. Hg. v. ders. / Axel Dunker. Bielefeld 2014, S. 19–70.
Dürbeck, Gabriele / Axel Dunker (Hg.): Postkoloniale Germanistik. Bestandsaufnahmen, theoretische Perspektiven, Lektüren. Bielefeld 2014.
Ernst, Thomas: Literatur und Subversion. Politisches Schreiben in der Gegenwart. Bielefeld 2013.
Fasbender, Christoph / Reinhold R. Grimm: Interpolation. In: Metzler Lexikon Literatur. Begriffe und Definitionen. Hg. v. Christoph Fasbender / Dieter Burdorf / Burkhard Moenninghoff. 3. Aufl. Stuttgart / Weimar 2007, S. 356.
Genette, Gérard: Palimpseste. Die Literatur auf zweiter Stufe. Frankfurt a. M. 1993.
Genette, Gérard: Paratexte. Das Buch zum Beiwerk des Buches. Frankfurt a. M. 2001.
Göttsche, Dirk: Postkolonialismus als Herausforderung und Chance germanistischer Literaturwissenschaft. In: Grenzen der Germanistik. Rephilologisierung oder Erweiterung? Hg. v. Walter Erhart. Stuttgart 2004, S. 558–576.
Göttsche, Dirk: Remembering Africa. The Rediscovery of Colonialism in Contemporary German Literature. Rochester / New York 2013.
Gutmann, Bruno: Volksbuch der Wadschagga. Sagen, Märchen, Fabeln und Schwänke der Dschagganegern nacherzählt. Leipzig 2014.
Gymnich, Marion: ‚Writing Back' als Paradigma der postkolonialen Literatur. In: Kulturelles Wissen und Intertextualität. Theoriekonzeptionen und Fallstudien zur Kontextualisierung von Literatur. Hg. v. ders., Birgit Neumann / Ansgar Nünning. Trier 2006, S. 71–86.
Gymnich, Marion: Writing Back. In: Handbuch Postkolonialismus und Literatur. Hg. v. Gabriele Dürbeck / Axel Dunker / Dirk Göttsche. Stuttgart 2017, S. 235–238.
Hamann, Christof: Usambara. Göttingen 2007.
Hamann, Christof: Ruinieren, Verketten, Verformen. Zum Umgang mit Materialien beim Schreiben. In: Ins Fremde schreiben. Gegenwartsliteratur auf den Spuren historischer und fantastischer Entdeckungsreisen. Hg. v. Christof Hamann / Alexander Honold. Göttingen 2009, S. 313–322.
Hamann, Christof: Der Erzähler und sein Autor. In: literatur für leser 33 (2010), H. 4, S. 205–210.
Hamann, Christof / Alexander Honold: Ins Fremde schreiben. Zur Literarisierung von Entdeckungsreisen in deutschsprachigen Erzähltexten der Gegenwart. In: Ins Fremde

Schreiben. Gegenwartsliteratur auf den Spuren historischer und fantastischer Entdeckungsreisen. Hg. v. dens. Göttingen 2009, S. 9–20.

Heimböckel, Dieter: Verschobene Einbildungen. Afrika-Konstruktionen in der jüngsten deutschsprachigen Gegenwartsliteratur. In: Postkolonialismus und (Inter-)Medialität. Perspektiven der Grenzüberschreitung im Spannungsfeld von Literatur, Musik, Fotografie, Theater und Film. Hg. v. Laura Beck / Julian Osthues. Bielefeld 2016, S. 363–383.

Honold, Alexander: Ankunft in der Weltliteratur. Abenteuerliche Geschichtsreisen mit Ilija Trojanow und Daniel Kehlmann. In: Neue Rundschau 118 (2007), H. 1, S. 82–104.

Kehlmann, Daniel: Die Vermessung der Welt. 4. Aufl. Reinbek bei Hamburg 2008.

Kpao Sarè, Constantin: Postkoloniale Erinnerungskultur in der zeitgenössischen deutschsprachigen Afrika-Literatur. Hamburg 2012.

Kreutzer, Eberhard: Theoretische Grundlagen postkolonialer Literaturkritik. In: Literaturwissenschaftliche Theorien, Modelle und Methoden. Eine Einführung. Hg. v. Ansgar Nünning. Trier 1995, S. 199–213.

Lorenz, Matthias N.: Kracht, Coppola und Conrad. Intertextualität als Rassismuskritik in *Imperium* und *Ich werde hier sein im Sonnenschein und im Schatten*. In: Acta Germanica. German Studies in Africa. Jahrbuch des Germanistenverbandes im südlichen Afrika. Hg. v. Carlotta v. Maltzan. Bd. 42. Frankfurt a. M. 2014, S. 66–77.

Lorenz, Matthias N.: Distant Kinship – Entfernte Verwandtschaft. Joseph Conrads *Heart of Darkness* in der deutschen Literatur von Kafka bis Kracht. Stuttgart 2017.

Meyer, Hans: Ostafrikanische Gletscherfahrten. Forschungsreisen im Kilimandscharo-Gebiet. Leipzig 1890.

Osthues, Julian: Literatur als Palimpsest. Postkoloniale Ästhetik im deutschsprachigen Roman der Gegenwart. Bielefeld 2017.

Osthues, Julian: „Eine Peepshow, bei der die weißen Flecken unsere Gemüter erhitzen". Christof Hamanns *Usambara* als parodistisches rewriting kolonialer Eroberungs- und Entdeckungsszenen. In: Benennungspraktiken in Prozessen kolonialer Raumaneignung. Hg. v. Axel Dunker / Thomas Stolz / Ingo H. Warnke. Berlin / Boston 2017, S. 67–87.

Osthues, Julian: Kolonialismus als Groteske. Überlegungen zu den Grundzügen einer postkolonialen Komik am Beispiel von Christian Krachts *Imperium* (2012). In: Postkolonialität denken – Spektren germanistischer Forschung. Hg. v. Obi Assemboni / Anna Babka / Axel Dunker. Wien: Praesens 2017, S. 183–194.

Osthues, Julian: Rewriting. In: Handbuch Postkolonialismus und Literatur. Hg. v. Gabriele Dürbeck / Axel Dunker / Dirk Göttsche. Stuttgart 2017, S. 216–219.

Rancière, Jacques: Die Aufteilung des Sinnlichen. Die Politik der Kunst und ihre Paradoxien. Hg. v. Maria Muhle. Berlin 2006.

Rancière, Jacques: Politik der Literatur. Wien 2008.

Reed, Terence James: Wandrers Nachtlied / Ein gleiches. In: Goethe-Handbuch. Hg. v. Regine Otte / Bernd Witte. Bd. 1. Stuttgart 1991, S. 187–194.

Reif-Hülser, Monika: Fremde Texte als Spiegel des Eigenen. Postkoloniale Literaturen und ihre Auseinandersetzung mit dem kulturellen Kanon. München 2006.

Sandten, Cecile: „How to talk ‚postcolonial'": Eine kritische Bestandsaufnahme der Leitbegriffe aus dem Feld der postkolonialen Theoriebildung. In: Zwischen Kontakt und Konflikt: Perspektiven der Postkolonialismus-Forschung. Hg. v. Gisela Febel / Angela Hamilton / Mechthild Blumberg / Hella de Souza / Cecile Sandten. Trier 2006, S. 19–37.

Schülting, Sabine: Wilde Frauen, fremde Welten. Kolonialisierungsgeschichten aus Amerika. Reinbek bei Hamburg 1997.

Segebrecht, Wulf: Johann Wolfgang Goethes Gedicht *Über allen Gipfeln ist Ruh* und seine Folgen. Zum Gebrauchswert klassischer Lyrik. Text, Materialien, Kommentar. München / Wien 1978.

Spivak, Gayatri Chakravorty: Can the Subaltern speak? In: Colonial Discourse and Postcolonial Theory. A Reader. Hg. v. Patrick Williams / Laura Chrisman. New York 1997, S. 66–111.

Sommer, Roy: Postkoloniales Erzählen: Revisionistische Intertextualität und transnationale Narrative. In: Handbuch Erzählliteratur. Theorie, Analyse, Geschichte. Hg. v. Matías Martínez. Stuttgart 2011, 280–282.

Sonderegger, Ruth: Die Herausforderung, (nicht) für andere zu sprechen. Was Jacques Rancière von Gayatri Spivak lernen könnte. In: Österreichische Zeitschrift für Geschichtswissenschaften 27 (2016), H. 1, S. 22–45.

Tèrnes, Anabel: Intertextualität. Der Text als Collage. Wiesbaden 2016.

Uerlings, Herbert: „Ich bin von niedriger Rasse". (Post-)Kolonialismus und Geschlechterdifferenz in der deutschen Literatur. Köln / Weimar / Wien 2006.

Uerlings, Herbert / Iulia-Karin Patrut: Postkolonialismus als Provokation für die Literaturwissenschaft. Eine Einleitung. In: Postkolonialismus und Kanon. Hg. v. dies. Bielefeld 2012, S. 7–35.

Weinrich, Harald: Schriften über Schriften. Palimpseste in Literatur, Kunst und Wissenschaften. In: Wie zivilisiert ist der Teufel? Kurze Besuche bei Gut und Böse. Hg. v. dems. München 2007, S. 23–34.

Katharina Meiser

Dimensionen des Politischen in Poetikvorlesungen

1 Einleitung

Als Teil des Oeuvres zeitgenössischer Autoren[1] sind Poetikvorlesungen der Gegenwartsliteratur zuzuordnen.[2] Dabei sind sie weder marginale Anhängsel an das literarische Werk, noch eignen sie sich aufgrund der prinzipiellen poetisch-poetologischen Differenz besonders gut als Interpretationsvehikel.[3] In der Nachfolge von poetologischen (Universitäts-)Reden und Essays konstituieren sie eine paradigmatische Gattung der Moderne, die bereits qua Existenz ein Politikum darstellt. Global betrachtet sind sie Folge und Ausdruck der Autonomisierung und des Partialwerdens der Literatur in einer modernisierten Gesellschaft, in der sich Wissenschaft, Moral und Kunst in spezialisierte Tätigkeitsbereiche ausdifferenzieren und in der normative Regelpoetiken ausgedient haben, weil „Wahrheitsfragen, Gerechtigkeitsfragen und Geschmacksfragen [...] autonom, nämlich unter ihrem jeweils spezifischen Geltungsaspekt bearbeitet" werden.[4] Die „von tradierten Zwängen moralischer, politischer oder religiöser Provenienz" abgelösten, an keinen Wirklichkeits- und keinen technischen Regelbegriff mehr gebundenen

1 Im Folgenden wird das generische Maskulinum verwendet.

2 Vgl. Dorothee Kimmich / Philipp Alexander Ostrowicz: Nachwort. In: Juli Zeh / Georg M. Oswald: Aufgedrängte Bereicherung. Tübinger Poetik-Dozentur 2010. Hg. v. Dorothee Kimmich / Philipp Alexander Ostrowicz unter Mitarbeit von Anja-Simone Michalski, S. 93 – 101, hier: S. 93. In dieser Eigenschaft als Gattung im kulturellen Feld sind Poetikvorlesungen ein für den deutschsprachigen Raum typisches Phänomen, das 1959 in Deutschland mit der an der Frankfurter Universität eingerichteten „Stiftungsgastdozentur für Poetik" seinen Anfang nimmt, die sich am Vorbild der Oxforder Poetik-Dozentur (seit 1708) orientiert. Über dieses und ein weiteres Vorbild („Charles Eliot Norton Professorship in Poetry", seit 1925 in Cambridge) hinweg, hat sich in Deutschland eine Praxis ausgebildet, die im anglo-amerikanischen oder romanischen Raum keine Entsprechungen findet, weil die Autoren dort stärker als Dozenten für Poetik und kreatives Schreiben in universitäre Strukturen integriert sind. In Frankreich zum Beispiel gibt es den „Chaire de Poétique" am Collège de France, der aus dem Lehrstuhl für französische Literatur hervorging. Prominenter erster Lehrstuhlinhaber war von 1937 bis 1945 Paul Valéry.

3 Vgl. Ulrich Volk: Der poetologische Diskurs der Gegenwart. Untersuchungen zum zeitgenössischen Verständnis von Poetik, dargestellt an ausgewählten Beispielen der Frankfurter Stiftungsdozentur Poetik. Frankfurt a. M. / Berlin / Bern 2003, S. 27.

4 Jürgen Habermas: Der philosophische Diskurs der Moderne. Zwölf Vorlesungen. 3. Aufl. Frankfurt a. M. 1991, S. 30.

https://doi.org/10.1515/9783110568561-009

Autoren explizieren nunmehr ihre genuin eigene Poetik und tragen damit zur Pluralisierung und Ausdifferenzierung des kulturellen Feldes bei.[5] Allerdings kommen sie dem Erfordernis einer nicht-normativen Poetik im Rahmen eines Formats nach, das sich zum einen neuen, nämlich marktökonomischen Abhängigkeitsverhältnissen verdankt und das sie zum anderen in eine Intellektuellen-Rolle versetzt, die wiederum zu Repräsentativitätsanspruch verpflichtet – und damit einer Individualpoetik latent widerspricht. Für die Dimension des Politischen in Poetikvorlesungen lassen sich vorab drei Koordinaten skizzieren.

2 Das Politische in Poetikvorlesungen

Erstens sind Poetikvorlesungen Teil der Kommerzialisierungs- und Inszenierungsprozesse des modernen Kulturbetriebs, in dem der freie Autor auf kohärente Imagebildung und lukrative Einnahmequellen angewiesen ist: Für ihn geht es um symbolisches und ökonomisches Kapital, so dass er sich für eine Positionierung entscheiden dürfte, die er als im kulturellen Feld ausreichend distinktiv und zustimmungswürdig, also seinem Image zuträglich erachtet.[6]

Zweitens: So sehr die Autoren sich mit der altbewährten *dubitatio* dagegen wehren; als Teil des Kultur- und Literaturbetriebs sind Poetikvorlesungen ein öffentliches Podium, das den jeweiligen Redner – vergleichbar mit dem rhetorischen *vir bonus*- oder dem aristotelischen *homo politicus*-Ideal – in den Habitus eines *poeta doctus* und Intellektuellen versetzt. Abgesehen davon, dass die Autoren bei ihrem „instinktiv kompetitive[n] Streben nach Distinktionsgewinn“[7] immer an ein kulturelles Erbe anknüpfen und damit immer auch soziale Fragen aufgreifen, kann das Veranstaltungsformat desgleichen als Podium für eine direkte „Einflussnahme auf Lebenswelt und Gesellschaft“ fruchtbar gemacht werden.[8]

---

5 Gerhard Plumpe: Kommunikation der Moderne. Bd. 2: Von Nietzsche bis zur Gegenwart. Opladen 1993, S. 17.

6 Vgl. dazu Eckhard Neumann: Künstler-Mythen. Eine psychohistorische Studie über Kreativität. Frankfurt a. M. / New York 1986; Tasos Zembylas: Kunst oder Nichtkunst. Über Bedingungen und Instanzen ästhetischer Beurteilung. Wien 1997; Carolin John-Wenndorf: Der öffentliche Autor. Über die Selbstinszenierung von Schriftstellern. Bielefeld 2014.

7 Markus Joch: Literatursoziologie/Feldtheorie. In: Methodengeschichte der Germanistik. Hg. v. Jost Schneider. Berlin / New York 2009, S. 385–420; hier: S. 392–393.

8 Jan Röhnert: Poesie und Praxis. Ein Entwurf. In: Poesie und Praxis. Sechs Dichter im Jahr der Wissenschaft. Hg. v. Collegium Europaeum Jenense. Jena 2009, S. 9–14; hier: S. 9.

Drittens: Poetikvorlesungen enthalten die poetologische Kardinalfrage nach Eigenwert und Funktion von Literatur. In solche Reflexion inbegriffen ist die in Poetikvorlesungen zum materialen Topos avancierte Frage, ob Literatur eine politische Funktion habe oder haben solle, und wenn ja, warum und welche. Eine Frage, die sich, so scheint es, gemeinhin innerhalb des antinomisch gedachten Begriffspaares von autonomer versus engagierter respektive politischer Literatur stellt.

Im Anschluss an einen Exkurs zu einer möglichen Gattungsbestimmung ‚Poetikvorlesung' werde ich anhand der Vorlesungen von Robert Menasse, Thomas Glavinic, Daniel Kehlmann, Juli Zeh und Ingo Schulze exemplarisch zeigen, dass eine solche differenzlogische Verhältnisbestimmung von Literatur/Autonomie auf der einen gegenüber Politik/Heteronomie auf der anderen Seite die poetologische Diskussion um Funktion, Eigenwert und gesellschaftliche Legitimität von Literatur nach wie vor stark prägt. Allerdings behindert sie die Legitimationsstrategien von Gegenwartsautoren mehr, als dass sie sie befördert, weil sie zum einen die grundlegenden Argumente für das wesenhaft Politische der Literatur leicht übersieht, sie zum anderen im öffentlichen Format der Poetikvorlesung eine gleichsam performative Korrektur erfährt.

2.1 Prolegomena zu einer Gattungsbestimmung

Im Sinn einer vorläufigen Gattungsbestimmung verstehe ich Poetikvorlesungen als ein in einen öffentlichen institutionellen Handlungsbereich und in kulturkommunikative Interaktionsbedingungen eingebettetes, durch Sponsoren (mit-)finanziertes, autorgebundenes und dotiertes Sprechen über (vom Autor selbst gewählte oder vom Veranstalter thematisch eingegrenzte) Aspekte der Poetik, Ästhetik und anderer gesellschaftlicher Handlungsbereiche, (zunehmend) häufig mit der Absicht der Publikation.[9] Das Gattungsmuster ist oft in einen Veranstaltungsverbund von Kolloquien, Lesungen, Gesprächen, Workshops, Begleitausstellungen oder Schreibwerkstätten integriert und wird entsprechend unter verschiedenen Oberbegriffen subsumiert. Es folgt bestimmten rhetorischen Stilprinzipien – stilistischen Handlungsmustern – und kultur- und gesellschaftsgeschichtlich geprägten Diskursregeln – inhaltlichen Handlungsmustern – und kann in unterschiedlichen Verlaufsformen und Modulationen zur Ausprägung kommen. Diese ergeben sich über die jeweilige Kombination von Themenwahl,

9 Die Heidelberger Poetikvorlesungen zum Beispiel werden seit 2017 sukzessive von Friederike Reents im Universitätsverlag Winter veröffentlicht.

Selbstpositionierungsabsicht, *genera dicendi* und Argumentationsrhetorik, aber auch über die Transformation der mündlich vorgetragenen Rede im publizierten Text.[10] Poetikvorlesungen unterliegen einem Bedingungsgefüge rhetorisch-stilistischer, inhaltlich-poetologischer, geistesgeschichtlich tradierter, gesellschaftskultureller, medialer und ökonomischer Strukturelemente, die sich gemeinsam als formale und materiale Topik gattungskonstituierend auswirken.[11] Als partiell literarische, partiell essayistische, sowohl informierende als auch unterhaltende Gattung zwischen Mündlichkeit und Schriftlichkeit, zwischen poetologischer Reflexion, biografischer und fiktiver Narration ermöglicht die Poetikvorlesung den Autoren Freiheiten, sich im Feld der Öffentlichkeit zu positionieren und ihr Metier zu legitimieren. Trotz des zu Gebote stehenden inhaltlichen und rhetorischen Spektrums haben sie sich dennoch in einem kulturellen und poetologischen Kontext zu verorten und greifen dafür auf Grundmuster der Argumentation zurück, die den poetologischen Diskurs seit jeher prägen. Als Teil der öffentlichen Kunstkommunikation sind Poetikvorlesungen eine autonome Gattung, die multifunktional „an übergreifende Verständigungsbedürfnisse mit allgemein verbreiteter kultureller Prägung"[12] gebunden ist und unterschiedliche literarische und nicht-literarische Gattungen integriert; damit auch neue ästhetische Potentiale freisetzt.[13] Poetikvorlesungen sind über ihre Außen- und Binnenstruktur multireferentiell, intertextuell und als wissenschaftlicher Gegenstand interdisziplinär.[14] Als paradigmatische Gattung der Moderne versagen sie sich einem

10 Mögliche Gattungsmodulationen: professionell-gelehrt (primär argumentativ); werkgenetisch-biografisch (primär narrativ); affektiv-positionierend (primär explikativ); historisch-dokumentarisch (primär berichtend); zitierend-kanonisierend (primär rezensierend); erzählerisch-innovativ (integrativ).

11 Topoi sind „sowohl die allgemeinsten Formprinzipien möglicher Argumente (formale Topik) als auch die zu Motiven, Denkformen, Themen, Argumenten, Klischees, *loci communes*, Stereotypen usw. stabilisierten materialen Gehalte (materiale Topik)." Josef Kopperschmidt: Formale Topik. In: Rhetorik zwischen den Wissenschaften. Hg. v. Gerd Ueding. Tübingen 1991, S. 53–62, hier: S. 53–54. Formale Topoi in Poetikvorlesungen sind zum Beispiel die Widmung, die *dubitatio*, das Zitieren, die topische Namensverwendung, der Anmerkungsapparat. Materiale Topoi sind etwa der Krankheits-/Melancholietopos, der Inspirations- und Kreativitätstopos, der Kindheitstopos oder der Literaturbetriebstopos.

12 Rainer Baasner: Methoden und Modelle der Literaturwissenschaft. Eine Einführung. Berlin 1996, S. 137.

13 Poetikvorlesungen können Formen der Rede, des Essays, der Biografie, der Bekenntnisliteratur, des Tagebuchs, der Dokumentation, der Reportage, der Rezension, des Dialogs/Kunstgesprächs, des Interviews, des Briefs, des wissenschaftlichen Aufsatzes, der Autofiktion, der Anekdote, des Gedichts, der Kurzgeschichte oder des Romans miteinander kombinieren.

14 Als multireferentielle Gattung integrieren sie über die Außenstruktur (Universität/Öffentlichkeit/Sponsoring etc.) und die Binnenstruktur (Literatur als per se weltbezüglicher Gegen-

ontologischen Zugriff, sind als ‚Gattung des Dazwischen' ambivalent, weil sie zwischen Normbildungsnegation und Normbildungsanspruch oszillieren.[15]

2.2 Das Politische bei Robert Menasse

Als neuer Schopenhauer macht Robert Menasse seine Frankfurter Poetikvorlesungen *Die Zerstörung der Welt als Wille und Vorstellung* (2006) zum unmittelbaren Medium gesellschaftspolitischer Partizipation. Er votiert angesichts des von ihm diagnostizierten gesellschaftlichen Notstands für eine Neufassung einer engagierten Literatur, die nicht mehr parteilich, sondern nunmehr ‚universal' sein müsse. Für literarisches Engagement gebe es zwar „keine soziale Basis", keinen „gesellschaftlichen Rückhalt in Form einer Klasse oder Bewegung" mehr;[16] auch dürfe es keine Poetik mehr geben, die eine „fixe Idee" verfolge und normativ verbindlich sein wolle.[17] Literatur müsse aber „ein jeweils in Form und Inhalt gültiger und bleibender Ausdruck" ihrer Entstehungszeit sein.[18] Angesichts all der „objektiv feststellbaren Defizite moderner Gesellschaften" habe die von „Parteilichkeit" befreite Dichtung deshalb die Pflicht, „eine Art Trotz gegen die Zeit" zu sein, eine „Nicht-Anerkennung der gegebenen Lebensorganisation und ihrer Erscheinungsformen".[19] Die gesellschaftspolitische Moderne sei eine zur Unkenntlichkeit pervertierte Moderne, in der sich die aufklärerischen Prämissen, insbesondere die der individuellen Freiheit, in neue Abhängigkeiten verkehrt hätten. Die demokratische Gesellschaft leide am „Verlust von Selbstbestimmung" und sei auf dem Weg zu einer neuen Faschisierung; aus „aufgeklärter Geschichtslogik" sei „abgeklärte Unterwerfung unter Systemlogik" geworden, das „Denken in Alternativen" sei „aufgegangen in alternativloser Affirmation".[20]

---

stand) Relevanzkriterien mehrerer gesellschaftlicher Funktionsbereiche, ohne dabei ihre Selbstreferentialität einzubüßen. Vgl. dazu: Arlena Jung: Identität und Differenz. Sinnprobleme der differenzlogischen Systemtheorie. Bielefeld 2009, insbes. S. 74.

15 Der Gattung inhärente Ambivalenzen sind beispielsweise Gattungsnegation bei gleichzeitiger Gattungserfüllung; Traditionsnegation bei Traditionsanbindung; Ablehnung expliziter Poetik bei poetologischer Reflexion; Legitimationsnegation bei Legitimationsanspruch; Introspektion/Authentizitätsanspruch bei gleichzeitiger Inszenierung; Teilhabe am kulturellen Diskurs bei gleichzeitiger Kulturkritik u. a. m.

16 Robert Menasse: Die Zerstörung der Welt als Wille und Vorstellung. Frankfurt a. M. 2006, S. 129.

17 Menasse, S. 9.

18 Menasse, S. 13.

19 Menasse, S. 55 und S. 41.

20 Menasse, S. 23 und S. 25.

Mit seinem Versuch, auf Basis dieser Gesellschaftsdiagnose einerseits eine engagierte Literatur zu verteidigen, das Engagement andererseits von Parteilichkeit abzugrenzen, verwickelt Menasse sich in Widersprüche, denn er kommt mit einem Universalitäts- und Wahrheitsanspruch daher, der den Prämissen moderner Gesellschaften diametral entgegensteht. Seinem Konzept liegt eine Gesellschaftskritik zugrunde, die – gerade vor dem Hintergrund des Selbstbestimmungsgebots und des Perspektiven- und Wahrheitspluralismus – gar nie Objektivität und Universalität beanspruchen kann. Sein Engagement-Begriff gerät ihm deshalb zur ‚Systemlogik', seine Poetik gerinnt selbst zur ‚fixen Idee'. Als selbsternannter Fürsprecher der unbewussten Opfer des Kapitalismus reiht er sich in die Traditionslinie eines Schelling, Hegel, Marx, Adorno oder Bloch ein und postuliert mit seiner „mit philosophischen und gesellschaftspolitischen Heilserwartungen" versehenen Funktionalisierung einen „totalen Universalismus", der außerhalb des eigenen „keinen anderen Beobachtungsposten der Welt zuläßt".[21] Diese Kombination von Kulturkritik und intellektueller Selbstinszenierung verdeckt jedoch gerade jene (poetologischen) Argumente, mit deren Hilfe Menasse das Engagement der Literatur durchaus aus ihrer ästhetischen Eigenwertigkeit heraus begründen könnte. Literatur müsse, sagt er nämlich auch, immer „die jeweils unbeschriebene Welt" beschreiben.[22] „Große Literatur" habe „immer gesellschaftliche Differenzen und Transformationen beschrieben und nie ihre je vorgefundene Realität als fertige, bestmögliche aller Welten dargestellt".[23] Menasse denkt Literatur als von der ontologischen Realität abgespaltene alternative Gesellschaftsrepräsentation, dies vermittels der Symbolstruktur des Kunstwerks, das sich, mit Luhmann formuliert, „auf die Differenz zur unerreichbaren Idee" bezieht, die „in der sinnlichen Erscheinung als Differenz [...] zum Ausdruck kommt".[24] Solcherart hat Literatur die Funktion, die geläufige Realität „mit einer anderen Version derselben Realität" zu konfrontieren und „mit eigenen artisti-

---

21 Niels Werber: Literatur als System. Zur Ausdifferenzierung literarischer Kommunikation. Opladen 1992, S. 9–10.

22 Menasse, S. 41 und S. 55. Menasse bewegt sich auf dem Weg von Adornos kunstsoziologischen Annahmen, indem er Kunst als Heilmittel versteht, die ‚verwaltete Welt' zu überschreiten, ihr dabei gleichzeitig aber auch ästhetische Eigenwertigkeit zugesteht. Vgl. Oliver Sill: Literatur in der funktional differenzierten Gesellschaft. Systemtheoretische Perspektiven auf ein komplexes Phänomen. Opladen 2001, S. 21–25. Und: Jürgen Brokoff / Ursula Geitner / Kerstin Stüssel: Einleitung. In: Engagement. Konzepte von Gegenwart und Gegenwartsliteratur. Hg. v. Jürgen Brokoff / Ursula Geitner / Kerstin Stüssel. Göttingen 2016, S. 9–18, hier: S. 9.

23 Menasse, S. 56–57.

24 Niklas Luhmann: Die Kunst der Gesellschaft. Frankfurt a. M. 1997, S. 286.

schen Mitteln" auf die „Kontingenz der normalen Realitätssicht" hinzuweisen.[25] Diese Operation dient dann als „Entlarvung der Realität", frei nach dem Wahlspruch: „Da das Kunstwerk existiert und real überzeugend (wenn überzeugend!) erlebt werden kann, kann etwas mit der Welt nicht stimmen."[26] In Menasses Vorlesungen wird diese Argumentation, die ihren Weg zur ‚Realität' gerade über die Imagination findet, aber von dessen rednerischer Positionierung als intellektueller Vormund der Gesellschaft überlagert. Entsprechend paradox mutet es an, wenn er seine Rezipienten mit dem Appell an deren Selbstbestimmungsfähigkeit entlässt, ohne den Widerspruch der *ex cathedra* gesprochenen Bevormundung seiner Zeitgenossen unter dem Zeichen des Autonomiepostulats zu bemerken: „Ich sagte heute zu Beginn: Ich bin Gott. Ich wäre stolz, wenn Sie jetzt begriffen hätten, daß dieser Satz bedeutet: SIE sind Gott. Sie sind Schöpfer Ihrer Lebensrealität, Sie müssen die Welt zerstören, um sie erschaffen zu können."[27]

Stellvertretend für die der Freiheit ihrer eigenen Perspektive beraubten Zuhörer beschwerte sich die Literaturkritik über Menasses Gesellschaftspamphlet. Richard Kämmerlings' Glosse in der *Frankfurter Allgemeinen Zeitung* war beißend scharf und trug den vielsagenden Titel „Opferrollenspiel". Und Thomas Meissner betitelte seine Rezension sinnfällig: „Werther mit Sprengstoffgürtel. Marx lebt", und bezeichnete Menasses Vorlesungen als „intellektuelle Zumutung". [28] In der Buchpublikation seiner Vorlesungen ging Menasse dann explizit auf Kämmerlings' Kritik ein.[29] In solcher Auseinandersetzung gewinnen die Vorlesungen eine über ihre wahrheitsbeanspruchende Perspektive hinausweisende politische Dimension, denn die durch sie initiierte Kunstkommunikation liefert durchaus ihren „spezifischen Anteil an Deliberation als Problematisierung bestehender Verhältnisse im Medium öffentlicher Kommunikation".[30]

---

25 Niklas Luhmann: Das Kunstwerk und die Selbstreproduktion von Kunst. In: Ders.: Schriften zu Kunst und Literatur. Hg. v. Niels Werber. Frankfurt a. M. 2008, S. 139–188, hier: S. 144.

26 Luhmann: Das Kunstwerk und die Selbstproduktion, S. 145.

27 Menasse, S. 142.

28 Thomas Meissner: Werther mit Sprengstoffgürtel. Marx lebt: Menasses Frankfurter Poetikvorlesungen. In: Frankfurter Allgemeine Zeitung (24. Februar 2006), Nr. 47, S. 36. Richard Kämmerlings': „Opferrollenspiel". In: Frankfurter Allgemeine Zeitung (14. April 2005), Nr. 86, S. 33.

29 Menasse, S. 35 ff.

30 Kerstin Fink: Von der Öffentlichkeit zur politischen Öffentlichkeit? Über den Zusammenhang von Kunstkommunikation und öffentlicher Deliberation im Anschluss an Jürgen Habermas. In: Kunst und Öffentlichkeit. Hg. v. Dagmar Danko / Oliver Moeschler/Florian Schumacher. Wiesbaden 2015, S. 33–53, hier: S. 34.

2.3 Das Politische bei Thomas Glavinic und Daniel Kehlmann

Während das Politische in Menasses Vorlesungen die sprachliche Haupthandlung stellt, thematisieren Glavinic und Kehlmann es bezeichnenderweise *en passant*, um einen a-politischen Literaturbegriff zu postulieren und jede gesellschaftliche Intentionalität und Zweckdienlichkeit von Literatur auszuschließen. Sie gehen von einer Differenzlogik zwischen gesellschaftlicher Funktion und ästhetischer Autonomie aus, der ein enger, etatistischer Politikbegriff und eine aktivistische, parteiliche Definition von Literatur zugrunde liegen. „Ich mag Ideologie nicht", heißt es in Glavinics Bamberger Vorlesungen, „[i]ch mag keine Literatur, die sich in den Dienst einer Sache oder einer Meinung stellt, ich mag keine Romane, die sich der Aufgabe widmen, auf die Schlechtigkeiten in der Welt hinzuweisen. Ein Roman ist nur sich selbst verpflichtet, das sollte mittlerweile allgemein bekannt sein."[31] Und Kehlmann expliziert in Göttingen:

> Warum man schreibt. Das Peinliche ist, daß man es wirklich nicht weiß. Vor zwanzig Jahren war es leicht, da hätte man antworten können, um die Welt ein bißchen besser zu machen, um zu kämpfen, damit die Menschen es irgendwann verstehen, um zu wirken, so wenig es auch ist. Das war natürlich immer schon Unsinn, aber mittlerweile hat sich das so herumgesprochen, daß man mit solchen Sätzen keinem mehr kommen kann. Dabei fasziniert mich übrigens die bis heute stillschweigend geltende Voraussetzung, daß es so gut und hilfreich wäre, wenn Schriftsteller etwas bewirken könnten.[32]

Beide Autoren negieren jedes Argument für eine gesellschaftliche Verantwortung und einen Wirkungsanspruch des Schriftstellers, verstehen das Autonomiepostulat im Umkehrschluss als einzige Positionierungsoption. Die Abgrenzung von einer heteronom funktionalisierten Literatur erklären beide mit der grundsätzlichen Gefahr der ethisch-moralischen Fehlbarkeit ihrer Zunft einerseits, mit dem Fehlen jeder Ästhetik im Feld der Macht andererseits. „[I]ch mag es nicht, wenn Schriftsteller zu Kanzelrednern werden", erklärt Glavinic: „Wir sind zwar nicht alle bei der Waffen-SS gewesen, doch wir sollten uns nicht besser machen, als wir sind."[33] Und auch Kehlmann befreit seinen Literaturbegriff von politischen Implikationen:

> Wir müssen dankbar sein für jeden Autor, dem Macht versagt bleibt. [...] Schriftsteller haben vor allem zwei Eigenschaften: Sie sind der Pragmatik abhold und ziemlich oft Opportunis-

31 Thomas Glavinic: Meine Schreibmaschine und ich. Bamberger Vorlesungen. Mit einem Vorwort von John Burnside. München 2014, S. 36.

32 Daniel Kehlmann: Diese sehr ernsten Scherze. Poetikvorlesungen. Göttingen 2007, S. 7–8.

33 Glavinic, Meine Schreibmaschine, S. 42.

> ten. Demokratische Politik ist aber nun mal die Kunst der Pragmatik und des faulen Kompromisses. Sie ist unästhetisch und damit abstoßend für Künstler. Außerdem stehen diese oft unter starkem Gruppendruck und sind – nun ja, nicht in allen Fällen charakterlich disponiert, diesem zu widerstehen.[34]

Glavinic und Kehlmann argumentieren im tradierten Koordinatensystem der Gretchenfrage zwischen Engagement und Autonomie. Praktische Ausrichtung, öffentlicher Anspruch und konkret politische Thematik auf der einen Seite stehen dem Anspruch auf Ästhetik auf der anderen Seite unvereinbar gegenüber. Für Glavinic sind Erzähltexte „nichts Konkretes, nichts Fassbares", sondern „spiegeln eine konzentrierte Welt wider, die nicht existiert, und sie zeigen zugleich die Welt hinter dem Spiegel. Ein Roman, der eine Welt darstellt, die es gibt, ist eine Missgeburt."[35] Und bei Kehlmann muss Literatur zwar „ein Element des Notwendigen" enthalten und „Grundtatsachen unseres Daseins" berühren, sei aber keineswegs an „die physischen Wirklichkeiten unseres Daseins" gebunden, sondern „bloß an die existentiellen".[36] Aus solcher anthropologisch-existenziellen Wertzuschreibung resultiert bei beiden Autoren keine lebensweltliche Konsequenz der Literatur, etwa im oben beschriebenen Luhmann'schen Sinn eines Realitätsgewinns über die symbolische Gesellschaftsrepräsentation bzw. über den Weg von Fiktion und Imagination. Die gesellschaftspolitische Dimension alternativer Gesellschaftsrepräsentation im Medium Literatur wird durch die im kulturellen Gedächtnis implementierte Logik verdeckt, dass autonome Ästhetik und gesellschaftliche Funktionalität sich gegenseitig ausschließen.

Acht Jahre nach den Göttinger Vorlesungen spricht aus Kehlmanns Frankfurter Poetikvorlesungen dann allerdings ein Literaturverständnis, dem durchaus ein gesellschaftspolitisches Moment innewohnt. Und aus dem Redner Kehlmann spricht in Frankfurt ein anderes Selbstverständnis als noch in Göttingen – nämlich eines, das den Schriftsteller sehr wohl in der Lage sieht, sich öffentlich deutend auf Gesellschaft zu beziehen. Dies nicht im Sinn politischer Überzeugungshandlungen, sondern im Sinn eines semantisch ausgeweiteten Politikbegriffs, der allgemein auf Gesellschaftspolitik und öffentliches Leben rekurriert und mit politischer Partizipation auch historisch-gesellschaftliche Interpretation

34 Kehlmann: Diese sehr ernsten Scherze, S. 8. Kehlmann nennt als Beispiele Benn und Pound, die auch Bachmann in ihren Frankfurter Vorlesungen beispielhaft aufgeführt hatte, um die gefährlichen Synergieeffekte zwischen ästhetischen Prämissen und politischen Ideologien zu verdeutlichen. Vgl. Ingeborg Bachmann: Frankfurter Vorlesungen. Probleme zeitgenössischer Dichtung. München 1980, S. 30.

35 Glavinic: Meine Schreibmaschine, S. 96.

36 Kehlmann: Diese sehr ernsten Scherze, S. 14.

meint.[37] In *Kommt, Geister* inszeniert er sich als viel belesener intellektueller Deuter diverser kultureller Phänomene, kommentiert Texte etwa von Bachmann, Gotthelf, Shakespeare oder Perutz und nimmt unter anderem Stellung zu Fragen der deutschen Vergangenheitsbewältigung und -verdrängung. So berichtet er, wie YouTube-Videos vom österreichischen Entertainer Peter Alexander seine Kritik an der Grass'schen Einmischungspoetik drastisch relativiert, wenn nicht gar umgekehrt haben: „Und auf einmal hatte keiner von uns mehr Lust, über die Gruppe 47 zu spotten: Wir hatten ihrem Anderen ins Gesicht gesehen, der Film gewordenen Verdrängung. Auf einmal mochten wir Günter Grass wieder. Auf einmal waren wir ihm dankbar."[38] In Frankfurt nutzt Kehlmann die Poetikvorlesung als Podium, um im Rekurs auf und über die Interpretation von Literatur Fragen des Zusammenhangs von Individuum und historisch-politisch geprägter Erfahrungswirklichkeit zu thematisieren. Der von ihm in seinen Göttinger Vorlesungen vertretene Literaturbegriff erfährt damit eine performative Korrektur. Wo Kehlmann theoretisch-poetologisch nicht zwischen Autonomie und Heteronomie vermitteln kann, tut er es hier in seiner Rolle als auslegender und öffentlich sprechender Rezipient literarischer Texte. Er vollzieht einen „[...] Wechsel der Kommunikationsebene von formal-ästhetisch orientierten Diskursen hin zu den politischen und moralischen Implikationen, die den Kunstwerken mehr oder weniger immanent sind bzw. die durch Akte der Interpretation in öffentlicher Kommunikation erst konstituiert werden." Auf diese Weise kann Literatur, mit der der Autor nicht unbedingt eine bestimmte Intention verfolgt, „gleichwohl als künstlerische Spiegelung [...] des Gesellschaftlichen in der Öffentlichkeit relevant werden und als Gesellschaftskritik wirken".[39] – Und das gilt nicht zuletzt auch für Glavinics Erzähltexte.

2.4 Das Politische bei Juli Zeh

Demokratische Politik als „Kunst der Pragmatik und des faulen Kompromisses", als „unästhetisch und damit abstoßend für Künstler":[40] so votiert Kehlmann in den Göttinger Vorlesungen gegen eine Verknüpfbarkeit von Politik und Literatur. Zeh argumentiert strukturell ähnlich. Für sie „begeben sich Literatur und politisches Engagement" in ein „Verhältnis gegenseitiger Ausschließlichkeit", weil künstlerische Literatur „*per definitionem* eine vieldeutige Angelegenheit" sei, „die

37 Urs Meyer: Politische Rhetorik (Art.). In: Historisches Wörterbuch der Rhetorik. Hg. v. Gert Ueding. Bd. 10: Nachträge von A–Z. Berlin / Boston 2012, S. 907–925, hier: S. 908.

38 Daniel Kehlmann: Kommt, Geister. Frankfurter Vorlesungen. Reinbek b. Hamburg 2015, S. 10.

39 Fink, S. 42.

40 Kehlmann: Diese sehr ernsten Scherze, S. 8.

es in weiten Teilen dem Leser überlässt, seinen Weg durch das Bedeutungsgebäude zu finden. Irrtum, Missverständnis, Aneinandervorbeireden" seien hier „keine Fehler, sondern gerade der Bereich, in dem sich das Kunstvolle des Textes, seine Vielstimmigkeit und Vieldeutigkeit zu voller Blüte entfalten" könne. „Kitsch" hingegen setze – wie die Politik – „auf schlichte Symbolik", „berechenbare Effekte" und „Eindeutigkeit".[41]

In ihren Tübinger und Frankfurter Poetikvorlesungen widmet Zeh sich ausgiebig der Frage nach der Verhältnisbestimmung von Literatur und Politik.[42] Sie geht dabei wie Glavinic und Kehlmann von einem engen Politikverständnis aus, das unter politischem Sprachhandeln das Formulieren konkreter Thesen versteht: Anders als beim ‚echten' Autor sei beim politischen Schreiben „alles Ansprache, Botschaft, Didaktik, Intention".[43] „Echte politische Literatur" liege nur dann vor, „wenn der Autor beim Schreiben ein konkretes Ziel verfolgte".[44] Alternativ dazu einen weiten Begriff des Politischen zur Grundlage einer engagierten Literatur zu machen lehnt sie ab, denn einem solchen Skript von politischer Literatur ermangele es an differenzierendem Potenzial. Offenbar reicht ihr jedoch eine nicht minder undifferenzierte gesellschaftliche Legitimitätsbekundung von Literatur aus:

> In den letzten Jahren wird doch jeder Text als ‚gesellschaftlich relevant' gehandelt, der nicht nur von den Partygewohnheiten einer Berliner WG oder den erotischen Bedürfnissen 82-jähriger Männer handelt. Jede Geschichte, welche die persönlichen Sorgen der Hauptfigur in einen etwas größeren Rahmen stellt, wird gleich der politischen Literatur zugeschlagen. Eine schlichte Umdekorierung, die mühsam darüber hinweg täuscht, dass das Regal mit echten politischen Texten ziemlich schmal geworden ist.

---

41 Juli Zeh/Georg M. Oswald: Aufgedrängte Bereicherung (Tübinger Poetik-Dozentur). Hg. v. Dorothee Kimmich / Philipp Alexander Ostrowicz. Künselsau 2011, S. 76. Und: Juli Zeh: Treideln. Frankfurter Poetikvorlesungen. Frankfurt a. M. 2013, S. 132–133. Dass Zeh ihrer poetologischen Prämisse der Vieldeutigkeit (anstelle von eindeutiger Didaxe) in ihrer schriftstellerischen Praxis zuweilen selbst nicht gerecht wird, zeigt über diese Beteuerungen hinweg nicht zuletzt ihr Politthriller *Leere Herzen* (2017), in dem sie „so aufdringlich" Gesellschaftskritik betreibt, „dass man sich beim Lesen zuweilen fragt, ob man eigentlich ein Buch liest oder eine Moralpredigt gehalten bekommt". Juliane Liebert: Aha-Erlebnis mit Fragezeichen. In *Leere Herzen* hat Juli Zeh die Gegenwart ins Jahr 2025 hochgerechnet – die Rechten und Big Data herrschen. In: Die Zeit (23. November 2017), Nr. 48, S. 61.

42 Vgl. dazu Sabrina Wagner: Aufklärer der Gegenwart. Politische Autorschaft zu Beginn des 21. Jahrhunderts – Juli Zeh / Ilija Trojanow / Uwe Tellkamp. Göttingen 2015, insbesondere S. 125 ff. Zeh betitelt ihre Tübinger Vorlesungen in Reminiszenz auf Sartres programmatischen Essay *Was ist Literatur* (1948). Sabrina Wagner findet sich damit aufgefordert, Zehs „Selbstverortung als ein Abarbeiten an Jean-Paul Sartres Literaturkonzept zu interpretieren." Wagner, S. 106.

43 Zeh: Aufgedrängte Bereicherung, S. 78.

44 Zeh: Treideln, S. 133.

‚Gesellschaftlich relevant' sei in diesem Kontext „eine bloße Tautologie, denn gesellschaftlich relevant" sei „Literatur sowieso, völlig unabhängig von ihrem Inhalt".[45] Es könne deshalb auch niemals von „politischen Autoren", sondern nur von politischen Menschen und politischen Texten die Rede sein.[46] Wer nun, wie sie, gleichzeitig politischer Mensch und freier Autor sei, habe die seltene (und deshalb zu ergreifende) Möglichkeit, den „professionellen Diskurs" der Politik als „normaler Bürger des Landes" differenzierend zu ergänzen, dies vermittels einer „unabhängigen Stimme", vermittels berufsbedingter Ausdrucksstärke und Publikationsmöglichkeiten.[47] Die Autonomisierung des literarischen Feldes hat für Zeh den positiven Effekt der Legitimation eines ideologie- und parteiunabhängigen Engagements im Feld der Macht, dies allerdings – so theoretisch die poetologische Prämisse – nicht auf dem Weg der Literatur, sondern auf dem der Essayistik.[48] Aber auch hier bleibt es für sie problematisch, einen Standpunkt vertreten zu sollen, der einerseits auf differenzierter Argumentation basiert, andererseits an den politischen Diskurs anschlussfähig bleibt:

> Die Ethik des kritischen Denkens zwingt dazu, ein Problem von allen Seiten zu beleuchten, zu differenzieren, mögliche Gegenauffassungen mitzubedenken, den dialektischen Ausgleich zu suchen. [...] Auf diese Weise läuft der kritische Denker Gefahr, von Stammtischparolen übertönt zu werden. Es sind die schlichten, radikalen Standpunkte, die Schlagzeilen und Beifall kriegen. [...] So sehr ich mich mit meinem ganzen Wesen zu Werten wie Toleranz, Diskussions- und Kompromissbereitschaft, Selbstkritik und dem Streben nach Ausgleich bekenne – so sehr erschwert diese Haltung das Einnehmen eines konsequenten politischen Standpunkts. Als müsste das ‚Meinen' im Zeitalter von Pluralität und Fragmentierung neu erlernt werden.[49]

Zeh benennt das Grundproblem der öffentlichen Partizipation am politischen Diskurs in demokratischen Gesellschaften, die ihre Grundlagen immer wieder neu auszuloten haben, weil sie „aus Gründen ihrer Strukturentwicklung" einerseits „darauf verzichten" müssen, „feste Positionen für richtiges Beobachten vorzu-

---

45 Zeh: Treideln, S. 133

46 Zeh: Treideln, S. 134. Zehs Argumentation bewegt sich (auch in semantischer Hinsicht) in erstaunlicher Nähe zu Handkes Ausführungen in dessen Essay *Die Literatur ist romantisch* (1966), in welchem er das Engagement zur literaturfremden Kategorie erklärt hatte: „Eine engagierte Literatur gibt es nicht. Der Begriff ist ein Widerspruch in sich. Es gibt engagierte Menschen, aber keine engagierten Schriftsteller." Peter Handke: Die Literatur ist romantisch. In: Ders.: Ich bin ein Bewohner des Elfenbeinturms. Frankfurt a. M. 1972, S. 35–50, hier: S. 43.

47 Zeh: Treideln, S. 144–146.

48 Vgl. Joch, S. 399.

49 Zeh: Aufgedrängte Bereicherung, S. 86. Und: Zeh, Treideln, S. 156.

geben",[50] politische Entscheidungen aber andererseits spezialisiertes Fachwissen ebenso voraussetzen wie Konsensbildung. „Je komplexer das System der Gesellschaft ist", expliziert Luhmann, „desto illusorischer [...] der Glaube", die Komplexität „könne in Form der Interaktion, durch Dialoge, durch Verständigungsversuche unter erreichbaren Partnern in eine rationale Form gebracht werden."[51] „Gegen Komplexität kann man nicht protestieren. Um protestieren zu können, muß man deshalb die Verhältnisse platt schlagen. Dazu dienen die Schemata und vor allem die Skripts, die sich in der öffentlichen Meinung mit Hilfe der Massenmedien durchsetzen lassen."[52] Komplexität kann man aber, ließe Luhmann sich in Zehs Sinn ergänzen, kommunikativ, reflexiv und nicht zuletzt mit ästhetischen Mitteln begegnen. Zehs Tübinger Vorlesungen (2011) folgen primär dem Muster der Rede, in der sie neben poetologischen Fragen auch gesellschaftspolitische Entwicklungstendenzen thematisiert, so dass sie die Poetikvorlesung als sozialen Rahmen für eine öffentliche Auseinandersetzung mit den Bedingungen politischer Ethik und Kommunikation fruchtbar macht. Weite Teile dieser Überlegungen übernimmt sie 2014 wörtlich in ihre Frankfurter Vorlesungen, macht diese aber zusätzlich zum Aushandlungsort der Dimension des Politischen, indem sie ihren gesellschaftspolitischen und kulturellen Erfahrungshorizont zum konstituierenden Narrativ erhebt. Ihre Vorlesungen, die sie vor den öffentlichen Auftritten als ‚Emittenten-E-Mail-Roman' unter dem Titel *Treideln* veröffentlichte, inszenierte sie als Lesung ihres Romans, als Vor-Lesen ihrer E-Mails an alle möglichen Vertreter der Gesellschaft – beginnend mit echauffierten E-Mails an ihren Ehemann und an ihren Verleger, in denen sie erklärt, dass sie die Einladung der Frankfurter Universität nicht annehmen werde, weil sie den im Kulturbetrieb herrschenden Inszenierungszwang ablehne. Mit diesem intendierten performativen Widerspruch verkehrt sie diesen Zwang aber in eine neue Form der Selbstvergewisserung intellektueller und ästhetischer Unabhängigkeit, in der sie Erzählliteratur mit Essayistik und politischem Statement verknüpft, ohne es sich damit image-politisch schwer zu machen. Denn sie lässt die Zuhörer mit ihrem vorgelesenen Roman an ihrer gesellschaftspolitischen Kommunikationskultur teilhaben, die hohen Unterhaltungswert hat, wodurch sie sich, oft in salopper Umgangssprache, generisch in die übrigen essayistisch-poetologischen Überlegungen einfügt, etwa in einer E-Mail an ihren Freund Holger:

> Zu allem Überfluss hat die Bologna-Reform, die unser Universitätswesen in eine Art Ausbildungs-Bootcamp verwandelt, auch vor künstlerischen Studiengängen nicht Halt gemacht.

50 Luhmann: Die Gesellschaft der Gesellschaft, S. 958.
51 Luhmann: Die Gesellschaft der Gesellschaft, S. 826.
52 Luhmann: Die Gesellschaft der Gesellschaft, S. 861.

> Bei meinem zweiten Lehrauftrag am Literaturinstitut nervten mich die Studenten so lange mit der Frage, was die credit-relevanten Leistungsanforderungen seien [...], bis ich einer Studentin auftrug, zehn Minuten auf einem Bein zu stehen, wofür sie sämtliche benötigte Credits erhalten werde, wenn wir danach nur endlich anfangen könnten, über Texte zu reden.[53]

Offenbar ist Zehs Anspruch einer „Ethik des kritischen Denkens" in dem zwischen Essayistik und Literatur oszillierenden Format der Poetikvorlesung einigermaßen sicher vor den gefürchteten „Stammtischparolen",[54] weil sie der komplexen Realität hier nicht mit rational durchformten Argumenten, sondern mit ästhetisch-narrativen Mitteln und ironischer (Selbst-) Bespiegelung zu begegnen vermag. Auf diese Weise verschafft Zeh sich als politische Stimme öffentlich Gehör, dies aber nicht unter den Bedingungen des Feldes der Macht (mit dessen „Kunst der Pragmatik"),[55] sondern im Feld der Kunstkommunikation, wo Vielstimmigkeit und Mehrdeutigkeit immer schon zu Hause sind.

2.5 Das Politische bei Ingo Schulze

Menasse, Glavinic, Kehlmann und Zeh geht es, wenn sie in ihren Vorlesungen die Dimension des Politischen reflektieren, um die Beantwortung der Frage nach der Funktion von Literatur, nach der Legitimation ihres Tuns. Dass die relativ junge Generation der Gegenwartsautoren sich dabei im Begriffssystem eines Politikverständnisses bewegt, das einen engen politischen Engagementbegriff impliziert; und dass sie, um sich von einem solchen zu distanzieren, auf ein Autonomiepostulat zurückgreift, das Literatur – zumindest vordergründig rhetorisch – von jedem gesellschaftspolitischen Erfahrungshorizont separiert, mag verwundern, ist in feldtheoretischer Perspektive aber eine konsequente distinktive Positionierung gegenüber älteren Konzepten.[56] Aus Angst vor einer Menasseschen

---

53 Zeh: Treideln, S. 73.

54 Zeh: Aufgedrängte Bereicherung, S. 86. Und: Zeh, Treideln, S. 156.

55 Kehlmann: Diese sehr ernsten Scherze, S. 8.

56 Vgl. Ursula Geitner: Stand der Dinge: Engagement-Semantik und Gegenwartsliteratur-Forschung. In: Engagement. Konzepte von Gegenwart und Gegenwartsliteratur. Hg. v. Jürgen Brokoff / Ursula Geitner / Kerstin Stüssel. Göttingen 2016, S. 19 – 58; insbes. S. 19: „An den Begriff des Engagements zu erinnern, [...] bedarf eines Einsatzes. Denn es stehen Vorurteile einer gewissen Überholtheit, Angestaubtheit entgegen. Man erinnert diskreditierte Tendenzliteratur, Texte und Debatten um 1968; man assoziiert politisches Engagement, Parteilichkeit im Stil von Günter Grass und Juli Zeh; man denkt an thesenförmige Arbeiter- und moralisierende Frauenliteratur; an [...] Prosa in der Regel, die besser auf Spruchbändern, in Offenen Briefen oder Blogs ihre einfachen

Grenzüberschreitung, aus der Scheu heraus, sich womöglich selbst eine in der modernen Gesellschaft zur Disposition stehende Intellektuellenrolle[57] zuzuschreiben und sich in einem obsoleten Engagement-Diskurs zu bewegen, resultiert ein Habitus der vehementen Abgrenzung des Ästhetischen vom Politischen. Solche Angst vor einer imageschädigenden und vom Betrieb in der Regel entsprechend gemaßregelten Kompetenzüberschreitung ihres als autonom postulierten Funktionsbereichs bringt nicht selten (wie bei Glavinic und Kehlmann) das Postulat einer völligen Intentions- und Funktionslosigkeit von Literatur hervor – eine nicht nur für die Autoren, sondern auch für Kultur, Gesellschaft und Literaturwissenschaft unvorteilhafte Konsequenz.[58] Dass es allerdings zwischen politischem Engagement auf der einen und ästhetischem Anspruch der Literatur auf der anderen Seite einen genuinen Zusammenhang gibt, der in der spezifischen Potenz der Narration selbst begründet liegt, damit auch das Damoklesschwert des Legitimationsdefizits ausräumt, machen Kehlmanns und Zehs Poetikvorlesungen in Frankfurt gleichsam über deren Köpfe hinweg deutlich.

Schulze schlägt in seinen Leipziger Vorlesungen explizit diesen zwischen gesellschaftspolitischer Erfahrungswirklichkeit und Literatur vermittelnden Weg ein, der den Autoren vielleicht auch deshalb als zu wenig distinktiv erscheint, weil er im Grunde ein alter Hut ist.[59] Er kommt in Abgrenzung von ideologisch-programmatischem Engagement zu einer Funktionsbestimmung von Literatur, die deren gesellschaftspolitischen Auftrag im erkenntnistheoretisch aufgewerteten Ästhetischen des Kunstwerks, in der spezifischen Potenz der fiktionalen poetischen Rede erkennt:

Botschaften […] transportierte.“ Dieser „Ekel“ gehört laut Geitner in das „Arsenal einer kritischen Topik, die das Gebiet der ‚reinen‘ Kunst abzugrenzen und zu verteidigen versucht“ – ein Arsenal, dessen sich auch Kehlmann, Glavinic und nicht zuletzt auch Zeh in ihren Vorlesungen bedienen.

57 Dazu etwa Anke-Marie Lohmeier: „Die Beschleunigung gesellschaftlicher Modernisierung seit dem späten 18. Jahrhundert stellt den Universalitätsanspruch intellektueller Weltdeutung zunehmend in Frage. Versuche, diesen Anspruch gleichwohl aufrechtzuerhalten, prägen seither die Geschichte intellektueller Selbstdeutungen […].“ Anke-Marie Lohmeier: Vom unendlichen Ende des Volksmagisters. Die Intellektuellen, die „Massen“ und die offene Gesellschaft. In: IASL Diskussionsforum online (2/2000). Moderiert von Britta Scheideler. URL: http://iasl.uni-muenchen.de/discuss/lisforen/lohmeier.htm (letzter Zugriff: 01.05.2018). Vgl. auch: Georg Jäger: Der Schriftsteller als Intellektueller. Ein Problemaufriß. In: Schriftsteller als Intellektuelle. Politik und Literatur im Kalten Krieg. Hg. v. Sven Hanuschek / Therese Hörnigk / Christine Malende. Tübingen 2000, S. 1–25.

58 Vgl. dazu Juli Zeh: Schriftsteller und Politik. Wir trauen uns nicht. In: Die Zeit (4. März 2004), Nr. 11.

59 Vgl. Bachmann, S. 34 ff. und Reinhard Baumgart: Aussichten des Romans oder Hat die Literatur Zukunft? Frankfurter Vorlesungen. München 1970, S. 55, S. 105, S. 109, S. 116.

> Literatur ist dafür da, dass man mit bestimmten Erfahrungen nicht allein bleibt, mit Erfahrungen, die nicht im Gespräch oder einer wissenschaftlicher Erörterung sagbar sind, sie in ihrer Universalität und Gleichzeitigkeit nur in einer Geschichte, einem Gedicht, einem Roman Ausdruck erhalten. Literatur ist nicht dafür gemacht, etwas zu erklären, aber sie darf und sollte für eine gesellschaftliche Selbstverständigung genutzt werden. Denn das Bild, das wir uns von unserer Zeit, unserem Ort machen, hat Einfluss auf das, was wir wollen, was wir tun. In diesem Sinn halte ich diejenige Literatur für die wirksamste, die unsere Welt am differenziertesten beschreibt.[60]

Damit betont er jene Potenz von Literatur als kulturellem Gedächtnis, die Kehlmann in seinen Frankfurter Vorlesungen zum deutenden Verständnis der Gesellschaft initiiert und die Juli Zeh als Erzählerin und Dozentin des Leipziger Literaturinstituts bildungspolitische Fragen humorvoll in narrative Strukturen zu übersetzen befähigt. Für Schulze ist Literatur *fait social,* dies in ihrer ganz eigenen Medialität, nämlich als sprachlich-ästhetisches Medium der Bezugnahme auf den gesellschaftshistorischen Erfahrungshorizont mit seinen komplexen multikontextuellen, ökonomischen, politischen, psychologischen, historischen, kulturellen, juristischen (u. a. m.) Implikationen.[61] Literarische Texte versteht er – ganz im Sinn der Prämisse der philosophischen Hermeneutik, der von Gadamer so bezeichneten „Logik von Frage und Antwort“[62] – als Antworten auf Fragen, die sich innerhalb eines gesellschaftlichen Erfahrungshorizontes stellen. Die inkommensurable literarische Semantik bietet dabei Beantwortungsmöglichkeiten, die auch das sozial Unbewusste zur Sprache bringen und die in einer eben nicht nur rational-diskursiven Form erfolgen.[63] Auf diese Weise spiegelt Literatur die komplexe Gesellschaft in der zu Gebote stehenden Perspektivenvielfalt wider, so dass ihr nicht zuletzt ein demokratisches Moment der Partizipation und Pluralität innewohnt:

> Die Differenzierungen werden umso bedeutsamer, je grundsätzlicher die Fragen sind, die aufgeworfen werden. Ich will eine Literatur lesen, die nichts für selbstverständlich nimmt und die grundsätzliche Fragen stellt, [...] die zu den neuen und alten Vereinbarungen und Selbstverständlichkeiten dieser Gesellschaft vordringt, sie befragt und auch in Frage stellt. [...] Die Literatur müsste viel mehr staunen und sich wundern.[64]

---

60 Schulze, S. 58.

61 Vgl. auch Gebhard Rusch: Literatur in der Gesellschaft. In: Literaturwissenschaft und Systemtheorie. Positionen, Kontroversen, Perspektiven. Hg. v. Siegfried J. Schmidt. Opladen 1993, S. 170 – 193, insbes. S. 170.

62 Hans-Georg Gadamer: Wahrheit und Methode. Grundzüge einer philosophischen Hermeneutik. Tübingen 1975, S. 351.

63 Vgl. Luhmann: Die Gesellschaft der Gesellschaft, S. 826.

64 Schulze, S. 58.

In einer Gesellschaft, die ihre Normativität immer wieder aus sich selbst zu schöpfen hat,[65] gewinnt Literatur eine politische Relevanz, ohne sich dem Skript einer engagiert-zweckdienlichen Literatur zu verschreiben. Literatur erscheint nicht etwa

> [...] als ein wie weitgehend immer autonomisiertes soziales Teilsystem von Gesellschaft, sondern [...] als ein an einen spezifischen Modus des Gebrauchs von Kommunikationsmitteln, d. h. des ästhetischen Gebrauchs (schrift-)sprachlicher Kommunikationsmittel [...] gebundener Bereich, der seine Existenz und seine spezifischen Formen, Eigenschaften und Erscheinungen den Menschen und ihrer Erfahrungswirklichkeit, d. h. den kognitiven und sozialen ‚Mechanismen' im Gesamtsystem [...] verdankt.[66]

3 Fazit

Wer Literatur über gesellschaftliche Funktionen zu legitimieren versucht, ist geneigt, sie an Begrifflichkeiten außerhalb ihrer selbst zu verweisen, an Begrifflichkeiten mithin, die mit der ästhetischen Eigenwertigkeit, semantischen Vieldeutigkeit und grundsätzlichen ästhetischen Heterogenität nicht zur Deckung zu bringen sind. Als ‚vieldeutige, vielstimmige Angelegenheit' versagt Literatur sich solcher Fest-Schreibung.[67] Ihr genuin Politisches lässt sich gerade deshalb aus ihr selbst heraus begründen, denn es ist ihr inkommensurabler, sich konkret-begrifflicher Indienstnahme verweigernder Reflexions- und Partizipationsmodus, der sie zu einer alternativen, korrektiv-differenzierenden Reflexions- und Orientierungsinstanz in einer hoch komplexen pluralistischen Gesellschaft macht, deren politisches Funktionssystem im Gegensatz zur Literatur nicht ohne Komplexitätsreduktionen operieren kann.[68] Literatur verzichtet dank der ihr einge-

---

65 Vgl. Jürgen Habermas: Der philosophische Diskurs der Moderne. 3. Aufl. Frankfurt a. M. 1991, S. 16.

66 Rusch: Literatur in der Gesellschaft, S. 190. Das hat in den 1960er Jahren bereits Reinhard Baumgart erkannt, der in seinen Frankfurter Poetikvorlesungen (1966/67) zwischen Autonomie und ideologisch-programmatischer Einmischung vermittelt: „Unengagiert", „rein" und „frei" könne sich Literatur niemals halten, weil sie „ihre Zeitgenossenschaft" ausdrücken müsse. Es werde aber Zeit, „die subjektiven Illusionen und den pragmatischen Anspruch des Engagements zu vergessen und nach seinen literarischen Bedingungen zu fragen." Reinhard Baumgart: Aussichten des Romans oder Hat die Literatur Zukunft? Frankfurter Vorlesungen. München 1970, S. 121 und S. 109.

67 Vgl. Zeh: Treideln, S. 76.

68 Ähnlich argumentiert Wegmann, der fordert, das im sogenannten ‚Engagement' zum Thema werdende „Verhältnis zwischen Literatur und Gesellschaft" „‚tiefer" zu legen als es „jene Definitionen tun, die das Kritische einer engagierten Literatur an einem bestimmten Thema oder gar

schriebenen Vieldeutigkeit und ‚operativen Autonomie'[69] darauf, „feste Positionen für richtiges Beobachten vorzugeben".[70] Sie ist deshalb Medium eines unersetzlichen Zugangs zu „mehr Themen und mehr Tiefenschärfe in der Auflösung von Themen"[71] unserer Gesellschaft. Mit den Poetikvorlesungen hat sich nicht zuletzt deshalb im literarischen Feld der Moderne eine neue Gattung herausgebildet, die als kulturkommunikative Brücke zwischen Literatur und Öffentlichkeit, zwischen Literatur und politischer Partizipation – und insofern auch als Medium deliberativer Demokratie – fungiert. Metaperspektivisch betrachtet, verbindet die Gattung damit den Anspruch auf Wahrheitspluralismus mit der in offenen, demokratischen Gesellschaften notwendigen diskursiven Aushandlung allgemein gültiger, verbindlicher Normativitäten. Das Politische erscheint in dieser Optik mithin als Legitimitätsbekundung der Literatur und der öffentlich vorgetragenen Autorpoetiken gleichermaßen.

Literaturverzeichnis

Baasner, Rainer: Methoden und Modelle der Literaturwissenschaft. Eine Einführung. Berlin 1996.

Bachmann, Ingeborg: Frankfurter Vorlesungen. Probleme zeitgenössischer Dichtung. München 1980.

Baumgart, Reinhard: Aussichten des Romans oder Hat die Literatur Zukunft? Frankfurter Vorlesungen. München 1970.

Brokoff, Jürgen / Ursula Geitner / Kerstin Stüssel: Einleitung. In: Engagement. Konzepte von Gegenwart und Gegenwartsliteratur. Hg. v. Jürgen Brokoff / Ursula Geitner / Kerstin Stüssel. Göttingen 2016.

Fink, Kerstin: Von der Öffentlichkeit zur politischen Öffentlichkeit? Über den Zusammenhang von Kunstkommunikation und öffentlicher Deliberation im Anschluss an Jürgen Habermas. In: Kunst und Öffentlichkeit. Hg. v. Dagmar Danko / Oliver Moeschler / Florian Schumacher. Wiesbaden 2015.

Gadamer, Hans-Georg: Wahrheit und Methode. Grundzüge einer philosophischen Hermeneutik. Tübingen 1975.

an einer Doktrin messen wollen". Engagiert sei in solcher Optik ein Werk, das „die sozialen Tatbestände aus dem in den Verhältnissen selbst vorgefundenen Gefüge" löse und diese „nach ihren eigenen Formansprüchen in alternative Zusammenhänge und Abhängigkeiten" überführe. Nikolaus Wegmann: Engagierte Literatur? Zur Poetik des Klartexts. In: Systemtheorie der Literatur. Hg. v. Jürgen Fohrmann / Harro Müller. München 1996, S. 356–357, hier: S. 355.

69 Luhmann: Die Kunst der Gesellschaft, S. 218.

70 Luhmann: Die Gesellschaft der Gesellschaft, S. 958.

71 Luhmann: Die Gesellschaft der Gesellschaft, S. 764–765.

Geitner, Ursula: Stand der Dinge: Engagement-Semantik und Gegenwartsliteratur-Forschung. In: Engagement. Konzepte von Gegenwart und Gegenwartsliteratur. Hg. v. Jürgen Brokoff / Ursula Geitner / Kerstin Stüssel. Göttingen 2016.

Glavinic, Thomas: Meine Schreibmaschine und ich. Bamberger Vorlesungen. Mit einem Vorwort von John Burnside. München 2014.

Habermas, Jürgen: Der philosophische Diskurs der Moderne. Zwölf Vorlesungen. 3. Aufl. Frankfurt a. M. 1991.

Handke, Peter: Die Literatur ist romantisch. In: Ders.: Ich bin ein Bewohner des Elfenbeinturms. Frankfurt a. M. 1972.

Jäger, Georg: Der Schriftsteller als Intellektueller. Ein Problemaufriß. In: Schriftsteller als Intellektuelle. Politik und Literatur im Kalten Krieg. Hg. v. Sven Hanuschek / Therese Hörnigk / Christine Malende. Tübingen 2000.

Joch, Markus: Literatursoziologie/Feldtheorie. In: Methodengeschichte der Germanistik. Hg. v. Jost Schneider. Berlin / New York 2009.

John-Wenndorf, Carolin: Der öffentliche Autor. Über die Selbstinszenierung von Schriftstellern. Bielefeld 2014.

Jung, Arlena: Identität und Differenz. Sinnprobleme der differenzlogischen Systemtheorie. Bielefeld 2009.

Kämmerlings, Richard: „Opferrollenspiel“. In: Frankfurter Allgemeine Zeitung (14. April 2005), Nr. 86.

Kehlmann, Daniel: Diese sehr ernsten Scherze. Poetikvorlesungen. Göttingen 2007.

Kehlmann, Daniel: Kommt, Geister. Frankfurter Vorlesungen. Reinbek b. Hamburg 2015.

Kopperschmidt, Josef: Formale Topik. In: Rhetorik zwischen den Wissenschaften. Hg. v. Gerd Ueding. Tübingen 1991.

Kimmich, Dorothee / Philipp Alexander Ostrowitz: Nachwort. In: Juli Zeh / Georg M. Oswald: Aufgedrängte Bereicherung. Hg. v. Dorothee Kimmich / Philipp Alexander Ostrowicz. Tübinger Poetik-Dozentur 2010.

Liebert, Juliane: Aha-Erlebnis mit Fragezeichen. In *Leere Herzen* hat Juli Zeh die Gegenwart ins Jahr 2025 hochgerechnet – die Rechten und Big Data herrschen. In: Die Zeit (23. November 2017), Nr. 48.

Lohmeier, Anke-Marie: Vom unendlichen Ende des Volksmagisters. Die Intellektuellen, die „Massen“ und die offene Gesellschaft. In: IASL Diskkussionsforum online (2/2000). URL: http://iasl.uni-muenchen.de/discuss/lisforen/lohmeier.htm (letzter Zugriff: 01.05)

Luhmann, Niklas: Die Kunst der Gesellschaft. Frankfurt a. M. 1997.

Luhmann, Niklas: Das Kunstwerk und die Selbstreproduktion von Kunst. In: Ders.: Schriften zu Kunst und Literatur. Hg. v. Niels Werber. Frankfurt a. M. 2008.

Meissner, Thomas: Werther mit Sprengstoffgürtel. Marx lebt: Menasses Frankfurter Poetikvorlesungen. In: Frankfurter Allgemeine Zeitung (24. Februar 2006), Nr. 47.

Menasse, Robert: Die Zerstörung der Welt als Wille und Vorstellung. Frankfurt a. M. 2006.

Meyer, Urs: Politische Rhetorik (Art.). In: Historisches Wörterbuch der Rhetorik. Hg. v. Gert Ueding. Bd. 10: Nachträge von A-Z. Berlin / Boston 2012.

Neumann, Eckhard: Künstler-Mythen. Eine psychohistorische Studie über Kreativität. Frankfurt a. M. / New York 1986.

Plumpe, Gerhard: Kommunikation der Moderne. Bd. 2: Von Nietzsche bis zur Gegenwart. Opladen 1993.

Röhnert, Jan: Poesie und Praxis. Ein Entwurf. In: Poesie und Praxis. Sechs Dichter im Jahr der Wissenschaft. Hg. v. Collegium Europaeum Jenense. Jena 2009.
Rusch, Gebhard: Literatur in der Gesellschaft. In: Literaturwissenschaft und Systemtheorie. Positionen, Kontroversen, Perspektiven. Hg. v. Siegfried J. Schmidt. Opladen 1993.
Schulze, Ingo: Tausend Geschichten sind nicht genug. Leipziger Poetikvorlesung 2007. Frankfurt a. M. 2008.
Sill, Oliver: Literatur in der funktional differenzierten Gesellschaft. Systemtheoretische Perspektiven auf ein komplexes Phänomen. Opladen 2001.
Volk, Ulrich: Der poetologische Diskurs der Gegenwart. Untersuchungen zum zeitgenössischen Verständnis von Poetik, dargestellt an ausgewählten Beispielen der Frankfurter Stiftungsdozentur Poetik. Frankfurt a. M. / Berlin / Bern 2003.
Wagner, Sabrina: Aufklärer der Gegenwart. Politische Autorschaft zu Beginn des 21. Jahrhunderts – Juli Zeh / Ilija Trojanow / Uwe Tellkamp. Göttingen 2015.
Wegmann, Nikolaus: Engagierte Literatur? Zur Poetik des Klartexts. In: Systemtheorie der Literatur. Hg. v. Jürgen Fohrmann / Harro Müller. München 1996.
Werber, Niels: Literatur als System. Zur Ausdifferenzierung literarischer Kommunikation. Opladen 1992.
Zeh, Juli: Schriftsteller und Politik. Wir trauen uns nicht. In: Die Zeit (4. März 2004), Nr. 11.
Zeh, Juli / Georg M. Oswald: Aufgedrängte Bereicherung (Tübinger Poetik-Dozentur). Hg. v. Dorothee Kimmich / Philipp Alexander Ostrowicz. Künselsau 2011.
Zeh, Juli: Treideln. Frankfurter Poetikvorlesungen. Frankfurt a. M. 2013.
Zembylas, Tasos: Kunst oder Nichtkunst. Über Bedingungen und Instanzen ästhetischer Beurteilung. Wien 1997.

Kristin Rebien

Jenseits der Grenzen: Europa in der zeitgenössischen deutschen Literatur

Diskussionen darüber, was Europa heute ist und wie es sich in der Zukunft gestalten lässt, werden vornehmlich im politischen Bereich geführt und mit politischen Akteuren assoziiert. Der politische Europadiskurs ist vor allem ein Ringen um pragmatische Lösungen für konkrete politische und wirtschaftliche Probleme: Wie kann man Schulden senken, Demokratiedefizite beheben, Ressourcen verteilen? Kleinteiliger Pragmatismus hat die EU in den letzten sechzig Jahren weit bewegt. Allerdings kann er Europäer außerhalb der Brüsseler Institutionen nur bedingt inspirieren. Der Anteil der Europaskeptiker ist gleichbleibend hoch. Bei Befragungen geben derzeit ein Drittel der EU-Bürger an, sich der EU „eher nicht" oder „überhaupt nicht" zugehörig zu fühlen. Selbst in Deutschland, einem traditionell EU-freundlichen Land, liegt der Anteil der EU-Skeptiker bei immerhin neunzehn Prozent. Nur jeder zweite EU-Bürger ist mit dem Funktionieren der Demokratie in Europa zufrieden; in Südeuropa nur jeder dritte.[1]

Trotz aller Fortschritte in den letzten Jahrzehnten leidet das Zusammenwachsen Europas chronisch am öffentlichen Eindruck, die EU sei das komplizierte Projekt politischer Eliten. Die Sprache, die man in Brüssel spricht, berührt die Menschen nicht ausreichend und vermittelt kein festes Gemeinschaftsgefühl. „Entreißt den Technokraten die Herrschaft über Europa", forderte unlängst eine Gruppe europafreundlicher Sozialdemokraten um Gesine Schwan.[2] Wer aber spricht für Europa, wenn nicht die „Technokraten", die Europapolitiker und die Experten in Brüssel? Wo soll diese andere Sprache herkommen, die alle erreicht, wenn sie doch unter den Brüsseler Eliten nicht gesprochen wird?

Auf den folgenden Seiten möchte ich zeigen, inwiefern Literatur diese Funktion übernehmen kann, insbesondere dann, wenn sie den politischen Diskurs nicht abbildet, sondern ihm mit eigenen Bildern, Geographien, Bindungen und Reibungen gegenübersteht. Sowohl Politik als auch Literatur beschreiben die Welt in Sprache. Sprache ist in beiden Feldern das Medium der Darstellung und

---

1 Angelika Scheuer: Datenreport 2016: Einstellungen zu Europa. In: Bundeszentrale für politische Bildung. URL: http://www.bpb.de/nachschlagen/datenreport-2016/227030/einstellungen-zu-europa (letzter Zugriff: 19.02.2018).

2 Gesine Schwan: Entreißt den Technokraten die Herrschaft über Europa. In: Zeit online, http://www.zeit.de/politik/ausland/2015-09/europaeische-union-eu-manifest-gesine-schwan/komplettansicht (letzter Zugriff: 19.02.2018).

https://doi.org/10.1515/9783110568561-010

Vermittlung. Jede Beschreibung, jedes Festhalten von Gegebenheiten birgt jedoch auch das Potential von Veränderung in sich. Bei politischen Äußerungen ist dieser Mechanismus oft sehr transparent. Gegebenheiten werden mit der expliziten Intention beschrieben, neue Wege zu legitimieren und deren Richtung aufzuzeigen. In der Literatur unterliegen Bestandsaufnahmen und Beschreibungen in der Regel anderen Zielen. Sie situieren die Handlung, schaffen ein Gefühl für Zeit und Ort. Nur selten beschreibt Literatur die Wirklichkeit mit dem erklärten und vordergründigen Ziel, politische Veränderung zu bewirken. Aber unabhängig von der Intention, die dem Registrieren von Gegebenheiten, Strukturen und Konstellationen vorausgegangen ist, wird jeder literarisch gestaltete Realitätsausschnitt Teil unserer Weltwahrnehmung. Gerade da, wo die Literatur ihre Aufmerksamkeit auf Bereiche lenkt, die nicht Teil des politischen Diskurses sind, liegt ihr Potential, die politische Weltwahrnehmung zu erweitern und zu bereichern und im konkreten Fall der hier besprochenen Texte unsere Vorstellung von Europa zu verändern.

Die beiden Werke im Zentrum meiner Untersuchung, Ingo Schulzes Roman *Adam und Evelyn* (2008) und Lutz Seilers Novelle *Turksib* (2008), beschreiben Reisen durch Europa und über Europa hinaus. Der Kontakt mit Neuem und Fremdem zwingt die Protagonisten, ihre Herkunft und Identität neu zu fassen. Schulzes Figuren reisen in der Wendezeit durch die Tschechoslowakei und Ungarn, Seilers Protagonist durch Kasachstan. Die Verlagerung der Handlung nach außen, in Räume außerhalb der nationalen Grenzen, eröffnet einen Blick auf das vermeintlich Andere und macht gleichzeitig ein Nachdenken über das scheinbar Vertraute möglich. Selbstverständlichkeiten und gewohnte Sichtweisen werden in Frage gestellt. Halt und Orientierung schwinden zunächst angesichts einer sprachlich, politisch und kulturell fremden Umgebung und konstituieren sich im Verlauf der Handlung jeweils neu. Die Orientierungssuche lenkt die Aufmerksamkeit der Leser auf europäische Vernetzungen und kulturelle Gemeinsamkeiten, die ihre Wurzeln in ganz unterschiedlichen historischen Zeitschichten haben und unabhängig von moderner Nationalstaatlichkeit existieren. Die Berührungsräume, die hier literarisch sichtbar gemacht werden, bereichern, so mein zentrales Argument, ein ansonsten eher eindimensionales, politisch-ökonomisch fundiertes Verständnis von europäischer Einheit.

Die politische Dimension der hier untersuchten Texte erschließt sich, wenn man mit Jacques Rancière die strukturellen Gemeinsamkeiten von Literatur und Politik als Teilbereiche ein und derselben Öffentlichkeit versteht. Für Rancière ist Literatur ein Ort, an dem scheinbar stabile und unveränderliche Gegebenheiten, Hierarchien und Bedeutungen aufgehoben werden können. Dabei steht die Literatur der Wirklichkeit nicht als Fiktion gegenüber, sondern wird als Form von Öffentlichkeit selbst Teil der Wirklichkeit. Ziel der Literatur sollte es nicht sein, so

Rancière, die standardisierten Botschaften der politischen Welt in sich aufzunehmen, wie es z. B. die klassische politisch engagierte Literatur in der Mitte des 20. Jahrhunderts getan hat, sondern diesen standardisierten Botschaften mit einer neuen, anderen Weltsicht entgegenzutreten.[3] Das politische Potential der Literatur liegt nach Rancière in ihrer Fähigkeit, die Wirklichkeit zu interpretieren, denn „[...] die Interpretationen sind selbst wirkliche Veränderungen, wenn sie die Formen der Sichtbarkeit einer gemeinsamen Welt verändern und mit ihnen die Fähigkeiten, die beliebige Körper in ihr auf eine neue Landschaft des Gemeinsamen ausüben können."[4]

1 Gemeinschaften des „dritten Weges" in Ingo Schulzes *Adam und Evelyn*

Ingo Schulzes Roman *Adam und Evelyn* erschien 2008 in einer Zeit umfassender Grundsatzdebatten zur politischen Neugestaltung der Europäischen Union und zur EU-Verfassung. Die EU war 2004 und 2007 im größten Wachstumsschub ihrer Geschichte um zehn ehemalige Ostblockländer gewachsen. Das enorme Ausmaß dieser Expansion machte Fragen nach der Handlungsfähigkeit der EU-Institutionen und der Effizienz politischer Prozesse besonders dringlich. Vielfältige Perspektiven wurden verhandelt. Doch letztlich folgten nur minimale Kursänderungen, keine großen Reformen. Der wesentliche Charakter der Europäischen Union und ihre starke ökonomische Ausrichtung blieben erhalten. Auch ihr Machzentrum wurde nicht erweitert. Eine kleine Gruppe westeuropäischer Staaten gilt weiterhin, in den Worten von Jürgen Habermas, als avantgardistisches Kerneuropa, intellektuelles Zentrum und Lokomotive des Fortschritts.[5]

Vor diesem Hintergrund artikuliert und illustriert Schulzes Roman eine Vorstellung von Europa, die scheinbar unumstößliche Annahmen zu Fortschrittlichkeit und Ideenreichtum nachhaltig erschüttert. In Osteuropa, das gerne auf die Geschichte seiner gescheiterten Diktaturen und ineffizienten Planwirtschaften reduziert wird, erkundet Schulze Vorstellungen von Freiheit und Wohlstand, wie sie auch im Zentrum des Selbstverständnisses der Europäischen Union stehen. West und Ost liegen hier dicht beieinander. Schulze inszeniert sie als greifbare Alternativen, indem er die Handlung in die Wendezeit von 1989 und 1990 verla-

3 Jacques Rancière: Politik der Literatur. Hg. v. Peter Engelmann. Wien 2011, S. 42.

4 Rancière, S. 45 – 46.

5 Jacques Derrida / Jürgen Habermas: Nach dem Krieg: Die Wiedergeburt Europas. In: Frankfurter Allgemeine Zeitung (31.05.2003), S. 33.

gert. Er nutzt die Offenheit dieses kurzen Moments, um eine Vielzahl von Möglichkeiten, Ideen, Werten und Idealen abzuwägen. Am Ende wird gerade Osteuropa zu einer Quelle der Inspiration für eine gemeinsame europäische Zukunft. Der Roman gibt eine kluge Antwort auf den problematischen Gemeinplatz, den Schulze einer westdeutschen Figur in den Mund legt: „Nein, der Osten hat mich nie interessiert. Der war schon vor zwanzig Jahren abgehängt. [...] Der Fortschritt wohnt im Westen."[6]

In seiner Form ist *Adam und Evelyn* ein vielstimmiger Roman. Er besteht zu großen Teilen aus Dialogen und verzichtet weitestgehend auf einen strukturierend eingreifenden Erzähler. Mit Withold Bonner gesprochen wird hier „der Singular der einen großen Geschichte" in einer „Vielzahl einander widersprechender Stimmen" und in einer „Fülle einzelner, nur im Plural existierender Geschichten" aufgelöst.[7] Dietmar Ebert hat für dieses Verfahren den Begriff des „Textgewebes" geprägt. Wie aus ineinandergreifenden Fäden eines Stoffes entsteht die Handlung des Romans aus Gesprächssträngen, die sich überlagern und sich um einander schlingen. Mit dieser Form fängt Schulze die Möglichkeitsvielfalt des historischen Moments ein, „[...] denn selten ist in einem Sommer so intensiv über Lebensstile, Lebensmuster und Lebenspläne geredet worden wie in jenem Sommer des Jahres 1989."[8]

Die Titelfiguren Adam und Evelyn reisen im August 1989 aus der DDR über die Tschechoslowakei nach Ungarn. Im Gegensatz zu vielen ihrer Landsleute haben sie zunächst nicht die Absicht, die DDR zu verlassen. Auf ihrer Reise wollen sie ungarische Freunde in Badacsony, einem Urlaubsort am Balaton, besuchen. Durch eine Verkettung von Umständen erreichen sie das Haus der ungarischen Freunde in einer kleinen Gruppe, zu der neben Adam und Evelyn auch Evelyns Freundin Simone, deren westdeutscher Cousin Michael und die junge Ostdeutsche Katja gehören. Alle Figuren sind regimekritisch, haben aber ganz unterschiedliche Einstellungen zu ihrer Heimat und abweichende Vorstellungen vom Westen.

Mit ihrem „Ich wollte schon immer raus"[9] ist Katja repräsentativ für diejenigen Ostdeutschen, für die es keine Alternative zum Westen gab. Sie ist bereit, ihr Leben auf der Flucht zu riskieren. Weil sie kein Visum für Ungarn bekommen

6 Ingo Schulze: Adam und Evelyn. Roman. Berlin 2008, S. 171.

7 Withold Bonner: Gekerbte, glatte und heterotope Räume in Ingo Schulzes Roman *Adam und Evelyn*. In: Deutsch im interkulturellen Begegnungsraum Ostmitteleuropa. Hg. v. Ernest W.B. Hess-Lüttich / Anita Czeglédy / Ulrich H. Laganke. Frankfurt a. M. 2010, S. 345.

8 Dietmar Ebert: Grenzerfahrungen. In: Ingo Schulze. Hg. v. Heinz Ludwig Arnold. München 2012, S. 78.

9 Schulze, S. 92.

kann, reist sie in die Tschechoslowakei und versucht, die Donau zwischen der Tschechoslowakei und Ungarn zu durchschwimmen. Der Versuch missglückt und sie überlebt nur knapp. Adam, den sie kurz darauf kennen lernt, schmuggelt sie im Kofferraum seines Wagens über die Grenze nach Ungarn, um ihr doch noch die Flucht über Österreich zu ermöglichen. Auf die Frage, was sie im Westen will, antwortet sie: „Besser leben, überhaupt leben. [...] Ich will das nicht mehr, eingesargt bis zur Rente, nichts kannst du machen, nichts."[10] An anderer Stelle bemerkt sie: „Ich denke sogar, man hat die Pflicht wegzugehen, wir wissen doch gar nicht, was Leben bedeutet."[11]

Für Evelyn ist der Westen kein konkretes Ziel, sondern eher eine schöne, wenn auch etwas vage Vorstellung. Ihren westdeutschen Begleiter Michael fragt sie, ob es manchmal in Hamburg schneit: „Weihnachtseinkäufe im Schnee sind das Schönste. [...] Mir reicht schon, sich das vorzustellen. Ich will es mir nur vorstellen können." Auf Michaels Einwand, es sei alles noch viel schöner, als sie es sich überhaupt vorstellen könne, erwidert sie: „Weißt du doch gar nicht, was ich mir vorstelle."[12] Erst nachdem Michael bereits abgereist ist und Ungarn am 10. September 1989 offiziell seine Grenzen für DDR-Flüchtlinge öffnet, denkt Evelyn konkret über ein Leben in Westdeutschland nach: „Ich weiß auch nicht, ob es mir drüben gefällt, aber ausprobieren will ich es", sagt sie zu Adam.[13]

Adam hingegen ahnt, dass es für ihn kein besseres Leben außerhalb der DDR geben kann. Er ist ein Regimekritiker, der sich trotz aller Unzulänglichkeiten im Osten nicht nach dem Westen sehnt. Vielmehr schafft er sich unter den Bedingungen der DDR Freiräume, in denen er unberührt von Eingriffen des Staates existieren kann. Er liest keine Zeitung und er geht nicht zur Wahl. „Adam ist so genügsam", sagt Evelyn über ihn:

> Abends sein Bier und im Garten sitzen und die Zigarre, und dann kommt der Nachbar an den Zaun. [...] Mich hat das fasziniert. Er war so unabhängig, [...] das hatte Charakter. Die an der Uni, die waren so vorsichtig und brav, da war Adam ne richtige Befreiung. Der hat kein Blatt vor den Mund genommen.[14]

Der Schlüssel zu Adams Autonomie liegt in der ostdeutschen Mangelwirtschaft. Als selbständiger Maßschneider entwirft und schneidert er außergewöhnliche Kleidungsstücke, für die es eine große Nachfrage und kaum konkurrierende An-

10 Schulze, S. 80.
11 Schulze, S. 179.
12 Schulze, S. 151.
13 Schulze, S. 214.
14 Schulze, S. 179.

gebote gibt. Diese besondere wirtschaftliche Situation ermöglicht ihm ein hohes Maß an kreativer Freiheit. Seine Entwürfe sind Ausdruck seines ästhetischen Empfindens und müssen keinen anderen Maßstäben genügen, weder staatlichen noch ökonomischen. Diese absolute kreative Freiheit macht Arbeit für ihn zu einer Quelle großer Zufriedenheit. In einem Gespräch über Arbeit verteidigt Adam seine künstlerische Freiheit gegenüber dem westdeutschen Michael. Dieser weist ihn auf scheinbar offensichtliche Schranken hin: „Aber wenn sie ein Kleid haben will, kannst du ihr keinen Hosenanzug machen." Adam widerspricht: „Doch, wenn sie in dem Hosenanzug besser aussieht."[15]

Am Ende des Romans lässt Schulze Adam im Westen ankommen und auf tragische Weise scheitern. Adam wird mit einer Ökonomisierung des Lebens konfrontiert, die Schulze andernorts als eine der fundamentalen Grunderfahrungen der Nachwendezeit beschrieben hat: „was sich nicht in Euro und Cent ausdrücken lässt, verschwindet immer schneller aus unserem Alltag."[16] Jedoch hält der Roman die Frage offen, ob nicht Adams Verhältnis zu Arbeit, zur Ästhetik der Dinge und zum Wert von Produkten auch in westlichen Ökonomien erstrebenswert wäre. Mit Adam setzt Schulze einen Kontrapunkt zu ökonomischen Praktiken, die in der Logik westlicher Gesellschaften scheinbar unabänderliche Gesetzmäßigkeiten darstellen, auch wenn sie fluide menschliche Konstrukte sind. Schulze nimmt sich hier wie in vielen seiner Texte die Freiheit, den Westen nicht als natürlich überlegene Ordnung anzunehmen, sondern ihn als unabgeschlossenes Projekt zu durchdenken, das sich mit dem Wissen aus dem Osten verändern und gestalten lässt.

Für Adam ist nicht der Westen Vorbild für ein besseres Leben, sondern der Osten mit all seinen Unzulänglichkeiten die Reibungsfläche, entlang derer sich abweichende Werte leben und alternative Lebensentwürfe entwickeln lassen. Die entscheidenden Prinzipien, die Adams Lebensentwurf zu Grunde liegen, sind weder mit dem kollektiven Gesellschaftsmodell des Ostens noch mit dem ökonomischen Determinismus des Westens vereinbar. Adams Sichtweise verkörpert einen Mittelweg, der seine entscheidende Inspiration aus einer kritischen Positionierung zum Osten bezieht. Damit ist der Westen nicht die vorweggenommene Antwort auf den gescheiterten Osten, sondern das Scheitern des Ostens Anlass für eine grundsätzliche Neuorientierung, für die Suche nach einem dritten Weg.

Es mag daher nicht überraschen, dass Ungarn eine entscheidende Rolle im Roman spielt. Ungarn war Ende der achtziger Jahre ein Ort zwischen Ost und

---

15 Schulze, S. 174.

16 Olga Olivia Kasaty: Ein Gespräch mit Ingo Schulze. In: Entgrenzungen. Vierzehn Autorengespräche über Liebe, Leben und Literatur. Hg. v. Olga Olivia Kasaty. München 2007, S. 352.

West, ein symbolischer Mittelweg und ein „dritter Raum“ an der Schnittstelle zweier Gesellschaftssysteme, der das vorgegebene binäre Weltbild des Kalten Krieges in Frage stellt.[17] Im Roman nimmt Ungarn als Handlungsort mit einem Drittel des Textes den größten Raum ein. Ungarn bildet den Resonanzraum für Adams Weltsicht. Gerade hier lässt sich ein dritter Weg zwischen Ost und West plausibel verteidigen.

Ähnlich wie Adam hat sich auch die ungarische Gastgeberfamilie Angyal einen privaten Rückzugsort geschaffen – ein kleines Haus zwischen idyllischen Weinbergen über dem Balaton. Hierher ist Herr Angyal nach der gescheiterten ungarischen Revolution 1956 geflüchtet, an der er als Neunzehnjähriger entscheidend beteiligt war. Die private Abgeschiedenheit gibt seinen Überzeugungen sicheren Raum. „Warum ist er nicht in den Westen gegangen? Das wäre doch sicher möglich gewesen, oder?“, fragt Katja. „Das versteht niemand, leider“, erwidert Frau Angyal.[18] Herr Angyal merkt an, dass er sich durch den Westen verraten fühlte, weil dieser die Demokratiebewegung 1956 im entscheidenden Moment nicht unterstützt habe. Deshalb entschied er sich für seinen dritten Weg. Er blieb, um die entscheidenden Werte der gescheiterten Revolution zu bewahren. Die Parallelen zwischen Adams Leben außerhalb staatlicher Eingriffe und dem Leben der Familie Angyal treten hier deutlich hervor. Adam fügt dem Plädoyer für einen Mittelweg noch eine weitere Zeitschicht hinzu: „Mein Vater war Jahrgang dreiunddreißig, sagte Adam. Die waren 1945 zu jung, um mitzumachen, und alt genug, um zu begreifen, was passiert. Von denen ist keiner in den Westen und keiner in die Partei. Das hat auch nie jemand verstanden.“[19] Damit zeichnet Schulze eine Genealogie des dritten Weges zwischen Ost und West von 1945 über 1956 und 1989 in die Gegenwart.

Durch die Konvergenz von heterogenen Geographien und Zeiten im Ästhetischen entwirft Schulze mit literarischen Mitteln einen europäischen Raum, ein Europa in Literatur und *als* Literatur. Hier wird nicht nur *über* Europa gesprochen, sondern Europa wird auf neue Weise erfahrbar. Ungarn im Sommer 1989, der Zwischenraum in einem „Zwischenstadium“, ermöglicht Berührungspunkte, anhand derer sich die räumlichen Dimensionen Europas neu denken lassen. Es konstituieren sich neue Verknüpfungen jenseits bestehender Grenzen. Schulzes Figuren mit ihren unterschiedlichen Sichtweisen sind an der Schaffung dieses Raumes gleichberechtigt beteiligt. Das in ihren Gesprächen evozierte Europa ist heterogen und konfliktreich, aber im Gegensatz zum politischen Europa bleibt es

---

17 Bonner, S. 348–349.
18 Schulze, S. 197.
19 Schulze, S. 199.

im Roman ein Raum, in dem keine einzelne Weltsicht dominiert. Adams ästhetischer Zugang zur Welt, seine Verteidigung des Schönen da, wo andere nur Hässliches sehen, und seine Fähigkeit, Schönheit dort zu schaffen, wo sie am meisten fehlt, steht gleichberechtigt neben anderen.

2 Europa jenseits seiner Außengrenzen: Lutz Seilers *Turksib*

Auch Seilers Novelle *Turksib* schafft mit literarischen Mitteln einen europäischen Raum, der sich an gegebenen politischen Geographien reibt. Der namenlose Erzähler der Novelle befindet sich weit außerhalb von Europa, in einem Zug in Kasachstan. Zu Beginn der Erzählung schließt er sich in einer winzigen Toilettenkabine der Turkestan-Sibirischen Eisenbahn, der Turksib, ein, um einen am Abfahrtsbahnhof erworbenen Geigerzähler einzuschalten. Er scheint sich für den Kauf zu schämen, kann aber nicht umhin, das Gerät mit großer Zärtlichkeit zu betrachten. Die „wundersame Melodie" des „wispernden Kästchens"[20] suggeriert Sicherheit und Verlässlichkeit in einer dem Erzähler fremden und in ihrer Fremdheit diffus bedrohlichen Umgebung. Das „feine Knattern", die „Knister- und Schleifgeräusche"[21] des nach seinem deutschen Erfinder, Hans Geiger, benannten Geräts sind ihm vertrauter als das temperamentvolle Parlieren seiner Mitreisenden, einer Übersetzerin, eines Konsuls und zweier kasachischer Musiker. Jedes seiner Worte, so beklagt der Erzähler, verdopple sich im Mund der Übersetzerin und verzehnfache sich in den Kommentaren des Konsuls.[22]

Auch die Geräusche des Geigerzählers, „die Stimme des Zählers",[23] „meines kleinen Erzählers",[24] sind nicht eindeutig, erzeugen aber im Erzähler eine Resonanz. Er möchte sich erinnern, aber noch fehlen ihm die Worte, um dem Gefühlten eine Form zu geben:

> Gern hätte ich mich ausgestreckt, flach auf dem Boden – ich war gebannt von einem außerordentlich wichtigen, tröstlichen Bild [...]: etwas, das ich nicht ganz erfassen konnte, ein Gesicht vielleicht, das noch schemenhaft blieb, eine Maske, unter der beharrlich oder auch nur abwartend geschwiegen wurde.[25]

---

20 Lutz Seiler: Turksib. Zwei Erzählungen. Frankfurt a. M. 2008, S. 9.
21 Seiler: Turksib, S. 8.
22 Seiler: Turksib, S. 7.
23 Seiler: Turksib, S. 9.
24 Seiler: Turksib, S. 11.
25 Seiler: Turksib, S. 9.

In der Erzählung funktioniert der Geigerzähler als Platzhalter für Empfindungen und Erinnerungen, die noch nicht zur Sprache gefunden haben. Seiler schafft so „Abwesenheit in der Sprache".[26] In einem poetologischen Essay merkt er an, eine derartige Leerstelle in einem literarischen Text biete die Möglichkeit, „als Schauender scheinbar zurückzutreten, die Dinge wahrzunehmen ohne Absicht, statt ihnen mit unseren Bestimmungen zuvorzukommen".[27] Das „melodische Kratzen" des Geigerzählers in *Turksib* erlaubt es dem Leser, ein Stück sowjetischer Geschichte zu erinnern, bevor diese dem Erzähler bewusst wird. Während der Erzähler mit dem Geigerzähler in der kleinen Toilettenkabine hockt, durchfährt der Zug die Gegend von Semey, dem ehemaligen Semipalatinsk. Dort führte die Sowjetunion in den 1950er Jahren überirdische Atomtests durch. Die Region ist noch immer schwer radioaktiv belastet. Die Übersetzerin und der Konsul hatten gezögert, als der Erzähler Semey als zusätzlichen Stopp auf der gemeinsamen Vortragsreise einforderte, dann um zusätzliche Geschenke aus Deutschland gebeten – eine Art Entschädigung für die naiven Launen des Gastes, der so wenig über Kasachstan zu wissen scheint, obwohl doch das Uran für die verheerenden Tests in Semipalatinsk zum größten Teil aus der Heimat des Erzählers, der ehemaligen DDR, gekommen war.[28]

In der Geigerzähler-Szene, im Moment der „Abwesenheit in Sprache", wird eine Verbindung zwischen Deutschland und Kasachstan angedeutet, die dem Erzähler erst in der Begegnung mit dem kasachischen Heizer seines Waggons bewusst wird, in der die Novelle kulminiert. In der Begegnung der Figuren findet die gemeinsame Geschichte beider Regionen zur Sprache. Seiler gibt ihr eine Form und macht sie hörbar.

Bei ihrem Zusammentreffen im engen Gang des Waggons verständigen sich der kasachische Heizer und der Erzähler zunächst auf Russisch über die Herkunft des Erzählers. Sobald der Heizer realisiert, dass der Erzähler Deutscher ist, schlägt er die Hacken zusammen und nimmt Haltung an. Der Erzähler vermutet eine Anspielung auf Deutschlands militaristische Vergangenheit und erklärt beschwichtigend, er selbst habe nur in einem niederen Rang in einer bereits untergegangenen Volksarmee gedient.[29] Der Heizer hingegen interessiert sich nicht für deutsche Militärgeschichte, sondern für deutsche Poesie. In gebrochenem

26 Lutz Seiler: Sonntags dachte ich an Gott. Aufsätze. Frankfurt a. M. 2004, S. 75.

27 Seiler: Sonntags dachte ich an Gott, S. 75.

28 Zbynek Zemab / Rainer Karlsch: Uranium Matters. Central European Uranium in International Politics, 1900 – 1960. Budapest 2008, S. 170. Seiler, der einem ostdeutschen Uran-Abbaugebiet aufgewachsen ist, verwendet Motive um Strahlung und Radioaktivität in zahlreichen Texten.

29 Seiler: Turksib, S. 19.

Deutsch beginnt er die ersten Verse aus Heinrich Heines Gedicht *Die Loreley* zu rezitieren:

> Ihrrweiss niehrrt, wahs sohlbe deute,
> Dass ihrrsoo trau riehrrtbien,
> Einmährre aussalteseite...[30]

Doch dann fehlt dem Heizer der nächste Vers. Seine Lippen bewegen sich stumm weiter, aber die Worte wollen ihm nicht einfallen. Der Erzähler steht ihm gebannt gegenüber und formt die fehlenden Worte immer wieder mit den Lippen vor. Er möchte dem Heizer Gelegenheit geben, den für ihn ganz offensichtlich so bedeutungsvollen Satz aus eigener Kraft zu beenden, leidet jedoch auch mit ihm und möchte helfen. Für eine Weile sind beide „in einer Art Fischgesang"[31] gefangen. Dann bricht das befreiende „Das-kommt-mir-nicht-aus-dem-Sinn"[32] aus dem Erzähler heraus. Der Heizer schließt den Erzähler daraufhin dankbar in die Arme, küsst ihn und drückt ihn an sich.

Dass Seiler seinen Heizer gerade Heines Loreley zitieren lässt, ist auf mehrfache Weise bedeutungsvoll. Zum einen kündigt die vom Heizer rezitierte erste Strophe eine ironische Distanz zum Erzählten an, die auch für Seilers Erzählung programmatisch ist. Heines Sprecherfigur konstatiert zunächst seine eigene Traurigkeit und sein Unvermögen, diese Traurigkeit zu erklären, und erwähnt dann ein „Märchen aus alten Zeiten", das ihm nicht aus dem Sinn geht. In welchem Verhältnis Märchen und Traurigkeit, Vergangenes und Gegenwärtiges, Fiktion und gelebte Wirklichkeit zueinander stehen, wird erst in mehrfachen Brechungen sichtbar, die vor allem in ihrer Vielschichtigkeit bedeutsam sind. Zum anderen geht es bei Heine wie bei Seiler im Kern um das Nebeneinander von narrativer Konstitution und gleichzeitiger Subversion von Identität und Gemeinschaft. Heines Loreley amalgamiert Elemente verschiedener romantischer Loreley-Gedichte und -Erzählungen, die ihrerseits auf vorangegangenen literarischen Vorläufern basieren. Im Zentrum dieser literarischen Konstruktion steht eine imaginäre Vergangenheit, die sich aus der oralen Tradition der Rheinschiffer ebenso speist wie aus mittelalterlichen Motiven (die Wassernixe Undine) und Gestalten der griechischen Mythologie (die Sirenen oder die zu Fels gewordene Nymphe Echo).[33] So war Heines *Loreley* nicht wie im Verständnis eines späteren

30 Seiler: Turksib, S. 20.

31 Seiler: Turksib, S. 22.

32 Seiler: Turksib, S. 22.

33 Klaus F. Gille: „Ein Märchen aus alten Zeiten..." Zu Heines Loreley. In: Schlüsselgedichte. Hg. v. Jattie Enklaar / Hans Ester / Evelyne Tax. Würzburg 2009, S. 80 – 81.

Nationalismus Verkörperung deutscher kultureller Wurzeln, sondern vielmehr eine Konfluenz vielschichtiger europäischer Erzählungen. Ganz im Sinne seines differenzierten Europabildes suggeriert Heine in der *Loreley* mit ästhetischen Mitteln eine Vorstellung vom Deutschen, das sich zum europäischen Ganzen hin öffnet und in dieser Öffnung immer wieder neu gedacht werden kann.

Dem Verweis auf Heines Loreley folgt in Seilers Text die Evokation einer jüngeren europäischen Geschichte mit eigenen Gründungsmythen und Narrativen. In der dankbaren Umklammerung des Heizers überkommt den Erzähler Panik. Er kann sich nicht befreien. Seine Faust drängt auf das Kinn des Heizers zu. Erst im letzten Augenblick unterdrückt er den Gewaltimpuls, indem er sich eine Reihe von Begriffen ins Gedächtnis ruft, die ihn beruhigen, darunter Gastland, Befreier, Baikonur und Amur: „[U]nd augenblicklich, als hätte ich irgendwo auf meiner ziellosen Jagd tatsächlich das Zauberwort getroffen, offenbarte sich etwas Vertrautes.“[34] Der Geruch der Heizeruniform versetzt ihn zurück in „das alte Sowjetkasino“. Die Erinnerung „an eine gemeinsame Vergangenheit“[35] besänftigt den Erzähler.

Nicht nur der kasachische Heizer mit seiner liebevollen Affinität zu Heine, sondern auch der Erzähler mit seiner plötzlichen Erinnerung an das frühere Bruderland Sowjetunion trägt „Märchen aus alten Zeiten“ in sich. Wie bei Heine evoziert Seiler das Vergangene mit ironischer Distanz. Der Minimalismus der Begriffskette regt zur Reflexion an, ja fordert diese geradezu vom Leser ein. Der Erzähler selbst durchdenkt die Bedeutung der Worte nicht, sondern konstatiert nur ihre beruhigende Wirkung. Während sich der Erzähler zu Beginn der Novelle als Europäer in der Fremde fühlt – den Geigerzähler beispielsweise hat er gekauft, weil es „[d]ie europäischen Reiseführer empfahlen“[36] – wird ihm jetzt eine Affinität bewusst, die einen völlig anderen Europabegriff nahelegt. Er und der Heizer, der ihm, dem „Europäer“, zunächst so fremd erschien, waren einst Teil einer europäischen Gemeinschaft, die nicht auf den Fundamenten der griechischen Antike errichtet war, sondern auf der Basis marxistischer Ideen des 19. Jahrhunderts. Die assoziative Begriffskette, die sich ins Bewusstsein des Erzählers drängt, verweist auf die gemeinschaftsstiftenden Narrative des ehemaligen sowjetischen Universums mit seinen Satellitenstaaten, zu denen die Befreiung Europas vom Faschismus ebenso gehörte wie die Fortschrittsnarrative um das Kosmodrom in Baikonur oder die Verbindung Europas mit dem Pazifik durch die Baikal-Amur-Magistrale.

---

34 Seiler: Turksib, S. 25.
35 Seiler: Turksib, S. 25.
36 Seiler: Turksib, S. 7.

Das poetische Bild der Umarmung hebt symbolisch die kulturelle und historische Verwobenheit zweier scheinbar distanter Regionen hervor. Es suggeriert Austausch und Transfer zu unterschiedlichen Zeiten und in gegenläufige Richtungen. Für den (ost-)deutschen Erzähler war bis 1989 die Sowjetunion zentraler kultureller, wirtschaftlicher und politischer Referenzpunkt – ein Reich, das sich weit über Europa hinaus erstreckte, aber in seiner aus den Metropolen westlich des Urals geprägten Identität zugleich tief europäisch war. Die Gründung der Sowjetunion und die damit verbundene Russifizierung der östlichen Sowjetrepubliken hat die Ausbreitung europäischer Ideen und kultureller Praktiken nach Zentralasien auf ähnliche Weise beschleunigt wie der europäische Kolonialismus in vorangegangenen Jahrhunderten. In umgekehrter Richtung hat die Sowjetunion auch Ost- und Mitteleuropa verändert und eine Gemeinschaft mit Zentrum außerhalb Westeuropas und einer Ausdehnung über die geographischen Grenzen Europas hinaus geschaffen. Auch diese Form der Gemeinschaft gehört zur kollektiven europäischen Erinnerung.

Die Novelle macht die palimpsesthafte Beschaffenheit europäischer Geschichte sichtbar. Ältere Gemeinschaften und ihre kulturellen, religiösen, ideengeschichtlichen oder politischen Bande hinterlassen Spuren in jeder nachfolgenden Neugründung. Keine neue Gemeinschaftsvorstellung begräbt ihre Vorgänger je vollständig. Oft ist das auch nicht das Ziel. So beruft sich die Europäische Union gerne auf die griechische und römische Antike als Fundament der modernen europäischen Kulturgemeinschaft. Als der Beitritt der Türkei zur EU noch als reale Option verhandelt wurde, führten Gegner des Türkeibeitritts Europas Tradition als christliche Gemeinschaft ins Feld. Über den Ostblock hingegen wird seit 1990 im Westen wie im Osten viel geschwiegen. Wenn Aspekte der Ostblockgeschichte im öffentlichen Diskurs thematisiert werden, beschränken sie sich in der Regel auf das ideologische, politische und ökonomische Scheitern einer Zwangsgemeinschaft. Seilers Novelle macht einen anderen Ausschnitt dieser Zeitschicht sichtbar. Ihr Augenmerk liegt auf den gemeinschaftsstiftenden Narrativen, die in Schulen, Medien und anderen Bereichen der Öffentlichkeit für mehrere Generationen von Ostdeutschen, Georgiern, Rumänen, Esten oder Kasachen gleichermaßen präsent waren. Die gemeinsame Erfahrung mit diesen Narrativen, das Aufwachsen in ihnen, ist nicht weniger Teil der kollektiven Erinnerung vieler ehemaliger Ostblock-Bewohner als die Erfahrungen mit politischer Unterdrückung oder Mangelwirtschaft.

Mit dem Aufrufen einstiger gemeinschaftsstiftender Narrative baut Seilers Novelle eine Brücke in die Regionen jenseits der östlichen Außengrenzen der Europäischen Union. Sie verbindet, wo die neuen Außengrenzen der EU eine Trennung suggerieren. Damit verweist die Novelle auch auf die problematische Kehrseite der europäischen Integration. Relativ zu dem Maß, in dem sich das

Bewusstsein von „Einheit in Vielfalt“ innerhalb der Europäischen Union zu einer greifbaren Identität verfestigt und sich ein nach innen gerichtetes Gemeinschaftsgefühl ausbildet, wächst auch die Vorstellung vom Anderen, vom Außen. Denn jeder Begriff vom Innen setzt notwendigerweise eine Vorstellung vom Außen voraus. Historisch betrachtet reichen Vorstellungen vom „modernen“ Europa und seinem slawisch-orientalisch-asiatischen Gegenpart weit zurück. Schon in den Identitätsdiskursen des 18. Jahrhunderts galt der slawisch-orientalisch-asiatische Osten als das zeitenthobene, mythische, rückwärtsgewandte Gegenmodell zum fortschrittlichen Westeuropa.[37] Die gegenwärtige politische Geographie Europas mit den EU-Außengrenzen entlang der baltischen Staaten, Polens und Rumäniens begünstigt die latente Präsenz alter Ost-West-Dichotomien im Identitätsdiskurs des integrierten Europas.

Seiler greift den konstruierten Gegensatz zwischen dem „modernen“ Europa und dem „rückwärtsgewandten“ Osten zu Beginn der Novelle auf und inszeniert ihn in den absurden Ängsten des sich emphatisch zu Europa bekennenden Erzählers. Seine Sicht auf die Umgebung ist symptomatisch für eine polarisierende Konzeptionalisierung des europäischen Eigenen in Abgrenzung vom östlichen Fremden. Erst im Verlauf der Handlung setzt sich eine grundsätzlich andere Wahrnehmung des Eigenen und des Fremden durch. Durch das Ineinandergreifen unterschiedlicher historischer Gemeinschaftsvorstellungen im poetischen Raum des Textes erscheinen auch die Grenzen zwischen Europa und Asien als fluide Übergangszonen und kulturelle Berührungsräume, in denen Identitäten neu gedacht werden können. Europa wird so in Seilers Novelle breiter und multizentrischer als die enge Vorstellung vom politischen Staatenbund.

Am Ende der Novelle befinden sich der Erzähler und der Heizer für einen kurzen Moment in einer Art überirdischer Suspension. Der Heizer küsst den Erzähler, und genau in diesem Moment prallt der Zug auf ein Hindernis. Beide fliegen daraufhin durch den Gang: „[E]inen Moment schwebte ich, einzig mit dem Heizer als Halt, in der Luft des Korridors.“[38] Bei der Landung bleiben beide zunächst ineinander verhakt: Der Heizer ist

> nicht imstande gewesen, seinen Kuss mit der gebotenen Flüchtigkeit zu lösen. Im Gegenteil. Seine Zähne hatten sich fest zwischen meine Lippen gedrückt, und in der beschämenden

37 Sabine Egger: ‚The East‘ as a Transit Space in the New Europe? Transnational Train Journeys in Prose Poems by Kurt Drawert, Lutz Seiler and Ilma Rakusa. In: German Life and Letters 68 (2015), H. 2, S. 246–247.

38 Seiler: Turksib, S. 26.

> Hilflosigkeit, die der Heizer und ich jetzt teilten, war deutlich zu spüren gewesen, wie ein Schwall seines warmen, kohligen Atems in mich stieß […].[39]

Dem Erzähler wird hier gleichsam neues Leben eingehaucht. Er verschmilzt im Bruderkuss mit seinem kasachischen Gegenüber. Als er wieder zu sich kommt, sieht er seine Umgebung mit neuen Augen. Die Resonanz, die zuvor der Geigerzähler in ihm erzeugt hat, löst jetzt der Anblick der kasachischen Übersetzerin aus: „Ich schaute zu ihr hinauf, nur hinauf, ich schluckte, verwundert, jetzt kam sie mir schön und bekannt vor, ein Gesicht, so dachte ich, nach dem ich mich sehnte, vielleicht schon immer gesehnt hatte."[40] Der Geigerzähler hingegen ist während der Begegnung mit dem Heizer verstummt.

Aus der Erinnerung an eine vergangene Gemeinschaft, die der Heizer im Erzähler geweckt hat, wird eine gelebte Bindung in der Gegenwart. Erst als der Erzähler den Nachhall der Märchen aus alten Zeiten und „das Gefühl eines unbegreiflichen Verlusts"[41] zulässt, erscheint ihm das Fremde vertraut und in seiner Vertrautheit bezaubernd. Das Gemeinsame dominiert am Ende der Novelle über das Fremde. Es nimmt dem Fremden seinen bedrohlichen Charakter. Die poetische Realität des Textes erlaubt ein Nebeneinander von alten und neuen Affinitäten, von Erkennen und Wiedererkennen, und lässt daraus ein Gefühl von Gemeinschaft entstehen.

3 Europa in der Literatur

Die besprochenen Werke zeigen auf exemplarische Weise die Möglichkeit europäischer Begegnungen in der Literatur. Europa wird im ästhetischen Raum auf neue und ungewohnte Weise fühlbar. Es entstehen Vorstellungen von Europa jenseits bestehender Grenzen und politischer Festschreibungen. Die Texte denken über Grenzen vor allen Dingen mit Blick auf ihre Kontingenz nach und laden dazu ein, die europäische Staatengemeinschaft so zu verstehen, wie Bendict Anderson es in *Imagined Communities* einst für die Nation vorgeschlagen hat: als eine „vorgestellte Gemeinschaft", die dauerhaft der Imaginationskraft ihrer Mitglieder bedarf und mittels derer auch immer wieder neu gedacht werden kann.[42]

39 Seiler: Turksib, S. 26–27.

40 Seiler: Turksib, S. 29.

41 Seiler: Turksib, S. 28.

42 Benedict Anderson. Die Erfindung der Nation: Zur Karriere eines erfolgreichen Konzepts. Frankfurt a. M. 2005.

Im Sinne Rancières machen die Texte Bindungen sichtbar, die im politischen Diskurs verborgen bleiben, heben Hierarchien auf und suggerieren neue Konstellationen. So kehren beispielsweise beide Texte den politisch üblichen Blick vom westeuropäischen „avantgardistischen Kerneuropa" nach Osten um und spüren gemeinschaftsstiftenden Narrativen aus dem Osten in westlicher Richtung nach. Es wird deutlich, dass die kritische Auseinandersetzung mit dem Ostblock auch heute noch neue Werte, Ideen, Lebensentwürfe und Gemeinschaftsvorstellungen generieren kann und diese sich nicht notwendigerweise mit einem traditionell westeuropäischen, ökonomisch determinierten Fortschrittsglauben decken müssen, sondern diesen sinnvoll ergänzen und bereichern können. Mit dem gleichberechtigten Nebeneinander unterschiedlicher Ideen, Zeitschichten und Kulturräume, dem Mitdenken einer Gemeinschaft in einer anderen und der Spiegelung des Eigenen im Fremden – mit Denkweisen und Darstellungsformen, die gerade der Literatur eigen sind – kann Literatur das, was in Bezug auf Europa denkbar und vorstellbar ist, nachhaltig verändern.

Literaturverzeichnis

Anderson, Benedict: Die Erfindung der Nation: Zur Karriere eines erfolgreichen Konzepts. Frankfurt a. M. 2005.

Bonner, Withold: Gekerbte, glatte und heterotope Räume in Ingo Schulzes Roman *Adam und Evelyn*. In: Deutsch im interkulturellen Begegnungsraum Ostmitteleuropa. Hg. v. Ernest W.B. Hess-Lüttich / Anita Czeglédy / Ulrich H. Laganke. Frankfurt a. M. 2010.

Derrida, Jacques / Jürgen Habermas: Nach dem Krieg: Die Wiedergeburt Europas. In: Frankfurter Allgemeine Zeitung (31. 05. 2003), S. 33.

Ebert, Dietmar: Grenzerfahrungen. In: Ingo Schulze. Hg. v. Heinz Ludwig Arnold. München 2012, S. 76–87.

Egger, Sabine: ‚The East' as a Transit Space in the New Europe? Transnational Train Journeys in Prose Poems by Kurt Drawert, Lutz Seiler and Ilma Rakusa. In: German Life and Letters 68 (2015), H. 2, S. 245–267.

Gille, Klaus F.: „Ein Märchen aus alten Zeiten..." Zu Heines Loreley. In: Schlüsselgedichte. Hg. v. Jattie Enklaar / Hans Ester / Evelyne Tax. Würzburg 2009, S. 79–88.

Kasaty, Olga Olivia: Ein Gespräch mit Ingo Schulze. In: Entgrenzungen. Vierzehn Autorengespräche über Liebe, Leben und Literatur. Hg. v. Olga Olivia Kasaty. München 2007, S. 332–359.

Rancière, Jacques: Politik der Literatur. Hg. v. Peter Engelmann. Wien 2011.

Scheuer, Angelika: Datenreport 2016: Einstellungen zu Europa. In: Bundeszentrale für politische Bildung. URL: http://www.bpb.de/nachschlagen/datenreport-2016/227030/einstellungen-zu-europa (letzter Zugriff: 19. 02. 2018).

Schwan, Gesine: Entreißt den Technokraten die Herrschaft über Europa. In: Zeit online. URL: http://www.zeit.de/politik/ausland/2015-09/europaeische-union-eu-manifest-gesine-schwan/komplettansicht (letzter Zugriff: 19. 02. 2018).

Seiler, Lutz: Sonntags dachte ich an Gott. Aufsätze. Frankfurt a. M. 2004.
Seiler, Lutz: Turksib. Zwei Erzählungen. Frankfurt a. M. 2008.
Zemab, Zbynek / Rainer Karlsch: Uranium Matters. Central European Uranium in International Politics, 1900–1960. Budapest 2008.

Inszenierungen und Medien

Isabelle Stauffer

Virtuelle Bilder des Terrorismus

Tristesse Royale (1999) und *September. Fata Morgana* (2010) als literarische Reflexionen auf die Medialisierung des Politischen

Die Annahme, dass das Politische eine mediale „Scheinwelt" aus „virtuellen Bildern"[1] sei, ein von Medien erzeugter „flimmernder Schneesturm der Halbwahrheiten und Lügen",[2] verbindet zwei so unterschiedliche Texte der Gegenwartsliteratur wie das Performance-Protokoll *Tristesse Royale* (1999) und Thomas Lehrs Roman *September. Fata Morgana* (2010). Beide Texte reflektieren die Medialisierung des Politischen vor dem Hintergrund des Terrorismus.

Entgegen der kritischen Stimmen bei Erscheinen von *Tristesse Royale* spielt das Politische in dem literarisierten Gespräch zwischen Joachim Bessing, Christian Kracht, Eckhard Nickel, Alexander von Schönburg und Benjamin von Stuckrad-Barre eine eminente Rolle. Deutlich wird dies schon an den Kapitel-Überschriften *Der Flug der Steine* und *Der Fall der Mauer.* Um ein „Sittenbild"[3] ihrer Generation zu entwerfen, debattieren die Gesprächsteilnehmer über das Demonstrationsverhalten in den 1990er Jahren, Phänomene der Medialisierung und des Populismus in der Politik sowie über die Möglichkeiten politischer Kunst. Bei einer erneuten Lektüre mit achtzehn Jahren Abstand erweisen sich die Diskussionen des popkulturellen Quintetts dagegen als hochaktuell, wenn sie auf die Taliban, Donald Trump und ein Wiederaufflammen des Russland-Konflikts verweisen.[4]

Thomas Lehrs Roman *September. Fata Morgana* (2010) thematisiert den Sechstagekrieg, den Golfkrieg sowie die zwei Irakkriege der USA, die Terroranschläge vom 11. September 2001 auf das New Yorker World Trade Center und das Aschuramassaker 2004 der Al-Qaida in Bagdad. Diese Geschehnisse werden durch Bewusstseinsströme von Protagonisten mit einmontierten realen TV- und Zeitungsnachrichten sowohl von irakischer Seite als auch von amerikanischer Seite geschildert. Die mediale Herstellung des Politischen und dessen Kritik ist dabei ein zentraler Gegenstand dieser Diskurse.

1 Tristesse Royale: Das popkulturelle Quintett mit Joachim Bessing, Christian Kracht, Eckhart Nickel, Alexander von Schönburg und Benjamin von Stuckrad-Barre. Berlin 2005, S. 155 und 158.

2 Thomas Lehr: September. Fata Morgana. Roman. München 2012, S. 62.

3 Tristesse Royale, S. 11.

4 Vgl. Tristesse Royale, S. 25, 33, 188.

https://doi.org/10.1515/9783110568561-011

Angesichts dieser Medialisierungen des Politischen erweist sich der Terrorismus in *Tristesse Royale* und in *September. Fata Morgana* nicht nur als ein medial vermitteltes Geschehnis, sondern die mediale Vermittlung selbst wird als eine Form des Terrorismus oder zumindest des Diktats vermeintlicher Wahrheiten reflektiert. In *Tristesse Royale* wird die Virtualisierung der Politik, durch die sich „alle Realitäten herstellen" lassen, als ein „unsichtbare[r] Terrorismus"[5] bezeichnet – der als Gegenreaktion terroristische Phantasien der Popliteraten nach sich zieht. *September. Fata Morgana* führt vor, wie in den Medien sowohl der westlichen Demokratien als auch der östlichen Diktaturen zweckgerichtete Unwahrheiten über den Terrorismus erzeugt und verbreitet werden. Beide Seiten gleichen sich darin, „Krieg fast noch wie eine TV-Serie"[6] zu führen. Die Polyperspektivität des Romans zeigt die Medialisierung des Politischen im Bereich des Terrors als einen unausweichlichen Effekt – der mit den Mitteln literarischer Ästhetik reflektiert werden kann.

Dieser Aufsatz fragt danach, wie *Tristesse Royale* und *September. Fata Morgana* die Medialisierung des Politischen und die virtuellen Bilder des Terrorismus thematisieren und wie sie ihnen ästhetisch begegnen. In Frage steht damit auch, ob und welche politische Haltung die Texte damit einnehmen.

1 *Tristesse Royale:* Leidenschaftslose Demonstrationen und Spitzenpolitiker im Showbusiness

Die vom popkulturellen Quintett beobachtete Demonstration vor dem Adlon wird als „Sprung des Fernsehzuschauers hinein ins Fernsehbild selbst" und zugleich als „das Unpolitischste überhaupt"[7] beschrieben. Die Demonstranten verteilten Flyer von „Brokers Bierbörse"[8] und trügen Spaghettiträger-Kleider von Donna Karan.[9] Demonstrationen seien nur noch „Kaffeekränzchen auf den Strassen",[10]

5 Tristesse Royale, S. 158.

6 Lehr, S. 101. Der 11. September gilt als das letzte Medienereignis, das noch unter den Bedingungen des Leitmediums Fernsehen stattgefunden hat. Vgl. Heide Reinhäckel: „Auf allen Kanälen plötzlich Bilder, die man nicht glaubt": 9/11 in der deutschsprachigen Gegenwartsliteratur. In: Gegenwart schreiben. Hg. v. Corina Caduff / Ulrike Vedder. Paderborn 2017, S. 37–48; hier: S. 42.

7 Tristesse Royale, S. 93, 96.

8 Tristesse Royale, S. 102.

9 Vgl. Tristesse Royale, S. 95, 102.

10 Tristesse Royale, S. 97.

gemäßigt und leidenschaftslos.[11] Die durch die Demonstration ausgelöste Frage nach der eigenen Politisierung wird von Joachim Bessing abgelehnt und als überwunden dargestellt.[12] Alexander von Schönburg führt das Politisch-Sein, das er für sich in Anspruch nimmt, *ad absurdum*, indem er zwei unterschiedlichen Parteien, nämlich FDP und CDU gleichzeitig angehört.[13] Er meint, Parteizugehörigkeit sei nur noch ein gesellschaftliches Engagement und es gäbe eigentlich keine Republik im politischen Sinne mehr.[14] Die Zeitungen informierten nicht mehr, sondern betreiben eine „virtuelle Politik", die mit den Urängsten des Menschen vor Armut, Krieg und Tod spielt.[15] Und die Masse sei unpolitisch.[16] Nicht mal mehr die Politiker seien politisch, wird doch der damalige Bundeskanzler Gerhard Schröder von Benjamin von Stuckrad-Barre als „der unpolitischste Mensch Deutschlands"[17] hingestellt. Schröder trete nämlich in Unterhaltungssendungen wie „Wetten Dass ...[sic]" auf, wo man sich nicht über Politik, sondern über seine Haarfarbe unterhalte. Es gehe ihm nur noch darum, „von politischen Themen abzulenken und die Menschen mit der Frage zu narkotisieren, ob er für seine Kaschmir-Modestrecken in der unfaßbaren Zeitschrift In-Style Geld bekommt".[18] Wichtige politische Ereignisse wie der Fall der Mauer oder der Irak-Krieg beschreibt das popkulturelle Quintett „[v]or allem als Medienereignis" und als „CNN-virtuell".[19]

Mit der Passivität der Bürger, der politischen Funktionslosigkeit der Parteien, einem Spitzenpolitiker, der nur noch Showbusiness vorführt, um Politik hinter verschlossenen Türen zu machen, und Politik als Medienspektakel beschreiben die Popliteraten Dinge, die Colin Crouch 2003, also vier Jahre später, in einem Essay als typisch für eine Postdemokratie bezeichnet. Der Begriff Postdemokratie beschreibt:

> Ein Gemeinwesen, in dem zwar nach wie vor Wahlen abgehalten werden [...], in dem allerdings konkurrierende Teams professioneller PR-Experten die öffentliche Debatte während der Wahlkämpfe so stark kontrollieren, daß sie zu einem reinen Spektakel verkommt, bei

11 Vgl. Tristesse Royale, S. 94.
12 Vgl. Tristesse Royale, S. 98–99.
13 Vgl. Tristesse Royale, S. 99.
14 Vgl. Tristesse Royale, S. 100.
15 Tristesse Royale, S. 101.
16 Vgl. Tristesse Royale, S. 103.
17 Tristesse Royale, S. 109.
18 Vgl. Tristesse Royale, S. 109–110.
19 Tristesse Royale, S. 110 und 133.

> dem man nur noch über eine Reihe von Problemen diskutiert, die die Experten zuvor ausgewählt haben.[20]

Die Bürger müssen sich mit der Rolle manipulierter, passiver Teilnehmer begnügen.[21] Die Parteien verlieren zunehmend ihre politische Funktion und nähern sich Unternehmen an. Um die Forderungen der Menschen zu lenken und zu manipulieren, imitiert die Politik die Methoden von Marketing und Showbusiness.[22] Der Massenjournalismus nimmt sich den Werbetext zum Vorbild.[23] Deshalb gibt es kaum mehr eine ernsthafte Diskussionskultur.[24] Die gewählten Regierungen vertreten vor allem die Interessen der Wirtschaft und die Politiker gelten nicht länger als vertrauenswürdig.[25] Während aber Crouch durchaus Wege aus der Postdemokratie sieht und vorschlägt, wirken die Popliteraten weit pessimistischer. Sie beklagen sich darüber, dass Rebellion keinen Spaß mehr mache, weil die Rebellion „schon Teil des Systems"[26] sei.

Aus der Politik als Scheinwelt gebe es als Ausweg den Terror, schlägt Joachim Bessing vor: „Die Bombardierung der Stätten des Falschen von innen heraus wird die Zukunft sein."[27] Mit „Stätten des Falschen" sind Luxusläden wie Prada und Luxushotels wie das Adlon gemeint, in dem die Gruppe gastiert. Die Sprengung des Letzteren wird in Betracht gezogen. Alexander von Schönburg präzisiert Bessings Vision als einen „urbane[n] Terrorismus als Anti-Konsum-Terror".[28] Nach Joachim Bessing sind „Spiritualität oder Bombenwerfen nichts anderes [...] als Versuche, eine weiße Leinwand herzustellen, auf der wir noch einmal anfangen könnten".[29] Aufgrund eines solchen Terrorismus sieht er eine „kollektive Verzweiflung" voraus „mit Schäden, die einem Weltkrieg sehr nahekommen".[30] Neben dieser fast schon prophetischen Vision Bessings sehnt sich Christian Kracht im Schlussteil des Buches in Phnom Penh nach „der grünen Wiese des Islams".[31] Als solche imaginiert er ein „Sex-Camp"[32] von Gaddhafi, ähnlich wie

---

20 Colin Crouch: Postdemokratie. Aus dem Englischen von Nikolaus Gramm. Frankfurt a.M. 2008, S. 10.
21 Vgl. Crouch, S. 33.
22 Vgl. Crouch S. 30, 32, 41.
23 Vgl. Crouch, S. 38.
24 Vgl. Crouch, S. 41.
25 Vgl. Crouch, S. 10, 41.
26 Tristesse Royale, S. 119.
27 Tristesse Royale, S. 156.
28 Tristesse Royale, S. 156.
29 Tristesse Royale, S. 157.
30 Tristesse Royale, S. 159.
31 Tristesse Royale, S. 179.

das jenseitige Paradies, das den heutigen islamistischen Selbstmordattentätern versprochen wird. Gaddhafis Camp in Christian Krachts Phantasie wird schließlich von der US-Air-Force vernichtet. Diese Vorstellungen sind jedoch medial eingehegt, ästhetisiert und virtualisiert[33] – genauso wie die Politik.

2 Die Politik der Form I: *Tristesse Royale* als Performance

Als „faselnde Fünf“, die an „verschworene Tischgemeinschaften in Altersheimen“ erinnern, die nur übers Essen reden und angesichts deren „angestrengte[m] Insider-Jargon“ „das Gewicht der Welt“ verdunste, bezeichnen Henryk M. Broder und Reinhard Mohr im *Spiegel* das popkulturelle Quintett angesichts ihrer Lesung aus *Tristesse Royale* am 29. November 1999 in Berlin.[34] Auch Thomas Ernst bezeichnet in seiner Einführung *Popliteratur* (2001) *Tristesse Royale* als „gut verkäufliche Trendliteratur mit schnellem Verfallsdatum“, die „nicht mehr wütender Protest gegen die Verhältnisse“ ist, sondern „völlig beliebig“.[35] Johannes Ullmaier spricht sogar von der „Anti-‚Politik‘ [...] neuerer Popliteraten“.[36] Es handelt sich jedoch nur um eine „scheinbar ziel- und belanglose Causerie“.[37] Zumindest Kracht, diagnostiziert Moritz Baßler, spanne mit den Buchcovers von *Mesopotamia* (1999) und *Der gelbe Bleistift* (2000), wo er erst mit einer Kalaschnikow und dann mit einer Sitar posiere, ein „Möbiusband zwischen Ironie und Eigentlichkeit“ auf.[38] Ernst sei es den Popliteraten mit dem Terror nie gewesen, denn die „fröhlichen Pop-Verfahren“ haben „Alternativen zu unbedingten Überzeugungen geboten“.[39] Diese Meinung vertritt auch Niels Werber: Der Terror sei nur „*ultima ratio* im Kampf der Spaßgesellschaft um Unterhaltung freier Zeit“.[40] Jedoch dürften „[d]ie Ereignisse im September 2001 [...] die metaphorische Ver-

---

32 Tristesse Royale, S. 179.

33 Zur medialen Einhegung des Terrors in *Tristesse Royale* vgl. Niels Werber: Der Teppich des Sterbens. Gewalt und Terror in der neusten Popliteratur. In: Weimarer Beiträge 49 (2003), S. 55–69; hier: S. 59.

34 Henryk M. Broder / Reinhard Mohr: Die faselnden Fünf. In: Spiegel 49 (1999), S. 264–265.

35 Thomas Ernst: Popliteratur. Hamburg 2001, S. 75.

36 Johannes Ullmaier: Von Acid nach Adlon und zurück: Eine Reise durch die deutschsprachige Popliteratur. Mainz 2001, S. 36.

37 Moritz Baßler: Der deutsche Pop-Roman: Die neuen Archivisten. München 2005, S. 126.

38 Baßler, S. 130.

39 Baßler, S. 131.

40 Werber, S. 64.

fügbarkeit des Stichworts ‚Terrorismus' inzwischen grundlegend verändert haben",[41] schreibt Baßler 2002, während Werber 2003 kontert: „Spaß am *delightful terror* aus sicherer Entfernung zu haben, daran wird der 11. September wenig ändern."[42] Werbers Position ist jedoch spätestens angesichts aktueller Entwicklungen nicht mehr haltbar und Christian Krachts anhaltende Auseinandersetzung mit dem Totalitarismus ist mittlerweile auch nicht mehr auf „*L'art pour l'art*-Terror"[43] reduzierbar. Gerade die Rückverweise in *Tristesse Royale* auf „das Politische der Popkultur"[44] sind es, die stutzig machen – und diese laufen wesentlich auch über die Form.

Wie ich zeigen möchte, ist das Politische an *Tristesse Royale* deshalb nicht zu verstehen ohne die Form des Performance-Protokolls zu berücksichtigen. Das Inszenierungsmoment – möglichst des Befremdenden – ist ein wesentlicher Teil der Popkultur seit ihren Anfängen.[45] In Pop II, also nach Diedrich Diedrichsen die Popliteratur der 1990er Jahre, basiert es aber nicht mehr auf der amerikanischen Pop- und Protestkultur, sondern auf der globalisierten Medienszene der 1990er.[46] Mit performanceartigen Auftritten soll aber nach Dirk Niefanger immer noch „das Establishment" provoziert werden. Die *performances* von Pop II richten sich jedoch „zu keinem geringen Teil gerade gegen die ehemaligen Rebellen und ihre ‚ehrlich' vertretene Gesinnung [...]",[47] also gegen die Alt-68er. Als Performance sei *Tristesse Royale* überaus konsequent durchgeführt, attestiert Moritz Baßler in seinem Pop-Buch.[48] Liest man nun *Tristesse Royale* wirklich als Performance, dann tritt, so meine These, das Politische erst richtig hervor.

---

41 Baßler, S. 131.

42 Werber, S. 66.

43 Weber, S. 60. Zur Fühlbarkeit der politischen Konsequenzen von 9/11 vgl. Silke Horstkotte: Transcending Trauma: Thomas Lehr's 9/11 novel „September. Fata Morgana". In: Image & Narrative 14 (2013), H. 1, S. 35–46, hier: S. 36.

44 Werber, S. 62, der aber in der Folge davon ausgeht, dass die Popliteraten dieses restlos „entkernen" und nur einen „Thesaurus zitierbarer Oberflächenelemente" zurücklassen. Vgl. Werber, S. 66.

45 Vgl. Dirk Niefanger: „Etwas anderes tun": Symbol und *performance* in der deutschen Popkultur. In: Aktualität des Symbols. Hg. v. Frauke Berndt / Christoph Brecht. Freiburg im Breisgau 2005 (Rombach Wissenschaften. Reihe Litterae, Bd. 121), S. 329–343; hier: S. 332.

46 Vgl. Niefanger: Symbol und *performance*, S. 330.

47 Dirk Niefanger: Provokative Posen: Zur Autorinszenierung in der deutschen Popliteratur. In: Pop, Pop, Populär: Popliteratur und Jugendkultur. Hg. v. Johannes G. Pankau. Bremen / Oldenburg 2002, S. 85–101, hier: S. 98. Dazu auch Dirk Frank: Die Nachfahren der ‚Gegengegenkultur': Die Geburt der „Tristesse Royale" aus dem Geiste der achtziger Jahre. In: Pop-Literatur. Hg. v. Heinz Ludwig Arnold und Jörgen Schäfer. München 2003 (Text + Kritik Sonderband, Bd. 2003), S. 218–233.

48 Vgl. Baßler, S. 124.

Performance-Künstler gelten als gefährlich – schreibt die Kunsthistorikerin Kristine Stiles – weil sie vorführen, dass man handeln kann. Und mit ihrem Handeln problematisieren sie normatives Verhalten und normative Werte: „Dafür zu sorgen, daß etwas geschieht, ist die intentionale, kausale Essenz eines machtvollen politischen Aktes."[49] Performance sprengt die Grenzen der traditionellen Künste, bildende Kunst, Musik, Theater und Tanz, und bricht mit den Erwartungen des Publikums. Performance lebt von einer großen Nähe zwischen Kunst und Leben und hat etwas Transformatorisches, das heißt, ihre Durchführung kann einen Lern- oder Heilprozess bewirken. Der Körper ist ihr wesentliches Ausdrucksmittel. Gerade durch ihre Flüchtigkeit und durch ihren Einsatz von Alltagsgegenständen hinterfragt die Performance die Warenform bürgerlicher Kunstwerke.[50] Und: Performance lässt widersprüchliche und rivalisierende Deutungen zu.[51]

Die Grenzen der traditionellen Künste werden durch *Tristesse Royale* gesprengt. Es existieren transkribierte Tonbänder mit den einzelnen Redebeiträgen der Popliteraten, zudem gibt es Beschreibungen der mimischen und gestischen Aktionen (wie beim Nebentext in einem Drama).[52] Außerdem gibt es Indizien dafür, nicht nur den letzten Teil, sondern auch das Ganze als einen Film zu lesen. Dafür sprechen fantastische und absurde Szenen wie die Verwandlung des Adloner Kaminzimmers „abwechselnd in eine Talkshow, einen weißen Sportwagen, ein Minenfeld, das siebte Hinterzimmer einer Bar".[53] Ebenfalls dazu gehören ein Fade-Out am Ende eines Kapitels „*Es wird dunkel*"[54] oder die Verwandlung von Eckhardt Nickels Gesicht und Körper in Barbara Streisand und wieder zurück.[55] Dies sind alles Elemente, die nur innerhalb einer filmischen Logik erklärbar sind.

Dass durch das Performance-Protokoll Erwartungen gebrochen wurden, zeigt das wilde Geschimpfe der Kritiker überdeutlich. Die Nähe von Kunst und Leben

---

49 Kristine Stiles: Unverfälschte Freude: Internationale Kunstaktionen, In: Out of actions: zwischen Performance und Objekt 1949–1979; Hg. von Paul Schimmel. Hg. der dt. Ausg.: Peter Noever. Ostfildern 1998, S. 227–329, hier: S. 283.

50 Vgl. Meike Rotermund: Metamorphosen in inneren Räumen. Video- und Performancearbeiten der Künstlerin Ulrike Rosenbach. Göttingen 2012, S. 13–15.

51 Marvin Carlson: Performance: A Critical Introduction. Routledge, London / New York 1996, S. 1–2.

52 Zu den Tonbändern und der Autorproblematik vgl. Jörgen Schäfer / Jan Süselbeck: Nachdenken über Lady P. Von den Adlon-Tapes zu Tristesse Royale – Vorüberlegungen zu einer textgenetischen Teiledition. In: Zeitschrift für Literaturwissenschaft und Linguistik 179 (2015), S. 108–133, hier: S. 109–110.

53 Tristesse Royale, S. 11.

54 Tristesse Royale, S. 138.

55 Vgl. Tristesse Royale, S. 89.

wird vom popkulturellen Quintett durch private Anekdoten ebenfalls genüsslich zelebriert. Das transformatorische Element wird durch Kapitel-Titel wie *Das reinigende Bad* ironisch zitiert. Widersprüchliche und rivalisierende Deutungen kommen in *Tristesse Royale* ebenfalls vor, da sich die fünf Performer durchaus nicht immer einig sind, wie man beispielsweise an der Diskussion über politische Kunst sehen kann.[56]

Die vandalistischen Akte des popkulturellen Quintetts sind unter diesem Blickwinkel nicht mehr sinnlos, wie das Verschmutzen eines Tischtuchs durch den Inhalt eines vollen Aschenbechers, das Früchte-auf-den-Boden-fallen-lassen, das Ausdrücken von Zigaretten im Hotelteppich und die Zerstörung eines Adlon-Liftes.[57] Ebenso beschmutzen und zerstören sie mit ihrer teuren Markenkleidung weitere Prestigeobjekte der Konsumkultur.[58] Diese ostentativen Destruktionsakte sind nicht einfach als rüpelhafte spätadoleszente Provokationen abzutun, sondern erinnern an Dé-coll/age-Happenings von Wolf Vostell, das Verfremden von Konsumgütern durch Joseph Beuys und an Inszenierungen von Christoph Schlingensief.[59]

Vostell zerstörte vor allem Prestigeobjekte der Konsumgesellschaft wie Autos und Fernseher. In dem Happening und der gleichnamigen Installation *Autofieber* (1973) soll einsehbar werden, dass das Auto als Fetisch des Bürgers auch Gefahren für den einzelnen wie für die Gesellschaft birgt. Auch in *Auto-TV-Hochzeit* (1991) ist Destruktion das Thema: Der zerquetschte Wagen geht mit dem Fernsehen eine Ehe ein, die Fernseher zeigen jedoch nur Flimmern und keine klaren Informationen.[60] In dem Environment *Endogene Depression* hat Vostell Fernseher mit Beton übergossen: Etwas einbetonieren heißt etwas hoffnungslos einschließen, das führt zur Verhärtung und schließlich zur Depression.

Depression in *Tristesse Royale* kommt allein schon im Titel vor, resultiert wie bei Vostell aus dem Überdruss des Überflusses und kann zur Dekomposition von Zeichen führen, die den Weg für neue Bedeutungsmöglichkeiten öffnet.[61]

---

56 Vgl. Tristesse Royale, S. 106 – 107.

57 Vgl. Tristesse Royale, S. 90, 85, 55, 164.

58 Vgl. Isabelle Stauffer: Faszination und Überdruss. Mode und Marken in der Popliteratur. In: Depressive Dandys. Spielformen der Dekadenz in der Pop-Moderne. Hg. v. Alexandra Tacke und Björn Weyand. Köln / Weimar / Wien 2008 (Literatur – Kultur – Geschlecht. Kleine Reihe, Bd. 26), S. 39 – 59; hier: S. 51 – 52.

59 Beuys und Vostell haben übrigens auch zusammengearbeitet.

60 Vgl. TV-Bericht von 1992, art kunst. URL: https://www.youtube.com/watch?v=6ymZfxN2F04 vom 08.11.2017.

61 Für *Tristesse Royale* vgl. Alexandra Tacke / Björn Weyand: Einleitung: Dandyismus, Dekadenz und die Poetik der Pop-Moderne. In: Depressive Dandys, S. 7 – 16; hier: S. 10 – 12.

Joseph Beuys, der in *Tristesse Royale* als „Gigant“[62] erwähnt wird, hat nicht nur einen Fettstuhl und eine Fettecke eingerichtet, sondern auch 1964 auf einem Happening der Fluxus-Gruppe ein Klavier mit Bonbons, Omo und Majoran gefüllt und Schokolade ins Publikum geworfen.[63]

Eine Aktion von Beuys von 1974 wirkt – wie einige Äußerungen des popkulturellen Quintetts – prophetisch: Er schreibt auf eine Postkarte von New York mit den Twin Towers die Namen zweier arabischer Zwillingsbrüder, die als sogenannte Geldverächter unentgeltlich als Ärzte arbeiteten, als christliche Märtyrer starben und als Heilige verehrt wurden: Cosmas und Damian. Ihnen gelang gemäß der Legende die erste Beintransplantation in der Geschichte der Medizin, bei der sie das Bein eines muslimischen Verstorbenen einem christlichen Patienten annähten.[64]

Bei der Inszenierung von *Attabambi-Pornoland* (2004) in Zürich spritzt Christoph Schlingensief Schokolade und Farbe auf die Kleider der bürgerlichen Theaterbesucher.[65] Zu Schlingensief, der sich stark auf Beuys bezieht, gibt es wiederum Bezüge von Seiten der Popliteraten: So trat Stuckrad-Barre auf einer Veranstaltung von Christoph Schlingensief auf.[66]

Als Performance vor dem Hintergrund der Performance-Kunst von Vostell, Beuys, Marthaler und Schlingensief gelesen, machen scheinbar sinnlose Bemerkungen und Handlungen der Gruppe Sinn als Kritik an der Konsum- und Mediengesellschaft, deren Teil sie sind.

3 *September. Fata Morgana:* Der Fernseher als fliegender Teppich oder die Austauschbarkeit der Etiketten „Demokratie“ und „Diktatur“

Der Einschlag des zweiten entführten Flugzeugs in den Südturm des World Trade Centers wird im Bewusstseinsstrom von Martin in folgende Worte gefasst:

---

62 Tristesse Royale, S. 107.

63 [Anonym]: Beuys: Mythos mit Fett. In: Spiegel 51 (1968), S. 170 – 172.

64 Vgl. Joseph Beuys – eine Annäherung 4/4. Ein Film von Peter Schiering 2006, BeuysKanal. URL: https://www.youtube.com/watch?v=3_dveJIPbM0; David Levi Strauss: In case something different happens in the future: Joseph Beuys and 9/11. In: The Brooklin Rail 09 (2011), S. 1 – 8, hier: S. 3. URL: http//www.brooklynrail.org vom 08.11.2017.

65 Jürg Meier: Schlingensief für Zürich krankgeschrieben. Nur 2516 Besucher für „Attabambi-Pornoland“. In: NZZ vom 10.09.2014.

66 Baßler, S. 126.

> DER FERNSEHAPPARAT
> ich [...]
> stehe
> auf dem gläsernen fliegenden Teppich zweihundert Meter hoch in der Luft über Downtown Manhattan vor dem Oberkörper eines CNN-Reporters der nur auf den Zehenspitzen vielleicht noch mit dem Rücken zum Abgrund [...] auf der äußersten Kante des Teppichs steht [...] sich unendlich bekümmert mir zuwendet und leicht nach vorn beugt mit schmerzlicher Miene vor den
> Türmen im Hintergrund
> Die verschwinden wieder auftauchen wieder
> verschwinden.[67]

Für den Deutsch-Amerikaner Martin werden die Fernsehbilder zur „Urszene"[68] der Katastrophe, wie Jean Baudrillard allgemein über die Bilder zum 11. September in seinem Essay *Der Geist des Terrorismus* (2001) schreibt. Die Fernsehbilder gehen in Lehrs Darstellung und in Baudrillards Essay der Realität sowohl temporal als auch in ihrem Schrecken voraus. Diese Vorgängigkeit schildert Baudrillard folgendermaßen: „In diesem Fall also addiert sich das Reale zum Bild wie eine Schreckensprämie, wie ein zusätzlicher Schauder. [...] Nicht die Gewalt des Realen ist zuerst da, gefolgt vom Schauder des Bildes, sondern umgekehrt: Zunächst ist das Bild da, dem der Schauder des Realen folgt."[69] Diese terroristische Gräueltat war offensichtlich für das Fernsehen gemacht.[70] Der Terror ist demnach in erster Linie *„ein mediales Ereignis"*[71] und das literarische Erzählen systematisch an die massenmediale Vermittlung gebunden.[72]

Lehrs Beschreibung geht von den phänomenologischen Eindrücken aus, die die mediale Vermittlung erzeugt und macht so deutlich, wie sehr das Medium die Botschaft prägt oder sogar ist, wie das berühmte Diktum von McLuhan besagt. So wird die durch Kamera und Fernsehapparat erzeugte Zuschauerposition metaphorisch als „gläserner fliegender Teppich" bezeichnet, auf dem ein CNN-Reporter mitreist. Die auf Loop gestellte Bilderfolge vom Einstürzen der Türme wird als fantastisch und absurd anmutendes wiederholtes Auftauchen und Ver-

67 Lehr, S. 141.

68 Jean Baudrillard: Der Geist des Terrorismus. In: Lettre international 55 (2001), S. 14.

69 Baudrillard, S. 14.

70 Vgl. Horstkotte, S. 37.

71 Christer Petersen: Der Tod als Spektakel. Skizze einer Mediengeschichte des 11. September. In: Nine Eleven. Ästhetische Verarbeitungen des 11. September 2001. Hg. v. Ingo Irsigler / Christoph Jürgensen. Heidelberg 2008 (Beiträge zur neueren Literaturgeschichte, Bd. 255), S. 195–218; hier: S. 198. Vgl. auch Sibylle Krämer: Medium, Bote, Übertragung. Kleine Metaphysik der Medialität. 1. Aufl. Frankfurt a.M. 2008, S. 21.

72 Vgl. Reinhäckel: Auf allen Kanälen plötzlich Bilder, S. 42.

schwinden beschrieben. Auf die Dominanz des Mediums Fernsehen weist auch die Großschreibung der Worte „DER FERNSEHAPPARAT“ hin.

Neben der virtuellen Prägekraft beschreibt Martin auch die damit einhergehende politische Instrumentalisierung des Terrors:

> Hasserfüllter Terror erklärt der ZIVILISIERTEN MENSCHHEIT den
> Krieg
> Eine Ikone für
> Staatsmänner Hand aufs Herz Aufstellung vor Ground Zero Nationalhymne Flagge Heilige
> Feuerwehr Patriot Act War
> Against Terrorism.[73]

Martin erwähnt politische Inszenierungen wie das Flaggenhissen der Feuerwehr vor *ground zero* und zitiert aus Reden von George Bush und Gerhard Schröder.[74]

Noch vor Martin schildert der irakische Arzt Tarik in seinem Bewusstseinsstrom ein Erlebnis auf seinem Nachhauseweg in Bagdad: Er sieht „durch die Scheibe eines Restaurants [...] die Feuer- und Trümmerwolke die aus den Wolkenkratzern hervorquillt wie blühendes Mark aus dem Stängel einer Blume hinter dem Glas eines Bildschirms“.[75] Tariks Blick ist somit zweifach gerahmt: durch das Fenster und durch den Bildschirm. Dies betont die visuellen Produktionsprozesse der 9/11-Bilder.[76] Auch ihm erscheint die Szene unwirklich: „[I]ch sehe durch das Fenster wie / in den geöffneten Schädel eines Irren“,[77] das heißt, er meint Wahnvorstellungen zu sehen. Tarik ist selber wie von Sinnen und denkt nur noch, „dass es Krieg geben“ wird und dass es in dem Turm so sein müsse „wie in einem Höllenfeuer / dessen Brennstoff Steine sind und Menschen“.[78] Insofern reagiert Tarik ähnlich wie Martin.[79]

---

73 Lehr, S. 160.

74 Zu Bushs Rede vgl. deren Abdruck in The Guardian 148 vom 21.09.2001. URL: https://www.theguardian.com/world/2001/sep/21/september11.usa13 (letzter Zugriff: 08.11.2017). Zu Schröders Rede vgl. Regierungserklärung des Bundeskanzlers Gerhard Schröder zu den Anschlägen in den Vereinigten Staaten von Amerika (12.09.2001), in: documentArchiv.de. URL: http://www.documentArchiv.de/brd/2001/rede_schroeder_terror-usa.html (letzter Zugriff: 08.11.2017).

75 Lehr, S. 138.

76 Vgl. Heide Reinhäckel: Traumatische Texturen: Der 11. September in der deutschen Gegenwartsliteratur. Bielefeld 2012, S. 198.

77 Lehr, S. 138.

78 Lehr, S. 139.

79 Vgl. Jennifer Clare: Fata Morgana. Formen der Erfahrung und Wahrnehmung vom 9/11 in literarischen Texten. In: Die Welt nach 9/11. Auswirkungen des Terrorismus auf Staatenwelt und Gesellschaft. Hg. v. Thomas Jäger. Wiesbaden 2011, S. 842–869; hier: S. 854.

Tariks Bewusstseinsstrom macht zudem die medialen Inszenierungen des Politischen auf beiden Seiten deutlich, wenn er über die „Schlacht der Lügen“[80] nachdenkt, in der es auf den irakischen TV-Schirmen hieß, es sei „*der Ast Kuwait zum Stamm Irak*“[81] zurückgekehrt und der Präsident verkündet, er habe nach 42 Tagen Krieg und einem Leichenberg von 200.000 bis 250.000 Irakern gewonnen: „*wirsehenunserenSiegalshistorischesDuellnichtalsKampf-zwischeneinerArmeeundverschiedenenanderenundihrseidsiegreichweilihrEinschüchterungundUnterdrückungzurückgewiesenhabt*“.[82] Die Journalisten der „FREIEN WELT“ jedoch seien „vernebelt gemaßregelt kontrolliert arretiert“ und der Irak ein „Luftschlachthaus“ vor „laufenden internationalen TV-Kameras“.[83] Aber auch Martin erwähnt virtuelle politische Manipulationen wie „eine grünlich-graue Nachtaufnahme von schimmernden Bombenzylindern oder Sprengköpfen eines vermeintlichen Massenvernichtungswaffenfunds“.[84] Es handelt sich demnach um einen „Bilderkrieg“.[85] Beide Seiten relativieren „die Etiketten“[86] Demokratie und Diktatur, da es letztlich immer um „Machthandeln“[87] gehe. Viele, aber nicht alle der ideologischen Aussagen von Politikern und Medien beider Seiten sind durch Großschreibung oder Kursivierung als fremde Diskurselemente im Bewusstseinsstrom der Figuren kenntlich gemacht.

4 Die Politik der Form II: Dialog, verlangsamende Sprache in *September. Fata Morgana*

Wie schon bei *Tristesse Royale* wird bei *September. Fata Morgana* das Politische auch wesentlich über die Form verhandelt. Während die Anschläge von 9/11 im öffentlichen Raum auf eine US-amerikanische Perspektive reduziert wurden,[88]

80 Lehr, S. 154.
81 Lehr, S. 154.
82 Lehr, S. 156.
83 Lehr, S. 155.
84 Lehr, S. 186.
85 Reinhäckel: Auf allen Kanälen plötzlich Bilder, S. 43.
86 Lehr, S. 197.
87 Lehr, S. 195, 305.
88 Vgl. Norbert Otto Eke: „Es gibt keinen Sieger außer Gott“. Dialog im Raum der Schrift: Thomas Lehrs Roman *September. Fata Morgana*. In: Morgenland und Moderne: Orientdiskurse in der deutschsprachigen Literatur von 1890 bis zur Gegenwart. Hg. v. Axel Dunker / Michael Hofmann. Frankfurt a. M. 2014 (Historisch-kritische Arbeiten zur deutschen Literatur, Bd. 54), S. 205–220; hier: S. 209.

besteht Lehrs Roman aus den Erzählstimmen von vier Protagonisten unterschiedlicher Herkunft: Martin, Sabrina, Tarik und Muna.[89] Jeweils als Vater-Tochter-Paar sind Martin und Sabrina aus Deutschland und den USA; Tarik und Muna stammen aus dem Irak, wobei Tarik in Paris studiert und gelebt hat.[90] Indem Lehr der irakischen Seite eine Stimme gibt, löst er sich von einseitigen Schuldzuschreibungen, hebt Ähnlichkeiten und Binnendifferenzen hervor und eröffnet einen Raum des west-östlichen Dialoges.[91]

Dieses Dialogische liegt auch in der Rahmung des Textes begründet: Der Roman beginnt mit dem Bewusstseinsstrom des irakischen Mädchens Muna. Sie und Sabrina werden als imaginäre, literarische Schwestern eingeführt: „Unsere Geschichte hängt in der Luft in der Nacht", beginnt Muna und endet mit „Erzähl mir eine Geschichte Schwester / aber du / bist in einem anderen Land."[92] Der Roman endet mit dem in arabischer Schrift gezeigten Spruch „Wa la ghalib illallah", auf Deutsch: „Es gibt keinen Sieger außer Gott."[93] Dieser Spruch aber ist aus Europa, da er der Erinnerung an einen Besuch der Alhambra von Martin, Sabrina und Luisa auf ihrer Europareise entstammt, wo er sich „hundertfach an den Wänden Decken Säulen zwischen Arabesken und Gitterwerk befindet".[94] Die Alhambra kann man mit Norbert Otto Eke als eine Art „Chronotopos" für die „Symbiose von islamischer und abendländischer Kultur"[95] lesen.

Das Dialogische von Lehrs Roman tritt den zwei den Terrorismus mit auslösenden und von ihm ausgelösten und durch die Medien verbreiteten Monologen entgegen: Erstens dem „Post-9/11-Orientalismus als Monolog des vernünftigen und rationalen Abendlandes", das „über den Orient hinweg spricht" und zweitens dem „Okzidentalismus des militant-fundamentalistischen Islams als Monolog religiöser Gemeinschaftlichkeit über dem individualistischen Westen".[96]

---

89 In den intern fokalisierten Erzählsträngen vermischen sich innere Monologe, Bewusstseinsströme, Erinnerungen und lyrische Passagen. Vgl. Reinhäckel: Traumatische Texturen, S. 196.

90 Vgl. auch Reinhäckel: Auf allen Kanälen plötzlich Bilder, S. 46.

91 Eke, S. 216.

92 Lehr, S. 13. Zur imaginierten Schwesternschaft von Sabrina und Muna vgl. auch Jennifer Clare: „Es ist die leichte Begehbarkeit von so vielen Epochen und Kulturräumen". 9/11 als vielstimmige mythische Episode in Thomas Lehrs Roman *September. Fata Morgana*. In: Abschied von 9/11?: Distanznahmen zur Katastrophe. Hg. v. Ursula Hennigfeld / Stephan Packard. Berlin 2013 (Kulturwissenschaften, Bd. 11), S. 109 – 130; hier: S. 117 – 118.

93 Lehr, S. 478. Dies ist der Leitspruch von Muhammad Abu Al Ahmar, dem Gründer der Alhambra, vgl. Eke, S. 220.

94 Lehr, S. 478.

95 Eke, S. 219.

96 Eke, S. 210. Silke Horstkotte ist deutlich kritischer dem Roman gegenüber als Norbert Otto Eke, da sie die Position vertritt, dass im Epilog deutlich werde, dass Martin das Buch geschrieben habe

Neben dem Dialogprinzip setzt Lehr noch weitere Mittel ein, wie multipel lesbare Sätze ohne Satzzeichen, ungewöhnliche Absatzgliederungen sowie eine bilderreiche lyrische Sprache, die stellenweise immer wieder in Gedichte übergeht. Dies fordert vom Leser höchste Konzentration sowie eine verlangsamte und kreative Lesetechnik.[97] Damit bietet Lehr ein Gegenmodell zur den knapp und vereinfacht formulierten Live-Untertitelungen und Schlagzeilen, welche die mediale Präsentation von 9/11 dominiert haben.[98]

5 Fazit

Sowohl *Tristesse Royale* als auch *September* problematisieren die Medialisierung des Politischen in der Gegenwart. Während die Popliteraten Symptome der Postdemokratie beschreiben und kritisieren, setzt sich Lehr kritisch mit der Bild- und Sprachideologie von Politikern und Medien im Umfeld von 9/11 auseinander. Liest man beide Texte zusammen, wird auch deutlich, dass die Problematik des islamistischen Terrors lange vor 9/11 da war.[99] Schon in den 1980er und 1990er Jahren gab es insbesondere in Frankreich eine Reihe von islamistischen Anschlägen. 1993 gab es einen Bombenanschlag auf das WTC. Gegen Effekte der Postdemokratie und gegen die Medialisierung des Politischen gehen beide Texte mit ästhetischen Mitteln vor: *Tristesse Royale* durch die Form der Performance im und Decoll/age des Adlon und *September* durch die Eröffnung eines Dialoges zwischen den Bewusstseinsströmen irakischer und amerikanischer Figuren. Damit eröffnen die beiden Bücher sprachliche Denkräume des Politischen im virtuellen Zeitalter.

Literaturverzeichnis

[Anonym]: Beuys: Mythos mit Fett. In: Spiegel 51 (1968), S. 170–172.
Baßler, Moritz: Der deutsche Pop-Roman: Die neuen Archivisten. München 2005.

---

und die Bewusstseinsströme von Muna und Tarik nur imaginiert habe, weshalb sie schließt, es handle sich immer noch um Orientalismus im Sinne des 19. Jahrhunderts. Vgl. Horstkotte, S. 44.

97 Eke, S. 218; Horstkotte, S. 39.

98 Vgl. auch Anna E. Zimmer: Abschied von typischen 9/11 (Satz-)Zeichen. Multidirektionale Erinnerungen aus New York und Bagdad in Thomas Lehrs September. Fata Morgana. In: Abschied von 9/11?: Distanznahmen zur Katastrophe. Hg. v. Ursula Hennigfeld/Stephan Packard. Berlin 2013 (Kulturwissenschaften, Bd. 11), S. 87–107; hier: S. 90.

99 Vgl. Michael C. Frank: 9/11 als Zäsur. Zur Karriere eines Topos in Politik, Medien und akademischem Diskurs. In: Abschied von 9/11?, S. 15–34; hier: S. 27, 32.

Baudrillard, Jean: Der Geist des Terrorismus. In: Lettre international 55 (2001).
Broder, Henryk M. / Reinhard Mohr: Die faselnden Fünf. In: Spiegel 49 (1999), S. 264 – 265.
Carlson, Marvin: Performance: A Critical Introduction. Routledge, London/New York 1996.
Clare, Jennifer: „Es ist die leichte Begehbarkeit von so vielen Epochen und Kulturräumen". 9/11 als vielstimmige mythische Episode in Thomas Lehrs Roman *September. Fata Morgana.* In: Abschied von 9/11?: Distanznahmen zur Katastrophe. Hg. v. Ursula Hennigfeld / Stephan Packard. Berlin 2013 (Kulturwissenschaften. Bd. 11), S. 109 – 130.
Clare, Jennifer: Fata Morgana. Formen der Erfahrung und Wahrnehmung vom 9/11 in literarischen Texten. In: Die Welt nach 9/11. Auswirkungen des Terrorismus auf Staatenwelt und Gesellschaft. Hg. v. Thomas Jäger. Wiesbaden 2011.
Crouch, Colin: Postdemokratie. Aus dem Englischen von Nikolaus Gramm. Frankfurt a. M. 2008.
Eke, Norbert Otto: „Es gibt keinen Sieger außer Gott". Dialog im Raum der Schrift: Thomas Lehrs Roman *September. Fata Morgana.* In: Morgenland und Moderne: Orientdiskurse in der deutschsprachigen Literatur von 1890 bis zur Gegenwart. Hg. v. Axel Dunker / Michael Hofmann. Frankfurt a. M. 2014 (Historisch-kritische Arbeiten zur deutschen Literatur. Bd. 54), S. 205 – 220.
Ernst, Thomas: Popliteratur. Hamburg 2001.
Frank, Dirk: Die Nachfahren der ‚Gegengegenkultur': Die Geburt der „Tristesse Royale" aus dem Geiste der achtziger Jahre. In: Pop-Literatur. Hg. v. Heinz Ludwig Arnold / Jörgen Schäfer. München 2003 (Text + Kritik Sonderband. Bd. 2003), S. 218 – 233.
Frank, Michael C.: 9/11 als Zäsur. Zur Karriere eines Topos in Politik, Medien und akademischem Diskurs. In: Abschied von 9/11?: Distanznahmen zur Katastrophe. Hg. v. Ursula Hennigfeld / Stephan Packard. Berlin 2013 (Kulturwissenschaften. Bd. 11), S. 15 – 34.
Horstkotte, Silke: Transcending Trauma: Thomas Lehr's 9/11 novel „September. Fata Morgana". In: Image & Narrative 14 (2013), H. 1, S. 35 – 46.
Joseph Beuys – eine Annäherung 4/4. Ein Film von Peter Schiering 2006, BeuysKanal. URL: https://www.youtube.com/watch?v=3_dveJIPbMO (letzter Zugriff: 08. 11. 2017).
Krämer, Sibylle: Medium, Bote, Übertragung. Kleine Metaphysik der Medialität. 1. Aufl. Frankfurt a. M. 2008.
Lehr, Thomas: September. Fata Morgana. Roman. München 2012.
Meier, Jürg: Schlingensief für Zürich krankgeschrieben. Nur 2516 Besucher für „Attabambi-Pornoland". In: NZZ vom 10. 09. 2014.
Niefanger, Dirk: Provokative Posen: Zur Autorinszenierung in der deutschen Popliteratur. In: Pop, Pop, Populär: Popliteratur und Jugendkultur. Hg. v. Johannes G. Pankau. Bremen / Oldenburg 2002, S. 85 – 101.
Niefanger, Dirk: „Etwas anderes tun": Symbol und *performance* in der deutschen Popkultur. In: Aktualität des Symbols. Hg. v. Frauke Berndt / Christoph Brecht. Freiburg im Breisgau 2005 (Rombach Wissenschaften. Reihe Litterae. Bd. 121), S. 329 – 343.
Petersen, Christer: Der Tod als Spektakel. Skizze einer Mediengeschichte des 11. September In: Nine Eleven. Ästhetische Verarbeitungen des 11. September 2001. Hg. v. Ingo Irsigler / Christoph Jürgensen. Heidelberg 2008 (Beiträge zur neueren Literaturgeschichte. Bd. 255), S. 195 – 218.
Reinhäckel, Heide: Traumatische Texturen: Der 11. September in der deutschen Gegenwartsliteratur. Bielefeld 2012.

Reinhäckel, Heide: „Auf allen Kanälen plötzlich Bilder, die man nicht glaubt“: 9/11 in der deutschsprachigen Gegenwartsliteratur. In: Gegenwart schreiben. Hg. v. Corina Caduff / Ulrike Vedder. Paderborn 2017.

Rotermund, Meike: Metamorphosen in inneren Räumen. Video- und Performancearbeiten der Künstlerin Ulrike Rosenbach. Göttingen 2012.

Schäfer, Jörgen / Jan Süselbeck: Nachdenken über Lady P. Von den Adlon-Tapes zu Tristesse Royale – Vorüberlegungen zu einer textgenetischen Teiledition. In: Zeitschrift für Literaturwissenschaft und Linguistik 179 (2015), S. 108 – 133.

Stauffer, Isabelle: Faszination und Überdruss. Mode und Marken in der Popliteratur. In: Depressive Dandys. Spielformen der Dekadenz in der Pop-Moderne. Hg. v. Alexandra Tacke / Björn Weyand. Köln / Weimar / Wien 2008 (Literatur – Kultur – Geschlecht. Kleine Reihe. Bd. 26), S. 39 – 59.

Stiles, Kristine: Unverfälschte Freude: Internationale Kunstaktionen. In: Out of actions: zwischen Performance und Objekt 1949 – 1979; Hg. von Paul Schimmel. Hg. der dt. Ausg.: Peter Noever. Ostfildern 1998.

Strauss, David Levi: In case something different happens in the future: Joseph Beuys and 9/11. In: The Brooklin Rail 09 (2011), S. 1 – 8, hier: S. 3. URL: http://www.brooklynrail.org (letzter Zugriff: 08. 11. 2017).

Tacke, Alexandra / Björn Weyand: Einleitung: Dandyismus, Dekadenz und die Poetik der Pop-Moderne. In: Depressive Dandys. Spielformen der Dekadenz in der Pop-Moderne. Hg. v. Alexandra Tacke / Björn Weyand. Köln / Weimar / Wien 2008 (Literatur – Kultur – Geschlecht. Kleine Reihe. Bd. 26), S. 7 – 16.

Tristesse Royale: Das popkulturelle Quintett mit Joachim Bessing, Christian Kracht, Eckhart Nickel, Alexander von Schönburg und Benjamin von Stuckrad-Barre. Berlin 2005.

Ullmaier, Johannes: Von Acid nach Adlon und zurück: Eine Reise durch die deutschsprachige Popliteratur. Mainz 2001.

Werber, Niels: Der Teppich des Sterbens. Gewalt und Terror in der neusten Popliteratur. In: Weimarer Beiträge 49 (2003), S. 55 – 69.

Zimmer, Anna E.: Abschied von typischen 9/11 (Satz-)Zeichen. Multidirektionale Erinnerungen aus New York und Bagdad in Thomas Lehrs September. Fata Morgana. In: Abschied von 9/11?: Distanznahmen zur Katastrophe. Hg. v. Ursula Hennigfeld / Stephan Packard. Berlin 2013 (Kulturwissenschaften. Bd. 11), S. 87 – 107.

Christoph Jürgensen

Gilt es doch nach wie vor, eine Welt zu zerstören: Ja, Panik und ihr poplyrischer ‚Staatsakt'

Peter Hein wo bist du?
Hilde Knef wo bist du?
Rio Reiser wo bist du?
Ralph Siegel wann stirbst du?
Jetzt!, *Es war einmal in Deutschland*

1 Eine eigene Geschichte

Es ist unmöglich, aber: Stellen wir uns für einen Moment vor, Adorno würde *Futur II* lesen, die autobiographische Bandgeschichte der Gruppe Ja, Panik, 2016 im Verbrecher Verlag erschienen.[1] Skeptisch bis missgelaunt nimmt der vehemente Verächter aller Populärkultur das Buch in diesem Gedankenspiel in die Hand und glaubt zunächst noch, den für das Genre typischen Rückblick auf sämtliche Karrierestationen präsentiert zu bekommen, von der Gründungsgeschichte als Schülerband im Burgenland über erste lokale Erfolge in Österreich bis zum Umzug nach Berlin und der nachfolgenden Etablierung als Kritikerlieblinge des deutschsprachigen Marktes für Independent-Musik. Aber bald merkt Adorno bei seiner Lektüre, dass der autobiographische Pakt zwischen Band und Lesern immer stärker unterlaufen wird, ja dass der Rezipient unwissentlich zugleich einen fiktionalen Pakt unterschrieben hat. Der französische Schriftsteller und Literaturwissenschaftler Serge Doubrovsky hat für solche selbstreferenziell aufgeladenen Mischungsverhältnisse von autobiographischen Anteilen und fiktionaler Darstellung den Begriff der ‚Autofiktion' geprägt, unter dem er bündig versteht: „Fiktion strikt realer Ereignisse und Fakten; wenn man so will, ist Autofiktion".[2]

Daher liest Adorno, wie der Bassist Stefan Pabst in einem ominösen Berliner Ja, Panik-Archiv erst alte E-Mails und Bandfotos aufstöbert und eine Auflistung aller bis dahin gespielten Konzerte (es sind 256) erstellt. So weit, so realistisch.

1 Futur II – Die Gruppe Ja, Panik. Berlin 2016.
2 Serge Doubrovsky: „Nah am Text". In: Kultur & Gespenster: Autofiktion 7 (2008), S. 123–133, hier: S. 123; vgl. S. 128. Siehe hierzu die Einführung von Martina Wagner-Egelhaaf in: Auto(r)fiktion. Literarische Verfahren der Selbstkonstruktion. Hg. v. ders. Bielefeld 2013, S. 7–21.

https://doi.org/10.1515/9783110568561-012

Das Szenario kippt aber bald dadurch ins Surreale, ja Kafkaeske, dass eine unsichtbare höhere Instanz den Bassisten mit Psychospielchen zu destabilisieren versucht. Derweilen soll der Schlagzeuger auf der Suche nach Spuren der eigenen Geschichte durch Wien ziehen, verliert sich jedoch in einem hyperbolisch gezeichneten Jet-Set-Leben und fliegt beispielsweise nächtens nach Tiflis, um sich dort vom als Taxifahrer arbeitenden Prinzen von Südossetien durch die Stadt fahren zu lassen. Der Sänger und ‚Kopf' der Gruppe, Andreas Spechtl, schließlich residiert in einer unbenannten Stadt irgendwo im Süden Europas, kommuniziert per Email mit den Kollegen und driftet dabei zusehends erst in Melancholie und dann wohl in den Wahnsinn ab, er verstummt bzw. verschwindet. Zurück bleibt nur ein E-Mail-Entwurf, der interpunktionslos mit den rätselhaften Worten ausläuft: „Wir steigen aus / wir steigen ein / denn wer zu lange Gespenst spielt / wird bald selber eins sein"[3] [.] Keine Authentizität, nirgends, merkt Adorno erstaunt. Aber wichtiger noch, er stößt im Verlauf dieses „negativen Entwicklungsromans",[4] auf seinem Weg von den Fakten zur Fiktion immer wieder auf analytisch hellsichtige Passagen, die ihm ein zustimmendes Nicken abringen, etwa im Allgemeinen auf Reflexionen darüber, ob es ein richtiges Künstlerleben im falschen Kunstsystem geben kann, oder im Besonderen auf solche darüber, ob bzw. wie politische Popmusik möglich ist angesichts der ‚Fähigkeit' des Marktes, jede vordergründig noch so abweichende Haltung zu ‚labeln' und damit marktgängig zu machen:

> Was meine Kunst anbelangt, glaube ich nicht mehr, dass sie einen Kampf mit diesem System zum Thema haben darf. Ich will so arbeiten, dass meine Art und Weise, das WIE meines Tuns dieser Kampf ist, oder besser: diesen Kampf mit all seinen Verlogenheiten und Widersprüchlichkeiten spiegelt. [...]. Ich werde meine Hilflosigkeit und meine Wut ausstellen, aber ich werde mir kein kritisches Potenzial in meine Arbeit mehr hineinlügen lassen. Nichts erscheint mir erbärmlicher. Und nichts sinnloser. Denn es bleibt dabei: Zu jeder erfolgreichen Antihaltung wird es den passenden Händler geben, der weiß, wie man daraus Profit schlägt. Die rebellischen Antihelden werden zunächst bejubelt – und irgendwann vereinnahmt, ausgeschlachtet, wiederverwertet und vernichtet. Politische Kunst ist meist Selbstinszenierung, wird wahrgenommen als Zeitgeistphänomen und verkommt zum Umsatzgaranten in der Kunstgeschichte.[5]

Spätestens hier, erlauben wir uns in der imaginierten Lektüre vorzustellen, merkt Adorno, dass der ‚Fun' von Popmusik keineswegs immer als ‚Stahlbad' fungiert,

---

3 Futur II, S. 268.

4 Uwe Schütte: Literatur von Unbefugten. Mit *Futur II* zeigt die Gruppe Ja, Panik, wie ein gegenwartsrelevantes Schreiben jenseits der gängigen Literatur aussehen kann. In: Volltext 4 (2016), S. 20 – 24, hier: S. 22.

5 Futur II, S. 183.

das die Rezipienten für den Verwertungskreislauf des Kapitalismus fit halten soll.[6] Allerdings hätte er das schon früher bemerken können, denn freilich ist mit *Futur II* kein Anfang einer politischen Popkunst markiert, für Ja, Panik mag es sogar der Endpunkt sein – erst die Zukunft kann ja zeigen, was der Titel sagen wollte, der die Bandgeschichte ins vollendete Futur stellt. In jedem Fall ist mit Ja, Paniks autofiktionaler Selberlebensschreibung die Geschichte deutschsprachiger Popmusik als politischer Kunst an einen (vorläufigen) Schluss gekommen. Und Adorno bzw. die Kritische Theorie der Frankfurter Schule spielt in dieser Geschichte immer wieder eine gewichtige Rolle. Blenden wir also in der Popgeschichte zunächst einige Jahrzehnte zurück, um uns dann in raschen Schritten auf die hier in Rede stehende Gegenwart hinzubewegen.

2 Popgeschichte

Wollte man diese Geschichte vollständig erzählen, dann müsste man wohl in den frühen 1970er Jahren einsetzen, wenn man so will der ‚Sattelzeit' der deutschsprachigen politischen Popkunst, und namentlich bei Ton Steine Scherben. Von der ersten Single *Macht kaputt, was euch kaputt macht* (1970) an artikulierte die Band um den Frontmann Rio Reiser in einer dringliche Lyrismen mit Umgangssprache verbindenden Diktion den Widerstand gegen das falsche Leben im Falschen, ja propagierte den anarchistischen Aufstand gegen den Kapitalismus. Vor allem das zweite Album *Keine Macht für Niemand* (1972) ist als Gründungsmanifest einer politisierten deutschen Popmusik zu verstehen, die mit den herrschenden Verhältnissen nicht einverstanden ist und mit einer bald als ‚Agitrock' bezeichneten ästhetischen Praxis gegen sie agierte. Motivierend wie kollektivierend gleichermaßen heißt es beispielsweise im Refrain von *Die letzte Schlacht gewinnen wir:* „Aus dem Weg, Kapitalisten, die letzte Schlacht gewinnen wir! / Schmeißt die Knarre weg, Polizisten, / die rote Front und die schwarze Front sind hier!"[7]

Man müsste ferner zeigen, wie dieser widerständige Impuls bis in den Punk der späten 70er reicht und sich dort gelegentlich noch radikalisiert, etwa in der

6 „Fun ist ein Stahlbad", lautet bekanntlich die unüberbietbar pointierte Charakterisierung aller Populärkultur in: Theodor W. Adorno / Max Horkheimer: Dialektik der Aufklärung. Philosophische Fragmente. In: Theodor W. Adorno: Gesammelte Schriften. Hg. v. Rolf Tiedemann. Bd. 3. Frankfurt a.M. 1981, S. 162.

7 Ton Steine Scherben: Die letzte Schlacht gewinnen wir. Auf: Keine Macht für Niemand. David Volksmund Produktion, 1972.

popkulturellen „Verkultung"[8] der RAF bei S.Y.P.H. („Viel Feind, viel Ehr" heißt eine Single) oder bei Abwärts, die Horst Herolds legendäre Ankündigung „Wir kriegen sie alle" auf ihrer LP *Amok Koma* (1981) als Endlosrille laufen ließen.[9] Skizziert werden müsste weiter, wie diese (vornehm formuliert) Poetik im Postpunk überführt wird in eine ästhetische Haltung, die spürbar von der rat- oder ziellosen Aggressivität der Leitformel ‚no future' geprägt ist. So setzt der Song *Paul ist tot* vom Album *Monarchie und Alltag* (1980), das vom Rolling Stone kürzlich an die Spitze der ‚50 besten deutschen Alben aller Zeiten'[10] gesetzt wurde, mit der Zustandsbeschreibung ein: „Ich schau mich um und seh nur ruinen. / vielleicht liegt es daran das[s] mir irgendetwas fehlt. / Ich warte darauf daß du auf mich zukommst. / vielleicht merk ich dann daß es auch anders geht." Aus dieser Diagnose folgt nun aber kein klassenkämpferischer Aufruf mehr, vielmehr verharrt die Sprechinstanz, der Sänger und Texter Peter Hein buchstäblich seine Stimme leiht, in ambivalenter Passivität: „was ich haben will das krieg ich nicht, / und was ich kriegen kann das gefällt mir nicht. / ich will nicht was ich seh ich will was ich erträume. / ich bin mir nicht sicher ob ich mit dir nicht etwas versäume."[11] Man mag dabei übrigens bezeichnend finden, dass sich hier ein ‚Ich' ins Verhältnis zur Welt setzt, wo bei Ton Steine Scherben letztlich vorrangig das ‚Wir' zur Sprache kam.

Von hier aus wäre zu rekonstruieren, wie der Spaß den Ernst im Zuge der ‚Neuen Deutschen Welle' fast vollständig verdrängt und wie sich ab Mitte der 1980er Jahre in Bad Salzuflen die Sehnsucht nach einer Re-Politisierung der deutschen Popmusik wieder zu regen beginnt, danach, dass die Musik wieder von den Verhältnissen singt, die unverändert als entfremdet empfunden werden. So fragt Michael Gierke mit seiner Band Jetzt! in einem Song *Kommst du mit in den Alltag*, und findet für die alte Einsicht, dass das Private politisch ist, die Formel: „Nieder mit den Umständen, es lebe die Zärtlichkeit."[12] Und in *Es war einmal in Deutschland* ruft er fast schon verzweifelt die pophistorischen Größen an: „Peter Hein wo bist du? / Hilde Knef wo bist du? / Rio Reiser wo bist du? / Ralph Siegel

---

8 Rupert Weinzierl: Fight the Power! Eine Geheimgeschichte der Popkultur und die Formierung neuer Substreams. Wien 2002, S. 58.

9 Siehe hierzu Christoph Jürgensen: Und natürlich kann erfunden werden! Die RAF im Zeichen der Populärkultur. In: Zwischen Erinnerung und Fremdheit. Entwicklungen in der deutschen und polnischen Literatur nach 1989. Hg. v. Markus Joch / Monika Wolting. Göttingen 2015, S. 239–252.

10 URL: https://www.rollingstone.de/die-50-besten-deutschen-alben-aller-zeiten-2-578374/#click_first (letzter Zugriff auf alle im Beitrag angegebenen Internetseiten: 18.07.2018).

11 Fehlfarben: Paul ist tot. Auf: Monarchie und Alltag. Welt-Rekord, 1980.

12 Jetzt!: Kommst du mit in den Alltag. Auf: Liebe in grossen Städten 1984–1988. Tapete, Indigo 2017.

wann stirbst du?“[13] Ein (freilich unbewusster) performativer Widerspruch ist dabei, dass Gierke der engagierten, zeitdiagnostisch triftigen deutschen Musik den Totenschein ausstellt („Die deutsche Musik ist tot, mausetot / Und sie wird niemals wieder aufstehn / weil ihr niemand niemand aufhilft“[14]), ausgerechnet er aber zu ihrer Wiederbelebung beiträgt – auch wenn dieser Beitrag heute fast vergessen ist. Nicht vergessen sind jedoch andere Popkünstler, die diese Popgeschichte nun in den Blick nehmen müsste: die Sterne etwa oder Jochen Distelmeyer,[15] die auf Gierkes Label Fast-Weltweit ihre ersten Songs veröffentlichten, bevor sie nach Hamburg zogen und dort Geschichte schrieben: und zwar diejenige der bald allerorts so genannten ‚Hamburger Schule‘.

Unter diesem sowohl der Fremd- als auch der Selbstbeschreibung dienenden Rubrum versammelten sich ab den frühen 1990er Jahren in Hamburg einige Bands, die faktisch zwar nur lose miteinander verbunden waren, aber einen gemeinsamen konzeptionellen Kern aufwiesen: Nur vordergründig ist es der Rekurs auf die Neue Deutsche Welle der 1980er Jahre, auf britischen Indierock und britischen wie deutschen Punk, die hier amalgamiert werden. Ebenfalls nur vordergründig ist es die Verwendung der deutschen Sprache, wie Die Sterne durch den Titel des Auftaktsongs ihres Albums *Posen* deutlich machen: *Scheiß auf deutsche Texte*. Stärker eint sie ihre gesellschaftskritische Haltung, die wiederum Die Sterne in wünschenswerter Klarheit artikulieren: *Fickt das System* (so der Titel einer EP von 1992). Die Bezeichnung ‚Hamburger Schule‘ ist daher glücklich gewählt:[16] Die Bands nehmen das gute alte Lied von der Sehnsucht nach dem richtigen Leben im Falschen wieder auf.

Wenig verwunderlich ist dementsprechend, dass die Agitprop-Legende Ton Steine Scherben immer wieder als zentraler Referenzpunkt des Traditionsverhaltens aufgerufen wird, beispielweise in Blumfelds *Eine eigene Geschichte* von *L‘etat et moi* (1994), das die universelle Demo- und Hauswand-Formel *Macht kaputt, was euch kaputt macht* umwandelt zu „Macht verrückt, was euch verrückt macht“. Vor allem verbindet sie aber ein popmusikalisches Programm, das auf originelle Weise diese linksalternative bis linksradikale Gesellschaftskritik zusammenbringt mit intellektueller Ironie, selbstreferenziellen Verfahren und dem

13 Jetzt!: Es war einmal in Deutschland. Auf: Liebe in grossen Städten 1984–1988. Tapete, Indigo 2017.

14 Jetzt!: Es war einmal in Deutschland.

15 Bezeichnend für den starken Zusammenhang der auf Fast-Weltweit debütierenden Musiker wie den Rang von Jetzt! bzw. von Michael Gierke unter ihnen ist, dass Blumfeld *Kommst du mit in den Alltag* gecovered haben, zu hören auf ihrem dritten Album *Old Nobody* (1999).

16 Eine konkurrierende Bezeichnung für diese musikalische Strömung, die Popmusik als diskursiv ausgerichtetes Sozialisationsmedium inszenieren, ist ‚Diskursrock‘.

Bezug auf ein Diskursuniversum, das ‚herkömmlicher' Popmusik eher fremd ist: Zitiert werden postmoderne Theoretiker und Sprachphilosophen wie Lacan oder Deleuze, und überhaupt wird die postmoderne Theorie und Kunst in einer Weise aktualisiert, dass Leslie Fiedlers 1969 bezeichnenderweise im Playboy artikulierte Forderung nach einer Überschreitung der „Demarkationslinie zwischen Hochkunst und Massenware"[17] vorbildlich erfüllt ist.[18] Und Tocotronic, um die neben den Sternen und Blumfeld dritte zentrale Kraft der ‚Schule' zu zitieren, kommentieren ihre leicht verspätete ‚Einschulung' selbstbezüglich in dem Song *Ich bin neu in der Hamburger Schule:* „Die Klassenzimmer sind angenehm dunkel / Es gibt Bier als Pausenbrot. / Ich bin neu in der Hamburger Schule / Und lern kein Griechisch und kein Latein. / Und trotzdem scheint mir die Hamburger Schule / 'Ne Eliteschule zu sein."[19]

Auf dem Weg in die Gegenwart (nicht nur) von Ja, Panik müsste diese hier im Modus des Arbeitsauftrags in flüchtigen Strichen hingeworfene Geschichte der deutschen Popmusik als einer Ästhetik des Widerstands schließlich nachvollziehen, wie nach dem ‚Abgang' von Blumfeld' (sprich: ihrer Auflösung) und dem Aufrücken von Tocotronic auf die Hochschule (sprich: ihrer Wendung von Popkunst zu Kunstpop[20]) sich ab Ende der 1990er Jahre eine Vielzahl von Bands als gelehrige Schüler bewiesen und es zu einer veritablen Hochkonjunktur deutschsprachiger Gitarrenmusik kam, die mehr oder minder stark den Einfluss der Vorbilder verriet. Besonders erfolgreich war dabei die Klasse von 2002/2003, mit Bands wie Kettcar und Tomte. Der Frontmann von Tomte etwa, Thees Uhlmann, hatte zunächst als Roadie für Tocotronic gearbeitet und die Erlebnisse der Tour in einem Buch verarbeitet (*Wir könnten Freunde werden. Die Tocotronic-Tourtagebücher*, 2002). Und mit seiner Band huldigte er seinen Idolen bald u. a. mit der Zeile „Ich rauche, so lange Rick McPhail raucht".[21] Aber solche Referenzen

17 Walter Grasskamp: Das Cover von Sgt. Pepper. Eine Momentaufnahme der Popkultur. Berlin 2004, S. 30.

18 Leslie Fiedler: Cross the Border, Close the Gap, In: Playboy, Dezember 1969, S. 151, 230 und 252–258. Der Text wurde zunächst im Juni 1968 bei einem Symposium in Freiburg vorgetragen. Wiederveröffentlicht u. a. als Leslie Fiedler: Überquert die Grenze, schließt den Graben! Über die Postmoderne, In: Wege aus der Moderne. Schlüsseltexte der Postmoderne-Diskussion. Hg. v. Wolfgang Welsch. Berlin 1988 [1969], S. 57–74.

19 Tocotronic: Ich bin neu in der Hamburger Schule. Auf: Nach der verlorenen Zeit. L'age d'or, 1995.

20 Siehe hierzu Christoph Jürgensen: Von PopKunst zu KunstPop. Strategien der populären Selbstverkunstung am Beispiel von Tocotronics Konzeptalbum *Kapitulation*. In: KulturPoetik. Zeitschrift für kulturgeschichtliche Literaturwissenschaft/Journal for Cultural Poetics 1/2016, S. 73–94.

21 Tomte: Rick McPhail Song. Auf: Eine sonnige Nacht. Hotel van Cleef, 2000.

blieben eher oberflächlich und waren nicht charakteristisch für die Poetik. Denn die Tonspur klang zwar hörbar nach Hamburger Schule, den lyrics ging aber die intellektuelle Brillanz wie die gesellschaftskritische Widerständigkeit verloren und das Zitat-Universum engte sich wieder auf eine poptypische Reichweite ein. Strukturalistisch auf einige Oppositionen gebracht, die *cum grano salis* für alle Bands dieser ‚Klasse' gelten: Tomte war mehr Oasis als Tocotronic, mehr Gefühl als Verstand und mehr Pathos als Ironie. Nur folgerichtig erscheint von hier aus, dass Thees Uhlmann sich seit dem Ende von Tomte als deutsche Version von Bruce Springsteen inszeniert und das einfache Leben auf dem Land feiert (so in seinem die eigenen Anfänge beschwörenden, nach Längen- und Breitengrad seines Geburtsorts betitelten *Lat: 53.7 Lon: 9.11667*[22]). Kettcar wiederum, mit deren Bandleader Marcus Wiebusch Uhlmann übrigens ein eigenes Hamburger Label gründete (Grand Hotel van Cleef) und so selbst gewissermaßen schulbildend wurde, zeichnete gegenüber Tomte eine graduell stärkere Orientierung an gesellschaftlichen Problemlagen aus, doch auch sie profilierten sich weniger als diskursgewandte Aufklärer denn als auf Befindlichkeiten konzentrierte Geschichtenerzähler.[23] Ein Liebessong wie *Balu*, mit den schönen Versen „Manche sagen es wär einfach, ich sage es ist heikel / du bist New York City, und ich bin Wanne-Eickel",[24] wäre Blumfeld oder Tocotronic wohl kaum in den Sinn gekommen.

3 Bandgeschichte

Dass ausgerechnet eine Band aus dem geographisch und wohl auch kulturell von Hamburg weit entfernten Burgenland die Tradition des Diskurspops wieder aufleben lassen sollte und wollte, oder, mit Michael Gierke formuliert, der deutschen Musik wieder aufhelfen würde, zeigte sich ab dem zweiten Album. Wie das selbstbetitelte (und weitgehend unbemerkt bleibende) Debütalbum erschien *The Taste and the Money* auf dem österreichischen Label Schoenwetter, und mit die-

---

22 Thees Uhlmann: Lat: 53.7 Lon: 9.11667. Auf: Thees Uhlmann. Grand Hotel van Cleef, 2011.

23 Gleichsam nach unserer Geschichte ist von Kettcar das Album *Ich vs. Wir* erschienen, das dezidiert politisch ist und auch so rezipiert wurde, mit Songs über die Flüchtlingskrise (*Sommer '89 (Er schnitt Löcher in den Zaun)*) oder Pegida (*Wagenburg*). Aber diese Platte gehört meines Erachtens in eine andere Geschichte, weil die Explizitheit oder Einfachheit der lyrics keine ‚Verwandtschaft' mit der diskursiven und intertextuellen Komplexität der ‚Hamburger Schule' erkennen lassen. Kettcar: Ich vs. Wir. Grand Hotel van Cleef, 2017.

24 Kettcar: Balu. Auf: Von Spatzen und Tauben, Dächern und Händen. Grand Hotel van Cleef, 2005.

sem Album begannen sich die übergreifenden Strukturmerkmale ihrer Ästhetik herauszubilden – und zwar Strukturmerkmale, die den hier behaupteten genealogischen Zusammenhang rechtfertigen. Erstens erwiesen sich Ja, Panik im virtuosen Zugriff auf das riesige Archiv der Populärkultur (*nolens volens*) als ‚Schüler' der vormaligen Diskursrocker, d.h. in Sicht auf die intertextuellen Verfahren. Anschaulich wird das Vertextungsverfahren z.B. in *A Roadmovie to:* Dort montieren *Ja, Panik* Zeilen aus Mafia-Filmen nebeneinander und ersetzen dabei die Namen aus den Filmen durch diejenigen der Bandmitglieder:

> Hast du es auch schon gehört / Schorsch der liegt seit Montag bei den Fischen / hat keine Angst nicht / wollt ich dich töten hätte ich es lange schon getan / Centanni auf dies und das einen Letzten / auf Stefan auf ihn war immer Verlass / ich sagte es einmal und zweimal / ein drittes Mal sag ich es nicht / heute ist Zahltag, ich weiß / du liebst sie ganz fürchterlich / du liebst sie ganz fürchterlich ich weiß.

Und keineswegs werden dabei sentimentalisch eigene cineastische Erinnerungen aufgerufen, sondern vielmehr werden derartige Erinnerungsdiskurse dekonstruktiv reflektiert, oder wie es im Song unmissverständlich ausgesprochen wird: „erzähl mir nichts von deiner Unschuld / du beleidigst meinen Intellekt."[25] Überdies knüpfen sie an den politischen Impetus ihrer Vorgänger an, indem sie die Lebensbedingungen im Zeichen des Kapitalismus kommentieren, etwa im die Platte abschließenden *The Taste and the Money (Part II):* „Ja in der Tat / Es ist oft schrecklich, schrecklich hart / Die Aktien steigen die Aktien fallen / Und ich kann schon wieder meine Miete nicht bezahlen / Ich suchte lange einen Job doch so richtig wollte mich keiner / Nein, nein so richtig wollte ich keinen."[26] Drittens schließlich begannen Band wie Kritiker gleichsam gemeinsam an einer biographischen Legende zu arbeiten: Kritikerseits wurden Ja, Panik vermehrt als Bewahrer des Diskursrocks rubriziert, das linksalternative Leitmedium Spex etwa feierte *The Taste and the Money* als wichtigste deutschsprachige Platte seit Blumfelds *L'Etat Et Moi.* Bandseits wurde ein solches Traditionsverhalten einerseits gleichzeitig performativ bestätigt, indem sie dem Album eine manifestartige *Erklärung in 6 Punkten* an die Seite stellten, in Farbe und Format an Reclambände angelehnt, und andererseits interviewweise geleugnet. In einem Telefonat mit dem Spex-Chefredakteur Max Dax verwehrte sich Andreas Spechtl gegen die Annahme, seine intertextuelle ‚Ich-Maschine' entstamme Distelmeyer'scher Provinienz: „Ich bin ganz und gar nicht beeinflusst von anderer Musik, höchstens

25 Ja, Panik: A Roadmovie to. Auf: The Taste and the Money. Schoenwetter, 2007.

26 Ja, Panik: The Taste and the Money (Part II). Auf: The Taste and the Money. Schoenwetter, 2007.

von Literatur. Außerdem bin ich viel zu jung für die Hamburger Schule."[27] Eine solche Ambivalenz gehört sicher zu den zentralen Strategien der Rezeptionslenkung von Ja, Panik – die Zurückweisung jeder Form von Eindeutigkeit, wie wir gleich noch deutlicher sehen werden.

Die Fortführung dieser Poetik artikulierte das Nachfolgeralbum schon über seinen Titel, *The Angst and the Money.* Wiederum wird folglich das Zitatarchiv der Popgeschichte geplündert, etwa im Song *Ja, es stimmt*, der aus ins Deutsche übersetzten Dylan-Zitaten montiert ist, und wiederum wird der alles dominierende kapitalistische Zeitgeist in Diskurspop übersetzt, so gleich im Opener *Alles hin, hin, hin:*

> Ich war laut, war schnell, war schrecklich bitter
> In tausend Teile aufgesplittert
> War zornentbrannt, gar rasend wild
> Und nichts hat meinen Durst gestillt
> War Nacht für Nacht für Nacht für Nacht in Schutt und Asche aufgewacht
>
> But suddenly out of the blue
> To my mind came what I once knew...
> Nothing's about me or you honey
> It's all about the angst and the money
>
> Ach verdammt, alles hin
> Alles Geld, alles Angst, alles hin, hin, hin
> Ohne Geld, keine Angst, alles hin, hin, hin
> Ohne Angst, kein Geld, alles hin, hin, hin
> Kein Geld ohne Angst.[28]

In weltanschaulicher Hinsicht, wenn der hochfahrende Begriff hier passt, präsentieren sich Ja, Panik offenkundig konsequent, ebenso wie ästhetisch bzw. stilistisch. Genauer und nun explizit gesagt, was sich in meiner Argumentation bislang lediglich andeutete: Ja, Panik bieten kein ‚reines' Pastiche der Blumfeld- oder Tocotronic-Poetik, sondern erweitern deren Vokabular erheblich: etwa dadurch, dass sie Versatzstücke aus der deutschen und englischen Sprache mit österreichischem Zungenschlag zu einer ganz eigenen Form von ‚Germanaustrianenglish' zusammenmischen.

Aber auch aus kunstsoziologischer Sicht bleibt es nicht bei einer ‚reinen' Fortführung, vielmehr ist mit *The Angst and the Money* ein markanter habitueller Wandel verbunden. Vor Beginn der Aufnahmen war die Band nämlich, wie ein-

---

27 Max Dax: (Besprechung von): Ja, Panik: The Angst and the Money. Spex, 4.4.2008 (http://www.spex.de/the-taste-and-the-money/).

28 Ja, Panik: Alles hin, hin, hin. Auf: The Angst and the Money. Staatsakt, 2009.

gangs erwähnt, nach Berlin umgezogen, in eine veritable Band-WG, und dieser Schritt ist nicht nur für die ‚amtliche' Biographie bedeutsam, sondern auch und stärker noch für die „literarische Konzeption des Lebens" der Band (um Boris Tomaševskij zu beleihen[29]): Denn mit dem geographischen Wechsel war eine Verwandlung der künstlerischen Praxis verbunden, weg von der Isolation im Burgenland und hin zu einer tendenziell kollaborativen Arbeitsweise mit anderen Künstlern und Projekten. Produziert von Moses Schneider, der zuvor u. a. für Tocotronic und Fehlfarben ein Soundgewand geschneidert hatte, erschien das Album auf dem bezeichnenden Label ‚Staatsakt', über das *Die Zeit* titelte: „Die mit Haltung spielen hier."[30] ‚Mit Haltung' meint hier eine grundsätzlich linksalternative bis -radikale Einstellung, artikuliert in einem entsprechend gesellschaftskritischen bzw. widerständigen Kunstprogramm. Eingenommen wird sie beispielsweise von der so postmodern-verspielten wie ideologie-skeptischen Band des Labelgründers Maurice Summen, Die Türen, in Songs wie *Rentner und Studenten*, der das Hohelied von Nutzlosigkeit und Hedonismus singt („Wer morgens länger schläft / hält abends länger aus"[31]). Ebenso wird sie vertreten von Christiane Rösinger, vormals Frontfrau der legendären und legendär erfolglosen Lassie Singers, die in Liedern wie *Die Pärchenlüge* die herrschenden Geschlechterverhältnisse ironisch inkriminiert hatten („Das Leben ist schon hart genug / Alleinstehende haben's doppelt schwer / Pärchen sind wie Parasiten / Pärchen werden immer mehr"[32]). Oder ein weiterer Protagonist dieser Haltung ist Peter Licht, dessen bekanntester Song *Das Lied vom Ende des Kapitalismus* singt – und nun eben auch von Ja, Panik. Mehr noch, es blieb nicht bei der Ko-Existenz auf demselben Label, sondern die Musiker halfen wechselseitig beieinander aus und verfolgten gemeinsame Projekte, wie es sich für eine musikalische ‚Kommune' gehört. Besonders anschaulich sieht man diesen ästhetisch-ideologischen Schulterschluss im Video zu Rösingers *Eigentumswohnung:* Dort wird eine Wohnungsbesichtigung in der topischen, leicht verranzten Berliner Altbauwohnung abgefilmt, wobei Rösinger als das lyrische Ich figuriert, das sich aus der Verant-

29 Bei Tomaševskij heißt es, dass bei Autoren noch wichtiger als die „amtliche Biographie" die „biographischen Legenden" seien. Auf diese habe die Literatur- oder Kulturwissenschaft ihr Augenmerk zu richten, stelle sie doch „die literarische Konzeption des Lebens des Dichters dar, eine Konzeption, die notwendig ist als wahrnehmbarer Hintergrund des literarischen Werks, als die Voraussetzung, die der Autor selbst einkalkulierte, als er seine Werke schuf." Boris Tomaševskij: Literatur und Biographie. In: Texte zur Theorie der Autorschaft. Herausgegeben und kommentiert von Fotis Jannidis / Gerhard Lauer / Matías Martínez / Simone Winko. Stuttgart 2003, S. 49 – 61.

30 Felix Stephan: Die mit Haltung spielen hier. In: Die Zeit (27.11.2014).

31 Die Türen: Rentner und Studenten. Auf: ABCDEFGHIJKLMNOPQRSTUVWXYZ. Staatsakt 2012.

32 Lassie Singers: Die Pärchenlüge. Auf: Die Lassie Singers helfen dir. Col 1991.

wortung für die Auswüchse des Kapitalismus stehlen will („Wir wollen ja keinen vertreiben / aber wir müssen doch irgendwo bleiben / wir müssen schließlich auch irgendwo wohnen / und erben muss sich wieder lohnen"), während Andreas Spechtl ungerührt zwischen den Gentrifizierungsgewinnern sitzt und Gitarre spielt.[33] Pointiert gesagt: Auf Staatsakt atmet der Geist der Hamburger Schule weiter.

Wer den genealogischen Zusammenhang immer noch nicht sehen wollte, der konnte ihn an den Antworten ablesen, die Andreas Spechtl auf die Fragen des taz-blogs *My Favourite Records* gab: Als ‚liebste Textstelle' nennt er dabei „macht kaputt was euch kaputt macht" von Ton Steine Scherben, als die „beste deutschsprachige Platte" [...] monarchie und alltag" von Fehlfarben, und die „lebensentscheidende Frage nach einer Favorisierung der ‚frühen' oder ‚späten' Tocotronic" resümiert er prägnant: „wann fangen die späten an? Ich bin mit dem weißen album raus, dann wirds irgendwie staubig."[34] Diese lakonische, wohl nur Eingeweihten des popkulturellen Spezialdiskurses verständliche Entscheidung hat Spechtl in einem späteren Interview mit dem blog ausführlicher (und für meine Argumentation aufschlussreich) begründet: „Tocotronic hat mich eben mal so arg berührt und war wirklich wichtig für mich. Und gegen diese Konkurrenz muss jede neue Platte ankommen. Keiner will heutzutage mehr eine ‚Digital ist besser' hören, die gab's und das ist gut so. Das würde ihnen auch keiner mehr abnehmen."[35] Und um die Rede vom ‚weißen Album' aufzulösen: Gemeint ist damit jenes Album, mit dem Tocotronic ihre erste Werkphase für beendet erklärten. Der Beginn ihrer Karriere mit dem Album *Digital* ist besser bzw. der Auftaktsong *Freiburg* war eine Sturm- und Drang-Phase voller juvenilem Protest gegen die Zustände: „Ich weiß nicht, warum ich euch so hasse / Fahrradfahrer dieser Stadt / Ich bin alleine und ich weiß es / Und ich find es sogar cool / Und ihr demonstriert Verbrüderung." Mit dem ‚weißen Album' dagegen läuteten sie ihre Kunstphase ein, in der ein eindeutiger Zusammenhang zwischen Zeichen und Bezeichnetem nicht mehr gelten sollte: „Eines ist jetzt sicher / eins zu eins ist jetzt vorbei", heißt es programmatisch in *Neues vom Trickser.*[36]

Geführt wurde dieses Interview aus Anlass desjenigen Albums, das auf *The Angst and the Money* folgte, *DMD KIU LIDT*, wiederum produziert von Moses Schneider und bei Staatsakt erschienen. Trotz dieser vordergründigen Kontinuität

---

33 https://www.youtube.com/watch?v=ZjG0QexXH8w.

34 http://blogs.taz.de/popblog/2009/12/08/my_favourite_records_mit_ja_panik/.

35 So im Gespräch mit Christian Ihle. Auf: http://blogs.taz.de/popblog/2011/05/05/interview_mit_ja_panik_2_das_konzept_rockband_ist_ein_auffangbecken_fuer_machoide_kleingeistige_trottelige_schwanzfixierte_idioten/.

36 Tocotronic: Neues vom Trickser. Auf: Tocotronic. L'age d'or 2002.

hatte sich mittlerweile jedoch die Position von Ja, Panik verschoben, im doppelten Sinne. So ließ sich rezeptionsseitig zwischen diesen beiden Alben eine geänderte Erwartungshaltung erkennen, spätestens jetzt wurde von der Band mehr als nur ein ‚normales' Popalbum erwartet, vielmehr sollten sie das Versprechen einlösen von Popmusik als politischer Kunst auf der ästhetischen Höhe ihrer Zeit. Und dieser Erwartungshorizont änderte ‚naturgemäß' auch die Produktionsästhetik, wie von der Band durchaus reflektiert wurde:

> Dieses Bewusstsein verändert etwas in einem, ganz klar. Es war vor Beginn der Aufnahmen klar, dass man uns ganz genau auf die Finger oder die Wörter gucken würde, sobald unser neues Album erschienen ist. Das haben wir aber versucht, positiv zu wenden: Es ist doch toll, wenn man wahrgenommen wird. Aus dieser Erkenntnis ergeben sich dann Fragen. In welche Richtung gehe ich, wenn ich am Scheideweg stehe? [...] Für Ja, Panik als Band bedeutete es, dass wir jetzt oder nie ausscheren müssen – es kann nicht um Verfeinerung gehen, wenn man weiss, dass man unter Beobachtung steht. Etwas zu perfektionieren, an dem wir uns die letzten Jahre abgearbeitet haben – diese Option schied aus.[37]

Dieses ‚Ausscheren' deutet sich 14 Songs lang eher unauffällig an, durch eine Produktion, die die Songs mehr zu Skizzen über je eine Idee als zu ausformulierten Kunstwerken macht, in *Nevermind* etwa, wo in einem fortlaufenden Prozess der Reduktion alle Instrumente entfernt werden, bis nur noch ein Gitarrenriff übrig ist. Ansonsten wird erneut hochfrequent auf die Musikgeschichte angespielt, was sich schon in intertextuell aufgeladenen Titeln wie eben *Nevermind*, *Surrender* oder *Time is on my side* ausspricht, und in *Mr. Jones und Norma Desmond* heißt es zu diesem vielbezüglichen Zitatverfahren: „Und du kommst schrecklich ins Schwärmen / In deinen Worten ist Exzess / All die Sinne in dir lärmen, / es ist ein wahrlich großes Fest." Gerade dieser Song benennt überdies das dekonstruktive Verfahren nicht nur, sondern führt es auch vor, indem er sich in einer Art referenziellem Doublebind zugleich auf Bob Dylan und auf Blumfeld bezieht, direkt auf den einen, strukturell auf die anderen. „Something is happening / but you don't know what it is, / do you, Mr. Jones?",[38] fragt Dylan in *Ballad of a Thin Man*, und nun heißt es in leichter Variation in *Mr. Jones & Norma Desmond:* „Irgendwas ist da im Gange, du bist nicht sicher, doch du schreibst." Vergleichbar hatte Blumfeld in *Jenseits von Jedem* Dylans *Desolation Row* beliehen, insofern der Song das Personal von His Bobness adaptierte.[39]

---

37 Max Dax im Gespräch mit Andreas Spechtl und Ja, Panik. In: Die Wochenzeitung (WOZ), 14.4.2011.

38 Bob Dylan: Ballad of a Thin Man. Auf: Highway 61 Revisited. Columbia Record, 1965.

39 Blumfeld: Jenseits von Jedem. Auf: Jenseits von Jedem. WEA International, 2003.

Mit dem am Ende des Albums platzierten Titelsong jedoch entpuppen sich all diese Lieder letztlich lediglich als Vorarbeiten, bevor das eigentliche Werk einsetzt, d. h. derjenige Song anhebt, der alle anderen kommentiert, dekonstruiert und in sich aufhebt, in einer Weise, als sollte die berühmte Formulierung von Friedrich Schlegel aus dem 116. *Athenäums-Fragment* ästhetisch verwirklicht werden:

> Und doch kann auch sie am meisten zwischen dem Dargestellten und dem Darstellenden, frei von allem realen und idealen Interesse auf den Flügeln der poetischen Reflexion in der Mitte schweben, diese Reflexion immer wieder potenzieren und wie in einer endlosen Reihe von Spiegeln vervielfachen.[40]

Oder mit einer Reflexion aus *Futur II* formuliert, die motiviert ist von der Einsicht, dass es Spechtl „gerade so schwerfällt, Texte zu schreiben“:

> Irgendwie verspüre ich hierfür keine Dringlichkeit mehr. Habe ich schon alles gesagt, was ich je sagen wollte, hab ich bloß die Sprache verlernt, oder spreche ich eine ganz andere jetzt? Vielleicht ist es eher so, dass man in Wahrheit die ganze Zeit an einem Stück schreibt, bis man es im besten Fall irgendwann zu Papier gebracht hat. Nach langer Suche schält es sich in einem glücklichen Moment heraus. Und was macht man danach? Man kann es immer wieder schreiben oder es für immer sein lassen.[41]

4 Songgeschichte

Resonanztaktisch geschickt war sicher, dass der rätselhafte Name des Albums wie des Titeltracks bereits einige Zeit vor der Veröffentlichung in hochgradig aufmerksamkeitsstiftender Weise kursierte, und fast eine eigenständige Studie zur Struktur von Gerüchten in der kulturellen Öffentlichkeit bräuchte es wohl, um herauszufinden, wie das Rätsel schließlich gelöst wurde. In jedem Fall konnte jeder Rezensent die Buchstabenfolge pünktlich zur Besprechung des Albums auflösen als Akronym der Feststellung ‚Die Manifestation des Kapitalismus in unserem Leben ist die Traurigkeit‘. Diese adornitisch anmutende Weltanschauung also ‚performed‘ der Song mittels einer Struktur, die schon über ihre schieren Ausmaße Bedeutung behauptet: Mit einer Spieldauer von 14 Minuten weicht *DMD KIU LIDT* erheblich vom äußerst überlebensfähigen 3-Minuten-Schema ab, und im Gegensatz zu solchen Liedern, die ihre Abweichungsästhetik durch Instrumen-

40 Friedrich Schlegel: Kritische Ausgabe. Hg. v. Ernst Behler, Bd. 2, Paderborn 1967, S. 182f.
41 Futur II, S. 104.

talpassagen bzw. Soli ausagieren, ergibt sich die Länge hier durch die Textmenge – immerhin 1.315 Wörter singt Spechtl.

Sprache und Musik kommen dabei in einer Form zueinander, die sich als Verschwisterung der Großepen von Bob Dylan mit Falcos Intonation und Phrasierung charakterisieren lässt. Genauer: *Ja, Panik* übernimmt von Dylans 11-minütigem *Sad Eyed Lady of the Lowlands* (von *Blonde on Blonde*, 1966) die balladenhafte Struktur, indem im Wechselspiel aus Strophe und Refrain eine Geschichte erzählt wird. Dylan soll seine Musiker damals übrigens angewiesen haben, so lange weiterzuspielen, bis er ihnen ein Zeichen gibt, dass die Geschichte auserzählt ist, sie spielten also Strophe für Strophe, bis das Finale erreicht war –wie *DMD KIU LIDT* von diesem Schema abweicht, werden wir gleich sehen. Und erzählt wird diese Geschichte eben nicht im Gesangsstil von Dylan, d.h. über alle Strophen gleichförmig und fast auf einem Ton, sondern mittels einer Modulationsbreite, die erkennbar die exaltierte Gesangsperformanz des Skandalsongs *Jeannie* beleiht, insofern die Emotionen des Sprechers jeweils markiert sind.

Überhaupt der Sprecher: Präsentiert wird die Geschichte eines lyrischen Ichs, wie man früher einmal sagte, und noch stärker als in ausschließlich skripturaler Lyrik ruft diese Perspektive bei poplyrics die Frage nach dem Verhältnis von realer und literarischer Figur auf, von Autor und lyrischer Instanz. Hilfreich zur Beantwortung dieser Frage sind die Überlegungen von Diederich Diederichsen dazu, dass die „Akteure der Pop-Musik weder reine Darsteller noch reine Sprech-Akteure [sind], die in eigener Sache als reale Personen sprechen. Es ist konstitutiv für alle Pop-Musik, dass in keinem performativen Moment klar sein darf, ob eine Rolle oder eine reale Person spricht. Das ist die entscheidende Spielregel.“[42] In diesem Sinne, folgt man Diederichsen weiter, sei „Authentizismus“ ein falsch verstandenes Hochwertphänomen, an dem Pop-Musik regelmäßig scheitere, im gelungenen Fall hingegen sei sie sich bewusst, dass sie Unmittelbarkeit verspreche, diese Unmittelbarkeit aber ein Medieneffekt sei. Sozusagen ‚natürliche‘ Fragen, die Pop-Musik evoziert, sind folglich solche wie: „Was ist das für ein Typ, eine Person, wie ist der oder die drauf, welche Haltung vertritt sie, welche Pose hat sie generiert?“[43] Und ebenso natürlich bzw. medienspezifisch ist, dass sie sich nicht beantworten lassen.

Eine besondere Dringlichkeit hat diese intrikate Rollenfaktur sicher im Fall politischer poplyrics, namentlich dann, wenn sie die Zustimmung zu einer Weltanschauung fordert. Hören wir also nun in den Song hinein, wie es sich hier damit

42 Diedrich Diederichsen: Über Pop-Musik. Köln 2014, S. XXIV.

43 Diederichsen, S. XXV.

verhält. Die Ballade (im generisch starken Sinn) erzählt von einem, der in die Welt auszog: „Letztendlich hab' ich meine Koffer gepackt, / Hab' ein Ticket gelöst und bin weit gefahren",[44] setzt der Song im epischen Präteritum ein, und verhaltensauffällig ist dabei vor allem das erste Wort, weil es das Lied nach vorne öffnet. Der medias-in-res-Auftakt mit ‚letztendlich' deutet ja an, dass das Aussagesubjekt vor dieser Entscheidung lange nachgedacht oder mit sich gerungen hat, und sorgt so für die gespannte Erwartungshaltung, ob die Gründe für dieses Ringen sich im Laufe der Geschichte erhellen werden. Über zehn Strophen sowie die zugehörigen Refrains – und etwa die elf Minuten lang, die *Sad Eyed Lady of the Lowlands* braucht – berichtet das Ich dann von diesem Auszug in die Welt und davon, dass es überall die gleichen entfremdeten Zustände findet. Anschaulich macht beispielsweise die sechste Strophe, dass eine lediglich geographische Flucht nicht hilft, dieser Entfremdung zu entgehen bzw. aus dem System zu fliehen:

> Ich hab's dann erst einmal gut sein lassen,
> Wollte sehen, was passiert,
> Wenn man weiter als weit weg fährt
> Oh, wie schnell doch all die Bilder verblassen,
> Wenn man Europe endlich den Rücken kehrt
> Hab' mir mit großen Augen die Welt angesehen,
> Doch in Kairo hat's mich schon erwischt,
> In New York City war ich dann kurz vor'm Durchdrehen,
> Erst in Rio kam ich runter
> Man gab mir Baldrian und Haschisch.[45]

Zehn Strophen lang wird folglich diagnostiziert, wie wir leben müssen, nicht wie wir leben wollen, und die Refrains klagen dazu etwa: „You think all these nights have made you feel sick, / But it's DMD KIU LIDT/" (nach Strophe IV), „There is nothing I can do / Everything I do / Is for the benefit of DMD KIU LIDT/" (nach Strophe V), oder „No, nothing could change nothing, / Not a little bit, / I'm lost in DMD KIU LIDT" (nach Strophe VI).[46] Aber bei dieser resignativen Einsicht in die bestehenden Verhältnisse bleiben *Ja, Panik* nicht stehen, sondern proklamieren eine neue Solidarität der Ausgegrenzten. Die zehnte Strophe mündet nämlich in die Hoffnung: „Die kommende Gemeinschaft liegt hinter unseren Depressionen, / Denn was und wie man uns kaputt macht, ist auch etwas, das uns eint, / Es sind

---

44 Ja, Panik: DMD KIU LIDT. Auf: DMD KIU LIDT. Staatsakt 2011.

45 Ja, Panik: DMD KIU LIDT.

46 Ja, Panik: DMD KIU LIDT.

die Ränder einer Zone, die wir im Stillen alle bewohnen."[47] Das richtige Leben im Falschen, vielleicht ist es doch möglich, als Geburt aus dem Geiste der Depression.

Aber dieser Weg wird kein leichter sein. Daher ruft der Sänger zur Achtsamkeit gegen die alltäglichen Zurichtungen auf und steigert sich dabei in eine Wut gegen die Verhältnisse, die ihn vor Emphase über die letzten vier Minuten des Songs gleichsam den Refrain vergessen lässt:

> Aber Achtung, Achtung, Achtung, vor der allzu schnellen Heilung / Denn das, was uns zerstört, will uns gleich schon reparieren. / Unser Schmerz, der darf nicht abfallen, / Allein er fällt mit dieser Ordnung, / Die sich verschwört, uns aufzupäppeln, uns gesund zu amputieren.[48]

Diese Passage liest sich geradezu wie eine zeitgenössische Übersetzung der zentralen Überzeugung der Frankfurter Schule in poplyrics. Wie sich also dem allumfassenden Verblendungszusammenhang entgehen lässt, formulieren Ja, Panik gut strukturalistisch mit einer Opposition, derjenigen von Aktivität vs. Passivität, ja sie rufen geradezu in einer für Gegenwartskunst exzeptionellen, Aufsehen erregenden Weise zur Gewalt auf, mit ihrer Version des ‚macht kaputt, was euch kaputt macht':

> Bis zum Rand voll mit Strategien rennst du als Fremder durch die Welt,
> Und dass du nichts dagegen tust,
> Ist eine dieser Strategien
> Du stammelst was von Pazifismus
> und lässt dich ficken für ein Handgeld
> Und du hast nicht einmal geschrien
> Von mir aus sollen sie Bomben hintragen zu der grauslichen Bagage
> Ich werd' nicht daran denken, eine Träne zu zerdrücken,
> Nicht für Angela und ganz sicher nicht für Nicolas
> Ich werd' viel eher in den Knast Bonbonnieren schicken.[49]

Nicht verwundern kann angesichts ihrer Poetik allerdings, dass die Band auch bei dieser Zustimmung zu politisch motivierter Gewalt nicht stehenbleibt, sondern den Song noch weitere Volten schlagen lässt, schließlich ist es ihr um Ambivalenz zu tun, nicht um Eindeutigkeit. „Anscheinend ist die Band die Form", hat Spechtl in einem Interview auf die Frage nach dem politischen Impetus von Ja, Panik im Allgemeinen und *DMD KIU LIDT* im Besonderen geantwortet,

---

47 Ja, Panik: DMD KIU LIDT.
48 Ja, Panik: DMD KIU LIDT.
49 Ja, Panik: DMD KIU LIDT.

> [...] mit der ich am besten mit der Welt kommunizieren kann. Das ist mein Weg, etwas zu schaffen, eine Meinung zu haben. Ich sehe aber auch, wie meine Waffe gegen mich selbst und alles, für das ich stehe, gerichtet wird, dass es überhaupt nicht funktioniert. Es ist ein Widerspruch. Ja. Wir alle leben in einem Widerspruch. Wichtig ist mir, das auch zu sagen, den Widerspruch zu thematisieren.[50]

In diesem Sinne, als offensives Bekenntnis zum notwendigen Selbstwiderspruch und nicht als Feigheit wie einst bei den Rolling Stones, die sich in *Street fighting man* mit „Well, what can a poor boy do / Except to sing for a rock 'n' roll band" aus der Verantwortung nahmen,[51] ist also zu verstehen, dass der agitprop-artige Aufruf in *DMD KIU LIDT* gleich wieder delegitimiert wird: Übersteigerte Popkunstemphase sei es, „das bisschen Kling Bim, Lalala für gar so wichtig zu halten", und verspottet werden entsprechend „die Champagner-Revoluzzer und die Barden ganz in weiß".[52] Und ebenfalls nicht verwundern kann wohl, dass auch diese Absage an eine engagierte Popkunst nicht das letzte Wort des Songs bzw. der Band ist, oder in gewisser Weise doch. Denn das Finale wählt ein überraschendes Mittel, um den Protest zu artikulieren: Der Sänger kündigt ein paar Strophen an, „an denen mir mehr als an allen anderen liegt" – und es folgen acht Minuten Stille.

5 Alternativgeschichte(n)

Als komplementär strukturierte Fortschreibung dieser semantisch hoch aufgeladenen Stille lässt sich der unter Regie von Georg Tiller entstandene ‚Film zum Song' verstehen, der auf der 64. Berlinale im Jahr 2011 Premiere hatte.[53] Denn so still wie das Ende des Albums, so still ist der Beginn des Films. Ja, mehr noch: Eine knappe Dreiviertelstunde lang verzichtet der gerade einmal 55 Minuten dauernde Film auf alle Töne, die wir sonst von Musik- oder Konzertfilmen gewohnt sind, vor allem auf Musik und sogar weitgehend auf Dialoge. Wir sehen die Band also nicht bei Live-Auftritten, sondern gewissermaßen nachdem der Stecker gezogen ist, beim Abbau der Instrumente nach dem Konzert, beim Rauchen einer Zigarette, bei stummen Gängen durch eine seltsame Brachlandschaft, nur der Wind ist zu hören. Doch damit der Verweigerung rockistischer Darstellungskonventionen noch nicht genug, selbst die Farbe ist bezeichnender Weise aus dem

50 Gespräch mit Christian Ihle.
51 Rolling Stones: Street Figthing Man. Auf: Beggars Banquet. Decca 1968.
52 Ja, Panik: DMD KIU LIDT.
53 DMD KIU LIDT. Regie: Georg Tiller. Deutschland/Österreich 2014.

Touralltag gewichen, in Schwarz-weiß präsentiert sich das elegische Nichtstun, nicht zu schweigen davon, dass der Film letztlich keine Geschichte erzählt, keinen Handlungs- oder Spannungsbogen anbietet, der das Interesse an sich binden könnte. Analog zur Musik verweigert der Film damit die Warenförmigkeit, die jedes Kunstprodukt aufweist, ist Ausdruck jener Traurigkeit, die der Diagnose des Titels zufolge den Kapitalismus charakterisiert. Mit Thomas Grohs Blog zur Berlinale pointiert: „Ein Film wie ‚DMD KIU LIDT' kann nur entstehen, wenn man ihn der Sphäre der Warenzirkulation auf allen erdenklichen Ebenen zu entziehen versucht. Man könnte das vielleicht auch dialektisch verstehen: Der Kapitalismus ist so total, dass kaum Nischen und Refugien bleiben, in denen eine Ahnung dessen, was ein freies Leben sein könnte, aufschimmern."[54] Erst im Abspann erklingt dann der Titelsong, nicht live gespielt allerdings, sondern gewissermaßen als Illustration eines Referenzgewitters, das sich nun auf der Leinwand entlädt, über mehrere Minuten laufen die Namen von Bands, Philosophen und Literaten vor dem Auge des Zuschauers ab.

Was konnte danach noch kommen? Das folgende Album *Libertatia*, das 2014 kurz nach der Premiere des Films auf den Markt kam, schien den gesellschaftskritischen Diskursrock mit anderen Mitteln fortzusetzen und die konsequente Fortschreibung ihres Programms mit einer Neu-Konturierung zu verbinden. Neu ist vor allem das Soundgewand, das nun mehr swingt als rockt, manchmal sogar funky, reichlich luftige Johnny Marr-licks zu bieten hat und immer wieder die Erinnerung an die Talking Heads aufruft. Das Album klingt alles in allem so, als ob *DMD KIU LIDT* kathartisch gewirkt hätte und tobende Wut und schwere Traurigkeit nun der Gelassenheit für die Umsetzung der alten Einsicht gewichen sei, dass die schönste Revolution keinen Spaß mache, wenn man zu ihr nicht tanzen könne: So wird die staatsfeindliche Parole ‚ACAB' (All cops are bastards) fast schon gesäuselt umgedeutet in „All cats are beautiful".[55] Und in *Dance the ECB* heißt es: „Take a step to the side to sing the song of the beast / shake the government, shake it's police / dance the ECB, swing die Staatsfinanzen / sing ihnen ihre Melodien, zwing sie zum Tanzen."[56]

Aber die Popkultur hat diese Einsicht ja nicht erfunden, sondern schon Karl Marx hat davon gesprochen, den „versteinerten Verhältnissen ihre eigene Melodie

---

54 Thomas Groh: Indie-Verweigerungsposen: Georg Tillers ‚DMD KIU LIDT'. Auf: https://www.perlentaucher.de/berlinale-blog/2014/02/14/indie-verweigerungsposen-georg-tillers-dmd-kiu-lidt-forum.html, 14.2.2014; Hervorhebung im Original.

55 Ja, Panik: ACAB. Auf: Libertatia. Staatsakt 2014.

56 Ja, Panik: Dance the ECB. Auf: Libertatia. Staatsakt 2014.

vor[zu]spielen und sie so zum Tanzen [zu] bringen".[57] Entsprechend geht der post-adornitische Ernst nicht im Popspaß verloren, ist die Idee einer gegenkulturellen Utopie nicht aufgegeben, sondern nur musikalisch anders ausgedrückt. Am deutlichsten spricht sich dies im Titelstück *Libertatia* aus: Ja, Panik imaginieren sich mit ihm ins 17. Jahrhundert zurück, in den indischen Ozean an die Ostküste Madagaskars. Nach der historisch nicht eindeutig belegten Freibeuterenzyklopädie *A General History Of The Robberies And Murders Of The Most Notorious Pyrates*, verfasst 1724 von Captain Charles Johnson (möglicherweise ein Pseudonym von Robinson-Crusoe-Autor Daniel Defoe), soll es damals eine ‚Libertatia' genannte Kolonie von freien Individuen gegeben haben, geprägt von anarchistischen Idealen und Bürgerrechten, wie sie sich in Europa erst im Zuge der Französischen Revolution durchsetzen sollten. Eine solche Heterotopie (um Foucault zu beleihen) gibt es freilich in der wirklich wahren Wirklichkeit nicht, er lässt sich daher sozusagen nur über Umwege erreichen bzw. durch die Überwindung diskursiver, semantischer oder metaphorischer Grenzen: Bei Ja, Panik sind das grundsätzlich die Zusammenführung musikalischer Codes sowie die Überwindung der Grenzen zwischen den Sprachen bzw. den sprachlichen Codes, ständig switchen die Songs intertextuell zwischen deutschen, englischen und gelegentlich französischen und italienischen Versatzstücken. In *Libertatia* kommt überdies die Aufhebung von zeitlichen und räumlichen Ordnungskategorien hinzu: „Ich wünsch mich dahin zurück, wo's nach vorne geht", lautet der erste Vers des Albums, und dann wird die Uhr tatsächlich auf „back to the future"[58] gestellt. Und irgendwo dort, in der zurückliegenden Zukunft, könnte die zugleich gestrige und ganz zeitgemäße Musik von Ja, Panik ihr utopisches Potential entfalten.

Mit Blick auf *Futur II* und Spechtls Reflexion über den glücklichen Moment, in dem sich der *eine* Song herausschält, erscheint dieses Album weniger als ins utopische zielender Aufbruch denn vielmehr als Variation dieses ‚Songs' bzw. als Coda. Prognostik gehört ja aus guten Gründen nicht zum ‚Geschäft' der Literaturwissenschaft, und naturgemäß muss die Geschichtsschreibung über eine zeitgenössische Band nach hinten offenbleiben. Aber es ist wohl kein Zufall, dass nach *Libertatia* bislang kein weiteres Album von Ja, Panik erschienen oder auch nur angekündigt ist. Stattdessen hat Andreas Spechtl zwei Soloalben veröffentlicht, *Sleep* (2015) und *Thinking About Tomorrow And How To Build It* (2017), das erstere eine sphärische Meditation über die Müdigkeit der Gegenwart, durch die nur gelegentlich Gesang geistert, das zweite ein wiederum dominant instrumen-

57 Karl Marx: Zur Kritik der Hegelschen Rechtsphilosophie. In: Marx-Engels-Ausgabe, Bd. 1. Berlin 1976, S. 378–391, hier: S. 381.

58 Ja, Panik: Libertatia. Auf: Libertatia. Staatsakt 2014.

tales, in Teheran aufgenommenes Elektronik-Experiment. Anders gesagt, Spechtl arbeitet an einem neuen Song bzw. in his own words: „Das kann Jahre dauern und man wird auf dem Weg dahin, viele andere Stücke schreiben müssen, ein erratischer Prozess. Und irgendwann wird es gar nicht mehr anders möglich sein. Man wird sich hinsetzen, einen Stift in die Hand nehmen und es wird plötzlich ein Lied da sein, das jedes andere Wort und jeden anderen Ton der letzten Jahre zur bloßen Vorarbeit verkommen lassen."[59] Man darf gespannt sein, wie dieses Lied klingen wird.

Literaturverzeichnis

Adorno, Theodor W. / Max Horkheimer: Dialektik der Aufklärung. Philosophische Fragmente. In: Adorno: Gesammelte Schriften. Hg. v. Rolf Tiedemann. Bd. 3, Frankfurt a. M. 1981.

Blumfeld: Jenseits von Jedem. Auf: Jenseits von Jedem. WEA International, 2003.

Bob Dylan: Ballad of a Thin Man. Auf: Highway 61 Revisited. Columbia Record, 1965.

Dax, Max: (Besprechung von): *Ja, Panik:* The Angst and the Money. Spex, 4. 4. 2008 (http://www.spex.de/the-taste-and-the-money/).

Diederichsen, Diedrich: Über Pop-Musik. Köln 2014.

Die Türen: Rentner und Studenten. Auf: ABCDEFGHIJKLMNOPQRSTUVWXYZ. Staatsakt 2012.

DMD KIU LIDT. Regie: Georg Tiller. Deutschland/Österreich 2014.

Doubrovsky, Serge: „Nah am Text". In: Kultur & Gespenster: Autofiktion 7 (2008).

Fehlfarben: Paul ist tot. Auf: Monarchie und Alltag. Welt-Rekord, 1980.

Fiedler, Leslie: Cross the Border, Close the Gap, In: Playboy, Dezember 1969.

Fiedler, Leslie: Überquert die Grenze, schließt den Graben! Über die Postmoderne, In: Wege aus der Moderne. Schlüsseltexte der Postmoderne-Diskussion. Hg. v. Wolfgang Welsch. Berlin 1988 [1969].

Futur II – Die Gruppe *Ja, Panik.* Berlin 2016.

Grasskamp, Walter: Das Cover von Sgt. Pepper. Eine Momentaufnahme der Popkultur. Berlin 2004.

Groh, Thomas: Indie-Verweigerungsposen: Georg Tillers ‚DMD KIU LIDT'. Auf: https://www.perlentaucher.de/berlinale-blog/2014/02/14/indie-verweigerungsposen-georg-tillers-dmd-kiu-lidt-forum.html, 14. 2. 2014; Hervorhebung im Original.

Ja, Panik: A Roadmovie to. Auf: The Taste and the Money. Schoenwetter, 2007.

Ja, Panik: The Taste and the Money (Part II). Auf: The Taste and the Money. Schoenwetter, 2007.

Ja, Panik: Alles hin, hin, hin. Auf: The Angst and the Money. Staatsakt, 2009.

Ja, Panik: ACAB. Auf: Libertatia. Staatsakt 2014.

Ja, Panik: Dance the ECB. Auf: Libertatia. Staatsakt 2014.

Ja, Panik: Libertatia. Auf: Libertatia. Staatsakt 2014.

Jetzt!: Kommst du mit in den Alltag. Auf: Liebe in grossen Städten 1984 – 1988. Tapete, Indigo 2017.

59 Futur II, S. 104.

Jetzt!: Es war einmal in Deutschland. Auf: Liebe in grossen Städten 1984–1988. Tapete, Indigo 2017.
Jürgensen, Christoph: Und natürlich kann erfunden werden! Die RAF im Zeichen der Populärkultur. In: Zwischen Erinnerung und Fremdheit. Entwicklungen in der deutschen und polnischen Literatur nach 1989. Hg. v. Markus Joch / Monika Wolting. Göttingen 2015.
Jürgensen, Christoph: Von PopKunst zu KunstPop. Strategien der populären Selbstverkunstung am Beispiel von Tocotronics Konzeptalbum *Kapitulation*. In: KulturPoetik. Zeitschrift für kulturgeschichtliche Literaturwissenschaft/Journal for Cultural Poetics 1/2016.
Lassie Singers: Die Pärchenlüge. Auf: Die Lassie Singers helfen dir. Col 1991.
Marx, Karl: Zur Kritik der Hegelschen Rechtsphilosophie. In: Marx-Engels-Ausgabe, Bd. 1. Berlin 1976.
Max Dax im Gespräch mit Andreas Spechtl und *Ja, Panik*. In: Die Wochenzeitung (WOZ), 14.4.2011.
Rolling Stones: Street Figthing Man. Auf: Beggars Banquet. Decca 1968.
Schlegel, Friedrich: Kritische Ausgabe. Hg. v. Ernst Behler, Bd. 2, 1967.
Schütte, Uwe: Literatur von Unbefugten. Mit *Futur II* zeigt die Gruppe *Ja, Panik*, wie ein gegenwartsrelevantes Schreiben jenseits der gängigen Literatur aussehen kann. In: Volltext 4 (2016).
Stephan, Felix: Die mit Haltung spielen hier. In: Die Zeit (27.11.2014).
Tocotronic: Ich bin neu in der Hamburger Schule. Auf: Nach der verlorenen Zeit. L'age d'or, 1995.
Tocotronic: Neues vom Trickser. Auf: Tocotronic. L'age d'or 2002.
Ton Steine Scherben: Die letzte Schlacht gewinnen wir. Auf: Keine Macht für Niemand. David Volksmund Produktion, 1972.
Tomaševskij, Boris: Literatur und Biographie. In: Texte zur Theorie der Autorschaft. Herausgegeben und kommentiert von Fotis Jannidis / Gerhard Lauer / Matías Martínez / Simone Winko. Stuttgart 2003.
Weinzierl, Rupert: Fight the Power! Eine Geheimgeschichte der Popkultur und die Formierung neuer Substreams. Wien 2002.

Sebastian Schuller

Das Literarische in Zeiten von PEGIDA

Politische Literatur am Beispiel von Houellebecq und Haftbefehl

„Die alte Welt liegt im Sterben, die neue ist noch nicht geboren: Es ist die *Zeit der Monster*“,[1] mit diesen Worten beschreibt Antonio Gramsci laut Slavoj Žižek die Zeit nach dem ersten Weltkrieg, in der jener Faschismus gerade heraufzudämmern begann, der bald darauf die Welt in den Abgrund stürzen sollte. Manch einem Beobachter unserer Tage scheint es so, als seien eben jene Monster Gramscis aus dem Abgrund zurückgekrochen, um in der Jetztzeit ihr unheimliches Interregnum zu errichten, eine Zwischenzeit, in der der Status quo ins Wanken gerät und doch seine Überwindung und (progressive) Aufhebung undenkbar bleibt, während stattdessen monströse, autoritäre Tendenzen an die Oberfläche treten. Ob in den USA, in Frankreich, Deutschland, den Ländern Osteuropas: Der längst überwunden geglaubte Nationalismus mobilisiert wieder Millionen, zieht durch die Straßen einstmals vorgeblich liberaler Republiken und in deren Parlamente ein.

Die Erfolge der neuen Rechten werden begleitet von der Entstehung eigener neu-rechter Narrative, die ein Millionenpublikum erreichen. Diese neoreaktionären Fiktionen dienen dabei nicht nur als Motor einer beinahe schon paranoischen Politik, die überall Verschwörungen gegen das Abendland wittert, sondern auch dazu, eine neu-rechte *kulturelle* Hegemonie herzustellen. Denn, wie etwa der Gründer des online-Portals Breitbart, das sich zu einem der zentralen Organe der amerikanischen *alt-right* entwickelt hat, Andrew Breitbart, erklärte: „Politics is downstream from culture.“[2] Es kann daher kaum wundernehmen, dass Kunst und Kultur von den monströsen Bewegungen der ‚neuen‘ Rechten affiziert sind und zu Schauplätzen des Kampfes um Hegemonie und der Aushandlung reaktionärer Fiktionen werden[3].

---

1 Zitiert nach: Slavoj Žižek: Zeit der Monster. Aufruf zu Radikalität. URL: https://monde-diplomatique.de/artikel/!361634 (letzter Zugriff: 29.04.2017).

2 Zitiert nach: Lawrence Mayers: Politics really is Downstream from Culture. URL: http://www.breitbart.com/big-hollywood/2011/08/22/politics-really-is-downstream-from-culture (letzter Zugriff: 27.04.2017).

3 Die AfD etwa erklärt offen, dass sie das Phantom einer rein-deutschen Leitkultur gegen einen angeblich linken Kulturbetrieb verteidigen will. Vgl. Nana Brink: „Wir wollen die größtmögliche Resonanz belohnen“. Gespräch mit Karin Wilke. URL: https://www.deutschlandfunkkultur.de/kulturpolitik-der-afd-in-sachsen-wir-wollen-die.1001.de.html?dram:article_id=417444 (letzter Zu-

https://doi.org/10.1515/9783110568561-013

Ein Beispiel dafür scheint, zumindest auf den ersten Blick, Michel Houellebecqs 2015 erschienener Roman *Unterwerfung* zu sein. Sowohl linke wie rechte Kritiker lesen diesen Roman als eine Art literarisiertes Grundlagenwerk islamophober Verschwörungstheorie, das den neurechten Horror schlechthin nacherzählt: die Islamisierung des Abendlandes.[4] Demnach hätte Houellebecq schlicht jenes Angstnarrativ der ‚neuen' Rechten, das in Deutschland sogar einer ganzen Bewegung (nämlich die *Patriotischen Europäer gegen die Islamisierung des Abendlandes* –PEGIDA) den Namen gab, zur Vorlage genommen, um literarisch vor der mehr oder minder friedlichen Übernahme des allzu liberalen Europas durch den politischen Islam zu warnen.

Eine solche Lektüre, egal ob von links oder rechts, berührt zwar durchaus die Oberfläche des Romans, bleibt aber, wie ich meine, reduktionistisch, da sie den Roman nur politisch liest (und selbst dabei noch Verkürzungen in Kauf nehmen muss), wodurch gerade seine eigentlich politische Dimension verfehlt wird. Literatur wird von einer solchen Kritik gewissermaßen als Fortführung der Politik mit anderen Mitteln verstanden, weshalb sie hinter ihrem Gegenstand zurückbleibt. Dagegen wäre es in dieser Zeit neu-alter Monster die Aufgabe einer Literaturwissenschaft, die mehr sein will als bloße Philologie, zu untersuchen, was immer schon politisch an Literatur ist. Zu analysieren ist also, wie Literatur als Literatur (und nicht einfach als eine andere Form des Politischen) jene monströsen Tendenzen und Latenzen verarbeitet und in der Verarbeitung kritisierbar macht. In diesem Sinne vertrete ich die These, dass der Roman *Unterwerfung* weit davon entfernt ist, literarische Reproduktion rassistischer Verschwörungstheorien zu sein, gerade weil er eines der Ur-Narrative der politischen Rechten unserer Tage literarisiert und das ‚politisch Unbewusste' dieser Bewegung offenlegen kann. Houellebecq führt nämlich literarisch vor, dass die Angst vor Identitätsverlust und ‚Überfremdung' letztlich nur Kehrseite und damit Ausdruck jener neoliberalen Beliebigkeit ist, die seiner Gesellschaftsdiagnose zufolge den sozialen Zusammenhang in der Gegenwart darstellt. Politisch an dem Literarischen in Zeiten PEGIDAs wäre also nicht so sehr ihr bewusst eingreifendes Engagement, sondern ihr Potential, die Latenzen und Tendenzen des Bestehenden benennbar zu machen, wodurch Räume des Politischen im Literarischen eröffnet werden.

---

griff: 19.07.2018) Die CSU, um ein zweites Beispiel zu nennen, fühlt sich in Bayern bemüßigt, durch einen Kreuzeszwang in Behörden Bayerns kulturelle Identität zu verteidigen, wie Markus Söder ausdrücklich erklärte. Vgl. Josef Joffe: Kreuzeslast. URL: https://www.zeit.de/2018/19/markus-soeder-kreuz-westen-kultur-zeitgeist (letzter Zugriff: 19.07.2018).

4 Vgl. Günther Zehm: Was nach Hollande kommt. URL: https://jungefreiheit.de/kultur/literatur/2015/was-nach-hollande-kommt/ (letzter Zugriff: 20.04.2017). Und: Rudolf Balmer: Provokation von rechts. URL: http://www.taz.de/!5024623/ (letzter Zugriff: 20.04.2017).

Dies wird umso deutlicher in den popkulturellen Grenzbereichen des Literarischen, wie etwa dem Rap, der, als gleichermaßen musikalisches wie lyrisches Genre, als Phänomen der Sub- und Popkultur den neoliberalen Zeitgeist einzufangen weiß. Aus diesem Grund bietet sich eine vergleichende Gegenüberstellung von *Unterwerfung* mit Texten des deutschen Rappers *Haftbefehl*, der ebenfalls ein reaktionäres Angstbild, nämlich das des brutalen und kriminellen Migranten aufgreift, geradezu an. Beide, Houellebecq wie *Haftbefehl*, legen, auf je andere Art und Weise freilich, den neoliberalen Horizont neu-rechter Ideologeme offen und ermöglichen so eine Kritik sowohl der neuen Rechten als auch der neoliberalen Bedingungen, in denen jene entstehen konnten.

1 Houellebecq: Literatur der Verzweiflung / Gesellschaft ohne Subjekt

Um dies nachzuvollziehen, ist es zunächst nötig, die Interpretation von *Unterwerfung* als neu-rechte Dystopie zu problematisieren. Der Roman erzählt unbestreitbar die Islamisierung Mitteleuropas, allein: dies stellt nur den Hintergrund dar, vor dem Houellebecq die Lebenssituation eines für ihn typischen Protagonisten ausbreitet: François, ein gleichermaßen zynischer wie sexistischer Universitätsprofessor, der, von Bindungsangst geplagt, in einer Welt lebt, die von Individuation und Kommodifizierung als *conditio humana* geprägt ist. Desillusioniert sieht er keinen Sinn in seiner Arbeit als Akademiker, ist unfähig zu lieben und betrachtet seine postmodern-sozialdemokratisierte Gesellschaft als „monde qu'ils imaginent et espèrent compétitif, galvanisés qu'ils sont par l'adoration d'icônes variables: sportifs, créateurs de mode ou de portails Internet, acteurs et modèles". [Gesellschaft des – wie sie denken und hoffen – Wettbewerbs elektrisiert von der Anbetung austauschbarer Ikonen: Sportler, Modedesigner, Internetkreative, Schauspieler, Models].[5] Kurz: Die gegenwärtige, westliche Gesellschaftsformation, wie sie François erlebt, ist von einer verabsolutierten Entfremdung und einem total-gewordenen Marktgeschehen ergriffen, in dem das Leben nur ein entleertes ‚Leben zum Tode' sein kann.

Dies entspricht freilich Houellebecqs scharfer Kritik am linken wie neoliberalen Individualismus, wie er sie etwa in seinen *Interventionen* expliziert:

5 Michel Houellebecq: Soumission. Roman. Paris 2015, S. 12; Michel Houellebecq: Unterwerfung. Roman. Übers. v. Norma Cassau / Bernd Wilczek. Köln 2016, S. 8.

> L'individualisme hédoniste pur donne naissance à la loi de la jungle. Mais, dans le jungle, les animaux minimisent leurs risques personnels.
>
> [Der hedonistische Individualismus in seiner Reinform bringt das Gesetz des Dschungels hervor. Nur dass sich im Dschungel die Tiere so wenig wie möglich gefährden.][6]

Die spätkapitalistische Gesellschaft ist, folgt man Houellebecq, durch gnadenlosen Individualismus gekennzeichnet, also von einem entfesselten Marktgeschehen erfasst, das nur soziopathische Individuen hervorbringt und selbst die intimsten Bereiche der menschlichen Existenz, etwa das Beziehungsleben, durchdringt. Es herrscht ein verabsolutiertes ‚Gesetz des Dschungels', und das heißt: des Marktes. Der Einzelne ist geradezu verpflichtet, Individuum zu sein, und als Individuum befindet er sich schon in einem steten Konkurrenzkampf der Vermarktung der eigenen Persönlichkeit, der sich nicht mehr nur in der Sphäre der ökonomischen (Re)Produktion vollzieht, sondern das Leben selbst ergriffen hat: Beziehungen zu Mitmenschen, Körperlichkeit, Sexualität sind Orte des befreiten Marktes geworden, der kein Außen mehr kennt, sondern nur das Voranschreiten der Verwertungslogik.

Unterwerfung erzählt aus und von diesem „Weltinnenraums des Kapitals",[7] dessen Horizont ein ideenloser, hedonistischer Individualismus ist, was sich im Verlauf der Islamisierung erweist: François treibt etwa, als sich ein Sieg der Islamisten im französischen Präsidentschaftswahlkampf abzeichnet, keine Angst vorm Islamismus um, denn der Wahlkampf gilt ihm nur als Spektakel, um sich angenehm den Abend zu vertreiben.[8] Eine politische Idee, in einem starken Sinne, gibt es in seinem Leben nicht, und mehr: ihm fehlt jede Idee, jeder Begriff also des Politischen. Selbst nach der islamischen Machtübernahme und der beginnenden Einführung der Scharia denkt er nicht darüber nach, die Demokratie zu verteidigen oder sich sonst in irgendeiner Form politisch zu betätigen. Stattdessen beschäftigt er sich lieber damit, sich auf die verschiedensten Arten die einsame Sinnlosigkeit und Langeweile seiner Privatexistenz zu vertreiben.[9] Der Zusammenbruch der liberalen, westlichen Gesellschaftsordnung ist François also nicht

---

6 Michel Houellebecq: Interventions 2. Traces. Paris 2009, S. 201; Michel Houellebecq: Interventionen. Essays. Übers. v. Hella Faust. Köln 2015, S. 153 f.

7 Dieser Terminus ist natürlich eine Anspielung auf das gleichnamige Werk Peter Sloterdijks, in dem dieser die Globalisierung als einen Vorgang der Internalisierung aller Sphären des Sozialen in den Raum eines globalen Zusammenhangs des Kapitals, der kein Außen mehr kennt, versteht. Vgl. Peter Sloterdijk: Im Weltinnenraum des Kapitals. Für eine philosophische Theorie der Globalisierung. Frankfurt a. M. 2006. S. 15–30.

8 Vgl. Houellebecq: Soumission, S. 80.

9 Vgl. Houellebecq: Soumission, S. 192–203.

Anlass, seine Ich-Zentriertheit aufzugeben, sondern allenfalls ein mildes Ärgernis, das ein wenig Unruhe in sein Leben bringt, mehr aber auch nicht.

Diese individualistische Verweigerung, Partei zu ergreifen, wird besonders an François' Verhältnis zum Islam deutlich: Der islamistische Chef-Ideologe Rediger drängt ihn dazu, zum Islam zu konvertieren, um seine alte Stelle als Professor an der zwischenzeitlich islamisierten Universität zurückzuerhalten. Zudem verspricht er ihm nach erfolgter Konversion mehrere, minderjährige Ehefrauen.[10] Zwar lässt Houellebecq offen, ob sich François zur Konversion entschließt oder nicht, doch wird deutlich, dass es dabei in jedem Fall nicht um Glaubensgründe geht, sondern um Karrierechancen und die Aussicht auf polygame Beziehungen. Der Islam erweist sich für François nur als Fortsetzung des hedonistischen Partikularismus der subjektlosen Beliebigkeit westlicher Gesellschaften, auf die auch der Chef-Ideologe des französischen Islamismus im Dialog mit François am Ende des Romans in aller Offenheit zu sprechen kommt:

> ‚Les seuls vrais athèes que j'ai recontrés ètaient des *revoltés*; ils ne se contentaient pas de constater froidement la non-existance de Dieu, ils refusaient cette existence à la manière de Bakounine [...], ils rejetaient Dieu parce quils voulaient mettre l'homme à sa place, ils étaient humanists, ils se faisaient une haute idée de la liberté humaine, de la dignité humaine. Je suppose que vous ne vous reconnaissez pas, non plus, dans ce portrait?'
>
> Non, là non plus, en effet; rien que le mot d'humanisme me donnait lègèrement envie de vomir [...].
>
> [‚Die einzigen wahren Atheisten, die mir begegnet sind, waren *Rebellen*; ihnen reichte es nicht, eiskalt festzustellen, dass es keinen Gott gibt, sie lehnten seine Existenz ab, so wie Bakunin, [...], sie lehnten Gott ab, weil sie den Menschen an seine Stelle setzen wollten, sie waren Humanisten, sie hatten eine hohe Vorstellung von der menschlichen Freiheit, der menschlichen Würde. Ich vermute, Sie erkennen sich in diesem Porträt nicht wieder?'
>
> Nein, auch darin nicht; allein das Wort ‚Humanismus' verursachte bei mir ein leichtes Gefühl von Übelkeit [...].[11]

Auf den Punkt gebracht: In *Unterwerfung* findet eben gerade keine Unterwerfung statt, also keine Subjektivierung; François wird kein religiöses Subjekt, das sich Allah, dem einen Gott, hingibt. Stattdessen erscheint der politische Islam als eine bloße, ideologische Hülle, die in der konkreten Wirtschafts- und Sozialpolitik kaum etwas von Nationalismus oder Sozialdemokratie unterscheidet. Die Muslimbruderschaft kann sich gerade darum in Frankreich durchsetzen und bei François Interesse wecken, da sie einerseits nichts am vermarkteten Status quo ändert und andererseits jedwede politische Haltung, die diesen in Frage stellen

10 Vgl. Houellebecq: Soumission, S. 307–311.

11 Houellebecq: Soumission, S. 263 f.; Houellebecq: Unterwerfung, S. 224.

würde, aus weiten Teilen der Gesellschaft gewichen ist. Was den Islamismus für den Professor attraktiv macht, ist nicht die Unterwerfung unter den einen Gott, sondern dass ihm der Islam besser als andere ideologische Systeme seine Privilegien als Mann der Oberschicht und seinen hedonistischen Lebensstil zu garantieren scheint.

Damit steht in *Unterwerfung* im Grunde jener Komplex auf dem Spiel, den man mit dem marxistischen Theoretiker Alain Badiou die „westliche Subjektivität"[12] nennen könnte. Mit diesem Ausdruck meint Badiou, trotz der Homologie, nicht die Subjektivität in Bezug auf eine kollektive Idee,[13] sondern das hegemoniale politische Unbewusste, das die gesellschaftlichen Diskurse der Mittelklasse der sogenannten westlichen Welt durchströmt.[14] Die ‚westliche Subjektivität' besteht demnach in einer radikalen Vereinzelung des menschlichen Individuums, das von jeder Kollektivität und jedem universalen Gedanken, das sein Begehren als Individuum einzuschränken droht, abgeschnitten ist und genau vor diesen Ansprüchen von Anderen Angst empfindet.[15] Diese Leere des Subjekts hat jede denkbare Form der Ideologie ergriffen, die sich in westlichen Gesellschaften im Rahmen des Kontinuums der westlichen Subjektivität verorten lässt, sodass, folgt man Badiou, gewissermaßen eine Verabsolutierung der Kommodifizierung des Lebens unter dem Vorzeichen der Angst herrscht: Die Angst vor der Beeinträchtigung der eigenen Lebensverhältnisse – angesichts der zunehmenden Krisenhaftigkeit des kapitalistischen Wirtschaftsmodells durchaus gerechtfertigt – ist der Wesenskern der westlichen Subjektivität, die damit nicht auf Wahrheitsgeschehen (im Sinne großer, kollektiver und historischer Projekte) ausgerichtet ist, sondern auf Besitzstandswahrung. Entsprechend durchzieht, gemäß Badiou, eine essentielle und essentiell ökonomistische Angst das gesamte politische Spektrum westlicher Gesellschaften in der Gegenwart: Die politische Rechte verwaltet die westliche Angst in Form der unmittelbaren Furcht vor den als Bedrohung empfundenen Mittellosen, links wird die Furcht vor dieser rechten Furcht gepredigt, das heißt: die Angst vor dem Zusammenbruch der bestehenden Ordnung durch die Machtübernahme von rechts. Innerhalb des politischen Diskurses in der westlichen Welt hat man sich also, wie Badiou anlässlich der französischen

12 Alain Badiou: Wider den globalen Kapitalismus. Für ein neues Denken in der Politik nach den Morden von Paris. Übers. v. Carolin Gutberlet. Berlin 2016, S. 41.

13 Mit dem Begriff der Idee beziehe ich mich in diesem Aufsatz auf Alain Badiou, wonach eine Idee die konkrete Erscheinung einer Wahrheit im Raum des Historischen ist. Vgl. Alain Badiou: L'Hypothèse Communiste. Paris 2009, S. 185.

14 Vgl. Badiou: Wider den globalen Kapitalismus, S. 42 ff.

15 Vgl. Badiou: Wider den globalen Kapitalismus.

Präsidentschaftswahl 2008 bemerkt, „zwischen der Furcht und der Furcht vor der Furcht zu entscheiden".[16]

Diese ubiquitär-präsente westliche Subjektivität der totalisierten Angst als Zustand der europäischen Gesellschaften lässt sich nur negativ bestimmen (man hat kontinuierlich Angst *vor* etwas) und verunmöglicht somit jede positiv benennbare Wahrheit, jedes Projekt, das über die Abgrenzung und die Begehren von Individuen hinausweisen könnte.[17] Christoph Menke fasst diese Negativität als eine Logik der Subtraktion, das heißt: des Ausschlusses von denen, denen das Recht auf Partizipation verwehrt wird, um die Erfüllung der eigenen Begehren zu gewährleisten.[18] Dies erweist sich besonders offensichtlich im Falle der ‚neuen' Rechten: Jenseits aller ideologischen Vordergründigkeiten ist deren Ausgangspunkt nämlich die Annahme, dass das Individuum in einer Welt angeblich begrenzter Ressourcen nur durch die Exklusion anderer Individuen seinen Wohlstand sichern könne, was in der Parole: „Das Boot ist voll!" kulminiert.[19] Es werden so fortwährend Gruppen, denen kein Recht auf Partizipation zugestanden wird, ausgeschlossen, etwa Moslems, Schwarze, Linke, usw. Im Kern ist der (neu) rechte Ideenprozess damit eine Bewegung partikulärer Subtraktionen, die keine kollektive Subjektivität konstituiert, sondern eine vollkommen arbiträre Identität durch die Bedrohung durch ein Außen stabilisiert.[20] Die Leerstelle, die die fehlende Subjektivität hinterlässt, wird gefüllt mit einer Unendlichkeit an Signifikanten, einer *différance*, die nicht die Individuen zu einem subjekthaften Kollektiv organisiert, sondern sie in ihrem Zustand als Menge belässt, in der eine Vielzahl an Signifikanten, Diskursen, Ideen zirkulieren. Der Individualismus und die neoliberale Logik der verabsolutierten Konkurrenz werden so nicht überschritten sondern geradezu affirmiert, sodass die neue Rechte ihrem Wesen nach wenig von anderen ideologischen Formationen inklusive der linksliberalen Mitte unterscheidet.[21] Denn der unhintergehbare Horizont jedweden politischen Handelns, das sich im Status quo der westlichen Subjektivität konstituiert (und diesen

16 Alain Badiou: Wofür steht der Name Sarkozy. Übers. v. Heinz Jatho. Zürich 2008, S. 13.

17 Vgl. Badiou: L'Hypothèse Communiste, S. 191–195.

18 Vgl. Christoph Menke: Die Kraft der Kunst. Berlin 2014, S. 158 ff.

19 Vgl. Menke: Die Kraft der Kunst, S. 158 ff.

20 Vgl. Jodi Dean: Democracy and other Neoliberal Fantasies. Communicative Capitalism and Left Politics. Durham 2009, S. 151.

21 Die Frage der Gemeinsamkeiten und Differenzen linksliberaler und rechter *identity politics* kann an dieser Stelle nicht ausführlich behandelt werden. Im Detail diskutiere ich diesen Komplex in: Chris Reitz / Sebastian Schuller: Zeit der Monster. Die ‚neue' Rechte als Phänomen des Neoliberalismus, das Scheitern linker Kritik und Möglichkeiten emanzipatorischer Praxis in Kunst und Akademie. Ochsenfurt 2018.

nicht in Frage stellt), ist der neoliberale Individualismus des befreiten Marktes, jenes „Gesetz des Dschungels", das Houellebecq benennt.

Und gerade das macht *Unterwerfung* literarisch nachvollziehbar: Der Roman präsentiert sicherlich das grundlegende politische Narrativ der neuen Rechten, nämlich die Islamisierung des Abendlandes. Doch dabei wird deutlich, dass jenes Objekt der Angst der Rechten, der politische Islam, nur eine neue Gestalt der immergleichen, neoliberalen Beliebigkeit jenseits jeder Subjektivität ist, jene Beliebigkeit, die gerade auch die ideologische Operation der politischen Rechten selbst auszeichnet, so dass es kein Zufall ist, dass etliche französische Islamisten in *Unterwerfung* als Identitäre ihre politische Karriere begannen. Der Roman ist eine Erzählung der ‚neuen' Rechten sowohl im Sinne des *Genitivus obiectivus* als auch des *Genitivus subiectivus:* Houellebecq zeigt in der Nacherzählung des Angstnarrativs der Rechten, dass ihre Furcht ununterscheidbarer Moment der Allgegenwart des Neoliberalismus, der unbedingten Konkurrenz aller gegen alle ist und bringt damit die politische Rechte im spätkapitalistischen Nationalstaat in der literarischen Reproduktion eines ihrer grundlegenden Narrative auf den Punkt: Ob linksliberale Mitte, ‚neue' Rechte oder die Schimäre des ‚Euro-Islamismus', stets ist nur die neoliberale Angst-Logik des Individualismus im Marktgeschehen am Werk.

2 *Haftbefehl:* Das Außen im Innen des Kapitals

Das berührt den Punkt, an dem sich *Unterwerfung* mit den Texten des deutschsprachigen ‚gangsta'-Rappers *Haftbefehl* trifft: Denn erstens bemüht *Haftbefehl* wie Houellebecq ein beliebtes Abziehbild rechten Horrors – nämlich das des gewalttätigen, kriminellen Migranten, so spricht er selbstbewusst davon, „Räubermusik"[22] zu produzieren. Zweitens aber offenbart sich in *Haftbefehls* Reproduktion dieses rechten Horrors, dass es sich auch hier nur um eine Fortsetzung oder andere Seite des Neoliberalismus handelt, der, wie gerade gezeigt, einen anderen politischen Ausdruck gerade in der (neu-)rechten Angst findet.

Dabei ist an *Haftbefehls* Texten natürlich zunächst etwas anderes augenfällig: Zwar bedient er sich des bürgerlichen Schreckensbildes des ausländischen *outlaws*, der in mafiösen Strukturen organisiert die Straßen unsicher macht, plündert, Drogen dealt oder mordet, allerdings durchaus in affirmativer Absicht. Was einer weißen Mittelschicht Angst macht, ist in seiner Lyrik, ganz in Tradition des

22 Haftbefehl: 069. Unzensiert. Universal 2015.

US-amerikanischen *gangsta*-Raps,[23] eine positiv besetzte, gewissermaßen ‚neoromantische' Vorstellung vom Leben als Räuberhauptmann im metropolitanen Dschungel, der ob seiner Stärke und Brutalität an der Spitze der Hierarchie der Welt der Straße steht. Der Topos des gewaltbereiten Migranten, mit dem *Haftbefehl* spielt,[24] dient ihm so als Möglichkeit, einen gegenkulturellen und gegengesellschaftlichen Anspruch zum Ausdruck zu bringen, wie etwa in seinem berühmten Track *Chabos wissen wer der Babo ist:*

> Tokat, Kopf ab – Mortal Kombat
> Vollkontakt a la Ong-Bak, Komm ran
> Opfer, du bist Honda, ich Sagat
> Nicht link von hinten, ich hau dich frontal, sakat
> Dein Yokozuna-Sumo ficke ich mit 'nem Pushkick
> Was los, du Hurensohn? Komm wieder, wenn du Luft kriegst
> Pussy, muck bloß nicht uff hier, du Rudi
> Nix mit Hollywood – Frankfurt, Brudi.[25]

Man sollte das ernst nehmen: *Haftbefehl* greift hier nicht einfach nur die Angst der Wohlstandsgesellschaft vor gewalttätigen, migrantischen Kriminellen in Form eines subalternen und dissidenten Sehnens auf, sondern vollzieht dichtend dabei eine Umkehrung hegemonialer Herrschaftsverhältnisse auf der Ebene der Sprache: Soziolekte prekär lebender Jugendlicher, Russisch, Kurdisch, Türkisch gehen in seinen Texten organisch ineinander über, bilden eine neue Sprache, die im Dichten von *Haftbefehl* erdichtet wird. Diese richtet sich selbstbewusst gegen das Diktat der Hochkultur und des korrekten, offiziellen Deutsch, denn wer nur die Hochsprache kennt und verwendet, versteht nicht, was Haftbefehl sagt und wird somit in dem Maße zum Ausgeschlossenen und Illiteraten, in dem Jugendliche aus prekären Verhältnissen von Hochsprache und Hochkultur ausgeschlossen

---

23 Vgl. Roland A.T. Judy: On the Question of Nigga Authenticity. In: That's the Joint. The Hip-Hop Studies Reader. Hg. v. Murray Forman und Mark Anthony Neal. New York 2012, S. 110 ff.

24 .Ein gutes Beispiel hierfür ist der Track *Chabos wissen wer der Babo ist.* Wie Immanuel Nover zeigt, lassen sich in diesem Track zahlreiche Intertexte bestimmen, die natürlich der Selbstinszenierungen dienen, dabei aber dennoch mit dem allzu simplen Bild des dichtenden Räubers der Großstadt brechen und es als ein Klischee spielerisch einsetzen. Vgl. Immanuel Nover: Authentizität, Inszenierung und Intertextualität in Haftbefehls *Chabos wissen, wer der Babo ist.* URL: https://deutschelieder.wordpress.com/2015/06/29/haftbefehl-chabos-wissen-wer-der-babo-ist/ (letzter Zugriff: 19.07.2018).

25 Haftbefehl: Chabos wissen wer der Babo ist. Blockplatin. Azzlackz 2013.

werden.[26] Und so thematisiert *Haftbefehl* auch keineswegs nur Imaginationen der glamourös-gewalttätigen Gangsterwelt, sondern auch die Situation und erschreckende Perspektivlosigkeit der prekarisierten und häufig migrantischen Jugend:

> Azzlacks sterben jung meine Welt ist dunkel
> Guck am Horizont siehst du selten Sterne funkeln
> Hörst du die Bullen
> Kannst du sie sehen
> Kaschen grad nen Schwarzkopf
> Mit nem Kilogramm Schnee.[27]

Haftbefehl verbalisiert die Lebensrealität vieler marginalisierter Jugendlicher, die, gerade in Großstädten, in einem Milieu aus kleinkrimineller Gewalt und institutionalisiertem Rassismus aufwachsen. Gleichzeitig aber bezieht sich *Haftbefehl* in derartig unkonkreten Schilderungen des Elends im ‚Ghetto' auch auf ein globales Narrativ der HipHop-Kultur weltweit, deren Vertreter in ihren Texten häufig die im Wortsinne globale Situation von Marginalisierten in der Peripherie der Industrienationen verarbeiten.[28] So durchzieht immer schon eine gewisse Distanz die Tracks von *Haftbefehl*, da diese niemals auf eine konkrete Realität verweisen, sondern ein Narrativ kultureller Praktiken aufbauen, das sich international positioniert. *Haftbefehl* lässt sich so nicht auf eine Identität, etwa Gangster mit kurdischen Wurzeln aus Offenbach, festschreiben, sondern präsentiert sich als Subjekt einer globalen HipHop-Kultur, in der die unterschiedlichsten Identitäten durch den Bezug auf gemeinsame Praktiken und (gegen)kulturelle Bilder aufgehoben sind.

Hinter der Oberfläche dieser Dissidenz steht jedoch der Geist des verabsolutierten Marktes. Das Subjekt des HipHop ist nämlich nicht so sehr Dissident bürgerlicher Normen denn Objekt kapitalistischer Verwertungszyklen, die sich längst aufs Kulturelle erstrecken und dieses subsumiert haben.[29] Nicht nur besingt gerade der *gangsta*-Rap das absolute (kriminell gewordene) Konkurrenzdenken und einen nihilistischen Hedonismus, sondern er verlangt seiner Form nach die totale Kommodifizierung des Individuums: Der Rapper subsumiert seine Identität, sein soziales Verhalten, seinen Kleidungsstil unter seine Narration, so

---

26 Vgl. dazu auch Hannes Loh: Spiel nicht mit den Schmuddelkindern. Gangsta-Rap in Deutschland. In: 35 Jahre Rap in Deutschland. Hg. von: Hannes Loh / Sascha Verlan. Höfen 2015, S. 96 ff.

27 Haftbefehl: Azzlacks sterben jung. Azzlack Stereotyp. Azzlackz 2010.

28 Vgl. Imani Perry: Prophets of the Hood. Politics and Poetics in Hip Hop. Durham 2004, S. 103–115.

29 Vgl. Judy: On the Question of Nigga Authenticity, S. 109–112.

dass die Differenz zwischen Autor und Werk aufgehoben wird.[30] Doch geschieht diese Aufhebung unter dem Aspekt der marktvermittelten Konkurrenz zu anderen Rappern, also im Hinblick auf die Verwertbarkeit der Narration der Künstleridentität. Verkauft wird die *realness*, also Authentizität, die Identität von Rap und Rapper, die damit an die mimetische Zirkulation eines in der Verwertungslogik aufgegangenen Ästhetischen gebunden ist. In diesem Sinne vollzieht *Haftbefehl* zwar einerseits die quasi-avantgardistische Operation der Integration des eigenen, partikularen Lebens in ein künstlerisches Projekt, allerdings unter den Vorzeichen absoluter Kommodifizierung. Er erdichtet sich selbst als Marke und Ware:

> Authenticity, then, is produced as the value everybody wants precisely because of the displacement of political economy with economy; it is not engendered by virtue of its relation to that which has to be protected from commodification [...]. Authenticity is hype, a hypercommodified affect, whose circulation has made hip-hop [sic] global.[31]

Die Subjektivität der HipHop-Kultur stellt damit keine Überwindung der Ideenleere der neoliberalen Gesellschaft in der Postmoderne dar, sondern setzt vielmehr jene Dschungelmentalität des absolut befreiten Marktes, die Houellebecq der neoliberalen Gesellschaft zuschreibt, praktisch um. Nicht nur das einzelne Werk wird zur Ware, sondern die gesamte Identität des Individuums in der Narration des Ichs im Rap kommodifizierbar gemacht und verwertet. Die Zweckrationalität kapitalistischer Vermarktung affiziert das Ästhetische und das auf diese Weise kommodifizierte Ästhetische organisiert das Leben, die Identität, ja sogar Sprache des betreffenden Produzenten. Die Transgression der eigenen Identität findet nur im Rahmen der Zirkulation von Waren statt, das heißt anders herum: Ein Ideenprozess, der ein Außen der Partikularität des Individuums in der Warenwelt herstellen könnte, wird hier nicht begründet. Stattdessen wiederholen sich die neoliberalen Individualismen, die eine absolute Anpassung des Einzelnen an die Marktnormen verlangen und kein Jenseits der klaustrophoben Kommodifizierungslogik des neoliberalen Kapitals denkbar werden lassen.

In jener Phantasie vom ‚postmodernen Räuber', der den Straßendschungel der globalisierten Metropole mit körperlicher Stärke und Gewalt kontrolliert, konstituiert sich damit keine echte Möglichkeit zur Dissidenz, sondern es reproduziert sich vielmehr die Absolutheit neoliberaler Vermarktung, die sich der gesamten Identität des Individuums bemächtigt. In *Haftbefehls* lyrischer Verarbei-

---

30 Vgl. Gabriele Klein / Malte Friedrich: Is this real? Die Kultur des HipHop. Frankfurt a. M. 2003, S. 31 ff.

31 Judy: On the Question of Nigga Authenticity, S. 112.

tung dieser ‚Räuberphantasie', die gleichermaßen romantisierendes Sehnen von dissidenten oder subalternen Subjekten und reaktive Angstvision des Teils der westlichen Mittelschicht ist, deren politischer Name u. a. PEGIDA lautet, artikuliert sich im Wesentlichen die leere Ideenlosigkeit des Neoliberalismus und damit der Status quo.

Das ist aber durchaus mit jener Operation vergleichbar, die *Unterwerfung* exekutiert: Es erweist sich nämlich, dass jener neoliberale Geist der Omnipräsenz des Marktes, der das Subjekt als Möglichkeit ausschließt und die ideologischen Systeme links wie rechts durchspukt, gerade auch in der Furcht der Rechten präsent ist. Was die politische Rechte fürchtet und wodurch sie ihre Identität stabilisiert, erscheint ihr vielleicht als eine fremde Identität, als die Identität des kriminellen Ausländers, doch ist gerade dieses Horrornarrativ nur die andere Seite der Verwertungslogik, die das Wesen der politischen Rechten selbst ausmacht.

3 „Eingreifendes" Denken in der *Zeit der Monster*

Beide, Houellebecq wie *Haftbefehl*, untersuchen und thematisieren also jene Dschungelmentalität der entpolitisierten Gesellschaft unter dem totalen Diktat des Marktes und spielen dabei mit identitären Narrativen. Sie greifen Topoi, nämlich die Islamisierung und die Figur des kriminellen Ausländers, die die neue Rechte nutzt, auf, allerdings anders als eine Kritik meint, die Literatur einfach als andere Form der Politik lesen will, nicht in der Absicht, das Literarische zu politisieren. Dabei tritt aber sowohl im Werk *Haftbefehls* als auch in *Unterwerfung* die Subjekt- und Ideenlosigkeit der neoliberal verfassten, westlichen Gesellschaft an die Oberfläche und wird darum überhaupt erst fassbar. Die literarische Verarbeitung ermöglicht es, eine neue, andere Perspektive auf den Zusammenhang von identitären Setzungen im Politischen zu gewinnen, von der aus ersichtlich wird, dass die Leere der Marktbeziehungen einen unhintergehbaren Horizont darstellt, der gleichermaßen die Angstnarrative der neuen Rechten und ihre ureigene Politik selbst im Wesen durchzieht.

Dies lässt sich mit Ernst Bloch als Vorgang der ‚Verwesentlichung' beschreiben:

> Das poetische Verwesentlichen geht demnach auf ein im empirischen Stoff durchaus noch nicht so deutlich erschienenes Wesentliches oder gar noch nicht hervorgetretenes; der

> subjektive Faktor des Dichterischen ist dem künstlerischen Vor-Schein dann der Geburtshelfer.[32]

Literatur hat nach Bloch also das Vermögen, aus der Distanz des literarischen Aktes jene Bewegungen, die als der Wesenskern herrschender ideologischer Zusammenhänge unter der Oberfläche des Gesellschaftlichen von statten gehen, freizulegen. Dabei muss sie keineswegs selbst eine Positionierung vornehmen, um ‚politisch zu sein', denn vom Standpunkt des dialektischen Materialismus, zu dessen Vertretern Bloch bekanntlich zählt, ist der Erkenntnis eines gesellschaftlichen Zusammenhangs, wie Literatur sie herstellen kann, immer auch ein praktisches Potential immanent.

Die gesellschaftliche Wirklichkeit ist, wie Karl Marx schon in den *Thesen über Feuerbach* feststellt, eine *„menschliche sinnliche Tätigkeit, Praxis"*,[33] also als ein dialektisches Geflecht von Vorgängen der Produktion, in der Subjekt und Objekt – Überbau und Basis – in dialektischer Einheit interdependent und dynamisch miteinander interagieren, zu verstehen. Anders als mechanistische Ansätze des 19. und 20. Jahrhunderts annehmen, ist dabei aber die Wahrnehmung des Subjekts – und das heißt immer auch der Bereich des im Wortsinne Ästhetischen – keineswegs nur reaktiv zu einem scheinbar vorangegangenen Objektiven, sondern, wie gerade Bloch, aber auch Bertolt Brecht zeigen, selbst eine Form menschlicher Praxis. Denn, wie Brecht fragend feststellt, die antizipierende Erkenntnis, die die Kunst herzustellen vermag, wirkt immer schon verändernd: „Sollten wir nicht einfach sagen, daß wir nichts erkennen können, was wir nicht verändern können, noch das, was uns nicht verändert?"[34]

Brecht konkretisiert damit nicht so sehr eine marxistische Erkenntnistheorie denn eine dialektisch-materialistische Ästhetik. Er stellt hier also fest, dass Wirklichkeit nicht als ein objektiv Fassbares wahrgenommen werden kann, sondern durch die aufeinander bezogenen und voneinander abhängigen Bewegungen von Subjektwelt und Objektwelt, also auch durch die Wahrnehmung, produziert wird. Was als Realität wahrgenommen wird, wird bestimmt und gebildet durch Prozesse der Produktion, zu denen wiederum Wahrnehmung und, allgemeiner gesagt, jede Form von Ästhetik gehört, was nichts anderes heißt, als dass in der Wahrnehmung der Realität diese produziert wird. Eine Hierarchisierung

---

32 Ernst Bloch: Marxismus und Dichtung. In: Ernst Bloch: Literarische Aufsätze. Frankfurt a. M. 1985, S. 139 f.

33 Karl Marx: Thesen über Feuerbach. In: MEW 3, hg. v. Institut für Marxismus-Leninismus beim ZK der SED. Berlin 1960, S. 7.

34 Bertolt Brecht: Über die Beurteilung von Philosophie. In: Ders.: Gesammelte Werke. Bd. 20, hg. v. Werner Hecht. Frankfurt a. M. 1967, S. 140.

oder Kausalbeziehung zwischen Objektwelt und Subjektwelt, in der die eine nur Reaktion auf die andere darstellt, und damit auch die mechanistische Vorstellung, die Bewegungen des gesellschaftlichen Überbaus wären einseitig Reaktionen der ökonomischen Basis, machen also gerade keinen Sinn, da Basis und Überbau gemeinsam Realität produzieren.

Auf die Literatur angewandt: In der literarischen Verarbeitung können sich Prozesse der ‚Verwesentlichung' ereignen, das heißt, ein Gegenstand wird literarisch angeeignet, dargestellt und durch den Akt der Darstellung erst hergestellt, also als Gegenstand überhaupt wahrnehmbar. Indem Literatur als Vorgang der Verwesentlichung noch nicht voll-realisierter Latenzen und Tendenzen des Realen zu ihrem Gegenstand macht und im Raum des Literarischen vorläufig realisiert, ist sie, mit einem Wort Brechts, „eingreifend".[35] Sie bringt eine Potentialität auf den Punkt und so in der literarischen Aneignung eines Gegenstandes diesen als einen Neuen hervor. Literatur arbeitet so heraus, was denkbar ist und lässt das Denkbare in die Realität treten, was diese notwendig verändern muss.

Wenn diese Voraussetzung gilt, ist es nicht mehr möglich, zwischen einer Form künstlerischen Ausdrucks, die im sozialen Stratum operiert und einer, die davon absolut gesondert wäre, zu unterscheiden, sondern Kunst interagiert immer mit ihrem Kontext, ihrer sozialen Situation. Houellebecqs *Unterwerfung* und die Produktionen *Haftbefehls* lassen so zum Vorschein kommen, dass das Politische eine Leerstelle in der Gegenwart darstellt und hinter jedem vermeintlichen Subjektgeschehen nur dieselbe Affirmation der Verabsolutierung von Marktbeziehungen steht. Die Erkenntnis dieser Leere postmoderner Beliebigkeit ist aber überhaupt erst Vorbedingung einer Kritik, die nicht einfach nur reaktionäre Identitätspolitik ablehnt, sondern jene westliche Subjektivität, deren bloßes Symptom die neue nationalistische Psychose ist, zu überwinden sucht.

Genau darin liegt das große Potential des Literarischen in der Gegenwart von PEGIDA: Was die gegenwärtige Situation kennzeichnet, ist gerade das Fehlen einer politischen Option jenseits der Politik der Entleerung des Politischen. Literatur ist nicht in der Lage, aus eigener Kraft dieser Leere eine (emanzipatorische) Alternative entgegenzustellen, aber sie kann die Entleerung erfahrbar machen und als eine Öffnung, durch die eine neue Subjektivität treten kann, offenhalten. Dadurch bleiben Möglichkeitsräume eines transidentitären Universalismus denkbar, der sich an alle richtet und Ausdruck eines Willens zur Zusammengehörigkeit aller Menschen jenseits aller Differenzen ist, gegen die Partikularismen von links wie von rechts. Dieses unausgesprochen kritische und

35 Vgl. Bertolt Brecht: Wer braucht eine Weltanschauung. In: Ders.: Gesammelte Werke. Bd. 20, hg. v. Werner Hecht. Frankfurt a. M. 1967, S. 158 ff.

darum auch utopische Potential der Literatur, die jederzeit mit ihrem sozialen Kontext interagiert, gilt es gegen reduktionistische Lesarten zu verteidigen, gerade in den ‚Zeiten der Monster', deren Interregnum uns wegen des Fehlens einer Alternative unheimlich erscheint. Literatur wird nicht von heute auf morgen politisch, aber es ist an uns, das Politische im Literarischen zu erkennen.

Literaturverzeichnis

Badiou, Alain: Wofür steht der Name Sarkozy?. Übers.: Heinz Jatho. Zürich 2008.

Badiou, Alain: L'Hypothèse Communiste. Paris 2009.

Badiou, Alain: Wider den globalen Kapitalismus. Für ein neues Denken in der Politik nach den Morden von Paris. Übers.: Carolin Gutberlet. Berlin 2016.

Balmer, Rudolf: Provokation von rechts. URL: http://www.taz.de/!5024623/ (letzter Zugriff: 20.04.2017).

Bloch, Ernst: Marxismus und Dichtung. In: Ernst Bloch: Literarische Aufsätze. Frankfurt a. M. 1985.

Brecht, Bertolt: Über die Beurteilung von Philosophie. In: Ders.: Gesammelte Werke. Bd. 20, hg. v. Werner Hecht. Frankfurt a. M. 1967.

Brecht, Bertolt: Wer braucht eine Weltanschauung. In: Ders.: Gesammelte Werke. Bd. 20, hg. v. Werner Hecht. Frankfurt a. M. 1967.

Brink, Nana: „Wir wollen die größtmögliche Resonanz belohnen". Gespräch mit Karin Wilke. URL: https://www.deutschlandfunkkultur.de/kulturpolitik-der-afd-in-sachsen-wir-wollen-die.1001.de.html?dram:article_id=417444 (letzter Zugriff: 19.07.2018)

Dean, Jodi: Democracy and other Neoliberal Fantasies. Communicative Capitalism and Left Politics. Durham 2009.

Haftbefehl: Azzlacks sterben jung. Azzlack Stereotyp. Azzlackz 2010.

Haftbefehl: Chabos wissen wer der Babo ist. Blockplatin. Azzlackz 2013.

Haftbefehl: 069. Unzensiert. Universal 2015.

Houellebecq, Michel: Interventionen. Essays. Übers.: Hella Faust. Köln 1999.

Houellebecq, Michel: Interventions 2. Traces. Paris 2009.

Houellebecq, Michel: Soumission. Paris 2015.

Houellebecq, Michel: Unterwerfung. Übers.: Norma Cassau / Bernd Wilczek. Köln 2016.

Jameson, Fredric: The political Unconscious. Narrative as a Socially Symbolic Act. London / New York 1983.

Joffe, Josef: Kreuzeslast. URL: https://www.zeit.de/2018/19/markus-soeder-kreuz-westen-kultur-zeitgeist (letzter Zugriff: 19.07.2017).

Judy, Roland A.T.: On the Question of Nigga Authenticity. In: That's the Joint. The Hip-Hop Studies Reader. Hg. von: Murray Forman / Mark Anthony Neal. New York 2012.

Klein, Gabriele / Malte Friedrich: Is this real? Die Kultur des HipHop. Frankfurt a. M. 2003.

Loh, Hannes: Spiel nicht mit den Schmuddelkindern. Gangsta-Rap in Deutschland. In: 35 Jahre Rap in Deutschland. Hg. v. Hannes Loh / Sascha Verlan. Höfen 2015.

Marx, Karl: Thesen über Feuerbach. In: MEW 3, hg. v. Institut für Marxismus-Leninismus beim ZK der SED. Berlin 1960.

Mayers, Lawrence: Politics really is Downstream from Culture. URL: http://www.breitbart.com/big-hollywood/2011/08/22/politics-really-is-downstream-from-culture (letzter Zugriff: 27.04.2017).

Menke, Christoph: Die Kraft der Kunst. Berlin 2014.

Nover, Immanuel: Authentizität, Inszenierung und Intertextualität in Haftbefehls *Chabos wissen, wer der Babo ist.* URL: https://deutschelieder.wordpress.com/2015/06/29/haftbefehl-chabos-wissen-wer-der-babo-ist/ (letzter Zugriff: 19.07.2017).

Perry, Imani: Prophets of the Hood. Politics and Poetics in Hip Hop. Durham 2004.

Reitz, Chris / Sebastian Schuller: Zeit der Monster. Die ‚neue' Rechte als Phänomen des Neoliberalismus, das Scheitern linker Kritik und zu den Möglichkeiten emanzipatorischer Praxis in Kunst und Akademie. Ochsenfurt 2018.

Sloterdijk, Peter: Im Weltinnenraum des Kapitals. Für eine philosophische Theorie der Globalisierung. Frankfurt a. M. 2006.

Zehm, Günther: 'Was nach Hollande kommt'. URL: https://jungefreiheit.de/kultur/literatur/2015/was-nach-hollande-kommt (letzter Zugriff: 20.04.2017).

Žižek, Slavoj: Zeit der Monster. Aufruf zu Radikalität. URL: https://monde-diplomatique.de/artikel/!361634 (letzter Zugriff: 29.04.2017).

Robert Walter-Jochum

(Ent-)Schärfungen: Terrorideologien als Material von Reenactments bei Romuald Karmakar und Milo Rau

1 Einführung: Reenactment als politische Literatur

In der Reflexion der aktuellen gesellschaftlichen Diskurse ist es beinahe zum Gemeinplatz geworden, festzustellen, dass eine „Verrohung" der Kommunikation zu beobachten ist, der dann auch entsprechende Taten folgen – der Hassrede folgt in vielen Fällen die Hasskriminalität.[1] „Die Sprache kommt vor der Tat",[2] legt sich etwa der Chef des Bundeskriminalamts in einem Interview fest und bezieht so aus kriminalistischer Perspektive Stellung in einem Streit, der mindestens seit Cicero Überlegungen zur politischen Sprache prägt und den etwa Stefan George in die griffige Frage fasst: „Kommt wort vor tat kommt tat vor wort?"[3]

Erkundungen zur Relevanz des Wortes im Zusammenhang mit Taten stehen auch im Mittelpunkt von zwei Reenactment-Produktionen,[4] mit denen ich mich im Folgenden befassen will. Das Format des Reenactments, so soll argumentiert

---

1 Der vorliegende Aufsatz entstand im Rahmen meiner Arbeit im Projekt „Gefühle religiöser Zugehörigkeit und Rhetoriken der Verletzung in Öffentlichkeit und Kunst" (Projektleitung: Jürgen Brokoff und Christian von Scheve) am von der Deutschen Forschungsgemeinschaft geförderten Sonderforschungsbereich „Affective Societies" an der Freien Universität Berlin.

2 Vgl. Holger Münch, Eckart Lohse und Matthias Wyssuwa: Interview mit BKA-Präsident Holger Münch: „Die Sprache kommt vor der Tat". In: Frankfurter Allgemeine Zeitung, 4. Juni 2016.

3 Stefan George: Der Stern des Bundes. Gesamt-Ausgabe der Werke. Band 8: Der Stern des Bundes, Berlin 1928, S. 26 (Digitale Faksimile-Ausgabe Berlin 2004).

4 Der Begriff des Reenactments hat seinen Ursprung im Bereich der Geschichtsdidaktik bei Robin G. Collingwood: The Idea of History. Oxford 1946, wo er im engeren Sinn die Nachstellung zentraler historischer Ereignisse zu Zwecken der Einfühlung und des reflektierenden Nacherlebens meint. Im Folgenden orientiere ich mich am Begriffsverständnis bei Erika Fischer-Lichte: Die Wiederholung als Ereignis. Reenactment als Aneignung von Geschichte. In: Theater als Zeitmaschine. Zur performativen Praxis des Reenactments. Theater- und kulturwissenschaftliche Perspektiven. Hg. v. Jens Roselt / Ulf Otto. Bielefeld 2012, S. 13–52. – Eine gegenüber Fischer-Lichtes Ansatz im Hinblick auf die Einbindung der *Affect Studies* avancierte Theorieposition vertritt in ihren Analysen von Civil-War-Reenactments in den USA Rebecca Schneider: Performing Remains. Art and War in Times of Theatrical Reenactment. New York 2011.

https://doi.org/10.1515/9783110568561-014

werden, ist hoch einschlägig für das Politische[5] und bringt es in den zu skizzierenden Fällen mit sich, dass die inkriminierte Hasssprache selbst zum zentralen Gegenstand des Literarischen wird: In dokumentarischer Genauigkeit wird sie von diesen Reenactments ausgestellt, rekontextualisiert und auf spezifische Weise sowohl in einen künstlerischen als auch in einen öffentlich-politischen Diskurs wieder eingespeist. Die „Täter-Sprache" wird so zur Kunst bzw. Literatur[6] – ein zentraler Aspekt, an dem sich nicht zuletzt Kritik und Skandalisierung entzünden, denn das Reenactment, das die Sprache des Täters unverändert zur Aufführung bringt, führt eben die ideologischen Grundlagen von dessen Rede zunächst einmal ungemildert mit sich. Auf den ersten Blick hat man es also mit einer Wiederholung dessen zu tun, was als volksverhetzend, anstachelnd, abwegig und kritikwürdig gelten kann – der künstlerische Kontext bewahrt so eine Hassrede,[7]

---

5 Zur politischen Relevanz von Reenactment vgl. etwa Matthias Warstat: Reenactment und Ritualisierung. Formen der Wiederholung in politischen Bewegungen. In: Roselt / Otto (Hg.): Theater als Zeitmaschine, S. 213–228. – Den politischen Implikationen von identischer oder abweichender Wiederholung widmet sich aus praxistheoretischer Perspektive Andreas Reckwitz: Die Reproduktion und die Subversion sozialer Praktiken – Zugleich ein Kommentar zu Pierre Bourdieu und Judith Butler. In: Doing Culture. Zum Begriff der Praxis in der gegenwärtigen soziologischen Theorie. Hg. v. Karl H. Hörning. Bielefeld 2004, S. 40–52. – Zu einer Differenzierung zwischen den Begriffen "die Politik" und „das Politische" vgl. Oliver Marchart: Die politische Differenz. Zum Denken des Politischen bei Nancy, Lefort, Badiou, Laclau und Agamben. Frankfurt a. M. 2005. „Das Politische" bezeichnet nach Marchart eine Sphäre, die sich in modernen Gesellschaften als der Ort herausstellt, an dem – jenseits des institutionalisierten Handelns im Rahmen der organisierten Politik – die Debatte um die Grundlagen des Gesellschaftlichen angesichts eines Versagens fundamentaler Kriterien seiner Begründung geführt wird. Wenn Reenactment also in dieser Begriffsverwendung auch nicht zur Politik gehört, ist es dennoch Teil der Sphäre des Politischen, in der um moralische wie rechtliche Bedingungen von Gesellschaft gerungen wird.

6 Die Wahrnehmung von Reenactments als Literatur setzt einen erweiterten Literaturbegriff voraus, der sich in erster Linie daran orientiert, dass es sich bei Reenactments – zumindest in den hier diskutierten Fällen – um dominant (wenn auch nicht ausschließlich) sprachliche Erzeugnisse handelt. Aus Gründen des Umfangs kann hier nicht weiter auf diese Frage eingegangen werden. Verwiesen sei auf Skizzen zu einem weiten Literaturbegriff im beschriebenen Sinn, etwa bei Alo Allkemper / Norbert Otto Eke: Literaturwissenschaft. 6. Aufl. Paderborn 2018, hier: S. 23–25, oder Stefan Neuhaus: Grundriss der Literaturwissenschaft. 4. Aufl. Tübingen 2014, hier: S. 2. Eine nach wie vor lesenswerte Position in diesem Kontext ist die von einem sehr offenen Literaturverständnis ausgehende (und sich dann im marxistischen Sinne wieder partiell einengende) Auseinandersetzung mit der Frage „Was ist Literatur?" bei Terry Eagleton: Einführung in die Literaturtheorie. Aus dem Englischen von Elfi Bettinger und Elke Hentschel. 4. Aufl. Stuttgart / Weimar 1997, hier: S. 1–18.

7 Zum Begriff des Hasses vgl. Volker Caysa: Der Hass – eine große Stimmung. In: Was ist Hass? Phänomenologische, philosophische und sozialwissenschaftliche Studien. Hg. v. Stephan Uhlig. Berlin 2008, S. 35–48. – Im Verständnis von Hassrede und ihren sozial-affektiven Folgeer-

die in anderen Kontexten justiziabel wäre und gesellschaftlich nur in bestimmten eingehegten und spezifisch geschützten Bereichen wie der Kunst, der Gerichtsverhandlung oder einem religiösen Kontext geduldet wird.

Die Frage der Wiederholung ist in Bezug auf Reenactments besonders kritisch zu diskutieren. Erika Fischer-Lichte weist darauf hin, dass Wiederholungen im Reenactment „niemals mit dem identisch sind, was sie wieder holen, d. h. leiblich ins Gedächtnis zurückholen. Sie tragen sich vielmehr selbst als Ereignisse hier und heute zu".[8] Dieser Ereignischarakter des Reenactments führt dazu, dass es neben dem Index des Vergangenen, das es reaktualisiert, stets auch einen gegenwärtigen Index hat, das heißt geprägt ist von kontextuellen, institutionellen und affektiven Aspekten seiner Herstellungssituation. In seiner Wirkungsdimension ist zudem etwas Zukünftiges angesprochen, so dass Reenactments ein umfassendes Zeitkonzept eigen ist, das es jeweils in spezifischer Weise auszuloten gilt.[9] Die ästhetischen Differenzen, die die Originalsituation von der im Reenactment wiedergegebenen unterscheiden, beruhen also im Wesentlichen auf diesen Rekontextualisierungen, die – mit Georges Didi-Huberman gesprochen – das Material in Dys-Position[10] setzen und so Spannungen und Reflexionsräume, aber auch Momente der Affizierung schaffen, die das Material selbst so nicht bereithält.

Der im Titel dieses Aufsatzes genannte Begriff der ‚(Ent-)Schärfung' umfasst aus meiner Sicht die Bandbreite der Effekte, die im Zusammenhang mit dem spezifischen Material im Rahmen dieser Gattung erzielt werden können. Auf der einen Seite kann das Reenactment dazu dienen, die in ihm präsente Hassideologie zu dekontextualisieren und so ‚rational' beobacht- und hinterfragbar zu machen – es erfüllt also einen eher ‚klassischen', quellenkritisch-didaktischen Ansatz, der das Material in seinem Kontext präsentiert, es gleichzeitig aber so weit aus seinen pragmatischen Bindungen löst, dass es der Analyse zugänglich wird. ‚Geschärft' wird der Blick auf das Material, um es in seiner ideologischen Wirkung

scheinungen orientiere ich mich an der ausführlichen Erarbeitung dieses Feldes durch Judith Butler: Hass spricht. Zur Politik des Performativen. Berlin 1998.

8 Fischer-Lichte: Die Wiederholung als Ereignis, S. 13.

9 Diese zeitliche Multidimensionalität macht es sinnvoll, von „(P)Reenactment" zu sprechen, um die stetige Verweisstruktur auf Vergangenes und Zukünftiges in diesen Formen auch begrifflich präsent zu machen. Vgl. zu einem theoretischen Vorschlag hierzu Adam Czirak et al.: (P)reenactment. In: Affective Societies – Key Concepts. Hg. v. Jan Slaby / Christian von Scheve. New York/ London 2019 (im Druck).

10 Der Begriff der Dys-Position wird von Didi-Huberman geprägt im Hinblick auf eine Theorie der Montage, lässt sich aber auch als zentrales Prinzip zur Analyse der Kontextbedingungen und -verschiebungen ansehen, die für Reenactments relevant sind. Vgl. hierzu Georges Didi-Huberman: Wenn die Bilder Position beziehen. Das Auge der Geschichte I. München 2011.

vermeintlich zu ‚entschärfen'. Auf der anderen Seite bieten aber Formen des Reenactments auch die Gelegenheit, mithilfe der Rekonfiguration, die sich im Akt der Wiederholung vollzieht, eine Reideologisierung vorzunehmen und (affektive) Effekte zu erzielen, die weniger der rationalen Einordnung eines historisch gewordenen Geschehens dienen als der affektiven Vergemeinschaftung[11] in einer Rezeptionssituation, die von der im Material ideologisch oder institutionell vorgegebenen abweicht. Reenactment kann so zum Ausgangspunkt von *Affective Politics*[12] und Aktivismus werden – es kann mobilisieren und affizieren und damit Konsequenzen aus der aktuell zu beobachtenden grundlegenden Infragestellung eines rationalistisch-aufklärerischen Ansatzes ziehen, die es zu einer zeitgemäßen Form politischen Handelns werden lassen.

Im Folgenden werde ich zwei Beispiele vorstellen, die diese Bandbreite von Reenactments ausschöpfen, indem sie Terrorideologien zum Gegenstand der Darstellung werden lassen. Das Material entstammt in beiden Fällen Situationen, in denen die entsprechenden Texte durch mit ihnen eng verbundene Taten medial und diskursiv aufgeladen wurden, was ihnen ein spezifisches Rezeptionspotenzial sichert. Diese Reenactments sind insofern nicht losgelöst von der festen Verknüpfung von Worten und Taten zu denken – es ist eigentlich unvorstellbar, dass den Worten, die in den Performances im Mittelpunkt stehen, entsprechende künstlerische Aufmerksamkeit zuteil geworden wäre, hätten sie nicht zu den durch sie ideologisch gerechtfertigten Taten geführt.

Die beiden Fälle, um die es geht, sind einerseits die epochemachenden dschihadistischen Anschläge vom 11. September 2001 und andererseits das Attentat vom 22. Juli 2011, bei dem der rechtsradikale Anders Breivik zunächst acht Menschen bei einem Bombenanschlag in Oslo und dann 69 bei einem sozialdemokratischen Jugendlager auf der Insel Utøya tötete. Während Romuald Karmakars Film *Hamburger Lektionen*[13] von 2006 die Ideologisierung der späteren 9/11-Attentäter durch einen salafistischen Prediger in den Blick nimmt, widmet sich Milo Raus Lecture Performance *Breiviks Erklärung*[14] von 2012 einer Stellungnah-

---

11 Die Bildung von Gruppen und Gemeinschaften auf Grundlage in den Diskurs eingebundener affektiver Strategien untersucht in verschiedenen Werken die Affekttheoretikerin Sara Ahmed, der ich hier theoretisch folge. Vgl. etwa Sara Ahmed: Affective Economies. In: Social Text 79 (22/2), 2004, S. 117–139, sowie dies.: The Cultural Politics of Emotions. Edinburgh 2004.

12 Vgl. zu diesem Begriff Brigitte Bargetz: The Distribution of Emotions. Affective Politics of Emancipation. In: Hypatia 30 (3), 2015, S. 580–596.

13 Hamburger Lektionen. Regie: Romuald Karmakar. Pantera Film, 2006.

14 Für die Arbeit an *Breiviks Erklärung* ist man aufgrund der juristisch komplizierten Sachlage, die eine Edition des Textes verunmöglicht, auf die Arbeit mit filmischen Mitschnitten angewiesen, die über Onlinekanäle zugänglich sind. Ich beziehe mich auf einen Mitschnitt der Weimarer Uraufführung vom 19. Oktober 2012, der über die Website der Produktionsgesellschaft Milo Raus, des

me, die Breivik im Rahmen seines Prozesses am 17. April 2012 vor dem Osloer Amtsgericht abgab und mit der er *ex post* seine Tat zu begründen suchte.

2 Reenactment als Polit-Didaktik: Romuald Karmakar: *Hamburger Lektionen* (2006)

Der Stoff von Karmakars *Hamburger Lektionen* sind zwei Unterweisungen, die der salafistische Imam Mohammed Fazazi im Januar 2000, gegen Ende des Ramadans, in der Hamburger Al-Quds-Moschee gab – der Moschee, die später als diejenige bekannt wurde, die mehrere Mitglieder der Hamburger 9/11-Terrorzelle um Mohammed Atta regelmäßig besucht hatten.[15] Gläubige konnten Fragen einreichen, zu denen der Prediger auf Grundlage seiner spezifischen Theologie Stellung nahm. In der Gemeinde und auch darüber hinaus zirkulierte später ein Video von dieser Unterweisung (in arabischer Sprache), das bei Ermittlungen nach 9/11 auffiel und eine gewisse öffentliche Resonanz erreichte. Auf diesem Video basiert Karmakars Film; er lässt es Wort für Wort übersetzen, den deutschen Text – ergänzt um einige kurze, wie Anmerkungen in ihn eingebaute Worterklärungen – lässt er von dem Schauspieler Manfred Zapatka in einem neutralen Setting ohne Kostüm und vor grauer Kulisse lesen; nur wenige Schnitte werden gemacht, so dass der Schauspieler mal im Profil, mal in Frontalansicht zu sehen ist.[16] Unterbrochen wird die Konzentration auf ihn nur von zweimal für mehrere

„International Institute of Political Murder“ (www.international-institue.de), abrufbar war, deren Link jedoch inzwischen gesperrt ist. Vgl. zudem Breiviks Erklärung, Regie: Milo Rau. IIPM, 2012 (Wiener Akademie der bildenden Kunst, 11. Dezember 2013), www.youtube.com/watch?v=cPK8fngW7ps (6. November 2017). Meine Erwägungen zu den inszenatorischen und textuellen Veränderungen, die zwischen der historischen Originalsituation und dem Reenactment vorgenommen wurden, beruhen zudem auf einem Vergleich dieser Videos mit dubiosen Mitschriften des Textes von rechtsextremen Websites, die zumindest zeigen, dass Raus Text in Bezug auf Breiviks Ausführungen weitgehend dem Original folgt.

15 Zu Fazazi vgl. die Recherche des Journalisten Dirk Laabs, deren erste Publikation in der *Frankfurter Allgemeinen Zeitung* 2005 Karmakar den Anlass gab, mit seinem Projekt zu beginnen. Dirk Laabs: Mohammed Fazazi: Der Lehrer des Terrors. dirklaabs.de/Der_Lehrer_des_Terrors.html (6. November 2017).

16 Ästhetisch hat Karmakars Film einen Vorgänger in seinem Film *Das Himmler-Projekt*, in dem er mit derselben Besetzung und in weitgehend analoger Inszenierung ein Reenactment der dreistündigen ersten Posener Rede verfilmte, in der der Reichsführer SS Heinrich Himmler vor 100 SS-Führern unter anderem die Vorstellungen des NS-Regimes von der vollständigen Vernichtung der Juden ausführte. Vgl. Das Himmler-Projekt. Regie: Romuald Karmakar. Pantera Film, 2000. – Zu Karmakars Inszenierungsentscheidungen hier vgl. den auch in Bezug auf die analog gestal-

Sekunden am Anfang und in der Mitte des Films eingeblendeten Außenaufnahmen der in einem Bürogebäude untergebrachten Moschee, die das Geschehen in einem konkret lokalisierbaren Umfeld verankern.

Zapatka liest Fragen und Antworten des Imams von Blättern ab, die ihm gereicht werden; er vermeidet dabei eine mimetische Wiedergabe von Intonation, besonderen Betonungen oder emotionalen Äußerungen und pflegt so einen Vortragsstil, der nach affektiver Neutralisierung strebt, um den Text und seine Inhalte in den Mittelpunkt zu stellen.[17] Karmakar hat seine Inszenierungsentscheidungen in einem Interview unter das Signum der „Rekonkretisierung"[18] des Geschehens gestellt; ein wichtiges Anliegen sei es ihm gewesen, jenseits der vom Schlagwort des „Hasspredigers" und einigen abschreckenden Zitaten geprägten Medienberichterstattung über den Fall das Ganze der Unterweisung der Gläubigen zu zeigen, die sich in weiten Teilen anderen Aspekten einer spezifischen konservativen Lebensweise und ihrer Vereinbarkeit mit dem Alltag der Gläubigen in einer westlichen Großstadt widmet.

Fazazis Lektionen folgen dem Schema, auf Fragen der Gläubigen zu alltäglichen Herausforderungen Antworten zu geben, die – nach salafistischer Tradition – auf den Koran, die Hadithe und die Schriften der frommen Altvorderen der ersten drei Generationen des Islam zurückgreifen. Die Gläubigen fragen danach, ob man die Pilgerfahrt auch mit einem gefälschten Reisepass unternehmen darf, in welchen Fällen es einer Frau erlaubt ist, allein zu reisen, ob mit dieser oder

teten *Hamburger Lektionen* zum Teil anschlussfähigen Aufsatz von Michael Richardson: Reenacting Evil: Giving Voice to the Perpetrator in *Das Himmler-Projekt* and *Das Goebbels-Experiment*. In: Colloquia Germanica: Internationale Zeitschrift für Germanistik 43 (2010), S. 175–193.

17 Insgesamt stellt sich in diesem Zusammenhang die Frage, wo überall Affekt in der Darstellung verortet werden kann. Die *Affect Studies* angloamerikanischer Prägung begreifen *Affect* als relationales Geschehen, das sich in einer gegebenen Situation zwischen sämtlichen an ihr beteiligten Instanzen abspielt. Vgl. hierzu überblicksartig Melissa Gregg und Gregory J. Seigworth (Hg.): The Affect Theory Reader. Durham, NC 2010, sowie Jan Slaby: Relational Affect. Working Paper SFB 1171 Affective Societies 02/16. edocs.fu-berlin.de/docs/receive/FUDOCS_series_000000000562 (6. November 2017). – Verschiedene Zweige affekttheoretischer Arbeit berücksichtigen unterschiedliche Kanäle der Zirkulation von Affekten. Im vorliegenden Zusammenhang ist neben der performativen Ebene, die die Darstellung durch den Schauspieler und sein Zusammenspiel mit Kamera und Publikum betrifft, auch eine Ebene von Bedeutung, die Affektivität als Eigenschaft des von ihm gesprochenen Textes anspricht. Vgl. hierzu Petra Gehring: Über die Körperkraft von Sprache. In: Verletzende Worte. Die Grammatik sprachlicher Missachtung. Hg. v. Steffen K. Herrmann / Sybille Krämer / Hannes Kuch. Bielefeld 2007, S. 211–228.

18 Romuald Karmakar / Dietmar Kammerer: Rekonkretisierungen. Der Filmemacher Romuald Karmakar über *Das Himmler-Projekt* und *Hamburger Lektionen*. In: Authentizität und Wiederholung. Künstlerische und kulturelle Manifestationen eines Paradoxes. Hg. v. Uta Daur. Bielefeld 2013, S. 199–211; hier S. 201f.

jener islamischen Organisation kooperiert werden dürfe und ob es der Koran gestatte, den Besitz Ungläubiger an sich zu bringen. Letztere Frage nutzt Fazazi für ausführliche Darlegungen der verschiedenen Statusgruppen, in die Nicht-Muslime aus Sicht des salafistischen Islams einzuteilen sind, und Erklärungen, wie etwa Schutzbefohlene, Durchreisende oder Gesandte der Ungläubigen korrekt zu behandeln sind. Seine zunächst differenzierten Ausführungen gipfeln in einer Aussage, die an Klarheit nichts zu wünschen übriglässt: All diese Differenzierungen gälten jedoch nicht für heutige Bürger westlicher Staaten, da diese durch ihre Beteiligung an demokratischen Wahlen einen Krieg gegen den Islam führen würden, indem sie ihre Regierungen dazu legitimierten. Sie seien somit als Feinde des Islams zu töten, sowohl ihr Besitz als auch ihre Familienangehörigen und ihr eigenes Blut seien für einen Muslim *halal*, d. h. antastbar. Mit der Autorität des Imams und unter Verweis auf die mit den Gläubigen geteilten religiösen Quellen ruft Fazazi damit zu einer Form des Dschihad auf, die sich gegen alle richtet, die in den Staaten des Westens leben und der Demokratie als Religion huldigen. Seine Lektionen können somit als Aufstachelung zum entgrenzten Dschihad verstanden werden, wobei er einerseits theologische Rationalität vorspiegelt, andererseits aber affektiv den Hass gegen den Westen und seine Bürger aufstachelt.

Als „deutsches Dokument“, als „Videodokument [...] aus unserer Gesellschaft“[19] beschreibt Karmakar die Lektionen, die er hier zur Wiederabbildung bringt. Sein Ziel ist es, die Binnenlogik des Salafismus, wie sie hier zum Vorschein kommt, durch die reduzierte Vortragsweise analysierbar zu machen und in ihrer Positionierung in einer Gesellschaft, in der interkultureller Kontakt Alltag ist, zu präsentieren.

Bei Karmakars Art der Inszenierung ebenso wie bei der Explikation seiner Intentionen ist eine eher herkömmliche kritische Linie zu erkennen: Ziel ist es, das Dokument einerseits als historische Quelle zu begreifen, die in einem bestimmten Kontext steht, der zum Teil verfügbar gemacht wird, es andererseits aber so weit aus seinem pragmatischen Kontext zu lösen, dass seine affektiven Effekte eher neutralisiert werden, um eine rationale Analyse *sine ira et studio* zu ermöglichen. An die Stelle der Sprechsituation in der Moschee, in der eine gläubige Ingroup vor einem Sprecher steht, von dem sie sich einerseits belehren, andererseits emotionalisieren lässt, tritt eine neutrale Inszenierung, die bewusst einen Gegenpol zu dieser Sprechsituation bildet; das unter der Hand weitergegebene Videoband wird transformiert in ein auf eine breite, kritische Öffentlichkeit zielendes Filmdokument. Dabei bleibt das ideologisch geprägte und affektiv aufstachelnde sprachliche Material unverändert und wird so in Spannung versetzt zu

19 Karmakar / Kammerer: Rekonkretisierungen, S. 210.

einer Umgebung, die sowohl der ideologischen Einbindung als auch der Emotionalisierung widerständig gegenübersteht. Mit dem Reenactment einher geht eine Variation im *Affective Arrangement*,[20] d. h. der Einbettung des Diskurses in eine übergreifende Situation, die die Herstellung spezifischer affektiver Relationen zum Ziel hat: Während das *Affective Arrangement* der Originalsituation auf die affektive Vergemeinschaftung der Gläubigen ausgerichtet ist und von Fazazi im Sinne einer Aufstachelung zum Dschihad genutzt wird, dienen die Reduktion affektiven Sprechens, die Neutralisierung der Situation in der zurückhaltenden filmischen Inszenierung und die mit der Besetzungsentscheidung hervorgerufene Distanzierung zwischen Original und Film dazu, weniger eine affektive als eine rationalisierende Vorgehensweise zu ermöglichen. Hierin zeigt sich eine aufklärerische Perspektive, die darauf setzt, Emotionalisierung und affektive Bindungen von Sprache zu kappen, um sich ganz den Inhalten zuzuwenden – intendiert sind Erkenntnisse darüber, wie die sozialen Bedingungen, unter denen migrantische Muslime in der westlichen Gesellschaft leben, und ihre Konfrontation mit archaischen Ideologien einen Nährboden bilden können, auf dem Hass gesät werden kann und dschihadistische Aktionen im Sinne des internationalen Terrorismus gedeihen können. Das Reenactment basiert damit auf einer Epistemologie, die Affekte und rationale Analyse als einander entgegengesetzte Pole begreift und davon ausgeht, dass Letztere das entscheidende Kraut darstellt, das gegen die als verhängnisvoll empfundene Emotionalisierung der Politik gewachsen ist, die in Terroranschlägen gipfelt.

Dem künstlerischen Werk kommt es in diesem Zusammenhang zu, gegenüber der affektiven Originalsituation eine Milderung herzustellen; dies geschieht durch affektreduzierende und Distanz schaffende Inszenierungsentscheidungen. Das Reenactment verfolgt damit ein Programm, das weniger ästhetischen als kritischen Erkenntnisweisen verpflichtet ist und starke Affekte tendenziell als Gefahr für das gesellschaftliche Zusammenleben einstuft – wenn man so will im Gefolge einer habermasianisch grundierten Diskursethik, die den gewaltfreien

20 Der Begriff *Affective Arrangement* basiert auf einem relationalen Affektverständnis, wie es mit Gilles Deleuzes Spinoza-Lektüre und dem *Agencement*-Begriff von Deleuze und Félix Guattari verbunden ist, richtet sich aber auf die Vorstellung einer „material-discursive formation" aus, „as part of which affect is patterned, channeled, and modulated in recurrent and repeatable ways". Zur Begriffsbildung und ihren affekt- wie emotionstheoretischen Implikationen vgl. Jan Slaby / Rainer Mühlhoff / Philipp Wüschner: Affective Arrangements. In: Emotion Review 2017, S. 1–10; hier: S. 3. Zum Begriff des *Agencements*, im Deutschen auch als „Gefüge" übersetzt, vgl. Gilles Deleuze / Félix Guattari: Tausend Plateaus. Kapitalismus und Schizophrenie 2. Berlin 1992, hier etwa S. 12 f., 38, 124. Vgl. auch John Phillips: Agencement/Assemblage. In: Theory, Culture & Society 23 (2/3), S. 108 f.

und affektarmen Austausch von Argumenten als Zielsetzung und Methode hochhält.[21] Ziel der „Rekonkretisierung" ist es, Anschaulichkeit herzustellen – aber diese Anschaulichkeit steht nicht im Dienst einer affektiven Wirkungsdramaturgie, sondern folgt einer neutralisierenden, die affektgeladene Auseinandersetzung abkühlenden Strategie, die man auch als didaktisch bezeichnen kann.[22] Ob diese als politischer Handlungsansatz gegen die inkriminierte Ideologie erfolgreich sein kann, sei dahingestellt – im Hinblick auf die zunehmende Durchsetzung des politischen Feldes mit Affekten und den Erfolg von derartigen Strategien kann man der hier erkennbaren tradierten Vorstellung, dass eine Rückführung der politischen Diskussion auf rationale Argumente und eine nachgelagerte Auseinandersetzung mit der Quelle den meisten Erfolg verspricht, eher skeptisch gegenüberstehen.

3 Reenactment als Aktivismus: Milo Rau: *Breiviks Erklärung* (2012)

Deutlicher von der Skepsis gegenüber einer rationalisierenden Auseinandersetzung ist das zweite Reenactment geprägt, das ich im Folgenden vorstellen möchte. Milo Raus Theaterperformance *Breiviks Erklärung* ist auf den ersten Blick ebenso textorientiert wie die *Hamburger Lektionen*, indem sie genau das wiederzugeben behauptet, was Breivik in seinem Prozess selbst vorgebracht hat.

Breiviks Erklärung vor dem Osloer Amtsgericht war eingebunden in das rechtsstaatliche Prozessgeschehen, das der Aufarbeitung von Breiviks Taten diente. Hier wurde dem Angeklagten Gelegenheit gegeben, umfassend zu seiner Sicht der Dinge Stellung zu nehmen – eine Möglichkeit, die der Angeklagte dazu nutzte, in weitschweifiger Weise in etwa 75 Minuten den ideologischen Zusammenhang zu

---

21 Zu Habermas' Vorstellungen einer intersubjektiven Diskursethik vgl. Jürgen Habermas: Moralbewußtsein und kommunikatives Handeln. Frankfurt a. M. 1983, sowie ders.: Erläuterungen zur Diskursethik. Frankfurt a. M. 1991. – Kritik an den zu optimistischen, ungebrochen auf ein starkes, reflektierendes Subjekt vertrauenden Grundannahmen der Theoriebildung Habermas'scher Prägung übt Andreas Fischer-Lescano: Radikale Rechtskritik. In: Kritische Justiz 47 (2014), H. 2, S. 171–183.

22 Den Begriff der Didaktik verwendet in Bezug auf Karmakars Film auch Simon Rothöhler: Suspendierte Historizität. Zum filmischen Wiederholen von Geschichte in *S-21, La machine de mort Khmère rouge* und *Hamburger Lektionen*. In: Roselt / Otto (Hg.): Theater als Zeitmaschine, S. 175–189. Die ästhetische Grundanlage von Karmakars Film bezeichnet er treffend als „ästhetischen Formalismus [...], dessen suggestive Dimension in der Produktion diskursiver Transparenz liegt" (ebd., S. 184 f.).

erläutern, in dem er seine Tat sieht.[23] Ein zentraler Aspekt in Breiviks Rede ist die Art und Weise, wie er über eine affektiv aufgeladene Stereotypenbildung Gruppen konstruiert – auf der einen Seite eine Ingroup, die als die Gruppe der ‚indigenen Norweger' gefasst wird, die sich im Widerstand bzw. in einem ethnisch und kulturell geprägten Überlebenskampf befänden; auf der anderen Seite zwei Outgroups, und zwar einerseits eine Gruppe außereuropäischer, vorwiegend muslimischer Migranten, deren Einströmen nach Norwegen den kulturellen und ethnischen Kern des Landes bedrohe, und andererseits die Gruppe der von ihm sogenannten Kulturmarxisten und Multikulturalisten, die in Norwegen den Ton angäben und dieser Entwicklung den Boden bereiteten, sie förderten und letztlich im Rahmen eines Bürgerkriegs gegen die indigenen Norweger an der Untergrabung von deren nationaler Identität arbeiteten. Den Nachwuchs dieser aus seiner Sicht fehlgeleiteten norwegischen Elite bilde unter anderem die Jugend der Arbeiterpartei – die hier ausgebildeten vermeintlichen antinorwegischen Aktivisten waren deshalb aus seiner Sicht ein legitimes Anschlagsziel.

Der Rahmen der Gerichtsverhandlung bestimmten die Kommunikationssituation und das *Affective Arrangement*, in die diese ideologische Rechtfertigung eingebunden war[24] – Breivik sprach so in einem geschützten Bereich, der ihm von einer Rechtsordnung zugebilligt wurde, die er eigentlich bekämpft, und nutzte die ihm gebotene Bühne, sein Gedankengebäude zu präsentieren. Er feierte sich dabei unter anderem als derjenige, der „das spektakulärste Attentat in Europa seit dem Zweiten Weltkrieg geplant und durchgeführt" hat – eine Einschätzung, der zumindest für Norwegen im Hinblick auf den gesellschaftlichen Einschnitt, den seine Tat darstellt, recht gegeben werden kann. Immer wieder wurde er von der

---

23 Eine eingehende Auseinandersetzung mit dem Fall sowie der konkreten Situation des Gerichtsverfahrens bietet die ausführliche Reportage von Åsne Seierstad: Einer von uns. Die Geschichte eines Massenmörders. Zürich / Berlin 2016; hier besonders S. 457–465.

24 Zur Relevanz von Emotionen in Gerichtsverfahren existiert eine umfangreiche Forschungsliteratur. Festzuhalten ist jedenfalls, dass auch der Gerichtsprozess als *Affective Arrangement* angesehen werden muss, wie – ohne diesen Begriff – etwa Maroney nahelegt: „Criminal proceedings work to channel anger, indignation, fear, and disgust; rehabilitative programs encourage hope. Law both revolves around and sculpts emotional experience, both individual and collective." Terry A. Maroney: A Field Evolves: Introduction to the Special Section on Law and Emotion. In: Emotion Review 8 (2016), H. 1, S. 3–7. – Vgl. auch Leif Dahlberg: Emotional Tropes in the Courtroom: On Representation of Affect and Emotion in Legal Court Proceedings. In: Law and Humanities 3 (2009), H. 2, S. 175–205. – Einen theoretisch akzentuierten Überblick bietet Hilge Landweer / Dirk Koppelberg (Hg.): Recht und Emotion I. Verkannte Zusammenhänge. Freiburg i. Br. 2016, hier insbesondere S. 13–47. – Ein Beitrag, der, anders als die genannten emotionsorientierten, dieses Feld in Richtung der *Affect Studies* öffnet, ist: Jonas Bens / Olaf Zenker: Gerechtigkeitsgefühle: Eine Einführung. In: Gerechtigkeitsgefühle: Zur affektiven und emotionalen Legitimität von Normen. Hg. v. dens. Bielefeld 2017, S. 11–35.

Richterin unterbrochen, ermahnt, zum Ende zu kommen (seine Erklärung dauerte insgesamt mehr als doppelt so lang wie mit seinem Verteidiger vereinbart) und sich vor allem in seiner Ausdrucksweise im Hinblick auf die Gefühle der Opferfamilien, die den Prozess verfolgten, zu mäßigen. Wie auch im Falle der *Hamburger Lektionen* liegt hier also ein Ausgangsmaterial vor, das affektiv massiv aufgeladen ist – sowohl was die öffentliche Resonanz darauf angeht als auch die sprachliche Gestalt des Textes, der typische Formen der Hassrede mit einer pseudorationalen Argumentationsebene verbindet, die vom Zusammensuchen vermeintlich stützenden Zitat- und Quellenmaterials gebildet wird.

Die Behandlung des Materials durch Rau gleicht in gewisser Hinsicht derjenigen, die Karmakar vornimmt – in einigen Punkten weicht sie jedoch auf markante Weise davon ab, was, so meine These, Raus Reenactment als spezifisch gegenwärtige Form ausweist und in den Kontext eines politischen Aktivismus stellt, der seinerseits weniger auf Argumente als auf eine affektive Dynamik setzt. Das *Affective Arrangement*, das Rau schafft, unterscheidet sich so deutlich von dem Karmakars, wie im Folgenden gezeigt werden soll.

Zunächst ist festzuhalten, dass es Parallelen in der Entstehungsgeschichte beider Projekte gibt. Greift Karmakar auf ein innerhalb der islamischen Gemeinde informell weitergegebenes Videoband zurück, ist die Textbasis von Raus Performance den Auskünften im Vor- und Nachspann des Reenactments zufolge ein Tonband, das ein Journalist angefertigt hat, in diesem Fall *nota bene* illegal, weil das Osloer Gericht die Aussage Breiviks für die Öffentlichkeit gesperrt hatte, um die Familien der Opfer vor einer weiteren Verbreitung der bisweilen ihre Angehörigen verunglimpfenden Aussagen des Angeklagten zu schützen. Rau lässt den Text aus dem Norwegischen übersetzen und gibt im Rahmen des Vor- und Abspanns einordnende Hinweise zu Reaktionen der Zuhörer in der Originalsituation sowie zur Überlieferung; den vorgetragenen Text befreit Rau von allen der Gerichtssituation geschuldeten dialogischen Elementen und stärkt so die monologische Tendenz der Erklärung.[25] Die problematische Überlieferungsgeschichte wird im Vor- und Abspann explizit ausgestellt,[26] was für einen authentifizieren-

---

25 Hiermit ist ein Effekt verbunden, den man mit Foucault als Monumentalisierung ansehen kann: Der Text Breiviks wird aus seinen bestehenden diskursiven Bezügen teilweise gelöst und so dem Diskurs in anderer Form wieder zugänglich gemacht – er wird vom Dokument zum Monument. Vgl. dazu Michel Foucault: Archäologie des Wissens. Frankfurt a. M. 1981; hier S. 13–22.

26 Im Vor- und Abspann zum Video wird darauf eingegangen, welche Geräusche sonst noch auf dem zugrunde liegenden Tonband zu hören sind, was als Authentifizierungsstrategie gewertet werden kann. Dieselbe Funktion erfüllen auch dort gegebene Hinweise auf die Überlieferung, wobei auch Informationen zum Verhalten Breiviks gegeben werden: „Der Angeklagte, der an einem kleinen Tisch auf einer Art Drehstuhl sass, wurde an einigen Stellen von Rührung überden ebenso wie einen skandalisierenden Effekt sorgt: Rau bricht mit seinem Reenactment das Recht, die Aufführung wird damit zum Skandal – verstärkt dadurch, dass es im Vorfeld der Premiere in Weimar einige mediale Aufregung um diese Tatsache gibt, die schließlich sogar dazu führt, dass der Intendant des Weimarer Theaters Rau mit seiner Performance der Nebenspielstätte seines Hauses verweist, so dass die Performance unter den Vorzeichen eines hektisch organisierten Ausweichens in einem benachbarten Kinosaal stattfinden muss.[27] In der diese Umstände der Premiere begleitenden umfassenden Berichterstattung nutzt Rau die Gunst der Stunde und begibt sich in die Pose des Tabubrechers und Aufklärers, der sich über alle Widerstände, die seinem Projekt entgegenstehen, hinwegsetzt und es dennoch durchführt – indes eine affektiv geladene, kämpferisch-aktivistische Pose, die sich deutlich von derjenigen Karmakars unterscheidet, für den Aufklärung ganz offensichtlich weniger diesen prononciert aktivistischen Kern hat, sondern eher als gemeinsames Anliegen der offenen Gesellschaft erscheint, auf die sein Film zielt. In den Interviews, die die Premiere rahmen, verwendet Rau zudem einigen Ehrgeiz darauf, die Relevanz des im Mittelpunkt stehenden Textes zu stärken: Er unterstreicht, dass der Text Breiviks bei genauerem Hinsehen viel weniger skandalös sei, als man das gemeinhin annehme – vielmehr speise er sich aus Diskursen, die auch in der gemäßigten europäischen Rechten permanent eine Rolle spielten.[28] Dieser Einschätzung kann

mannt – so erzählt man es immerhin. An anderen zeichnete sich auf seinen Lippen ein konzentrierter Ausdruck ab, der die anwesenden Journalisten an ein Schmunzeln erinnerte." Im Abspann des Films wird mit charakteristischer Unterstreichung der medialen Vermittlung des Materials über die Schlusssitzung des Gerichts berichtet: „So ging das 30 Minuten lang, die zuerst von einzelnen Lachern unterbrochen wurden. Gegen Ende lachte der ganze Saal, so dass die Tonaufnahme dieser Schlusserklärung an eine amerikanische Sit-Com erinnert, über die sich zudem das Gähnen des Journalisten legt, der dem Aufnahmegerät am nächsten sass." Die Betonung der Tatsache, dass diese Informationen aus zweiter Hand stammen – „so erzählt man es immerhin" – hat dabei eine doppelte Konsequenz: Sie dient der Authentifizierung durch Verweis auf eine Quelle, andererseits verdeutlicht sie die Uneinholbarkeit der Originalsituation und betont damit die Möglichkeit, dass es auch anders gewesen sein könnte. Hieraus entsteht so ein Spielraum, der eine fiktionale Lesart des Textes ermöglicht. Zu diesem Effekt von Zeugenaussagen vgl. etwa Thomas Weitin: Zeugenschaft. Das Recht der Literatur. München 2009.

27 Zur Relevanz des Skandalösen für Raus Arbeiten im Allgemeinen vgl. Stefan Howald: Und alles ist extrem wahr. In: WOZ – Die Wochenzeitung, 9. Januar 2014. www.woz.ch/-49b8 (6. November 2017). Auf den Skandal um *Breiviks Erklärung* geht ein: Michael Helbing: Breivik als Dilemma. In: Der Freitag, 26. Oktober 2012. www.freitag.de/autoren/der-freitag/breivik-als-dilemma (6. November 2017).

28 Vgl. etwa folgende Aussage Raus zu den Inhalten von Breiviks Erklärung: „Das Skandalöse an dem Text ist, dass er eben überhaupt nicht skandalös ist, sondern eine relativ rationale, in sich geschlossene und meiner Ansicht nach weit verbreitete Sicht in Europa darstellt. [...] Man meint,

man skeptisch gegenüberstehen – tatsächlich handelt es sich bei Breiviks Text um ein Gemenge rechtsradikalen Gedankenguts, das in manchen Bereichen zwar in indirekter Weise etwa an migrationskritische Diskurse eines konservativen Mainstreams anschließt, aber dennoch deutlich hiervon abweicht. Raus Strategie, Breivik letztlich als logische Folge eines konservativen Diskurses in ganz Europa darzustellen, ist weniger analytisch tragfähig als vielmehr ein Signal an sein Publikum, dass sich in der Auseinandersetzung mit ihm auch eine Auseinandersetzung mit weiteren Teilen europäischer Politik vollziehen lässt. Der Regisseur setzt so einerseits auf eine Steigerung der Relevanz des Themas als eigenen Werbeeffekt, er sendet aber auch bereits im Vorfeld ein Rezeptionssignal an seine Zielgruppe, die dazu angeleitet wird, ein spezifisch linkes Profil gegen diesen vermeintlich rechten Mainstream zu schärfen – ein *Affective Arrangement* wird aufgebaut, das auf die kommunikative Stärkung der Ingroup setzt und dies mit affektiven Mitteln zu stützen versucht.

Die Inszenierung der Performance, die Rau wählt, und ihr Rahmen geben weiteren Aufschluss über die affektiv-aktivistische Perspektive, die sein Reenactment erst möglich macht. *Breiviks Erklärung* feierte seine Premiere im Rahmen eines „szenischen Kongresses" mit dem Titel „Power and Dissent".[29] Rau war der Hauptorganisator und wichtigste künstlerische Beiträger dieser wissenschaftlich-künstlerischen Veranstaltung; neben der Breivik-Performance stand im Mittelpunkt sein zu dieser Zeit laufendes Projekt der *Moskauer Prozesse*, für das er in Weimar öffentliche Interviews mit Künstlern und Dissidenten führte, die sich in Russland politischen Gerichtsverfahren zu stellen hatten.[30] Für die Premiere von *Breiviks Erklärung* hat diese Einbettung in den Kongress zur Folge, dass ein starker Lenkungseffekt in Bezug auf das adressierte Publikum eintritt: Rau operiert in

---

es sei etwas ganz Abseitiges, was der da gesagt haben muss, aber sieht man den Text, merkt man, dass man diese Sprechweisen längst pausenlos erträgt. Dass sie längst etwas Normales sind im öffentlichen Diskurs und dass Breivik nur so etwas wie ein besonders krasser Ausdruck dieser ‚Normalität' ist. [...] Diesen Text nun aber doch zur Verfügung zu stellen und dann darüber zu erschrecken, dass es längst europäischer ‚Common Sense' ist, was der sagt, das ist es, was ich herstellen will: ein negatives Erschrecken." Milo Rau / Doris Meierheinrich: Regisseur bringt Breivik ins Theater. In: Frankfurter Rundschau, 25. September 2012. www.fr-online.de/theater/milo-rau-regisseur-bringt-breivik-ins-theater,1473346,18077286.html (6. November 2017).

29 Vgl. hierzu das Programm zu diesem Kongress: International Institute of Political Murder: Power and Dissent. Szenischer Kongress 19.–21.10.12. www.the-moscow-trials.com/wp-content/themes/blogum/images/Power_and_Dissent_Programm.pdf (6. November 2017).

30 Vgl. zu den *Moskauer Prozessen* die vom IIPM besorgte Dokumentation in dem Band Milo Rau: Die Moskauer Prozesse/Die Zürcher Prozesse. Berlin 2014. Weitere Informationen bietet auch die Video-Edition: Die Moskauer Prozesse. Regie: Milo Rau. Fruitmarket Kultur und Medien/IIPM, 2013.

diesem Rahmen ganz offensichtlich in dem Bewusstsein, dass dieses Publikum eines ist, das für das hier gebotene dezidiert machtkritische, politisch linkslastige Gesamtprogramm gewonnen wird, so dass es sich (anders, als das beim Publikum eines Films ohne Weiteres vorausgesetzt werden kann) um eine relativ homogene Ingroup handelt, mit der entsprechend kommuniziert werden kann – eine entscheidende Rahmenbedingung für das *Affective Arrangement*, in dem die Performance stattfindet.[31]

Betrachtet man die Verschiebungen, die sich in der Reenactment-Inszenierung gegenüber der Originalsituation ergeben, wird diese Art der Kommunikation deutlich. Raus Inszenierung ist relativ zurückhaltend, operiert jedoch mit einigen wenigen besonders plakativen Mitteln. Ins Auge sticht vor allem, dass der Text des norwegischen Terroristen von einer Frau mit türkischem Migrationshintergrund gesprochen wird, so dass es zu einer charakteristischen Verschiebung kommt, die den antiislamischen und antimigrantischen Text Breiviks durchgehend überlagert. Die Schauspielerin Sascha Soydan, die als Sprecherin agiert, trägt zudem ein Barack-Obama-Fan-T-Shirt, um auf einer weiteren Ebene eine Distanzierung herzustellen. Anders als im Fall der *Hamburger Lektionen*, wo der Schauspieler Manfred Zapatka eine betont neutrale Vortragsweise wählt, wird in Soydans Präsentation des Textes über Intonation, das Setzen von Pausen und ihre Mimik eine ironische Distanzierung von Breiviks Text deutlich. Am markantesten wird diese durch das demonstrative Kaugummikauen der Vortragenden ausgedrückt, das dem Vortrag der rechtsextremen Ideologie jede Glaubwürdigkeit nimmt.

Bei all diesen Aspekten handelt es sich nicht um Zufälle, sondern um konkrete Inszenierungsmittel, wie der Vergleich verschiedener Aufführungen von *Breiviks Erklärung* verdeutlicht. Raus Performance ist nicht, wie Karmakars Film, um eine neutrale Darstellung der Inhalte bemüht, um diese für eine ‚rationale' Auseinandersetzung bereitzustellen, sondern lässt auf affektiver Ebene neben der Repräsentation des ideologischen Textes eine augenzwinkernde Metakommunikation mitlaufen, die sich an die anwesende Ingroup gleichgesinnter Theaterbesucher richtet. Hierbei handelt es sich um eine Gruppe, die sich vermutlich gut wiedererkennen kann in Breiviks Konstrukt der multikulturalistischen Kulturmarxisten und die durch die Art der Präsentation darin bestärkt wird, sich auf

31 Rau adressiert diesen Zusammenhang selbst wie folgt: „Das Theater, wie ich es mir vorstelle, stellt eine ganz spezielle Art der Öffentlichkeit dar: eine konzentrierte, gemeinsame, sehr gefasste Öffentlichkeit. Es ist dort nicht so, wie wenn ich einen Artikel publiziere, den tausende Leute, jeder für sich zu Hause liest. Nein, hier stelle ich eine ganz bestimmte, kollektive Situation mit einer begrenzten Zahl von Zuschauern her." Rau / Meierheinrich: Regisseur bringt Breivik ins Theater.

diesen gemeinsamen Gruppenkonsens zu besinnen und ihm aktivistische Kraft abzugewinnen – nicht zuletzt unterstrichen durch das Marketingkonzept des Regisseurs, in Breivik nicht einen terroristischen Sonderfall, sondern nur ein radikales Weiterdenken von politischen Mitte-rechts-Positionen wahrzunehmen. Raus Reenactment von Breiviks Text schafft es so, diesen in seiner verleumderischen Stoßrichtung umzukehren und ihn zu nutzen, um die Zuschauergruppe zu einem aktivistischen Kollektiv zu machen – und dies praktisch ohne eine Änderung am Originaltext vornehmen zu müssen, ausschließlich auf einer Ebene der affektiven Modulation, die natürlich so nur unter der Bedingung funktionieren kann, dass die ironisch-augenzwinkernde Eingemeindungsstrategie des Vortrags auf ein Publikum trifft, das dieser ohnehin schon offen gegenübersteht.

Der ideologischen ‚Entschärfung' des Textes in der Aufführungssituation entspricht eine ‚Schärfung' seines affektiven Potenzials der Gruppenbildung – allerdings in Verkehrung des Effekts, den das Original zu zeitigen beabsichtigte. Deutlich wird hier, wie situationsabhängig die Reenactment-Inszenierung ist: Vor einer Gruppe junger Neonazis oder auf einer Pegida-Demonstration wäre diese Strategie zum Scheitern verurteilt bzw. sie würde völlig abweichende, möglicherweise die Breivik-Ideologie bestätigende Gruppensolidaritäten auslösen. Da aber politischer Aktivismus nicht zuletzt davon lebt, dass sich Menschen miteinander beschäftigen, die einen gewissen Grundstock an Meinungen teilen, ist Rau in der konkreten Situation vor diesen Gefahren weitgehend gefeit und kann die institutionelle Einbettung wie die von dieser vorgegebene Sozialstruktur des Publikums nutzen, um eine Stärkung der aktivistischen Ingroup zu befördern.

4 Fazit

Dass Reenactments von Texten, deren Kern von Terrorideologien bestimmt wird, als politische Literatur zu bezeichnen sind, erscheint evident. Sie stehen im Horizont der Reflexion des Verhältnisses von Worten und Taten und beziehen ein Gutteil ihres Wirkungspotenzials daraus, dass sie an medial stark präsente, schockierende Ereignisse anschließen. Man kann sie in einem weiteren Sinne der Sphäre des Politischen zurechnen, wenn sie in analytischer wie affektiver Weise die Konstituenten des Gesellschaftlichen hinterfragen. Im engeren Sinne wären sie der politischen Literatur zuzuschlagen, insofern sie selbst als politische Handlungen zu verstehen sind, die nicht nur reflexives, sondern auch aktivistisches Potenzial entfalten.

Betrachtet man diese letztere Dimension – also: Literatur *als* politische Intervention –, wird deutlich, inwiefern auch die Literatur bzw. Performancekunst von Tendenzen des politischen Geschäfts betroffen ist. In den vorliegenden Fällen finden wir zwei Beispiele, die sich auf ganz unterschiedliche Weise dazu verhalten, was politisches Handeln sein kann. Während Karmakars *Hamburger Lektionen* einer eher traditionellen Linie folgen und sich darum bemühen, eine ‚rationale' Debatte anzustoßen, die sich ihrer Quellen versichert, diese ordnungsgemäß einordnet und sich nicht deren starken affektiven Kräften aussetzt, geht Rau in *Breiviks Erklärung* ganz anders vor: Er vollzieht den Wechsel von einer Kultur der rationalen Auseinandersetzung und des abwägenden Arguments hin zu einer Kultur der *Affective Politics* mit, indem er den ideologischen Text nutzt, um ihm ein von diesem nicht intendiertes Identifikationsangebot für sein eigenes Publikum abzutrotzen, das dann auf affektiver Ebene hierfür gewonnen wird. Raus Performance nutzt dabei viel stärker als Karmakars Film die spezifischen Qualitäten, die die Form des Reenactments mit ihrer verkörperten Wiederholung in einer konkreten Aufführungssituation bietet – er lädt sein Publikum offensiv zur augenzwinkernden Verbrüderung gegen den Rechtsextremismus und seine Ideologie sowie dessen ‚mildere' Mainstreamvariante ein.

Literaturverzeichnis

Ahmed, Sara: Affective Economies. In: Social Text 79 (22/2), 2004, S. 117–139.

Ahmed, Sara: The Cultural Politics of Emotions. Edinburgh 2004.

Allkemper, Alo / Eke, Norbert Otto: Literaturwissenschaft. 6. Aufl. Paderborn 2018.

Bens, Jonas / Zenker, Olaf: Gerechtigkeitsgefühle: Eine Einführung. In: Gerechtigkeitsgefühle: Zur affektiven und emotionalen Legitimität von Normen. Hg. v. dens. Bielefeld 2017, S. 11–35.

Bargetz, Brigitte: The Distribution of Emotions. Affective Politics of Emancipation. In: Hypatia 30 (3), 2015, S. 580–596.

Butler, Judith: Hass spricht. Zur Politik des Performativen. Berlin 1998.

Caysa, Volker: Der Hass – eine große Stimmung. In: Was ist Hass? Phänomenologische, philosophische und sozialwissenschaftliche Studien. Hg. v. Stephan Uhlig. Berlin 2008, S. 35–48.

Collingwood, Robin G.: The Idea of History. Oxford 1946.

Czirak, Adam / Sophie Nikoleit /Friederike Oberkrome / Verena Straub / Robert Walter-Jochum / Michael Wetzels: (P)reenactment. In: Affective Societies – Key Concepts. Hg. v. Jan Slaby / Christian von Scheve. New York / London 2019 (im Druck).

Dahlberg, Leif: Emotional Tropes in the Courtroom: On Representation of Affect and Emotion in Legal Court Proceedings. In: Law and Humanities 3 (2009), H. 2, S. 175–205.

Deleuze, Gilles / Guattari, Félix: Tausend Plateaus. Kapitalismus und Schizophrenie 2. Berlin 1992.

Didi-Huberman, Georges: Wenn die Bilder Position beziehen. Das Auge der Geschichte I. München 2011.

Eagleton, Terry: Einführung in die Literaturtheorie. Aus dem Englischen von Elfi Bettinger und Elke Hentschel. 4. Aufl. Stuttgart / Weimar 1997.

Fischer-Lescano, Andreas: Radikale Rechtskritik. In: Kritische Justiz 47 (2014), H. 2, S. 171–183.

Fischer-Lichte, Erika: Die Wiederholung als Ereignis. Reenactment als Aneignung von Geschichte. In: Theater als Zeitmaschine. Zur performativen Praxis des Reenactments. Theater- und kulturwissenschaftliche Perspektiven. Hg. v. Jens Roselt / Ulf Otto. Bielefeld 2012, S. 13–52.

Foucault, Michel: Archäologie des Wissens. Frankfurt a. M. 1981.

Gehring, Petra: Über die Körperkraft von Sprache. In: Verletzende Worte. Die Grammatik sprachlicher Missachtung. Hg. v. Steffen K. Herrmann / Sybille Krämer / Hannes Kuch. Bielefeld 2007, S. 211–228.

George, Stefan: Der Stern des Bundes. Gesamt-Ausgabe der Werke. Band 8: Der Stern des Bundes, Berlin 1928 (Digitale Faksimile-Ausgabe Berlin 2004), S. 26.

Gregg, Melissa / Seigworth, Gregory J. (Hg.): The Affect Theory Reader. Durham, NC 2010.

Habermas, Jürgen: Moralbewußtsein und kommunikatives Handeln. Frankfurt a. M. 1983.

Habermas, Jürgen: Erläuterungen zur Diskursethik. Frankfurt a. M. 1991.

Helbing, Michael: Breivik als Dilemma. In: Der Freitag, 26. Oktober 2012. www.freitag.de/autoren/der-freitag/breivik-als-dilemma (letzter Zugriff: 06. 11. 2017).

Howald, Stefan: Und alles ist extrem wahr. In: WOZ – Die Wochenzeitung, 9. Januar 2014. www.woz.ch/-49b8 (letzter Zugriff: 06. 11. 2017).

International Institute of Political Murder – IIPM: Power and Dissent. Szenischer Kongress 19.–21.10.12. URL: http://www.the-moscow-trials.com/wp-content/themes/blogum/images/Power_and_Dissent_Programm.pdf (letzter Zugriff: 06. 11. 2017).

Karmakar, Romuald / Kammerer, Dietmar: Rekonkretisierungen. Der Filmemacher Romuald Karmakar über *Das Himmler-Projekt* und *Hamburger Lektionen*. In: Authentizität und Wiederholung. Künstlerische und kulturelle Manifestationen eines Paradoxes. Hg. v. Uta Daur. Bielefeld 2013, S. 199–211.

Laabs, Dirk: Mohammed Fazazi: Der Lehrer des Terrors. URL: http://www.dirklaabs.de/Der_Lehrer_des_Terrors.html (letzter Zugriff: 06. 11. 2017).

Landweer, Hilge / Koppelberg, Dirk (Hg.): Recht und Emotion I. Verkannte Zusammenhänge. Freiburg i. Br. 2016.

Marchart, Oliver: Die politische Differenz. Zum Denken des Politischen bei Nancy, Lefort, Badiou, Laclau und Agamben. Frankfurt a. M. 2005.

Maroney, Terry A.: A Field Evolves: Introduction to the Special Section on Law and Emotion. In: Emotion Review 8 (2016), H. 1, S. 3–7.

Münch, Holger / Eckart Lohse / Matthias Wyssuwa: Interview mit BKA-Präsident Holger Münch: „Die Sprache kommt vor der Tat“. In: Frankfurter Allgemeine Zeitung, 4. Juni 2016.

Neuhaus, Stefan: Grundriss der Literaturwissenschaft. 4. Aufl. Tübingen / Basel 2014.

Phillips, John: Agencement/Assemblage. In: Theory, Culture & Society 23 (2/3), S. 108–109.

Rau, Milo: Die Moskauer Prozesse/Die Zürcher Prozesse. Berlin 2014.

Rau, Milo / Meierheinrich, Doris: Regisseur bringt Breivik ins Theater. In: Frankfurter Rundschau, 25. September 2012. URL: http://www.fr-online.de/theater/milo-rau-regisseur-bringt-breivik-ins-theater,1473346,18077286.html (letzter Zugriff: 06. 11. 2017).

Reckwitz, Andreas: Die Reproduktion und die Subversion sozialer Praktiken – Zugleich ein Kommentar zu Pierre Bourdieu und Judith Butler. In: Doing Culture. Zum Begriff der Praxis in der gegenwärtigen soziologischen Theorie. Hg. v. Karl H. Hörning. Bielefeld 2004, S. 40–52.

Richardson, Michael: Reenacting Evil: Giving Voice to the Perpetrator in *Das Himmler-Projekt* and *Das Goebbels-Experiment*. In: Colloquia Germanica: Internationale Zeitschrift für Germanistik 43 (2010), S. 175–193.
Rothöhler, Simon: Suspendierte Historizität. Zum filmischen Wiederholen von Geschichte in *S-21, La machine de mort Khmère rouge* und *Hamburger Lektionen*. In: Theater als Zeitmaschine. Zur performativen Praxis des Reenactments. Theater- und kulturwissenschaftliche Perspektiven. Hg. v. Jens Roselt / Ulf Otto. Bielefeld 2012, S. 175–189.
Schneider, Rebecca: Performing Remains. Art and War in Times of Theatrical Reenactment. New York 2011.
Seierstad, Åsne: Einer von uns. Die Geschichte eines Massenmörders. Zürich / Berlin 2016.
Slaby, Jan: Relational Affect. Working Paper SFB 1171 Affective Societies 02/16. URL: http://www.edocs.fu-berlin.de/docs/receive/FUDOCS_series_000000000562 (letzter Zugriff: 06.11.2017).
Slaby, Jan / Rainer Mühlhoff / Philipp Wüschner: Affective Arrangements. In: Emotion Review 2017, S. 1–10.
Warstat, Matthias: Reenactment und Ritualisierung. Formen der Wiederholung in politischen Bewegungen. In: Theater als Zeitmaschine. Zur performativen Praxis des Reenactments. Theater- und kulturwissenschaftliche Perspektiven. Hg. v. Jens Roselt / Ulf Otto. Bielefeld 2012, S. 213–228.
Weitin, Thomas: Zeugenschaft. Das Recht der Literatur. München 2009.

Filmische Quellen

Breiviks Erklärung, Regie: Milo Rau. IIPM, 2012 (Wiener Akademie der bildenden Kunst, 11. Dezember 2013). URL: http://www.youtube.com/watch?v=cPK8fngW7ps (letzter Zugriff: 06.11.2017).
Das Himmler-Projekt. Regie: Romuald Karmakar. Pantera Film, 2000.
Die Moskauer Prozesse. Regie: Milo Rau. Fruitmarket Kultur und Medien/IIPM – International Institute of Political Murder 2013.
Hamburger Lektionen. Regie: Romuald Karmakar. Pantera Film, 2006.

Johannes Birgfeld / Caroline Frank

Milo Raus *Die Moskauer Prozesse* (2013) oder: Wenn das Theater das Gerichtstheater ersetzt

Überlegungen zu Formen des politischen Theaters im 21. Jahrhundert

1 Milo Rau – (politischer) Theatermacher der Stunde

Es gibt aktuell, so darf man es wohl ohne Einschränkung sagen, keinen Theaterschaffenden im deutschsprachigen Raum, der eine vergleichbar breite Anerkennung und Aufmerksamkeit erfährt wie der 1977 in der Schweiz geborene Aktivist, Autor, Theater- und Filmemacher Milo Rau:[1] 2012 wurde Rau erstmals mit *Hate Radio* zum Berliner Theatertreffen eingeladen, 2014 folgten der Schweizer Theaterpreis, der Hörspielpreis der Kriegsblinden für *Hate Radio*, der Jurypreis der Theatertriennale Politik im Freien Theater für *The Civil Wars* (UA 27. August 2014) sowie eine besondere Auszeichnung des Festivals des Deutschen Films (Ludwigshafen) für den Film zum Theaterstück *Die Moskauer Prozesse*. 2015 erhielt Rau den Konstanzer Konzilspreis (Preis für europäische Begegnungen und Dialog), ehe er 2016 nacheinander mit dem Preis des Internationalen Theaterinstituts Berlin, dem Spezialpreis der Jury des Prix de la Critique de Théâtre et de Danse für *Five Easy Pieces* sowie dem Berner Literaturpreis ausgezeichnet wurde. 2017 folgten die 6. Saarbrücker Poetikdozentur für Dramatik, die Einladung zum Berliner Theatertreffen mit *Five Easy Pieces* (UA 14. Mai 2016), der 3sat-Preis im Rahmen des Berliner Theatertreffens für *Five Easy Pieces*, die Einladung zu den 42. Mülheimer Theatertagen mit *Empire* (UA 01. September 2016), die Berufung zum Kritiker im Literaturclub des SRF, der Peter-Weiss-Preis sowie die Auszeichnung ‚Inszenierung des Jahres' für *Five Easy Pieces* im Rahmen der Kritikerumfrage von *Theater heute* und die Ehrung als ‚Schauspielregisseur des Jahres' in der

1 Vgl. auch Milo Raus entsprechende Selbstbeschreibung etwa in: Rolf Bossart / Milo Rau: Buchenwald, Bukavu, Bochum. Was ist globaler Realismus? Milo Rau im Gespräch mit Rolf Bossart. In: Theater der Zeit. Oktober 2015, S. 27–31; hier: S. 27.

https://doi.org/10.1515/9783110568561-015

Kritikerumfrage der *Deutschen Bühne*. Milo Rau wurde weiterhin mit der Übernahme der Intendanz des Nationaltheaters Gent ab der Saison 2018/2019 ausgezeichnet.

Rau hat Soziologie, Germanistik und Romanistik in Paris, Zürich und Berlin u. a. bei Tzvetan Todorov und Pierre Bourdieu studiert. Bereits 1997 aber unternahm er erste Reportagereisen nach Chiapas und Kuba und war ab 2000 als Autor für die *Neue Zürcher Zeitung* tätig. Seit 2002 ist Rau als Filmemacher, seit 2003 auch als Theatermacher und Theaterautor präsent. Bis heute sind mindestens vier Hörspiele,[2] sieben Filme[3] und über 20 Theaterprojekte entstanden, wobei anzumerken ist, dass, wie bei anderen Theatermachenden der Gegenwart, die Hörspiele und Filme in engem Zusammenhang mit den Theaterarbeiten stehen.[4]

2 *Die letzten Tage der Ceausescus* und *Hate Radio* – Merkmale von Raus Theater

Große Aufmerksamkeit weckte Milo Rau in der Theaterszene erstmals mit den 2009 bzw. 2011 durchgeführten Projekten *Die letzten Tage der Ceausescus* (UA 18. Dezember 2009, HAU 2, Berlin) und *Hate Radio* (UA 01. Dezember 2011, HAU, Berlin). Im ersten Fall war der am 25. Dezember 1989 vor einem Militärgericht durchgeführte Schnellprozess gegen das rumänische Diktatorenehepaar Elena und Nicolae Ceaușescu, der mit der Hinrichtung beider endete, der Ausgangpunkt des Theaterprojekts:

> Im Winter 2009/10 brachte das IIPM dieses Urereignis der Wende mit 16 Schauspielern in rumänischer Sprache auf zahlreiche Bühnen Rumäniens, Deutschlands und der Schweiz. Auf Grundlage von authentischen Videodokumenten und Zeugenberichten wurde der letzte

---

2 *Hate Radio* (2013), *Leitfaden für Britische Soldaten in Deutschland* (2015), *The Dark Ages* (2016) und *Mitleid* (2016).

3 *2002 Paranoia Express* (2002), *Die letzten Tage der Ceausescus* (2011), *City of Change* (2011), *Die Zürcher Prozesse* (2013), *Die Moskauer Prozesse* (2014), *Hate Radio* (2014), *Das Kongo Tribunal* (2017).

4 Sechs der sieben Filme und drei der vier Hörspiele teilen sich mit Theaterarbeiten Titel und Thematik. Mit Blick auf andere Theatermachende, die ebenfalls aus einem ‚Stoff' sowohl ein Hörspiel wie ein Theaterprojekt entwickeln, denke man exemplarisch an Kathrin Röggla und Rimini Protokoll – oder an Juli Zeh, die zuerst das 2007 uraufgeführte Theaterstück *Corpus Delicti* verfasste, dann 2009 einen Roman und zusammen mit der Band Slut eine ‚Schallnovelle' je unter dem Titel *Corpus Delicti* publizierte.

und berühmteste Schauprozess der europäischen Geschichte in originalgetreu nachgebauten Kulissen reinszeniert.[5]

Ebenfalls als eine Form theatralen Reenactments kann auf den ersten Blick das Projekt *Hate Radio* erscheinen. Hier ist der Ausgangspunkt der ruandische Radiosender RTLM, der im Jahr 1994 in seinen Sendungen den Völkermord der Hutu an den Tutsi in Ruanda nachdrücklich unterstützte. Wie bei *Die letzten Tage der Ceausescus* gingen dem Stück umfangreiche Recherchen voraus. An diesem Theaterabend berichten nun zunächst vier Darsteller bzw. Performer in einer Videoausstrahlung von ihren Erfahrungen während des Genozids, bevor das Stück für die Dauer von einer guten Stunde den Sender „RTLM in originalgetreu nachgebauten Kulissen wieder live auf Sendung gehen" lässt, wie es auf der Webseite zum Stück heißt. Dabei stünden, so die Webseite weiter, „auf der Bühne [...] Überlebende des Genozids".[6]

Tatsächlich aber ist *Hate Radio* kein Reenactment im engeren Sinn: Vielmehr liegt hier, wie Rolf Bossart, ein enger Mitarbeiter Raus, betont hat, eine „sehr freie Rekonstruktion eines rassistischen Fun-Radios" vor.[7] Es handele sich

> [...] keineswegs um die gestische Kopie eines Sendeabends des ruandischen „Radio Mille Collines", sondern um die äußerst filigrane, aus dem widersprüchlichsten Material angefertigte, im streng dokumentarischen Sinn völlig fiktionale Assemblage aus Zeitschriften-Texten, Radioauszügen, dialogisierten Zeugenaussagen und auch erfundenen Charakteren – die, wie Milo Rau kürzlich in einem Interview erzählte, u.a. sogar mit den Worten des heutigen ruandischen Oberbefehlshabers sprechen, dessen Armee im Ostkongo steht.[8]

Entsprechend spricht auch Milo Rau selbst von einem „sehr klassisch geschriebene[n] und inszenierte[n] Stück".[9]

Die hier angedeuteten Gegensätze zwischen der von Werbetexten zum Stück gelenkten Publikumserwartung, eine Art Reenactment im engeren Sinn zu erleben, und Raus jenseits des Theaterereignisses betonter Künstlichkeit und Unauthentizität des Abends sind keineswegs untypisch für die Arbeiten Raus. Tat-

5 So die Beschreibung des Projekts auf der Webseite des IIPM: http://international-institute.de/ceausescu/ (letzter Zugriff: 27. November 2017).

6 http://international-institute.de/hate-radio-2/ (letzter Zugriff: 27. November 2017).

7 Rolf Bossart: Die Enthüllung des Realen. Vorwort. In: Die Enthüllung des Realen. Milo Rau und das International Institute of Political Murder. Hg. v. Rolf Bossart. Berlin 2013, S. 6–13; hier: S. 7.

8 Bossart: Die Enthüllung des Realen. Vorwort, S. 8.

9 Rolf Bossart / Milo Rau: Das ist der Grund, warum es Kunst gibt. In: Die Enthüllung des Realen. Milo Rau und das International Institute of Political Murder. Hg. v. Rolf Bossart. Berlin 2013, S. 14–35; hier: S. 16.

sächlich lassen sich an den hier kurz skizzierten ersten beiden großen und sehr erfolgreichen Theaterprojekten Raus typische Merkmale seiner Arbeiten beobachten:

Erstens: Bereits 2007 hat Rau mit dem *International Institute of Political Murder* eine Produktionsfirma gegründet, die die Durchführung seiner Projekte unterstützt bzw. deren Umsetzung überhaupt erst ermöglicht. (Solche Strukturen sind in der aktuellen Theaterszene keineswegs ungewöhnlich – auch Rimini Protokoll etwa arbeitet mit einem zentralen Produktionsbüro, das bei der Vielzahl der zeitgleich laufenden, nicht nur logistisch oft aufwändigen Projekte unverzichtbar scheint).

Zweitens: Viele Projekte Raus seit 2010 beruhen auf umfangreichen Recherchen, die immer wieder auch an den Orten realer Geschehnisse, auf die die Stücke Bezug nehmen, stattfinden.

Drittens: Alle Projekte Raus seit 2010 wenden sich mit großer Entschiedenheit gesellschaftlichen sowie politischen ‚Schmerzpunkten' zu: 2012 macht Rau die Verlesung des Manifests des Norwegischen Massenmörders Anders Behring Breivik zum Theaterstück (*Breiviks Erklärung*), 2013 lädt er in den *Zürcher Prozessen* zur Debatte über die Schweizer Wochenzeitung *Weltwoche* ein, *The Civil Wars*, *The Dark Ages* und *Empire* sind Reflexionen über den Zustand Europas heute und seine Verantwortung für globale politische Entwicklungen, das *Kongo Tribunal* „durchleuchtet [...] vor Ort im Ostkongo (Mai 2015) und in Berlin (Juni 2015) die Gründe und Hintergründe für den seit bald 20 Jahren andauernden Krieg im Gebiet der Großen Seen",[10] *Five Easy Pieces* (2016) rekonstruiert mit Hilfe jugendlicher Darsteller das Leben und die Taten des belgischen Kindermörders Dutroux – während es zugleich, wie Raus mit behinderten Menschen erarbeitetes Stück *Die 120 Tage von Sodom* (2016), Fragen nach den Grenzen des Darstellbaren im Theater aufwirft.

Viertens: Raus Theaterarbeiten sind formal ausgesprochen vielfältig: Hier steht nicht nur strenges Reenactment wie in *Die letzten Tage der Ceausescus* neben scheinbar alle literarischen Freiheiten nutzenden, am Schreibtisch entstandenen Arbeiten wie *Hate Radio. Breiviks Erklärung* erinnert in seiner dokumentarischen ‚Puristik' an Romuald Karmakars *Das Himmler Projekt* (2000) oder dessen *Hamburger Lektionen* (2006). Die *Moskauer* und *Zürcher Prozesse* sowie das *Kongo-Tribunal* hingegen verzichten auf einen vor der Aufführung festgelegten Text und arbeiten mit Experten – obgleich der kommunikative Rahmen sowie der dramaturgische Ablauf im Vorfeld festgelegt wurden. Raus kürzlich abgeschlossene

---

10 http://international-institute.de/das-kongo-tribunal/ (letzter Zugriff: 27. November 2017).

Europa-Trilogie hingegen ist, wie Rau betont, reines „Erzähltheater“:[11] Darin tragen Schauspieler Texte vor, mit denen sie sich direkt oder über eine Kamera vermittelt dem Publikum als Erzähler zuwenden. *Five Easy Pieces* und *Die 120 Tage von Sodom* schließlich machen Kinder und Menschen mit Behinderung zu Schauspielern. Rolf Bossart spricht hier mit Recht von einem „thematisch und formal [...] sehr weite[n] Feld“, das Rau ausschreite,[12] während Rau seinerseits – durchaus ironisch gebrochen – von einer „Art Charakterschwäche“ spricht, „mir ständig selbst in den Rücken zu fallen“.[13]

3 Milo Rau, sein Theater-Konzept und das Politische im Theater

Es ist ein altbekanntes Dilemma, dass der Begriff der politischen Dichtung und damit auch des politischen Theaters in seinem Kern vom Verständnis des Begriffs der ‚Politik‘ abhängt. Subsummiert man darunter die gesamte „historisch-gesellschaftliche[] Existenz des Menschen“, dann ist, um Irmgard Schweikle zu zitieren, „jede Dichtung als Produkt einer Interdependenz zw. Verfasser und Gesellschaft politisch“. Im Gegensatz dazu wäre politische Dichtung in einem engen Sinne daran zu erkennen, dass sie „mit der Absicht einer direkten politischen Beeinflussung oder Wirkung“ entstanden ist.[14]

In Milo Raus Arbeiten liegen Bezugnahmen auf das Politische in verschiedenen Formen vor. So betont etwa der Klappentext der Buchdokumentation zu den *Moskauer Prozessen* von 2013 die Thematisierung des Politischen in diesem Theaterprojekt:

---

11 „*Empire* ist ein Erzählstück, sehr, sehr einfach. Es ist wirklich... vier Leute sprechen, werden dabei gefilmt, abwechslungsweise, ihr Gesicht erscheint auf Großaufnahmen, und das war’s eigentlich. Also es ist reines Erzähltheater wie auch schon *Civil Wars* und *The Dark Ages*. Die ganze Europa-Trilogie ist dieses Konzept, dass es wirklich eine Konzentration auf das einzelne Schicksal gibt und dass daraus ein Portrait, etwas Universales, eine Geschichte Europas, eine Bestandsaufnahme von Europa jetzt entstehen soll“ (Milo Rau: [Erläuterungen zu *Empire*]. In: herbst remixed: Milo Rau / IIPM – International Institute of Political Murder: Empire. [Video]. Online: https://vimeo.com/181923316, hochgeladen am 08. September 2016, Zeitangabe: 00:00:44 – 00:01,15; Stand: 01.12.2017). – Alle hier und nachfolgend gegebenen Transkriptionen von Redebeiträgen in Videos sind unsere, soweit nicht anders verzeichnet.

12 Bossart: Die Enthüllung des Realen. Vorwort, S. 7.

13 Bossart / Rau: Das ist der Grund, S. 16.

14 Irmgard Schweikle: Politische Dichtung. In: Günther Schweikle / Irmgard Schweikle (Hg.): Metzler Literatur Lexikon. Begriffe und Definitionen. 2., überarb. Aufl. Stuttgart 1990, S. 357–358; hier: S. 357.

> Milo Rau hat eine neue Theaterform erfunden. Er holt die Wirklichkeit auf die Bühne und lässt an reale Gerichtsprozesse angele[hnt]e Aufführungen stattfinden – mit Akteurinnen und Akteuren der Zeitgeschichte! Politik wird verhandelt, ergebnisoffen. Das ist gewagt, umstritten und ermöglicht es, die Politik zurück auf die Bühne zu bringen, von der sie schon lange verbannt ist.[15]

In einem Trailer zum 2016 uraufgeführten Stück *Mitleid* betont Rau zudem die Absicht, Einfluss zu nehmen, Wirkung zu erzielen:

> [...] das ist vielleicht auch eine Aussage des Stücks: Verzweiflung ist angebracht, aber wir müssen einen Weg finden von Mitleid, von Empathie und vielleicht auch nur von Charity hin zu Solidarität, zu Gerechtigkeit, zum Verständnis, dass wir Menschen insgesamt einen gemeinsamen Kampf haben, dass es nicht die Afrikaner und die Europäer gibt. Es gibt nur eine Welt.[16]

Allerdings betrachtet Rau den Begriff des politischen Theaters skeptisch: „Politische Kunst gibt es überhaupt nicht", konstatiert er 2013.[17] Natürlich habe er selbst eine „eine politische Haltung",[18] die aber rücke er in seinen Arbeiten nicht ins Zentrum, denn dann „wäre es Theaterpädagogik, Therapie oder Politik."[19] Er ergänzt 2016: „Ich persönlich halte nicht viel von Zeigefinger-Kritik. Es ist ästhetisch wirksamer, die Dinge zu zeigen, wie sie sind, und das Urteil den Zuschauern zu überlassen".[20]

---

15 Milo Rau: Die Moskauer Prozesse. Sacharow-Zentrum Moskau, 1.–3. März 2013/Die Zürcher Prozesse. Theater Neumarkt Zürich, 3.–5. Mai 2013. Berlin 2014, S. 2. – Bei diesem Druck handelt es sich um ein Wendebuch, das zwei Bücher mit je eigener Paginierung in sich vereint: Vorder- und Rückseite des Buches sind als Cover gestaltet, durch Drehung des Buchs entlang der horizontalen Achse um 180 Grad wechselt der Leser von den Zürcher Prozessen zu den Moskauer Prozessen. Alle Seitenangaben aus diesem Buch beziehen sich hier nachfolgend auf die Paginierung des Buchteils *Die Moskauer Prozesse.*

16 Milo Rau: [Erläuterungen zu *Mitleid. Die Geschichte des Maschinengewehrs*]. In: Silke Briel: Mitleid. Die Geschichte des Maschinengewehrs Probentrailer der Schaubühne Berlin. [Video]. Online: https://www.youtube.com/watch?v=XJgujBre8hs, veröffentlicht am 15.01.2016 [Dauer: 2:20], Zeitangabe: 00:01,51–00:02,11 (letzter Zugriff: 01.12.2017).

17 Alexander Kedves / Milo Rau: Politische Kunst gibt es nicht. In: Die Enthüllung des Realen. Milo Rau und das International Institute of Political Murder. Hg. v. Rolf Bossart. Berlin: 2013, S. 97–103; hier: S. 101.

18 Kedves/Rau: Politische Kunst gibt es nicht, S. 101.

19 Kedves/Rau: Politische Kunst gibt es nicht, S. 102.

20 Stefan Bläske / Milo Rau: „Wer sieht uns, wenn wir leiden?" Milo Rau im Gespräch mit Stefan Bläske. In: Milo Rau: Mitleid. Die Geschichte des Maschinengewehrs. Schaubühne Berlin [Begleitheft zur UA]. Berlin 2016, S. 11–25; hier: S. 13.

Subsummiert Rau also unter dem Begriff eines politischen Theaters vor allem ein stark didaktisches, politisch klar sich positionierendes, ‚konventionell' engagiertes Theater, etwa in Form eines „Elendstransport[s] in den Kunstraum",[21] so bringt er für seine Theaterkonzeption den Begriff eines „globalen Realismus" ins Spiel. Der definiert sich erstens über seine globale Zuständigkeit als „Beschreibung dieses weltumspannenden Innenraums des Kapitals, seiner Albträume und Hoffnungen",[22] sowie zweitens über eine spezifische Interpretation von ‚Realismus' als Verfahren:

> Realismus meint nicht, dass etwa Reales dargestellt wird, sondern dass die Darstellung selbst real ist. – Dass eine Situation entsteht, die für die Beteiligten alle Konsequenzen des Realen in sich trägt, die moralisch, politisch und existentiell offen ist.[23]

Im Rahmen der Paneldebatte *Violence and Non-Violence* des dreitägigen Kongresses *Artist Organisations International*, der im Januar 2015 in Berlin veranstaltet wurde, äußert sich Rau weiterhin: „Our artworks try to be like real",[24] „[w]e try to make forget that it is just an artificial structure that becomes a real structure".[25] Ziel ist es, wie Rau an anderer Stelle erläutert, im Idealfall eine „Rezeptionssituation" zu schaffen:

> In der das Verhandelte so intensiv erlebt wird, dass die Barriere zwischen passivem Zuschauen und aktivem Nachvollzug überschritten wird, in der der Zuschauer mitschuldig wird an etwas, in das er rein faktisch betrachtet nicht direkt verwickelt ist.[26]

Der Zuschauer solle „sich selbst als Täter" erleben und sich fragen, „warum er nicht anders (oder überhaupt) gehandelt hat".[27] Dann tritt auch ein, was, so Rau,

---

21 Bossart / Rau: Buchenwald, S. 31.

22 Bossart / Rau: Buchenwald, S. 27.

23 Bossart / Rau: Buchenwald, S. 28.

24 Natascha Sadr Haghighian / John Jordan / Lada Nakonechna / Milo Rau / Vincent W.J. van Gerven Oei: Violence and Non-Violence. Paneldebatte am 10.01.2015 im Hebbel am Ufer 1 (Berlin) im Rahmen des dreitägigen Kongresses „Artist Organisations International" vom 09.–11.01.2015, initiiert von Florian Malzacher, Jonas Staal und Joanna Warsza. Videoaufzeichnung der von Vincent W.J. van Gerven Oei moderierten Podiumsdebatte. Online: https://vimeo.com/117718744, Zeitangabe: 00:20,15–00:20,17 (letzter Zugriff: 08.03.2017).

25 Hahighian / Jordan / Nakonechna / Rau /Van Gerven: Violence, Zeitangabe: 00:20,36–00:20,42.

26 Sylvia Sasse/Milo Rau: Das Reale des Simulacrums. In: Die Enthüllung des Realen. Milo Rau und das International Institute of Political Murder. Hg. v. Rolf Bossart. Berlin 2013, S. 54–69; hier: S. 63.

27 Sasse / Rau: Das Reale, S. 62.

> [...] Theater kann und soll: diese schillernde Mehrschichtigkeit, wo keiner mehr weiß, was unten und oben ist, und alle sich auf Augenhöhe begeben. So ein totales und befreiendes Durcheinander schafft nur die Kunst.[28]

Künstlichkeit, Verwirrung und ein „Zwingen und Würgen der Wirklichkeit, damit sie das Imaginäre, das Utopische, das Zukünftige ausspuckt", das ist für Rau „realistische Kunst"[29] und „utopian repetition", deren Ziel es ist, „to open [...] an utopian space", „a space where discussion becomes possible, where justice also becomes possible".[30]

Wie sich aber dieses komplexe Programm zu den Theaterproduktionen Raus verhält und welche politischen Dimensionen diese eröffnen, sei nun am Beispiel der *Moskauer Prozesse* untersucht.

4 Die Moskauer Prozesse

Bereits der Titel *Die Moskauer Prozesse* eröffnet einen politisch hochbrisanten Referenzrahmen, spielt er doch auf die vier Moskauer Gerichtsverhandlungen von 1936–1938 an, in denen in der Zeit des Großen Terrors unter Stalin hohe Parteifunktionäre wegen staatsfeindlicher Aktivitäten verurteilt wurden.

Es handelt sich bei den *Moskauer Prozessen* Milo Raus um ein Projekt, das nur ein einziges Mal zur Aufführung gekommen ist: vom 1. bis 3. März 2013 im Sacharow-Zentrum in Moskau. Gegenstand des Projekts sind drei Gerichtsverfahren, die zwischen 2003 und 2012 in Russland gegen die Kuratoren zweier Kunstausstellungen mit den Titeln *Achtung!Religion* und *Verbotene Kunst* sowie gegen die Künstlergruppe Pussy Riot geführt wurden. Vorgeworfen wurde den Angeklagten das „Schüren[] von nationaler, rassischer und religiöser Feindschaft"[31] bzw., im Fall von Pussy Riot, die „Störung der öffentlichen Ordnung".[32] Dabei ähnelten sich alle drei Prozesse in ihrer starken „theatralen Inszenierung"[33] und der Voreingenommenheit der Gerichte zu Ungunsten der Angeklagten,[34] so dass die Prozesse von unabhängigen Beobachtern als keineswegs fair, ja als

---

28 Kedves / Rau: Politische Kunst gibt es nicht, S. 101–102.

29 Bossart / Rau: Buchenwald, S. 28.

30 Hahighian / Jordan / Nakonechna / Rau / Van Gerven: Violence, Zeitangabe: 00:21,24–00:21,29.

31 Sandra Frimmel: Von Künstlern, Kuratoren, Gotteslästerern und Hooligans. In: Rau: Moskauer Prozesse, S. 13–27; hier: S. 16, s.a. S. 18.

32 Frimmel: Von Künstlern, S. 21.

33 Frimmel: Von Künstlern, S. 21.

34 Vgl. Frimmel: Von Künstlern, S. 19–21.

Schauprozesse bewertet wurden. In den Worten Milo Raus aus einer der filmischen Dokumentation beigegebenen Interviewsequenz:

> Alle drei [ursprünglichen] Prozesse verliefen nur äußerlich nach rechtsstaatlichen Standards. Kirchliche und staatliche Organe arbeiteten reibungslos zusammen, den Zeugen und Experten der Verteidigung wurde kein Gehör geschenkt. Mit diesen drei Prozessen endete das demokratische Russland.[35]

Ziel Milo Raus in Moskau war es nun, die drei Fälle „noch einmal" durchzuführen,[36] sie „neu" zu „verhandeln",[37] „nicht mit Schauspielern, sondern mit den Beteiligten und Betroffenen selbst".[38] Dabei sollten die Prozesse „nicht einfach nur wiederholt, sondern noch einmal mit offenem Ausgang durchgeführt werden."[39]

Die Performance begann am 1. März 2013 um 19:20 Uhr und endete um 21:12 Uhr, wurde am 2. März von 12:32 bis 18:40 Uhr (mit einer Pause zwischen 14:22 und 16:19 Uhr) sowie am 3. März 11:26 bis 20:13 Uhr (mit Unterbrechungen zwischen 13:36 und 14:22 Uhr sowie zwischen 15:17 und 16:04 Uhr) durchgeführt. Die eigentliche ‚Prozessdauer' betrug damit rund dreizehneinhalb Stunden auf drei Tage verteilt.[40]

Beteiligt am Prozess waren eine Journalistin als Richterin (Olga Schakina), eine Juristin als ihre Rechtsberaterin (Anita Sobolewa), der Leiter des Theater- und Literaturprogramms des Sacharow-Zentrums als Assistent der Richterin (Michail Kaluschski) sowie ein Übersetzer und „Business Coach"[41] als Gerichtsschreiber (Ivan Timofejew). Die Verteidigung wurde von einer Anwältin (Anna Stawitskaja) und einer Kunsthistorikerin (Ekaterina Degot) vorgetragen, die Anklage von einem konservativen Journalisten und Moderator (Maxim Schewtschenko) und einem Juristen (Maxim Krupski).[42] Sieben Moskauer Bürger bildeten die Jury, vor der nacheinander insgesamt 21 Experten auftraten.[43] Alle Experten werden einem

---

35 Die Moskauer Prozesse. Reg. Milo Rau. Deutschland, 2014, Zeitangabe: 00:01,21–00:01,38.

36 So Milo Rau im einführenden Kommentar des Films zu den Moskauer Prozessen: Die Moskauer Prozesse, Zeitangabe: 00:01,50 – 00:01,51.

37 Rau: Moskauer Prozesse, S. 2.

38 Moskauer Prozesse (Film), Zeitangabe: 00:01,52–00:01,56.

39 Bossart / Rau: Gespräch 2014, S. 7.

40 Alle Angaben erfolgen nach: Rau: Moskauer Prozesse.

41 Rau: Moskauer Prozesse, S. 158.

42 Vgl. Rau: Moskauer Prozesse, S. 157–158.

43 Gutov, Belyaev-Gintovt und Volkova am ersten Tag, Ryklin, Antoshina, Sergeev, Kovalenko, Yakunin, Bazhanov, Erofeev, Bagdasarov, Shaburov, Korovin, Baranov, Khomyakov und Feliakov

Kreuzverhör unterzogen, in dem sich die Ankläger und Verteidiger die vorgesehene Befragungszeit teilen und sich nacheinander dem Experten zuwenden. Die Befragungszeit allerdings ist häufig kurz bemessen: Am ersten Tag etwa stehen Dmitry Gutov 17 Minuten zur Verfügung, während die nachfolgenden Alexey Belyaev-Gintovt mit 7 und Elena Volkova mit 13 Minuten auskommen müssen. Am zweiten Tag bleiben den 13 Experten im Durchschnitt nur knapp über 18 Minuten Zeit für ihre Befragungen.[44]

Am dritten Tag verkündet die Jury nach mehr als zweieinhalb Stunden Beratung schließlich ihr Urteil, wobei alle drei Prozesse gemeinsam beurteilt werden: Über die erste Frage, ob Gläubige durch die Angeklagten beleidigt wurden, urteilt die Jury 3:3 bei einer Enthaltung. Auf die zweite Frage, ob die Beleidung intentional erfolgte, siegt das Nein mit 5:1 bei einer Enthaltung.

Ausgangspunkt der *Moskauer Prozesse* war eine Einladung des Nationaltheaters Weimar „im Zusammenhang mit der Ausstellung ‚Spuren des Gulag'".[45] So geht den drei Tagen im Sacharow-Zentrum, in dem einige Jahre zuvor die beiden Ausstellungen *Vorsicht!Religion* und *Verbotene Kunst* stattgefunden hatten, einerseits

> [e]in szenischer Kongress in Weimar unter dem Titel ‚Power and Dissident' [voraus]. Dabei diskutierten deutsche und russische Intellektuelle über Mikro-, Makrostrukturen und Wechselbeziehungen von Macht und Widerstand. Insbesondere auch über Möglichkeiten der Kunst, diese darzustellen.[46]

Andererseits begann Milo Rau ebenfalls noch in Weimar mit Dreharbeiten zu einer filmischen Dokumentation der *Moskauer Prozesse:* „In einer eigens dazu angefertigten Verhörbox habe ich mit den geladenen Experten und Expertinnen Ge-

am zweiten, Samuzevich, Osmolovsky, Belyaev-Gintovt (zum zweiten Mal), Gelman, Enteo und Volkova am dritten Tag.

44 Vgl. für die Zeitangaben zum 2. Tag: Rau: Moskauer Prozesse, S. 66–156, wobei der Videobeitrag von Andrei Erofeev und das Kreuzverhör von Roman Bogdasarov in der Druckfassung der *Moskauer Prozesse* aufgrund eines redaktionellen Fehlers (so die Auskunft von Milo Rau per Mail am 20.04.2017) nicht dokumentiert sind (vgl. die entsprechende Berichtslücke zwischen 16:22 Uhr und 16:54 auf S. 88–90. Die fehlenden Beiträge können über den Blog zu den Moskauer Prozessen, auf dem der englischsprachige Teil des Buchs basiert, rekonstruiert werden, vgl.: http://www.the-moscow-trials.com/category/ticker/, Stand: 18.05.2017).

45 Rolf Bossart / Milo Rau: Milo Rau im Gespräch mit Rolf Bossart. Im Vorfeld der „Moskauer Prozesse". In: Rau: Moskauer Prozesse, S. 6–12; hier: S. 6.

46 Bossart / Rau: Milo Rau im Gespräch, S. 7.

spräche aufgezeichnet“.[47] Diese wurden dann ebenfalls in die filmische Dokumentation der Prozesse aufgenommen.

5 Versuch einer Einordnung

Bei dem Versuch, Milo Raus *Moskauer Prozesse* im Feld der aktuellen politischen Theaterkunst zu verorten, sind eine Reihe von Eigenarten dieses Projekts zu berücksichtigen.

Erstens: Das Sacharow-Zentrum ist ein recht kleiner Veranstaltungsort, der nach der Einrichtung des Gerichtssaales nur noch für ca. 50 Zuschauer eine Bestuhlung möglich machte.[48] Doch allein einundzwanzig dieser Plätze wurden von den hier dem Prozess folgenden und auf ihren Auftritt wartenden Experten belegt. Addiert man dazu Mitglieder des Teams vom IIPM sowie Journalisten, dann standen nur sehr wenige Plätze für ein allgemeines Theaterpublikum zur Verfügung.

Abb. 1: Schwenk ins Publikum (Screenshot: 00:22,07)

47 Bossart / Rau: Milo Rau im Gespräch, S. 8.

48 Die Angabe „50 Stühle“ im „Bühnenbildplan“ des Raumes, wie er in der Buchfassung abgedruckt ist (Rau: Moskauer Prozesse, S. 32–33) entspricht dem Eindruck, der aus der Filmfassung der Prozesse bei Kameraperspektiven auf das Publikum zu gewinnen ist.

Zweitens: Um dennoch der Veranstaltung eine räumlich und zeitlich ausgedehntere Wirkung zu ermöglichen, hat einerseits der im Stück als „Gerichtsschreiber“ firmierende Ivan Timofejew im Internet in einem Blog zum Projekt live in englischer Sprache protokolliert.[49] Zudem sind nach Ende der Veranstaltung 2014 ein Buch und ein Film zum Stück erschienen. In beiden Fällen handelt es sich um Dokumentationen, die erstens den Wortlaut der Prozesse nur in Ausschnitten wiedergeben und zweitens Bild- bzw. Textmaterial von den Prozessen mit Interviews und anderem Material unterbrechen, anreichern und ergänzen. So umfasst beispielsweise die filmische Dokumentation der 13-stündigen Verhandlungen nur 86 Minuten.

Drittens: Die Buchfassung ist als Dokument der Veranstaltung bemerkenswert gestaltet. Zwar weist der Buchtitel Milo Rau scheinbar als Autor der nachfolgenden Texte aus. Das aber ist er in doppeltem Sinne nicht. Weder hat er die Wortbeiträge des Gerichtsprozesses selbst formuliert – sondern im Gegenteil ausschließlich die Rahmenbestimmungen, also die Dramaturgie der drei Tage festgelegt –, noch stammen die im Buch abgedruckten Protokolle aus seiner Feder. Das Buch kombiniert in der Dokumentation der Prozesstage vielmehr das englische Live-Protokoll der Ereignisse Ivan Timofejews – sprachlich leicht überarbeitet durch Mitarbeiter des IIPM[50] – erstens mit Skizzen der als ‚Gerichtszeichnerin‘ firmierenden Viktoria Lomasko, die Zitate aus den Prozessen in russischer Sprache mit deutscher Übersetzung in den Bildunterzeilen enthalten, zweitens mit deutschen Übersetzungen kurzer Prozesspassagen im vollständigen Wortlaut sowie drittens mit Fotos aus dem Prozess von verschiedenen Fotografen und viertens mit ergänzenden Interviews und Informationen, die jenseits des Prozessverlaufs entstanden sind.

Auf diese Weise entsteht zum einen eine ungewöhnliche Perspektivenpluralität, da verschiedene Szenen der Prozesse bis zu drei Mal dargestellt werden – und das im Detail durchaus voneinander abweichend. So enthält etwa, um nur ein Beispiel zu geben, die Skizze der Gerichtszeichnerin zur Befragung von Dmitri Enteo Aussagen – *Dmitri Enteo im Zeugenstand:* „Kann es in der Kirche Punk-Gebete geben?“ „Wenn, dann sind es Punk-Gebete zum Teufel“[51] –, die in dem der Skizze vorausgehenden englischsprachigen Protokoll nicht enthalten sind.[52] Zu-

49 http://www.the-moscow-trials.com/category/die-moskauer-prozesse/blog/ [zuletzt eingesehen: 17.04.2017].

50 So die Auskunft von Milo Rau in einer Mail an Johannes Birgfeld vom 20.04.2017.

51 Rau: Moskauer Prozesse, S. 137. Es handelt sich hier um die der Skizze der Gerichtszeichnerin beigegebene deutsche Übersetzung der in der Skizze den gezeichneten Prozessbeteiligten per Sprechblase zugewiesenen russischen Textzeilen.

52 Vgl. Rau: Moskauer Prozesse, S. 134–135.

gleich bietet die englische Zusammenfassung einer anderen Szene der Befragung Enteos – „The witness believes, that the only correct orthodox Christianity is the militant Christianity“[53] – offenbar nur einen ungenauen Eindruck des Dialogs, wenn man sie mit der eine Seite weiter abgedruckten deutschen Transkription des Wortlauts vergleicht:

> STAWITSKAJA: Sie sagten, Sie seien ein orthodoxer Gläubiger. Wie ist Ihre Aussage in einem Interview, ‚dass der Glaube kriegerisch sein muss‘, mit der christlichen Lehre zu vereinbaren? Wie kann der orthodoxe Glaube mit militanten Ausschreitungen einhergehen?
>
> ENTEO: Wir sind so, wie uns Gott sehen will. Wir sind nicht so, wie Sie uns sehen wollen.
>
> STAWITSKAJA: Ich möchte den orthodoxen Gläubigen als friedliebend sehen können. [...]
>
> ENTEO: Woher wollen Sie denn wissen, wie man sich als orthodoxer Christ verhalten muss? Über welche religiöse Bildung oder Erfahrung verfügen Sie denn schon?[54]

Zwei Ableitungen lassen sich nun machen:

A) Stehen in Milo Raus Stück die möglichst unvoreingenommene Begegnung und der Austausch zwischen verschiedenen Ansichten im Zentrum, ohne dass Rau die eine oder andere Seite im Streit bevorzugen möchte, so entspricht der Offenheit für die Vielfalt im Realen die offene Form der Dokumentation, die selbst die Wahrheit des Ereignisverlaufes als eine der subjektiven Wahrnehmung auszuweisen scheint.

B) Die gewählte Form der schriftlichen Dokumentation zeigt, dass für diese Form des politischen Theaters der eigentliche Wortlaut, oder anders gesagt: die Arbeit mit Sprache und ihr Erkenntnispotential keine zentrale Bedeutung besitzen. Es liegt in diesem Sinn im Fall der „Moskauer Prozesse“ eine unliterarische, unpoetische Kunst vor, die, um eine wiederholt formulierte Klage Frank M. Raddatz’ zu zitieren, im Bereich der ‚Bühnensprache’ bewusst „auf Stilisierung, sprachliche Überhöhung, Metaphorisierung oder Rätselhaftigkeit der sprachlichen Äußerungen verzichtet“.[55]

Viertens: Ebenfalls bemerkenswert sind nicht wenige Selbstwidersprüche, die in Raus eigenen Beschreibungen des Projekts auftreten. Am Beginn der Filmfassung betont Rau etwa, das Verfahren seiner Neuauflage der Prozesse betreffend, diese erfolge „[n]icht nach einem Drehbuch, sondern gemäß der russischen Verfassung, und gemäß russischem Recht“.[56] In einem der DVD des Films

53 Rau: Moskauer Prozesse, S. 135.

54 Rau: Moskauer Prozesse, S. 136.

55 Frank M. Raddatz: Erobert Euer Grab! Die Zukunft des Theaters nach der Rückkehr aus der Zukunft. In: Lettre International 104 (2014), S. 84–91; hier: S. 85.

56 Moskauer Prozesse (Film), Zeitangabe: 00:01,57–00:02,02.

beigefügten Interview beschreibt Rau jedoch die Probleme, für die Neuauflage der ursprünglich Monate währenden, viele Akten füllenden Prozesse eine angemessene Dramaturgie zu erfinden:

> Ich habe wirklich versucht, eine Mischung zu machen aus amerikanischem Recht – also nur was *on stage* gesagt wird, gilt –, kein Aktenprozess, wie wir es in Europa machen, eine richtige Jury, also eine Jury aus der Bevölkerung, nicht irgendwelche Richter, die über Fachartikel sprechen, das ist auch langweilig. Dann habe ich die Zeit ziemlich begrenzt, und hab alles [...] mit Verhören machen lassen, mit live-Verhören. Also im Grunde ist es eine Folge von Hearings, Plädoyers, es ist eine Mischform nach russischem Recht.[57]

Ebenfalls durchaus widersprüchlich kommentiert Rau die Auswahl der Juroren: In der Filmversion betont er 2014 in einem Voice-Over:

> Die Geschworenen-Jury bestand aus einem Querschnitt der Moskauer Bevölkerung: Alle Schichten, alle Weltanschauungen waren vertreten. So kam es, dass neben einem ehemaligen Bühnentechniker, der Pussy Riot unterstützte, eine gläubige junge Frau saß, die der Meinung war, die Künstler hätten für ihre Aktion eine Strafe verdient. Neben ihr saß ein orthodoxer Bienenzüchter, der die Verteidigerin keines Blickes würdigte; eine ehemalige Lehrerin, die zur Jurysprecherin gewählt worden war, ein Industrietaucher aus Usbekistan, gläubig, und an Kunst interessiert, eine Muslima, die als Verkäuferin arbeitete, und ein Grafiker, aus dem Zentrum der Stadt, Leiter einer sehr erfolgreichen Internetfirma.[58]

In einer Erläuterung Milo Raus ein Jahr später hingegen war die Jury „chosen more or less by random from the Muscovite citizens".[59] 2013 spricht er zudem in einem Gespräch mit Alexander Kedves von Schöffen[60] statt von Juroren, bei denen es sich aber um ehrenamtliche Richter handelt, nicht um Juroren.

Ebenfalls irritierend ist schließlich, wenn Rau die Wiederauflage der Prozesse auch als ein „three days tribunal"[61] bzw. als „Volkstribunal[]", als „popular tribunal"[62] charakterisiert, also als eine Gerichtsbarkeit im weiteren Sinne, in der eine wie auch immer definierte (Landes-) Bevölkerung mittels von ihr entsandten Repräsentanten Urteile spricht, bzw. als „Forum, das in einer öffentlichen Un-

---

57 Moskauer Prozesse (Extras zum Film), Zeitangabe: 00:03,36 – 00:04,08.

58 Moskauer Prozesse (Film), Zeitangabe: 00:11,45 – 00:12,27.

59 Hahighian / Jordan / Nakonechna / Rau / Van Gerven: Violence, Zeitangabe: 00:25,56 – 00:26,00.

60 Vgl. Alexander Kedves / Milo Rau: „Ohne Bösewichte gibt es keine Dramen". In: Rau: Moskauer Prozesse, S. 28 – 31; hier: S. 29: „hätten wir als Schöffen nicht einige aufgeklärte Städter gehabt, Unternehmensberater, Fotografen und dergleichen, hätte die Sache anders ausfallen können".

61 Hahighian / Jordan / Nakonechna / Rau / Van Gerven: Violence, Zeitangabe: 00:25,20.

62 Hahighian / Jordan / Nakonechna / Rau / Van Gerven: Violence, Zeitangabe: 00:17,27.

Abb. 2: Geschworenen-Jury (Screenshot: 00:11,47)

tersuchung gegen behauptete Rechtsverstöße von Staaten o. Ä. protestiert".[63] Weder wurde ja in Moskau explizit ein Staatsvergehen verhandelt, noch ließe sich behaupten, dass hier eine Bevölkerung Repräsentanten gewählt hätte, die in ihrem Auftrag ein Gerichtsverfahren durchgeführt hätten.

6 Schluss

Der von Milo Rau und dem IIPM hergestellte Film *Die Moskauer Prozesse* bietet in der Dokumentation von Ausschnitten der während der dreitägigen Performance im Sacharow-Zentrum geführten Debatten und in ihrer Anreicherung mit ergänzenden Interviews und Informationen einen ausgesprochen erhellenden Einblick in die im heutigen Russland existenten Gegensätze zwischen den Vertretern und Gegnern einer Partizipation am von den Gegnern so genannten 'liberalen Faschismus' des westlichen Europas. Besonders bemerkenswert ist, wie wenig in den dokumentierten Redebeiträgen einerseits auf die gesetzlichen Grundlagen der Prozesse, andererseits auf intellektuelle Begründungen für den einen oder anderen Kunstbegriff Bezug genommen wird. Nicht das argumentative Ringen um einen überindividuellen Konsens oder Referenzrahmen, sondern die immer neue

63 https://www.duden.de/rechtschreibung/Tribunal#Bedeutung3.

Abfrage und Mitteilung von subjektiv-individuellen Meinungen, Haltungen, Auffassungen und Glaubensinhalten dominieren die Gespräche.

So wertvoll diese Effekte zugleich sind, die Film und Buch als Dokumentationen der *Moskauer Prozesse* aufweisen, mit der ›Live‹-Version der *Moskauer Prozesse* selbst sind sie nicht identisch und sie geben nur begrenzten Zugang zum eigentlichen performativen Ereignis. Dieses nun wird man nicht im engeren Sinn als Reenactment beschreiben dürfen, weil das, was sich im Sacharow-Zentrum ereignete, seinem (formalen) Ablauf nach und in seiner Ergebnisoffenheit eben nicht identisch, sondern geradezu konträr zu den realen Prozessen war, die gegen die KünstlerInnen geführt worden waren. Sehr wohl allerdings lässt sich der von Rau ins Feld geführte Begriff des globalen Realismus hier nutzen: Nicht nur dokumentiert der Prozess ein globales Interesse und ein nicht auf die unmittelbare Lebensregion beschränktes Gefühl für Recht und Unrecht, für die Empörung und den Wunsch, nicht tatenlos Zaungast zu sein. Der Prozess erzeugte zudem gerade bei den Beteiligten, wie wiederholt berichtet wurde und wie auch in Buch und Film zu beobachten ist, ein „echtes" Engagement:[64] „da wurde erbittert und komplett unironisch gekämpft."[65]

Mit den Moskauer Prozessen gelingt Milo Rau, durch die Setzung eines Spielrahmens, durch das Versprechen der Unverbindlichkeit alles im Kunstrahmen sich Ereignenden, „das freiwillige Aufeinandertreffen von Todfeinden im künstlichen Gerichtssaal"[66] zu ermöglichen. Und hier manifestiert sich tatsächlich, so scheint es, Raus Ideal des globalen Realismus:

> Aber Spielen oder Inszenieren, wie ich es verstehe, bedeutet, die im Normalfall einfach als natürlich und zwingend hingenommene Wirklichkeit nicht analytisch oder ironisch aufzulösen, sondern sie in all ihren Konsequenzen zur Erscheinung zu bringen, sie in Aktion zu zeigen. Das ist ja der Grund, warum Theater überhaupt als Kunstform entwickelt wurde: als Umgang mit dieser zugleich natürlichsten und phantastischsten Fähigkeit des Menschen, nämlich aus dem sozial Imaginären Realität zu schaffen.[67]

Zur Beschreibung des von Rau inszenierten Ereignisses selbst aber bietet sich vor allem ein Konzept an: das des ‚applied theatres' bzw. des Theaters als Intervention. Julius Heinicke, Joy Kristin Kalu, Janina Möbius, Natascha Siouzouli und Matthias Warstat haben kürzlich mit großer Schlüssigkeit und Präzision die zentralen Merkmale dieses Theateransatzes zusammengefasst: An klar definierte Gruppen gerichtet, zielt es auf „Intervention, die gezielte Unterbrechung und

64 Kedves / Rau: Bösewichte, S. 30.
65 Kedves / Rau: Bösewichte, S. 30.
66 Bossart: Die Enthüllung des Realen. Vorwort, S. 12.
67 Bossart / Rau: Das ist der Grund, S. 19.

Veränderung gesellschaftlicher Prozesse".[68] Es richtet seine Wirkversprechen stärker an die Mitwirkenden, als, wie im traditionellen Theater, an das Publikum.[69] Nicht die „Vorstellung von Kunst oder Theater als einem autonomen Bereich ästhetischer Erfahrung"[70] ist dabei leitend, sondern die konkrete Zweckorientierung, die ihrerseits aber keiner ästhetischen Gestaltung widerspricht. Milo Raus *Moskauer Prozesse* lassen sich mit dem Konzept eines Theaters der Intervention präzise erfassen, denn sie kommen nur einmal zur Aufführung, die Beteiligten machen zugleich auch die Mehrheit des Publikums aus, der gestaltende Einfluss des Regisseurs Rau beschränkt sich auf die Dramaturgie, klassische Mittel der sprachlichen Ästhetisierung ebenso wie Text- und Bewegungsvorgaben für die Akteure kommen nicht zum Einsatz, Experten treten an Stelle von Schauspielern auf und die gesamte Rahmung erreicht vor allem, den von den Prozessen Betroffenen die Chance einzuräumen, diese Prozesse erneut, nur unter veränderten Rahmenbedingungen durchzuspielen. Damit also wären Milo Raus *Moskauer Prozesse* ein Beitrag zum politischen Theater der Gegenwart als realisierter globaler Realismus in der Modalität eines Theaters der Intervention.

Literaturverzeichnis

Bandle, Rico / Roger Köppel / Milo Rau: Nennen wir es Schaujournalismus. In: Die Enthüllung des Realen. Milo Rau und das International Institute of Political Murder. Hg. v. Rolf Bossart. Berlin 2013, S. 104–109.

Bläske, Stefan / Milo Rau: „Wer sieht uns, wenn wir leiden?" Milo Rau im Gespräch mit Stefan Bläske. In: Milo Rau: Mitleid. Die Geschichte des Maschinengewehrs. Schaubühne Berlin [Begleitheft zur UA]. Berlin 2016, S. 11–25.

Bossart, Rolf / Milo Rau: Buchenwald, Bukavu, Bochum. Was ist globaler Realismus? Milo Rau im Gespräch mit Rolf Bossart. In: Theater der Zeit Oktober 2015, S. 27–31.

Bossart, Rolf / Milo Rau: Das ist der Grund, warum es Kunst gibt. In: Die Enthüllung des Realen. Milo Rau und das International Institute of Political Murder. Hg. v. Rolf Bossart. Berlin 2013, S. 14–35.

Bossart, Rolf / Milo Rau: Milo Rau im Gespräch mit Rolf Bossart. Im Vorfeld der „Moskauer Prozesse". In: Milo Rau: Die Moskauer Prozesse. Sacharow-Zentrum Moskau, 1.–3. März 2013. Berlin 2014, S. 6–12.

---

68 Matthias Warstat/Natascha Siouzouli/Julius Heinicke/Joy Kristin Kalu/Janina Möbius: Applied Theatre. Theater der Intervention. In: Theater als Intervention. Politiken ästhetischer Praxis. Hg. v. Matthias Warstat/Natascha Siouzouli/Julius Heinicke/Joy Kristin Kalu/Janina Möbius. Berlin 2015, S. 6–27; hier: S. 8.

69 Vgl. Warstat / Siouzouli / Heinicke / Kalu / Möbius: Applied Theatre, S. 21.

70 Warstat / Siouzouli / Heinicke / Kalu / Möbius: Applied Theatre, S. 16.

Bossart, Rolf: Die Enthüllung des Realen. Vorwort. In: Die Enthüllung des Realen. Milo Rau und das International Institute of Political Murder. Hg. v. Rolf Bossart. Berlin 2013, S. 6–13.

Bossart, Rolf: Symbolisierungsakt und heroische Öffentlichkeit. Thesen zur politischen Wirksamkeit von Milo Raus Theaterarbeit. In: Die Enthüllung des Realen. Milo Rau und das International Institute of Political Murder. Hg. v. Rolf Bossart. Berlin 2013, S. 78–89.

Frimmel, Sandra: Von Künstlern, Kuratoren, Gotteslästerern und Hooligans. In: Milo Rau: Die Moskauer Prozesse. Sacharow-Zentrum Moskau, 1.–3. März 2013. Berlin 2014, S. 13–27.

Kedves, Alexander / Milo Rau: Politische Kunst gibt es nicht. In: Die Enthüllung des Realen. Milo Rau und das International Institute of Political Murder. Hg. v. Rolf Bossart. Berlin: 2013, S. 97–103.

Kedves, Alexander / Milo Rau: „Ohne Bösewichte gibt es keine Dramen". In: Milo Rau: Die Moskauer Prozesse. Sacharow-Zentrum Moskau, 1.–3. März 2013. Berlin 2014, S. 28–31.

Raddatz, Frank M.: Erobert Euer Grab! Die Zukunft des Theaters nach der Rückkehr aus der Zukunft. In: Lettre International 104 (2014), S. 84–91; hier: S. 85.

Rau, Milo / Julia Reichert: Es gibt keinen Ort, der sich schlechter für Moral eignet. In: Die Enthüllung des Realen. Milo Rau und das International Institute of Political Murder. Hg. v. Rolf Bossart. Berlin 2013, S. 92–96.

Rau, Milo: Die Moskauer Prozesse. Sacharow-Zentrum Moskau, 1.–3. März 2013. Berlin 2014.

Sadr Haghighian, Natascha / John Jordan / Lada Nakonechna / Milo Rau / Vincent W. J. van Gerven Oei: Violence and Non-Violence. Paneldebatte am 10. 01. 2015 im Hebbel am Ufer 1 (Berlin) im Rahmen des dreitägigen Kongresses „Artist Organisations International" vom 09.–11. 01. 2015, initiiert von Florian Malzacher, Jonas Staal und Joanna Warsza. Videoaufzeichnung der von Vincent W. J. van Gerven Oei moderierten Podiumsdebatte. Online: https://vimeo.com/117718744 (letzter Zugriff: 08. 03. 2017).

Sasse, Sylvia / Milo Rau: Das Reale des Simulacrums. In: Die Enthüllung des Realen. Milo Rau und das International Institute of Political Murder. Hg. v. Rolf Bossart. Berlin 2013, S. 54–69.

Warstat, Matthias / Natascha Siouzoul / Julius Heinicke / Joy Kristin Kalu / Janina Möbius: Applied Theatre. Theater der Intervention. In: Theater als Intervention. Politiken ästhetischer Praxis. Hg. v. Matthias Warstat/Natascha Siouzouli/Julius Heinicke/Joy Kristin Kalu/Janina Möbius. Berlin 2015, S. 6–27.

Filmische Quellen

Die Moskauer Prozesse. Reg. Milo Rau. Deutschland, 2014. Laufzeit (DVD: good!movies): 86 Min. (Film), 25 Min. (Extras).

Rau, Milo: [Erläuterungen zu *Empire*]. In: herbst remixed: Milo Rau / IIPM – International Institute of Political Murder: Empire. [Video]. Online: https://vimeo.com/181923316, hochgeladen am 08. 09. 2016 [Dauer: 3:17].

Rau, Milo: [Erläuterungen zu *Mitleid. Die Geschichte des Maschinengewehrs*]. In: Silke Briel: Mitleid. Die Geschichte des Maschinengewehrs Probentrailer der Schaubühne Berlin. [Video]. Online: https://www.youtube.com/watch?v=XJgujBre8hs, veröffentlicht am 15. 01. 2016 [Dauer: 2:20].

Johanna Canaris

Mit der Politik ins Gericht gehen

Die politische Dimension des Gerichtsdramas am Beispiel von Ferdinand von Schirachs *Terror* (2015) und Elfriede Jelineks *Das schweigende Mädchen* (2014)

„Die Gerichtsbarkeit der Bühne fängt an, wo das Gebiet der weltlichen Geseze sich endigt".[1] Dieser Satz aus Schillers Schaubühnenrede von 1784 ist eine der bekanntesten Äußerungen zur Frage des Verhältnisses von Bühne und Gericht. Ein solcher pathetischer, direkt moralischer Impetus ist unserer heutigen Zeit fremd, dennoch wird über das Verhältnis von Gericht und Bühne, auch und vor allem unter einem politischen Aspekt, bis heute diskutiert.

Dieser Beitrag wird zunächst dieses Verhältnis, das sich mit dem Schlagwort „Gerichtsdrama" zusammenfassen lässt, betrachten, um von dort aus die Frage nach einer politischen Dimension des Dramas konkret an zwei Beispielen zu stellen. Es geht dabei nicht um direkte politische Botschaften im Sinne von Agit-Prop-Theater, sondern – um es mit Hans-Thies Lehmann zu formulieren – um ein Moment der Unterbrechung.[2] Dieses Moment der Unterbrechung, ebenso wie die Erschaffung einer Gegenöffentlichkeit, erzeugt andere Räume und andere Fragestellungen, die über die Möglichkeiten des Gerichts, welches im engeren Sinne über die Einhaltung von Gesetzen urteilt, hinausgehen.

Unter diesem Aspekt sollen zwei Dramen neueren Datums, eben *Terror* von Ferdinand von Schirach und Elfriede Jelineks Das *schweigende Mädchen*, auf ein solches politisches Moment hin überprüft werden. Die Dramen verfahren dabei ästhetisch äußerst unterschiedlich, doch sind beide jeweils im Kern eine Verhandlung eines politischen Themas, welches die Justiz beschäftigt – und auch an ihre Grenzen bringt. Es wird sich dabei auch zeigen, wo Schwierigkeiten in diesem Verhältnis liegen und an welchen Momenten solche Stücke in ihrer politischen wie auch theatralen Dimension durchaus auch scheitern können.

---

1 Friedrich von Schiller: Was kann eine gute stehende Schaubühne eigentlich wirken? In: Ders.: Nationalausgabe Band 20: Ästhetische Schriften. Hg. v. Julius Petersen, fortgeführt von Lieselotte Blumenthal. Weimar 1986, S. 87–100; hier: S. 92.

2 Hans-Thies Lehmann: Wie politisch ist das postdramatische Theater? In: Ders.: Das politische Schreiben. Berlin 2002, S. 11–21; hier: S. 17.

https://doi.org/10.1515/9783110568561-016

1 Gerichtsdramen

Bei beiden Dramen handelt es sich um „Gerichtsdramen“, d. h. der Inhalt des Dramas ist eine Gerichtsverhandlung, um eine Minimaldefinition vorzunehmen. Das „Gerichtsdrama“ ist keineswegs eine Erscheinung des Gegenwartstheaters, im Gegenteil: Bereits in den *Eumeniden* des Aischylos, also einem der ältesten uns bekannten Theatertexte überhaupt, wird eine Gerichtsverhandlung, nämlich die über Orestes' Mord an seiner Mutter, auf die Bühne gebracht. Bemerkenswert dabei ist, wie Athene hier ein Gericht einsetzt und dabei Verfahrensregeln, die bis heute Gültigkeit besitzen, etabliert.[3] Die eigentliche Frage, die verhandelt wird, ist nicht die nach Orestes' Verbrechen, denn den Mord an seiner Mutter gibt er unumwunden zu,[4] es geht vielmehr um die Frage nach der Rechtsordnung, die hier in der Personifizierung der Erinnyen als Vertreterinnen der Blutrache und der olympischen Götter, allen voran Athene, als Verkörperung eines neuen Rechtssystems (und eines anderen Verständnisses von Familie), auf der Bühne ausgetragen wird. Dass das Urteil unter besonderen Bedingungen zu Stande kommt, welche das neue Recht der Stadt auf wacklige Beine stellen, sei hier nur am Rande erwähnt.

Diese Etablierung des Gerichts auf dem Theater dient im Zusammenhang der attischen Polis auch zur Selbstvergewisserung der Stadt und ihrer Rechtsorgane, so wie der reale Areopag, der zugleich Stadtrat und Gericht war. Ebenso wird das Vorgehen des Gerichtes zur Disposition gestellt oder gar problematisiert. Durch die Dimension des Theaters wird das Denken wie auch das Richten hier reflektiert und befragt. Dies kann in besonderer Weise gelingen, da im Griechenland des fünften Jahrhunderts vor Christus die für uns getrennten Sphären von Politik, Kunst und Religion noch nicht voneinander getrennt waren. Hiervon zeugen unter anderem die attische Tragödie und ihre Aufführungsbedingungen.[5]

Doch auch ohne diese enge Verknüpfung der Ebenen finden sich im Laufe der Dramengeschichte immer wieder Beispiele für „Gerichtsdramen“, so z. B. Kleists *Der zerbrochne Krug* oder *Die Ermittlung* von Peter Weiss.

---

3 Vgl. Claus-Wilhelm Canaris: Konsens und Verfahren als Grundelemente der Rechtsordnung – Gedanken vor dem Hintergrund der „Eumeniden“ des Aischylos. In: Jus 7 (1996), S. 573–580. Zentral sind vor allem die S. 575–577, auf welchen u. a. die Maximen „auditur ad altera pars“ (575) und die Feststellung eines Freispruchs bei Stimmengleichheit (576) sowie die „*Entstehung des positiven Rechts und der Gerichtsbarkeit aus dem Geiste des Diskurses*“ (576) debattiert werden.

4 Vgl. Aischylos: Eumeniden, Vers 588.

5 Vgl. dazu z. B. Christian Meier: Die Entstehung des Politischen bei den Griechen. Frankfurt a. M. 1980. Zur Situation zur Zeit der Entstehung der Orestie v. a. S. 144 ff.

Mit der Darstellung eines Gerichtes auf der Bühne ist bereits immer ein Moment der Unterbrechung gegeben, denn es wird etwas auf die Bühne des Theaters geholt, das eigentlich der staatlichen und damit im weiteren Sinne politischen Ebene angehört. Andererseits muss sich das Theater in der Verhandlung nicht an die Verfahrensvorschriften halten, so dass es ein anderes Gericht darstellen kann, an dem grundsätzlichere Fragen verhandelt werden können. In der Darstellung des Gerichts auf der Bühne, also in der Spiegelung, kann auch das Verfahren selbst und nicht nur sein Inhalt reflektiert werden.

Hinzu kommt, dass die Form der Verhandlung ein Modus ist, in welchem die Kriterien, die Lehmann für das Politische im Theater aufstellt, in besonderer Weise erfüllt werden. Lehmann definiert das Politische im Theater der Gegenwart anhand von drei Kriterien:

> Erstens: Das Politische kann im Theater nur indirekt erscheinen, in einem schrägen Winkel, modo obliquo. Und zweitens: Das Politische kommt im Theater zum Tragen, wenn und nur wenn es gerade auf keine Weise rückübersetzbar ist in die Logik, Syntax und Begrifflichkeit des politischen Diskurses in der gesellschaftlichen Wirklichkeit. Woraus drittens die nur scheinbar paradoxe Formel folgt, dass das Politische des Theaters gerade nicht als Wiedergabe, sondern als Unterbrechung des Politischen zu denken ist.[6]

Die Darstellung eines Gerichts auf der Bühne kann als solch ein „schräger Winkel" betrachtet werden, denn es wird nicht die Frage selbst, sondern die Verhandlung der Frage, also eine Metadimension, dargestellt. Gerade indem diese dann einer vollkommen anderen Logik, und zwar derjenigen der (Bühnen-)Ästhetik, die eine Alltagslogik ausschließt, mit all ihren Möglichkeiten übertragen wird, kann sie nicht mehr direkt in das politische System rückübersetzt werden.

Gericht und Bühne weisen, trotz aller Unterschiede, die es gerade für die politische Dimension nutzbar zu machen gilt, grundsätzliche Ähnlichkeiten auf, welche Cornelia Vismann in ihrer 2011 erschienen Untersuchung *Medien der Rechtssprechung* pointiert darstellt. Auf der Bühne und vor Gericht verwandeln sich die Beteiligten, sie spielen eine Rolle in einem spezifischen Rahmen. Schauspieler verkleiden sich, Richter (und in unserem Rechtssystem auch die Anwälte) tragen Kleidungsstücke, die sie in ihrer Rolle deutlich kennzeichnen. Beide Vorgänge, der des Gerichthaltens und der des Theaterspielens, finden in von der Außenwelt abgetrennten Räumen in einem mehr oder minder festen Zeitrahmen nach vorgegebenen Regeln statt – stehen also außerhalb von normaler Zeit und normalem Raum. Und: beide Vorgänge sind in gewisser Art sekundär, sie wiederholen etwas, spielen etwas nach, sie bilden Dinge ab, ohne sie

6 Lehmann, S. 16 f.

in Gänze imitieren zu wollen oder zu können. So entsteht jedoch in beiden Fällen zugleich etwas Neues, Eigenes, und zwar die Aufführung. Dennoch stehen beide Vorgänge in Verbindung zu etwas Vorherigem, ohne welches sie unmöglich wären. Im Fall der Theateraufführung ist dies zunächst der dramatische Text.[7] Im Fall des Gerichtes verhält es sich etwas anders, wie Cornelia Vismann formuliert: „Das Theater des Gerichts leistet die Wiederaufführung der Tat im symbolischen Raum".[8] Und zwar einer singulären Tat, die gegen die Normen einer (Rechts-) Ordnung verstößt. Die Art und Weise dieser Wiederaufführung ist, mehr noch im Gericht als im Theater, vor allem eine verbale. Für das Gerichthalten ist das Übersetzen in Sprache der zentrale Akt. Nur was vor Gericht ausgesprochen wird, kann verhandelt werden. Vismann bezieht sich in ihren Ausführungen zum theatralen Dispositiv, welches sie von einem agonalen abgrenzt (s.u.), auf die Dinge und die alte germanische Tradition der Richter als Dingheger.[9] So heißt es dann hier: „Sämtliche Gerichte machen dasselbe, wenn sie Gericht halten. Sie konvertieren das strittige Ding in eine aussprechbare Sache. Diese Konversion von Ding in Sache ist der performative Kern allen Gerichthaltens".[10] Sie definiert den Unterschied zwischen Ding und Sache nach Lacan, bei dem „das Ding dem Register des Realen zugeschlagen [wird], die Sache der symbolischen Ordnung".[11]

Dabei ist das zentrale Moment des Gerichthaltens eben nicht das Urteilen, sondern der performative Akt des Zur-Sprache-Bringens.[12] Dieser Akt ist notwendig, da er die „Integration [des Dings] in die symbolische Ordnung"[13] leistet. Die Ordnung ist gestört, in der Realität kann sie kaum wiederhergestellt werden, dennoch muss diese Ordnung zum Aufrechterhalten der Gesellschaft und ihrer Normen wiederhergestellt werden. Dies ist nur noch auf der symbolischen Ebene der Sprache möglich. Bemerkenswert dabei ist, dass Vismann von „Integration" spricht. Es handelt sich also nicht um eine Heilung, sondern um den Versuch, das eigentlich Inkommensurable, das außerhalb der Ordnung Stehende, in diese aufzunehmen. Was verändert wird, ist vielmehr die Ordnung, nicht das Ding.

Vismann plädiert stark für den Akt des Aussprechens, durchaus auch unter psychologischen Gesichtspunkten, so hält sie fest: „Es muss gesagt werden, was

---

7 Dies soll keineswegs als Plädoyer für ein reines Text-Theater verstanden werden, sondern als heuristische Annäherung, um die Gemeinsamkeiten von Gericht und Theater zu verdeutlichen.
8 Cornelia Vismann: Medien der Rechtsprechung. Hg. v. Alexandra Kemmerer / Markus Krajewski. Frankfurt a. M. 2011, S. 31.
9 Vgl. Vismann, S. 19 ff.
10 Vismann, S. 20.
11 Vismann, S. 20.
12 Vgl. Vismann, S. 20.
13 Vismann, S. 34.

getan wurde. Erst die in Worte gefasste Tat entbindet von ihr."[14] Und weiter: „Auch ohne Urteil muss ein Verfahren sein. Es leistet die Konversion von Tat in Wort, ohne die ein Trauma fortwirkt."[15] Dies hat beinahe massenpsychologische Implikationen, die den Fokus vom individuellen Täter und seiner Strafe zu einer Frage des produktiven Umgangs für die Gesellschaft verlagern. Hier kann man – in aller Verkürzung – durchaus Anklänge an die aristotelische Wirkungsästhetik des Theaters finden. Egal, ob es nun um die Reinigung (Katharsis) von oder durch die Affekte geht, in jedem Fall betrifft dieser Effekt das Publikum, die attische Bevölkerung, die der Aufführung beiwohnt.

Von den Aufführungsbedingungen der attischen Tragödie her denkt Vismann ihr zweites Dispositiv, das agonale, welches sie in drei Kennzeichen vom theatralen Dispositiv unterscheidet:

> Zum einen durch den binären Entscheidungsmodus, der allen Wettkämpfen eigen ist [...], zum zweiten durch die konstitutive Funktion des Zuschauers für die Entscheidungsfindung und schließlich durch das Amphitheatralische, das Offene der Entscheidungssituation, ebenso wie die Offenheit der Entscheidung.[16]

Zusammenfassend ist es vor allem das Moment der Entscheidung, welches das agonale vom theatralen Dispositiv abgrenzt.

Genau die Frage der Entscheidung – und zwar der Entscheidung durch die Zuschauer – ist es, die Ferdinand von Schirachs Stück *Terror* wohl zu einem Stück der Stunde gemacht hat. Laut der eigenen Website des Stückes steht es in den Spielzeiten 2015/2016 und 2016/2017 „auf den Spielplänen von 59 Theatern".[17]

2 *Terror* – ein Versuch, eine eindeutige Entscheidung herbeizuführen

Das Stück behandelt eine Frage, welche nicht nur juristisch, sondern eben auch politisch verstanden werden kann. Anders als im später zu thematisierenden Drama von Elfriede Jelinek ist der Fall hier jedoch fiktiv. Der Angeklagte ist ein Pilot der Bundeswehr, der ein Passagierflugzeug, welches von Terroristen gekapert worden ist und über dem vollbesetzten Münchner Olympiastadion zum Absturz gebracht werden sollte, abgeschossen hat. Dabei hat er den Befehlen seiner

---

14 Vismann, S. 28.

15 Vismann, S. 28.

16 Vismann, S. 81.

17 http://terror.theater/cont/inhalt/de [14.2.2017].

Vorgesetzten zuwidergehandelt. Die Frage, die hier auf die Bühne gebracht wird, ist theoretisch bereits verhandelt. Es handelt sich dabei um das Luftsicherheitsgesetz von 2005, welches einen solchen Abschuss legitimieren sollte. Genau dieser Aspekt des Gesetzes wurde am 15. Februar 2006 vom Bundesverfassungsgericht für nicht verfassungskonform erklärt und damit für nichtig. Das Drama exemplifiziert also einen juristischen Gegenstand, und mehr noch, es überlässt eine Entscheidung über den Fall nun den Zuschauern. Somit scheint dieser Art der theatralen Gerichtsbarkeit eine andere Gültigkeit zugesprochen zu werden als der weltlichen. Soweit gehen die Voraussetzungen dieses Dramas mit den vorgestellten Überlegungen des Verhältnisses von Bühne und Gericht konform.

Wesentlich für die Frage nach dem Moment der Unterbrechung ist die ästhetische Gestalt des Dramas. Die Darstellung eines Gerichts auf einer Bühne, auch eines fiktiven, ist bereits immer eine Brechung. Zwar unterliegen Gerichtssaal und Theatersaal beide einer anderen raum-zeitlichen Logik als die Realität (was auch immer das sein mag), doch unterliegt eine Aufführung weiteren Restriktionen. Sie muss z. B. in einem überschaubaren zeitlichen Rahmen beendet sein. Es kommt ein weiteres Moment der Brechung hinzu, es handelt sich hier um Schauspieler, die Menschen darstellen, welche in die Rolle der juristisch handelnden Personen des Verfahrens schlüpfen. Dies wird in *Terror* zu Beginn in Form einiger Regieanweisungen deutlich: „*Der Vorsitzende tritt vor den geschlossenen Vorhang. Er trägt einen dunklen Anzug, ein weißes Hemd und eine weiße Krawatte. Die Robe hat er über seinen Arm gelegt. Er spricht direkt zum Publikum.*“[18] Nach Ende seiner ersten Rede heißt es „*Der Vorsitzende tritt ab und streift sich im Gehen die Robe über*“.[19] Hier wird also ein Vorgang gezeigt, der in seiner Äußerlichkeit dennoch etwas Wesentliches illustriert, und zwar die Frage, wie sich Personen verändern, indem sie an einem Gerichtsverfahren teilnehmen. Der Auftritt des Vorsitzenden könnte also so dazu dienen, den Zuschauern diesen Übertritt in die doppelt gebrochene Situation der Bühne auf dem Gericht zu illustrieren. Doch erklärt der vorsitzende Richter den Zuschauern gerade *ohne* Robe, *vor* dem Vorhang, ihre Rolle im Verfahren, damit wird eine Gültigkeit auch außerhalb der Logik des Gerichtsdramas suggeriert:

> VORSITZENDER: [...] Bevor wir anfangen, möchte ich Sie bitten, alles zu vergessen, was Sie über diesen Fall gelesen oder gehört haben. Wirklich alles. Nur Sie sind dazu berufen, hier zu urteilen, Sie sind die Schöffen, die Laienrichter, die heute über den Angeklagten Lars Koch zu Gericht sitzen. [...] In einem Gerichtsverfahren spielen wir die Tat nach, das Gericht ist eine

18 Ferdinand von Schirach: Terror. Ein Theaterstück und eine Rede. München 2015, S. 7.
19 von Schirach, S. 9.

> Bühne. Natürlich führen wir kein Theaterstück auf, wir sind ja schließlich keine Schauspieler. Wir spielen die Tat durch Sprache nach, das ist unsere Art, sie zu erfassen.[20]

Die Beteuerung, dass es sich hier eben um kein Schauspiel handelt, wirkt beinahe schon unfreiwillig komisch, da es jedem Zuschauer klar ist, dass es sich genauso verhält. Grundsätzlich versucht das Drama das doppelte Verhältnis der Brechung zur Realität und zum Gericht zu verschleiern.

Da das Moment der Brechung jedem Gerichtsdrama inhärent ist, führt dieser Versuch der Verschleierung zu Problemen und Störungen im Verhältnis zwischen den Ebenen. Das Stück präsentiert sich als Simulation einer Gerichtssituation und will gleichzeitig den Zuschauer ermächtigen, ein Urteil zu fällen. Es scheint, dass das Stück sich einer Ästhetik der Simulation bedient, um den Zuschauern eine echte Macht zu suggerieren – welche sie jedoch in diesem Sinne nie haben können. Um diesen Effekt zu erreichen, nimmt das Stück noch einige weitere Probleme auf sich, auch in juristischer Hinsicht. Der Bielefelder Strafrechtler und Rechtsphilosoph Wolfgang Schild untersucht *Terror* in einer eigenen Studie[21] aus juristischer Sicht und deckt dabei einige Unsauberkeiten und Versäumnisse auf. Er geht sogar so weit, das Stück „juristisch betrachtet eine gewaltige Fehlleistung“[22] zu nennen. Dies ist auch für eine Untersuchung des Theatertextes *Terror* relevant, da dieser das genaue Gegenteil vorgibt. Schilds Argumente umfassen z. B. die Frage nach der Tötung der Piloten und des Terroristen (es wird im Stück immer nur von den Passagieren gesprochen), oder auch die Frage der Verantwortung der Personen im Kontrollzentrum, die im Stück zwar von der Staatsanwältin gestellt, aber nicht weiter verfolgt wird.[23] Dies ist unter dem Aspekt eines politischen Moments durchaus relevant, da es sich bei der Vernachlässigung dieser Aspekte um eine Reduktion der Komplexität der Frage handelt. Die Frage wird vereinfacht – doch sie ist nicht so einfach, wie sie hier dargestellt wird. Dies gilt juristisch, wie auch im Zusammenhang mit der Frage nach einem politischen Moment des Theaterstückes *Terror*. Das Stück fungiert unter dem selbst gestellten Anspruch, das Publikum in die Entscheidung mit einzubeziehen. Doch ist auch diese Entscheidung eine unterkomplexe, da sie in ein simples binäres Entschei-

---

20 von Schirach, S. 7.

21 Wolfgang Schild: Verwirrende Rechtsbelehrung. Zu Ferdinand von Schirachs „Terror“. Berlin 2016.

22 Schild, S. 49.

23 Vgl. Schild, S 8 ff.

dungsschema gepresst wird.[24] Es handelt sich jedoch um eine Frage, die es von allen Seiten zu beleuchten gilt, die es vor allem zur Sprache zu bringen gilt, um in Vismanns Vokabular zu bleiben. Auch diesen Anspruch stellt das Stück an sich selbst, der Richter thematisiert, ganz ähnlich wie Vismann, die alte germanische Rechtsordnung ganz zu Beginn in seiner Eingangsrede:[25]

> VORSITZENDER: [...] Wir spielen die Tat durch Sprache nach, das ist unsere Art, sie zu erfassen. Sie hat sich seit Langem bewährt. Vor Hunderten von Jahren trafen sich die Richter an einem besonderen Platz, einem als heilig geltenden Platz, dem Thing. Recht sprechen hieß damals, eine Unordnung wieder in Ordnung bringen. [...] Unsere Vorfahren wussten, dass das Böse so seinen Schrecken verlieren kann. Ob das heute noch gelingt? – Ich bin mir nicht sicher. Aber wir müssen es versuchen. [...] Bleiben Sie deshalb bei Ihrem Urteil selbst Menschen.[26]

Doch am Ende steht die binäre Entscheidung. Sicherlich ist eine andere als diese direkte Entscheidung, von Schild als „Hammelsprung"[27] bezeichnet, in einem Theater nicht so schnell und eindeutig durchführbar. Doch ist es mehr als fraglich, ob durch genau solch eine Entscheidung „eine Unordnung wieder in Ordnung [zu] bringen" ist.

Auch die Frage nach der Schuld wird (muss?) vereinfacht (werden), um eine binäre Entscheidung, wie sie hier gewünscht ist, herbeizuführen. Es gibt eine juristische Schuld. Der Angeklagte hat die Tat begangen, er gibt sie zu, er hat gegen geltendes Recht verstoßen und als Soldat direkten Befehlen zuwider gehandelt. Jedoch gibt es auch eine moralische Schuld, über diese zu sprechen, diese zu verhandeln kann das Theater auf ganz andere Art und Weise leisten als das Gericht. Doch kennt auch das Gericht durchaus Mechanismen, die Beweggründe eines Angeklagten oder Verurteilten vor allem in der Bemessung des Strafmaßes zu berücksichtigen, jedoch nach komplexen juristischen Überlegungen und nicht auf Grund der Moral:[28]

---

24 Schild untersucht in diesem Zusammenhang die unterschiedlichen Rechtsbelehrungen des Stückes, die sich an das Publikum wenden, und hält sie allesamt für verwirrend bis falsch. Vgl. S. 13–25.

25 Vgl. von Schirach, S. 8.

26 von Schirach, S. 8 f.

27 Schild, S. 6.

28 Diese Möglichkeit stellt von Schirach z. B. in der Geschichte *Fähner* dar. Hier wird ein Mann, der seine Frau umgebracht hat, zwar schuldig gesprochen, die Strafe jedoch auf drei Jahre im offenen Vollzug festgelegt. Genau dies schließt das Stück jedoch aus. Vgl. Ferdinand von Schirach: Verbrechen. Stories. München 2009, S. 7–20.

> VORSITZENDER: Es mag weiter so sein, dass einige von Ihnen dazu tendieren werden, den Angeklagten zu verurteilen, aber angesichts der besonderen Umstände des Falles nicht wünschen, dass er die Haft auch absitzen muss. Wir Richter haben keine Möglichkeit, den Angeklagten erst zu verurteilen, weil er unrecht gehandelt hat, und ihn anschließend zu begnadigen. Dafür sind andere Stellen zuständig.[29]

Die Zuschauer werden aufgefordert, ein „Urteil“ zu sprechen und dahingehend belehrt, dass dieses Urteil direkte Konsequenzen für den Angeklagten hat, während die Frage nach dem Strafmaß bewusst ausgeklammert wird, ebenso wie die Frage nach der Verurteilung beispielsweise wegen Totschlages.[30] Damit werden sie auf die juristischen Dimension verpflichtet und eben nicht auf eine weitergehende, moralische oder politische Frage. Jedoch ist sogar die Frage nach der juristischen Schuld keine einfach zu beantwortende und in unserem Rechtssystem auch nicht in eine solche binäre Entscheidungsform zu drängen. Wolfgang Schild weist darauf hin, dass

> [...] das Bundesverfassungsgericht in diesem Verfahren aber ausdrücklich nicht die Frage gestellt und geklärt [hat], ob ein Soldat sich strafbar machen würde, wenn er ein Flugzeug abschießen würde. Denn diese Frage nach der strafrechtlichen Verantwortung ist in einem Strafverfahren zu beantworten.[31]

Dies genau findet im Drama *Terror* jedoch nicht statt, sondern es wird die Entscheidung des Bundesverfassungsgerichts zur Disposition gestellt, anstatt die Beweggründe des Angeklagten und damit seine Überzeugungen zu ergründen. Alle Beteiligten sprechen immer wieder von dieser verfassungsrechtlichen Norm. So sagt der Vorsitzende: „Ist es richtig, das Prinzip der Menschwürde über die Rettung von Menschenleben zu stellen?“[32]

So wird im Drama *Terror* eigentlich das Urteil des Bundesverfassungsgerichtes vor Gericht gestellt und den Zuschauern ein Urteil überlassen. Dieses jedoch auf eine problematische, weil unterkomplexe Art und Weise, die eben darin kulminiert, ein sofortiges, eindeutiges Urteil herbeiführen zu wollen.

Das Stück bemüht sich, eine politische Frage zur Debatte zu stellen. Um dieser Frage größeres Gewicht zu verleihen, wird sie in Form eines Gerichtsverfahrens mit einem Urteil durch das Publikum präsentiert. Dass es dabei nicht nur in Bezug auf die Frage der Gerichtsbarkeit der Bühne, sondern auch auf der juristischen Ebene zu großen Problemen kommt, ist nachgerade unvermeidbar, da das Mo-

---

29 von Schirach, S. 131 f.
30 Vgl. Schild, S. 24 f.
31 Schild, S. 22.
32 von Schirach, S. 125.

ment der Übersetzung im Sinne einer Verzerrung und Spiegelung, die eine Sichtbarmachung des Anderen bedeutet, versucht wird zu verschleiern, anstatt diese Brechung nutzbar zu machen. Um Lehmanns Terminologie zu verwenden, wird hier der Versuch einer direkten Rückübersetzbarkeit in die gesellschaftliche Wirklichkeit unternommen und das Gebot des „schrägen Winkels" missachtet.

3 *Das schweigende Mädchen* – komplexe Fragen ohne eindeutige Antworten

Vollkommen anders verhält es sich in dieser Hinsicht mit Elfriede Jelineks Theatertext *Das schweigende Mädchen.* Dieser Text hat einen realen Prozess, den sogenannten NSU-Prozess am Münchner Landgericht, als Ausgangspunkt. Als eine der Quellen wird im Ende des Textes das „Süddeutsche Zeitung Magazin vom 3.1.2014"[33] angegeben. Das Magazin der *Süddeutschen Zeitung* veröffentlicht zu Beginn jedes Jahres Protokolle der Sitzungen des Gerichts aus dem vergangenen Jahr in einer komprimierten Form. Die Orientierung an dieser Quelle wird z. B. im ersten Redeteil des Richters deutlich, der sich sehr eng an die Protokolle hält, diese dabei noch einmal verknappt.[34] Aus den Protokollen ebenso wie aus der gesamten Berichterstattung wird deutlich, dass eines der Hauptprobleme der Verhandlung das Schweigen ist. Die Hauptangeklagte und einzige Überlebende Beate Zschäpe schweigt, ihre beiden Komplizen sind tot und können sich nicht mehr äußern – und auch nicht mehr vor Gericht gestellt werden –, und auch die Opfer haben keine direkte Stimme; hinzu kommt, dass die Überlebenden zunächst selbst als Tatverdächtige befragt wurden. Anna Brod spricht deshalb in diesem Zusammenhang in ihrer Untersuchung von Stücken über den NSU richtig von einer „doppelten epistemischen Leerstelle".[35] Dem gegenüber steht jedoch die Fülle an Informationen und Vermutungen, die in der Presse, in nicht-fiktionalen sowie fiktionalen Buchveröffentlichungen in den letzten Jahren auf die

33 Elfriede Jelinek: Das schweigende Mädchen. In: Dies.: Das schweigende Mädchen. Ulrike Maria Stuart. Zwei Theaterstücke. Reinbek 2015, S. 151–463. hier: S. 463.

34 Vgl. Jelinek S. 171 f. sowie Annette Ramelsberger / Tanjev Schulz / Rainer Stadler: Der NSU-Prozess – Das Protokoll des ersten Jahres. In: SZ-Magazin 1/2014 online: http://sz-magazin.sueddeutsche.de/texte/anzeigen/41375/Der-NSU-Prozess-Das-Protokoll-des-ersten-Jahres [28.2.2017].

35 Anna Brod: Zeugenschaft vor Gericht in *Das schweigende Mädchen* von Elfriede Jelinek. URL: https://fpjelinek.univie.ac.at/fileadmin/user_upload/proj_ejfz/PDF-Downloads/Beitrag_Anna_Brod.pdf [3.2.2017] S. 5.

Öffentlichkeit einprasseln.[36] Der vorliegende Text setzt sich mit beiden Phänomenen, dem Schweigen und der scheinbaren Information auseinander. Der Text ist eine ausufernde Reflexion über die Inhalte, aber auch das Verfahren des Prozesses und seine Grenzen, angereichert um eine religiöse Dimension, welche sich jedoch zugleich selbst in Frage stellt, sowie theoretische Ansätze der Postmoderne. Der Textkörper, der sich einer Textfläche annähert, besteht dabei aus langen Reden unterschiedlicher, vordergründig voneinander abgegrenzter Personen, ohne viel Handlung und mit sehr wenigen Regieanweisungen. Worte werden oftmals Ausgangspunkt sprunghafter Assoziationsketten. *Das schweigende Mädchen* als Text stellt dabei in seiner Komplexität eine grandiose Überforderung des Lesers dar – und in der Aufführung wohl auch des Zuschauers. Ziel ist es nun, einige Aspekte zu benennen, die sich mit der Frage des Gerichts und der Erzeugung einer Unterbrechung des Diskurses über den NSU befassen, wobei der Text noch viel komplexer und auf anderen Ebenen zu lesen ist.[37]

Dazu können die auftretenden Personen betrachtet werden. Es treten auf: „Ich", eine Anzahl von „Engeln", der „Richter", der „Abwäger (mit seiner Waage)", eine Anzahl von „Propheten", ein „Mensch oder der Menschensohn", ein „vollkommen neutraler Mann", die „Jungfrau Maria", „Niemand", „Gott selbst".

Es fällt ins Auge, dass von den Organen der Rechtsprechung allein der Richter übrig geblieben ist, ihm an die Seite wird der Abwäger gestellt, der jedoch nur zu Beginn zweimal auftritt. Dieser Abwäger als Figur verweist darauf, dass es nicht dem Richter allein überlassen bleibt, ein Urteil zu fällen und auch nicht allein seiner weltlichen Gerichtsbarkeit, die an ihre Grenzen gestoßen ist. So beginnt der Abwäger seine Äußerung folgendermaßen: „Also ich finde, ein solcher Prozeß ist nicht mehr durchführbar, wenn keiner spricht, außer einem körperlosen Wesen [gemeint ist der Engel, der vorher auftritt], das wir nicht fotografieren können und das als Zeuge auch nicht geladen ist".[38] Der Abwäger verweist bereits auf eine andere Instanz: in seiner Bildlichkeit, manifest in der Waage, eben auf das Ab-

36 Vgl. z. B. Stefan Aust / Dirk Laabs: Heimatschutz: Der Staat und die Mordserie des NSU. München 2014. Oder fiktional Wolfgang Schorlau: Die schützende Hand. Köln 2015.

37 So untersucht z. B. Anna Brod den Text in Bezug auf die Zeugenschaft. Jasmin Siri nähert sich dem Phänomen soziologisch, wobei die ästhetische Dimension des Textes, wie sie selbst thematisiert, eher am Rande interessiert, das Drama ist hier Teil des gesamten Diskurses über den NSU (vgl. Jasmin Siri: Die Archivarin des Grauens. Elfriede Jelineks *Das schweigende Mädchen* soziologisch beobachtet. In: Jelinek[Jahr]Buch. Elfriede Jelinek-Forschungszentrum 2014–2015. Hg. v. Pia Janke. Wien 2015, S. 81–97). Gerhard Scheit versucht das Stück im Gesamtzusammenhang von Jelineks Werk zu lesen (vgl. Gerhard Scheit: Versuch über Elfriede Jelinek *Das schweigende Mädchen*. In: Jelinek[Jahr]Buch. Elfriede Jelinek-Forschungszentrum 2014–2015. Hg. v. Pia Janke. Wien 2015, S. 98–111).

38 Jelinek, S. 177.

wiegen beim Jüngsten Gericht, also auf die religiöse Dimension. Aus diesem Bereich stammt nun auch die Mehrzahl der auftretenden Personen.

Es treten immer wieder Engel und Propheten auf, die die Geschehnisse, oder besser gesagt, die berichteten Tatsachen neu kontextualisieren. Sie reflektieren dabei zum einen das Versagen der Ermittlungsorgane und der weiteren Öffentlichkeit, die trotz ihres Bemühens die falschen Schlüsse gezogen haben:

> Ich bin der Engel des Herrn und bringe die Botschaft, da es sonst keiner tut, von Geschichten, die unter uns geschehen sind. Wir haben sie nicht erkannt. Wir haben nichts gewusst, wir haben nichts gekannt, wir haben diese Leute nicht gekannt. Wir haben alles von Anfang an sorgfältig erkundet, doch wir haben nichts erkannt. Wir haben alles gefunden, doch wir konnten es nicht richtig einordnen. Wir haben versucht es in guter Ordnung aufzuschreiben, doch wir haben das Falsche über die Falschen aufgeschrieben. Wir hätten einen Grund für das alles finden müssen, aber wir sind auf keinem Grund gestanden.[39]

Gerade einen solchen Grund jenseits der vordergründigen Zusammenhänge versucht das Stück nun zu stiften. Dabei ist einer der zentralen Bezugspunkte die deutsche Geschichte. Die Engel und Propheten werden hier vor allem verwendet, da sie einen anderen Überblick über die Geschichte haben, sie können die Vergangenheit und die Zukunft sehen, ein Prophet wird im Stück beschrieben als einer, „der aus der Vergangenheit die Zukunft spricht".[40]

Engel und Propheten sind jedoch nicht die Überbringer einer eindeutigen Wahrheit, diese kann es nicht geben, dessen sind sie sich auch immer bewusst.[41] Sicherlich sind sie auch Zeugen, wie Anna Brod sie liest,[42] jedoch erfüllen sie auch noch weitere Funktionen. Sie bringen einen weiteren Erklärungszusammenhang, nämlich den vordergründig religiösen in den Diskurs ein, der mehrfach gedeutet werden kann. Immer wieder wird eine verquere Verbindung zur christlichen Ikonographie gezogen, in der die beiden Terroristen zu den Söhnen einer Jungfrau erklärt werden und ihr Selbstverständnis als das einer Erlösung für das Volk dargestellt wird. So wird zum einen das Selbstverständnis der Täter als ein pseudoreligiöses gekennzeichnet. Dieses entzieht sich damit jedoch wie die Religion der weltlichen Logik, und dies ist das zentrale Merkmal der religiösen Figuren, ihre Außerzeitlich- und Außerweltlichkeit. Zum anderen werden immer wieder Querverweise auch zur germanischen Religion (Wotan) und zu kultisch verehrten NS-Größen (Heß, Himmler, Hitler) gezogen, womit die These der Entstehung dieser Verbrechen aus der Geschichte des deutschen Volkes weiter ge-

39 Jelinek, S. 176.
40 Jelinek, S. 218.
41 Vgl. z. B. Jelinek, S. 194, S. 206.
42 Vgl. Brod, v. a. S. 8.

stützt wird. Unterschiede der Religion sind damals („Jude") wie heute („Moslem") Teil des Freund-Feind-Schemas, das als Grundlage für die Taten dient.

Die dritte Gruppe an Sprechern, die auszumachen ist, besteht aus den Figuren, die als „Mensch", „neutraler Mann" oder dann auch als „Niemand" gekennzeichnet sind. Sie repräsentieren die Öffentlichkeit, in welcher sich sowohl die Taten als auch der Prozess abspielen. So sagt der Mensch: „Was sie hier lesen, hat sich so nicht abgespielt und anders auch nicht. Wir haben keine Aussage, reden aber unaufhörlich, wir können jetzt nicht aufhören".[43] Doch ist die Rollenzuschreibung an dieser Stelle „Der Mensch bzw. der Menschensohn".[44] Diese Rollenzuschreibung zeigt, wie die unterschiedlichen Ebenen einander überlagern. So werden im Laufe des Stückes die Figuren mehr und mehr austauschbar, z.B. schält sich der Mensch aus einem Propheten.[45] Dies ist kein Anzeichen für Beliebigkeit, sondern die Illustration des mentalen Vorgangs, dass sich alle diese eigentlich außerhalb der Ordnung stehenden Ereignisse tief in das kollektive Bewusstsein eingegraben haben und dass es einer solchen Sichtbarmachung, wie sie das Stück zu leisten versucht, bedarf, um diese Zusammenhänge als solche wieder aufzudecken. Gleichzeitig ist dies jedoch kaum möglich, da sich alle diese Schichten permanent überlagern und auch rein assoziativ miteinander verbunden sind, so wie es der Text seinerseits vorführt. Am deutlichsten wird dies im „Chor der Plüschtiere", der einmal im ersten Drittel des Stückes und dann gegen Ende wiederholt auftaucht. Bei seinem zweiten Auftreten wird dieser Chor folgendermaßen beschrieben: „Engel, Prophet, Autorin, aber auch der Richter selbst ziehen sich Plüschkostüme an (Nicht Paulchen! Andere! Sie sprechen abwechselnd, aus diesem Fetzenhaufen kann sich jeder selbst aussuchen, was er sagt)".[46] In der Verkleidung als Plüschtiere wird die Verharmlosung, die inzwischen um sich gegriffen hat, illustriert. Dabei wird auch deutlich, dass sie von den Tätern übernommen ist, denn diese haben ihr Bekennervideo mit der Figur Paulchen Panther ausgestattet. Das permanente „Gerede" ist Teil dieser Verharmlosung. Doch steckt darin auch eine Referenz auf die „Banalität des Bösen", denn über die Hauptangeklagte Zschäpe sind verharmlosende Spitznamen wie z.B. „Diddl-Maus" bekannt, die im Stück zitiert werden.[47]

Der Chor besteht neben den religiösen Figuren aus dem Richter sowie der Autorin, die im Rest des Textes als „Ich" bezeichnet wird. Diese Figur des Auto-

43 Jelinek, S. 233.
44 Jelinek, S. 233.
45 Jelinek, S. 292.
46 Jelinek, S. 424.
47 Vgl. Jelinek, S. 358.

rinnen-„Ichs“ ist für das Drama *Das schweigende Mädchen* wesentlich.[48] Der erste und der letzte Redeanteil gehören dieser Figur. Dieses „Ich“ ist dabei mehr als eine Repräsentation der Autorin und auch mehr als der Gegenpart zum schweigenden Mädchen. Gerhard Scheit interpretiert „das ‚Ich‘ als zentrale Sprechrolle, als wäre dies die Konsequenz davon, dass die Titelfigur und Angeklagte im Prozess schweigt. Mehr als in jedem anderen Stück scheint damit Raum geschaffen für die Selbstreflexion des Autorin.“[49] Biographische Interpretationen greifen hier zu kurz, auch wenn immer wieder Spuren zur Autorin gelegt werden, wie der Verweis auf die nicht deutsche aber deutschsprachige Nationalität[50] oder die Ansprache mit dem Namen „Elfi“.[51] Dennoch versteht und präsentiert sich dieses „Ich“ selbst als postmodern-fraglich, es ist darin nicht anders als die übrigen Figuren des Dramas. Dies ist auch Scheit bewusst, der eben diese Fragilität zusammenfasst als ein politisches Programm einer „prononcierten Naivität“.[52] Das „Ich“ ist eine Repräsentantin einer radikalen Subjektivität, die dabei doch immer von den öffentlichen Diskursen geprägt ist, die sich in es einschreiben und in die es sich einschreibt. Dies ist der einzig verbliebene Ort, an dem hier eine glaubhafte Spiegelung des Gerichtsgeschehens gelingen kann. Dieses „Ich“ klagt dann das gesamte Land an, gleich zu Beginn fragt bzw. konstatiert das „Ich“: „Ließ das Land dies geschehen? Das Land ließ dies geschehen“.[53] Damit wird ein viel größerer und damit anders politischer Raum eröffnet, als es ein juristischer Prozess mit seinen engen Grenzen kann. Zumal dieser Prozess nur der Überlebenden gemacht werden kann. Tote können nicht mehr vor Gericht gestellt werden, dies kann für die Öffentlichkeit sehr unbefriedigend sein. Doch sind es nicht nur die Täter, über die hier gerichtet werden soll, sondern eben auch die ganze Gesellschaft, die ihre schuldhafte Vergangenheit verdrängt und damit den Boden für die Verbrechen bereitet hat, so eine der (Jelinek-typischen) Kernthesen des Stückes. „Jelinek bringt auch zum Sprechen, wie sich die Vorurteile in die Ermittlungsarbeiten und in die medialen Berichterstattungen einschreiben und wirksam werden.“[54]

---

48 Eine umfassende und instruktive Analyse, die sich mit der Autonomie des Subjekts, seiner Konstruktion und Dekonstruktion in Elfriede Jelineks Werk befasst, liefert Andreas Heimann: Die Zerstörung des Ichs. Das untote Subjekt im Werk Elfriede Jelineks. Bielefeld 2015.

49 Scheit, S. 100.

50 Vgl. Jelinek, S. 346.

51 Jelinek, S. 326.

52 Scheit, S. 102.

53 Jelinek, S. 155.

54 Siri, S. 91.

Das Publikum wird deshalb direkt vom „Ich“ angesprochen, bereits ganz zu Beginn: „Jetzt kommen Sie einmal her, ja, Sie, keine Ahnung wer Sie sind...“,[55] und etwas später: „Haben Sie wirklich nichts mitbekommen? Kann das sein? Echt?“[56] Das Publikum wird hier sowohl zum Mitangeklagten als auch permanent zur Reflexion des eigenen Handelns und Denkens aufgefordert, wovon sich das Autorinnen-Ich nicht ausnimmt.

Ebenso auffällig wie die auftretenden und sprechenden Personen ist, wem keine Stimme verliehen wird. Keinem der Opfer und auch keinem der Täter kommt hier eine Rolle zu. Das titelgebende *schweigende Mädchen* wird nur in einer der sehr seltenen Regieanweisungen relativ am Anfang direkt erwähnt. „Das Mädchen tritt vor uns hin und sagt nichts, zumindest bis jetzt, ich sollte hier das Datum hinschreiben, aber da müßte ich ja jeden Tag das aktuelle schreiben, das mach ich nicht. Nulldiät. Null Diät. Weshalb ist es denn überhaupt da, mit nichts drin?“[57]

Hier wird deutlich, dass es sich um einen Prozess handelt, der um eine Leerstelle kreist, diese Leerstelle ist eben das schweigende Mädchen in seiner Anwesenheit. Aufgrund ihres Schweigens kann der Prozess nichts anderes beinhalten als ein sich Annähern auf unterschiedlichen Ebenen, als der Versuch, unterschiedliche mögliche und genauso unmögliche Erklärungen auszuprobieren.[58] Ebenso verfährt der Text, der diese Bewegung aus der linearen Logik eines Gerichtssaals in die überzeitliche und zirkuläre Logik der religiös markierten Transzendenz versetzt.

Gerade im Schweigen liegt die eigentliche Macht des Mädchens – sie als einzige Person kennt die ‚Wahrheit‘, sie ist aber nicht bereit, sie preiszugeben. Dem gegenüber steht eine große Mehrheit, die versucht, Antworten zu finden, am Ende des Stückes wird dies formuliert: „Ich: Das Mädchen aber schweigt. Es ist mächtig, weil es schweigt. Es schweigt, weil es die Macht hat. Wir schweigen nicht, weil wir die Mehrheit haben. [...] Ich bin unterwegs. Ich bin hier.“[59]

---

55 Jelinek, S. 156.

56 Jelinek, S. 157.

57 Jelinek, S. 171.

58 Nebenbemerkung: Dass sich die Angeklagte Zschäpe im realen Prozess inzwischen geäußert hat, ändert hieran nichts. Zum einen ist die Art der Äußerung, die von ihrem Anwalt verlesenen, vorgefertigten Antworten, besteht keine Kommunikation, die zu einem tiefer liegenden Grund, einer wie auch immer gearteten Wahrheit führen kann. Zum anderen hat das Schweigen so lange angedauert, dass diese Leerstelle von unendlichen anderen Diskursen überlagert und besetzt wird. Auch das am 11.7.2018 gefallenen Urteil – gegen das bereits Revision eingelegt wurde – vermag diese Leerstelle nicht zu füllen, da, wie auch von den Angehörigen der Opfer beklagt wird, immer noch viele Fragen offen bleiben.

59 Jelinek, S. 463.

Dabei geht es in diesem Stück gerade nicht um ein Urteil. Das reale Urteil ist zwar inzwischen gesprochen, doch stellt es kein befriedigendes Ende des realen Prozesses dar. Dem Urteil wurde im literarischen Text nicht nur nicht vorgegriffen, das Urteil ist hier nicht wesentlich, vielmehr werden in diesem Text Querverbindungen, Denkanstöße und Zusammenhänge auch jenseits der Logik gestiftet, wie es eben nur ein ästhetischer Text kann, der jeden Einzelnen in seiner Subjektivität in die Pflicht nehmen.

Dem gegenüber steht der Text *Terror* unter dem Primat des direkten und eindeutigen Urteils durch die Zuschauer, um dessentwillen er sowohl ästhetische als auch juristische Probleme in Kauf nimmt.

So ist an diesen beiden unterschiedlichen Beispielen gut zu beobachten, wie das Theater den Versuch unternimmt, einen Beitrag zu einer politischen Debatte zu leisten, welche über die Möglichkeiten eines Gerichts, das sich in unserem Staat mit Gewaltenteilung auch der politischen Einmischung enthalten sollte, hinausgeht. Dabei war zu beobachten, welche Probleme durch die Referenz auf das Gericht entstehen können und wie die politische Debatte durchaus bereichert werden kann, wenn das Theater sich selbst als ein anderes Moment jenseits der (politischen) Ordnung versteht.

Literaturverzeichnis

Aischylos: Die Orestie In: Ders.: Tragödien und Fragmente. Hg. v. Oskar Werner. 4. Aufl. München 1988.

Brod, Anna: Zeugenschaft vor Gericht in *Das schweigende Mädchen* von Elfriede Jelinek. URL: https://fpjelinek.univie.ac.at/fileadmin/user_upload/proj_ejfz/PDF-Downloads/Beitrag_Anna_Brod.pdf (letzter Zugriff: 3. 2. 2017).

Canaris, Claus-Wilhelm: Konsens und Verfahren als Grundelemente der Rechtsordnung – Gedanken vor dem Hintergrund der „Eumeniden" des Aischylos. In: Jus (7) 1996.

Heimann, Andreas: Die Zerstörung des Ichs. Das untote Subjekt im Werk Elfriede Jelinkes. Bielefeld 2015.

Jelinek, Elfriede: Das schweigende Mädchen. In: dies.: Das schweigende Mädchen. Ulrike Maria Stuart. Zwei Theaterstücke. Reinbek 2015.

Lehmann, Hans-Thies: Wie politisch ist das postdramatische Theater? In: Ders.: Das politische Schreiben. Berlin 2002.

Meier, Christian: Die Entstehung des Politischen bei den Griechen. Frankfurt a. M. 1980.

Ramelsberger, Annette / Tanjev Schulz / Rainer Stadler: Der NSU-Prozess – Das Protokoll des ersten Jahres. In: SZ-Magazin 1/2014 online: http://sz-magazin.sueddeutsche.de/texte/anzeigen/41375/Der-NSU-Prozess-Das-Protokoll-des-ersten-Jahres (letzter Zugriff: 28. 2. 2017).

Scheit, Gerhard: Versuch über Elfriede Jelinek *Das schweigende Mädchen.* In: Jelinek[Jahr] Buch. Elfriede Jelinek-Forschungszentrum 2014 – 2015. Hg. v. Pia Janke. Wien 2015.

Schild, Wolfgang: Verwirrende Rechtsbelehrung. Zu Ferdinand von Schirachs „Terror“. Berlin 2016.

Schiller, Friedrich: Was kann eine gute stehende Schaubühne eigentlich wirken? In: Ders.: Nationalausgabe Band 20: Ästhetische Schriften. Hg. v. Julius Petersen, fortgeführt von Lieselotte Blumenthal. Weimar 1986.

Schirach, Ferdinand von: Terror. Ein Theaterstück und eine Rede. München 2015.

Siri, Jasmin: Die Archivarin des Grauens. Elfriede Jelineks *Das schweigende Mädchen* soziologisch beobachtet. In: Jelinek[Jahr]Buch. Elfriede Jelinek-Forschungszentrum 2014–2015. Hg. v. Pia Janke. Wien 2015.

Vismann, Cornelia: Medien der Rechtsprechung. Hg. v. Alexandra Kemmerer und Markus Krajewski. Frankfurt a. M. 2011. URL: http://terror.theater/cont/inhalt/de (letzter Zugriff: 14. 2. 2017).

Steffen Hendel

Verstiegene Affirmation des Kriegs durch seine literarische Kritik

Die literarische Produktion und Debatte anlässlich der deutschen Kosovo-Intervention 1999

Dass sich Kunst, Literatur und Krieg keineswegs ausschließen, sich womöglich gar befruchten, zeigte das Agieren der Schriftsteller und Intellektuellen im Ersten Weltkrieg überdeutlich. Das betraf Stimmen *gegen* den bereits schon zu Beginn betitelten „Weltkrieg“, aber auch und sogar ungleich häufiger *für* ihn. Die Anzahl der Einakter, Kurzprosa und Gedichte, von denen beispielsweise Thomas Anz und Joseph Vogl in ihrem Buch *Die Dichter und der Krieg* eine große Anzahl und Bandbreite dokumentiert haben, geht in die Hunderttausende.[1] Darunter finden sich neben unzähligen Texten von Laien auch solche etablierter und sich etablierender Autoren wie Thomas Mann oder Bertolt Brecht. Die Produktivität bleibt hoch und über Jahre konstant.

Bezeichnend, dass die Auseinandersetzung der Literaten auf dem Feld des Künstlerischen und Literarischen geführt wurde und verblieb, gleich, ob es sich dabei um Positionen der Befürwortung des Kriegs oder der Kritik an ihm handelte: Die Kriegsbefürworter sahen in diesem Krieg der Großmächte den eigentlichen, ihren *Krieg der Geister.*[2] Krieg beweise das Ende der „Pseudokunst“ und sei deswegen begrüßenswert.[3] Kriegskritische Literaten gab es indes zunächst wenige. Zu ihnen gehörten Karl Kraus in Wien und Franz Pfemfert in Berlin. Sie ergriffen schon während der geistigen Mobilmachung das Wort. Taten sie dies in den un-literarischen Medien ihrer Zeitungen *Die Fackel* und *Die Aktion* und setzte Kraus die Kritik des Weltkriegs als monströse ‚Tragödie‘ in *Die letzten Tage der Menschheit* fort, die sich als Diskurskompilation einer Einordnung in literarische Gattungen widersetzt, so blieb ihre Kritik doch den Maßstäben der Kunst verpflichtet. Ihre den Krieg begrüßenden Kollegen kritisierten sie kongenial. Auf

1 Täglich seien zehntausende Gedichte bei Tageszeitungen eingegangen; siehe detaillierte Angaben im Nachwort der erstmals 1982 erschienenen und überarbeiteten Schrift: Thomas Anz / Joseph Vogl: Nachwort. In: Die Dichter und der Krieg. Deutsche Lyrik 1914–1918. Hg. v. dens. Stuttgart 2014, S. 82–99, hier: S. 89, insbesondere Fußnote 24.

2 Das ist der Titel einer zeitgenössischen, umfangreichen Sammlung intellektueller Stellungnahmen zum (begrüßten) Krieg: Hermann Kellermann (Hg.): Der Krieg der Geister. Eine Auslese deutscher und ausländischer Stimmen zum Weltkriege 1914. Weimar 1915.

3 So etwa Franz Marc, zitiert in Anz / Vogl, S. 84.

https://doi.org/10.1515/9783110568561-017

deren ‚Kriegskunst' blickten sie mit umgekehrten Vorzeichen. Nach ihnen bedeute jene kriegsbejahende Kunst sprachlich, ästhetisch und literarisch keineswegs das Ende der ‚Pseudokunst', sondern deren Inbegriff.

Der Streit über die politische Immanenz von Kunst und insbesondere von Literatur – und ihrer Träger, der Künstler und Literaten – ist keineswegs historisch. Er stellt über den Zweiten Weltkrieg hinweg bis heute den Gegenstand geistiger Selbstvergewisserung von Intellektuellen und Autoren dar. Die Frage nach dem politischen Inhalt von ‚wirklicher' Literatur ist Gegenstand aller großen bundesdeutschen Literaturdebatten gewesen.[4]

An der literarischen Debatte und Produktion anlässlich der Jugoslawienkriege der 1990er Jahre, den ersten deutschen Kriegen nach dem Zweiten Weltkrieg, möchte ich dies nachzeichnen. Ich möchte insbesondere die Ambivalenz solcher Kritik diskutieren. Inwiefern arbeitet sich die Kritik am Krieg *als* Kritik der Literatur und des literarischen Schaffens zu einer literarischen Selbstbezüglichkeit und damit zu einer Plausibilisierung, ja gar Notwendigkeit des stattfindenden Kriegs vor, dem sich die Kritik alsdann als Ausdruck von Geistigkeit zuwendet wie vom Krieg als Praxis von Politik abwendet?

1 Der Anspruch der Öffentlichkeit an die Intellektuellen

Den öffentlichen Schlagabtausch über die Rolle der Literatur haben zu Zeiten des Jugoslawien- und insbesondere des Kosovokriegs 1999 nicht die Literaten selbst losgetreten. Diese Frage wurde zuallererst von der Öffentlichkeit an sie herangetragen. Im *Spiegel* meldet sich kurz nach dem begonnenen Nato-Bombardement auf Serbien Reinhard Mohr zu Wort. Er thematisiert, in gewollter oder unbeabsichtigter Anspielung auf die Erste-Weltkrieg-Schrift *Krieg der Geister*, in *Krieg der Köpfe* die Rolle des deutschen Intellektuellen zu Zeiten des aktuellen Kriegs. Mohr problematisiert darin interessanterweise ihr Schweigen. Dem kann er zugleich Gutes und Schlechtes abgewinnen. Zum einen seien die Jahre vergangen, „[...] da sich Schriftsteller, Filmemacher und Künstler als die berufenen Experten fürs Allgemeine präsentieren konnten, als allzuständige Soziologen, Geostrategen, Zukunftsforscher und Hohepriester der Menschheit." Die „Idee des allge-

4 Diese beiden Kompendien geben über die immer noch politische Dimension der literarischen Produktion einen beredten Eindruck: Eberhard Rathgeb: Die engagierte Nation. Deutsche Debatten 1945–2005. München 2005; Robert Weniger: Streitbare Literaten. Kontroversen und Eklats in der deutschen Literatur von Adorno bis Walser. München 2004.

meinen, politisch engagierten Intellektuellen", welcher den „Fortschritt der Menschheit einklagt", sei tot.[5] Für die Enttäuschung des, in der Nachkriegszeit von Literaten nicht nur mit Freude übernommenen, von der Öffentlichkeit allenthalben ja auch eingeklagten polit-moralischen Auftrags gibt Mohr einen einzigen Grund an. Dieser komme ganz von der „Wirklichkeit" her. An ihr sei das intellektuelle, kritische Engagement „zerschellt".[6] Dabei interessiert sich Mohr nicht für den einen oder anderen Standpunkt der Literaten, auch wendet er die Erfolglosigkeit jener Literatur, sich für ein alternatives politisches Programm zu engagieren, nicht gegen die Verhältnisse. Denen gibt Mohr als „Realität" Recht und wendet sie gegen diejenigen, die sich diese anders vorstellen mögen:

> Die Geschwindigkeit, in der sich die Verhältnisse ändern, überfordert [...] auch die intellektuelle Elite. Der Glaube an die Macht des Wortes ist gebrochen, und schmerzhaft wirkt die Irrtumsgeschichte der politischen Kämpfe dieses Jahrhunderts nach. [...]
>
> In großen Schüben sorgt die Lehrmeisterin namens Realität für Veränderungen des Bewußtseins, die noch vor wenigen Jahren als nackter Verrat an den eigenen Idealen gebrandmarkt worden wären.[7]

Getrennt von der Kritik der Gegenstände und Urteile bedeutet der engagierte Intellektualismus, insofern er nicht auf die Realität passt, nicht nur eine Differenz, sondern sein Defizit. Die kritische Intelligenz der deutschen Nachkriegszeit entpuppt sich, mit Mohrs Übertreibungen entsprechend rhetorisch in Szene gesetzt, als Selbstüberschätzung. Und insofern für Mohr die „Lehrmeisterin namens Realität" die Verfehlung der Intellektuellen ausdrückt, erscheint diese Realität auch als Anspruch an diesen deutschen Geist:

> Wenn es also in dieser Zeit eine Aufgabe für Intellektuelle geben sollte, dann wäre es diese: den vertrackten wirklichen Verhältnissen eine Stimme verleihen, Wahrheiten suchen, auch wenn sie kein rundes Weltbild ergeben – und es sich beim Urteilen nicht leichter machen als jene Regierenden, die man kritisiert.[8]

Richtiger Intellektualismus sei nach Mohr somit, geistig ‚Unterricht' zu nehmen an dem politisch Gegebenen und seinen Subjekten, keineswegs aber mehr die Distanz hierzu – Ungebundensein des Denkens und Urteilens hin oder her.

---

5 Reinhard Mohr: Krieg der Köpfe. Die Nato-Angriffe auf Jugoslawien verwirren die Geister. Die sonst so meinungsfreudigen Intellektuellen sind vornehmlich ratlos. Nur langsam entwickelt sich eine Debatte. In: Der Spiegel (1999), H. 15, S. 258–260, hier: S. 258.

6 Mohr, S. 258.

7 Mohr, S. 258 f.

8 Mohr, S. 260.

2 Die Weigerung der Intellektuellen gegen die Indienstnahme

Auch andere Artikel nahmen den neuen deutschen Intellektualismus weniger de- als präskriptiv ins Auge.[9] Die zeitgenössischen Intellektuellen haben diese Adresse sehr wohl wahrgenommen. Sie haben die Ansprüche an sie verstanden und nicht unbeantwortet gelassen. *Alle* wiesen sie diese zurück: die Kriegsbefürworter aus *eigenen* Erwägungen für den Krieg, die Kriegskritiker aus *eigenen* Erwägungen gegen ihn.

So wendet sich Willi Winkler mit seinem Artikel *Streben und sterben lassen. Von der deutschen Art und Kunst im Kriege* offensiv gegen diese mediale „Musterung". Zugleich hält Winkler fest, dass die deutschen Schriftsteller aktuell „am eifrigsten" mittun, „Luftanschläge[]", „Vertreibung, Massaker und Genozid" darzustellen: „Gern helfen sie, wenn der ‚ruchlose Diktator' Milošević noch ruchloser gemalt und der Krieg zum ‚gerechten' verschönert werden muß".[10] Winklers Kritik an der Zuarbeit zur politisch passenden Plausibilisierung des serbischen Feindbilds hält sich jedoch nicht bei deren Inhalt auf. Er argumentiert gegen dieses Engagement von einem generellen Standpunkt her: Weil ein Intellektueller sich überhaupt politischen Streits zu enthalten habe, entfremde sich dieser, ergreift er Partei. „Das Wort", so Winkler, dürfe sich nicht „bewaffne[n]", sonst degradiere es sich zu „Gebrüll", werde „erzene[s] Gedröhn" und erschöpfe sich im ‚Nachbeten'. Der Wert des intellektuellen Worts sei Autonomie. Winkler schließt damit, womit schon Kraus sein großes Schweigen zu Beginn des Ersten Weltkriegs erklärte: „Wer etwas zu sagen hat, trete vor und schweige."[11]

Auch György Konrád, damaliger Präsident der Akademie der Künste, zeigt sich entsetzt über die erfolgreiche „Musterung". Er will wissen, warum „nette, kluge Leute" allesamt „plötzlich Blödsinn" reden – und gibt mit seiner Fragestellung bereits die Antwort: Nettigkeit und Klugheit vertrügen sich nicht mit Krieg. Insofern kann er bei den Kriegsbefürwortern auch keine „zuverlässige und

---

9 Zu erwähnen ist hier vor allem: Jörg Lau: Die Verräter sind unter uns. In: Die Zeit 22. April 1999.

10 Willi Winkler: Streben und sterben lassen. Von der deutschen Art und Kunst im Kriege. In: Süddeutsche Zeitung 07. Mai 1999. Eine umfassende und detaillierte Analyse der literarischen Kriegskritik anlässlich des Kosovo-Konflikts 1999 sowie eine Einordnung sowohl in die deutsche politische Debatte als auch in die intellektuelle und literarische Auseinandersetzung über die gesamten Jugoslawienkriege von 1991 bis 1999 findet sich in der Monografie: Steffen Hendel: Den Krieg erzählen. Positionen und Poetiken der Darstellung des Jugoslawienkriegs in der deutschen Literatur. Göttingen 2018, insbesondere S. 268–296.

11 Vgl. Karl Kraus: In dieser großen Zeit. In: Die Fackel 16 (1914), H. 404, S. 1–19, hier: S. 2.

luzide Argumentation" beobachten. Dabei ist ihm kein Rätsel, weshalb jene, die „Anweisungen von Vorgesetzten" befolgten oder prinzipiell „nicht viel denken", überhaupt Krieg bejahten; Rätsel aber ist ihm, warum „Menschen, die von Berufs wegen denken, *dennoch* Bombenanhänger geworden sind".[12] Für Konrád scheint das Denken, begrüßt es Bomben, in Widerspruch zu sich zu kommen. Deswegen sei Denkleistung bei den Nato-Befürwortern entweder gar nicht erst vorhanden, sei manipuliert worden oder bleibe, wie es der Titel des Artikels für das den Krieg rechtfertigende Denken entsprechend ausdrückt, einfach als Rätsel bestehen.

Wie also entgegnen Winkler und Konrád dem Anspruch der Öffentlichkeit gegenüber den Intellektuellen, nämlich bestenfalls konstruktive Kritik für den Kriegsdiskurs zu leisten, und wie kritisieren sie den tatsächlichen ‚Musterungs'erfolg unter den Intellektuellen? Jedenfalls nicht mit der Kritik des politischen Urteils. Sie verbleiben beim selben Streitgegenstand, bei dem Denken, und formulieren ihre Kritik lediglich als einen intellektuellen Moralismus. Dieser begründet sich im Verweis auf sich selbst und das, fast ausschließlich, in logisch negativer Form: Denken, Sprache und Literatur schließen politischen Dienst und insbesondere Kriegsbefürwortung aus.[13] Somit wird Mohr einiges entgegengehalten, allerdings nur entgegen. Denn vielmehr *mit*einander streiten sie um Auslegungen des Gleichen.

3 Die Diskussion unter den Literaten

Auf die Ansprüche ihrer Öffentlichkeit konnten unter den Autoren jene recht unmittelbar reagieren, die für den 1999 initiierten Internet-Blog *NULL* schrieben. Thomas Hettche und Jana Hensel hatten für diese Millenniums- und Generationen-Anthologie 34 AutorInnen eingeladen. Auf die gerade begonnene Nato-Intervention, an der Deutschland mit dem ehemaligen Friedenspolitiker und nun waltenden Außenminister Joschka Fischer trotz mangelnden UN-Mandats teilnahm, bezogen sich einige der AutorInnen recht umfänglich – aber wie?[14]

---

12 György Konrád: Warum reden nette, kluge Leute plötzlich Blödsinn? In: Die Welt 10. Mai 1999; Herv. S.H.

13 Diesem idealistischen Verhältnis von Intellektualismus und Kriegskritik hat, indes dafür Partei nehmend, Kurt Gritsch sein Buch gewidmet: Kurt Gritsch: Inszenierung eines gerechten Kriegs? Intellektuelle, Medien und der ‚Kosovo-Krieg' 1999. Hildesheim 2010.

14 Der Blog wurde unter der Verlagsadresse www.dumontverlag.de/null betrieben; er ist als buchähnliches Konvolut ein Jahr später im Buchhandel erschienen. Insgesamt haben sich 15 AutorInnen mit 34 Texten zum Kosovo-Einsatz geäußert. Zu ihnen zählen neben den oben Ge-

Thomas Meinecke hatte die Initiative ergriffen. Beinahe beiläufig hatte er in seinem Beitrag vom 26. April den „Kopf von Joschka Fischer“ gefordert.[15] Herausgeber Hettche reagierte im Editorial des Monats Mai. Ihm missfiel dieser politische Frontalangriff. Er sprach sich gegen eine „Armierung der Sätze“ und gegen „tote Worte“ aus.[16] Auch für ihn habe Literatur anderes zu leisten, sich nämlich „dem Verständnis der Welt“ zu verpflichten und der „Komplexität globaler Konflikte“ gerecht zu werden. Ähnlich wie Mohr sieht Hettche die Definition eines Schriftstellers darin, sich die „Welt, wie sie *ist*“, künstlerisch anzueignen.[17]

Auch reagierte Joachim Helfer auf den Lynch-Aufruf vom Kollegen Meinecke. Zwischen ihnen entbrannte ein Streit – worüber? Meinecke, Kritiker der „aktuellen deutschen, eben leider doch ewigen Angriffsarmee“,[18] befeindet Helfer, Befürworter der Intervention... und umgekehrt. Dabei behauptete jeder von sich und zwar jeweils gegen seinen Widersacher, mit dem eigenen politischen Urteil der richtige Vertreter des Geistes, des Intellekts, der Sprache, der Aufklärung und überhaupt des gesunden Verstands zu sein: Für Meinecke sei Helfer ein „Barbar“, „instrumentalisiert“ und letzten Endes nicht zurechnungsfähig;[19] genauso sieht Helfer in Meineckes Beiträgen „grotesk[e]“ Argumentationen, „Verschwörungstheorien und Ressentiments“, aber die „Sprache der Aufklärung und Vernunft“ nur in seinem eigenen Fall.[20]

Es überrascht nicht, dass dieses gemeinsame ‚Gespräch‘, da dessen Teilnehmer mit entgegengesetzten Urteilen das Gleiche in Anspruch nehmen, zu nichts Gemeinsamem vorstößt. Stattdessen wird von beiden Seiten das Gespräch offensiv und äußerst beredt abgebrochen:

> Wie Du siehst, Joachim Helfer, habe ich Deinen [sic] „Kommunikationsversuchen“ bereits meinerseits abgebrochen, bei Deinen geschlossenen Anstalten gleichsam entsprungen, habe ich mich gar nicht weiter zu argumentieren bemüht, [...]. Nun könntest Du, im Gegenzug, Deinerseits davon absehen, ernstgemeinte kriegsgegnerische Zuschriften wie die meinen als quasi abwaschbare Unterlage für deine monologischen Propaganda-, beziehungsweise Rechtfertigungs-Manöver zu mißbrauchen.[21]

---

nannten auch Julia Franck, Helmut Krausser und Dagmar Leupold: Thomas Hettche / Jana Hensel (Hg.): NULL. Köln 2000.

15 Meinecke in Hettche / Hensel, S. 134.

16 Hettche in Hettche / Hensel, S. 143.

17 Hettche in Hettche / Hensel, S. 143., Herv. S.H.

18 Meinecke in Hettche / Hensel, S. 132.

19 Meinecke in Hettche / Hensel, S. 165.

20 Helfer in Hettche / Hensel, S. 178.

21 Meinecke in Hettche / Hensel, S. 193.

Der Endpunkt des Meinecke-Helfer-Gesprächs ist typisch für die Abgrenzung der Positionen in der öffentlichen wie literarischen Debatte: In der modernen Literaturgeschichte genügt es dieser politischen Sprach- und Vernunftkritik allenthalben, nicht Begründungen, sondern Existenzbeweise ihres Ideals, und zwar typischerweise in seiner Abwesenheit, aufzuführen und auszumalen. Das findet sich in allgemeiner Form bei Nietzsche, das findet sich in der politischen Kritik bei Kraus oder Pfemfert zum Ersten Weltkrieg, bei Klemperer oder Sternberger zum Zweiten Weltkrieg, Faschismus und Holocaust.[22] Demnach ‚stammelt' und ‚brüllt' insbesondere der Krieger, er sei ‚schlafwandelnd', Krieg sei aus Mangel am Nachdenken verursacht und ohnehin von Technokraten, Möchtegernmalern und -dichtern zu verantworten.[23]

Jedoch, diese Kritiker machen es sich, wohl wegen des politischen Anlasses, dem nach eigener Auffassung unakzeptablen Ausgangspunkt ihrer Befassung, nicht in ihrem praktisch enttäuschten Idealismus gemütlich. Sie arbeiten sich an ihm ab, und zwar konstruktiv und theoretisch. Dass dabei der *abwesende* Verstand, verletztes oder stammelndes Wort trotz allem die *anwesende* Bedingung oder gar der Grund für diesen und jenen Krieg sei, bedeutet für manche Kriegskritiker unter den Schriftstellern tatsächlich den theoretischen Mangel, der er ist. Aber wie entgegnen sie ihm?

So hatte Karl Kraus die Materialien seiner Kriegs- als Sprachkritik ästhetisch zugespitzt und geglaubt, sie entsprechend erläutern zu müssen, weil sie selbst nicht aussprachen, wofür sie doch fraglose Beweise, ein geradezu ins Auge springender Ausdruck zu sein beanspruchten. Schließlich sei, so Kraus, der Widerspruch des Intellekts, der den Krieg bedinge, den er eigentlich nie hätte haben wollen, nur als großer Widerspruch einer dumm gewordenen Menschheit, als ein durch die maschinisierte Moderne selbst eingehandelter Kulturverfall zu verstehen.[24]

---

22 Neben Kraus und Pfemfert, die bereits oben genannt wurden, sei ferner verwiesen auf: Friedrich Nietzsche: Über Wahrheit und Lüge im außermoralischen Sinn. In: Ders.: Werke in sechs Bänden. Bd. 5, hg. von Karl Schlechta. München 1980, S. 309–322; Victor Klemperer: LTI. Notizbuch eines Philologen. Berlin (DDR) 1947; Dolf Sternberger und andere: Aus dem Wörterbuch des Unmenschen. Hamburg 1957; verwiesen sei auch auf aktuelle Arbeiten wie: Christopher Clark: Die Schlafwandler. Wie Europa in den Ersten Weltkrieg zog. München 2013.

23 Es seien verschiedene bekannte und durchgesetzte Erklärungen bzw. Feindbilder ins Gedächtnis gerufen. Nach denen hätten deutsche Politiker wie Soldaten und Zivilisten überhaupt und gleichermaßen ‚geschlafen', als sie den Ersten Weltkrieg bewerkstelligten, sei Hitler, vollkommen wach, nur ein ‚Möchtegern'-Maler und der Anführer der bosnischen Kroaten, Karadzic, ein verhinderter Poet gewesen, überhaupt seien Despoten bereits daran zu identifizieren, dass ihnen jedes Maß in Kunst- und Geschmacksdingen abgehe.

24 Vgl. Karl Kraus: Eeextraausgabeee –! In: Die Fackel 17 (1915), H. 413–417, S. 1–10.

Viele Jahre später, zu Zeiten des Bosnienkriegs 1995–1996, argumentierte ähnlich offensiv widersprüchlich Peter Handke mit *Gerechtigkeit für Serbien.* Die Feindbildkonstruktion der westlichen Öffentlichkeit mitsamt seinen politisch interessierten, deswegen theoretisch widersinnigen Erklärungen stellten sich für ihn nicht als Folge eines politischen Willens dar. Verursacht sei das falsche politische Urteil stattdessen durch seine medialen Vor-Bedingungen. Der Krieg sei die Konsequenz einer (natürlich von niemandem beabsichtigten) Macht der medialen ‚Entwirklichung' von Wort und Denken.[25]

So sehr die kulturgeschichtlichen oder medienwissenschaftlichen Verlängerungen einerseits aus dem Bedürfnis nach Selbstvergewisserung der kriegskritischen Schriftsteller verstanden werden können, so sehr liefern deren Theoretisierungen andererseits eine neue, positive und zum kritischen Ausgangspunkt ganz widersprüchliche Erklärung. Demnach trägt die Natur *des* Menschen bei Kraus und tragen *die* Medien bei Handke Schuld am Krieg. Damit bekam nicht nur ihr im ersten Punkt selbstbezüglicher Standpunkt Plausibilität, sondern im gleichen Moment auch ihr Kritikgegenstand Krieg und Kriegsbefürwortung.

Kraus hat dieses zweischneidige Resultat seiner Überlegungen erkannt, einerseits. Er hat es andererseits, obwohl es seinem Ausgangspunkt doch entgegenstand, nicht aufgelöst. Vielmehr verlieh er diesem eine positive, wenngleich ästhetisch verbleibende Identität. Im Ersten Weltkrieg erblickte er eine ‚Tragödie' und hat sich bis an sein Lebensende über die widersprüchliche Menschennatur, weniger nur über die einzelnen ausgesuchten politischen Subjekte der Kriege gegrämt. Und auch Handke sieht im europäischen Jugoslawienkrieg der 1990er Jahre ein Paradox *der* Medien und dahingehend ein Dilemma des modernen, dem wahren Erzählen entfremdeten Menschen.

Weil dem Geist bzw. dem Denken schlechthin, welche zum Krieg ‚eigentlich' kritisch stünden, in der politischen Wirklichkeit praktisch jede Gültigkeit versagt, ja zumeist sogar ideelle Anerkennung vorenthalten blieben, wurden entsprechende Positionen von deren Verfechtern nun wohlbegründet und als Haltung gepflegt. So emanzipierte sich die Kriegskritik vom Urteil zu ihrem Gegenstand und verfiel in die beharrliche Vergewisserung des eigenen Standpunkts. Vom Ausgangspunkt, den konkreten politischen Ereignissen, machte sich die Kritik auch in der sachlichen Begründetheit nicht mehr abhängig. Der Anspruch, überhaupt einen Einfluss, bestenfalls das Ende des Kriegs, zu bewirken, ist kaum noch greifbar.

---

25 Peter Handke: Eine winterliche Reise zu den Flüssen Donau, Save, Morawa und Drina oder Gerechtigkeit für Serbien. In: Ders.: Abschied des Träumers. Winterliche Reise. Sommerlicher Nachtrag. Frankfurt a. M. 1998, S. 37–161, insbesondere S. 38 f. u. 55 f. Zuerst ist der Reisebericht in zwei Teilen im Januar 1996 in der Süddeutschen Zeitung erschienen.

4 Der künstlerische Geist als Hort des Friedens… im Krieg

Einen Krieg *mit* Geist und Literatur zu ändern, wo dieser doch durch beider *Ab*wesenheit bewirkt sei, erscheint als widersprüchliches Vorhaben. Dem folgt 2007 in aller Deutlichkeit und Konsequenz Uwe Dick in seinem genrehybriden Text *Marslanzen oder Vasallen recht sein muß*. Dick dichtet (und lebt geradezu) in dem Bewusstsein, wonach er als Literat mit seiner Literatur für die ultimative Kriegskritik bürge und Krieg umgekehrt aus der Abwesenheit wahrer Literatur zu verstehen sei. Was er aber an seinem Ausgangspunkt, den neuen deutschen Kriegen, festhält, ist schon verfremdet:

Auf den ersten Seiten des Texts beschreibt Dick die neue deutsche Außenpolitik als seinen zentralen Anlass und zwar mit Blick auf deren Soldaten und das mit einem eigenen Begriff: „Hart und Dumm" seien die deutschen Soldaten, „[u]niformierte Affen";[26] zu beobachten seien in Deutschland und unter Deutschen „Mono, und keine Kultur", ein „Normzwang", „Einheizdeutsche".[27] Von der evidenten, wenngleich begrenzten Zahl an Soldaten der militärische Intervention in Serbien abstrahiert Dick – bild-, wort- und wortspielreich – zu einer einzigen Stimme und zwar des Deutschen. In dieser Optik erscheint die Intervention nicht in der existierenden Politik begründet, die die Soldaten befehligt, sondern umgekehrt erscheint die Intervention als Ausdruck einer allen deutschen vorausgesetzten Kultur – die außerdem in Abwesenheit wirke. Inhaltlich auf die kriegsbejahenden Urteile seiner Mitmenschen blickt Dick dabei allein unter dem Aspekt des Teilens: Demnach seien Urteile schlecht, wenn geteilt. In dieser Formsache sieht er den eigentlichen kritischen Inhalt des Beobachteten und attestiert der Gegenwart, statt des Fehlers eines politischen Urteils, eine *allgemeine*, leblose „Silizium*kultur*".[28] Diese setze sich sogar in Menschen, die im Grund intelligent seien, fest. Ihre „intelligente Dummheit" fasst Dick, seinem Ahnen Kraus in Widerspruch, Duktus und Wortwahl deutlich huldigend, wie folgt:

> Die meisten *verschulten* Bürger, die ich kenne, lernen, hören und lesen bei *abgestelltem Hirn*, rülpsen sprach*ähnlich* bild*lose* und *miß*bildete Wörter, und neun von zehnen, die ihnen als Literaten gelten, schreiben *schlecht auf neu* [Herv. i.O.]. Das *Versagen* ihrer Vorstel-

26 Uwe Dick: Marslanzen oder Vasallen recht sein muß. Bad Nauheim 2007, S. 6; Schreibungen i.O.

27 Dick, S. 5f.; Schreibungen i.O.

28 Dick, S. 24; Herv. S.H.

lungs*kraft* – bild*loses Denken*, gibt's das? – gilt ihnen als normal, weil ja die anderen auch [...] hof- und koof- zu *doof*deutsch verquasten.

Intelligente Dummheit? Ja, und nicht selten sprach*feindlich:* Das genaue Wort! Ach was, Formelkram! Allesfresser *ohne Vokabel*argwohn, wurden sie zwangsläufig (zwangskäufig, *Defekt*konsum) zu stinknormalen Koprophagen, zu Kotfressern der Abfallindustrie – dieser (für den Magen), jener (für den Kopf). [...]

O du witz*loses*, geist*freies*, blähsuchtpfurziges Deutschland, wie bist du neureich geizig, protzend häßlich! Ob Straßenzüge oder Literatur, *miß*lungene Zeilen sind deine Norm: Klotz und Knauper Eck über Eck. Serielles Grau und geschleckter Dreck. [...] Weder außen noch innen, mit einem Bogen [...] um die Zentralperspektive zwanghaft wirklichkeits*scheuer* Realisten, dieser Menschen *ohne* Welt.[29]

Dick spricht jenen, die sich für Krieg aussprechen, weder Sprache noch Vernunft ab. Das unterscheidet ihn von seinen Kollegen. Aber trotz Kenntnis der Sprache sei das Eigene der Sprache vollkommen verfehlt und verraten. Auch für dieses Urteil hat Dick seinen Gegenstand, die Sprache, neu bestimmt: Wenn er die ‚dumme Intelligenz' angreift, dann tut er es, weil diesen Sprachkennern nicht etwa Sprachwissen, sondern die Skepsis gegenüber Worten und dem Bildhaften mangele.[30] Das Vertrauen auf die Praktikabilität der Sprache bezeichnet Dick, Kopf und Füße vertauscht, als „sprachfeindlich" und das, was sie darin als Realität zu fassen bekommen, als Scheu vor derselben. Die Regelhaftigkeit, ihre eindeutige Benennung und dahingehend die zur Kommunikation qualifizierende Allgemeingültigkeit sind demnach all das, was Sprache nicht auszeichnet, sondern verrät.

Insofern Dick die besondere Art *seiner* protektionistischen und dabei an sich feindlichen Verwendung der Sprache als die gemäße versteht, sieht er sie in der Musik verwirklicht, in Literatur und Poesie. Für sie wirbt er gegenüber seinen Adressaten. Als er einem Trompetenspiel beiwohnt, scheint ihm die Lösung aller Probleme auf. Mit diesem Passus, überdeutlich als Appell erkennbar, endet der Text:

Bravo, dort ist für unsereins kein Bleiben länger als hiernieden. Das Herz braucht Spiel und Klangraum im labyrinthischen *Sammelsur*, in drangvoller Enge, Mißgunst, Kleinkrämerei.

Das Herz wünscht Allusionen statt Illusionen, *Licht a priori* auch im Verlust. Auf daß der *Himmel in der Brust* des Menschen wachse, gewiß in allem Zweifel, daß die Ekstase nicht bestechlich ist, vielmehr ein *Drüberhinaus* überm unverläßlichen Denken, und reich genug, jedem alles zu geben im täglichen Abschied. Für die Wanderung vom Horizont des einen *zum Horizonte aller.* Für ein Lächeln, das der Fremde gilt, wissend: Das Nützliche stirbt mit dem Tag. Es bleibt, was bewegt. *Unterwegs* im Lied. Im Tanz. Im Flug. Heraldische Trompete ins

29 Dick, S. 23–26; Herv. S.H.

30 Darin folgt Dick der Sprachkritik Nietzsches; vgl. Nietzsche, S. 321 f.

> Himmelhell, Schamanentrommel ins tiefblaue Gezelt. Und wenn du Glück hast, wieder zurück. *Auf daß die Worte dich nimmer betrügen.* Zwischen Todesurnen und Fürstentrümmern. Zurück ins Feuer, das uns hervorgebracht ... [i.O.]
>
> [...] Bis du – selbstvergessen, ichverloren – leicht genug bist, abzuheben. Ins Irgendwo am Ende aller Wege.[31]

Somit stellt Dick der Regelsprache eine ‚Sprache' entgegen, die befreit ist von sich: das reine, sammelsurische Erleben und Erfahren der Welt in der Kunst. Damit sei durch gefühlige Idiosynkrasie, durch die Aufgabe der Differenz von Subjekt und Welt und die Aufgabe aller Bedürftigkeit diese Welt überwunden, die allein nur durch das „unverläßliche Denken", den ‚Betrug der Worte', schlecht geworden sei.

Somit endet Dicks Text an einem Extrem der Kriegskritik, die sich bei dem Beharren (und wegen des Beharrens) auf die schöne, autonome, quasi autistische Geistigkeit des eigenen Urteils von der reellen Bezüglichkeit selbstbewusst emanzipiert hat. Selbstsicher hat der Literat nicht nur hinter sich gelassen, sein Urteil an der Wirklichkeit zu beweisen. Er hat den Krieg unter einem Standpunkt subsumiert, auch theoretisch. Die Kritik des Kriegs hat sich so begrifflich von der Sache des Kriegs getrennt und hat ferner nicht einmal mehr den Anspruch, von praktischem Belang für den Krieg zu sein, sie will ins „Irgendwo". Die schärfste Kritik am Krieg – nicht in Verfremdung, sondern in konsequenter Weiterführung aller anderen oben diskutierten kriegskritischen Begründungen – sei nun die Abgewandtheit von ihm, die beste und politisch kritischste Kunst jene, die ihrer Autonomie folgt.

Literaturverzeichnis

Anz, Thomas / Joseph Vogl (Hg.): Die Dichter und der Krieg. Deutsche Lyrik 1914–1918. Stuttgart 2014.

Clark, Christopher: Die Schlafwandler. Wie Europa in den Ersten Weltkrieg zog. München 2013.

Dick, Uwe: Marslanzen oder Vasallen recht sein muß. Bad Nauheim 2007.

Gritsch, Kurt: Inszenierung eines gerechten Kriegs? Intellektuelle, Medien und der ‚Kosovo-Krieg' 1999. Hildesheim 2010.

Handke, Peter: Eine winterliche Reise zu den Flüssen Donau, Save, Morawa und Drina oder Gerechtigkeit für Serbien. In: Ders.: Abschied des Träumers. Winterliche Reise. Sommerlicher Nachtrag. Frankfurt a. M. 1998, S. 37–161.

Hendel, Steffen: Den Krieg erzählen. Positionen und Poetiken der Darstellung des Jugoslawienkriegs in der deutschen Literatur. Göttingen 2018.

Hettche, Thomas / Jana Hensel (Hg.): NULL. Köln 2000.

31 Dick, S. 170 f.; Herv. S.H.; Auslassungen i.O.

Kellermann, Hermann (Hg.): Der Krieg der Geister. Eine Auslese deutscher und ausländischer Stimmen zum Weltkriege 1914. Weimar 1915.
Klemperer, Victor: LTI. Notizbuch eines Philologen. Berlin (DDR) 1947.
Konrád, György: Warum reden nette, kluge Leute plötzlich Blödsinn? In: Die Welt 10. Mai 1999.
Kraus, Karl: In dieser großen Zeit. In: Die Fackel 16 (1914), H. 404, S. 1–19.
Kraus, Karl: Eeextraausgabeee – ! In: Die Fackel 17 (1915), H. 413–417, S. 1–10.
Kraus, Karl: Schweigen, Wort und Tat. In: Die Fackel 17 (1915), H.
Mohr, Reinhard: Krieg der Köpfe. Die Nato-Angriffe auf Jugoslawien verwirren die Geister. Die sonst so meinungsfreudigen Intellektuellen sind vornehmlich ratlos. Nur langsam entwickelt sich eine Debatte. In: Der Spiegel (1999), H. 15, S. 258–260.
Nietzsche, Friedrich: Über Wahrheit und Lüge im außermoralischen Sinn. In: Ders.: Werke in sechs Bänden. Bd. 5, hg. von Karl Schlechta. München 1980, S. 309–322.
Rathgeb, Eberhard: Die engagierte Nation. Deutsche Debatten 1945–2005. München 2005.
Sternberger, Dolf u. a.: Aus dem Wörterbuch des Unmenschen. Hamburg 1957.
Weniger, Robert: Streitbare Literaten. Kontroversen und Eklats in der deutschen Literatur von Adorno bis Walser. München 2004.
Winkler, Willi: Streben und sterben lassen. Von der deutschen Art und Kunst im Kriege. In: Süddeutsche Zeitung 07. Mai 1999.

Texte und Lesarten

Immanuel Nover

Wer darf sprechen? Stimme und Handlungsmacht in Aischylos' *Die Schutzflehenden* und Elfriede Jelineks *Die Schutzbefohlenen*

1 Sprechen und Handeln

Das „*Miteinandersprechendsein*"[1] der Subjekte lässt sich, so Martin Heidegger in Rückgriff auf Aristoteles, als notwendige Eigenschaft wie Voraussetzung des Subjekts lesen:

> So sehen Sie, daß in dieser Bestimmung [...] ein fundamentaler Charakter des Daseins des Menschen sichtbar wird: *Miteinandersein*. Und zwar nicht etwa Miteinandersein im Sinne des Nebeneinandergestelltseins, sondern im Sinne des *Miteinandersprechendseins* in der Weise der Mitteilung, Widerlegung, Auseinandersetzung.[2]

„Mitteilung, Widerlegung, Auseinandersetzung" als Diskursivierung und intersubjektive Kommunikation lassen sich für den *zoon politikon* im Sinne von Aristoteles jedoch nicht nur als grundlegende menschliche Eigenschaft begreifen – gleichwohl zeichnet sich der Mensch als *zoon logon echon* durch ebendiese aus –, sondern stellen zugleich die Grundbedingung des politischen Handelns und der politischen Existenz dar. Der Mensch wird jedoch erst im Sprechen, das Hannah Arendt auch als Handeln[3] begreift, zum *zoon politikon*, wie Arendt in Abgrenzung zu Aristoteles zeigt: „Zoon politikon: als ob es *im* Menschen etwas Politisches gäbe, das zu seiner Essenz gehöre. Dies stimmt gerade nicht, *der* Mensch ist a-politisch. Politik entsteht in dem *Zwischen-den-Menschen*, also durchaus *außerhalb des* Menschen."[4] Arendt sieht folglich das Politische im Menschen nicht als angeborene ‚Essenz', sondern als Eigenschaft, die erst durch

1 Martin Heidegger: Grundbegriffe der Aristotelischen Philosophie. Gesamtausgabe Bd. 18. Frankfurt a. M. 2002, S. 47. [Hervorhebungen im Original]
2 Heidegger. [Hervorhebungen im Original]
3 Der Begriff ‚Handeln' ist bei Hannah Arendt mit einer dezidiert politischen Lesart versehen: „Was den Menschen zu einem politischen Wesen macht, ist seine Fähigkeit zu handeln". Hannah Arendt: Macht und Gewalt. 2. Aufl. München / Zürich 1971, S. 81.
4 Hannah Arendt: Was ist Politik? Fragmente aus dem Nachlaß. Hg. v. Ursula Ludz. München / Zürich 1993, S. 11. [Hervorhebungen im Original]

https://doi.org/10.1515/9783110568561-018

Praktiken bzw. durch das Handeln hervorgebracht werden muss. Die Voraussetzung für die Exekution der Praktiken der politischen Subjektivierung ist ein Raum, in dem die (legitimen) politischen Sprechakte realisiert werden können; die Exklusion des Anderen aus dem Raum der Auseinandersetzung als politischer – und damit zu vernichtender – Feind im Sinne Carl Schmitts ist hierbei zu vermeiden.[5] Vielmehr soll sich der Raum der Diskussion und Subjektivation, der „Erscheinungsraum"[6] im Sinne Arendts, durch einen konstruktiven politischen „Agonismus"[7] auszeichnen, wie Chantal Mouffe in Abgrenzung zu Schmitt herausstellt, bei dem „die konfligierenden Parteien die Legitimität ihrer Opponenten anerkennen".[8]

Die Möglichkeit, in einem „gemeinsamen symbolischen Raum",[9] so Mouffe, die Stimme erheben zu dürfen bzw. überhaupt mit einer Stimme versehen und gehört zu werden, bedarf der politischen Ermächtigung des Subjekts, ist aber zugleich von den Machtstrukturen des politischen Raums abhängig: Der Entzug der Stimme des Subjekts durch den Anderen oder die Unmöglichkeit, überhaupt eine Stimme zu erwerben, können folglich als machtvolle Instrumentarien der politischen Entmündigung und – mit Aristoteles und Heidegger – als Verlust der menschlichen Subjekthaftigkeit gelesen werden.

Die Ermöglichung oder die Verunmöglichung der Realisierung des Erscheinungsraums als gemeinsamer Raum der politischen Interaktion und damit der politischen Subjektivation, der nicht *per se* vorhanden ist, sondern der Realisierung bedarf, ist ebenfalls von politischen Ermächtigungen oder Entmächtigungen abhängig: Der „nur potentiell"[10] in jeder Gruppe von Menschen vorliegende Erscheinungsraum kann durch restriktive Instrumentarien verunmöglicht werden; nicht zuletzt, da der temporäre wie prekäre Raum der Handlungen der Subjekte bedarf und nicht grundsätzlich „immer und überall vorhanden"[11] ist:

> Ein Erscheinungsraum entsteht, wo immer Menschen handeln und sprechend miteinander umgehen; als solcher liegt er vor allen ausdrücklichen Staatsgründungen und Staatsformen, in die er jeweils gestaltet und organisiert wird. Ihn unterscheidet von anderen Räumen, die wir durch Eingrenzungen aller Art herstellen können, daß er die Aktualität der Vorgänge, in

5 Vgl. Carl Schmitt: Theorie des Partisanen. Zwischenbemerkung zum Begriff des Politischen. 6. Aufl. Berlin 2006.

6 Hannah Arendt: Vita activa oder Vom tätigen Leben. München / Berlin 2002, S. 251.

7 Chantal Mouffe: Über das Politische. Wider die kosmopolitische Illusion. Frankfurt a. M. 2007, S. 14.

8 Mouffe: Über das Politische, S. 30.

9 Mouffe: Über das Politische.

10 Arendt: Vita activa, S. 251.

11 Arendt, S. 250.

> denen er entstand, nicht überdauert, sondern verschwindet, sich gleichsam in nichts auflöst, und zwar nicht erst, wenn die Menschen verschwunden sind, die sich in ihm bewegten [...], sondern bereits, wenn die Tätigkeiten, in denen er entstand, verschwunden oder zum Stillstand gekommen sind.[12]

Die politisch ‚unsichtbar' gemachten Menschen, denen keine Stimme im politischen Diskurs zugestanden wird und deren Subjektivation im Erscheinungsraum verunmöglicht wird, können, so Jaques Rancière, durch die politische und literarische Aktivität wieder sichtbar gemacht werden: „Sie macht sichtbar, was unsichtbar war, sie macht diejenigen als sprechende Wesen hörbar, die nur als lärmende Tiere verstanden werden."[13]

Rancières Diagnose, die sich auch als politische Maxime begreifen lässt und die ‚Hörbarmachung der sprechenden Wesen' verfolgt, lässt sich auch in dem 2013 erschienen Text *Die Schutzbefohlenen* von Elfriede Jelinek nachvollziehen. Jelineks Text setzt sich mit der Flüchtlingspolitik auseinander und ist als dezidiert politischer Text zu verstehen, der jedoch nicht eine Strategie des politischen wie literarischen Engagements verfolgt – und etwa eine ‚starke' Autorposition installiert, durch die politische Haltungen der Autorin kommuniziert werden –, sondern mit dem Versuch der ‚Hörbarmachung' der Unsichtbaren und Unhörbaren durch die Verleihung einer bzw. mehrerer Stimmen den vormals Exkludierten eine Position im politischen Diskurs verleiht und sie präsent macht bzw. die Unmöglichkeit der sprachlichen (Re-)Präsentation deutlich macht. Der Text sammelt kontingente wie disparate Stimmen, die weder durch die Form – das Drama weist nicht den typischen Aufbau oder die vorantreibende Handlung durch Sprechakte auf – noch durch die gelegentlich auftauchende ‚Erzählinstanz' geordnet und auf ein Telos hin ausgerichtet werden; letztlich ‚erzählen' der Text und damit die Flüchtlinge von der „Unfähigkeit zu erzählen".[14] Zudem lässt sich der Text als intertextuelles Mosaik verstehen, das auf andere Texte rekurriert und Friktionen zwischen diesen ausstellt. Als Quellen verweist Jelinek am Schluss des Textes auf:

> Aischylos: „Die Schutzflehenden"
> Bundesministerium für Inneres, Staatssekretariat für Integration: „Zusammenleben in Österreich"

---

12 Arendt, S. 251.

13 Jacques Rancière: Politik der Literatur. 2. Aufl. Wien 2011, S. 14.

14 Kyung-Ho Cha: Die literarische Darstellung der Flüchtlinge und die Kritik des medialen Menschenrechtsdiskurses in Elfriede Jelineks *Die Schutzbefohlenen*. In: Menschenrechte erzählen. Menschenrecht und Menschenwürde in der Literatur. Hg. v. dems. Göttingen 2016 (Mitteilungen des Deutschen Germanistenverbandes 63.4), S. 358–369, hier: S. 364.

Ovid: „Metamorphosen"
Und eine Prise Heidegger, die muß sein, denn ich kann es nicht allein.[15]

Das Ziel der intertextuellen Verweise ist jedoch weniger ein metatextuelles Spiel oder ein intertextuelles Konstrukt im Sinne Julia Kristevas[16] als vielmehr eine mit Gérard Genette[17] und Michail Bachtin[18] zu beobachtende literarische Operation, die durch die ‚Hörbarmachung' der Stimmen der ‚Unhörbaren' und ‚Unsichtbaren' sowie die Erzeugung der Friktionen zwischen den Texten eine politische Reflexion in Gang setzt – bereits der Titel *Die Schutzbefohlenen* verweist auf das erste Flüchtlingsdrama, auf Aischylos' *Die Schutzflehenden*, zurück und macht mit dem deutlichen intertextuellen Verweis die politischen Verschiebungen sichtbar. Das Politische des Textes manifestiert sich also nicht durch die Installation einer starken Autorposition, von der aus politisches Engagement betrieben werden kann, sondern durch die Form, die die polyphonen Stimmen durch die intertextuellen Reibungen sicht- und hörbar macht.

2 Aischylos: *Die Schutzflehenden*

Jelinek stellt ihrem Text einen ca. 2500 Jahre zuvor entstandenen Text entgegen, der nicht nur ein vergleichbares Thema behandelt – die Flucht aus der Heimat und die Anerkennung der Geflüchteten durch die einheimischen Anderen –, sondern zudem mit der Anerkennung der Bedürfnisse der Geflüchteten deutlich humaner endet.[19] Durch die zeitliche und politische Differenz wird sowohl die bleibende Aktualität des Themas herausgestellt als auch die Fragwürdigkeit der politischen Entscheidungen der Gegenwart der vermeintlich aufgeklärt und human agierenden Zeitgenossen thematisiert.

Aischylos Drama, das um 463 v. Chr. entstanden ist, handelt von der Flucht der fünfzig Töchter des Danaos, die ihren Cousins zur Heirat versprochen sind. Sie fliehen mit ihrem Vater in das Land ihrer Vorfahren, wo sie als Schutzflehende den

15 Elfriede Jelinek: Die Schutzbefohlenen. Samt APPENDIX, CODA, EUROPAS WEHR. JETZT STAUT ES SICH ABER SEHR! (EPILOG AUF DEM BODEN), ENDE (4.3.2016) sowie PHILEMON UND BAUCIS (05.04.2016), S. 60.

16 Vgl. etwa: Julia Kristeva: Bachtin, das Wort, der Dialog und der Roman. In: Literaturwissenschaft und Linguistik. Bd. 3. Hg. v. Jens Ihwe. Frankfurt a. M. 1972, S. 345–375.

17 Vgl. etwa: Gérard Genette: Palimpseste. Die Literatur auf zweiter Stufe. Frankfurt a. M. 1993.

18 Michail M. Bachtin: Die Ästhetik des Wortes. Frankfurt a. M. 1979.

19 Aischylos: Schutzflehenden. In: Ders.: Tragödien. Griechisch – Deutsch. Hg. v. Bernhard Zimmermann. Übers. v. Oskar Werner. Düsseldorf / Zürich 2011.

König um Schutz bitten. Die Entscheidung des Königs zwischen Recht (d. h. Asyl zu gewähren) und Verantwortung für seine Untertanen (die Gewährung des Asyls würde einen Krieg mit den Verfolgern provozieren) wird – und dies ist ein entscheidender Unterschied zu Jelineks Drama – als voranschreitende Handlung auf der Bühne durch Monologe und Dialoge, die schließlich auf das Telos des Textes zulaufen, dargestellt und diskutiert.

Das Stück setzt mit dem Chor der Töchter ein und referiert zum einen die Vorgeschichte, stellt zum anderen aber die Grundsituation, mit der die Kernthemen Flucht und Asyl eingeführt werden, heraus: „Das heilge verlassend, / Nahe Syrien das Land, sind wir nun auf der Flucht, / Nicht weil Blutschuld uns in Verbannung trieb / Durch des Stadtvolks beschließendes Urteil, / Nein, weil arteignen, mannfeindlichen Sinns / Wir die Eh mit Aigyptos' Söhnen verschmähn / Und ihr ruchloses Trachten verabscheun."[20] Neben der Einführung der Kernthemen leistet die *Parodos* – genauer: die erste Strophe des Stücks – die deutliche Ausstellung der Sicht- und Hörbarmachung der geflüchteten Töchter, die explizit mit *Agency* ausgestattet werden. Die Geflüchteten werden mit einer Stimme versehen, die sie an prominenter Stelle erheben – und im Folgenden werden sie von dem Repräsentanten der Macht – dem König – auch gehört werden. Im Gegensatz zu Jelineks Figuren – so lässt sich vorwegnehmen – lassen sich die Figuren bei Aischylos folglich als handlungsfähige Subjekte nach Michail Bachtin verstehen: „Das selbstständige, verantwortliche und wirksame Wort ist das wesentliche Merkmal des ethischen, rechtlichen und politischen Menschen."[21]

Mit der Bitte um Schutz an die Götter wird der Begriff des göttlichen Rechts eingeführt: „Götter, ihr Ahnherren, hört uns; seht ihr doch gar wohl, wo das Recht ist!"[22] Die Schutzflehenden befinden sich folglich nicht in einer macht- und rechtlosen Position, die jenseits des Rechts angesiedelt ist, sondern verweisen deutlich auf eine rechtlich codierte Situation, die ein rechtlich geregeltes Handeln verlangt: „Und es leiht selbst im Krieg Flüchtlingen in / Qualvoller Not der Altar / Schutz, wo Scheu vor Göttern herrscht."[23] Das hier mit den Göttern verknüpfte Recht – die Angst vor der Strafe der Götter sichert den Schutz der Geflüchteten im Heiligtum selbst im Krieg – wird im Folgenden aus dem Bereich der Transzendenz in die weltliche Sphäre der politischen Rechte überführt.

Die Positionierung der Gruppe der Geflüchteten am „Altar der vereinten Stadtgottheiten"[24] erfolgt aufgrund von strategischen Erwägungen; es ist unklar,

---

20 Aischylos, V. 4–10.

21 Bachtin, S. 236.

22 Aischylos, V. 78.

23 Aischylos, V. 83–85.

24 Aischylos, V. 189.

so Danaos, der Vater der flüchtenden Töchter, wie sich die Einheimischen verhalten werden und der heilige Ort verheißt mehr Schutz „als Burg Altar, ein unbrechbarer Schild".[25] Der Erstkontakt wird vom Vater strategisch geplant; die Sprachregelung, die neben inhaltlichen Erwägungen auch die Rhetorik der Töchter reguliert, macht deutlich, dass der Vater auf die *Agency* vertraut – er geht davon aus, dass sie sowohl sprechen dürfen als auch gehört werden:

> In züchtiger, klagender dringlicher Rede gebt
> Den Fremden Antwort, wie's Schutzflehenden geziemt,
> Deutlich darlegend eure blutschuldfreie Flucht.
> In eurer Stimme liege nichts von dreistem Ton,
> Nichts Eitles zeige sich auf dem mit keuscher Stirn
> Geschmückten Anlitz und im Auge voller Ruh!
> Werdet nicht vorlaut noch auch zögernd, schleppend im
> Gespräch! Weckt solche Art doch Mißgunst nur und Haß.
> Lernt euch bescheiden! Arm seid, fremd, landflüchtig ihr;
> Ein keckes Mundwerk ziemt sich für die Schwächern nicht.[26]

Pelasgos, der König von Argos, stellt bei ihrem ersten Zusammentreffen die Differenzen und die Fremdheitserfahrung deutlich heraus – „Woher stammt diese Schar in unhellenischer Tracht, / Im Prunk barbarischer Kleider und des Stirnbands Schmuck?"[27] –; dies führt jedoch nicht zu einer Abweisung, sondern zu einer Anhörung der Gruppe, die mit der expliziten Nennung der Stimme einhergeht: „Doch seid ihr da, habt Stimme, daß ihr Klarheit schafft."[28] Der Bericht über die Herkunft der Gruppe und die Fluchtursachen endet mit der Bitte um Asyl und Schutz vor den Verfolgern: „[L]iefre uns nicht aus!"[29] Die Bitte wird mit dem Verweis auf den „Flüchtlingsschützer"[30] Zeus beschlossen und mit einer Drohung vor dem Zorn des Gottes versehen. Der König erkennt deutlich die Konsequenzen, die die Gewährung des Asyls für sein Land bedeuten würde: „Gar Schweres sprachst du, neuen Krieg bedeutet's mir!"[31] Der Chor verweist hingegen auf die rechtliche Notwendigkeit, den Schutz zu gewährleisten – „Ihr Recht nicht finden, vom Gesetz verbürgt!"[32] –, und deutet die Gratifikation an, die sich aus der Verteidigung des Rechts ergibt, das an das Gesetz und an die Transzendenz gebunden

25 Aischylos, V. 190.
26 Aischylos, V. 194–203.
27 Aischylos, V. 234–235.
28 Aischylos, V. 245.
29 Aischylos, V. 341.
30 Aischylos, V. 346.
31 Aischylos, V. 342.
32 Aischylos, V. 384.

ist: „Das Recht steht dem, der es verteidigt, helfend bei.“[33] Damit ist der Kernkonflikt des Stücks benannt: Die Erfüllung des Rechts auf Asyl kann nur gewährleistet werden, wenn der drohende Krieg in Kauf genommen wird.

Das Stück entfaltet im Folgenden die Kernproblematik in einem Wechselgespräch zwischen Chor und König; die Entscheidungsfindung des Königs wird somit auf der Bühne performativ vor den Zuschauern durchgespielt, wobei das Ergebnis – letztlich gewährt der König das Asyl – keineswegs bereits im Vorhinein feststeht: „Euch aber beistehn kann ich ohne Schaden nicht; / Noch wär's geraten, zu mißachten euer Flehn. / Ratlos bin ich, und Furcht hält mein Gemüt umfaßt: / Tu ich's? Tu ich es nicht? Laß ich dem Zufall Raum?“[34] Das Zaudern des Königs stellt die Komplexität der Entscheidung heraus; die metareflexive „Geste des Befragens“,[35] die, so Joseph Vogl, die Entscheidung und Tat zugunsten der Reflexion aussetzt, eröffnet aber nicht nur einen Reflexionsraum für die Figur des Königs im Stück, sondern bietet zudem den Rezipient*innen die Möglichkeit der Reflexion, indem sie gezwungen sind, die Argumente des Königs und des Chors sowie die jeweiligen Folgen der Entscheidung abzuwägen. Die Literatur wirkt hier unmittelbar politisch; Richard Rortys Überlegungen zum politischen Potential literarischer Texte[36] – von Chantal Mouffe wie folgt dargelegt: „Deshalb billigt er Büchern wie Onkel Toms Hütte eine wichtigere Rolle zur Sicherung des moralischen Fortschritts zu als philosophischen Traktaten“[37] – lassen sich hier trefflich belegen.

Die geschickte Argumentation der Schutzflehenden, die Gesetz und Recht, die Bestrafung durch Zeus, wenn der Gruppe der Schutz versagt wird, sowie die inständigen Bitten vereint, führt schließlich zum Erfolg: „Denke nach! Werde du / Allgerecht-frommer Gastschützer uns! / Mich, den Flüchtling, gib nicht preis, / Mich, die fernher Schmach und Bann / Ruchlos forttrieb von Haus!“[38] Die Entscheidung wird im vollen Bewusstsein der Konsequenzen getroffen: „Ich hab' bedacht nun. Hin zum Stranden treibt es uns: / So oder so – Krieg auf uns nehmen, schweren Krieg – / Zwang ist's, notwendig. Und gefugt schon ist das Boot, / Mit Schiffsbauwinden für die Fahrt bereit gemacht. / Doch ohne Leiden kehrt es

---

33 Aischylos, V. 343.

34 Aischylos, V. 376 – 380.

35 Joseph Vogl: Über das Zaudern. 2. Aufl. Zürich / Berlin 2008, S. 36.

36 Vgl. Richard Rorty: Kontingenz, Ironie und Solidarität. Frankfurt a. M. 1999, S. 91.

37 Chantal Mouffe: Dekonstruktion, Pragmatismus und die Politik der Demokratie. In: Dekonstruktion und Pragmatismus. Demokratie, Wahrheit und Vernunft. Hg. v. ders. Wien 1999, S. 11 – 36, hier: S. 20.

38 Aischylos, V. 418 – 422.

nirgendwo zurück."[39] Der Beschluss des Königs, den er seinen Untertanen zur Abstimmung vorlegt, wird durch diese bestätigt:

> Es stimmten die Argeier ohne Schwanken so,
> Daß wieder jung vor Freude war mein greises Herz.
> Von ganzen Volks gehobnen rechten Händen ja
> Starrte die Luft, dies zu erheben zum Beschluß:
> Mitwohner sollen wir des Land hier sein und frei,
> Geschützt vor Zugriff, vor dem Raub durch irgendwen;
> Und keiner der Bewohner soll, kein Fremder und
> Wegführen; sollt es sein, daß man Gewalt gebraucht,
> Soll, wer nicht eilt zu Hilfe von den Bürgern hier,
> Ehrlos sein, Flüchtling, durch des Volks Beschluß verbannt.[40]

Mit der Landung der Verfolger an den Stränden und der Rettung der Gruppe durch die Truppen des Königs Pelasgos wird das pathetisch formulierte Versprechen auf Rettung auf die Probe gestellt und tatsächlich umgesetzt: Die Stadt sieht zum Schluss des Dramas einem Krieg entgegen, die Töchter finden Unterkunft in der sie schützenden Stadt. Das Drama entfaltet nicht nur die Diskussion der Schutzwürdigkeit der Gruppe der Geflüchteten und diskutiert somit die Rechte der Anderen, die schließlich als nicht in Frage zu stellende Rechte als Gesetz codiert werden. Der Text demonstriert – in einer humanistischen Lesart, die die Drohung mit dem Zorn der Götter etwas abblendet –, dass die Entscheidung für den Schutz der Geflüchteten nicht *wegen* der Kalkulation der politischen Kosten getroffen wird, sondern *trotz* der politischen Kosten. Der eigene Nachteil – der drohende Krieg – wird in Kauf genommen, da die Geflüchteten als handlungsmächtige Subjekte gelesen werden, deren Stimme und *Agency* bereits zu Beginn nachdrücklich ausgestellt werden; *Die Schutzflehenden* dürfen sprechen und werden gehört.

3 Elfriede Jelinek: *Die Schutzbefohlenen*

Jelineks *Die Schutzbefohlenen* unterscheidet sich bereits auf der Ebene der Form deutlich von Aischylos' *Die Schutzflehenden:* Aischylos' Text entsprach formal den Vorgaben an einen antiken Dramentext und setzte die signifikanten Elemente – etwa den Chor – in adäquater Weise ein. Jelineks Drama lässt sich jedoch, wie die meisten ihrer dramatischen Texte, am ehesten mit dem von Hans-Thies

39 Aischylos, V. 438–442.

40 Aischylos, V. 605–615.

Lehmann formulierten Begriff des Postdramatischen Theaters fassen, das sich von dem herkömmlichen Sprechtheater abgrenzt und, so Lehmann, eine „Entfremdung von Theater und Drama“[41] bewirke und letztlich ein „Theater ohne Drama“[42] bezeichne. „In postdramatischen *Theater*formen wird der Text, der (und wenn er) in Szene gesetzt wird, nurmehr als gleichberechtigter Bestandteil eines gestischen, musikalischen, visuellen usw. Gesamtzusammenhang begriffen.“[43] In *Die Schutzbefohlenen* geht es folglich nicht darum, einen theatralen Raum zu öffnen, in dem Zeichen durch die den Text und ihre Rolle aktualisierenden Schauspieler*innen im Sinne einer „Identitätsmaschine“[44] hervorgebracht werden; es geht nicht um authentische Stimmen, die, einer ästhetischen Formung unterliegend, textbasierte Narrative der Flucht kommunizieren, um so eine mit Aristoteles zu beobachtende Wirkung auf die Zuschauenden zu erreichen:

> Es geht letztlich darum, daß nicht die Illusion erzeugt werden darf, es ständen Entitäten auf der Bühne, Einheiten ihres eigenen Orts, ihrer eigenen Zeit, ihrer eigenen Handlung. Sie sind keine Herren über ihr eigenes Schicksal, keine Ganzheiten. [...] Sie sollen nicht den Eindruck erwecken, als seien sie Menschen mit einem Denken, entsprechendem Gefühlsleben und dazupassendem Sprechen.[45]

Das mono- und dialogische Prinzip des Dramas wird in einer polyphonen Stimmenvielfalt aufgelöst, in der ununterscheidbare Stimmen in ungeordneter Reihung auftreten, die keiner Figur zugeordnet werden können und in keinen teleologischen Handlungsablauf integriert sind. Dies bedeutet jedoch keineswegs, dass sich der Text auf ein artifizielles ‚postmodernes Sprachspiel‘ reduzieren lässt; ganz im Gegenteil: Der Text wie auch das Postdramatische Theater sind als dezidiert politisch zu verstehen, gerade weil sie keine souveränen Sprecherpositionen oder Figuren etablieren, die politisch agieren. Gleichwohl ist der Text auch realpolitisch verankert: Er bezieht sich auf einen textexternen politischen Kontext und thematisiert die politische Situation der Flüchtlinge in Österreich und die politischen und medialen Reaktionen auf diese.[46]

---

41 Hans-Thies Lehmann: Postdramatisches Theater. 4. Aufl. Frankfurt a. M. 2008, S. 43.

42 Lehmann, S. 44.

43 Lehmann, S. 73. [Hervorhebung im Original]

44 Sandro Zanetti: Sagen, was sonst kein Mensch sagt. Elfriede Jelineks Theater der verweigerten Komplizenschaft. In: Elfriede Jelinek: Stücke für oder gegen das Theater? Hg. v. Inge Arteel / Heidy Margrit Müller. Brüssel 2008, S. 183–192, hier: S. 185.

45 Elfriede Jelinek: „Ich will kein Theater – Ich will ein anderes Theater. In: Theater heute 28/8 (1989), S. 30–32, hier: S. 31.

46 Zum Kontext vgl. N.N.: Votivkirchen-Flüchtlinge: Eine Chronologie. URL: http://wien.orf.at/news/stories/2572156/ (letzter Zugriff: 25.07.2018). Zu den medialen Reaktionen vgl. Cha: Die literarische Darstellung. Grundlegend zu dem Verhältnis von Medien und Macht vgl. Andreas

Aischylos' *Die Schutzflehenden* setzt mit der Chorführerin ein, der nach einem längeren Monolog vom Chor geantwortet wird; im Drama findet sich ein Wechsel von Chorgesang und Sprechszenen unterschiedlicher Figuren. Der Text installiert also bereits zu Beginn unterscheidbare Figuren, die mit unterscheidbaren Stimmen ausgestattet werden. Die *Agency*, die die geflohenen Töchter in dem Stück auszeichnet – und die schließlich zu der Rettung vor den Verfolgern führt – wird also deutlich ausgestellt. Jelineks *Die Schutzbefohlenen* setzt ebenfalls mit dem Chor ein, verweigert aber die Differenzierung der divergenten Stimmen und Figuren – *Agency* kann trotz der vermeintlichen sprachlichen Handlung nicht erreicht werden, die Figuren bleiben ohnmächtig und artikulieren sich in einer indifferenten Masse als ‚Wir': „Wir leben. Wir leben. Hauptsache, wir leben, und viel mehr ist es auch nicht als leben nach Verlassen der heiligen Heimat."[47] Der Chor der Schutzbefohlene stellt bereits mit den ersten Worten des Dramas heraus, dass die Geflüchteten sich auf ihr ‚nacktes Leben'[48] reduziert sehen und neben ihrer Heimat auch ihre Souveränität, Identität und Rechte als Personen verloren haben; die *Agency*, die bei Aischylos betont wurde, wird hier nachdrücklich negiert und manifestiert sich in dem die Identitäten aufhebenden, aber keine kollektive Kraft erzeugenden ‚Wir'.[49]

Die Linie zu dem antiken Drama wird bei Jelinek bereits im vierten Satz ausgestellt: Heißt es bei Aischylos: „Zeus, Hort auf der Flucht, möge schaun voller Huld /Auf unsere Schar",[50] so heißt es bei Jelinek: „Keiner schaut gnädig herab auf unseren Zug, aber auf uns herabschauen tun sie schon."[51] Zum einen wird der intertextuelle Verweis auf den Text von Aischylos aufgemacht, über den die Differenz zwischen den Texten ausgestellt wird; zum anderen wird die Hoffnung auf

Blödorn: Medialisierung des Krieges: Mit Susan Sontag in Elfriede Jelineks ‚Bambiland'. In: Gegenwartsliteratur 5 (2006), S. 142–164.

47 Jelinek: Die Schutzbefohlenen, S. 2.

48 Da Giorgio Agamben betont, dass die Reduktion auf das ‚nackte Leben' einen rechtlichen Zustand bzw. einen Zustand der Entrechtlichung des Menschen bedeutet und die Unterwerfung des Subjekts unter die Willkür impliziert, kann der rechtliche Zustand der Geflüchteten in Jelineks Drama mit Agamben gelesen werden. Vgl. Giorgio Agamben: Homo sacer. Die Souveränität der Macht und das nackte Leben. Frankfurt a.M. 2002.

49 Dies lässt sich zugleich auch auf die mediale Berichterstattung zu der Situation der Geflüchteten verstehen: „Jelineks Text bildet die mediale Berichterstattung über die Flüchtlingskrise ab. Gleichzeitig betreibt er die ‚Ent-Narrativierung' des Flüchtlingsdiskurses. Der Text dekonstruiert das hermeneutische Kommunikationsideal und stellt zugleich die Inkommunikabilität der jüngsten historischen Ereignisse in den Vordergrund." Cho: Die literarische Darstellung, S. 366.

50 Aischylos, V. 1–2.

51 Jelinek: Die Schutzbefohlenen, S. 2.

den Schutz und die Hilfe der Götter, die die Flüchtenden bei Aischylos noch artikulierten, aufgegeben. In Jelineks Spiel mit dem Verb ‚herabschauen', das bei Aischylos noch den Blick der Götter beschrieb und eine religiös strukturierte Topographie von Himmel und Erde aufmachte, nun aber in einem nicht räumlichen Sinne auf das metaphorische pejorative Moment gewendet wird, manifestiert sich die Verschiebung: Die Hoffnung auf den Schutz der Götter geht verloren, allein die Verachtung der Mitmenschen bleibt; „von allen verurteilt dort und hier".[52] Folglich geht das Flehen der Geflüchteten, das sich bei Aischylos an die Götter und an Pelasgos richtete, nun an die Einheimischen in Österreich: „O droben ihr Himmlischen, wir falten fromm die Hände, ja, ihr seid gemeint, schaut nur herab!, wir beten zu euch, ja, ihr [...]. Schauen Sie, Herr, ja, Sie!, flehend wenden wir uns Ihnen zu [...].[53]

Mit dem Verweis auf den Raum, in dem die Geflüchteten in Jelineks Drama Schutz suchen, wird das oben skizzierte intertextuelle Verfahren[54] nochmals aufgerufen und die Funktionsweise des Verfahrens deutlich: Durch den intertextuellen Verweis – „Wir legen uns auf den kalten Kirchenboden"[55] – wird erstens auf den realen Kontext verwiesen: Die Geflüchteten harrten in der Realität des Jahres 2012 tatsächlich in der Wiener Votivkirche aus.[56] Zweitens wird der Prätext von Aischylos präsent und damit die intertextuelle Dimension herausgestellt: „[W]ir setzen uns, / Am Hügel der vereinten Stadtgottheiten hier; / Mehr schützt als Burg Altar".[57] Drittens wird durch den Abgleich der Texte die politische Differenz deutlich: Bei Aischylos führt das Warten am Altar schließlich zum erflehten Asyl, bei Jelinek zeitigt das Ausharren auf dem „kalten Kirchenboden" keine positiven Folgen – der transzendente Raum erweist sich in dem antiken Drama als positiv besetzter (und belebter) Raum, in dem postdramatischen Drama hingegen ist er ein neutraler und leerer Raum.

Die bereits zitierte Stelle aus *Die Schutzflehenden*, in der Danaos seinen Töchtern die Kommunikationsregeln für den Erstkontakt referiert, wird in *Die Schutzbefohlenen* mit leichten Variationen aufgenommen – dies wird vor allem in der vermutlich von Jelinek eingesehenen Übersetzung von Johann Gustav Droysen

52 Jelinek: Die Schutzbefohlenen, S. 2.
53 Jelinek: Die Schutzbefohlenen, S. 2.
54 Vgl. auch: Juliane Vogel: Intertextualität. In: Jelinek-Handbuch. Hg. v. Pia Janke. Stuttgart / Weimar 2013, S. 47–55.
55 Jelinek: Die Schutzbefohlenen, S. 2.
56 Vgl. N.N.: Votivkirchen-Flüchtlinge.
57 Aischylos, V. 189–190.

deutlich, die prominent durch das *Projekt Gutenberg-DE* präsentiert wird.[58] So heißt es in Droysens Aischylos-Übersetzung:

> Erzählt verständig eure blutschuldlose Flucht;
> In eurer Stimme möge ja nichts Freches sein,
> Vielmehr ein sittsam Wesen sonder Eitelkeit
> Aus eurem anspruchslosen Aug sanftmütig schaun;
> Auch weder vorlaut noch zu breit und schleppend sei
> Im Reden. Solch ein Wesen ist gar sehr verhaßt.
> Nachgeben müßt ihr, flüchtig, fremd, bedürftig hie,
> Denn kecke Rede ziemt den Unglückselgen nie.[59]

Bei Jelinek heißt es hingegen:

> [A]ber wir würden, würden wir, wies Fremdlingen ziemt, verständig unsere blutschuldlose Flucht erzählen, bereitwillig jedem erzählen [...]. [W]ir würden über unsere Flucht ohne Schuld, unsre schuldlose Flucht, die Sie ja immer als Flucht vor Schulden darstellen, die Flucht von Schuldlosen also erzählen, in unserer Stimme wird nichts Freches sein, nichts Falsches, wir werden ruhig und freundlich und gelassen und verständig sein, aber verstehen werden Sie uns nicht, wie auch, wenn Sie es gar nicht hören wollen? [...] Aus unseren anspruchslosen Augen werden wir sanftmütig schauen und um eine Decke und etwas zu essen bitten, sehen Sie, werden Sie Stellvertreter von Stellvertretern, die aber auch alle nicht hier stehen, die vertreten sich woanders, sagen: Ihre Augen sind ja gar nicht anspruchslos, auch wenn Sie das behaupten, sie stellen ja doch Ansprüche! Heute wollen Sie Decken, Wasser und Essen, was werden Sie morgen verlangen? Unsere Frauen, unsere Kinder, unsere Berufe, unsere Häuser, unsere Wohnungen? [...] Wir achten darauf, weder vorlaut noch zu breit noch zu ausführlich noch zu schleppend noch zu schnell noch zu langsam im Reden zu sein. Nichts davon können wir sein, wir sprechen Ihre Sprache leider nicht, wo ist der Dolmetsch?, wo ist er hin? [...] [F]lüchtig, fremd, bedürftig, so jemand darf hier nicht sprechen, so jemand darf hier nicht sein. Denn kecke Rede ziemt den Unglückseligen nie. Wo werden wir denn! Wo werden wir denn keck sein, wo wir doch gar nichts mehr sind! Wir werden verständig sein, und Sie werden jemanden verständigen, daß wir endlich verständig sind und von der Kirche ins Kloster übersiedeln, das steht grade leer, hier, im Fernsehen zeigen sie es schon, im Radio sagen sie es schon [...].[60]

Das bereits skizzierte intertextuelle Verfahren greift auch hier wieder: Die Hinweise auf den realpolitischen Kontext (etwa der Aufenthaltsort der Kirche, die

---

58 Vgl. URL: http://gutenberg.spiegel.de/buch/die-schutzflehenden-4497 (letzter Zugriff: 25.07.2018).

59 Aischylos: Die Schutzflehenden. Übersetzt von Johann Gustav Droysen. URL: http://gutenberg.spiegel.de/buch/die-schutzflehenden-4497/2 (letzter Zugriff: 25.07.2018).

60 Jelinek: Die Schutzbefohlenen, S. 6–7.

Umsiedlung in das Kloster oder die Forderung nach neuen Dolmetschern)[61] stellen den Bezug zu dem realpolitischen textexternen Geschehen her. Die Mischung aus nahezu wortwörtlichen und stark verfremdeten Textstellen aus dem Prätext verweist auf ebendiesen und macht ihn präsent. Die Differenzen, die durch den Kontext, die Verfremdungen und die Ergänzungen wie Sprachspiele entstehen, erzeugen die politische Friktion zwischen den Texten, die als das Moment des Politischen zu begreifen ist. So wird etwa aus der „blutschuldlose[n] Flucht" bei Aischylos die „schuldlose Flucht" und schließlich die „Flucht vor Schulden" bei Jelinek – die positive Bezeichnung bei Aischylos verkehrt sich in ein negatives wie populistisches Vorurteil, das die Stimmen der Geflüchteten als Zitat einbringen. Die Bedeutung des „anspruchlosen Aug[es]" bei Aischylos wird gewendet, indem die populistischen Stimmen den „gar nicht anspruchlos[en]" Geflüchteten hypertrophe Forderungen unterstellen; wiederum wird dies durch die Stimmen des Chors referiert.

Der wichtigste Unterschied, der in der Textstelle herausgearbeitet wird, ist jedoch die Kompetenz und die Legitimation, sprechen zu können bzw. zu dürfen. Die von Danaos in *Die Schutzflehenden* formulierten Sprachregeln – „vorlaut", „breit" und „schleppend"[62] soll ihre Redeweise nicht sein – werden in Jelineks Text wörtlich aufgenommen: „Wir achten darauf, weder vorlaut noch zu breit noch zu ausführlich noch zu schleppend noch zu schnell noch zu langsam im Reden zu sein."[63] Sie laufen aber ins Leere: „Nichts davon können wir sein, wir sprechen Ihre Sprache leider nicht, wo ist der Dolmetsch?"[64] Im Gegensatz zu den geflohenen Töchter bei Aischylos ist die sprachliche Kommunikation nicht möglich; die *Agency*, die die Töchter durch ihre Sprachmacht innehaben, ist hier nicht mehr gegeben. Doch nicht nur hinsichtlich der sprachlichen Kompetenz unterscheiden sich die Szenen, auch die Legitimation zum Sprechen wird unterschiedlich erzählt. Pelasgos fordert die Schutzflehenden explizit zum Sprechen auf und erkennt sie so in ihrem Status als sprechende und handelnde Subjekte an: „Doch seid ihr da, habt Stimme, daß ihr Klarheit schafft."[65] In Jelineks Text wird dieser Status dem Chor der Flüchtlinge ausdrücklich verweigert; wiederum wird das „Narrativ[ ] der ausländerfeindlichen Bürger, die Angst um ihren vermeintlich bedrohten Wohlstand und vor ihrem Abstieg haben",[66] vom Chor als unmarkiertes Zitat referiert: „[F]lüchtig, fremd, bedürftig, so jemand darf hier nicht sprechen, so

61 Vgl. N.N.: Votivkirchen-Flüchtlinge.
62 Aischylos: Die Schutzflehenden. Übersetzt von Johann Gustav Droysen.
63 Jelinek: Die Schutzbefohlenen, S. 7.
64 Jelinek: Die Schutzbefohlenen, S. 7.
65 Aischylos, V. 245.
66 Cha: Die literarische Darstellung, S. 364.

jemand darf hier nicht sein. Denn kecke Rede ziemt den Unglückseligen nie."[67] Mit der Aberkennung der Legitimation zur Sprachausübung wird auch der Status als Subjekt aberkannt; die Flüchtlinge verschwinden als Subjekte: „Wo werden wir denn keck sein, wo wir doch gar nichts mehr sind!"[68] Der Text endet folglich mit der Betonung des finalen Verschwindens: „[D]ie Zukunft sehen wir auch bereits, ja, die, dort drüben, im noch geheimeren Dunkel, sagen Sie uns, worum wir noch flehen sollen und vor allem, warum? Zu wem? [...] Wir sind gar nicht da. Wir sind gekommen, doch wir sind gar nicht da."[69] Der Grund für die Aberkennung bzw. Verweigerung, die Geflüchteten als Subjekte anzuerkennen, wird vom Chor deutlich benannt: „[D]enn Wesen wie wir sind Ihnen gar sehr verhaßt, das sehen wir, das ist klar."[70]

Der prekäre Subjektstatus der Geflüchteten wird konterkariert durch die sogenannten ‚Blitzeinbürgerungen' von Prominenten, die das strikte Einbürgerungsgesetz Österreichs aufgrund finanzieller bzw. politischer Interessen aushebeln können. „Die vom Blitz Eingebürgerten"[71] – die Sängerin Anna Netrebko und Boris Jelzins Tochter Tatjana B. Jumaschewa – erhalten die österreichische Staatsbürgerschaft und werden zu vollwertigen Subjekten, wobei das Sprachspiel die Vorstellung eines Gottes oder einer Naturgewalt als anzurufende Kraft der Einbürgerung aufruft. Der Chor bittet folglich zur der Doppelfigur Zeus/Stronach:[72]

> Du, Herr aus der leeren Wohnung in Zug, aus dem Zuckerbäckerschloß woanders, wo all diese Süße wohnt: Sei du uns allgerecht, wie du es zu dieser Tochter warst, die jetzt Landsmännin in dieser Landschaft durch Blitz-Entscheidung, für die du sorgtest, du sorgtest für den Blitz, Allherr du, und du sorgtest für diese Entscheidung im besonderen Interesse des Landes, das ganz genau deinem Interesse entspricht.[73]

Die Adressierung von Stronach als „Allherr" und Gott – der Unternehmer/Politiker ist hier an die Stelle von Zeus getreten, agiert aber nicht aufgrund von An-

---

67 Jelinek: Die Schutzbefohlenen, S. 7.
68 Jelinek: Die Schutzbefohlenen, S. 7.
69 Jelinek: Die Schutzbefohlenen, S. 59–60.
70 Jelinek: Die Schutzbefohlenen, S. 7.
71 Jelinek: Die Schutzbefohlenen, S. 44.
72 Frank Stronach, ein österreichischer Unternehmer und Politiker, trieb die ‚Blitzeinbürgerungen' voran. Explizit wird die Doppelfigur durch Jelineks wörtliche Übernahme der Verse aus Aischylos' Text, die sich im Original auf Zeus beziehen, nun aber Stronach adressieren: „In Allmacht herrscht er alles Höchsten / Und schaut zu niemand dienend aufwärts über sich". Aischylos: Die Schutzflehenden. Übersetzt von Johann Gustav Droysen. / Jelinek: Die Schutzbefohlenen, S. 29.
73 Jelinek: Die Schutzbefohlenen, S. 29.

rufungen und Mitleid, sondern aus Eigeninteressen – ist nur folgerichtig: „Die russische Prinzessin [...] ist jetzt Bürgerin, der Herr Gott hat das veranlaßt, denn in Allmacht herrscht er alles Höchsten und schaut zu niemand dienend aufwärts über sich".[74] Die Handlungsmacht liegt nicht mehr bei Zeus und den antiken Göttern – und erst recht nicht bei den Geflüchteten –, sie liegt allein bei den wirtschaftlichen Interessen folgenden Unternehmern/Politikern. Nicht das Flehen um Asyl, allein das Bezahlen des Passes und das Kaufen der Heimat, so zeigt die ‚Blitzeinbürgerung' von Jumaschewa, ist noch erfolgsversprechend: „Ein Gott hat tief im geheimen Dunkel [...] für sie bezahlt, aber Gott gibts nur einen, unsrer zahlt nicht, bezahlt wird nicht, nicht für uns jedenfalls, nicht für eine Heimat, glücklich die Tochter, die Glückliche! [...] man hat sie ihr gekauft, die Heimat, das ist auch harte Arbeit!"[75]

Die vom damaligen Staatssekretär für Integration Sebastian Kurz herausgegebene Broschüre *Zusammenleben in Österreich* – von Jelinek explizit als Prätext genannt – kann mit ihrer Ausstellung von „1 Grundlage, 6 Prinzipien, 18 Werte"[76] folglich nur mehr als Farce und als Sammlung von Phrasen verstanden werden. Die Broschüre preist etwa den sportlichen Schwimmwettkampf als Symbol für den österreichischen Rechtstaat:

> Stellen Sie sich vor: es ist ein spannender Wettkampf, die Schwimmerinnen liefern sich ein Kopf-an-Kopf Rennen. Das schönste kommt aber zum Schluss, wenn sie sich – egal, wer als Gewinnerin hervorgeht – ihre gegenseitige Wertschätzung aussprechen. Beide Schwimmerinnen haben nach den gleichen Regeln gekämpft und können daher die Leistung der jeweils anderen anerkennen.[77]

In *Den Schutzbefohlenen* wird explizit auf die Broschüre eingegangen; das für die zum Teil über das Meer geflüchteten Menschen zynische Beispiel des Schwimmwettkampfs wird aufgenommen, aber über die Veränderung des Kontexts wird die Bedeutung des Schwimmens gedreht – der sportliche Wettkampf der Österreicher*innen wird zur Erinnerung an den Kampf um Leben und der Tod der Fliehenden im Wasser:

> Zum Beispiel beim Schwimmen. Dieses Beispiel wurde hier ausdrücklich gewählt, doch was will es ausdrücken? Nein, das ist mir jetzt zu blöd. Was ist beim Schwimmen? Ein Kopf-an-

74 Jelinek: Die Schutzbefohlenen, S. 55.
75 Jelinek: Die Schutzbefohlenen, S. 21.
76 Republik Österreich. Bundesministerium für Inneres. Staatssekretariat für Integration: Zusammenleben in Österreich. Werte, die uns verbinden. URL: http://www.staatsbuergerschaft.gv.at/fileadmin/user_upload/Broschuere/RWR-Fibel.pdf (letzter Zugriff: 25.07.2018).
77 Zusammenleben in Österreich, S. 14.

> Kopf-Rennen? Damit wir uns danach gegenseitig unsere Wertschätzung aussprechen können? Wieso müssen wir dazu erst ins Wasser gehn, glitschig vom ausgeronnenen Diesel, untergehn, aus fremden Fingern rutschen wie Fische, um uns zu schätzen? Wir können doch gleich ertrinken, im Boot noch erschlagen werden, über Bord geworfen, krank werden, einfach so sterben, eine Totgeburt haben, und das Tote fliegt raus, über Bord, [...] wieso müssen wir dazu ins Wasser? Bitte, manche von uns kommen aus dem Wasser, wo sie zufällig nicht verhungert, verdurstet oder ertrunken sind, aber sie wollen nicht wieder rein. Die wollen nicht zurück. Wenn man mal so viel Wasser gesehen hat, will man nicht unbedingt noch mal rein, um nach den gleichen Regeln zu kämpfen wie der andre, der die Regeln gemacht hat [...].[78]

Die Friktion zwischen den Texten und der jeweiligen Semantik wie Metaphorik des Schwimmens ergibt sich wiederum durch das von Jelinek in Anschlag gebrachte intertextuelle Verfahren. Wie bereits skizziert, resultiert das Moment des Politischen dabei nicht aus der Installation einer starken Autorposition und der expliziten oder engagierten Bezugnahme auf das (tagesaktuelle) Politische und die Politik. Vielmehr entsteht das Moment des Politischen aus den Friktionen zwischen den Texten, die sich wiederum durch die Form ergeben. Jelineks Text zeigen hier, wie politische Literatur, die sich nicht auf das explizite Engagement und die explizite Positionierung im Sinne der Ästhetik und Poetik der *littérature engagée* reduzieren lassen, aussehen kann: Die Form und das Verfahren sind folglich als die (innovativen) Katalysatoren des Politischen bei Jelinek zu verstehen.

Literaturverzeichnis

Agamben, Giorgio: Homo sacer. Die Souveränität der Macht und das nackte Leben. Frankfurt a. M. 2002.

Aischylos: Die Schutzflehenden. Übersetzt von Johann Gustav Droysen. http://gutenberg.spiegel.de/buch/die-schutzflehenden-4497/2 (letzter Zugriff: 25.07.2018).

Aischylos: Schutzflehenden. In: Ders.: Tragödien. Griechisch – Deutsch. Hg. v. Bernhard Zimmermann. Übers. v. Oskar Werner. Düsseldorf / Zürich 2011.

Arendt, Hannah: Macht und Gewalt. 2. Aufl. München / Zürich 1971.

Arendt, Hannah: Was ist Politik? Fragmente aus dem Nachlaß. Hg. v. Ursula Ludz. München / Zürich 1993.

Arendt, Hannah: Vita activa oder Vom tätigen Leben. München / Berlin 2002.

Bachtin, Michail M.: Die Ästhetik des Wortes. Frankfurt a. M. 1979.

Blödorn, Andreas: Medialisierung des Krieges: Mit Susan Sontag in Elfriede Jelineks ‚Bambiland'. In: Gegenwartsliteratur 5 (2006), S. 142–164.

78 Jelinek: Die Schutzbefohlenen, S. 15.

Cha Kyung-Ho: Die literarische Darstellung der Flüchtlinge und die Kritik des medialen Menschenrechtsdiskurses in Elfriede Jelineks Die Schutzbefohlenen. In: Menschenrechte erzählen. Menschenrecht und Menschenwürde in der Literatur. Hg. v. dems. Göttingen 2016 (Mitteilungen des Deutschen Germanistenverbandes 63.4), S. 358–369.

Genette, Gérard: Palimpseste. Die Literatur auf zweiter Stufe. Frankfurt a. M. 1993.

Heidegger, Martin: Grundbegriffe der Aristotelischen Philosophie. Gesamtausgabe Bd. 18. Frankfurt a. M. 2002.

Jelinek, Elfriede: „Ich will kein Theater – Ich will ein anderes Theater. In: Theater heute 28/8 (1989), S. 30–32.

Jelinek, Elfriede: Die Schutzbefohlenen. Samt APPENDIX, CODA, EUROPAS WEHR. JETZT STAUT ES SICH ABER SEHR! (EPILOG AUF DEM BODEN), ENDE (4.3.2016) sowie PHILEMON UND BAUCIS (05.04.2016).

Kristeva, Julia: Bachtin, das Wort, der Dialog und der Roman. In: Literaturwissenschaft und Linguistik. Bd. 3. Hg. v. Jens Ihwe. Frankfurt a. M. 1972, S. 345–375.

Lehmann, Hans-Thies: Postdramatisches Theater. 4. Aufl. Frankfurt a. M. 2008.

Mouffe, Chantal: Dekonstruktion, Pragmatismus und die Politik der Demokratie. In: Dekonstruktion und Pragmatismus. Demokratie, Wahrheit und Vernunft. Hg. v. ders. Wien 1999, S. 11–36.

Mouffe, Chantal: Über das Politische. Wider die kosmopolitische Illusion. Frankfurt a. M. 2007.

N.N.: Votivkirchen-Flüchtlinge: Eine Chronologie. http://wien.orf.at/news/stories/2572156/ (letzter Zugriff: 25.07.2018)

Projekt Gutenberg-DE. http://gutenberg.spiegel.de/buch/die-schutzflehenden-4497 (letzter Zugriff: 25.07.2018).

Rancière, Jacques: Politik der Literatur. 2. Aufl. Wien 2011.

Republik Österreich. Bundesministerium für Inneres. Staatssekretariat für Integration: Zusammenleben in Österreich. Werte, die uns verbinden. URL: http://www.staatsbuergerschaft.gv.at/fileadmin/user_upload/Broschuere/RWR-Fibel.pdf (letzter Zugriff: 25.07.2018).

Rorty, Richard: Kontingenz, Ironie und Solidarität. Frankfurt a. M. 1999.

Schmitt, Carl: Theorie des Partisanen. Zwischenbemerkung zum Begriff des Politischen. 6. Aufl. Frankfurt a. M. 2006.

Vogel, Juliane: Intertextualität. In: Jelinek-Handbuch. Hg. v. Pia Janke. Stuttgart / Weimar 2013, S. 47–55.

Vogl, Joseph: Über das Zaudern. 2. Aufl. Zürich / Berlin 2008.

Zanetti, Sandro: Sagen, was sonst kein Mensch sagt. Elfriede Jelineks Theater der verweigerten Komplizenschaft. In: Elfriede Jelinek: Stücke für oder gegen das Theater? Hg. v. Inge Arteel / Heidy Margrit Müller. Brüssel 2008, S. 183–192.

Sabine Zelger

Die Politik des Zitats

Zur Intersektionalisierung des Blicks bei Margret Kreidl, Elfriede Gerstl und Elfriede Jelinek

Politik und Literatur in einem Zusammenhang zu denken, ist in der österreichischen Literaturszene keine Seltenheit. Lassen Sie mich drei Beispiele nennen. 2003 veröffentlichen Gustav Ernst und Karin Fleischanderl Texte der Gegenwart unter dem Titel *Zum Glück gibt's Österreich!* und begründen diesen Ausspruch mit den lebendigen Traditionen der Avantgarde und des Realismus der 1970er Jahre.[1] Ein anderes Format, in dem Politik und Literatur verhandelt wurden, war ein Essay-Recherche-Labor, in dem AutorInnen österreichische Literatur zum Thema „Traditionen und Möglichkeiten kritischer Kunst" und „Formen der Subversion" diskutierten.[2] Nachzulesen sind diese Dialoge unter „Sehnsucht und Revolution. Wie im echten Leben".[3] Und im Rahmen des Gedenkens an die Bücherverbrennung im Nationalsozialismus wurden im Mai 2017 im Literaturhaus Wien „Gedichte zur politischen Wirklichkeit" verhandelt. Elf österreichische AutorInnen setzten sich mit folgenden Fragen auseinander: „Wie kann die Lyrik der Wirklichkeit begegnen, wie ihr widersprechen, sie kommentieren? Wie die Vorstellung aufrecht erhalten, dass wir die Wirklichkeit gestalten, also auch verändern können?"[4] Die literaturbetriebliche Politik ist abstrakt formuliert und weit ab von den Pamphlets der früheren Avantgarden. Es geht additiv um Sehnsucht *und* Revolution, um *Vorstellungen* des Eingreifens, nicht um Eingriffe, und um Politik, die ohne Politik auskommt. So ist im Vorwort der Anthologie *Zum Glück gibt's Österreich* zu lesen, dass die Texte der jungen österreichischen AutorInnen „sprach- und forminteressiert, kühn, provokant, streng, bizarr, verspielt und in ihrem Beharren auf dem Thematisieren persönlicher Befindlichkeiten und Sehnsüchte letzten Endes auch politisch [sind], ohne allerdings Politik jemals explizit zum Thema zu machen."[5] Reiz und Skepsis, Politik und Literatur zu-

1 Gustav Ernst / Karin Fleischanderl (Hg.): Zum Glück gibt's Österreich. Junge österreichische Literatur. Berlin 2003.

2 Vgl. Programmhinweis des Kunstvereins Alte Schmiede in Wien: http://www.alte-schmiede.at/author/redaktion/page/41/ (30.11.2017).

3 Angelika Reitzer (Hg.): Sehnsucht und Revolution. Wie im echten Leben. Wien 2014.

4 Vgl. die Veranstaltung „Freiheit des Wortes" der Grazer Autorenversammlung: http://www.literaturhaus.at/index.php (27.11.2017).

5 Gustav Ernst / Karin Fleischanderl: Vorwort. In: Zum Glück gibt's Österreich. Junge österreichische Literatur. Hg. von dens. Berlin 2003, S. 7.

https://doi.org/10.1515/9783110568561-019

sammenzudenken, ist den verschiedenen Politikbegriffen geschuldet, auf die in Veranstaltungen und Publikationen zurückgegriffen wird. Das Unbehagen, dass Literatur Politik zu nahe kommt, kann eine Distanz zum konventionellen Verständnis bedeuten, während das positiv konnotierte Politische sowie das euphorisch Revolutionäre mehr einem weiten Politikbegriff folgt.

1 Zu Politik und Polizei des Zitats

Eine Klärung der kontroversiellen Begriffe kann mit Jacques Rancière vorgenommen werden, der zwischen Polizei und Politik unterscheidet und auch die ästhetische Macht und Gegenmacht in den Blick nimmt. Während Polizei die bestehende Ordnung in ihren Ausgrenzungs- und Ausblendungszusammenhängen reproduziert und auch den traditionellen Politikbegriff miteinschließt, bezeichnet Politik Eingriffe in diese vorherrschende „Aufteilung des Sinnlichen“.[6] Diese Art von Politik wird in den genannten Beispielen als subversiv, wirklichkeitsgestaltend und politisch bezeichnet und ist positiv besetzt. Rancière beschreibt sie als einen „Interventionsmodus in die Einteilung der Objekte, die eine gemeinsame Welt gestalten, der Subjekte, die sie bevölkern, und der Macht, die sie haben, diese Welt zu sehen, zu benennen und auf sie einzuwirken“.[7] In meinem Beitrag zum Zitat in der Literatur richtet sich die Aufmerksamkeit auf Trennung und Überlagerung von Polizei und Politik. Inwiefern durch das Zitieren literarische Eingriffe in die Wirklichkeitskonstitution realisiert oder aber polizeiliche Ordnungen reproduziert werden, ist eine Frage der intertextuellen Anlage und Bearbeitung der Versatzstücke. Schon ein rudimentärer literarhistorischer Überblick zeigt, wie sich das Zitat im dichotomen Gefüge des Rancièr'schen Konzepts von Polizei und Politik, Konsens und Dissens, aufspannen lässt.

Wenn die Redewiedergabe, wie immer wieder im Laufe der Literaturgeschichte, Texte durch Autoritäten absicherte, hat sie insbesondere Aufgaben der Polizei erfüllt. Beim klassischen Autoritäten- bzw. Beglaubigungszitat, das vor allem in der mittelalterlichen Theologie ausgeprägt war, musste konsequenterweise auch die Erscheinungsform standardisiert werden und die Differenz zwischen Eigenem und fremder Autorität sichtbar sein.[8] Das literarische Zitat hin-

6 Jacques Rancière: Die Aufteilung des Sinnlichen. Die Politik der Kunst und ihre Paradoxien. Berlin 2006.

7 Jacques Rancière: Politik der Literatur. Wien 2011, S. 17–18.

8 Arno Barnert: Mit dem fremden Wort. Poetisches Zitieren bei Paul Celan. Frankfurt a. M. / Basel 2007, S. 33–34.

gegen, das im bürgerlichen 19. Jahrhundert aus den Büchern Goethes, Schillers und Lessings schöpfte, reproduzierte den Kanon der jungen Nationalliteratur als „Bildungsbesitz“[9] und musste nicht mehr gebrandmarkt werden. Aber auch zur Infragestellung der verbreiteten Sichtweisen – also für die Politik und nicht für die Polizei – diente das Zitat, wenn damit seit der Neuzeit humorvoll oder bissig böse die Demontage der Autoritäten betrieben wurde.[10] In der Moderne rückt das differenzbildende Potenzial des Zitats in den Blickpunkt, das akzentuiert oder vermittelnd eingesetzt wird. Die Betonung der Unterscheidung nützt Bertolt Brecht für den Verfremdungseffekt und Walter Benjamin, der via Zitat LeserInnen aktivieren und gegen eingeschliffene Einstellungen anschreiben will,[11] formuliert: „Zitate in meiner Arbeit sind wie Räuber am Weg, die bewaffnet hervorbrechen und dem Müßiggänger die Überzeugung abnehmen.“[12] Die Vermittlung hingegen zeigt an, dass die Grenze zwischen Eigenem und Fremdem zu erodieren beginnt[13] und kann als kritisches Gespräch zur „Begründung von Subjektivität“[14] gelesen werden, während die enorme Zunahme an Intertextualität in der Postmoderne auch das Subjekt dezentriert. Durch die Ersetzung des Narrators durch den Quotator lässt sich, wie im deutschen Poproman, auch Identität *und* Autorität stiften: „Durch die Möglichkeit, das eigene Ich zu konstruieren und zugleich die Zugehörigkeit zu einer bestimmten Szene sichtbar zu machen, funktioniert Zitieren als ein Konzept der Autoritätszuschreibung.“[15]

In den experimentellen Texten, die ich ausgewählt habe, sind die Zitate nicht in standardisierten Formaten ausgewiesen, aber klar als solche erkennbar und referieren auf normierende und normalisierende Macht. Identitäts- und Autoritätsstiftung sind nicht beabsichtigt. Damit die Redewiedergabe als ästhetisches Regime der Polizei zu einer Unterbrechung ihrer Ordnung und mithin zu Politik werden kann, muss die aufgerufene Ordnung mit ihren sozialen Kategorien unter eine egalitäre Prämisse gestellt werden, wie dies die hier ausgewählten Texte tun. Meine These ist, dass sie dazu vorherrschende Gegenüberstellungen, die soziale Gruppen homogenisieren und naturalisieren, aufgreifen und so bearbei-

9 Herman Meyer: Das Zitat in der Erzählkunst. Zur Geschichte und Poetik des Europäischen Romans. Stuttgart 1988, S. 23.

10 Meyer, S. 16 und 23.

11 Barnert, S. 36–37.

12 Walter Benjamin: Einbahnstraße. Hg. von Tillman Rexroth. (Gesammelte Schriften IV, 1). Frankfurt a. M. 1991, S. 85–148; hier S. 138.

13 Barnert, S. 36.

14 Barnert, S. 40.

15 Aletta Hinske: Ich ist ein Zitat. Zitieren als Mittel der Konstruktion und Dekonstruktion des erzählerischen Ich. Würzburg 2014, S. 319.

ten, dass verdeckte Zusammenhänge und Überschneidungen von Ungleichheitslagen sichtbar werden. Statt die Differenzierung und soziale Positionierung nach Geschlecht, Klasse oder Ethnizität zu privilegieren oder die Diskriminierung nach Determinanten von Alter oder Gesundheitszustand zu fokussieren, werden in dieser literarischen Bearbeitung des Autoritätszitats die spezifischen Überkreuzungen ausgeleuchtet. Meine Untersuchung richtet sich also nach der „Rangfolge von sozial Benachteiligten" ebenso wie nach Strukturen von „Machtallianzen",[16] die über Oppositionen von jung/alt, Mann/Frau, gesund/krank oder Herrschende/Beherrschte hinausgehen und die Bedingtheit für Möglichkeitsräume und Partizipation verschränkt ausweisen. Zugleich wird in Bezug auf die zentralen Strukturkategorien Kapitalismus, Patriarchat und Kolonialismus/Imperialismus gefragt, auf welche Weise die „polaren, hierarchisch gebundenen Positionen der Ungleichheit" literarisch gestaltet sind.[17] Anhand exemplarischer Arbeiten österreichischer Autorinnen werde ich zeigen, wie die den personalen Kategorien zugrunde liegenden diskriminierenden Systematiken aufgedeckt werden.

2 *Damenprogramm* von Margret Kreidl

Margret Kreidl adaptiert in ihren Arbeiten bekannte Gattungsmuster und komprimiert sie auf radikale Art und Weise. So fabriziert sie Minidramen,[18] Heimatromane als Trivialminiaturen[19] oder schrumpft Biographien US-amerikanischer Liebesromanschreiberinnen auf wenige Zeilen.[20] Auch im *Damenprogramm*[21] wird in monologischem und chorischem Sprechen ein Programm von und für Damen in extrem reduzierter Sprache vorgeführt. Mit dem Titel ist die vollzogene Aufteilung geschlechtlich und hinsichtlich Klasse markiert. Programm ist, wie Frauen, Darstellerinnen und Zuseherinnen, in individuellen Praktiken Damen

16 Regina Becker-Schmidt: „Class", „gender", „ethnicity", „race": Logiken der Differenzsetzung, Verschränkungen von Ungleichheitslagen und gesellschaftliche Strukturierung. In: Achsen der Ungleichheit. Zum Verhältnis von Klasse, Geschlecht und Ethnizität. Hg. v. Cornelia Klinger / Gudrun-Axeli Knapp / Birgit Sauer. Frankfurt a. M. / New York 2007, S. 56–83, hier: S. 58–59.

17 Cornelia Klinger: Überkreuzende Identitäten – Ineinandergreifende Strukturen. Plädoyer für einen Kurswechsel in der Intersektionalitätsdebatte. In: ÜberKreuzungen. Fremdheit, Ungleichheit, Differenz. Hg. v. Cornelia Klinger / Gudrun-Axeli Knapp. Münster 2008, S. 38–67, hier: S. 57.

18 Margret Kreidl: Grinshorn und Wespenmaler. 34 Heimatdramen. Wien 2001.

19 Margret Kreidl: Mitten ins Herz. Wien 2005, S. 5–25.

20 Kreidl: Mitten ins Herz, S. 26–42.

21 Margret Kreidl: Damenprogramm. Berlin o. J.

performen. Worauf dieses Vorhaben fußt und wie es konzipiert ist, wird im Paratext der Erstausgabe[22] zum Ausdruck gebracht:

> DAMENPROGRAMM
> Vier Frauen, ein Programm: die [sic] Frauen tragen die Namen bekannter Frauenzeitschriften – Brigitte, Carina, Petra und Tina – weil sie das Produkt guter Ratschläge sind.
> Jede Frau hat ihren Auftritt. Jede Frau hält ihren Monolog. Die anderen Frauen sind ihr Publikum. Alle Frauen gemeinsam wenden sich im Chor ans Publikum.[23]

Auf minimalistischer Bühne – es gibt nur Tisch und Stühle – geben die vier Frauen ihre Ratschläge weiter. Der Witz des Textes liegt in der restriktiven Umsetzung dieser Idee und der abwechslungsreichen Textkomposition. Dialoge gibt es nicht, da es nur um Benennung und Anleitung oder Aufruf geht, die Quellenzitate sind nicht verhandelbar. Was sie eint, sind Themen, die das Programm Dame beinhalten, das sich wesentlich vom Programm Mann oder Frau unterscheidet. Diese gender- und klassenspezifische Domestizierung wird in Szenen mit Titeln wie Fleisch, Natur, Weinen, Lächeln, Spiegel, Schnitt sprachlich sehr unterschiedlich gestaltet. Ein Beispiel für die Herstellung der Mittelschichtsfrau westlichen Zuschnitts ist das barocke Essen, wobei es durch Endreime, Assonanzen und Alliterationen mit teils zungenbrecherischen Lautfolgen verknüpft und ins Muster einer alphabetischen Reihung gepresst ist:

> CARINA Extrawurst. Entenbrust.
> TINA Frischlingsrücken. Fischkroketten. Fleischomeletten.
> PETRA Geselchtes. Garnelen. Grillforellen.
> TINA Fischrisotto. Faschiertes. Fischgulasch.
> Fleischtascherl. Fleischkrapfen. Froschschenkel.
> PETRA Gemsschlegel. Gänseleber.
> CARINA Jägerbraten.
> *Pause*[24]

Zum Ausdruck gebracht wird hier ein großes Repertoire an exquisitem Festtagsessen respektive Rezepttiteln, die heftig an die Sinne appellieren, auch wenn sie wie ein Inhaltsverzeichnis formatiert sind. In anderen Szenen findet sich die Einübung in das Damenprogramm in parataktischer Konstruktion. In dieser Form

---

22 Dieser Text fehlt im Abdruck des Stücks „Damenprogramm" in: Gustav Ernst / Karin Fleischanderl (Hg.) Zum Glück gibt's Österreich. Junge österreichische Literatur. Berlin 2003, S. 84–96.

23 Kreidl: Damenprogramm. Berlin o.J., S. 1.

24 Kreidl: Damenprogramm, S. 3.

werden Essstörungen als alltägliche Angelegenheit[25] oder die guten Eigenschaften in der Szene „Positiv" als monotone Selbstsuggestion ausgewiesen.[26] Auf besondere Weise reduziert ist der konkrete Text „Natur", der die phonetische und visuelle Dimension der Sprache akzentuiert.[27] Der Bewegungsablauf in der „frischen Luft" wird als äußerst reguliert dargelegt. So kommt der Text mit der Variation von nur sechs Wörtern aus, dessen Auswahl bezüglich Wortart, Phonetik und Lautlichkeit obendrein beschränkt ist. Auch die Art der Kombination manifestiert, dass die Aktivität im Freien in einem regelhaften Setting mit Anfangs- und Schlusseinheit absolviert wird. Die titelgebende Natur verkommt zur Kulisse, Brigitte steht auf dem Tisch:

> BRIGITTE Frische Luft.
> *Pause*
> BRIGITTE Bewegung, frische Luft.
> Bewegung im Freien, Bewegung.
> Frische Luft.
> Bewegung im Freien.
> Frische Luft, Bewegung, Bewegung.
> Im Freien, frische Luft, Bewegung.
> Bewegung im Freien, im Freien.
> Frische Luft. [...]
> *Pause*
> BRIGITTE Luft.
> *Pause*
> BRIGITTE Ruhe.[28]

Margret Kreidls Stück erforscht die Gegenwartsgesellschaft durch die Montage extrem reduzierter Zitate aus einem beschränkten Korpus von Schlagzeilen und Themen diverser Frauenzeitschriften. Die Einzelteile veranschaulichen in ihrer neuen, verfremdenden Anordnung Muster einer Zurichtung, die eine Verschränkung klar bestimmter Positionen von Geschlecht, Klasse und Ethnizität aufweist. Die sprechende und angesprochene Dame ist eine bürgerliche erwachsene Frau mitteleuropäischer Herkunft und hat sich und ihre Erscheinungsform in pausenloser Disziplin herzustellen. Diese Disziplinierung ist – bezüglich benötigter Ressourcen an Zeit und Geld – auf eine höhere Positionierung der Klasse ausgerichtet. Nicht schwierig ist es, hinter den Differenzsetzungen ökonomische Interessen zu sehen, die sich mit dem kulturellen Herrschaftsanspruch verbinden.

---

25 Kreidl: Damenprogramm, S. 5.
26 Kreidl: Damenprogramm, S. 9 – 10.
27 Kreidl: Damenprogramm, S. 14.
28 Kreidl: Damenprogramm, S. 14.

Die Tendenz zur „Versämtlichung", die Binnendifferenzierung negiert,[29] wird durch die Unterscheidung der vier Bühnenfiguren gebrochen, die zwar alle bei Rezepten, Fashion oder Schönheitsoperationen mitzureden haben, aber etwa bei den soft skills in der Szene „Job" durchaus verschiedene Kompetenzen nennen.[30] So finden sich entsprechend dem Zielpublikum der namengebenden Zeitschriften bei Carina Akzente auf Jugend, Flexibilität oder Innovation, während Brigitte Korrektheit oder Praxis vorweist. Besonderheiten lassen sich auch anhand der Monologe ausmachen und könnten auf Konstruktionen altersgemäßer Damenartigkeit verweisen: Fitness und Freundlichkeit bei Brigitte (70 Jahre) in den Szenen „Natur"[31] und „Lächeln",[32] psychologische Aspekte bei Petra (50 Jahre) in den Szenen „Kind"[33] und „Positiv",[34] Schminkanweisung und Autosuggestion in puncto Liebe und Sex durch Tina (30 Jahre) in den Szenen „Spiegel"[35] und „Liebe"[36] sowie Bulimie bei Carina (20 Jahre) in der Szene „Kotzen".[37] Für diese Lesart spricht ebenso die Szene mit dem Titel „Kalorien",[38] die die Ratschläge auch in ihrer körperlichen Gewalttätigkeit zum Ausdruck bringt: Carina wird nach den Kalorien diverser Obst- und Gemüsesorten geprüft und bei Wissenslücken geohrfeigt. Bei allen Unterschieden zeigt sich, dass sich dadurch nicht Handlungs- oder Bewegungsspielräume öffnen, sondern lediglich verschiedene Konzentrate psychischer und physischer Zurichtung dargestellt werden. Durch die radikale Reduktion auf isolierte Wörter oder knappe Hauptsätze sowie die Wiederholung lautlicher und syntaktischer Strukturen erzeugt diese Zitatmontage durchaus auch komische Wirkung und macht die von Markt und Gesellschaft beworbene „Dame" lächerlich.

3 *leibliches-weibliches* von Elfriede Gerstl

Auch Elfriede Gerstl ist in ihren Arbeiten kleinen Formen zugeneigt und Künstlerin der Subversion großer Worte und Formate. Ebenso wenig sind Chronologie

29 Becker-Schmidt, S. 64.
30 Kreidl: Damenprogramm, S. 8–9.
31 Kreidl: Damenprogramm, S. 14.
32 Kreidl: Damenprogramm, S. 7–8.
33 Kreidl: Damenprogramm, S. 16.
34 Kreidl: Damenprogramm, S. 9–10.
35 Kreidl: Damenprogramm, S. 5–6.
36 Kreidl: Damenprogramm, S. 12.
37 Kreidl: Damenprogramm, S. 5.
38 Kreidl: Damenprogramm, S. 10–12.

und Starre abgeschlossener Werke Sache der Autorin, die verstreute Texte unter neuen Aspekten wieder anders lesen lässt. Einem solchen Neuarrangement verdankt sich auch die Sammlung *leibliches-weibliches,* der acht Arbeiten aus den Jahren 1965–1982 zugeordnet sind und die unter dem programmatischen Titel *Wiener Mischung* erschienen ist.[39] In einigen dieser Texte sind Montagen von Zitaten strukturgebend, wobei die Sätze aus der Kanonliteratur oder Bruchstücke aus Alltagsdialogen in reduzierter Form gelistet sind. Sichtbar wird, wie hohe Literatur oder Sprichwörter Dispositionen und Handlungsmuster naturalisieren. Ebenso zeigt sich, dass die Strukturen auch in alltäglichen Interaktionen, wie zwischen Arzt und Patientin, reproduziert werden. Gerstls Verfahren des Verdichtens sind leicht durchschaubar und erscheinen wenig komplex, sodass die Aufteilungen umso schärfer zutage treten. Das Verschieben der Kategorisierungsgrenzen im Leseprozess, das stets mit einer Veränderung der Wertung einhergeht, wird von den Titeln der Sammlung und der Einzeltexte gelenkt. So ordnet Gerstl beispielsweise Zitate untereinander an, stellt ihnen eine Nummerierung voran und benennt vorneweg das Objektiv, durch das die 13 Punkte zu betrachten sind:

> im lichte des feminismus
> 1 bin weder fräulein weder schön
> kann ungeleitet nach hause gehen
> 2 grau guter freund ist alle theorie
> 3 gleich und gleich gesellt sich gern
> 4 do it yourself
> 5 von zeit zu zeit seh ich den alten gern
> 6 die axt im haus erspart den zimmermann
> [...]
> 13 was will das weib?[40]

Nachdem Zusammensetzung und Art der Anordnung unklar sind und beliebig wirken, ist der Titel für die Rezeption besonders bedeutsam. Er fordert dazu auf, die 13 Punkte, die vor allem aus zu Redewendungen geronnenen Goethe- und Schillerzitaten bestehen, unter einem feministischen Fokus zu lesen und die machtvollen Zuschreibungen zu hinterfragen. Als weibliche Kategorien werden Fräulein, Mutter, Gattin und Weib aufgegriffen, womit die Rolle der Frauen auf das

---

39 Elfriede Gerstl: Wiener Mischung. Linz / Graz 1982. Die hier verwendete Sammlung hält sich an die Erstausgabe: Elfriede Gerstl: leibliches-weibliches. In: Dies: Werke. Bd. 2, Behüte behütet, hg. von Christa Gürtler / Helga Mitterbauer. Wien 2013, S. 71–80.

40 Elfriede Gerstl: im lichte des feminismus. In: Dies.: Werke. Bd. 2, Behüte behütet, hg. von Christa Gürtler / Helga Mitterbauer. Wien 2013, S. 73.

Familiale und Private, auf die Sphäre der Reproduktion festgelegt ist. Bei den Männern sind die Bereiche wesentlich erweitert. Neben dem Ehemann finden sich diverse Berufsgruppen, Wissenschaftler, Handwerker, Krieger, und die zwei religiösen Protagonisten Teufel und Gott. Die Art der Wertung und des Handlungsspielraums von Mann und Frau ist wesentlich von Klasse, Alter, Aussehen und Stand abhängig und drückt sich auch darin aus, wer die sprechende und wer die angesprochene Figur ist. Während Gretchen selbst zu Wort kommt und auf ihre niedrige Position aufmerksam macht, ist das „weib" als Objekt in einer Frage abgestellt. In diesem Freud-Zitat wird die in der Auflistung vorgenommene Differenzierung homogenisiert. Markig platziert bildet die Frage, die allen Frauen ein gleiches Wollen unterstellt und an alle Männer gerichtet ist, den Schluss des Textes.

Die Autorin hat in diesem Text durch Titel, Auswahl und Anordnung der Zitate in die gängige Aufteilung des Sinnlichen eingegriffen, ohne das Ausgangsmaterial zu verändern. Anders geht Gerstl mit den Redewendungen im ältesten Text der Sammlung um, der den Titel *vögelfrei. eine spruchsammlung* (1965) trägt. Durch den Kunstgriff, mit dem Begriff „vögeln" Verben zu ersetzen oder Zitate zu ergänzen, werden die didaktischen Implikationen unterwandert und hierarchisierende Gesellschaftsstrukturen aufgelöst:

> 1 nur ein viertelstündchen
> vögeln
> 2 stetes vögeln höhlt den stein
> 3 doppelt gevögelt hält besser
> 4 wer schnell vögelt vögelt doppelt
> 5 wenn zwei vögeln freut sich der dritte
> 6 er kann nicht bis drei vögeln
> 7 von zeit zu zeit seh ich den alten gern
> vögeln
> [...][41]

Die meisten der Zitate, die den Sätzen zugrunde liegen, regeln den sozialen Umgang und setzen Werte fest, die Personen nach Fleiß, Ausdauer, Tüchtigkeit oder schulischen Kompetenzen skalieren bzw. aussondern. Die konventionelle Herkunft der Lied-, Literaturzitate und Redensarten, selbstredend auch Gott als „der Alte" im Mephisto-Zitat, widerstrebt der Überschreibung. Grund dafür ist die bezeichnete Handlung selbst als auch die Expansion von Sexualität in alle Bereiche des Lebens und Denkens, zudem die Konnotation des gewählten Aus-

41 Elfriede Gerstl: vögelfrei. eine spruchsammlung. In: dies: Werke. Bd. 2, Behüte behütet, hg. von Christa Gürtler / Helga Mitterbauer. Wien 2013, S. 78.

drucks, die Sex mit etwas Heiterem und Gleichberechtigtem verknüpft. Im fröhlichen Geschlechtsakt, der alle Handlungen und Taten ersetzt oder ergänzt, verlieren auch die Sektionen mit ihren Machtimplikationen an Bedeutung. Die Polizei des Zitats ist entwaffnet.

Von einer solchen Unbeschwertheit weit entfernt ist jener Text, der aus dem Jahr 1982 stammt:

> jawohl, herr doktor: eine auswahl medizinischer fundstücke
> 1. sie sind nicht der erste uterus, den ich seh ...
> 2. sie nehmen schön die progynon und kommen ...
> tuns nicht so viel fragen
> 3. mit jedem dreck kommens gleich daher
> 4. sie sind doch eine erwachsene frau, sie hätten doch eine veränderung beobachten müssen
> 5. sie beobachten sich halt zuviel
> 6. weg mit dem uterus, sag ich, sie brauchen doch gar keinen mehr
> 7. wenn sie den uterus entfernt haben wollen, würd ich ihnen raten es niemandem zu erzählen [...][42]

Während im Titel die Adressatin der Sprechakte selbst zu Wort kommt, wird in den 14 Absätzen nur der Arzt zitiert. Seine Antworten, Kommentare und Ratschläge machen die Anliegen des Gegenübers lächerlich: die Angst vor dem Zahnziehen, die Bedenken gegen Medikamente oder die Entfernung der Gebärmutter, den Willen nach Auskünften bis hin zum Wunsch, Röntgenbilder ausgehändigt zu bekommen. Die Aussagen sind konzeptionell mündlich verfasst, wirken flott dahingesagt und stehen mit der Schwere der Angelegenheit, wie sie sich für die Adressatin darstellt, in scharfem Kontrast. Außerdem widersprechen sie sich, wenn kritisiert wird, dass sich die Patientin zu viel bzw. zu wenig beobachte, dass die Operation etwas Naheliegendes sei, worüber leicht gesprochen werden könne, das aber dennoch besser zu verschweigen wäre. Durch konzeptionelle Mündlichkeit und Inkohärenz wird der Dialog veralltäglicht und die Beziehung zwischen Facharzt und Patientin entprofessionalisiert. Außerdem wird durch die soziale Positionierung der DialogpartnerInnen – die Angesprochene ist weiblich und krank, der Sprecher männlich, gesund und ordinierender Facharzt – eine extreme Ungleichheit bezeugt. Sowohl in der „Ordnung der Dinge“, die regelt, wie die Körper Sachen hervorbringen, als auch in der „Ordnung des Lebens“, die auf

42 Elfriede Gerstl: jawohl herr doktor: eine auswahl medizinischer fundstücke. In: dies: Werke. Bd. 2, Behüte behütet, hg. von Christa Gürtler / Helga Mitterbauer. Wien 2013, S. 80.

die Reproduktion der Körper abzielt,[43] führt eine solche Kombination objektiver und subjektiver Merkmale zur Stillstellung und Verstummung, die hier durch die einseitige Wiedergabe eines Dialogparts zusätzlich zum Ausdruck kommt. Wie bei Texten konzeptueller Kunst ist der Bezug zum Referenten verwischt: „Unmöglich zu entscheiden, ob sie sich auf eine Wirklichkeit [...] beziehen oder ob sie sich einer rein literarischen, von der Referenz gereinigten Sprache bedienen.“[44] Es ist aber auch nicht von Belang, ob ein Herr Doktor diese Sätze tatsächlich ausgesprochen hat.

4 *Nach Nora* von Elfriede Jelinek

Mit dezidierten Wirklichkeitsbezügen arbeitet hingegen Elfriede Jelinek in verschiedenen Texten, die auf ihrer Homepage frei zugänglich sind. In ihrem Stück *Die Schutzbefohlenen*[45] über Flucht und Aufnahmegesellschaft nimmt sie auf konkrete Flüchtlingsproteste im Jahr 2012 gegen unwürdige Bedingungen im Flüchtlingslager Traiskirchen Bezug. Auch der Text *Singen. Tanzen.Schreien*[46] stellt durch Text und Fotos explizit den Zusammenhang zu realen politischen Ereignissen her, hier zur Punkband Pussy Riot und deren Verhaftung in Moskau. In *Nach Nora*[47] wird der Realitätsbezug nicht nur fotografisch, sondern auch über den Verweis auf die wichtigste Zitatquelle hergestellt, das Interview mit dem H&M-Vorstandschef und -Miteigentümer Karl-Johan Persson. Indem dieses Gespräch am Ende des Stücks als „Teilhaber: Der Spiegel“ angeführt ist, wird das Autoritätszitat, das Aussagen des Firmenchefs wiedergibt, klar als wirtschaftliche Instanz aufgerufen. Durch Erweiterung und Bearbeitung der Zitate wird im postdramatischen Fluss eine intersektionelle Dimension eröffnet, die hier exemplarisch dargelegt wird.

Ein Jahr nach der Kontrolle einer ostasiatischen Textilfabrik, bei der festgestellt wurde, dass Feuerlöscher unzugänglich waren, brach ein Brand aus, bei

43 Cornelia Klinger: Überkreuzende Identitäten – Ineinandergreifende Strukturen. Plädoyer für einen Kurswechsel in der Intersektionalitätsdebatte. In: ÜberKreuzungen. Fremdheit, Ungleichheit, Differenz. Hg. v. Cornelia Klinger / Gudrun-Axeli Knapp. Münster 2008, S. 38 – 67; hier S. 43.

44 Patrick Greaney: Nachwort. In: Robert Fitterman / Vanessa Place: Covertext: Anmerkungen zu Konzeptualismen. Berlin 2013, S. 80 – 85, hier S. 81

45 Elfriede Jelinek: Die Schutzbefohlenen. 2013. URL: http://www.elfriedejelinek.com/fschutzbefohlene.htm (letzter Zugriff: 05.12.2017).

46 Elfriede Jelinek. Singen. Tanzen.Schreien 2012. URL: http://www.elfriedejelinek.com/fpussy.htm (letzter Zugriff: 05.12.2017).

47 Elfriede Jelinek: Nach Nora. 2013. URL: http://www.elfriedejelinek.com/fnachnora.htm (letzter Zugriff: 05.12.2017).

dem 21 Personen ums Leben kamen. Auf die Frage, warum der Konzern dort weiterproduzieren ließ, antwortet Persson im Spiegelinterview:

> Persson: [...] Wir trennen uns erst von unseren Zulieferern, wenn sie bei einer zweiten Kontrolle auffallen. Vielleicht hätten wir in diesem Fall besser prüfen müssen. Aber hätten wir diese Fabrik verlassen sollen? Ich glaube nicht, das hätte niemandem genutzt. Weil die Fabrik signalisiert hat, dass sie die Situation verbessern will, haben wir sie nach dem Unglück häufiger besucht.[48]

In *Nach Nora* findet sich der zuerst rechtfertigende, dann selbstgefällige Gestus des Interviewten im Zusammenhang mit dieser Aussage wiederholt und gedreht, variiert und ergänzt wieder:

> Schon immer wollten wir uns von unseren Zulieferern trennen, schon immer wollten wir sie bei einer zweiten Kontrolle auffliegen lassen. Schon immer hätten wir in gerade diesem und dann einem anderen Fall besser prüfen müssen. Schon immer hätten wir diese Fabrik verlassen sollen, aber das hätte niemandem genützt. Dafür konnten andere die Fabrik dann nicht mehr verlassen. So gleicht sich alles aus, und die Gegenwart dieser von Mauertrümmern, von einem ganzen Haus, das über sie kam, zerschmetterten Frauen kann an die Vergangenheit überwiesen werden wie ihr Lohn nicht mehr.[49]

Während im Spiegelinterview die Zeitebenen Gegenwart und Zukunft dominieren und sich auf Konzern und Fabrik beziehen, stellt Jelinek die Absurdität der Verhältnisse entlang der Achsen der Ungleichheit hinsichtlich Kapital/Arbeit, Mann/Frau, wir/sie heraus. Die zentrale Grenze wird existentiell und zwischen lebend und tot, Vergangenheit und Gegenwart der Arbeiterinnen ausgemacht. Statt aufzudecken, dass es den toten Näherinnen sehr wohl „genützt" hätte, wenn die Fabrik vom Konzern verlassen worden wäre, unterbricht die Autorin abrupt die anaphorische Struktur mit der wiederholten Temporalangabe „schon immer" und führt das Zitat mit dem irritierenden Pronominaladverb „dafür" fort, das auf eine Gegenleistung bzw. ein Tauschverhältnis verweist. Der konstatierte Ausgleich kann nur in der Konzernbilanz stattfinden, in der Realität ist die Verbindung zwischen Konzernführung und Näherinnen, von Vergangenheit zur Zukunft durch den Tod der Arbeiterinnen gekappt.

Neben Chef und Arbeiterinnen ist für die Figurenkonstellation des Textes noch eine andere Gruppe konstitutiv. Die in postkolonialen Produktionsverhältnissen arbeitende weibliche Unterschicht aus Bangladesh setzt Jelinek mit pro-

---

48 Janko Tietz / Susanne Amann: Spiegelgespräch. „Konsum ist etwas Gutes". 8.7.2013. URL: http://www.spiegel.de/spiegel/print/d-102241678.html (letzter Zugriff: 05.12.2017).

49 Elfriede Jelinek: Nach Nora. 2013. URL: http://www.elfriedejelinek.com/fnachnora.htm (letzter Zugriff: 05.12.2017).

totypischen KonsumentInnen aus den kolonisierenden Ländern in Beziehung, wie sich exemplarisch an der folgenden Stelle zeigen lässt:

> So. Diese Näherinnen bleiben hier. Erschlagen, verbrannt, kaputt, ausgebrannt, neu eingeschraubt. So können sie nicht mehr auf die Straße. So wollen Sie auf die Straße? Würde ich nicht tun an Ihrer Stelle. Schon immer wollten wir diese Situation verbessern, daß Sie so auf die Straße gehen. Schon immer hat diese Fabrik signalisiert, daß sie die Situation für die Arbeiterinnen verbessern wollte. Doch sie tut nichts, verbessert bloß Ihre Situation. Schon immer wollten wir diese Fabrik häufiger besuchen und kontrollieren, aber vorher. Jetzt ist nichts mehr da, das wir besuchen könnten.[50]

Weil die Personalpronomen keine klare Referenz aufweisen, ist nicht offensichtlich, über wen oder mit wem gesprochen wird. „So können sie nicht mehr auf die Straße." KonsumentInnen oder Näherinnen? „So wollen Sie auf die Straße?" KonsumentInnen oder Näherinnen? Diese sprachliche Überlappung von Formen (weiblicher) Unterschicht, die einmal postkolonialer Art ist, ein anderes Mal die Subjektseite beschreibt, stellt einen wichtigen, Ungleichheit produzierenden Zusammenhang des kapitalistischen Systems dar. Zwingend dafür ist die Hierarchie der Anordnung, die nicht nur zwischen Chef und Arbeiterinnen, zwischen West und Ost, sondern auch im Konsumentensektor vorherrscht. Solche Ungleichheitsstrukturen werden über herzustellende „Niemande" in den Text geflochten, die um die Wirkung ihres Körpers besorgt sind und nur wenig Geld für ihre Konsumbedürfnisse zur Verfügung haben. Im folgenden Ausschnitt etwa transformiert Jelinek die von Persson auf die Konsumenten verlagerte Verantwortung in eine Verlagerung der Schuld. Dazu wird eine zentrale Stelle des Glaubensbekenntnisses aufgegriffen:

> Was, Sie hätten lieber, da Sie eh keiner liebhat, daß Ihre Baumwolle veraltet, womöglich vorzeitig, und zwar damit Sie sich etwas Neues kaufen können? Sehen Sie, dann sind Sie auch schuld. Der Konsument ist schuld. Er nimmt uns das ab. Er nimmt uns die Schuld ab. Dafür macht er Schulden. Er nimmt uns das alles ab. Durch seine Schuld, durch seine Schuld, durch seine übergroße Schuld. Und abnehmen könnten Sie selber auch! Sonst passen Sie nicht in unsere neuen Strand-Shorts.[51]

Die Gruppe der unteren Einkommensschicht, die bereits am Anfang des Dramas adressiert wird, findet sich auch in Passagen, die aus kanonischen Quellen der Literatur zitieren, wie Kafkas Türhüterlegende oder Dario Fos Theaterstück *Bezahlt wird nicht!*. Darin zeigt die Autorin nicht nur, wie die subjektivierende Zu-

50 Jelinek: Nach Nora.
51 Jelinek: Nach Nora.

richtung funktioniert – „es zählt vor dem Türhüter nur, wie Sie aussehen"[52] – sondern insbesondere, dass erprobte Möglichkeiten der Politik durch die ausgeblendeten Zusammenhänge verschieden unterdrückter Massen ausgehebelt sind. Jelinek führt die getrennten Bereiche durch Zitatvariationen und Homonyme wieder zusammen. Sie lässt davon sprechen, dass *Massen* früher Politik gemacht haben, dass *Massen* jetzt sterben und *Massen* nicht viel bezahlen wollen. Sie kombiniert die Sphäre der Produktion und Konsumtion durch ähnliches Wortmaterial: Geld zahlen und drauf*zahlen*. Durch die gleichen Lautungen und die verschiedenen Bedeutungen werden Zusammenhänge und Differenzen gleichzeitig in den Blick gerückt.

5 Fazit

Was lässt sich nun nach den Einblicken in die Texte der drei Autorinnen über deren Politik des Zitats sagen? Hinsichtlich der Quelle fällt die Dominanz von Alltagsäußerungen auf, die aus Gesprächen oder Zeitungen stammen. Auch bei der Transformation werden Zitate in ihrer Veralltäglichung ausgestellt, etwa als Konvention von Schönheitsoperationen, literarische Spuren in einer Spruchsammlung oder als neoliberale Alltagsweisheiten. Damit werden Mechanismen und Vorherrschaft kapitalistischer und bürgerlicher Wahrnehmungskonventionen vorgeführt. Also wird weniger das Zitationssubstrat der Quelle unterwandert als deren Polizeistatus: die Ratgeberkultur bei Kreidl, die traditionellen Autoritätshoheiten bei Gerstl, die Deutungsmacht der Marktführer bei Jelinek. Radikal in der Bearbeitung sind alle gewählten Beispiele darin, dass sie mit dem Ausgangsmaterial sehr reduzierend verfahren. Es sind immer nur wenige Wörter oder Sätze, die wiedergegeben werden, wodurch die zitierten Äußerungen plakativ wirken. Durch Kombinationsregeln und Paratexte werden Rezeptionsaufforderungen vermittelt, die die machtvollen Imperative der gewohnten Ordnungen bloßlegen. Gerstl setzt dazu Überschriften ein, die die Deutung in ein Korsett zwingen, arbeitet aber auch mit Widersprüchen in kommentarlosen Aneinanderreihungen, die Fragen aufwerfen. Auch Kreidl arbeitet mit verknappten aneinander montierten Versatzstücken, deren Zusammenhang und Kritik in dem Bezug auf Szene- und Stücktitel erst hergestellt werden müssen. Bei Jelinek betrifft die Reduktion die Auswahl an Wortmaterial, was in den abgewandelten Wiederholungen einen klagenden Rhythmus hervorbringt. Die Eingriffe in die Aufteilungen des Sinnlichen werden insbesondere über den verschwenderischen

52 Jelinek: Nach Nora.

Einsatz von Homonymen bewerkstelligt, die die Zitate sukzessive abändern und vom Interview weg zu unausgesprochenen Aspekten des Themas wie Marketingstrategien führen. Die Zitate werden dabei nicht markiert, sondern in den Text verwoben.

Bei allen Beispielen bleibt das Zitierte jedoch an der Oberfläche, wird mit seiner Herkunft erfasst und macht die regulierende und normalisierende Macht der Quelle, der Polizei Rancièrs, deutlich. Statt identitäts- oder autoritätsstiftend zu wirken – so verbreitete Funktionen des Zitats in der Literaturgeschichte –, werden durch Reduktion und intertextuelle Komposition eher in der Tradition Brechts Entfremdungen erzeugt und im Sinn Benjamins LeserInnen bei ihrer Lektüre und in ihren Gewohnheitsvorstellungen aufgerüttelt. Die Kritik, die in den Texten angelegt ist und lesend realisiert werden muss, ist scharf und erlaubt keine Distanziertheit. Sie wird zum Werkzeug der Intersektionalität, das im Sinn von Binder und Hess „das Verständnis von Herrschafts- und Machtverhältnissen zu komplizieren sowie zu differenzieren" vermag, indem institutionell, repräsentativ und praktisch gefestigte Formen von Macht und Ungleichheit erschüttert werden.[53] Im Fokus stehen Komplizierungen von Zurichtungsformen mittelständischer Frauen oder von Konsumentinnen, Differenzierungen zu nicht mehr reproduktionsfähigen, kranken Frauen, aber auch Verschränkungen von Ungleichheitslagen im Kontext globaler Konzernketten.

Zugleich wird die binäre hierarchisch-herrschaftliche Konditionierung nicht ausgespart oder verwischt,[54] sondern von allen drei Autorinnen unmissverständlich zum Ausdruck gebracht. Kreidl spart bei Figuren und Adressaten nicht nur Männer, sondern auch Frauen der Unterschicht aus, sodass das Resultat „Dame" mit einer distinkten Positionierung nach unten zusammenfällt. Gerstl realisiert diese machtvolle Skala in der monologischen Reihung von Autoritätszitaten, deren Polizeidiktate über die Rezeption subvertiert werden. Und Jelinek führt diese grundlegende Ordnung durch die Anlage der Personalpronomen vor (wir vs. sie bzw. Sie), die die Konzernführung über verschieden benachteiligte Gruppen platziert und immer von neuem inthronisiert. Die „‚player' im Spiel von Differenzen" sind also nicht frei flottierend,[55] sondern werden im fragmentierten Zitat ausgestellt. Wie in Walter Benjamins Kraus-Lektüre zu lesen ist, stellt ein solches Verfahren den entscheidenden Zusammenhang her: Das Zitat „ruft das Wort beim Namen auf, bricht es zerstörend aus dem Zusammenhang, eben damit

---

53 Beate Binder / Sabine Hess: Intersektionalität aus der Perspektive der Europäischen Ethnologie. In: Intersektionalität Revisited. Empirische, theoretische und methodische Erkundungen. Hg. v. Sabine Hess / Nikola Langreiter / Elisabeth Timm. Bielefeld 2011, S. 15–52, hier S. 39.
54 Klinger: Überkreuzende Identitäten, S. 57.
55 Klinger: Überkreuzende Identitäten, S. 57.

aber ruft es dasselbe auch zurück an seinen Ursprung."[56] Damit wird die polizeiliche Ordnung für die Reisen „in die Tiefen der Gesellschaft" und die „Hermeneutik des Gesellschaftskörpers"[57] nicht ausgespart und ersetzt, sondern erweist sich für die Politik als konstitutiv. Im intersektionalen Blick wird sie lächerlich oder untragbar.

Literaturverzeichnis

Barnert, Arno: Mit dem fremden Wort. Poetisches Zitieren bei Paul Celan. Frankfurt a. M. / Basel 2007.

Becker-Schmidt, Regina: „Class", „gender", „ethnicity", „race": Logiken der Differenzsetzung, Verschränkungen von Ungleichheitslagen und gesellschaftliche Strukturierung. In: Achsen der Ungleichheit. Zum Verhältnis von Klasse, Geschlecht und Ethnizität. Hg. v. Cornelia Klinger / Gudrun-Axeli Knapp / Birgit Sauer. Frankfurt a. M. / New York 2007, S. 56–83.

Benjamin, Walter: Einbahnstraße. Hg. v. Tillman Rexroth. (Gesammelte Schriften IV, 1). Frankfurt a. M. 1991, S. 85–148.

Benjamin, Walter: Karl Kraus. Hg. v. Rolf Tiedemann / Hermann Schweppenhäuser. (Gesammelte Schriften II, 1). Frankfurt a. M. 1991, S. 334–367.

Binder, Beate / Sabine Hess: Intersektionalität aus der Perspektive der Europäischen Ethnologie. In: Intersektionalität Revisited. Empirische, theoretische und methodische Erkundungen. Hg. v. Sabine Hess / Nikola Langreiter / Elisabeth Timm. Bielefeld 2011, S. 15–52.

Ernst, Gustav / Karin Fleischanderl: Vorwort. In: Zum Glück gibt's Österreich. Junge österreichische Literatur. Hg. v. dens. Berlin 2003, S. 7.

Ernst, Gustav / Karin Fleischanderl (Hg.): Zum Glück gibt's Österreich. Junge österreichische Literatur. Berlin 2003.

Gerstl, Elfriede: leibliches-weibliches. In: dies: Werke. Bd. 2, Behüte behütet, hg. von Christa Gürtler / Helga Mitterbauer, Wien 2013, S. 71–80.

Greaney, Patrick: Nachwort. In: Robert Fitterman / Vanessa Place: Covertext: Anmerkungen zu Konzeptualismen. Berlin 2013, S. 80–85.

Hinske, Aletta: Ich ist ein Zitat. Zitieren als Mittel der Konstruktion und Dekonstruktion des erzählerischen Ich. Würzburg 2014.

Jelinek, Elfriede: Singen. Tanzen.Schreien 2012. URL: http://www.elfriedejelinek.com/fpussy.htm (05.12. 2017).

Jelinek, Elfriede: Die Schutzbefohlenen. 2013. URL: http://www.elfriedejelinek.com/fschutzbefohlene.htm (letzter Zugriff: 05.12.2017).

Jelinek, Elfriede: Nach Nora. 2013. URL: http://www.elfriedejelinek.com/fnachnora.htm (letzter Zugriff: 05.12.2017).

---

56 Walter Benjamin: Karl Kraus. Hg. von Tillman Rexroth. (Gesammelte Schriften II, 1). Frankfurt a. M. 1991, S. 334–367, hier S. 363.

57 Rancière: Politik der Literatur, S. 35.

Klinger, Cornelia / Gudrun-Axeli Knapp / Birgit Sauer (Hg.): Achsen der Ungleichheit. Zum Verhältnis von Klasse, Geschlecht und Ethnizität. Frankfurt a. M. / New York 2007.

Klinger, Cornelia: Überkreuzende Identitäten – Ineinandergreifende Strukturen. Plädoyer für einen Kurswechsel in der Intersektionalitätsdebatte. In: ÜberKreuzungen. Fremdheit, Ungleichheit, Differenz. Hg. v. Cornelia Klinger / Gudrun-Axeli Knapp. Münster 2008, S. 38 – 67.

Kreidl, Margret: Damenprogramm. Berlin o. J.

Kreidl, Margret: Grinshorn und Wespenmaler. 34 Heimatdramen. Wien 2001.

Kreidl, Margret: Mitten ins Herz. Wien 2005.

Meyer, Herman: Das Zitat in der Erzählkunst. Zur Geschichte und Poetik des Europäischen Romans. Stuttgart 1988.

Rancière, Jacques: Die Aufteilung des Sinnlichen. Die Politik der Kunst und ihre Paradoxien. Berlin 2006.

Rancière, Jacques: Politik der Literatur. Wien 2011.

Reitzer, Angelika (Hg.): Sehnsucht und Revolution. Wie im echten Leben. Wien 2014.

Tietz, Janko/Susanne Amann: Spiegelgespräch. „Konsum ist etwas Gutes“. 8. 7. 2013. http://www.spiegel.de/spiegel/print/d-102241678.html (letzter Zugriff: 05. 12. 2017).

Michael Navratil

Jenseits des politischen Realismus. Kontrafaktik als Verfahren politischen Schreibens in der Gegenwartsliteratur (Juli Zeh, Michel Houellebecq)

1 Politischer Realismus versus fantastischer Eskapismus?[1]

Als Swetlana Alexijewitsch im Oktober 2015 der Nobelpreis für Literatur zuerkannt wurde, mischte sich in die freudigen Stimmen derer, die hier eine zeitgenössische Manifestation der allzu oft totgesagten politischen Literatur zurecht nobilitiert sahen, ein Misston: Die *Zeit*-Literaturkritikerin Iris Radisch zollte den dokumentarischen Arbeiten Alexijewitschs über das Ende der Sowjetunion zwar Respekt, wollte ihnen einen Status als genuin literarische Werke aber nicht zugestehen: Zu wenig ästhetisch überformt seien Alexijewitschs Texte, zu unmittelbar sei hier das dokumentarische Material wiedergegeben.[2] Radischs Vorbehalt gegenüber Alexijewitschs Werk ließe sich zuspitzen zu der These: zu viel Realismus, ergo: keine richtige Kunst.

Aufgerufen wird damit das alte Problemverhältnis von Politik, Literatur und Fiktionalisierung – im Sinne der freien Formungsmöglichkeiten künstlerischer Medien –, eine spannungsreiche Trias, aus der bei gleich welcher Paarung stets einer der drei Begriffe auszuscheren scheint. Wird politisch relevante Literatur verfasst – wie man es im Falle von Alexijewitschs Texten gewiss behaupten kann –, so drohen die freien Möglichkeiten literarischer Fiktionalisierung verlorenzugehen, also die Möglichkeiten zu einer von der empirischen Realität unbeschränkten literarischen Erfindung und Formung;[3] beruft sich Literatur hingegen

---

1 Die in diesem Aufsatz präsentierten Überlegungen stehen im Kontext meines Dissertationsprojekts zur Theorie, Ästhetik und Politik der Kontrafaktik in der deutschsprachigen Gegenwartsliteratur (Christian Kracht, Kathrin Röggla, Juli Zeh, Leif Randt).

2 Iris Radisch: Plötzlich ist jeder Text ein Kunstwerk. Was ist falsch an der Vergabe des diesjährigen Literaturnobelpreises? In: Die Zeit (15. Oktober 2015).

3 Exemplarisch sei hier eine Aussage Marcel Reich-Ranickis zur engagierten Literatur im *Literarischen Quartett* vom 15. Mai 1990 angeführt: „Wenn Ihnen ernsthaft an der politischen Wirkung der Literatur gelegen ist, müssen Sie eine Literatur fordern und erwarten, die verständlich ist für eine möglichst große Zahl von Menschen. Wenn sie für eine Masse der Leser verständlich sein soll,

https://doi.org/10.1515/9783110568561-020

auf ihre Lizenzen zur freien Fiktionalisierung, so scheint der erkennbare Bezug auf die reale politische Sphäre gefährdet. (Und politische Fiktionen außerhalb der Literatur fallen naturgemäß nicht in den Bereich der Literaturwissenschaft.) Ein unkünstlerischer Abbildungsrealismus einerseits und ein politisch unverantwortlicher Eskapismus andererseits erscheinen mithin als die beiden Gefährdungen politischen Schreibens.

Nimmt man die deutschsprachige Literatur in der zweiten Hälfte des 20. Jahrhunderts in den Blick, so scheint sich diese problematische Alternative – politischer Realismus versus fantastischer Eskapismus – anhand der realen literaturhistorischen Befunde zunächst zu bestätigen: Eine besonders wirkmächtige Möglichkeit der Kopplung zwischen politischer Realität und künstlerischem Schaffen lässt sich an der ‚engagierten Literatur' der Nachkriegszeit beobachten, deren herausragende Vertreter sich in ihren Werken eben vorwiegend in realistischer Manier auf die eigene Gegenwart bezogen. Überhaupt scheint die Frage des politischen Schreibens in der Nachkriegsliteratur und teils noch über die Jahrtausendwende hinaus eng an Fragen des literarischen Realismus gebunden: Man denke an die politische Linie und ästhetischen Präferenzen der Gruppe 47, an den deutsch-deutschen Literaturstreit im Jahre 1990 – mit Ulrich Greiners doppelter Abwehr sowohl der ‚Gesinnungsästhetik' als auch des bleiernen Realismus der Nachkriegszeit – und selbst noch an die von Matthias Politycki und Kollegen im Jahre 2005 in der *Zeit* initiierte Diskussion um den ‚Relevanten Realismus'. Zwar bedürfen diese poetologischen Positionen im Detail zweifellos der Differenzierung; nichtsdestoweniger könnte man die These aufstellen, dass der hier zur Debatte stehende politische Moralismus jeweils an eine im engeren Sinne realistische,[4] will sagen: sich mimetisch an die eigene Zeit anlehnende Ausprägung des Realitätsbezugs gebunden ist, dass man es hier also mit – freilich sehr verschiedenen – Ausprägungen eines ‚politischen Realismus' zu tun hat. Der äs-

darf sie neue künstlerische Mittel nicht verwenden." Das Literarische Quartett, Gesamtausgabe aller 77 Sendungen von 1988 bis 2001. 3 Bde. Red. Peter Just. Berlin 2006, Bd. 1, S. 258.

4 Der Begriff ‚Realismus' lässt bekanntlich sehr unterschiedliche Füllungen zu. Ich beziehe mich im Folgenden bei der Nennung des Begriffs auf dessen fiktionstheoretische Aspekte der Referenz und Korrespondenz, auf die Frage also, in welchem Entsprechungs-, Ähnlichkeits- oder Bezugsverhältnis Aussagen in fiktionalen Texten zu Sachverhalten in der realen Welt stehen. Realistisch wäre ein literarisches Werk also dann, wenn seine Textaussagen einen Referenten in der realen Welt haben oder – was sehr viel häufiger der Fall sein dürfte – prinzipiell haben könnten. Nicht unter diesen Realismus-Begriff fallen nicht-mimetische Genres wie Science Fiction, Fantasy oder Alternativgeschichte.

thetische Gestaltungswille dieses Formen des politischen Realismus allerdings wurde immer wieder in Zweifel gezogen.[5]

Die Charakterisierung der politischen Literatur der Nachkriegszeit als politischer Realismus scheint sich *ex negativo* auch anhand jener literarischen Entwicklungen zum Ende des vergangenen Jahrhunderts zu bestätigen, die sich ihrerseits dezidiert von der politischen Nachkriegsliteratur abzugrenzen suchten: Die Autorinnen und Autoren der ‚Wiederkehr' oder ‚Renaissance des Erzählens'[6] seit den 1980er Jahren – etwa Patrick Süßkind, Robert Schneider oder Christoph Ransmayr –, die Autorinnen des sogenannten ‚Fräuleinwunders', die Autoren der neuen deutschen Popliteratur bis hin zu zeitgenössischen Bestsellerautoren wie Helmut Krausser oder Daniel Kehlmann wandten sich dezidiert sowohl vom politischen Moralismus als auch von der häufig als provinziell-nachkriegsdeutsch und ästhetisch mutlos empfundenen Formkonzeption eines politischen Realismus ab und suchten stattdessen den Schulterschluss mit den ästhetischen Entwicklungen einer internationalen, vor allem englischsprachigen Moderne und Postmoderne, mit ihrem sehr viel stärkeren Nachdruck auf Lesbarkeit, Unterhaltsamkeit, aber auch ihren größeren Lizenzen zur literarischen Erfindung, etwa im Historischen Roman, in Fantasy und Science Fiction oder im Magischen Realismus südamerikanischer Prägung (in Genres also, bei denen man in Deutschland oftmals das *Hautgout* des Trivialen wahrzunehmen meinte). Aus dem bisher Ausgeführten ergibt sich somit das Bild einer deutschen Nachkriegsliteratur, die sich, zumindest in ihren dominanten und seinerzeit populärsten Manifestationen, durch politisches Engagement, bleiernen Realismus und fehlenden Mut zu ‚farbigem Erzählen' auszeichnet, während die Nachwendeliteratur erzählfreudig, ‚lesbar', unterhaltend, dabei aber weitgehend apolitisch ist.

Derartige literaturhistorische Grobeinteilungen provozieren unvermeidlich Widerspruch: So wird man gewiss weder die gesamte politische Nachkriegsliteratur sinnvoll unter das Label des politischen Realismus subsummieren können – man denke an den Magischen Realismus im Werk von Günter Grass, an die Lyrik Paul Celans oder an die dokumentarischen Arbeiten Hubert Fichtes –, noch

5 Vgl. exemplarisch Heinz Schlaffer: Die kurze Geschichte der deutschen Literatur. München / Wien 2002, S. 146–152. Dort heißt es: „Beim einen wie beim anderen Typus der deutschen Literatur nach 1945, dem offenen wie dem verdeckten Moralismus, blockiert die Angst vor der Verführung durch die Phantasie (denn wer weiß, wohin sie wieder führen könnte?) das eigentliche ästhetische Vermögen. Undeutbare Geschichten, befremdliche Bilder, riskante Gedanken, unvorhersehbare Experimente in einer entfesselten Sprache [...] muß der Leser der deutschen Gegenwartsliteratur vermissen" (ebd., S. 150).

6 Vgl. Nikolaus Förster: Die Wiederkehr des Erzählens. Deutschsprachige Prosa der 80er und 90er Jahre. Darmstadt 1999.

lässt sich an der Literatur der ‚Wiederkehr des Erzählens' durchgehend ein Bruch mit gegenwarts-mimetischen, realistischen Erzählformen beobachten. Im Rahmen des vorliegenden Aufsatzes kann jedoch ohnehin nicht der Versuch unternommen werden, eine umfassende und adäquate Skizze des gesamten politischen Schreibens nach 1945 zu liefern. Mit der Gegenüberstellung von Nachkriegs- und Nachwendeliteratur soll vielmehr – in eingestandener Zuspitzung – ein historisches Ordnungsnarrativ aufgerufen werden, auf das in journalistischen ebenso wie in wissenschaftlichen Versuchen einer Tendenzcharakterisierung der neueren Gegenwartsliteraturen immer wieder zurückgegriffen wurde. Relevant ist dabei im gegebenen Kontext nicht so sehr die Überzeugungskraft einer bestimmten literaturhistorischen Kategorisierung, sondern vielmehr das dieser und ähnlichen Kategorisierungen zugrundeliegende systematische Argument eines zumindest tendenziellen wechselseitigen Ausschlusses von einerseits frei fiktionalisierender und andererseits politisch-realistischer Literatur.

2 Politische Kontrafaktik in der Gegenwartsliteratur

Unabhängig davon, wie man die etwaige Plausibilität oder Problematik der skizzierten literaturhistorischen Grobeinteilung bewerten mag; mit Blick auf die neuere Gegenwartsliteratur wird man jedenfalls konstatieren müssen, dass die explizite oder implizite Opposition zwischen ästhetisch uninspiriertem politischem Realismus auf der einen und emphatisch fiktionalisierender, aber apolitischer Literatur auf der anderen Seite sich schwerlich aufrechterhalten lässt: Ein bemerkenswert großer Anteil der politischen Literatur der vergangenen zwanzig Jahre geht erkennbar über das enge Mimesis-Verständnis des beschriebenen ‚politischen Realismus' hinaus und lässt deutlich werden, dass die politische Dimension der Literatur nicht notwendigerweise in der annäherungsweisen *Abbildung* von Realität begründet liegen muss, sondern gerade auf einer narrativen *Abweichung* von selbiger beruhen kann; in einer Abweichung gleichwohl, welche auf die realweltlichen Fakten, *von denen* abgewichen wird, weiterhin verweist und die ihr politisches Potenzial gerade aus der produktiven Spannung zwischen Realität und literarischer Diegese bezieht. Zu denken wäre hier etwa an das provokative geschichtsvariierende Erzählen in Thomas Brussigs Roman *Helden wie wir*, in den letzten drei Romanen Christian Krachts, in Frank Witzels 2015 mit dem Deutschen Buchpreis ausgezeichnetem Roman *Die Erfindung der Roten Armee Fraktion durch einen manisch-depressiven Teenager im Sommer 1969* oder selbst noch in Timur Vermes' Hitler-Schmöker *Er ist wieder da*; zu denken wäre aber auch an den fakten- und formvariierenden Dokumentarismus von Elfriede Jelinek oder Kathrin Röggla, an die dystopischen Romane von Karen Duve und Juli Zeh oder an die post- und transhumanistische Science Fiction eines Dietmar Dath oder Leif Randt – ganz zu schweigen von prominenten internationalen Beispielen realitätsvariierenden politischen Erzählens, etwa in Romanen von Robert Harris, Dave Eggers, Michel Houellebecq oder im Filmwerk von Quentin Tarantino.

Diese faktenvariierenden fiktionalen Erzählformen sollen im Folgenden, bei all ihrer Verschiedenheit im Detail, unter dem Begriff ‚Kontrafaktik' zusammengefasst werden.[7] In der Forschung ist dieser Begriff bisher nicht gebräuchlich; man spricht meistens von ‚kontrafaktischem Erzählen'. Im Folgenden soll allerdings der Terminus Kontrafaktik als Bezeichnung speziell für das kontrafaktische Erzählen in Literatur und Kunst vorgeschlagen werden, um damit das fiktionale kontrafaktische Erzählen auch terminologisch von anderen Ausprägungen kontrafaktischen Erzählens, etwa in der Geschichtswissenschaft oder in anderen argumentativen Kontexten, unterscheiden zu können.[8] Zugleich wird mit dieser Begriffseinführung eine bewusste Abgrenzung vom bisher in der germanistischen Literaturwissenschaft dominierenden Verständnis des ‚kontrafaktischen Erzählens' vollzogen, das meist ausschließlich *alternativgeschichtliche* Narrative umfasst.[9] Bereits auf terminologischer Ebene erscheint ein solch enger Extensions-

---

7 Der Begriff ‚Kontrafaktik' lehnt sich morphologisch wie auch konzeptionell an die ‚Fantastik' an. Ähnlich wie die Fantastik kann auch die Kontrafaktik sowohl ein bestimmtes ästhetisches Verfahren als auch eine Gruppe von literarischen Texten bezeichnen, in denen dieses Verfahren zur Anwendung kommt. Darüber hinaus handelt es sich sowohl bei der Kontrafaktik als auch bei der Fantastik um Erzählphänomene, die konstitutiv an einen bestimmten epistemisch-enzyklopädischen Bezugshorizont gebunden sind, mit welchem gewisse Eigenschaften der Diegese konfligieren. Während diese indirekte Realitätsbindung allerdings im Falle der Fantastik auf eher allgemeinen Annahmen über die wirkliche Welt beruht – etwa die Nichtexistenz von Geistern –, ist die Faktenbindung im Falle der Kontrafaktik immer konkret.

8 Das kontrafaktische Erzählen in faktualen und speziell wissenschaftlichen Kontexten soll im Folgenden nicht diskutiert werden. Siehe hierzu: Lutz Danneberg: Überlegungen zu kontrafaktischen Imaginationen in argumentativen Kontexten und zu Beispielen ihrer Funktion in der Denkgeschichte. In: Imagination und Innovation. Hg. v. Toni Bernhart / Philipp Mehne. Berlin 2006, S. 73–100; Roland Wenzlhuemer (Hg.): Counterfactual Thinking as a Scientific Method (Historical Social Research, Special Issue). Köln 2009; Counterfactual Thinking – Counterfactual Writing. Hg. v. Dorothee Birke / Michael Butter / Tilmann Köppe. Berlin 2011.

9 Vgl. Jörg Helbig: Der parahistorische Roman. Ein literarhistorischer und gattungstypologischer Beitrag zur Allotopieforschung. Frankfurt a. M. 1988; Christoph Rodiek: Erfundene Vergangenheit. Kontrafaktische Geschichtsdarstellung (Uchronie) in der Literatur. Frankfurt a. M. 1997; Karen Hellekson: The Alternate History. Refiguring Historical Time. Kent / Ohio 2001; Andreas Martin Widmann: Kontrafaktische Geschichtsdarstellung. Untersuchungen an Romanen von Günter Grass, Thomas Pynchon, Thomas Brussig, Michael Kleeberg, Philip Roth und Christoph Rans-

bereich wenig plausibel: Im Begriff ‚kontra-faktisch' ist ja lediglich eine Abweichung von den Fakten angelegt, ohne dass die spezifische Natur dieser Fakten im Vorhinein festgelegt wäre. Darüber hinaus bringt ein derart enges Verständnis des ‚kontrafaktischen Erzählens' aber auch eine Reihe analytischer und systematischer Probleme mit sich: Zunächst müsste man, ginge man von der genannten Begriffsbestimmung aus, annehmen, dass historische Fakten die einzige Klasse von Fakten bilden, die literarisch variiert und in der Folge zur Konstitutionsbedingung eines eigenen Genres – des kontrafaktischen historischen Romans – werden können, was doch eher fraglich erscheint; vor allem aber begibt man sich mit dieser engen Begriffsverwendung der Möglichkeit eines Vergleichs zwischen unterschiedlichen faktenvariierenden Erzählformen und -gattungen, die strukturell oftmals eng verwandt sind, wie etwa der Alternativgeschichte und der Dystopie, des kreativen Dokumentarismus und der politischen Satire usw. Um derartige definitorische Schwierigkeiten und apriorische Beschneidungen des Untersuchungskanons zu vermeiden, wird im gegebenen Zusammenhang für ein genreüberschreitendes Verständnis der Kontrafaktik, also des kontrafaktischen Erzählens in künstlerisch-fiktionalen Kontexten, votiert.

Um genauer zu bestimmen, was unter Kontrafaktik verstanden werden kann, erweist sich ein Blick auf die beiden etymologisch verwandten Begriffe ‚Kontrafaktizität' und ‚Kontrafaktur' als hilfreich: Während der Begriff ‚Kontrafaktizität', welcher in der Philosophie und Wissenschaftstheorie Verwendung findet, auf die Nicht-Identität zwischen Behauptungen oder Gedankenmodellen und der Realität verweist,[10] bezeichnet der in unterschiedlichen Kunsttheorien, vor allem aber in der Musiktheorie gebräuchliche Begriff ‚Kontrafaktur' ein künstlerisches Produktionsverfahren bzw. dessen Ergebnis, bei dem durch die formale Variation eines vorgängigen Kunstwerks ein neues Werk entsteht, ohne dass dabei der Bezug zum ursprünglichen Werk verlorenginge.[11] Im Fall der Kontrafaktik liegen diese beiden Aspekte, die Abweichung vom (realweltlichen) Faktum bei gleichzeitiger Wahrung der Verbindung zu selbigem, integriert vor: So variiert beispielsweise der alternativgeschichtliche Roman auf erkennbare Weise historische Fakten; doch werden die Tatsachen, von denen abgewichen wird, hier nicht einfach ausgelöscht, sondern vielmehr um- oder überschrieben. Rezeptions-

mayr. Heidelberg 2009; Kathleen Singles: Alternate History. Playing with Contingency and Necessity. Berlin / Boston 2013.

10 Vgl. Peter Baumann: Erkenntnistheorie. 2., durchgesehene Auflage. Stuttgart 2006, S. 242f.

11 Das einfachste musikalische Beispiel hierfür bildet das Strophen-Lied, bei dem lediglich der Text, nicht aber die Melodie oder Harmonik eines Musikstücks verändert wird. Vgl. Das neue Lexikon der Musik in vier Bänden (Metzler Musik). Begr. v. Ralf Noltensmeier / Günther Massenkeil. Stuttgart / Weimar 1996, Bd. 2, S. 760.

theoretisch könnte man hier von einer bei der Lektüre mitlaufenden Aktualisierung verbürgten historisch-enzyklopädischen Wissens ausgehen, von welchem das kontrafaktische Szenario dann erkennbar abweicht.[12] Kontrafaktik ist mithin nicht als bloße Untreue zu allgemein akzeptiertem Wissen – im Sinne einer ‚Non-Faktizität' – zu verstehen, sondern als ein ästhetisches Verfahren der Formung, Bearbeitung, bestimmten Negation oder Kommentierung gegebenen Materials. Kontrafaktik manifestiert sich mithin in literarischen Texten nicht als bloß ontologisch fiktive und pragmatisch fiktionale Aussage[13] – wie es etwa auch bei der fantastischen Literatur der Fall wäre –, sondern als das Ergebnis einer *künstlerischen Kontrafaktur bestimmten realweltlichen Materials.*

Kontrafaktik muss also zwei Bedingungen erfüllen. Sie muss *erstens:* gegebenes Faktenmaterial (beispielsweise geschichtliche Fakten, dokumentarisches Material, gesellschaftliche oder politische Entwicklungen und Tendenzen etc.) narrativ modifizieren und variieren; und *zweitens* muss diese Faktenvariation auch erkennbar und für die Deutung des jeweiligen Werkes signifikant sein. Dieser zweite Punkt ist wichtig, um die Abgrenzung der Kontrafaktik vom allgemeinen Phänomen der literarischen Fiktionalität zu gewährleisten. Natürlich wird in jedem Text, der sich auf realweltliches Material bezieht, dieses Material nicht einfach verdoppelt abgebildet, sondern unterliegt einer narrativen Formung. Die Konstatierung von Fiktionalität impliziert jedoch nicht zugleich eine auch hermeneutisch signifikante oder ausgestellte Abweichung von der Realität. So sind Werke wie beispielsweise *Anna Karenina* oder *Buddenbrooks* zweifellos fiktional; man wird ihnen aber kaum unterstellen wollen, dass sie die beschriebene Diegese in provokative Spannung zur wirklichen Welt zu setzen versuchen. Es handelt sich in diesen Fällen schlicht um realistische Literatur, die zwar auf allgemeine realweltliche Verhältnisse ihrer Zeit Bezug nimmt, für deren Deutung die konkrete

12 Vgl. Widmann: Kontrafaktische Geschichtsdarstellung, S. 31ff.

13 In Anlehnung an Gérard Genette wird ‚fiktional' im Gegensatz zu ‚faktual' verwendet, um den pragmatischen Status eines Textes zu bezeichnen, ‚fiktiv' im Gegensatz zu ‚real' hingegen, um den ontologischen Status einer Aussage anzuzeigen. Vgl. Gérard Genette: Fiktion und Diktion. München 1992, S. 65–94. Bei Texten der Kontrafaktik handelt es sich *per definitionem* um fiktionale Texte. Kontrafaktische Texte zeichnen sich dadurch aus, dass sie mittels des in ihnen bearbeiteten Materials auf einen realen Referenten verweisen; allerdings wird dieser reale Referent gerade nicht narrativ reproduziert, sondern abgewandelt, narrativ übersteigert oder auf erkennbare Weise ausgelassen. Es entsteht damit eine spezifische Referenzstruktur, in der fiktionale Texte auf reale Referenten paradoxerweise nicht dadurch verweisen, dass letztere im Text vorkommen, sondern gerade dadurch, dass sie im Text nicht bzw. nur in abgewandelter Form vorkommen.

(Nicht-)Übereinstimmung mit historischen Einzelinformationen aber keine Rolle spielt.[14]

Auf der Ebene ihrer basalen Referenzstruktur zeichnet sich die Kontrafaktik durch eine besondere Spielart dessen aus, was Wolfgang Künne in seinem Buch *Abstrakte Gegenstände* als „Transfiktionalität" bezeichnet hat:[15] durch den Vergleich zwischen einem Faktum in der realen Welt und einem Tatbestand innerhalb der Diegese, wobei es sich im Falle der Kontrafaktik bei diesem diegetischen Tatbestand gerade um eine Variation des primären realweltlichen Tatbestands handelt. Über die genaue ontologische Verfasstheit oder epistemologische Zugänglichkeit dieses ‚realweltlichen Tatbestands' – etwa über dessen narrative Überformung oder anderweitige konstruktivistische Zurichtungen – soll damit zunächst nichts ausgesagt sein. Relevant ist *a priori* nur, dass der Tatbestand, auf den im Rahmen der Kontrafaktik bezuggenommen wird, nicht vom literarischen Text selbst gesetzt und mithin von diesem abhängig ist, sondern Gültigkeit in einem außerliterarischen, faktualen Aussagekontext beanspruchen kann.

Eine Definition der Kontrafaktik könnte mithin wie folgt lauten: *Kontrafaktik liegt vor, wenn in einem fiktionalen Medium realweltliches Faktenmaterial auf signifikante Weise variiert wird.* Kontrafaktische Texte nehmen auf konkrete Fakten der realen Welt Bezug, indem diese innerhalb der Diegese in einer solchen Weise variiert werden, dass eine indirekte Bezugnahme auf das variierte realweltliche Faktenmaterial erkennbar und bedeutsam ist. Diese indirekte Bezugnahme auf realweltliche Fakten ist dabei allerdings stets an die Interpretationsleistung des Lesers gebunden. Grundsätzlich handelt es sich bei der Kontrafaktik um ein rezeptionsabhängiges Phänomen, das niemals allein von der Textstruktur her erklärt werden kann, sondern notwendigerweise an Kooperationsbereitschaft, Wissens- und Erfahrungshorizont des Rezipienten gebunden ist. Eine kontrafaktische Analyse wird mithin niemals streng textimmanent verfahren können, sondern stets an die vom (hypostasierten Modell-)Leser zu erbringende Vermitt-

14 Natürlich sind Lektüren denkbar – und liegen auch bereits vor –, die selbst noch einen Roman wie Thomas Manns *Buddenbrooks* auf seine realweltlichen Quellen und seine narrativen Abweichungen vom Faktenmaterial befragen. Wollte man dieses Wissen allerdings tatsächlich auch in die Textinterpretation einbeziehen, würde sich eine eher forciert kontrafaktische Lektüre ergeben (die prinzipiell immer möglich ist). Man wird kaum die Position vertreten wollen, dass Thomas Manns Roman eine kontrafaktische Lektüre erfordere oder auch nur nahelegen würde.

15 Wolfgang Künne definiert den Terminus „*trans*fiktional" wie folgt: „[W]ir verwenden jeweils zwei konkrete singuläre Terme, und (nur) einer von ihnen ist fiktional" (Abstrakte Gegenstände. Semantik und Ontologie. Frankfurt a. M. 1983, S. 295). Ein Beispiel für eine solche transfiktionale Aussage wäre etwa der von einer realen Person geäußerte Satz: „Ich bin kleiner als Sherlock Holmes" (ebd.).

lungsleistung zwischen Diegese und epistemischem Bezugshorizont gebunden bleiben.

3 Kontrafaktik als Verfahren politischen Schreibens

Es mag der Eindruck entstanden sein, dass die vorangehenden, vor allem fiktionstheoretischen Überlegungen vom eigentlichen Gegenstand der Untersuchung, dem politischen Schreiben, weggeführt haben. Dies ist aber nur scheinbar der Fall: Denn tatsächlich lässt sich bereits auf einer basalen referenztheoretischen Ebene eine gleichsam natürliche Affinität zwischen Kontrafaktik und politischem Schreiben identifizieren. Lässt man vorderhand alle historischen, semantischen und theoretischen Feinbestimmungen dessen, was ‚Literatur' und ‚das Politische' jeweils bedeuten können, außen vor, so kann ganz allgemein festgehalten werden, dass ‚politische Literatur' zumindest die eine Bedingung wird erfüllen müssen, sich in irgendeiner Weise zur politischen oder gesellschaftlichen Realität zu verhalten: Literatur, so könnte eine Minimaldefinition lauten, ist eben nur dann politisch, wenn sie mit normativen Implikationen zur Realität in Beziehung gesetzt werden kann.[16] Entsprechend kann politische Literatur niemals radikal autonom sein, sondern muss, eben *um* politisch zu sein, auf eine außerliterarische Realität bezugnehmen (wobei die Art dieser Bezugnahme im Einzelfall dann freilich sehr unterschiedlich ausfallen kann).

Diese grundlegende Eigenschaft der politischen Literatur, dass sie sich zur wirklichen Welt hin öffnen muss, hat sie aber gerade mit der Kontrafaktik gemein: Die notwendige Transfiktionalität der Kontrafaktik korrespondiert auf günstige Weise mit der Eigentümlichkeit der politischen Literatur, welche *per definitionem* über die reine Werkimmanenz hinausgehen muss. Kontrafaktik und politisches Schreiben stimmen somit hinsichtlich der konstitutiven Eigenschaft überein, dass bei beiden literarischen Phänomenen vom Rezipienten eine Korrelierung zwischen realer und fiktionaler Welt geleistet werden muss.

Ausgehend von dieser referenztheoretischen Strukturanalogie zur politischen Literatur ergeben sich für die Kontrafaktik vielfältige Möglichkeiten, um als Verfahren politischen Schreibens zum Einsatz zu kommen: Kontrafaktik kann poli-

---

16 Zur Kopplung von Realität und Fiktion im Falle des politischen Schreibens siehe auch: Michael Navratil: Einspruch ohne Abbildung. Zur doppelte Diskursivität von Kathrin Rögglas Dokumentarismus. In: Kathrin Röggla. Hg. v. Iuditha Balint / Tanja Nusser / Rolf Parr. München 2017, S. 143–160, hier: bes. S. 144–148.

tische Positionen und dominante Sprachformen mittels Überspitzung oder Umformung der Lächerlichkeit preisgeben (etwa in der politischen Satire oder in kreativen Formen des Dokumentarismus); sie kann allgemein akzeptierte Geschichtsnarrative konterkarieren (in der Alternativgeschichte); sie kann wünschenswerte Alternativen zum politischen Status quo aufzeigen (in der Utopie); oder sie kann auf die Gefahren aktueller gesellschaftlicher oder technischer Entwicklungen und politischer Trends hinweisen (etwa in der Science Fiction oder in der Dystopie). Angesichts dieser vielfältigen Einsatzmöglichkeiten überrascht es nicht, dass die Kontrafaktik gerade in der Gegenwartsliteratur, mit ihrer generellen Konjunktur nicht-mimetischer Erzählformen, zu einem bedeutenden Verfahren politischen Schreibens avancieren konnte.[17]

Am Beispiel der politischen Kontrafaktik lässt sich somit auf eindrückliche Weise demonstrieren, dass es sich bei der Gegenüberstellung von politischem Realismus einerseits und fantastischem Eskapismus andererseits um eine letztlich unhaltbare Alternative handelt; dass das politische Potenzial der Literatur also keineswegs an einen im engen Sinne mimetischen Realitätsbezug gebunden sein muss, sondern dass die Literatur häufig gerade dort, wo sie ihre genuin eigenen Gestaltungsmöglichkeiten ausschöpft, als Medium eines relevanten Einspruchs gegen den politischen Status quo fungieren kann. In der Kontrafaktik der Gegenwart behauptet die Literatur ihre genuin eigenen Fiktionalisierungspotentiale, ohne deshalb eskapistisch ihre Verbindung zur realen (politischen) Welt zu kappen.

4 Zwei Beispiele: Juli Zehs *Corpus Delicti* und Michel Houellebecqs *Unterwerfung*

Um nicht allein bei diesen theoretischen Bestimmungen des Erzählphänomens stehenzubleiben, soll im Folgenden auf zwei konkrete Beispiele der politischen

---

17 Auch Moritz Baßler bestimmt die Fantasy und verwandte nicht-mimetische Genres als die dominierenden Genres populärer zeitgenössischer Prosa. Vgl. Realismus – Serialität – Fantastik. Eine Standortbestimmung gegenwärtiger Epik. In: Poetiken der Gegenwart. Deutschsprachige Romane nach 2000. Hg. v. Silke Horstkotte / Leonhard Herrmann. Berlin / Boston 2013, S. 31–46, hier: S. 42 f.; Ders.: Moderne und Postmoderne. Über die Verdrängung der Kulturindustrie und die Rückkehr des Realismus als Phantastik. In: Literarische Moderne. Hg. v. Sabina Becker / Helmuth Kiesel. Berlin 2007, S. 435–450. Allerdings hallt bei Baßler der Vorwurf des (apolitischen) Eskapismus gegen diese Erzählgenres nach, wenn er betont: „Fantasywelten und -geschichten sind keine Allegorien. […] Fantasywelten sind Simulationen, ja, aber nicht von Aspekten unserer Welt" (Realismus – Serialität – Fantastik, S. 44).

Kontrafaktik eingegangen werden. Diese literarischen Beispiele, ein deutsches und ein französisches, sind bisher nicht *expressis verbis* unter dem Rubrum ‚kontrafaktisches Erzählen' diskutiert worden; allerdings soll im Folgenden zumindest andeutungsweise plausibilisiert werden, dass und weshalb die Betrachtung dieser literarischen Texte als kontrafaktische Werke beträchtlichen analytischen Gewinn verspricht. Es handelt sich um die beiden dystopischen Romane *Corpus Delicti* von Juli Zeh und *Unterwerfung* von Michel Houellebecq. Mit der Wahl zweier Beispiele des *dystopischen* Schreibens wird dabei noch einmal bewusst ein Gegenakzent zur bisherigen Forschung gesetzt, die, wie oben ausgeführt, das literarische kontrafaktische Erzählen weitgehend mit dem alternativgeschichtlichen Erzählen in eins gesetzt hat.

Vorderhand stellt sich allerdings die Frage, inwiefern dystopische Literatur überhaupt als kontrafaktische Literatur klassifiziert werden kann. Die Bedingung einer Abweichung von der Realität erfüllt das dystopische Schreiben zwar bereits vom Genre her; dystopische Erzählwelten weichen stets sehr deutlich von der wirklichen Welt ab. Als problematisch könnte allerdings die Annahme erscheinen, das dystopische Erzählen weiche, wie es ja für die Kontrafaktik konstitutiv ist, auf signifikante Weise von *realweltlichen Fakten* ab. Man mag den Einwand vorbringen, dass von ‚Fakten', welche die Zukunft betreffen, ja gar nicht abgewichen werden kann, weil die Zukunft ja noch nicht eingetreten ist und somit auch keine variationsfähigen Tatsachen bereitstellt. Damit würde jedoch übersehen, dass dystopische Texte stets – und zwar genrekonstitutiv – auf Fragestellungen und Themen *der Gegenwart* bezugnehmen; aber eben nicht, indem sie ihre Themen direkt in Form eines mimetischen Gegenwartsrealismus angingen, sondern indem sie eine, wie Adorno in seinem Aufsatz zu Aldous Huxleys *Brave New World* schreibt, „Linienverlängerung"[18] betreiben; indem sie also aktuelle Tendenzen pessimistisch in die Zukunft hinein verlängern und dabei mittels einer, wenn man so will, hyperbolischen Projektion allererst zur Kenntlichkeit entstellen. Zwar sind dystopische Erzählwelten in der Zukunft situiert, die impliziten Fakten des dystopischen Erzählens allerdings sind stets Fakten der Gegenwart (was schon allein dadurch deutlich wird, dass die meisten dystopischen Szenarien den strikten Plausibilitätskriterien einer wissenschaftlichen Futurologie gar nicht zu genügen suchen). Gerade dieser indirekte Gegenwartsbezug ermöglicht es dystopischen Erzählungen, als Formen politischen Schreibens relevant zu werden.

18 Theodor W. Adorno: Aldous Huxley und die Utopie. In: Ders.: Dialektik des Engagements. Frankfurt a. M. 1973, S. 151–178, hier: S. 154.

Juli Zeh nun entwirft in ihrem 2009 erschienen Roman *Corpus Delicti*[19] die dystopische Vision einer Gesellschaft, in der die Gesundheit zum absoluten Wert erhoben wurde und die dem Anliegen, die Individuen körperlich vollkommen gesund zu erhalten, sämtliche bürgerlichen Rechte unterordnet, etwa das Recht auf körperliche Selbstbestimmung, auf Bewegungsfreiheit und selbst noch das Recht auf einen natürlichen Tod. Eine umfassende Interpretation des Werks kann an dieser Stelle nicht geleistet werden; es soll aber zumindest kurz umrissen werden, aus welchen Gründen sich eine Deutung von Zehs Roman als kontrafaktisches Werk anbietet.

In *Corpus Delicti* erscheint das dystopische Schreiben besonders eng an Faktenannahmen und gesellschaftliche Trends der Gegenwart gebunden (ebenso wie in Zehs zweitem dystopischen Roman *Leere Herzen* aus dem Jahre 2017): Einerseits verzichtet Zeh in *Corpus Delicti* weitgehend auf eine funkelnd-futuristische Science-Fiction-Staffage und hält die Rahmenbedingungen der Diegese auffallend schlank, sodass der imaginative Schritt von unserer eigenen Welt in diejenige des Romans verhältnismäßig klein ausfällt. Andererseits hat Zeh ihren Roman als Teil einer vielgestaltigen politischen Invektive gegen den ihrer Meinung nach problematischen Köperwahn respektive die Überbetonung des Körperlichen gegenüber dem Geistigen in der gegenwärtigen Gesellschaft eingesetzt, eine Invektive, der neben der eigentlichen schriftstellerischen Tätigkeit der Autorin auch zahlreiche Interviews, Talkshowauftritte, Essays und Artikel sowie das zusammen mit Ilija Trojanow verfasste Sachbuch *Angriff auf die Freiheit* zuzurechnen sind.[20] *Corpus Delicti* fungiert somit – durchaus typisch für die im engeren Sinne ‚engagierte Literatur', welche sich im Falle von Zehs Roman aber gerade nicht mehr in realistischer Manier der eigenen Zeit anzunähern sucht – als Teilaspekt einer gegenwartsbezogenen politischen Agenda der Autorin, welche sich insgesamt auf einen bestimmten Gesundheitsdiskurs der Gegenwart bezieht. So spekuliert Zeh, zumindest dem eigenen Anspruch nach, in ihrem Roman nicht über mehr oder weniger wahrscheinliche Zukunftsverläufe, sondern versucht – gleichsam über die Bande des dystopischen Schreibens – auf problematische gesellschaftliche Entwicklungen hinzuweisen, die sie längst eingetreten sieht. Im Interview bemerkte Zeh in diesem Sinne zu ihrer Dystopie: „Ich habe dort ei-

---

19 Juli Zeh: Corpus Delicti. Frankfurt a. M. 2009.

20 Für eine umfassende Darstellung von Juli Zehs Verortung als politische Autorin im literarischen Feld der Gegenwart siehe Sabrina Wagner: Aufklärer der Gegenwart. Politische Autorschaft zu Beginn des 21. Jahrhunderts. Juli Zeh, Ilija Trojanow, Uwe Tellkamp. Göttingen 2015, S. 64–136.

gentlich nichts erfunden.“[21] Nicht primär als Warnung vor einer möglichen düsteren Zukunft, sondern als kontrafaktischer Kommentar zu bedenklichen Entwicklungen der eigenen Zeit gewinnt Juli Zehs dystopischer Roman sein politisches Potential.

Ähnlich liegen die Dinge im Falle von Michel Houellebecqs Roman *Unterwerfung*,[22] auf den abschließend noch etwas ausführlicher eingegangen werden soll. Houellebecq entwirft in seinem 2015 erschienenen Roman die Vision eines Frankreich im Jahre 2022, in welchem, nachdem die Sozialisten unter François Hollande sowie der Front National unter Marine Le Pen im Präsidentschaftswahlkampf unterliegen, eine islamische Partei an die Macht kommt und unter der Führung des charismatischen muslimischen Politikers Mohamed Ben Abbes die laizistische Verfassung Frankreichs abändert und in der Folge Theokratie, Scharia, Patriarchat sowie die Polygamie einführt (letzteres von besonderer Wichtigkeit für den Houellebecq-typischen Protagonisten des Romans, einen sexuell frustrierten, alkoholsüchtigen und latent depressiven Literaturwissenschaftler in mittleren Jahren).

Bereits vor dem Erscheinen und dann vollends danach wurde *Unterwerfung* überaus kontrovers diskutiert, wobei die Anschläge auf die Redaktion des Satiremagazins *Charlie Hebdo* am 7. Januar 2015, dem Tag der französischen Erstveröffentlichung von Houellebecqs Roman, der Diskussion eine unheimliche tagesaktuelle Brisanz verliehen. Zwei Fragen dominierten dabei von Beginn an die Debatte: Erstens: Ist Houellebecqs Roman als islamophob einzustufen? Und zweitens: Wie plausibel beziehungsweise wahrscheinlich erscheint die von Houellebecq entworfene Zukunftsvision?[23]

Im Interview nach der eventuellen Verantwortung des Schriftstellers befragt, entgegnete Houellebecq: „Je ne crois pas que jamais un romain ait changé le cours de l'histoire.“[24] [Ich glaube nicht, dass ein Roman jemals den Lauf der Geschichte verändert hat.] Nimmt man diese Aussage – entgegen der vermutlichen Intention des Sprechers – einmal ganz wörtlich, so ist sie bezogen auf den zur Diskussion

---

21 Zitiert nach Carrie Smith-Prei: Relevant Utopian Realism: The Critical Corporeality of Juli Zeh's *Corpus Delicti*. In: Visions of Tomorrow: Science and Utopia in German Culture. Hg. v. Peter M. McIsaac. Toronto 2012, S. 107–123, hier: S. 107.

22 Michel Houellebecq: Unterwerfung. Köln 2015.

23 Zur Rezeption des Romans siehe Agnieszka Komorowska: „Mais c'est d'une ambiguïté étrange“. Die Rezeption von Michel Houellebecqs Roman *Soumission* in Frankreich und Deutschland. In: Romanische Studien 3 (2016), S. 119–136.

24 Interview mit Michel Houellebecq auf France TV am 06. Januar 2015. URL: http://www.francetvinfo.fr/culture/houellebecq/direct-regardez-linterview-de-michel-houellebecq-au-journal-de- 20-heures-de-france-2_789453.html (letzter Zugriff: 28. November 2017).

stehenden Roman nicht ohne Ironie, basiert das Zukunftsszenario von *Unterwerfung* doch gerade auf einer sehr entschiedenen Veränderung des Geschichtsverlaufs; einer Veränderung jedoch, die nicht notwendigerweise prognostischen oder allgemein epistemischen Anspruch erhebt (tatsächlich könnte man leicht zeigen, dass viele der Vorhersagen in Houellebecqs Roman nicht nur unwahrscheinlich, sondern schlichtweg unsinnig sind).[25] Vielmehr handelt es sich bei dieser literarischen Modellierung um eine künstlerische Setzung, die weniger an Maßstäben ihrer prognostischen Plausibilität als an solchen ihrer präsentischen Aktualität zu messen ist. Die Frage, ob eine Zukunft, wie Houellebecq sie entwirft, wirklich eintreten könnte, ist für die politische Evaluation des Romans weitgehend vernachlässigbar. Zum Zwecke einer solchen Evaluation scheint es eher geraten, den Roman statt an der etwaigen Überzeugungskraft seiner Vorhersagen an jenen gesellschaftlichen Zuständen und argumentativen Zusammenhängen zu messen, aus denen heraus er entstanden ist und in die er hineinwirkt.[26] Ob es sich bei Houellebecqs Roman etwa um einen islamophoben Text handelt – worüber an dieser Stelle nicht befunden werden soll –, hängt nicht davon ab, ob Frankreich im Jahre 2022 tatsächlich eine islamische Regierung bekommen wird (so wenig wie das politische Potenzial von Orwells *1984* davon abhing, ob Big Brother die englische Bevölkerung im Jahre 1984 tatsächlich überwachen würde); entscheidend ist vielmehr die kontrafaktische Variation aktueller gesellschaftlicher Verhältnisse und Positionen der öffentlichen Meinungen, im Falle Houellebecqs also: die rechtspopulistische Angst vor einer Islamisierung Frankreichs, die Verbindung von orthodoxer Religiosität und Geburtenraten, die wirtschaftliche, moralische und kulturelle ‚Dekadenz des Westens', die sozialen, bildungsbezogenen und sexuellen Möglichkeiten der verschiedenen Geschlechter und nicht zuletzt der politische Opportunismus einer wirtschaftlich und libidinös frustrierten Mittelschicht. Wie auch bereits im Falle von Zehs dystopischem Roman dient Houellebecqs literarische Zukunftsprojektion weniger der realen Folgenabschätzung demografischer und kultureller Entwicklungen, sondern fungiert vielmehr

---

25 Josef Joffe, Herausgeber der Zeit, weist in einem polemischen Artikel auf einige dieser faktischen Unstimmigkeiten hin. Vgl.: Mon dieu, Michel. Houellebecq fantasiert über die Islamisierung Frankreichs. Zeit Online, 15. Januar 2015. URL: http://www.zeit.de/2015/03/michel-houellebecq-unterwerfung-zeitgeist (letzter Zugriff: 28.11.2017). Ob man allerdings, wie Joffe es zur Bedingung seiner Argumentation macht, „Houellebecq beim Worte" nehmen kann, darf in Zweifel gezogen werden.

26 Zur konzeptionellen Verbindung von politischer Literatur und Gegenwart siehe Jürgen Brokoff / Ursula Geitner / Kerstin Stüssel (Hg.): Engagement. Konzepte von Gegenwart und Gegenwartsliteratur. Göttingen 2016.

als erzählerische Lizenz zur kontrafaktischen Variation und, damit einhergehend, Kommentierung gegenwärtiger gesellschaftlicher Verhältnisse.

5 Schlussbetrachtung

Abschließend soll noch einmal auf die titelgebende Ausgangsthese zurückgekommen werden: Anhand der populären und wissenschaftlichen Rezeption von Michel Houellebecqs Œuvre lässt sich eine Verschiebung in der Diskussion um das Verhältnis von politischem und realistischem Schreiben nachvollziehen, die in vielen Punkten mit jener Verschiebung parallelläuft, die im Eingangsteil dieses Aufsatzes für die deutsche Literatur skizziert worden war: Wurden Houellebecqs erste Erfolgsromane, insbesondere *Elementarteilchen* aus dem Jahre 1998, von der professionellen Literaturkritik teilweise noch mit großem Misstrauen beäugt und von der französischen Literaturwissenschaft eisern ignoriert, so ist Houellebecq mittlerweile sowohl als öffentlicher Intellektueller wie auch vermittelt über sein Werk, und hier eben ganz besonders durch *Unterwerfung*, zu einer der prominentesten, wenn auch gewiss kontroversesten politischen Stimmen Frankreichs avanciert.[27] Die anfänglichen Durchsetzungsschwierigkeiten Houellebecqs im literarischen Feld dürften sich dabei nicht zuletzt auf das hochkulturelle Vorurteil zurückführen lassen, dass eine Literatur, die sich im Rahmen der sogenannten ‚retour du récit', der französischen Parallelentwicklung zur ‚Wiederkehr des Erzählens' in der deutschsprachigen Literatur, von den dominanten Realismuskonzeptionen der Nachkriegsliteratur abwendet – in Frankreich etwa der *littérature engagée* und dem *nouveau roman* – und die sich stattdessen auf die mehr spekulativen Möglichkeiten der Literatur beruft, politisch sowie ästhetisch nicht ganz ernstzunehmen ist.[28] Anhand von Houellebecqs Romanen, welche abgesehen von zweien alle in utopisch-dystopischen Zukunftsvisionen auslaufen,[29] of-

27 Vgl. zur Rezeption Houellebecqs Corinna Ortuño Stühring: Die Kritik der Gegenwart. Eine systematische Analyse deutsch-französischer Literaturkritik am Beispiel von Michel Houellebecq und Günter Grass. München 2013.

28 Vgl. Wolfgang Asholt: Vom Terrorismus zum Wandel durch Annäherung. Houellebecqs *Soumission*. In: Romanische Studien 3 (2016), S. 119 – 136, hier: S. 119 ff. Zum spezifischen Realismus Houellebecqs im Kontext der französischen Gegenwartsliteratur siehe Komorowska: „Mais c'est d'une ambiguïté étrange", S. 147 f.

29 Wolfgang Asholt bemerkt hierzu: „Von *Extension* und *Platforme* abgesehen enden alle Romane Houellebecqs mit einer mehr oder weniger detailliert entwickelten utopisch-dystopischen Perspektive. Nur die genannten beiden Romane finden ihr Ende in unserer Gegenwart. In dieser Hinsicht bildet *Soumission* eine Synthese zwischen Gegenwartsorientierung und Zukunftsvision. Die Zukunft, in der der Roman während eines knappen Jahres situiert ist (2022/23), ist so nah an

fenbart sich hingegen – ebenso wie bei den zitierten Beispielen der deutschsprachigen literarischen Produktion –, dass politischer Anspruch und künstlerische Spekulation einander keineswegs ausschließen müssen. In der kontrafaktischen Literatur der Gegenwart findet sich, wie bereits der Begriff andeutet, beides: die Wahrung eines relevanten Bezuges auf die Faktizität der realen Welt – und ein ästhetisch-normatives Kontra gegenüber ihrer scheinbaren Alternativlosigkeit.

Literaturverzeichnis

Adorno, Theodor W.: Aldous Huxley und die Utopie. In: Ders.: Dialektik des Engagements. Frankfurt a. M. 1973, S. 151–178.

Asholt, Wolfgang: Vom Terrorismus zum Wandel durch Annäherung. Houellebecqs *Soumission*. In: Romanische Studien 3 (2016), S. 119–136.

Baßler, Moritz: Moderne und Postmoderne. Über die Verdrängung der Kulturindustrie und die Rückkehr des Realismus als Phantastik. In: Literarische Moderne. Hg. v. Sabina Becker / Helmuth Kiesel. Berlin 2007, S. 435–450.

Baßler, Moritz: Realismus – Serialität – Fantastik. Eine Standortbestimmung gegenwärtiger Epik. In: Poetiken der Gegenwart. Deutschsprachige Romane nach 2000. Hg. v. Silke Horstkotte / Leonhard Herrmann. Berlin / Boston 2013, S. 31–46.

Baumann, Peter: Erkenntnistheorie. 2., durchgesehene Auflage. Stuttgart 2006.

Birke, Dorothee / Michael Butter / Tilmann Köppe (Hg.): Counterfactual Thinking – Counterfactual Writing. Berlin 2011.

Brokoff, Jürgen / Ursula Geitner / Kerstin Stüssel (Hg.): Engagement. Konzepte von Gegenwart und Gegenwartsliteratur. Göttingen 2016.

Danneberg, Lutz: Überlegungen zu kontrafaktischen Imaginationen in argumentativen Kontexten und zu Beispielen ihrer Funktion in der Denkgeschichte. In: Imagination und Innovation. Hg. v. Toni Bernhart / Philipp Mehne. Berlin 2006, S. 73–100.

Das Literarische Quartett, Gesamtausgabe aller 77 Sendungen von 1988 bis 2001. 3 Bde. Red. Peter Just. Berlin 2006.

Das neue Lexikon der Musik in vier Bänden (Metzler Musik). Begr. v. Ralf Noltensmeier / Günther Massenkeil. Stuttgart / Weimar 1996.

Förster, Nikolaus: Die Wiederkehr des Erzählens. Deutschsprachige Prosa der 80er und 90er Jahre. Darmstadt 1999.

Genette, Gérard: Fiktion und Diktion. München 1992.

Helbig, Jörg: Der parahistorische Roman. Ein literarhistorischer und gattungstypologischer Beitrag zur Allotopieforschung. Frankfurt a. M. 1988.

Hellekson, Karen: The Alternate History. Refiguring Historical Time. Kent / Ohio 2001.

Houellebecq, Michel: Unterwerfung. Köln 2015.

der Gegenwart, dass sie mit deren Maßstäben verstanden werden kann“ (Vom Terrorismus zum Wandel durch Annäherung, S. 131).

Joffe, Josef: Mon dieu, Michel. Houellebecq fantasiert über die Islamisierung Frankreichs. Zeit Online, 15. Januar 2015. URL: http://www.zeit.de/2015/03/michel-houellebecq-unterwerfung-zeitgeist (letzter Zugriff: 28.11.2017).

Komorowska, Agnieszka: „Mais c'est d'une ambiguïté étrange". Die Rezeption von Michel Houellebecqs Roman *Soumission* in Frankreich und Deutschland. In: Romanische Studien 3 (2016), S. 119–136.

Künne, Wolfgang: Abstrakte Gegenstände. Semantik und Ontologie. Frankfurt a.M. 1983.

Navratil, Michael: Einspruch ohne Abbildung. Zur doppelte Diskursivität von Kathrin Rögglas Dokumentarismus. In: Kathrin Röggla. Hg. v. Iuditha Balint / Tanja Nusser / Rolf Parr. München 2017, S. 143–160.

Radisch, Iris: Plötzlich ist jeder Text ein Kunstwerk. Was ist falsch an der Vergabe des diesjährigen Literaturnobelpreises? In: Die Zeit (15. Oktober 2015).

Rodiek, Christoph: Erfundene Vergangenheit. Kontrafaktische Geschichtsdarstellung (Uchronie) in der Literatur. Frankfurt a.M. 1997.

Schlaffer, Heinz: Die kurze Geschichte der deutschen Literatur. München / Wien 2002.

Singles, Kathleen: Alternate History. Playing with Contingency and Necessity. Berlin / Boston 2013.

Smith-Prei, Carrie: Relevant Utopian Realism: The Critical Corporeality of Juli Zeh's *Corpus Delicti*. In: Visions of Tomorrow: Science and Utopia in German Culture. Hg. v. Peter M. McIsaac. Toronto 2012, S. 107–123.

Stühring, Corinna Ortuño: Die Kritik der Gegenwart. Eine systematische Analyse deutsch-französischer Literaturkritik am Beispiel von Michel Houellebecq und Günter Grass. München 2013.

Wenzlhuemer, Roland (Hg.): Counterfactual Thinking as a Scientific Method (Historical Social Research, Special Issue). Köln 2009.

Widmann, Andreas Martin: Kontrafaktische Geschichtsdarstellung. Untersuchungen an Romanen von Günter Grass, Thomas Pynchon, Thomas Brussig, Michael Kleeberg, Philip Roth und Christoph Ransmayr. Heidelberg 2009.

Zeh, Juli: Corpus Delicti. Frankfurt a.M. 2009.

Filmische Quellen

Houellebecq, Michel: Interview auf *France TV* am 06. Januar 2015. URL: http://www.francetvinfo.fr/culture/houellebecq/direct-regardez-linterview-de-michel-houellebecq-au-journal-de-20-heures-de-france-2_789453.html (letzter Zugriff: 28.11.2017).

Urania Milevski

Zwischen unproduktivem Zynismus und groteskem Humor: Karen Duve als politische Autorin

1 Einleitung: Karen Duve zwischen Literatur und Politik

Als Karen Duve 2016 ihren Roman *Macht* veröffentlicht, ist das große Medienecho vor allem geprägt von harscher Kritik. Der Text beleidige „Literatur und Verstand",[1] erklärt beispielsweise Christoph Schröder in seiner Rezension auf *Zeit Online*. Und weiter: „Mit *Macht* hat Karen Duve nicht einfach nur einen schlechten Roman geschrieben. Sie hat sich, vorerst, von der Literatur verabschiedet."[2] Dieser Abschied begründe sich dadurch, dass *Macht* weniger Roman als vielmehr politisches Pamphlet sei und die Handlung so voraussehbar und dünn, dass der Text dies auch nur unzureichend verhülle. Duve, die von Schröder geschmackloserweise sogar mit Akif Pirinçci verglichen wird,[3] werden populistische Absichten unterstellt oder auch – keine. Sie habe jedwede Distanz aufgegeben, ihre Weltsicht sei zynisch und bringe niemanden weiter, stellt Julia Encke in der FAZ fest.[4]

---

1 Christoph Schröder: Männer sind der Welten Untergang. In: Zeit Online (23.02.2016). URL: http://www.zeit.de/kultur/literatur/2016-02/karen-duve-macht-roman (letzter Zugriff: 12.01.2018).

2 Schröder: Männer sind der Welten Untergang.

3 Pirinçcis Essay *Deutschland von Sinnen. Der irre Kult um Frauen, Homosexuelle und Zuwanderer* hatte 2014 breiten Zuspruch gefunden und dafür gesorgt, dass der Autor zu einer Agitationsfigur für nationalsozialistische und rechtsextreme Formierungen wurde. In der Folge sind es insbesondere zwei Vorfälle, die den Vergleich mit Duve so absurd machen: Zum einen die sogenannte KZ-Passage in seiner Rede anlässlich des Pegida-Jahrestages 2015, in der Pirinçci bedauert, dass Konzentrationslager in Deutschland „derzeit außer Betrieb" seien. Zum anderen die Angriffe auf die Genderforscherin Elisabeth Tuider, die sich für eine Reformation der Sexualpädagogik an deutschen Schulen eingesetzt hatte. Vgl. Matthias Kamann: Pirinçci provoziert mit „KZ"-Rhetorik in Asylkrise. In: Die Welt (20.10.2015). URL: https://www.welt.de/politik/deutschland/article147810085/Pirincci-provoziert-mit-KZ-Rhetorik-in-Asylkrise.html (letzter Zugriff: 01.09.2018). Simone Schmollack: Akif Pirinçci provoziert Mordaufruf. In: taz (27.4.2014). URL: http://www.taz.de/Rechtspopulismus-im-Internet/!5037014/ (letzter Zugriff: 01.09.2018).

4 Julia Encke: Hauptsache gebrüllt. *Fifty Shades of Grey* trifft auf Natascha Kampusch: Warum Karen Duves neuer Roman *Macht* einem so wahnsinnig auf die Nerven geht. In: Frankfurter Allgemeine Zeitung Online (18.02.2016). URL: http://www.faz.net/aktuell/feuilleton/buecher/

https://doi.org/10.1515/9783110568561-021

Es hat deswegen unter Umständen überrascht, dass Duve am 11. Februar 2017 der von der Stadt Kassel und der Stiftung Brückner-Kühner getragene „Kasseler Literaturpreis für grotesken Humor" verliehen wurde. Seit 1985 erhalten Kunstschaffende, „deren Werk von Komik und Groteske auf hohem künstlerischen Niveau geprägt ist",[5] den mit 10.000 Euro dotierten Preis. Unter den ausgezeichneten Künstlerinnen und Künstlern sind unter anderem Loriot (1985), Max Goldt (1997) und Wolf Haas (2016).[6] Die Entscheidung für Duve sei, so formuliert der Rat der Stiftung Brückner-Kühner, gerade von ihrem letzten Roman *Macht* stark beeinflusst worden, der auf satirische Art und Weise „die Grenzen des Komischen"[7] auslote:

> In dem ihr eigenen, mehrstimmigen Sound verhandelt sie gesellschaftlich hochbrisante Themen und entfaltet dabei ein spannungsreiches Kräftespiel, das auch zwischen ihren unterschiedlichen Büchern entsteht: Engagement verbindet sich mit Poesie, Realismus mit Fantastik, Pathos mit Trash, Heiterkeit mit Melancholie, Zorn mit Empathie, all das durchzogen vom Grundton des Tragikomischen. Damit vermag sie ihr Publikum auf faszinierende Weise zu unterhalten und zu irritieren.[8]

Wo die Preisrichter Duves groteskes Erzählen mit reflektiertem Humor und sozialkritischem Impetus verknüpften, attestieren ihr Verrisse fehlende Ästhetik, fehlende Komik und fehlende Visionen. Diese Kontroverse steht in der Tradition zweier Spannungsfeldern der Literaturwissenschaft: Erstens stehen schon in der Romantik Friedrich Schlegel und Christoph Martin Wieland im Widerstreit darum, ob Groteske und Moral vereinbar seien. Friedrich Schlegel formuliert in den Athenäumsfragmenten: „.Humor hat es mit Sein und Nichtsein zu tun, und sein eigentliches Wesen ist Reflexion."[9] Die Groteske, so drückt es Schlegel an anderer Stelle aus, sei ein „Gewebe aus moralischen Dissonanzen".[10] Das sieht Christoph Martin Wieland anders. Er geht nicht davon aus, dass die Groteske moralisch

hauptsache-gebruellt-karen-duves-roman-macht-14068827.html?printPagedArticle=true#pageIndex_0 (letzter Zugriff: 12. 01. 2018).

5 Stiftung Brückner-Kühner: Kasseler Literaturpreis für grotesken Humor. URL: https://www.brueckner-kuehner.de/kulturen-des-komischen/literaturpreis-fur-grotesken-humor/ (letzter Zugriff: 12. 01. 2018).

6 Stiftung Brückner-Kühner: Preisträger Kasseler Literaturpreis für grotesken Humor. URL: http://www.brueckner-kuehner.de/category/literaturpreistraeger/ (letzter Zugriff: 12. 01. 2018).

7 Stiftung Brückner-Kühner: Preisträgerin Karen Duve. Begründung des Stiftungsrates. URL: http://www.brueckner-kuehner.de/karen-duve-preistraegerin-2017/ (letzter Zugriff: 12. 01. 2018).

8 Stiftung Brückner-Kühner: Preisträgerin Karen Duve. Begründung des Stiftungsrates.

9 Friedrich Schlegel: Fragment 305. In: Athenäumsfragmente und andere Schriften. Berlin 2013, S. 63 f.

10 Schlegel: Fragment 388, S. 82.

wirken könne, weil sie weder „wahre" Emotionen entwickle noch durch sie positive Werte vermittelt werden könnten.[11] Eine Kritik, die auch im gegenwärtigen Zusammenhang mit Duves aktuellem Roman *Macht* formuliert wird, zum Beispiel von Julia Encke. Zweitens verfestigt sich der Eindruck, dass die Wahrnehmung von Humor in den literarischen Texten Duves mit der Bewertung des Zusammenspiels von Sozialkritik und Ästhetik verknüpft ist: Wie engagiert darf Literatur sein, ohne das ästhetische Ziel zu verfehlen, scheint dabei die Frage zu sein. Jean-Paul Sartre sah sich in Zusammenhang mit dem von ihm geprägten Begriff der engagierten Literatur mit ähnlichen Vorwürfen konfrontiert[12] und begann seinen epochemachenden Essay *Was ist Literatur?* (1958) mit ebenjener Frage nach der Definition von Literatur. Für ihn ist es gerade die Prosa, die eine Art stillschweigende Übereinkunft der Freiheit sowohl des schreibenden als auch des rezipierenden Subjekts ausdrückt. Erst aus dieser Position heraus, betont er, wird der Konnex zwischen Literatur und Moral als Engagement sichtbar: „[O]bwohl die Literatur eine Sache ist und die Moral eine ganz andere, erkennen wir hinter dem ästhetischen Imperativ den moralischen Imperativ."[13]

Für den vorliegenden Beitrag soll dieses Spannungsfeld Ausgangspunkt sein, um mit Richard Rortys Verständnis von politischer Literatur einen Brückenschlag zu versuchen. Denn dass in der Stellungnahme der Stiftung Brückner-Kühner „Engagement" mit „Poesie" ebenso in Einklang steht wie „Heiterkeit" mit „Melancholie" (und „Pathos" mit „Trash"), beschreibt Karen Duve nicht nur als Literatin des grotesken Humors, es beschreibt sie auch als politische Dichterin, als „liberale Ironikerin",[14] wie am Beispiel ihres Debüts *Regenroman* (1999) und ihres aktuellen Romans *Macht* (2015) gezeigt werden soll. Thematisch fokussiert sich der vorliegende Text auf die Verhandlung von Geschlechterverhältnissen und streift in diesem Zusammenhang die übrigen „gesellschaftlich hochbrisanten Themen", die von Duve in ihrem Oeuvre adressiert werden, wie Land- und Ernährungswirtschaft, Tier- und Naturschutz, Klimawandel und Kapitalismus.

11 Vgl. Christoph Martin Wieland: Unterredungen zwischen W... und dem Pfarrer zu ... In: ders.: Werke. Bd. III. München 1967, S. 295–349, hier S. 343.

12 „[W]eltanschaulich gebundene Literatur?", lässt er im Vorwort einen Kritiker zu Wort kommen, „[n]un, das ist doch der alte sozialistische Realismus, wenn nicht gar ein Wiederaufleben des Populismus in aggressiverer Form!" Jean-Paul Sartre: Was ist Literatur? Ein Essay. Aus dem Französischen von Hans Georg Brenner. Hamburg 1958, S. 7.

13 Sartre: Was ist Literatur?, S. 40.

14 Richard Rorty: Kontingenz, Ironie und Solidarität. Übersetzt von Christa Krüger. Frankfurt a. M. 2012, S. 12.

2 Heiterkeit und Melancholie im Roman

In seinem Essay *Die Kunst des Romans* (1986) beschreibt Milan Kundera die Neuzeit als geprägt von der Unvereinbarkeit heterogener Blickwinkel auf die Dinge – und den Roman als Modell und Abbild davon: „[D]ie eine göttliche Wahrheit zerfiel in Hunderte von relativen Wahrheiten, die die Menschen unter sich aufteilten."[15] Dieser Heterogenität und Kontingenz trägt der Roman zwar Rechnung, in der Besprechung der Texte jedoch werde diese Vieldeutigkeit zugunsten von Eindeutigkeit eingeebnet, wie er am Beispiel von Cervantes' *Don Quijote* (1615) deutlich macht:

> Was will Cervantes' großer Roman sagen? Es gibt reichlich Literatur zu diesem Thema. Manche möchten in ihm eine rationalistische Kritik an Don Quijotes verworrenem Idealismus sehen. Andere verstehen ihn gerade als Verherrlichung ebendieses Idealismus. Beide Interpretationen sind falsch, weil sie davon ausgehen, Grundlage des Romans sei nicht eine Fragestellung, sondern eine vorgefaßte moralische Meinung.[16]

Obwohl der Roman als Ausdruck einer Welt verstanden werden kann, die verschiedene Blickwinkel in sich vereint, ist der Wunsch nach einer einzigen geltenden Wahrheit so groß, dass ihm sowohl Kritik als auch Forschung vielfach entsprechen: Kontingenz ist eben schwierig auszuhalten. Es ist deshalb nicht verwunderlich, dass Richard Rorty seiner Abhandlung *Kontingenz, Ironie und Solidarität* (1992) ein Zitat aus Kunderas Essay voranstellt, in dem die Kunst – worunter eben auch die Kunst des Romans fällt – untrennbar mit Humor verknüpft wird:

> Die *agélastes*, das Nicht-Denken der Gemeinplätze und der Kitsch sind ein und derselbe, dreiköpfige Feind der Kunst, die als Echo auf Gottes Lachen entstanden ist und die diesen faszinierenden imaginären Raum zu schaffen vermochte, in dem niemand im Besitz der Wahrheit ist und jeder das Recht hat, verstanden zu werden.[17]

Wenn die vielen Wahrheiten Facetten der einen großen Wahrheit sind – von Gottes Lachen, um in Kunderas Wortlaut zu bleiben – dann sind all jene, denen dieser Humor verschlossen bleibt, Feinde dieser Kunst. Diese Dichotomie, die von Rorty aufgegriffen wird, hat Bestand: In unseren Zeiten, die geprägt sind von der Verhandlung sogenannter „alternativer Fakten", von Pegida und einer „Alterna-

15 Milan Kundera: Die Kunst des Romans. Aus dem Französischen von Uli Aumüller. Frankfurt a. M. 2010, S. 15.

16 Kundera: Die Kunst des Romans, S. 15 f.

17 Kundera: Die Kunst des Romans, S. 206.

tive für Deutschland", besitzen Kunderas Ausführungen ebenso große Aktualität wie die von François Rabelais beschriebenen *agélastes* als Verweigerer einer gemeinschaftlichen Lachkultur.[18] Lachen – in Duves Fall auch grimmiges, groteskes oder „schauriges Lachen"[19] – steht mit menschlicher Solidarität in direktem Zusammenhang.

Der Gedanke disparater Wahrheiten, den Kundera in seinen Auseinandersetzungen mit der Literatur immer wieder aufgreift, ist auch für Rorty Ausgangspunkt seiner Überlegungen. In *Kontingenz, Ironie und Solidarität* spannt er diese Unvereinbarkeit der Blickwinkel zwischen zwei zentrale Pole: Er teilt die Natur des Menschen auf in eine Seite, die vor allem vom Wunsch nach privater Autonomie getrieben sei – mit einem Willen zur Macht oder auch mit libidinösen Kräften – und eine, die vor allem den Wunsch nach einer Gemeinschaft hege, in der Gerechtigkeit und Freiheit vorherrsche.[20] Der Mensch an sich ist also bereits durch disparate Wahrheiten getrieben, das Menschsein entspringe nicht, wie oftmals formuliert, „denselben Quellen".[21] In dieser Folge könne es ebenfalls nicht gelingen, Autonomie und Gerechtigkeit in einer philosophischen Theorie zusammenzudenken, um eine abschließende Antwort auf die Frage zu bekommen, was das Menschsein konkret ausmache.

Statt der Philosophie – oder der Theorie im Allgemeinen – spricht er der erzählenden Kunst die Fähigkeit zu, Unvereinbares zu verknüpfen.[22] Die Einsicht in Kontingenz steht im Mittelpunkt, wobei es gerade die nicht identitätsstiftenden Anschauungen von Grausamkeit und Schmerz seien, die zu moralischer Veränderung führen könnten. Rorty versteht somit den Roman als innovatives politisches Handeln, das an eine konkrete Autor-Instanz geknüpft ist, an die sogenannte „liberale Ironikerin" – die weibliche Endung ist dabei ein Spezifikum der deutschen Übersetzung.[23] Dabei versteht er ‚Liberalismus' nach Judith Shklars *Liberalism of fear* (1989) als Streben nach einer Situation, in der jeder Mensch

---

18 Vgl. Francois Rabelais: Gargantua Pantagruel, Stuttgart 2013. Zu Rabelais' Etablierung einer Lachkultur, die nur im Kontext einer Volkskultur verständlich wird, vgl. Michail M. Bachtin: Literatur und Karneval. Zur Romantheorie und Lachkultur. Frankfurt a.M. 1996.

19 Vgl. Barbara Stauß: Schauriges Lachen. Komische Schreibweisen bei Christa Reinig, Irmtraud Morgner und Elfriede Jelinek. Sulzbach / Taunus 2009.

20 Vgl. Rorty: Kontingenz, Ironie und Solidarität, S. 12.

21 Rorty: Kontingenz, Ironie und Solidarität, S. 11.

22 Vgl. Rorty: Kontingenz, Ironie und Solidarität, S. 16.

23 Im englischen Originalwortlaut spricht Rorty vom „liberal ironist", womit das Geschlecht noch nicht benannt ist. Vgl. Richard Rorty: Contingency, irony, and solidarity. Cambridge 1989, S. XV. Die deutsche Übersetzung hingegen entscheidet sich für die weibliche Endung, die ich hier ebenfalls verwende. Mit dieser weiblichen Form sind natürlich alle anderen Individuen mitgemeint.

Entscheidungen treffen kann, ohne durch Angst beeinflusst zu werden.[24] In diesem Zusammenhang ist Grausamkeit für Liberale das schlimmste Vergehen, weil es Betroffenen die Freiheit der Entscheidung nimmt.

Als Ironikerin bezeichnet Rorty „eine Person die der Tatsache ins Gesicht sieht, daß ihre zentralen Überzeugungen und Bedürfnisse nicht kontingent sind".[25] Liberale Ironikerinnen stellen also Fragen, wohl wissend, dass sie keine eindeutige Antwort erhalten können. Ironie wird also nicht (nur) literarisch gedacht, sondern als Haltung skizziert, wie sie auch Michel Foucault in *Was ist Aufklärung?* (1984) definierte, als „[...] Form der Beziehung zur Aktualität, [...] eine Art des Denkens und Fühlens, auch eine Art des Handelns und Verhaltens, das zu ein und derselben Zeit eine Beziehung der Zugehörigkeit ist und sich als Aufgabe darstellt."[26] Die ironische Haltung ist sowohl Gleichzeitigkeit als auch Kontingenz: Die Unabschließbarkeit und Unvereinbarkeit der Dinge in Verbindung mit einem Konzept von Ironie scheint Rorty dabei direkt aus der Romantik zu entlehnen. Ein Eindruck, der sich verfestigt im Laufe der Lektüre, wenn Rorty sich dezidiert auf die Ideen der Romantik beruft.[27] Wir sollen uns darauf einlassen, dass Wahrheit gemacht und nicht gefunden werde und diese Gemachtheit sich insbesondere auf das menschliche Selbst beziehe – während die Realität den Erfassungsversuchen indifferent gegenüberstehe.[28]

Von G. W. F. Hegel, C. M. Wieland und Friedrich Schlegel bis heute ist Ironie als „nicht-wahrhaftige Rede"[29] umstritten, insbesondere die „Figur des Ironikers": „Die Möglichkeit eines radikal selbstbezogenen Verhältnisses zur Welt begleitet den Ironiediskurs bis heute als Problem".[30] Im Folgenden soll dieses Problem am Beispiel zweier Texte Karen Duves aufgezeigt werden. In Auseinandersetzung mit der Rezeption wird betrachtet, wie sich die Kritik an dieser Ironie, die als subjektive Weltsicht Duves gehandelt wird, fortsetzt. Dabei arbeiten *Regenroman* und *Macht* an einem Verständnis von Solidarität, wie sie Rorty fasst: Die Fähigkeit zu sehen, dass Unterschiede vernachlässigbar sind zugunsten der Ähnlichkeiten, im Hinblick auf Schmerz und Demütigung.[31] Die Romane können so als innovatives

---

24 Vgl. Judith Shklar: Liberalism of fear. In: Stanley Hoffmann (Hg.): Judith Shklar: Political Thought and Political Thinkers. Chicago / London 1998, S. 3–20, hier: S. 3.

25 Rorty: Kontingenz, Ironie und Solidarität, S. 14.

26 Michel Foucault: Was ist Aufklärung? In: Eva Erdmann / Rainer Forst / Axel Honneth (Hg.): Ethos der Moderne. Foucaults Kritik der Aufklärung. Berlin / New York 1990, S. 42.

27 Vgl. Rorty: Kontingenz, Ironie und Solidarität, S. 28.

28 Vgl. Rorty: Kontingenz, Ironie und Solidarität, S. 27.

29 Uwe Wirth: Ironie. In: Uwe Wirth (Hg.): Handbuch Komik. Stuttgart 2017, S. 16–20, hier S. 17.

30 Jens Oliver Krüger: Pädagogische Ironie – Ironische Pädagogik. Diskursanalytische Untersuchungen. Paderborn 2011, S. 71 und S. 73.

31 Vgl. Rorty: Kontingenz, Ironie und Solidarität, S. 310.

politisches Handeln im Sinne Rortys verstanden werden, die Ironie als Gestaltungsmittel zur Verhandlung von Geschlechterverhältnissen und Gewalt nutzen.

3 Pathos und Trash I, oder: Von der Umdeutung sexualisierter Gewalt im *Regenroman* (1999)

Wer die Diskussionen um die Anpassung des Paragraphen 177 des Strafgesetzbuches verfolgt hat, die vor allem im Anschluss an die Vorkommnisse der Silvesternacht 2015/2016 Vorschub erhielten, weiß, wie kontrovers die Veränderung diskutiert wurde.[32] Die Neuerung besteht darin, die sprachliche Verneinung als Gegenwehr anzuerkennen, während vorher nur die körperliche Gegenwehr gewertet werden konnte. Nunmehr heißt Nein also Nein, was den gewaltsamen, in Rortys Terminologie grausamen Aspekt zwar minimiert, doch die Verantwortung weiterhin im Bereich der betroffenen Person verortet. Nicht zuletzt sehen deswegen einige den überarbeiteten Paragraphen nicht als Meilenstein feministischer Errungenschaften, als der er von anderen gefeiert wird. Sie sehen den neuen Paragraphen als Symptombehandlung eines viel tiefer liegenden Problems der ungleichen Verteilung von (Handlungs-)Macht. Eine von ihnen ist Karen Duve.

Insbesondere mit Bezug auf den *Regenroman* ist vielfach betont worden, dass Duve in ihrem Text alle Sphären der Gewalt auslotet, was sich auch in ihrem Erzählvorgehen der intertextuellen Montage zeigt: Motive, Stoffe, Stereotype, Texte, Filme, kurz, alle möglichen kulturellen Artefakte werden anzitiert, um den Wiedererkennungseffekt sofort aufzulösen, indem die Vermittlung ironisch transformiert und die Darstellung beispielsweise im Grotesken gebrochen wird.[33]

---

32 Letztes Mal geändert wurde der Paragraph 1997. Davor waren Vergewaltigung und Nötigung innerhalb des Eheverhältnisses nicht strafbar, da sie mit den Reproduktionsaufgaben der Frau nicht in Konflikt standen – erst im Anschluss wurden die Vergehen als Delikte gegen das Selbstbestimmungsrecht der Frau anerkannt. Vgl. Angela Koch: Die Verletzung der Gemeinschaft. Zur Relation der Wort- und Ideengeschichte von ‚Vergewaltigung'. In: Johanna Gehmacher (Hg.): Bodies/Politics. Innsbruck u. a. 2004, S. 38–56, hier: S. 44 f. sowie Urania Milevski: Stimmen und Räume der Gewalt. Erzählen von Vergewaltigung in der deutschen Gegenwartsliteratur. Bielefeld 2016, S. 15.

33 Die Abgrenzung zwischen Ironie, Satire und Groteske ist kleinteilig, die Grenzen verwischen und eine wirklich ausführliche Differenzierung kann an dieser Stelle nicht zur Gänze vorgenommen, sondern nur skizziert werden: Ich folge hier einem Verständnis von Ironie als Haltung und pragmatischem Modus, gebunden an eine sprechende Instanz. Während Satire als Modus wie Gattung verhandelbar ist, hier als sekundäre Schreibweise verstanden werden soll, beziehe ich die Groteske auf Dargestelltes. Vgl. Wirth: Ironie, S. 17 ff. Vgl. Rüdiger Zymner: Satire. In: Uwe Wirth (Hg.): Komik. Ein interdisziplinäres Handbuch. Stuttgart 2017, S. 21–25, hier: S. 22.

Dieses Zusammenspiel von Ironie und Groteske wird an den beiden Gewaltereignissen deutlich, die im Mittelpunkt der Erzählung und in direkter Wechselwirkung zueinander stehen: die Vergewaltigung Martinas durch Harry und die zwischen Vergewaltigung und Verführung oszillierende Unterwerfung Leons durch Isadora.

In *Regenroman* geht es um das Ehepaar Ulbricht, Martina, eine junge Frau in den Zwanzigern, und Leon, einen Schriftsteller in den Vierzigern, der immer noch auf seinen Durchbruch wartet. Leon erhält durch seinen Freund Harry, Zuhälter auf der Hamburger Reeperbahn, den Auftrag, die Biographie der Rotlichtgröße Benno Pfitzner zu verfassen und wird bereits im Voraus großzügig entlohnt. Martina und Leon kaufen ein baufälliges Haus in der Einsamkeit einer ostdeutschen Moorlandschaft, um seiner Kreativität die richtige Umgebung zu verschaffen. Die einzigen Nachbarn sind die Schwestern Isadora und Kay Schlei. Der narrative Diskurs des Romans ist auch auf Figurenebene einer Textstrategie verpflichtet, die Wissens- und Wahrnehmungsbereiche sowohl kontrastiert als auch miteinander verschmelzen lässt. So wird durch Einblick in Leons Gedanken klar, dass Leon nicht nur an ein dichotomes Geschlechtermodell mit klaren Strukturen glaubt, sondern insbesondere die Definition von Männlichkeit stark stereotypisiert:

> Ein Mann war jemand, der einen Haufen Geld verdiente, ein Haus besaß, Kinder zeugte, Autos reparieren konnte und jedes Gurkenglas aufbekam. Ein Mann war jemand, der einen stehen hatte, wenn es darauf ankam – und damit fertig.[34]

Wie wenig er selbst jedoch seiner eigenen Definition von Männlichkeit entspricht, wird auf unterschiedliche Arten deutlich: durch weitere konkrete Einblicke in seine Gefühlswelt, durch kontrastive Gedanken der übrigen Figuren, insbesondere seiner Frau, und nicht zuletzt durch die bissigen Kommentare der Erzählinstanz selbst. Leon, dessen einzige Fertigkeit des genannten Katalogs jene ist, Frauen zu verführen, verfügt über keinerlei handwerkliches Geschick, hat „weichliche Gesichtszüge, wirkte mitunter fast weinerlich und sein anfänglich noch „untersetzte[r]" Körper wird im weiteren Verlauf der Erzählung zunehmend adipös."[35] Gerade weil er selbst große Probleme damit hat, seiner eigenen Vorstellung von Männlichkeit zu entsprechen, in der Frauen lediglich als Besitz fungieren, wünscht er sich nicht selten selbst, Frau zu sein. Sein Wunsch, so weder Entscheidungen treffen noch Verantwortung tragen zu müssen, beschreibt

34 Karen Duve: Regenroman. Frankfurt a. M. 1999, S. 30.
35 Duve: Regenroman, S. 22.

Elizabeth Boa als neurotische Verweiblichung,[36] unter der Leon leide und die sich durch sein Versagen als Literat, Hausbesitzer und Ehemann potenziere – und in seinem Selbstmord münde. Die Nachbarin Isadora kann gelesen werden als Verfremdung des literarischen Motivs der schönen Wasserfrau: Ihr Erscheinen, schwer, mit „runde[n] Armen und große[n], hängende[n] Brüsten",[37] oszilliert zwischen Moorhexe und Undine und unterstreicht durch diese Nähe zum Phantastischen das Groteske der Erzählung. Sie bleibt als Figur geheimnisvolle Projektionsfläche, indem ihre Gedanken und Gefühle nicht Teil des narrativen Diskurses werden. Diese Leerstelle bekommt besondere Relevanz im Ereignis sexualisierter Gewalt, das Verführungsnarrative parodiert, in welchen die Beweggründe der Täterin außen vor bleiben.

In besagter Szene ist der Niedergang Leons schon weit fortgeschritten: Er verharrt wegen eines Rückenleidens kombiniert mit einer Schreibblockade bewegungslos auf der heimischen Couch und tut nichts, außer Kreuzworträtsel zu lösen und zu essen. Martina kümmert sich um den Haushalt, die Instandsetzung des Hauses und auch um den von Nacktschnecken wimmelnden Garten. Weil sie die Schnecken nicht töten kann, sammelt sie sie lediglich in einem Eimer und setzt sie dann im Moor aus. An diesem Tag jedoch vergisst sie den Eimer im Wohnzimmer, als sie die Nachbarinnen besuchen geht und Isadora bietet an, sich nicht nur um die Schnecken, sondern auch um den kranken Leon zu kümmern. Als sie bei Leon ankommt, nutzt sie stattdessen das Wissen um seinen Ekel vor der Nacktschneckenplage im Garten, um ihn zu erniedrigen und auf grausame Weise zu unterwerfen. Sie schüttet zunächst den ganzen wimmelnden Eimer Nacktschnecken auf dem Oberkörper Leons aus:

> Er stöhnte, schaufelte den Schneckenhaufen von seinem Bauch und stieß sich auch noch den Ellenbogen am Sofabein. Als ob er nicht schon Schmerzen genug hätte. Das völlig eingeschleimte Handy polterte zu Boden. Leon warf eine weiße Schnecke nach Isadora. Sie hob die Schnecke auf, steckte sie sich in den Mund und verschluckte sie. „Ist ja widerlich", sagte Leon, „manchmal zweifle ich echt an deinem Verstand." Isadora ließ sich auf alle viere herunter, kroch mit langsamen Katzenbewegungen zu ihm und beugte sich über ihn. Ihr großer, in braune Baumwolle verpackter Busen schaukelte vor seinem Gesicht. „Hau ab", sagte Leon.[38]

---

36 Vgl. Elizabeth Boa: „Lust or Disgust? The Blurring of Boundaries in Karen Duve's Regenroman". In: Heike Bartel / Elizabeth Boa (Hg.): Pushing at Boundaries. Approaches to Contemporary German Writers from Karen Duve to Jenny Erpenbeck. Amsterdam / New York 2006, S. 57–72, hier: S. 62.

37 Duve: Regenroman, S. 41.

38 Duve: Regenroman, S. 218.

Die anfängliche Ablehnung wandelt sich in Hilflosigkeit, als Leon feststellt, dass er Isadora körperlich unterlegen ist und seine Appelle, ihn in Ruhe zu lassen, nichts nützen. Aus dem Gefühl des Ausgeliefertseins erwächst Erregung. Das Motiv der willkommenen Gewalt, das in Erzählungen von Verführung eine tragende Rolle spielt,[39] wird durch die Verkehrung der traditionellen Geschlechterkonstellation ironisch gebrochen. „Er merkte, wie sein Wille sich aus seinem Körper davonstahl“[40] und auch Leons Körper verschwindet unter der personifizierten Naturgewalt, als die er Isadora wahrnimmt. Damit werden Opferdiskurse aufgegriffen, die sowohl die lustvolle Unterordnung des weiblichen Parts als auch die männlich codierte Triebtheorie umdeuten: Isadora übernimmt die männlich konnotierte Rolle des aktiven Parts und übt Gewalt aus zum Zweck ihrer sexuellen Befriedigung. Ihr Desinteresse Leon gegenüber macht diese Deutung zusätzlich plausibel,[41] trotz der ausbleibenden Einblicke in ihr Denken. Der letzte, fast kläglich zu nennende Versuch, diese Umkehrung noch abzuwenden, scheitert, als Isadora nach dem Geschlechtsverkehr einfach das Zimmer verlässt. Leons automatisiert gestellte Frage „[...] wie war es eigentlich für dich?“[42] lässt sie einfach unbeantwortet.

Diese ironisch gebrochene Darstellung steht einem Ereignis sexualisierter Gewalt gegenüber, das die einzige Ausnahme konsequent-realistischen Erzählens in Duves Roman darstellt, der Angriff Harrys auf Martina. Martinas Körper wird zum Kriegsschauplatz der männlichen Figuren, als Leon seine Pflichten als Ghostwriter wiederholt vernachlässigt und sein Auftraggeber ihm diese Vergehen mit der „größten denkbaren Beleidigung“[43] heimzahlt: der sexuellen Inbesitznahme der Ehefrau. Sowohl der Wahrnehmungshorizont Martinas als auch der Harrys sind abwechselnd Gegenstand des Erzähldiskurses: Der Schmerz Martinas und die Versuche, sich vom Geschehen zu distanzieren einerseits und die Ermächtigungspraktiken Harrys andererseits kommen so zu einer Darstellung, die

---

39 Die Verquickung von männlicher Sexualität und Gewalt findet sich bereits in Ovids *Ars Amatoria*, wo die gewaltsamen Handlungen des männlichen Parts als für den weiblichen Part stimulierend beschrieben werden. Vgl. Ovid: Liebeskunst. Ars Amatoria Libri Tres. Übersetzt von Wilhelm A. B. Hertzberger, bearbeitet von Franz Burger-München. Frankfurt a. M. 1976, S. 30. Bis in die Gegenwart hinein ist die ‚vis haud ingrata‘, die willkommene Gewalt, Aspekt des Erzählens von heterosexuellem Geschlechtsverkehr. Vgl. Milevski: Stimmen und Räume der Gewalt, S. 66.

40 Duve: Regenroman, S. 219.

41 „Ihr Kopf war nach vorn gesunken, ihr Mund stand halb offen. Sie sah aus, als wenn sie schliefe und stöhnte leise. „Bitte...“, winselte Leon, „...bitte!“ Isadora schien ihn nicht zu hören. Versunken setzte sie ihr langsames Schaukeln fort, dachte gar nicht daran, das Tempo zu beschleunigen.“ Duve: Regenroman, S. 221.

42 Duve: Regenroman, S. 222.

43 Duve: Regenroman, S. 235.

durch die plötzliche Abwesenheit von Ironie und grotesken Elementen das Gewaltereignis in realistischer Überdeutlichkeit hervortreten lässt.

Mit der Juxtaposition der beiden Gewaltereignisse wird die Deutungsvielfalt erreicht, die Rorty im Anschluss an Kundera als einzig mögliche Verhandlung unserer Gegenwart benennt und als innovatives politisches Handeln kennzeichnet. Darüber hinaus macht diese Konstruktion die Autorin Duve als eine Ironikerin kenntlich, deren Haltung als ‚metastabil' beschrieben werden kann, „nie ganz dazu in der Lage, sich selbst ernst zu nehmen, weil immer dessen gewahr, daß die Begriffe [...] Veränderungen unterliegen, immer im Bewußtsein der Kontingenz und Hinfälligkeit ihrer abschließbaren Vokabulare".[44]

Die Kritik von Duves Werk fördert dabei ein weiteres Mal das zu Tage, was die „Ironikerfigur" Duve und ihren Text begleitet: Im Zusammenhang mit dem sogenannten ‚Literarischen Fräuleinwunder' wurde Duve vor allem als „Spinoff der popkulturellen Literatur"[45] verkauft, als leicht verdauliche Erzählerin mit „erstaunlicher Intimkenntnis",[46] während der sozialkritische Aspekt ihres Textes seltener Gegenstand der Besprechungen wurde. Einzig Karin Liebe spricht ihr eine Stellung abseits der „flockigen Popkultur"[47] zu, während die Vielzahl der Rezensenten – ähnlich, wie es bei *Macht* auch geschehen wird – Kritikpunkte äußert, die die Darstellung der Figuren betreffen, insbesondere deren Geschlecht. Peter Michalzik kritisiert in der *Süddeutschen Zeitung* zum Beispiel das Männerbild Duves und spezifiziert: „Am Ende aber, wenn sich die Dinge überlagern und überschlagen, hebt das Buch in die satirisch-surreale Welt ab, der es entstammt, und da verzeiht man der Autorin, auch als Mann, doch so einiges."[48] Die Darstellungen sexualisierter Gewalt verbleiben dabei weitestgehend undiskutiert und werden nicht als Überzeichnung oder Groteske, sondern als ästhetische Plumpheit gewertet. „Hier wäre weniger mehr gewesen!"[49] urteilt beispielsweise Thomas Bollwerk in seiner Rezension. Einzig die wissenschaftlichen Auseinanderset-

44 Rorty: Kontingenz, Ironie und Solidarität, S. 128.

45 Christiane Caemmerer, Walter Delabar, Helga Meise: „Fräuleinwunder" – Eine Welle, ein Label und die Folgen. Eine Einleitung. In: Fräuleinwunder. Zum literarischen Nachleben eines Labels. Hg. v. Christiane Caemmerer / Walter Delabar / Helga Meise. Frankfurt a. M. 2017, S. 7–11, hier: S. 7.

46 Volker Hage: Ganz schön abgedreht. In: Der Spiegel 12 (1999), S. 244–246, hier: S. 245.

47 Karin Liebe: Karen Duves fulminanter Erstling *Regenroman*. In: taz (25.02.1999). Zitiert nach Katrin Blumkamp: Das „Literarische Fräuleinwunder". Die Funktionsweise eines Etiketts im literarischen Feld der Jahrtausendwende. Berlin 2011, S. 138–140.

48 Peter Michalzik: Männer im Regen. In: Süddeutsche Zeitung (20./21.03.1999), zitiert nach Blumkamp: Das Literarische Fräuleinwunder, S. 141.

49 Thomas Bollwerk: Die Frau, das Moor, der Tod. Karen Duves *Regenroman* kennt kein Erbarmen, nur Gerechtigkeit. In: literaturkritik.de (01.06.2000). URL: http://literaturkritik.de/id/1158 (letzter Zugriff: 15.01.2018).

zungen mit dem Roman versuchen nicht nur Groteske und Gewalt zusammenzubringen, sondern im Zusammenspiel von Literaturwissenschaft und Gender Studies Antworten zu finden, die nicht zwischen „moralischen und ästhetischen Zielsetzungen“[50] wählen müssen.

4 Pathos und Trash II, oder: Dystopische Szenarien zwischen Karikatur, Satire und groteskem Humor in *Macht* (2016)

Karen Duves *Macht* mutet wie eine dystopische Fortführung jener Thematiken an, die sie bereits in *Regenroman* aufgegriffen hat. Die Unterschiede in der ästhetischen Strategie werden bereits beim Blick auf das dem Text vorangestellte Zitat deutlich:

> Schritt 1: Schnapp das Opfer und lass es verschwinden.
> Schritt 2: Isoliere das Opfer und mache es vollkommen von dir abhängig.
> Schritt 3: Beherrsche das Opfer und lass es sich um deine Anerkennung und Zustimmung bemühen.
> Schritt 4: Instruiere das Opfer und erziehe es so weit um, dass es nach deiner Ideologie handelt.
> Schritt 5: Verführe das Opfer und vermittle ihm neue sexuelle Wertvorstellungen.[51]

Der Auszug aus dem Artikel *How to Fold, Spindle and Mutilate the Human Mind in Five Easy Steps* von Timothy Leary und Robert Anton Wilson stellt die Ergebnisse ihrer psychologischen Studie zu Gehirnwäsche bei Frauen auf populärwissenschaftliche Weise zusammen und erschien 1976 im Herrenmagazin *OUI*. Das satirische Moment speist sich lediglich aus der paratextuellen Rahmung – indem der Auszug einer Dystopie vorangestellt wird – die Inhalte werden nicht ästhetisiert und erzeugen so ebenjenes „aggressive“ Lachen, das auch Brummack für die Satire geltend macht.[52] Als sekundäre Schreibweise, die „von allen literarischen Formen Gebrauch machen kann“[53] und damit ein transmediales und gattungsübergreifendens Prinzip ist, referiert die Satire auf die Dinge, wie sie sind, aber

50 Rorty: Kontingenz, Ironie und Solidarität, S. 230.

51 Karen Duve: Macht. 2. Aufl. Berlin 2016, S. 5.

52 Vgl. Jürgen Brummack: Satirische Dichtung. Aspekte der Satire zwischen 1789 und 1848. München 1980, S. 282.

53 Sebastian Gärtner: Was die Satire darf. Eine Gesamtbetrachtung zu den rechtlichen Grenzen einer Kunstform. Berlin 2009, S. 20.

nicht sein müssten. Die Nähe zur Ironie wird besonders dort deutlich, wo diese Darstellung mit Sarkasmus und Spott einhergeht.[54] Für die Kommunikationssituation dieser literarischen Texte bedeutet das, dass zum einen die Realität als aktuale Welt fester Referenzpunkt ist und zum anderen, dass die sprechende Instanz mit der erzeugenden Instanz in der Rezeption enggeführt wird.

In Duves Roman, der in der Zukunft des Jahres 2031 spielt, ist Sebastian die erzählende Instanz und schildert sein Scheitern als Naturschützer, als Demokrat und als Mann: Das Ende der Welt ist aufgrund ökologischer Katastrophen unvermeidlich, woran auch der in diesem Zuge verordnete „Staatsfeminismus" nichts mehr ändern kann. Als Reaktion darauf hat Sebastian entschieden, den patriarchalen Zustand wiederherzustellen und seine „ureigenen männlichen Bedürfnisse"[55] zumindest im begrenzten Rahmen seines Hauses und in den verbleibenden Monaten bis zur Katastrophe zu erfüllen: Er hält seine Frau Christine, ehemalige Ministerin für Umwelt, Naturschutz, Kraftwerkstilllegung und Atommüllentsorgung, in seinem Keller gefangen und reanimiert so auf gewaltsame Weise die historische geschlechtsspezifische Sphärentrennung von öffentlich und privat. Duve schafft damit einerseits eine fiktionale Welt, die in der Tradition der feministischen Utopien steht,[56] die andererseits jedoch durch die erzählende Figur des reaktionären Sebastian dystopisch gebrochen wird.

Sebastian hat, in den Worten Rortys, der Grausamkeit abgeschworen, nur um sie im Angesicht der Apokalypse erneut zu umarmen. Der Roman zeichnet eine tiefschwarze Ansicht von Autonomie und verknüpft sie mit der Erzählung von Gerechtigkeit – oder vielmehr der Abwesenheit davon. Die Gründe dafür sind sowohl banal als auch einleuchtend: Sebastian möchte die letzten fünf Jahre auf Erden so angenehm wie möglich verbringen und nimmt dafür die alltäglichen Grausamkeiten in Kauf. Dazu gehört auch, seine Frau im Keller unter Entzug ihrer Freiheit auf das Patriarchat einzuschwören. Dem Roman ist in diesem Zusammenhang vorgeworfen worden, zur Gänze aus männlichen Plattitüden zu bestehen. Ein Beispiel dafür mag Sebastians Darstellung des Lebens mit Christine sein, die geprägt ist von der Überzeugung, einvernehmlichen vom nicht-einvernehmlichen Geschlechtsverkehr durch den Grad an weiblichem Widerstand unterscheiden zu können. Die Besuche im Verlies seiner Frau beschreibt Sebastian wie Zusammenkünfte zweier Liebender: „[I]ch freue mich schon darauf, zu Christine hinunterzugehen, um mit ihr zu plaudern und etwas beiderseitig erwünschten

54 Zymner: Satire, S. 22.

55 Duve: Macht 2016, S. 38.

56 Vgl. u. a. Barbara Holland-Cunz: Utopien der neuen Frauenbewegung: Gesellschaftsentwürfe im Kontext feministischer Theorie und Praxis. Meitingen 1988 sowie Regina Binder: Die maskierte Utopie. Feminismus und Science Fiction. Frankfurt a. M. 1996.

und erfreulichen Sex zu haben",[57] sagt er beispielsweise zu Beginn. Dieser Blickwinkel wirkt vor dem Hintergrund der juridischen Entwicklungen zum Straftatbestand der Vergewaltigung und Nötigung sowie der äußerst kontrovers geführten MeToo-Debatte wie die logische Konsequenz eines gesamtgesellschaftlich prominenten Denkmusters und betont die Grausamkeit unserer aktuellen Gesellschaft ganz in Rortys Sinn. Dass Christine bei ihrer Befreiung das Erlebte umgehend zum zentralen Bestandteil ihrer politischen Kampagne macht, verwundert nicht.

Auch Sebastians Sicht präsentiert nicht den vielerorts zitierten „Männerhass" der Autorin Duve, wenn die Kritik an seinem Verhalten auch unbestritten zum absurden Prisma wird, in dem sich die Perspektive bricht. Alle Figuren, männlich wie weiblich, sind Stereotype, die in einer zweifelhaften Art und Weise interagieren. Ein weiteres Beispiel dafür ist die Liebesgeschichte zwischen Sebastian und Elisabeth, genannt Elli: Sebastian verliebt sich im Laufe der Handlung in seine ehemalige Schulkameradin, als er sie auf einem Klassentreffen wiedersieht. Die Siebzigjährigen, die aufgrund der entsprechenden pharmazeutischen Neuerungen in Körpern von Zwanzig- bzw. Dreißigjährigen stecken, fühlen offensichtlich sofort eine tiefe Verbundenheit zueinander. Elli, die als Schülerin oberflächlich war, bewundert Sebastian für seine konsequente Haltung zum Naturschutz und zur Demokratie – dass er in Anbetracht der Apokalypse schon längst wieder Fleisch isst, die Sorge um die Gemeinschaft also gegen die Sorge um sich eingetauscht hat, verschweigt er ihr. Sebastian hingegen bewundert an ihr wiederum das neu erwachte Engagement in Sachen gesellschaftlicher Teilhabe, Tier- und Umweltschutz. Wie weit her es dann tatsächlich damit ist, wird bereits nach ihrer ersten Liebesnacht deutlich, als Elli sich etwas Ablenkung von ihren intensiven Gefühlen wünscht und vorschlägt, fernzusehen. Sie sitzen also Arm in Arm vor dem Fernseher und sehen ein Reality-TV-Format: Vier Vertreter marginalisierter Bevölkerungsgruppen, „ein Rollstuhlfahrer, ein Kleinwüchsiger, ein Einarmiger und ein Paar an der Hüfte zusammengewachsener Siamesischer Zwillinge"[58] sollen Mutproben absolvieren, in diesem Fall Haifische quälen, ohne den Raubtieren selbst zum Opfer zu fallen. Sebastian wie Elli sind gebannt von den Vorgängen auf dem Bildschirm, die für sie offenbar nicht in Konflikt mit ihren gerade noch proklamierten gesellschaftlichen Einstellungen sehen. Sebastian resümiert: „Und es ist so gut, so gut, hier mit Elli in meinem Arm zu liegen und diesen Quatsch zu kucken."[59] In Episoden wie dieser Paaridylle vorm Fernseher,

57 Duve: Macht, S. 67.
58 Duve: Macht, S. 160.
59 Duve: Macht, S. 162.

in der zwei (selbsterklärte) Tierschützer und Demokraten ein derart lebensverachtendes Format anschauen, legt Duve die Ironie des Politischen offen dar, das, was Rorty als Abstumpfung gegenüber dem Schmerz und der Demütigung der anderen beschreibt. Das satirische Moment erwächst aus dem Umstand, dass die Sendung unserem aktuellen Fernsehprogramm nahe genug kommt, um sich ertappt zu fühlen: Das Lachen bleibt im Halse stecken.

Im weiteren Verlauf sperrt Sebastian auch Elli in den Raum, in dem seine Exfrau eigentlich hätte sterben sollen, und flieht. Das Schicksal der beiden Frauen überantwortet er Ingo Dresen, dem Anführer einer maskulinistischen Tierschutzbewegung, den er in einem Brief von deren Verbleib informiert. Dresen wartet nicht mit dem Lesen des Briefes, wie abgesprochen, bis Sebastian außer Landes ist. Er sorgt sofort dafür, dass die beiden Frauen gerettet werden und sonnt sich in der Anerkennung des Systems, das er vormals bekämpft hat. Sebastian kommentiert abschließend:

> Es gibt keine Solidarität unter den Schwachen. Was ist schon eine Männerfreundschaft gegen ein Lob aus dem Mund der wirklich Mächtigen, der Frauen? Mit Ingo Dresen ist die letzte Bastion der Männer gefallen.[60]

Natürlich kommt uns diese Aussage bekannt vor, wie vieles, was Sebastian im Laufe seiner Erzählung ausführt. Dieses Mal speist sich das kurze Auflachen aus der Tatsache, dass dieses „wir" der sozial Schwachen auf jene Gruppe rekurriert, die in der aktuellen Welt als gesellschaftlich überlegen angesehen wird. Im Umkehrschluss bedeutet es: Wenn die „wirklich Mächtigen" die Frauen sind, werden Sebastians gewaltsame Handlungen, insbesondere die Vergewaltigungen noch einmal zusätzlich als das sichtbar gemacht, was sie sind: Als Ermächtigung mit sexuellen Mitteln durch die Zuweisung einer unterlegenen Position.

Unter den Rezensenten scheint allein Alexander Košenina den Roman als das „radikale[] literarische[] Experiment" zu sehen, das er ist. Er ist auch der einzige, der von Humor spricht, wenn auch nur davon, dass jenen, denen der „schnoddrige Witz der Duve sonst gefiel",[61] das Lachen dieses Mal ganz schön vergehen könnte. Angesprochen auf den fehlenden oder zumindest eingeschränkten „Humorteil"[62] in ihrem neuen Roman, antwortet Duve:

---

60 Duve: Macht, S. 410.

61 Alexander Košenina: Unterwerfung mal ganz anders. In: FAZ (18.02.2016), S. 10.

62 Marten Rolff: Gutmenschen. Interview mit Karen Duve. In: Süddeutsche Zeitung (13.02.2016). URL: www.sueddeutsche.de/leben/karen-duve-ueber-gutmenschen-1.2857014 (letzter Zugriff: 12.01.2018).

> Ich behandle meine Themen härter als früher. Aber wenn Sie damit fragen wollen, ob ich verbittert bin: gar nicht. Es ist ein Roman. Und die Aussicht auf den Weltuntergang gibt einem eine gewisse Leichtigkeit.[63]

Tatsächlich ist Lachen auch dieses Mal möglich, wenn wir von einem „schaurigen Lachen" ausgehen, wie es Barbara Stauß in ihrer Studie zu den komischen Schreibweisen von Elfriede Jelinek, Christa Reinig und Irmtraud Morgner beschreibt.[64] Gerade das Verlachen repressiver Normen – aber eben auch das Verlachen der Versuche, sich von ebenjenen zu befreien – kann dabei als subversives Potenzial eines Textes fungieren. Das gilt sowohl für Duves *Macht* als auch für ihren *Regenroman*.

5 Engagement und Poesie, oder: Karen Duve als liberale Ironikerin

Während der *Regenroman* und seine Autorin im Zuge der „Fräuleinwunder"-Diskurse im weiteren Umfeld der Popliteratur zunächst als völlig unpolitisch eingeordnet wurden, änderte sich diese Beurteilung mit Erscheinen der Essays *Anständig Essen* (2011) und *Warum die Sache schiefgeht* (2014) sowie den Artikeln zu feministischen Fragen,[65] bis ihr mit *Macht* ein politisches Programm regelrecht unterstellt wurde. Die Kritik spaltet sich an der Frage nach einem Entweder-Oder: politische Aussage oder poetisches Programm? Rorty versucht, diesen Widerspruch in der Figur der liberalen Ironikerin aufzulösen, um Romane als innovatives politisches Handeln sichtbar zu machen. Dabei schließen sich Moral und Ästhetik ebenso wenig aus wie Zweck und Unterhaltung.[66]

„Verrisse hat es besonders dort gegeben, wo man [...] die satirische Ambivalenz, die auch den Leser fordert, nicht erkennen konnte oder wollte",[67] stellt die Jury des Kasseler Komikpreises fest. Tatsächlich beruht das Lachen, das Duves

63 Rollf: Gutmenschen.

64 Stauß: Schauriges Lachen, S. 13 ff.

65 In der *Emma* schrieb sie zum Beispiel mit Friedemann Sittig über die Allgegenwart sexualisierter Gewalt. In *Die Zeit* setzte sie sich mit antifeministischen Tendenzen im deutschsprachigen Feuilleton auseinander. Vgl. Karen Duve, Friedemann Sittig: Sexualmord. Wehe, wenn sie losgelassen. In: Emma 1 (2004). URL: http://www.emma.de/artikel/sexualmord-wehe-wenn-sie-losge lassen-263319 (letzter Zugriff: 30.10.2017). Karen Duve: Feminismus. „Das einstige Wohlwollen hat sich in etwas Hartes verwandelt." In: Die Zeit 35 (2006). URL: http://www.zeit.de/2006/35/Feminis mus-Duve (letzter Zugriff: 30.10.2017).

66 Vgl. Rorty: Kontingenz, Ironie und Solidarität, S. 234.

67 Stiftung Brückner-Kühner: Preisträgerin Karen Duve.

Texte erzeugt, wenn es auch „brutal und nicht einfühlsam“[68] ist, auf einem kurzen Erkennungsmoment, dem eine konkrete Reaktion folgt: Entweder ich verwahre mich der Ähnlichkeit zu meinem Denken und verwerfe die überzeichneten Figuren und Handlungen in Duves Erzählungen als platt, banal und alles in allem nicht identifikationsstiftend. Oder ich nehme diesen kurzen Moment des Wiedererkennens zum Anlass, über Solidarität nachzudenken, wie sie Rorty fasst, nämlich als Vernachlässigen der Unterschiede zugunsten der Ähnlichkeiten. Schmerz und Demütigung: Diese komplexen Gefühle – das zeigt Duve als liberale Ironikerin – vereinen uns.

Literaturverzeichnis

Bachtin, Michail M.: Literatur und Karneval. Zur Romantheorie und Lachkultur. Frankfurt a. M. 1996.

Binder, Regina: Die maskierte Utopie. Feminismus und Science Fiction. Frankfurt a. M. 1996.

Boa, Elizabeth: „Lust or Disgust? The Blurring of Boundaries in Karen Duve's *Regenroman*“. In: Pushing at Boundaries. Approaches to Contemporary German Writers from Karen Duve to Jenny Erpenbeck. Hg. v. Heike Bartel / Elizabeth Boa. Amsterdam / New York 2006, S. 57–72.

Bollwerk, Thomas: Die Frau, das Moor, der Tod. Karen Duves *Regenroman* kennt kein Erbarmen, nur Gerechtigkeit. In: literaturkritik.de (01. 06. 2000). URL: http://literaturkritik.de/id/1158 (letzter Zugriff: 15. 01. 2018).

Brummack, Jürgen: Satirische Dichtung. Aspekte der Satire zwischen 1789 und 1848. München 1980.

Caemmerer, Christiane / Walter Delabar / Helga Meise: „Fräuleinwunder“ – Eine Welle, ein Label und die Folgen. Eine Einleitung. In: Fräuleinwunder. Zum literarischen Nachleben eines Labels. Hg. v. Christiane Caemmerer / Walter Delabar / Helga Meise. Frankfurt a. M. 2017, S. 7–11.

Duve, Karen: Regenroman. Frankfurt a. M. 1999.

Duve, Karen: Macht. 2. Aufl. Berlin 2016.

Duve, Karen / Friedemann Sittig: Sexualmord. Wehe, wenn sie losgelassen. In: Emma 1 (2004). URL: http://www.emma.de/artikel/sexualmord-wehe-wenn-sie-losgelassen-263319 (letzter Zugriff: 30. 10. 2017).

Duve, Karen: Feminismus. „Das einstige Wohlwollen hat sich in etwas Hartes verwandelt.“ In: Die Zeit 35 (2006). URL: http://www.zeit.de/2006/35/Feminismus-Duve (letzter Zugriff: 30. 10. 2017).

Encke, Julia: Hauptsache gebrüllt. *Fifty Shades of Grey* trifft auf Natascha Kampusch: Warum Karen Duves neuer Roman *Macht* einem so wahnsinnig auf die Nerven geht. In: Frankfurter Allgemeine Zeitung Online (18. 02. 2016). URL: http://www.faz.net/aktuell/

68 Barbara Sinic: Die sozialkritische Funktion des Grotesken. Frankfurt a. M. 2000, S. 13.

feuilleton/buecher/hauptsache-gebruellt-karen-duves-roman-macht-14068827.html?printPagedArticle=true#pageIndex_0 (letzter Zugriff: 12.01.2018).

Foucault, Michel: Was ist Aufklärung? In: Ethos der Moderne. Foucaults Kritik der Aufklärung. Hg. v. Eva Erdman / Rainer Forst / Axel Honneth. Berlin / New York 1990.

Gärtner, Sebastian: Was die Satire darf. Eine Gesamtbetrachtung zu den rechtlichen Grenzen einer Kunstform. Berlin 2009.

Hage, Volker: Ganz schön abgedreht. In: Der Spiegel 12 (1999), S. 244–246.

Holland-Cunz, Barbara: Utopien der neuen Frauenbewegung: Gesellschaftsentwürfe im Kontext feministischer Theorie und Praxis. Meitingen 1988.

Kamann, Matthias: Pirinçci provoziert mit „KZ"-Rhetorik in Asylkrise. In: Die Welt (20.10.2015). URL: https://www.welt.de/politik/deutschland/article147810085/Pirincci-provoziert-mit-KZ-Rhetorik-in-Asylkrise.html (letzter Zugriff: 01.09.2018).

Koch, Angela: Die Verletzung der Gemeinschaft. Zur Relation der Wort- und Ideengeschichte von ‚Vergewaltigung'. In: Bodies/Politics. Hg. v. Johanna Gehmacher. Innsbruck u. a. 2004, S. 38–56.

Košenina, Alexander: Unterwerfung mal ganz anders. In: FAZ (18.02.2016), S. 10.

Krüger, Jens Oliver: Pädagogische Ironie – Ironische Pädagogik. Diskursanalytische Untersuchungen. Paderborn 2011.

Kundera, Milan: Die Kunst des Romans. Aus dem Französischen von Uli Aumüller. Frankfurt a. M. 2010.

Sartre, Jean-Paul: Was ist Literatur? Ein Essay. Aus dem Französischen von Hans Georg Brenner. Hamburg 1958.

Liebe, Karin: Karen Duves fulminanter Erstling *Regenroman*. In: taz (25.02.1999). Zitiert nach: Katrin Blumkamp: Das „Literarische Fräuleinwunder". Die Funktionsweise eines Etiketts im literarischen Feld der Jahrtausendwende. Berlin 2011.

Michalzik, Peter: Männer im Regen. In: Süddeutsche Zeitung (20./21.03.1999), zitiert nach: Katrin Blumkamp: Das „Literarische Fräuleinwunder". Die Funktionsweise eines Etiketts im literarischen Feld der Jahrtausendwende. Berlin 2011.

Milevski, Urania: Stimmen und Räume der Gewalt. Erzählen von Vergewaltigung in der deutschen Gegenwartsliteratur. Bielefeld 2016.

Ovid: Liebeskunst. Ars Amatoria Libri Tres. Übersetzt von Wilhelm A. B. Hertzberger, bearbeitet von Franz Burger-München. Frankfurt a. M. 1976.

Rabelais, François: Gargantua Pantagruel. Stuttgart 2013.

Rollf, Marten: Gutmenschen. Interview mit Karen Duve. In: Süddeutsche Zeitung (13.02.2016). URL: http://www.sueddeutsche.de/leben/karen-duve-ueber-gutmenschen-1.2857014 (letzter Zugriff: 12.01.2018).

Rorty, Richard: Contingency, irony, and solidarity. Cambridge 1989.

Rorty, Richard: Kontingenz, Ironie und Solidarität. Übersetzt von Christa Krüger. Frankfurt a. M. 2012.

Schlegel, Friedrich: Athenäumsfragmente und andere Schriften. Berlin 2013.

Schmollack, Simone: Akif Pirinçci provoziert Mordaufruf. In: taz (27.4.2014). URL: http://www.taz.de/Rechtspopulismus-im-Internet/!5037014/ (letzter Zugriff: 01.09.2018).

Schröder, Christoph: Männer sind der Welten Untergang. In: Zeit Online (23.02.2016). URL: http://www.zeit.de/kultur/literatur/2016-02/karen-duve-macht-roman (letzter Zugriff: 12.01.2018).

Shklar, Judith: Liberalism of fear. In: Judith Shklar. Political Thought and Political Thinkers. Hg. v. Stanley Hoffmann. Chicago / London 1998.
Sinic, Barbara: Die sozialkritische Funktion des Grotesken. Frankfurt a. M. 2000.
Stiftung Brückner-Kühner: Preisträgerin Karen Duve. Begründung des Stiftungsrates. Kassel 2017. URL: http://www.brueckner-kuehner.de/karen-duve-preistraegerin-2017/ (letzter Zugriff: 12. 01. 2018).
Stiftung Brückner-Kühner: Preisträger Kasseler Literaturpreis für grotesken Humor. URL: http://www.brueckner-kuehner.de/category/literaturpreistraeger/ (letzter Zugriff: 12. 01. 2018).
Stauß, Barbara: Schauriges Lachen. Komische Schreibweisen bei Christa Reinig, Irmtraud Morgner und Elfriede Jelinek. Sulzbach / Taunus 2009.
Wieland, Christoph Martin: Unterredungen zwischen W... und dem Pfarrer zu ... In: Ders.: Werke. Bd. III. München 1967, S. 295 – 349.
Wirth, Uwe: Ironie. In: Uwe Wirth (Hg.): Handbuch Komik. Stuttgart 2017, S. 16 – 20.
Zymner, Rüdiger: Satire. In: Uwe Wirth (Hg.): Komik. Ein interdisziplinäres Handbuch. Stuttgart 2017, S. 21 – 25.

Anna S. Brasch

Zwischen Anpassung und Widerstand: Zur Darstellung politischer Systemwechsel im Boxroman der Gegenwart

1 Pugilismus – Politik – Literatur

In den letzten Jahren haben sich gleich mehrere Romane dem Feld Boxen gewidmet: Matthias Eckoldt etwa veröffentlicht 2010 mit *Letzte Tage. Boxerroman* einen Roman, der im postsozialistischen Boxermilieu situiert ist. Und Stephanie Bart publiziert 2014 mit *Deutscher Meister* einen historischen Roman, der sich dem Boxsport in den frühen 1930er Jahren widmet. Auf den ersten Blick haben diese beiden Romane wenig gemeinsam. Bei genauerer Betrachtung jedoch verbindet die Texte, dass beide einen politischen Systemwechsel, mithin einen der großen Einschnitte in der deutschen Zeitgeschichte, und dessen Auswirkungen auf das Individuum zum Gegenstand haben. Eckoldts Roman ist in den Jahren nach der Wende situiert; Stephanie Bart hingegen erzählt die Geschichte des Boxers Rukelie Trollmann, der als Sinto 1933 um den Titel des Deutschen Meisters gebracht wurde. Beide Texte stellen darüber hinaus eine Figur ins Zentrum, die aus unterschiedlichen Gründen im neuen politischen System keinen Platz hat oder findet: Sinto Trollmann behielt nach seinem letzten Kampf gegen Gustav Eder nur noch wenige Monate die Kampflizenz. Und Eckoldts ehemaliger DDR-Landesmeister, der nach der Wende Profi-Trainer geworden ist, scheitert letztendlich am kapitalistischen Boxgeschäft.

Es ist nun kein Novum, dass über das Feld ‚Boxsport' politische Konstellationen verhandelt werden; bereits in den 20er Jahren des 20. Jahrhunderts hat der moderne Boxsport Eingang in literarische Texte gefunden. Nachfolgend soll daher zunächst anhand der beiden Romane von Eckoldt und Bart untersucht werden, wie politische Konstellationen in der Gegenwartsliteratur über das Feld Boxsport verhandelt werden. Im Anschluss soll eine Einordnung in diachroner Perspektive geleistet werden. So lassen sich zum einen Konjunkturen der kulturellen Besetzung des Boxsportes im Allgemeinen diagnostizieren, in deren Kontext auch der Boxroman der Gegenwart eingeordnet werden kann. Zum anderen lässt sich zeigen, dass der Boxroman der Gegenwart literarisch auf den Boxroman der Weimarer Republik zurückgreift. Zugleich findet in der historischen Perspektive aber auch eine signifikante Verschiebung vom Zeitroman zum (Zeit-)Historischen Roman statt.

https://doi.org/10.1515/9783110568561-022

2 Das Politische im Boxroman der Gegenwart

2.1 Matthias Eckoldt: *Letzte Tage*

Eckoldts Roman *Letzte Tage* ist in den Jahren nach der Wende situiert. Realhistorischer Hintergrund ist das postsozialistische Boxermilieu, in dem die gut ausgebildeten Amateure aus DDR-Zeiten auf den gesamtdeutschen Profi-Markt drängen. Inhaltlich umfasst der Roman die Geschichte des alternden Boxtrainers Toni, der vom Boxmanager Bornemeyer angehalten wird, bei einem ungleichen Duell zwei seiner Boxer im Weltmeisterschaftskampf gegeneinander antreten zu lassen. Der trockene Alkoholiker Toni gleitet über diese Entscheidung wieder in den Alkoholismus ab und verliert alles. Der Boxsport wird hier nun zum Feld, in dem der Systemwechsel 1989/90 auf unterschiedlichen Ebenen verhandelt wird: Einerseits zielt der Roman auf die Gegenüberstellung zweier Systeme, andererseits wird auf der individuellen Ebene der schwierige Anpassungs- und Annäherungsprozess ehemaliger DDR-Bürger an das neue politische, gesellschaftliche und vor allem ökonomische System nach 1990 thematisiert.

Zunächst zum Systemischen: Die klassische Auseinandersetzung zwischen geschäftsorientiertem Manager und dem am Wohl des Boxers orientierten Trainer – es ist dies zunächst eine recht typische Konstellation für Boxromane – wird in diesem Roman zur Auseinandersetzung zwischen zwei Systemen, genauer zwischen Kapitalismus und Sozialismus. Zunächst ist festzuhalten, dass die Basisdichotomie Ost-West den Roman organisiert. Image, Publicity und Geld werden Training und Konzentration auf den Sport selbst,[1] äußeres Erscheinungsbild wird Präzision und Kraft der Schläge[2] gegenübergestellt:

> Die Fernsehleute brachten das Wort Image mit: Was für ein Image können wir Alex geben? Diese Frage hörte Toni andauernd. Hin und wieder wurde sie auch ihm gestellt. Er ließ sich erst einmal erklären, was sie damit meinten, dann zuckte er die Achseln: „Filmt ihn so, wie er ist!"
>
> Doch das schien wenig hilfreich. Toni verstand nicht, warum man etwas anders darstellen wollte, als es war. Ähnlich ratlos war er, als ihn Bornemeyer nach einem Kampfnamen für Alex fragte.
>
> „Geht's nicht ohne? Alex soll doch einfach nur boxen!"
>
> „Nein, Toni. Es geht nicht ohne", hatte Bornemeyer geantwortet. „Denn wir Boxen im Fernsehen, nicht bei irgendeiner Amateurmeisterschaft. Hier geht es um die Show. Um die

1 Vgl. Matthias Eckholdt: Letzte Tage. Boxerroman. Berlin 2010, S. 54 und S. 78.

2 Vgl. Eckholdt, S. 68 f.

> Story von Alex, die in der *Bild*-Zeitung steht und die sich die Leute da draußen erzählen können. Guter Name, gute Story, gute Publicity, gutes Geld. Verstehen Sie?"
> Toni verstand gar nichts.[3]

Darüber hinaus wird der Boxstil in diesem Roman zum Seismographen gesellschaftlicher Zustände in den unterschiedlichen politischen Systemen. Den USA, „wo es für viele Schwarze einfach nur hieß: Box oder stirb“,[4] wo nicht Technik, sondern Wut das wichtigste sei,[5] wo es „reichte [...], einfach draufzuschlagen und zu hoffen, dass der Gegner einknickte, bevor man mit der eigenen Kraft am Ende war“,[6] werden die deutschen Profiboxer der (post)sozialistischen Ära,[7] die kubanischen Boxer, die „‚nach wie vor die besten der Welt‘“ seien,[8] sowie die russischen Boxer der „[e]rstklassigen[n] sowjetische[n] Boxschule“[9] gegenüber gestellt: Kontrastiert werden die Underdog-Schläger des Westens, für die der Sport die einzige Aufstiegschance ist, mit den exzellent ausgebildeten Technikern des Ostens, in dem das Boxen gerade kein Unterschichten-Sport der ‚Ghettos‘[10] ist.

Schließlich lassen sich auf den ersten Blick die Figuren, insbesondere Trainer Toni und Manager Bornemeyer, aber auch etwa die beiden Boxer Alex und Rico in die Gegenüberstellung der Systeme einordnen. Auf der Seite des Kapitalismus steht insbesondere Manager Bornemeyer, der ausschließlich mit Blick auf seinen ökonomischen Vorteil handelt, der für einen kalten Egoismus des Kapitalismus steht. Der Boxsport wird hier als Markt dargestellt, auf dem Geld – „das große Geld“[11] – gemacht wird.[12] Auf den Vorwurf der Sittenwidrigkeit antwortet Manager Bornemeyer: „Falls Sie es noch nicht verstanden haben, Toni. Es geht hier ums Geschäft. Und das Geschäft kennt nur eine einzige Sitte. Nämlich die, dass es immer weitergehen muss!“[13] Trainer Toni hingegen, der im Sozialismus sozialisiert wurde, ist an finanziellen Angelegenheiten nicht interessiert und hält einem ausschließlich den Gesetzen des Kapitalismus unterworfenen Boxen das individuelle Wohl der Faustkämpfer, die wie Söhne für ihn sind, entgegen: „Aber nicht

3 Eckholdt, S. 54, Hervorhebung im Original.
4 Eckholdt, S. 28.
5 Vgl. Eckholdt, S. 28.
6 Eckholdt, S. 28.
7 Vgl. Eckholdt, S. 28.
8 Eckholdt, S. 157.
9 Eckholdt, S. 132.
10 Vgl. Eckholdt, S. 34.
11 Eckholdt, S. 27.
12 Vgl. Eckholdt, S. 26.
13 Eckholdt, S. 22.

gegen das Wohl meiner Boxer!", erwidert er.[14] Die Gegenüberstellung von Ost und West, von ‚Ossi-Quatsch'[15] versus ‚Wessi-Allüren',[16] reicht im Übrigen bis in die Getränkewahl (Bier versus Champagner)[17] hinein, sie durchzieht den Roman mithin leitmotivisch. Der Roman zeigt so auf der individuellen Ebene das gegenseitige Unverständnis vor dem Hintergrund unterschiedlicher Sozialisation vor 1989/90 ebenso wie den schwierigen Anpassungsprozess nach der Wende auf.

Was auf den ersten Blick als Gegenüberstellung glatt aufgeht, löst sich dann wieder auf: Das Gesellschaftsbild, das der Roman zeichnet, ist gerade keine schlichte Schwarz-Weiß-Malerei. Auf der Seite des Sozialismus werden etwa Mauerbau,[18] fehlende Reisefreiheit,[19] Sippenhaft[20] und die Ausbürgerung Wolf Biermanns[21] explizit thematisiert. Zugleich ist der Kapitalismus lediglich das bessere von zwei Übeln:

> „Ich finde nur, dass dieses Gehechel nach der Kohle die Leute völlig verrückt macht. Wie angenehm belanglos das im Osten doch alles war! [...]"
>
> „Du willst wohl die Scheiß Mauer wieder haben, oder was?"
>
> „Nein, aber Geld verdirbt nun mal den Charakter. Diese dämliche Gier überall." Toni legte seine Arme auf die Lehne.[22]

Vor allem aber scheitert Protagonist Toni an beiden Systemen: Zu DDR-Zeiten ist er nicht stark genug, um sich der Stasi zu entziehen;[23] in der BRD steigt er in das Profi-Geschäft ein, scheitert aber letztlich am Kapitalismus. Ohnehin passt sich die Figur nur vermeintlich an das neue politische und ökonomische System an, und das nicht, ohne dabei im Kleinen auch Widerstand gegen den neuen Staat, dessen Bürger er über Nacht geworden ist, zu leisten:

> Toni hatte nicht eingesehen, einen neuen Ausweis zu beantragen, obwohl seiner mit dem DDR-Emblem vorn drauf noch gültig war. Bis 1998! Also noch drei Jahre. Wenn den jemand aus dem Verkehr ziehen wollte, war es ja wohl das Mindeste, Toni auch einen aktuellen Ausweis zukommen zu lassen. Stattdessen sollte er antreten und sich stundenlang anstellen? Ja, gings noch?[24]

14 Eckholdt, S. 22.
15 Vgl. Eckholdt, S. 166.
16 Vgl. Eckholdt, S. 63.
17 Vgl. Eckholdt, S. 68.
18 Vgl. Eckholdt, S. 129.
19 Vgl. Eckholdt, S. 106.
20 Vgl. Eckholdt, S. 149.
21 Vgl. Eckholdt, S. 105.
22 Eckholdt, S. 104.
23 Vgl. Eckholdt, S. 105.
24 Eckholdt, S. 225.

Die Vermessung der politischen und ökonomischen Systeme mit ihren jeweiligen Problemen wird so ergänzt durch die Vermessung der individuellen Handlungsoptionen und -strategien, die über die Basiskategorien Anpassung/Widerstand organisiert sind.

Die inhaltliche Anlage des Textes, die über die Basisdichotomie Ost-West organisiert ist und die diese zugleich auflöst, spiegelt sich dann auch in der Erzählanlage selbst wider. Jedes einzelne der Kapitel zeichnet sich durch personales Erzählen aus, in jedem Kapitel steht eine der Figuren im Mittelpunkt. Abwechselnd widmen sich die Kapitel dabei Toni und einer der anderen Figur – nacheinander Tonis Frau Irina, seinem Boxer Alex, Manager Bornemeyer, seinem alten Wegbegleiter Paul, schließlich seinem Boxer Rico.[25] Indem der Text also zwischen den unterschiedlichen Perspektiven der Gegenfiguren, die zugleich den zwei Systemen zuzuordnen sind, beständig hin und her wechselt, werden die Ereignisse vor und während des zentralen Kampfes aus unterschiedlichen Perspektiven dargestellt. Erkennbar sind diese wiederum auch von der jeweiligen Sozialisation her zu verstehen. Was der Text so erzählerisch realisiert, ist gerade eine Multiperspektivität nicht nur auf den Gegenstand selbst, den zentralen Kampf und die Vorbereitungen auf diesen, sondern auch auf den sich darin ausdrückenden schwierigen Annäherungs- und Anpassungsprozess zwischen Ost- und Westdeutschen nach 1989/90, für den der Boxkampf selbst im Roman gleichermaßen Auslöser ist wie sich in ihm gesamtgesellschaftliche Prozesse widerspiegeln. Auf diese Art und Weise trägt die Erzählanlage zu einem differenzierenden Blick auf die zunächst gegenübergestellten Systeme bei.

2.2 Stephanie Bart: *Deutscher Meister*

Stephanie Bart vermisst in ihrem Roman *Deutscher Meister* ebenfalls einen der wichtigen, wenn nicht den wichtigsten Systemwechsel der deutschen Zeitgeschichte. Die Handlung lässt sich – nach einem 1925 situierten Prolog – zeitlich recht genau auf die Wochen zwischen dem 27. März 1933 und Juli 1933, mithin jene Wochen und Monate der sogenannten ‚Machtergreifung' und der anschließenden Gleichschaltung des Landes, datieren. Der Roman zeigt am Beispiel des deutschen Berufsboxens die nationalsozialistische Umstrukturierung Deutschlands auf. Im Kleinen wird am Beispiel des Verbands Deutscher Faustkämpfer zunächst der Prozess der nationalsozialistischen Machtübernahme gezeigt:

25 Es ist dies das einzige Kapitel der ‚Gegenfiguren', in das auch Tonis Innenperspektive partiell Eingang findet.

> Er sprach leise und platzierte Kunstpausen an den richtigen Stellen: „Ich fordere den Vorstand auf, folgendem Antrag zuzustimmen: Der Erste Vorsitzende ist ermächtigt, alle für die Durchführung des Notgemeinschaftsplans erforderlichen Maßnahmen von sich aus zu treffen." In den Ohren des Ersten Vorsitzenden rauschten die Wörter „ermächtigt" und „von sich aus". [...] Der Generalsekretär ließ abstimmen. Alle Hände schnellten wie durch ein unhörbares Kommando gleichzeitig hinauf. Nun war er der Hitler des deutschen Berufsboxens.[26]

Es folgt die „nationalsozialistische Umstrukturierung [des] deutsche[n] Berufsboxen[s]",[27] die nach dem Ausschluss jüdischer Boxer aus dem Verband gemäß des Zehnpunkte-„Säuberungsplan[s] des Ersten Vorsitzenden"[28] auch die Phase der Gleichschaltung des Verbandes umfasst:

> Der Erste Vorsitzende gab zu bedenken, dass besondere historische Situationen wie etwa die, in der man sich befinde, besondere Maßnahmen erforderten. Und wenn man der Presse keine Vorschriften machen könne, so könne man immerhin mit gutem Beispiel vorausgehen und wenigstens für den Verband Regelungen treffen. Die Miesmacherei gewisser Mitglieder müsse rigoros unterbunden werden.[29]

Die Boxlehre *Deutscher Faustkampf, nicht pricefight. Boxen als Rasseproblem* von Ludwig Haymann[30] steht dann für die nationalsozialistische Ideologie und ihre Vereinnahmung des Sportes. Boxen wird auf ‚rassische' Grundlagen gestellt, der Kampf zum Kampf der Rassen stilisiert:

> Nun kam Haymann auf die Rezensionen seines Werks zu sprechen, doch der Erste Vorsitzende schnitt ihm das Wort ab: „Ludwig, ich habe eine einmalige Gelegenheit für dich und dein Buch. Du kannst dein Buch Wirklichkeit werden lassen. Du trainierst Witt für den Titelkampf gegen den Zigeuner."[31]

Zugleich entlarvt der Roman an diesem Beispiel die Rassenlehre als Ideologie. So entbehren die Trainingsmethoden Haymanns, der zuvor nie als Trainer gearbeitet hatte,[32] nicht der Absurditäten, die der Roman seinerseits gerade herausstellt – das Spähen in freier Natur etwa gehört zum ‚rassischen' Boxtraining.[33] Das wie-

---

26 Stephanie Bart: Deutscher Meister. Hamburg 2014, S. 81.
27 Bart, S. 150.
28 Bart, S. 27.
29 Bart, S. 84.
30 Der Roman ruft hier einen Text auf, der 1936 erschienen ist: Ludwig Haymann: Deutscher Faustkampf, nicht pricefight. Boxen als Rasseproblem. München [1936].
31 Bart, S. 91.
32 Vgl. Bart, S. 91.
33 Vgl. Bart, S. 127.

derum hätte dem Ersten Vorsitzenden auffallen können – hätte er das Buch denn gelesen.[34] In den beiden umfassend erzählten Boxkämpfe, die Trollmann bestreitet, verdichten sich schließlich die Hinweise darauf, dass Rassenlehre und ‚rassisches Training' auch sonst jeglicher Grundlage entbehren: Trollmann kämpft zunächst gegen den von Haymann trainierten Adolf Witt, gegen den er überlegen gewinnt, dann gegen Gustav Eder. Obwohl der Ausgang dieses Kampfes vorab feststeht und Trollmann darüber hinaus massive Einschränkungen auferlegt wurden, um Eder einen Vorteil zu verschaffen, kann Trollmann im Ring seine boxerische Überlegenheit gegenüber Eder zeigen – der Sieg Eders wird zur Farce.

Über eine Erzählstrategie, die die kleinen individuellen Ereignisse an die großen politischen Ereignisse rückkoppelt, werden dann nicht nur die Parallelen zwischen dem nationalsozialistischen Umbau des deutschen Boxsportes und dem gesamtdeutschen nationalsozialistischen Umbauprozess hergestellt, sondern auch die wechselseitigen Wirkungen aufeinander hervorgehoben:

> Zur gleichen Zeit bereiteten zahllose Mitglieder verschiedener nationalsozialistischer Organisationen das Schlageter-Gedächtnis vor, die Regierung präparierte das Gesetz über die Einziehung kommunistischen Vermögens, und nach Feierabend saßen Kurzbein und Plaschnikow auf einer Picknickdecke in der Hasenheide und sprachen darüber, ob es nicht doch sicherer wäre, zu heiraten.[35]

Es ist dies eine Erzählstrategie der Gleichzeitigkeit, die den gesamten Roman durchzieht.

Innerhalb der skizzierten Rahmenbedingungen lotet dann auch Barts Roman die je individuellen Verhaltensweisen einer Vielzahl an Personen während der Wochen zwischen März und Juli 1933 aus. Das Verhalten der Einzelpersonen bildet dabei auch hier ein breites Spektrum zwischen Anpassung und Widerstand ab. Dieses umfasst auf der nationalsozialistischen Seite des Spektrums zunächst die Parteigefolgschaft etwa des Ersten Verbandsvorsitzenden und den Opportunismus des Managers Zirzow, der „unterwegs zur Sicherheit noch schnell in die SA ein[trat]".[36] Max Schmeling, der „[o]hnehin [...] nicht verstehen [wollte], was seine Gugelhupf-Kaffeekränzchen beim Führer zu tun haben sollten mit seinen Kämpfen",[37] steht für den Unpolitischen ein. Anhand des Bäckers und seiner beiden Bäckereiangestellten wird der Anpassungsprozess an das neue politische System aufgezeigt, das sich im Umgang mit der Autogrammkarte Trollmanns manifestiert. Diese wird zunächst im Schaufenster der Bäckerei ausgestellt, an-

---

34 Vgl. Bart, S. 167–169.
35 Bart, S. 134f.
36 Bart, S. 61.
37 Bart, S. 185.

gesichts des zunehmenden Drucks durch den nationalsozialistischen Blockwart dann aber stillschweigend ins Hinterzimmer verbannt.[38] Der Blockwart, dem es „nämlich [...] jetzt nicht mehr egal“[39] war, ob die Bäckereiverkäuferin Kurzbein mit ‚Heil Hilter‘ grüßt oder nicht, „er hatte sichs anders überlegt, es war ihm jetzt ernst“,[40] steht seinerseits für die Radikalisierung des politischen Klimas innerhalb weniger Monate. Schließlich stehen die zahlreichen Exilanten aus dem Umfeld des Engländers Bishop und der mehr oder weniger offen geleistete Widerstand gegen das neue Regime auf der anderen Seite des Spektrums. Vor allem die Möglichkeiten des Widerstands vermisst der Roman dann systematisch. Nach dem zum ‚Rassenkampf‘ stilisierten Meisterschaftskampf Trollmann gegen Witt, den Trollmann überlegen nach Punkten schlägt, kann man ihm zwar den Sieg nicht nehmen – wohl aber versucht der Verband Deutscher Faustkämpfer unter Leitung des Ersten Vorsitzenden, den Meisterschaftstitel zu unterschlagen. Das Publikum lehnt sich so lange gegen die erkennbar unrechtmäßige Entscheidung auf, bis der Verband einknickt:

> Unterdessen kämpften Selle und Stief und mussten achtgeben, dass sie nicht auf den Eiern ausrutschten und dann in Scherben fielen, und sie mussten sich immer wieder der geworfenen Gläser, Flaschen, Hüte, Äpfel, Aschenbecher, Schuhe und Schirme erwehren, und das Publikum trieb den Aufruhr unerbittlich voran, es machte Tumult und Krawall und rief: „Troll ist Meister, Troll ist Meister!“ Mitten in diesem Chaos steckten Englert, Breitensträter und Purtz direkt an Ort und Stelle die Köpfe zusammen. Englert hielt den Herren die Punktzettel hin und beantragte die Änderung des Urteils in „Trollmann Sieger nach Punkten, Trollmann Deutscher Meister“. Breitensträter schloss sich sofort an, ohne die Punktzettel eines Blickes zu würdigen, Purtz, Obmann des Ausschusses und Handlanger des Ersten Vorsitzenden, sagte nein und wurde von Englert und Breitensträter überstimmt [...].[41]

Trollmann wird zum Deutschen Meister gekürt. Der Text führt an dieser Stelle mithin die Möglichkeiten des Widerstands gegen das System vor. Trollmann bleibt dennoch nur wenige Tage Deutscher Meister, der Titel wird ihm wieder aberkannt und er wird im Juli 1933 gezwungen, gegen Eder zu verlieren. Zwar leistet Trollmann seinerseits in diesem Kampf offenen Widerstand: Er tritt mit blond gefärbten Haaren an, die sein „frisch erworbenes Ariertum“[42] darstellen, das er mit

---

38 Vgl. Bart, S. 340.
39 Bart, S. 313.
40 Bart, S. 313.
41 Bart, S. 289.
42 Bart, S. 356.

seiner Niederlage „in den Staub“[43] fallen lässt. Der verordneten Niederlage kann er sich zu diesem Zeitpunkt jedoch nicht mehr entziehen.

3 Vom Zeitroman zum (Zeit-)Historischen Roman: Zur Genese des Boxromans

Barts *Deutscher Meister* und Eckoldts *Letzte Tage* lassen sich in der diachronen Perspektive zunächst in eine allgemeine Entwicklung der verschiedenen Konjunkturphasen kultureller Besetzung des Boxsports einordnen, die ihrerseits vor dem Hintergrund gesamtgesellschaftlicher Konjunkturen der Begeisterung für den Faustkampf zu verstehen sind. Die Journalisten Knud Kohr und Martin Krauß haben in ihrem informativen wenngleich wissenschaftlichen Standards nicht genügenden Band *Kampftage. Die Geschichte des deutschen Berufsboxens*[44] die auf den ersten Blick durchaus plausible These aufgestellt, dass der „Boxsport in bestimmten historischen Phasen populärer – und wohl auch faszinierender – [ist] als in anderen“.[45] Die Autoren unterscheiden – im Jahr 2000 – drei Boomphasen in der knapp einhundertjährigen Geschichte des deutschen Profiboxens: Nach den goldenen 20er und 30er Jahren erlebt der Sport nach dem Zweiten Weltkrieg eine zweite und nach der Wiedervereinigung eine dritte Blütephase. Die Autoren versuchen diese drei Booms unter anderem vor dem Hintergrund einer jeweils schlechten wirtschaftlichen Lage und gravierender politischer Einschnitte zu erklären. Umgekehrt formuliert: „Je mehr Existenz und Status großer gesellschaftlicher Kreise gesichert waren und je länger die Phase der Saturiertheit dauerte, je weniger der Alltag durch existentielle Kämpfe gesichert wurde, desto geringer wurde die Begeisterung fürs Boxen.“[46]

Folgt man dieser Annahme zumindest für einen Augenblick, lässt sich ein wenngleich deutlich kleinerer, so doch vierter Boxboom in den späten 2000er und 2010er Jahren und also in Jahren der neuerlichen Wirtschaftskrise beobachten, in den die Romane Eckoldts und Barts einzuordnen sind: Nicht nur wird

43 Bart, S. 378.

44 Knud Kohr / Martin Krauss: Kampftage. Die Geschichte des deutschen Berufsboxens. Göttingen 2000. Der Anspruch des Bandes ist wohl auch ein eher journalistischer als wissenschaftlicher, er enthält zwar eine Auswahlbibliographie, jedoch keinen Anmerkungsapparat, Quellen und Belege finden sich kaum, auch direkte Zitate werden ohne genaue Quellenangaben angeführt (vgl. exemplarisch etwa die Zitate aus „Boxsport“ ebd., S. 110/111, wo zwar das Jahr angegeben ist, Heftnummer und Seitenzahlen aber nicht).

45 Kohr / Krauss, S. 16 f.

46 Kohr / Krauss, S. 1.

der Sport selbst wieder populärer – Managerboxkurse etwa schießen wie Pilze aus dem Boden – auch im Kulturbetrieb lässt sich für die Jahre seit der letzten Wirtschaftskrise ein wieder steigendes Interesse am Boxsport beobachten. Neben Eckoldts *Letzte Tage* und Barts *Deutscher Meister* publiziert Helmut Kuhn mit *Gehwegschäden* 2012 einen Roman, der sich dem Schachboxen widmet – einer Kampfsportart, die sich aus einer Kunstperformance des niederländischen Aktionskünstlers Iepe Rubingh aus dem Jahr 2003 entwickelt hat und Boxen mit Schachsport verbindet. Demselben Stoff wie Bart widmen sich 2012 das filmische Dokudrama *Gibsy – Die Geschichte des Boxers Johann Rukeli Trollmann*[47] sowie gleich drei Theaterstücke der letzten sechs Jahre, genauer *Trollmanns Kampf – Mer Zikrales* von Björn Bicker und Marc Prätsch,[48] *Zigeuner-Boxer* von Rike Reiniger[49] sowie Felix Mitterers *Der Boxer*[50].

Nun lässt sich gegen diese Diagnose der kulturellen Konjunkturzyklen des Boxsports sicher die anhaltende Konjunktur des Genres des Boxerfilms ins Feld führen. Es sei an dieser Stelle nur an die zahlreichen Rocky-Filme, die seit den 1970er Jahren in diversen Fortsetzungen produziert worden sind, erinnert; zuletzt ist 2015 *Creed*[51] erschienen. Diese Filme leben ihrerseits – das kann hier nur angedeutet werden – insbesondere davon, dass das Boxen als Aufstiegschance für die soziale Unterschicht wahrgenommen wird: Rocky lebt den amerikanischen Traum. Insgesamt bleiben diese Filme, die bei Boxsportbegeisterten auf eine zeitlose Gegenliebe stoßen, dabei jedoch relativ eindimensional. In diesem Genre stellt der Boxsport lediglich eine spezifische Ausprägung des Narrativs des ‚*American Dreams*' dar. Diese Filme stellen so symbolisch soziale Gerechtigkeit her. Davon abzugrenzen gilt es Texte bzw. Filme, die diese semantische Dimension zwar mitführen, diese zugleich aber auch – das hat das Beispiel Matthias Eckoldts gezeigt – kritisch hinterfragen. Es ist gerade nicht die Frage sozialer Gerechtigkeit, die sich darin manifestiert, dass der Einzelne durch harte Arbeit den sozialen Aufstieg erreichen kann, der den hier adressierten Texten zugrunde liegt. Vielmehr wird das Feld Boxsport in diesen Texten zu einem mehrdimensionalen Aushandlungsraum für heterogene politische, soziale, ökonomische und kulturelle Konstellationen. Diese Form der kulturellen Besetzung des Feldes Boxen

---

47 Gibsy – Die Geschichte des Boxers Johann Rukeli Trollmann. Regie: Eike Besunden. Deutschland 2013.

48 Björn Bicker / Marc Prätsch: Trollmanns Kampf – Mer Zikrales. Uraufführung 2010 in Hannover.

49 Rike Reiniger: Zigeuner-Boxer. Uraufführung Karlsruhe 2011.

50 Felix Mitterer: Der Boxer. Theaterstück. Innsbruck 2015. Uraufführung Wien 2015.

51 Creed. Regie Ryan Coogler. USA 2015.

kann ihrerseits enggeführt werden mit den skizzierten Konjunkturphasen gesamtgesellschaftlicher Begeisterung für den Boxsport.

Das allein erklärt nun noch nicht, weshalb es ausgerechnet der Faustkampf ist, anhand dessen Stephanie Bart und Matthias Eckoldt die großen Systemumwälzungen deutscher Geschichte im 20. Jahrhundert erzählen. Zum einen liegt es, so die hier vertretene These, in der Semantik des Feldes Boxsport begründet, die sich seit den 20er Jahren herausbildet. Die Ära des modernen Boxens beginnt – dies sei als Hintergrund an dieser Stelle knapp skizziert – in der zweiten Hälfte des 19. Jahrhunderts mit dem Ende der *bare-knuckle-Ära* und dem Übergang zum Kämpfen mit Boxhandschuhen.[52] In Deutschland[53] etabliert sich der Sport erst vergleichsweise spät: Erste Boxvereine werden nach der Jahrhundertwende etwa in Berlin und Köln gegründet, erst 1908 wird der Sport in Deutschland legalisiert, 1912 folgt die Gründung des Deutschen Boxverbands. Grund für die ‚verspätete Boxnation' Deutschland ist wohl auch, dass die Sportszene im 19. Jahrhundert hierzulande zunächst stark durch Turnvater Jahn und die Turnerbewegung dominiert wurde. Die Jahre des Weltkriegs unterbrechen eine erste Phase des Boxsportes in Deutschland, bevor diese Entwicklung in den 20er Jahren in eine breite gesellschaftliche Begeisterung für den Faustkampf mündet: Es ist dies das Goldene Zeitalter des Boxsportes.[54] In dieser Zeit bildet sich im Übrigen nicht nur der Boxroman der Weimarer Republik[55] heraus, es interessieren sich bekanntlich auch Intellektuelle wie Bertolt Brecht,[56] Kurt Tucholsky,[57] Erich Kästner[58] oder

---

52 Seit Beginn des Jahrhunderts findet das moderne Boxen weltweit zunehmende Akzeptanz, 1904 wird es erstmals olympische Disziplin.

53 Vgl. zur Entwicklung des Boxens in der Moderne und den entsprechenden Jahreszahlen Manfred Luckas: So lange du stehen kannst, wirst du kämpfen. Die Mythen des Boxens und ihre literarische Inszenierung. Berlin 2002, S. 27 f. Zur Geschichte des deutschen Boxsports vgl. auch Kohr / Krauss.

54 Die Blüte der (Box)Sport-Veranstaltungen erreicht hier einen Höhepunkt, der auch in den Jahren des Boxbooms nach dem Ende des Zweiten Weltkriegs und in den 90er Jahren des 20. Jahrhunderts nie wieder erreicht wurde. In den 30er Jahren des 20. Jahrhunderts werden Sport-Großveranstaltungen zunehmend durch politische Massenveranstaltungen in den Hintergrund gedrängt. Vgl. Luckas, S. 29.

55 Zu den hier adressierten Boxromanen gehören Max Schievelkamp: In der dritten Runde. Der Roman eines Boxers. Sport-Roman aus der Berliner Gesellschaft. Leipzig 1920; Olga Wohlbrück: Athleten. Berlin 1921; Hannes Bork: Der deutsche Teufel. Ein Boxer-Roman. Berlin 1921; Ludwig von Wohl: Der große Kampf. Berlin / Leipzig 1926; Adolf Uzarski: Beinahe Weltmeister. Ein heiterer Boxerroman. München 1930; Horst Hellwig: Der Mann am Faden. Ein Boxer-Roman. Hamburg 1931.

56 Vgl. für den hier adressierten Zusammenhang insb. den Romanentwurf *Das Renomee. Ein Boxerroman* (unvollendet); daneben Erzähltexte wie *Der Kinnhaken* und *Der Lebenslauf des Boxers Samson-Körner* (unvollendet) sowie nicht zuletzt den Themenkomplex ‚Sportpalast und Theater',

Ödön von Horváth[59] für den Typus des Boxers.[60] Es ist dies die erste Phase der kulturellen Aneignung und Ausdeutung des Boxsports. Und es ist zugleich die Phase, in der sich die bis heute stabile Semantik des Feldes herausbildet: Zur Semantik gehören seitdem neben Kampf, Sieg oder Niederlage gerade auch Existenzialität, Individualität, Ordnung, strategisches Handeln, Disziplin, Willenskraft, Furchtlosigkeit, Ehrgeiz, Härte, Ruhe, Stärke und Männlichkeit. Offenbar zeitgleich finden Boxsport-Begriffe Eingang in die Alltagssprache – man denke etwa an Wendungen wie ‚in den Ring steigen', Sparrings-Partner, Nehmer-Qualitäten, ‚in den Seilen hängen', k.o. gehen etc.[61] Es ist wohl die grundsätzliche semantische Offenheit der Begrifflichkeiten ‚Kampf' und ‚Kämpfer', die bereits in dieser Zeit die Anschlussfähigkeit für ganz heterogene Problemfelder ermöglicht.

Sowohl der Roman Barts als auch der Eckoldts verhandeln nun den jeweiligen Systemwechsel unter Rückgriff auf den Boxsport und auf die damit verbundene Kampfsemantik. In Eckoldts Roman werden nicht nur die Kampfstile zum Seismographen gesellschaftlicher Zustände, zugleich verdichtet sich die problematische Auseinandersetzung der Mentalitäten ebenso wie der Systeme im Kampf zwischen den beiden Boxern des Trainers Toni. Und in Barts Roman ist es der Kampf des Individuums gegen ein übermächtiges System, der in zwei Kampfveranstaltungen seinen Ausdruck findet. Gerade in diesem Roman wird der Boxkampf zudem zum Stellvertreterkampf:

---

der in Texten wie *Das Theater als Sport*, *Mehr guten Sport*, *Es gibt kein Großstadttheater* oder *Dekoration* zum Ausdruck kommt.

57 Vgl. die Gedichte *Der Zuschauer* und *Meeting*.

58 Vgl. etwa *Boxkämpfer – bildlich gesprochen* und *Boxer unter sich*.

59 Vgl. etwa *Der Faustkampf, das Harfenkonzert und die Meinung des lieben Gottes* und *Die beiden Magenschwinger*.

60 Zum Boxen in der Literatur vgl. Luckas; zum Sportroman im Allgemeinen unter Berücksichtigung auch des Boxromans vgl. Kai Marcel Sicks: Stadionromanzen. Der Sportroman der Weimarer Republik. Würzburg 2008; Karin Rase: Kunst und Sport. Der Boxsport als Spiegelbild gesellschaftlicher Verhältnisse. Frankfurt a.M. 2003; Wolfgang Paterno: Duell im Moderne-Labor. Re(a)gieren im Ring: Der Boxer als Repräsentationstypus in der Zeit der Weimarer Republik. In: Das Mögliche regieren: Gouvernementalität in der Literatur- und Kulturanalyse. Hg. v. Roland Innerhofer / Katja Rothe / Karin Harrasser. Bielefeld 2011, S. 119–134. Daneben Hinweise etwa in Anne Fleig: Körperkultur und Moderne. Robert Musils Ästhetik des Sports. Berlin 2008, hier insb. der Abschnitt „Ästhetisierung des Boxens" (S. 112ff.) in Kapitel III „Training für die Wirklichkeit – Die Avantgarde der Sportkultur: ‚Der Querschnitt'".

61 Knud Kohr und Martin Krauss weisen darauf hin, dass Boxbegriffe in den 20er Jahren in die Alltagssprache aufgenommen werden. Leider führen die Autoren keine weiteren Belege für die These an; dennoch erscheint sie insofern plausibel, als das Boxen in Deutschland im Vergleich insbesondere zu England und den USA wie dargelegt insgesamt erst sehr spät aufkommt. Vgl. Kohr / Krauss, S. 50.

> Rukelie, bist du dir deiner Verantwortung bewusst? Du hast in diesem Kampf eine ungeheure Verantwortung! Alle Sinti im ganzen Deutschen Reich schauen auf dich. Gerade jetzt in diesen Zeiten. Du kämpfst für uns alle! Du musst noch härter trainieren, und vor allem musst du höflich mit der Presse sein, und...[62]

Die beiden ausführlich beschriebenen Kämpfe stehen für die Phasen der nationalsozialistischen Machtübernahme. Ist im ersten Kampf Widerstand gegen das nationalsozialistische Regime (vorübergehend) noch möglich, siegt im letzten Kampf das System über das Individuum und die Masse. Im Übrigen zeigt dieser Roman selbst explizit auf, weshalb es gerade das Boxen ist, das für die kulturelle Besetzung so attraktiv ist:

> Indessen Bishop zu Beinhorn: „Was wir hier sehen, ist übrigens die Urgeschichte des Boxens schlechthin. Der älteste Kampfbericht, der schriftlich überliefert ist, ist derjenige in den Sioskuren des Theokrit über den Kampf des Polydeukes gegen den Amykos, und die Geschichte erzählt den Sieg des Klügeren über den Stärkeren. Sie erfüllt unser ewiges Mantra, dass der Bessere gewinnen möge, und ich füge hinzu: und nicht der Stärkere, weil man doch eine natürliche Abscheu gegen das Faustrecht hat, das man mit dem Sieg des Klügeren überwunden sehen möchte. Die Marksteine des neuzeitlichen Boxens erzählen dieselbe Geschichte. Zum Beispiel 1892...", und hier fiel ihm Beaujean vorsichtig ins Wort.[63]

Es ist mithin die Semantik des Kampfes, die den Pugilismus so attraktiv macht und die im Zentrum des Basisnarrativs des Boxsportes im Allgemeinen und des Boxromans mit seinen verschiedenen Bedeutungsschichten im Speziellen steht. Darüber hinaus wird an dieser Stelle auch deutlich, dass der Text nicht nur auf die Metaphorik zurückgreift, sondern diesen Rückgriff zugleich herausarbeitet, also sein eigenes Narrativ, seine eigene Funktionsweise herausstellt – und nicht nur das, hier wird auch das Archiv, auf das der Text zurückgreifen kann, sichtbar gemacht. Damit sind dann nicht nur Kampfberichte im weiteren Sinn gemeint, sondern insbesondere auch literarische Texte, die sich seit den 20er Jahren des vergangenen Jahrhunderts im engeren Sinn mit dem Faustkampf beschäftigen: Der Boxroman der 20er und frühen 30er Jahre bildet sich als Subgenre des Sportromans der Weimarer Republik heraus.[64] Die Texte tragen die Gattungsbezeichnung dabei zum Teil im Untertitel – so etwa Borks *Der deutsche Teufel. Ein Boxer-Roman*, Uzarskis *Beinahe Weltmeister. Ein heiterer Boxerroman* und Hellwigs *Der Mann am Faden. Ein Boxer-Roman*. Nicht zuletzt sei an dieser Stelle an Brechts unvollendet gebliebenen Romanentwurf *Das Renomee. Ein Boxerroman*

---

62 Bart, S. 132.

63 Bart, S. 239 f.

64 Der vorliegende Aufsatz setzt das Feld Boxen und Literatur erst mit Beginn des modernen Boxens an und grenzt es damit von dem weiteren Feld Kampf und Literatur ab.

erinnert. Wenn Eckoldt seinen Roman mit dem Untertitel „Boxerroman" versieht, dann stellt er ihn schon dem Titel nach in diese Tradition.

Bereits zur Weimarer Zeit wird der Boxroman im Übrigen – das habe ich an anderer Stelle gezeigt[65] – zur Projektionsfläche für ganz heterogene soziale, ökonomische und insbesondere politische Konstellationen. Ludwig von Wohls Roman *Der große Kampf* etwa stilisiert den Sportkampf unter Rückgriff auf den Rassediskurs des ‚langen 19. Jahrhunderts' zum Kampf zwischen den ‚Rassen'. Hannes Borks Roman *Deutscher Teufel* hingegen ist ein Beispiel für die nationale Vereinnahmung des Sports: Deutschland kann im Ring nicht nur den Ausgang des Ersten Weltkriegs korrigieren, sondern zugleich symbolisch jene Weltgeltung wiederherstellen, die ihm im Krieg und mit dem Versailler Vertrag genommen worden ist. Erkennbar reagiert dabei schon der Boxroman der 20er Jahre auch auf einen politischen Systemwechsel, genauer den vom Kaiserreich zur Weimarer Republik. Am deutlichsten ist dies in Adolf Uzarskis *Emil Beinahe* erkennbar, der ein innenpolitisches Machtvakuum markiert.

Wenn die Romane Barts und Eckoldts also politische, soziale und ökonomische Konstellationen verhandeln, dann können sie auf ein bestehendes Archiv zurückgreifen. Barts Roman *Deutscher Meister* bezieht sich denn auch auf mehreren Ebenen auf dieses Archiv zurück. Zunächst ist er ganz schlicht auf der Ebene des Inhalts am Ende genau jener Zeit angesiedelt, die das Genre des Boxromans hervorgebracht hat. Mehr als einmal wird darüber hinaus explizit auch auf die kulturelle Beschäftigung mit dem Boxsport in den Zwischenkriegsjahren verwiesen:

> Aber während sich etwa in Sabri Mahirs Boxschule am Kurfürstendamm allabendlich glamouröse Persönlichkeiten wie die berühmte Marlene Dietrich oder der als Brillenträger zum Boxen völlig ungeeignete Bertolt Brecht zu *Teestunden am Ring* versammelten, um kluge Gespräche zu führen über Brechts geplanten Boxerroman, die neue Sachlichkeit und ähnliche Themen, ging es bei Seeligs anders zu.[66]

Damit aber macht der Roman – insbesondere mit dem Verweis auf Brecht und die Neue Sachlichkeit – gleichermaßen sein eigenes Archiv sichtbar wie er das

---

65 Vgl. meinen Aufsatz zur semantischen Aufladung des Boxsportes während der 20er Jahre im Allgemeinen sowie dem Boxroman der Weimarer Republik im Speziellen: Anna S. Brasch: „Boxen [ist] nicht die Hauptsache". Zur kulturellen Konjunktur des Faustkampfes in der Weimarer Republik. In: Jahrbuch zur Kultur und Literatur der Weimarer Republik 2018 (19) H. 1, S. 65–87. Daneben auch die jüngst erschienene Studie „Faust und Geist. Literatur und Boxen zwischen den Weltkriegen" von Wolfgang Paterno (Wien u. a. 2018).

66 Bart, S. 42f., Hervorhebung im Original.

Archiv selbst thematisiert, wenn er aufzeigt, wie der Boxsport in den 20er und 30er Jahren instrumentalisiert worden ist.

Verbunden mit dem Rückgriff auf das skizzierte Archiv und der gleichzeitigen Offenlegung desselben ist schließlich eine signifikante Verschiebung der Boxromane der Gegenwart gegenüber den Boxromanen der Weimarer Republik. Bei letzteren handelte es sich um Zeitromane,[67] mithin um Texte, die ihre eigene Gegenwart beobachten. Dahingegen beobachten die Romane der Gegenwart nun nicht mehr die eigene Gegenwart, sondern (zeit-)geschichtliche Konstellationen. Das gilt mit Sicherheit für Barts *Deutscher Meister*, kann aber auch schon für Eckoldts *Letzte Tage* angenommen werden, der zwar nur mit 20 Jahren Abstand auf die Wende zurückblickt, aber immerhin mit dem Ende des ‚kurzen 20. Jahrhunderts' ebenfalls eine der tiefgreifenden Zäsuren des vergangenen Jahrhunderts in den Blick nimmt. Es ließen sich an dieser Stelle andere Beispiele für die Verschiebung hin zu historischen Gegenständen anführen – Reinhard Kleist etwa publiziert 2012 die Graphic Novel *Der Boxer. Die wahre Geschichte des Hertzko Haft*[68]. Nicht nur hier, sondern auch in den bereits angeführten Theaterstücken fällt schließlich auf, dass im Kontext des Boxsportes besonders häufig die Zeit der nationalsozialistischen Herrschaft in Deutschland thematisiert wird. Damit aber lässt sich für die gegenwärtige kulturelle Besetzung des Boxsportes nicht nur eine Verschiebung vom Zeitroman zum (Zeit)Historischen Roman im Allgemeinen, sondern eine Engführung von Boxsport und Erinnerungskultur im Speziellen feststellen.

Literaturverzeichnis

Bart, Stephanie: Deutscher Meister. Hamburg 2014.

Bicker, Björn / Marc Prätsch: Trollmanns Kampf – Mer Zikrales. Uraufführung 2010 in Hannover.

Bork, Hannes: Der deutsche Teufel. Ein Boxer-Roman. Berlin 1921.

67 Zum Zeitroman vgl. insb. Peter Hasubek: Der Zeitroman. Ein Romantypus des 19. Jahrhunderts. In: Zeitschrift für Deutsche Philologie 87 (1968), S. 218–245 sowie Dirk Göttsche: Zeit im Roman. Literarische Zeitreflexion und die Geschichte des Zeitromans im späten 18. und im 19. Jahrhundert. München 2001; ders.: Zeitroman. In: Reallexikon der deutschen Literaturwissenschaft. Neubearbeitung des Reallexikons der deutschen Literaturgeschichte. Hg. v. Jan-Dirk Müller. Berlin 2003, S. 881–883.

68 Reinhard Kleist: Der Boxer. Die wahre Geschichte des Hertzko Haft. Hamburg 2012. Nach dem Buch „Eines Tages werde ich alles erzählen. Die Überlebensgeschichte des jüdischen Boxers Hertzko Haft" von Alan Scott Haft, das in Deutschland 2009 im Verlag Die Werkstatt, Göttingen erschienen ist.

Brasch, Anna S.: „Boxen [ist] nicht die Hauptsache“. Zur kulturellen Konjunktur des Faustkampfes in der Weimarer Republik. In: Jahrbuch zur Kultur und Literatur der Weimarer Republik 2018 (19) H. 1, S. 65–87.
Eckholdt, Matthias: Letzte Tage. Boxerroman. Berlin 2010.
Fleig, Anne: Körperkultur und Moderne. Robert Musils Ästhetik des Sports. Berlin 2008.
Göttsche, Dirk: Zeit im Roman. Literarische Zeitreflexion und die Geschichte des Zeitromans im späten 18. und im 19. Jahrhundert. München 2001.
Göttsche, Dirk: Zeitroman. In: Reallexikon der deutschen Literaturwissenschaft. Neubearbeitung des Reallexikons der deutschen Literaturgeschichte. Hg. v. Jan-Dirk Müller. Berlin 2003, S. 881–883.
Harrasser, Karin (Hg.): Das Mögliche regieren: Gouvernementalität in der Literatur- und Kulturanalyse. Bielefeld 2011.
Hasubek, Peter: Der Zeitroman. Ein Romantypus des 19. Jahrhunderts. In: Zeitschrift für Deutsche Philologie 87 (1968), S. 218–245.
Haymann, Ludwig: Deutscher Faustkampf, nicht price-fight: Boxen als Rasseproblem. München 1936.
Hellwig, Horst: Der Mann am Faden. Ein Boxer-Roman. Hamburg 1931.
Kleist, Reinhard: Der Boxer. Die wahre Geschichte des Hertzko Haft. Hamburg 2012.
Kohr, Knud / Martin Krauss: Kampftage. Die Geschichte des deutschen Berufsboxens. Göttingen 2000.
Luckas, Manfred: So lange du stehen kannst, wirst du kämpfen. Die Mythen des Boxens und ihre literarische Inszenierung. Berlin 2002.
Mitterer, Felix: Der Boxer. Theaterstück. Innsbruck 2015. Uraufführung Wien 2015.
Paterno, Wolfgang: Duell im Moderne-Labor. Re(a)gieren im Ring: Der Boxer als Repräsentationstypus in der Zeit der Weimarer Republik. In: Das Mögliche regieren: Gouvernementalität in der Literatur- und Kulturanalyse. Hg. v. Roland Innerhofer /Katja Rothe / Karin Harrasser. Bielefeld 2011, S. 119–134.
Paterno, Wolfgang: Faust und Geist. Literatur und Boxen zwischen den Weltkriegen. Wien u. a. 2018.
Rase, Karin: Kunst und Sport. Der Boxsport als Spiegelbild gesellschaftlicher Verhältnisse. Frankfurt a. M. 2003.
Reiniger, Rike: Zigeuner-Boxer. Uraufführung Karlsruhe 2011.
Schievelkamp, Max: In der dritten Runde. Der Roman eines Boxers. Sport-Roman aus der Berliner Gesellschaft. Leipzig 1920.
Sicks, Kai Marcel: Stadionromanzen. Der Sportroman der Weimarer Republik. Würzburg 2008.
Uzarski, Adolf: Beinahe Weltmeister. Ein heiterer Boxerroman. München 1930.
Wohl, Ludwig von: Der große Kampf. Berlin / Leipzig 1926.
Wohlbrück, Olga: Athleten. Berlin 1921.

Filmische Quellen

Creed. Regie: Ryan Coogler. USA 2015.
Gibsy – Die Geschichte des Boxers Johann Rukeli Trollmann. Regie: Eike Besunden. Deutschland 2013.

Eva Stubenrauch

Das Politische der Präsenz: Ulrich Peltzers *Bryant Park*

> Das moderne politische Lebewesen ist zuerst ein literarisches Lebewesen, eingepasst in den Lauf einer Literarizität, die die Verhältnisse zwischen der Ordnung der Wörter und der Ordnung der Körper, die den Platz eines jeden bestimmen, auflöst.
> *Jacques Ranciére*[1]

Jean Baudrillard postuliert in seinem polarisierenden Essay *Der Geist des Terrorismus* eine primär semiotische, ‚mehr als reale', ‚höhere' symbolische Lesart der Schrecken des 11. September, die zuallererst ein Bild-Ereignis seien – und dann erst zum realen Ereignis avancierten: „Nur symbolische Gewalt vermag Singularität zu erzeugen."[2] Im Medienspektakel um Nine Eleven habe Realität „die Energie der Fiktion absorbiert" und sei dadurch „selbst zur Fiktion geworden";[3] der terroristische Ereignis-Charakter bewege sich jenseits einer realen Systemerschütterung, „jenseits von Gut und Böse"[4] und „weit jenseits der Ideologie und des Politischen".[5]

Alles Symbolische und Jenseitige Baudrillards soll die folgenden Ausführungen anregen, das genuin Diesseitige der ästhetischen Bearbeitung des Gewaltereignisses von Nine Eleven hervorzuheben. Ausgehend von der Überlegung, dass im Zusammenbruch der Twin Towers vor allem ihre gewaltsam zerstörte Materialität das Ereignis formt, wird die solchermaßen erscheinende Präsenz als Moment des Politischen verstanden und dort aufgefunden werden, wo man sie – Baudrillard folgend – am wenigsten vermuten würde: im schriftlichen Zeichen. Es wird zu zeigen sein, dass das Ästhetische und das Politische, anders als vielfach angenommen,[6] keine exklusiven Perspektiven auf das Ereignis darstellen; zusammengedacht können sie vielmehr neue Blickrichtungen auf das Potenzial li-

1 Jacques Ranciére: Das Unvernehmen. Politik und Philosophie. Aus dem Franz. v. Richard Steurer. Frankfurt a. M. 2002, S. 48.

2 Jean Baudrillard: Der Geist des Terrorismus. Die Herausforderung des Systems durch die symbolische Gabe des Todes. In: Der Schock des 11. September und das Geheimnis des Anderen. Eine Dokumentation. Hg. v. Haus am Lützowplatz / Lettre International. Köln 2003, S. 168 – 183, hier: S. 181.

3 Baudrillard, S. 180.

4 Baudrillard, S. 172.

5 Baudrillard, S. 171.

6 Siehe dazu etwa: Ingo Irsliger / Christoph Jürgensen: Einleitung. In: Nine Eleven. Ästhetische Verarbeitungen des 11. September 2001. Hg. v. dens. Heidelberg 2008, S. 9 – 13.

https://doi.org/10.1515/9783110568561-023

terarischer Texte eröffnen, die durch ihre ästhetische Formung der Schließung von Bedeutung entgegenwirken und eingreifen können in Prozesse des „In-Form-Setzens“[7] sozialer Strukturen.

1 Die Überschreitung der Medialität

Ulrich Peltzer schreibt an seinem Roman *Bryant Park,* als Nine Eleven sich ereignet. So zumindest lässt es uns der Text glauben, wenn am Ende des Buches seine Entstehungszeit mit „Dezember 2000 bis November 2001“ vermerkt ist. Die mit Nine Eleven verbundene Zäsur-Rhetorik[8] wird damit direkt in die Textstruktur eingebunden, das Ereignis markiert einen radikalen Bruch innerhalb der etablierten intradiegetischen Welt. Der Erzähler wird mit dem Zusammensturz der Twin Towers in der Erzählung durch einen neuen ersetzt: durch Ulrich, eine Autorfiktion.[9] Zuvor erzählt der Text den Weg des Ich-Erzählers Stefan Matenaar an einem sonnigen Nachmittag durch New York, irgendwann zu Regierungszeiten Clintons. Schon in der Typographie präsentiert sich uns die *breite Gegenwart:*

---

7 Claude Lefort: Fortdauer des Theologisch-Politischen? Übersetzt v. Hans Scheulen / Ariane Cuvelier. Wien 1999, S. 39.

8 Vgl. Jesko Bender: „Umschmeichelt von so viel Schrift“. Zum Denkmuster der ‚Zäsur‘ im deutschen ‚Terrorismus‘-Diskurs nach dem 11. September 2001 – Ulrich Peltzers *Bryant Park* (2004). In: NachBilder der RAF. Hg. v. Inge Stephan / Alexandra Tacke. Köln / Weimar / Wien 2008, S. 268–286. Vgl. auch: Christoph Deupmann: Versuchte Nähe. Vom Ereignis des 11. September zum Ereignis des Textes. In: 9/11 als kulturelle Zäsur. Repräsentationen des 11. September 2001 in kulturellen Diskursen, Literatur und visuellen Medien. Hg. v. Sandra Poppe / Thorsten Schüller / Sascha Seiler. Bielefeld 2009, S. 139–161. Beide Untersuchungen reflektieren zwar das Denkmuster der Zäsur mit seinen sprachpolitischen Implikationen und beleuchten die Zäsur als Textereignis in *Bryant Park*, blenden jedoch die Leistung des Romans aus, wenn sie die textstrukturelle Realisation der Zäsur nicht wieder an ihre sozialstrukturellen Kontexte rückbinden; der Stellenwert von Zäsur durch Präsenz für die Gegenwärtigkeit des Textes wird daher im Schlussteil dieses Aufsatzes kurz erläutert.

9 Ich beziehe mich hier auf die Überlegungen Martina Wagner-Egelhaafs, die Doubrovskis Idee der Autofiktion insofern weiterdenkt, als sich Autofiktion ihrer Ansicht nach nicht nur aus der Verschmelzung von Autobiographischem und Fiktionalem konstituiert, sondern immer auch die nach Tod und Rückkehr des Autors besonders virulente Frage des Konzepts von Autorschaft berührt: „Der autofiktionale Text [...] exponiert den Autor im performativen Sinn als jene Instanz, die im selben Moment den Text hervorbringt wie dieser ihr, d. h. dem Autor, auf seiner Bühne den auktorialen Auftritt allererst ermöglicht.“ Martina Wagner-Egelhaaf: Einleitung: Was ist Auto(r)fiktion? In: Auto(r)fiktion. Literarische Verfahren der Selbstkonstruktion. Hg. von ders. Bielefeld 2013, S. 7–21, hier: S. 14. Auf die produktive Spannung zwischen Schöpfungsakt und ‚Geburtshilfe‘, die sich aus dem Verhältnis von Text und Autor in *Bryant Park* generiert, wird unten näher eingegangen.

Verschiedene Zeitschichten sind verbunden mit mehreren Handlungssträngen – ein gescheiterter Drogendeal in Italien, Krankheit und Tod des Vaters – und diese schreiben sich im Kursivdruck in die Gegenwart des erzählenden Ichs ein. Wir Lesenden erkennen in der ständigen Unterbrechung der Erzählstimme durch ihre eigene Erinnerung eine Polyphonie, in der eine Gleichzeitigkeit des Ungleichzeitigen heraufbeschworen wird. Die Vergangenheit des Ichs bricht dabei oftmals mitten im Satz ein und läuft so mit den gegenwärtigen Geschehnissen simultan, die beiden Geschichten aus der Vergangenheit fließen ineinander und in die dritte der erzählten Gegenwart; nur schwer ist beim Lesen zuzuordnen, um welchen narrativen Strang es sich gerade handelt.

Nach etwa 100 Seiten wird die fragmentarische Narration urplötzlich unterbrochen: Durch Verlagerung des folgenden Textabschnitts auf die nächste Seite, nach unten gerückte erste Zeile, Majuskel am Beginn – also durch eine optische Darstellung, die dem Buchanfang gleicht – setzt ein neuer Erzählstrang ein, der zu dem bisher Gelesenen nicht in Kohärenz steht. Plötzlich ist die Handlung im Berlin des Jahres 2001 situiert, die Vereinigten Staaten sind in weiter Ferne, Stefan Matenaar ist weder Protagonist noch Erzähler der nun stattfindenden Ereignisse, seine Erzählung wird von den quasi-dokumentarischen Schilderungen des fiktiven Autorsubjekts Ulrich überlagert. Die unvorhergesehene Durchbrechung der Erzählung Stefan Matenaars wirkt irritierend, der Rezipient wird aus seinem mitkonstruierten Zusammenhang gerissen und provoziert, das nun zu Lesende neu zu ordnen.

Das Störmoment ist einer der „Augenblicke der Intensität“,[10] die Hans Ulrich Gumbrecht als gewaltsames Erleben im Umgang mit literarischen Texten findet. Der unvermittelte Einbruch des Neuen in die etablierte Erzählhandlung erzeugt einen Moment des Präsentischen. Präsenz ist mit Gumbrecht zu verstehen als das Einwirken einer materiellen Erscheinung auf menschliche oder dingliche Körper und hat unmittelbare Auswirkungen auf unser räumliches Verhältnis zur Welt: „Was ‚präsent‘ ist, soll für Menschenhände greifbar sein“,[11] ist folglich dasjenige, was sich uns in seiner Materialität offenbart und als unmittelbar zugänglich erscheint. Die Präsenzerfahrung in *Bryant Park* erfolgt dabei auf gleich mehreren Ebenen:

(1) Auf typographischer Ebene, wenn der Einschnitt im Seitenbild genauso illustriert ist wie der Beginn des Buches, wobei Präsenz hier ein Rezeptionserlebnis in Form von Irritation und Unsicherheit bildet. Die visuelle Abweichung

---

10 Hans Ulrich Gumbrecht: Präsenz. Berlin 2012, S. 333.

11 Hans Ulrich Gumbrecht: Diesseits der Hermeneutik. Die Produktion von Präsenz. Übersetzt v. Joachim Schulte. Frankfurt a. M. 2004, S. 11.

vom bekannten Schriftbild führt die Materialität des Textes eindrücklich vor, spricht im gesetzten Format eine solche Aufmachung des Schriftkörpers doch für eine neu einsetzende Erzählung, einen neuen Abschnitt, der nichts Zusammenhängendes, sondern eine Abweichung ins Bild setzt.

(2) Auf inhaltlicher Ebene schildert Autorfigur Ulrich sein Schock-Erlebnis im Umgang mit den verstörenden Bildern der einstürzenden Türme – ein Kniff des Textes: Das Ereignis der Präsenz wird als Medienereignis (innerhalb der medialisierten, d. h. schriftlich fixierten Erzählung) erfahren und schafft eine komplexe Struktur von artifizieller Präsenz,[12] von Sichtbarkeit des medial Anwesenden in seiner ontologischen Abwesenheit. Ulrich, geplagt von Sorgen und Ängsten um seine Bekannten in New York, berichtet von seinem Überwältigt-Sein durch die Fernsehbilder. Die Typographie verrät die Unmöglichkeit, alle Geschehnisse gleichzeitig zu fassen, miteinander in Verbindung zu bringen und in die bekannte Ordnung der Welt zu integrieren:

> [D]as Pentagon brennt,
> wie Puppen segeln Verzweifelte, die sich aus den Fenstern gestürzt haben,
> knallen im Flug vor die Fassade,
> rotschwarz leuchtende Feuerbälle aus Kerosin,
> das eine Flugzeug durchbricht das Gebäude wie nichts,
> Stahlteile und Betonbrocken wirbeln durch die Luft,
> es stürzt alles zusammen [...].[13]

Der Text zeigt auf, dass hier etwas geschieht, was die narrative Kompetenz des Autor-Ichs übersteigt – Ulrich: „[I]ch schalte weg, das ertrage ich nicht zu sehen".[14] Ganze zehn Seiten füllt das erzählerische Intermezzo und endet mit dem Gedankengang des fiktiven Autors, wie er Stefan Matenaars Geschichte wiederaufnehmen und zu Ende erzählen könne. Bemerkenswert ist, dass Ulrich den Erzählfluss des Matenaar-Narrativs überblicken und steuern kann, denn er gibt kund, dass er für die Erzählung noch bis Oktober gebraucht hätte, um sie fertig zu erzählen. Der zu erreichende Schlusspunkt steht für ihn also fest. Das Ereignis des Anschlags kommt für die Autorfigur Ulrich völlig überraschend und demnach zu früh, er war noch nicht so weit, die Erzählung dort enden zu lassen, wo sie enden sollte. Nun, so stellt Ulrich fest, gehörte „das Folgende in einen anderen

12 Lambert Wiesing: Artifizielle Präsenz. Studien zur Philosophie des Bildes. Frankfurt a. M. 2005.

13 Ulrich Peltzer: Bryant Park. Roman. Frankfurt a. M. 2013, S. 108.

14 Peltzer, S. 109 f.

Zusammenhang (ein anderes Buch mit einer anderen Geschichte)".[15] Gleichzeitig beurteilt Ulrich den Einbruch der Katastrophe als nicht zu kontrollierende Unterbrechung der Erzählung des Stefan Matenaar. Obwohl er die Geschehnisse um Matenaar also beeinflussen und überblicken kann, ist – oder besser gesagt: war – Ulrich nicht in der Lage, die Katastrophe vorherzusehen und einzuplanen. So jedenfalls suggeriert es uns der Text, der im Einsturz der Handelstürme auch die fiktive Erzählsituation einstürzen lässt, die dadurch offenbar wird. Dieses Paradox schafft ein komplexes Verhältnis von Fiktion und Realität, die innerhalb der über die Fiktion reflektierenden Binnenerzählung als so gewaltig eingeschätzt wird, dass sie die Grenzen der Erzählung penetrieren, zerstören und wieder einsetzen kann. Die Erzählstruktur erzeugt damit die Präsenz des Realen innerhalb der Fiktion und führt performativ vor, wie Präsenzeffekte der Literatur nach Überwindung ihrer Künstlichkeit streben.[16] Im Umgang mit Matenaars Erzählung stellt diese komplexe Strukturierung einen Bruch mit dem Fiktions-Pakt dar, indem durch die scheinbare Authentizität des quasi-dokumentarischen Erzählentwurfs die zuvor entworfene Fiktion als Fiktion entlarvt wird.

(3) Die textstrukturelle Ebene zeigt Präsenz als gewaltvolle Unterbrechung der fiktiven Welt und damit Unterdrückung der etablierten Erzählsituation. Die Ordnung der fiktiven Welt ist radikal gestört und mit ihr die Kontur der von der Rezipientin angenommenen und mitkonstruierten Diegese.[17] Die Zäsur markiert die gänzliche Umordnung der vorher etablierten Anordnung der Erzählwelt und stellt damit einen Akt der Gewalt dar, die dem Erzähler-Ich Matenaar zugefügt wird, indem es, wenn auch nur temporär, ausgeschaltet und der etablierten Handlungswelt eine andere, alternative Handlung übergestülpt wird. Als Momente der Intensität gehen Präsenzerscheinungen immer mit Gewaltphänomenen einher, insofern Gewalt die Ausführung einer Umbesetzung von oder eines Blockierens der Räume mit Körpern meint.[18] Der Anschlag auf das World Trade Center lässt sich, so suggeriert es der Text, aus begrenzter Figurenperspektive nicht erzählen, zu gewaltig ist der Einschnitt, als dass ihn eine in die Situation und den Handlungsraum eingeschriebene Figur schildern könnte. Die Katastrophe bedarf einer übergeordneten Erzählinstanz, einer Souveränität, die in der Autorfigur gefunden wird – sie bedarf einer *Stimme*, die sich einschaltet.

---

15 Peltzer, S. 116.

16 Vgl. Christian Kiening: Mediale Gegenwärtigkeit. Paradigmen, Semantiken, Effekte. In: Mediale Gegenwärtigkeit. Hg. v. dems. Zürich 2007, S. 9–70, hier: S. 56.

17 Vgl. Gumbrecht: Präsenz, S. 349.

18 Gumbrecht spricht in diesem Zusammenhang auch von Epiphanien, vom „Aufscheinen einer Substanz [...], die aus dem Nichts zu kommen scheint" – und insofern „Raum besetzt". Gumbrecht: Präsenz, S. 348.

(4) Das Einsetzen dieser Stimme entspricht der rhetorischen Figur der Prosopopoeia,[19] wie sie vor allem in der Literatur der Romantik zu finden ist. Die Prosopopoeia (*Prosopon-poiein* = eine Stimme geben) „verleiht Toten oder Abwesenden im Text in deren fiktiver Rede eine Stimme und ein sprechendes Gesicht".[20] Die Stimme, in der ein Anderer in seiner Einzigartigkeit erscheint,[21] bildet einen Überschuss der Zeichen, die sie hervorbringen und wirkt damit besonders eindrücklich[22] über die Körperlichkeit der Schrift hinaus; im Sprechen-Machen wird die Schrift zurückgelassen. Zugleich „Trope der Autobiographie",[23] unterliegt die Prosopopoeia ihrem Wesen nach einem Paradox, denn als rhetorische Figur der Stimmverleihung räumt sie gleichzeitig ein, dass dort ‚eigentlich' keine Stimme ist. Der Mangel des Textes, den keine Stimme spricht, wird durch die Einsetzung eines abwesenden Sprechers verdeckt.[24] Es gehört zur Logik der Stimmverleihung, dass sie den Einbruch der Wirklichkeit behauptet und gleichermaßen aufzeigt, dass dort keine entsprechende Wirklichkeit existiert. Die rhetorische Ebene des literarischen Textes fingiert demnach die Präsenz des Autors in seinem eigenen Text, der noch dazu seine eigene Figur ablöst und selbst zur Sprache kommt – und damit die Zeichenstruktur der fiktionalen Erzählung aufsprengt. Bemerkenswert ist die besonders intensive Mühe literaturwissenschaftlicher Auseinandersetzungen mit *Bryant Park*, das Freundschaftsverhältnis und die Textbeziehung zwischen Ulrich Peltzer und der Autorin Kathrin Röggla aufzuzeigen:[25] ‚Ulrich' erhält im Text eine E-Mail von ‚Kathrin', die sich zur Zeit des

19 Für diesen Hinweis danke ich Kerstin Wilhelms sehr herzlich!

20 Bettine Menke: Prosopopoiia. Stimme und Text bei Brentano, Hoffmann, Kleist und Kafka. München 2000, S. 7.

21 Vgl. Dieter Mersch: Was sich zeigt. Materialität, Präsenz, Ereignis. München 2002, S. 112 f.

22 Siehe dazu: Volker Hartmann: Personifikation. In: Historisches Wörterbuch der Rhetorik, Bd. 6: Must–Pop. Hg. v. Gert Ueding. Tübingen 2003, Sp. 810–814. „Als ihre Funktion wird gewöhnlich das Wecken starker Affekte angegeben, so daß im Französischen prosopopoée sogar jede pathetische Rede bezeichnen kann."

23 Paul de Man: Autobiographie als Maskenspiel. In: Ders.: Die Ideologie des Ästhetischen. Hg. v. Christoph Menke. Frankfurt a. M. 1993, S. 131–146, hier: S. 140.

24 Vgl. Menke: Prosopopoiia. Stimme und Text, S. 7 ff.

25 Vgl. bspw. Jesko Bender: Den kommenden Terror erzählen. Ulrich Peltzers *Bryant Park*. In: Die Gegenwart erzählen. Ulrich Peltzer und die Ästhetik des Politischen. Hg. v. Paul Fleming / Uwe Schütte. Bielefeld 2014, S. 141–156, hier: S. 151; Volker Mergenthaler: Katastrophenpoetik. Max Goldts und Ulrich Peltzers literarische Auseinandersetzungen mit ‚Nine Eleven'. In: Wirkendes Wort 55 (2005), H. 2, S. 281–294; Christoph Deupmann: Ausnahmezustand des Erzählens. Zeit und Ereignis in Ulrich Peltzers Erzählung *Bryant Park* und anderen Texten über den 11. September. In: Nine Eleven. Ästhetische Verarbeitungen des 11. September 2001. Hg. v. Ingo Irsliger / Christoph Jürgensen. Heidelberg 2008, S. 17–28, hier: S. 25. Auch die Korrespondenz der beiden Texte durch die Covergestaltung – das Photo auf *Bryant Park* wurde angeblich von Röggla aufgenom-

Anschlags in New York ‚befindet' und ihm auf diesem Weg versichert, dass es ihr gut gehe.[26] Dass es in diesem Falle durchaus interessiert, wer spricht, zeigt die produktive Vernetzung von Textstrategie und Inszenierungsstrategie als Produktion von Präsenz. Autofiktion wird hier als Autorfiktion zur Folie der Verhandlung und gewaltsamen Einnahme der Sprecherposition. *Wer spricht,*[27] ist auf einmal scheinbar der Autor selbst, der in seiner Materialität eingesetzt wird und unmittelbar zugänglich erscheint.

Spätestens seit dem linguistic turn kann dem unmittelbar zugänglich Erscheinenden nicht ohne Skepsis begegnet werden, das Primat des Zeichenhaften, Konstruierten, Diskursiven ist interdisziplinärer common sense. Innerhalb eines solchen semiotischen bzw. hermeneutischen Zugangs zur Welt gerinnt die Materialität des Medialen zum ‚bloßen' Signifikanten und ist zu vernachlässigen zu Gunsten der Bedeutung, des Sinns, des symbolischen Gehalts, den sie trägt. Momente der Präsenz, wie sie *Bryant Park* ausstellt, entfalten ihre Wirkung gerade nicht aufgrund der Bedeutung, die ihnen beigemessen wird, nicht wegen ihres symbolischen Charakters, sondern dadurch, dass sie die Regelhaftigkeit des Zeichenmodells – *aliquid stat pro aliquo* – zumindest temporär aussetzen. Die Autor-Stimme, die sich einschaltet, steht im ersten Moment für sich selbst; „in der Selbstreferentialität fallen Materialität, Signifikant und Signifikat zusammen."[28] Daraus erwächst die performative Kraft des Präsenzereignisses, das sich in seinem Auftauchen selbst vollzieht. *Bryant Park* modelliert mit dem Strukturbruch das „Zur-Erscheinung-Kommen der Sprache"[29] als Widerstand gegen sich selbst. Indem der literarische Text das Ereignis – performativ – vollzieht, widersetzt er sich der Unmöglichkeit bzw. genuinen Nachträglichkeit des Erzählens:[30] Das Ereignis wird nicht (inhaltlich) geschildert, sondern (strukturell) in die Form des Textes eingewoben. Nicht Sprechen *vom* Ereignis,[31] sondern Sprechen *als* Ereignis markiert den Moment des Politischen. Gewiss kann der Aufbruch des Zeichenstatus in einer ästhetischen Textur keinesfalls ein Eindruck von Dauer sein; vielmehr impliziert Präsenz ihre eigene Flüchtigkeit. Das Oszillieren zwischen

men – thematisiert Heide Reinhäckel: Traumatische Texturen: Der 11. September in der deutschen Gegenwartsliteratur. Bielefeld 2012, S. 110.

26 Vgl. Peltzer, S. 111.

27 Bettine Menke: Prosopopoiia. Die Stimme des Textes – die Figur des ‚sprechenden Gesichts'. In: Poststrukturalismus. Herausforderung an die Literaturwissenschaft. Hg. v. Gerhard Neumann. Stuttgart / Weimar 1997, S. 226–251.

28 Erika Fischer-Lichte: Ästhetik des Performativen. Frankfurt a. M. 2004, S. 245.

29 Martin Seel: Die Macht des Erscheinens. Texte zur Ästhetik. 2. Aufl. Frankfurt a. M. 2013, S. 23.

30 Vgl. Jacques Derrida: Eine gewisse unmögliche Möglichkeit, vom Ereignis zu sprechen. Berlin 2007.

31 Bender: Den kommenden Terror erzählen, S. 146.

Präsenz und Zeichenhaftigkeit führt zu einem Wahrnehmungswechsel, bei dem die Ordnung der Präsenz und die Ordnung der Repräsentation[32] im Zeichen oszillieren.[33] Aus diesem Wechsel, dem Zwischen von Repräsentation und Präsenz, erwächst eine „produktive Instabilität"[34] der Überschreitung des Medialen, die nicht auf Dauer angelegt sein kann, sondern flüchtig und prekär ist.

2 Aus den Fugen: Das Andere als Aufstörung

Wie gezeigt wurde, lösen Präsenzmomente in der Literatur kurzzeitig eine Verschiebung der Wahrnehmung von einer Ordnung des Zeichenhaften hin zu einer Ordnung der Materialität aus, insofern sie störend in das Verhältnis von Signifikant, Signifikat und Referenz eingreifen. Sie stören überdies, wie im Folgenden zu erläutern ist, die differenzielle Stellung des Zeichens im System von Zeichen und initiieren – in einer Übertragung textstrukturaler Systematik auf Gesellschaftsstrukturen, wie sie etwa in der postfundamentalistischen Theorie Ernesto Laclaus geleistet wird – dadurch einen Akt des Politischen. Das Politische der Literatur liegt demnach in ihrer Möglichkeit begründet, das Aufeinandertreffen divergierender Strukturen zu modellieren und somit politische Aushandlungsprozesse literarisch ins Bild zu setzen.

Ausgangspunkt sind für Laclau die Überlegungen Ferdinand de Saussures, von denen er sich – Derrida folgend – insofern abgrenzt, als er davon ausgeht, dass sich die Bedeutung eines sinntragenden Zeichens zwar aus der Differenz zu anderen Strukturpositionen generiert, die solchermaßen organisierten Strukturen jedoch niemals geschlossen sind und Sinn damit nicht objektiv vorliegen kann.[35] Laclaus Vorstellung des Sozialen richtet sich demnach an einem differenztheoretischen strukturalistischen Konzept von Sprache aus und ergänzt es um einen konstitutiven Mangel an Geschlossenheit. Er begreift Gesellschaftsformationen als hegemoniale Aushandlung von Sinnangeboten, die bestimmte partikulare Wertvorstellungen über Partikularinteressen hinweg als attraktive und

32 Vgl. Fischer-Lichte, S. 257–261.

33 Gumbrecht: Diesseits der Hermeneutik, S. 127.

34 Hans Ulrich Gumbrecht: Etwas klarer sehen – Vorwort. In: Präsenz interdisziplinär. Kritik und Entfaltung einer Intuition. Hg. v. Sonja Fielitz. Heidelberg 2012, S. xxvii–xxxv; hier: S. xxxi.

35 Vgl. Ernesto Laclau: New Reflections on the Revolution of Our Time. London / New York 1990, S. 91 sowie erläuternd dazu Andreas Reckwitz: Ernesto Laclau. Diskurse, Hegemonien, Antagonismen. In: Kultur. Theorien der Gegenwart. Hg. v. Stephan Moebius / Dirk Quadflieg. Wiesbaden 2006, S. 339–349, hier: S. 343.

alternativlose Ordnung ausweisen[36] und somit bestrebt sind, die Kontingenz des Sozialen durch die Behauptung der Universalität einzudämmen. Hegemonien, quasi-ideologische Bewegungen, die für sich allgemeine Repräsentanz beanspruchen, streiten um Universalität, die eine Leerstelle bildet, weil universale Strukturen aufgrund ihrer Konstitution durch ein exkludiertes Außen, von dem sie sich abgrenzen, nicht existieren können. Der unhintergehbare Mangel an Geschlossenheit hat demnach ein Streitverhältnis verschiedener hegemonialer Ansprüche zur Folge, die die Leerstelle der Universalität temporär besetzen: „If the suture it [die Hegemonie, E. S.] attempts is ultimately impossible, it is nevertheless possible to proceed to a relative fixation of the social through the instituation of nodal points."[37] Sozialität bedeutet in einem solchen Verständnis eine fixierte Formation der Sinnerzeugung, deren Ursprung – als Aushandlung und Festsetzung von Bedeutung – in Vergessenheit geraten ist.

Diese Überlegungen lassen sich produktiv an Peltzers Text anlegen: Stefan Matenaars Gegenwart ist geprägt von ständiger Wiederholung: Er hat sich zur Aufgabe gemacht, in der öffentlichen Bibliothek Manhattans für ein genealogisches Forschungsprogramm per Microfiche-Sichtung Taufregister zu studieren. Abbildung für Abbildung verfolgt das erzählende Ich mit brennenden Augen „Variationen von Schreibweisen, fehlenden oder plötzlich hinzugekommenen Buchstaben, die sich in die Worte einschmuggeln von einer Spalte zur nächsten".[38] Das Ineinandergreifen verschiedener Zeitebenen wird somit auch auf inhaltlicher Ebene wieder aufgerufen; die vielen persönlichen Geschichten, die das Taufregister hervorruft, lassen Vergangenheit und Gegenwart verschmelzen. Ebenso bietet sich eine Lesart der gesamten Umwelt des Protagonisten als endlose Textur von Zeichen an: Nicht nur die Registerrecherche konfrontiert ihn mit zahllosen schriftlichen Verweisketten, auch der städtische Raum, den er sich „lesend" erschließt, offenbart sich ihm – „umschmeichelt von so viel Schrift" – als verzweigtes System von Häuserreihen, beladen mit „Reklamen von Pizzabuden und Juweliergeschäften, die einen einbinden in die Welt, in diese seltsamen Verfahren zu existieren".[39] Matenaars Weltzugang ist somit gänzlich semiotisch

36 Vgl. Laclau: New Reflections on the Revolution of Our Time, S. 28–31.
37 Laclau: New Reflections on the Revolution of Our Time, S. 91. Die Annahme der temporären Schließung der offenen Struktur macht Laclau zu einem Vertreter des Post-, nicht eines Antifundamentalismus. Ein Fundament sozialer Ordnung wird also nicht geleugnet oder für obsolet erklärt, sondern in seiner Universalität angezweifelt. Vgl. zu dieser Unterscheidung ausführlich Oliver Marchart: Die politische Differenz. Zum Denken des Politischen bei Nancy, Lefort, Badiou, Laclau und Agamben. Frankfurt a. M. 2010, S. 16 f.
38 Peltzer, S. 10.
39 Peltzer, S. 48 f. Vgl. dazu auch Reinhäckel, S. 117–130.

vermittelt, wie in textuellen Handlungsschleifen bewegt er sich durch New York, wobei die Dichte seiner Beschreibung an die Simultaneität eines Großstadtromans erinnert.

Schon zu Beginn der Narration erzählt Matenaar von einem eingestürzten Lastenaufzug in der 36. Straße, von darauffolgendem Verkehrschaos, Polizeisirenen, Evakuierung der Einwohner, wobei er den Einsturz als Wiederholung eines bereits einige Wochen zuvor eingestürzten Baukrans reflektiert, der das Dach einer Seniorenresidenz durchschlagen hatte.[40] Das Erzähler-Ich erinnert sich daran, dass es die Bilder des Einsturzes medial verfolgt hatte, „beständig wiederholt im lokalen Fernsehen [...] als sei das Programm in eine sich selbst erzeugende Schlaufe geraten".[41] Sedimentierte Praktiken, die nach Laclau den Möglichkeitshorizont einer Gesellschaftsformation bestimmen, sind bei Peltzer also in Form von Stagnation und Regress realisiert, die eine starre und endlose Ordnung bilden, in der jede Möglichkeit ihrer tiefgreifenden Veränderung zu den längst vergessenen Elementen in einer sich selbst reproduzierenden Sinnstruktur gehören. Durch die Allgegenwärtigkeit von Texturen, auch im städtischen Raum, ist eine Verknüpfung von Zeichen- und Sozialstrukturen, wie sie Laclau in seiner politischen Theorie entwirft, in *Bryant Park* bereits angelegt.

Soziale Formationen sind notwendig, da stetig fluktuierende diskursive Elemente keine bedeutungsvollen Relationen ausprägen würden, Laclau spricht von der „Verallgemeinerung der Repräsentationsverhältnisse als Bedingung für die Konstitution einer sozialen Ordnung".[42] Das Soziale bildet sich in einer postfundamentalistischen Denkweise jedoch immer durch die Exklusion eines antagonistischen Außen, das als unvereinbar mit der eigenen Ordnung angesehen wird. Das gleichermaßen bedrohliche und konstitutive Außen[43] ist nicht zu ver-

---

40 Vgl. Peltzer, S. 8.

41 Peltzer, S. 8f. Dieses Einsturzmoment verweist dabei expositionsartig auf die kommende Katastrophe von Nine Eleven, sprachlich deutlich markiert in der Befürchtung, „dass Tonnen von Stahl" zusammenbrechen könnten, wenn das gesamte Baugerüst einstürzt.

42 Ernesto Laclau: Identität und Hegemonie. In: Kontingenz, Hegemonie, Universalität. Aktuelle Dialoge zur Linken. Hg. v. dems. / Judith Butler / Slavoj Žižek. Wien / Berlin 2013, S. 57–111, hier: S. 74.

43 Dieses Äußere ist gleichermaßen eine Bedrohung von Identität wie deren konstitutives Moment; es übernimmt in seinem Verhältnis zu sozialer Identität paradoxerweise zwei entgegengesetzte Rollen: „On the one hand, it ‚blocks' the full constitution of the identity to which it is opposed and thus shows its contingency. But on the other hand, given that this latter identity, like all identities, is merely relational and would therefore not be what it is outside the relationship with the force antagonizing it, the latter is also part of the conditions of existence of that identity." Laclau: New Reflections, S. 21.

wechseln mit der Differenz der Teile einer sinnbildenden diskursiven Sequenz, vielmehr steht es äquivalent zu diesen sinntragenden Elementen und markiert damit eine Alternative. Die Aufstörung einer festgesetzten Sozialformation kann demnach nicht auf syntagmatischer Ebene aus dem Differenzsystem selbst geschehen, sondern muss auf paradigmatischer Ebene durch den Einbruch einer Äquivalenz erfolgen:

> Die Subversion des Bezeichnungsprozesses liegt [...] in der Relativierung der Differenzdimension der Elemente eines Systems durch deren Äquivalenzdimension, was zur Erosion der Fixierung innerhalb des Systems führt und es mit einer Instabilität versieht, die letztlich zu seiner Verschiebung oder gar Transformation führen kann.[44]

Einen Einbruch des Äußeren in die Logik der fixierten Sozialität beschreibt Laclau als Ereignis, das er Dislokation nennt.[45] Dislokation meint also – wie der Begriff (*dis* = weg-, zer-, auseinander, *locus* = Ort, Stelle) bereits verrät – einen Eingriff in die räumliche Strukturiertheit von Diskurssequenzen. Dislokation als Einbruch des Äußeren bewirkt durch das Sichtbarwerden antagonistischer Kräfte, dass sedimentierte Verfahren der sozialen Sinngebung erneut in Bewegung versetzt und ins Bewusstsein der Akteure gerufen werden und eine neue Aushandlung über die Besetzung der Leerstelle des Universalismus ausgetragen werden muss. Der Aufbruch des stillgestellten Sinns markiert für Laclau den Moment des Politischen.[46] Das Soziale ist also als „Politisches im Schlafzustand"[47] zu beschreiben, weil Aushandlung und Festsetzung von Sinn zugunsten seiner scheinbaren Objektivierung ausgeblendet werden. Die Dislokation ist dann gewissermaßen das Erweckungserlebnis, mit dem das Politische, die Subversion des Sozialen durch den Antagonismus, aufgedeckt und freigesetzt wird. Das Politische ist im postfundamentalistischen Verständnis nicht inhaltlich gedacht, also nicht deckungsgleich mit dem Politikbetrieb, sondern meint den Gesellschaftsformationen zugrundeliegende Strukturen des Widerstreits von Macht- und Raumverteilungen. Die Dislokation, das Ereignis, bringt diesen Widerstreit um die Besetzung des leeren Zentrums der Sinnausrichtung zum Vorschein; sie bricht vertikal und damit unvorhergesehen in die horizontale syntagmatische Achse ein.[48] Das Po-

---

44 Lars Distelhorst: Umkämpfte Differenz. Hegemonietheoretische Perspektiven der Geschlechterpolitik mit Butler und Laclau. Berlin 2007, S. 126 f.

45 Vgl. Laclau: New Reflections, S. 42.

46 Laclau: New Reflections, S. 61.

47 Marchart, S. 216.

48 Hier ergibt sich eine Nähe zur Definition des Ereignisses nach Derrida, der eine ähnliche Verhältnisbeziehung beschreibt: „In der Horizontalen sehe ich es kommen, sehe und sage ich es voraus; das Ereignis aber ist das, was niemand voraussehen kann. [...] Das Ereignis als An-

litische meint bei Laclau also – und hier ergibt sich eine produktive Überschneidung von politischem und präsentischem Ereignis – die „Subversion des Symbolischen durch das Reale“,[49] da das radikal Äußere des Symbolischen nicht durch Symbolisierung angeeignet werden kann.[50]

Ich möchte hier dafür plädieren, Präsenzeffekte als ein solches Äußeres aufzufassen. Stellt die Narration des Stefan Matenaar in *Bryant Park* die Festsetzung und schier endlose Wiederholung der immer gleichen Sinnformation dar, in der keine Veränderung möglich scheint und vielmehr Stillstand herrscht, so dringt die Präsenz des vermeintlich realen Geschehens mit der gewaltsamen Okkupierung des Erzählverlaufs durch das ‚Autor-Ich‘ unvorhergesehen in die Textstruktur und greift damit in die Organisation von Ordnung innerhalb der Diegese ein. Der Überschuss des Zeichenhaften bewirkt eine Änderung der räumlichen Konstellation von Welt, indem die bis zu dieser Stelle dominante Figur schlagartig verschwindet und auch die räumliche und zeitliche Dimension der vorherigen Erzählung – New York in den 1990ern – aufgelöst und durch eine andere Situierung – Berlin am 11. September 2001 – abgelöst wird. Die Grenze der Bezeichnung, also das, was im Signifikationsprozess nicht eingehegt werden kann, ist demnach als „Subversion des Bezeichnungsprozesses selbst“ zu verstehen, was in Abgleich mit Matenaars Erzählung einer gänzlichen Auflösung seiner Umwelt gleichkommt. Das Politische erscheint in Peltzers Text

> [...] als unverrechenbares Außen, das sich gegen seine Vereinnahmung sperrt und da eine eigene Sprengkraft freisetzt, wo es die Struktur der sozialen Ordnung, ihre Verteilungslogik und symbolische Ökonomie suspendiert. Jedoch ist solche Suspension nicht Gründung – will es nicht sein –, sondern Zäsur, Unterbrechung, Aufbruch, aufgerissene Leerstelle und angehaltene Zeit, Schaffung eines Exterritoriums der Unbestimmtheit zwischen aufgehobener Ordnung und neuerlicher Konstitution.[51]

Mit diesem Unbestimmten, weil sprachlich nicht Fass- oder Greifbaren, markiert Präsenz in *Bryant Park* das Moment des Politischen, das als Unordnung die Ver-

---

kömmling ist das, was vertikal über mich hereinbricht, ohne dass ich es kommen sehen kann.“ Derrida, S. 35.

49 Laclau: Identität und Hegemonie, S. 99. Seine Thesen zu Dislokation als Einbruch des ‚Realen‘ stützt Laclau, und dies kann hier nur angedeutet werden, auf Lacan und seine Differenzierung der Struktur des Psychischen in das Imaginäre, das Symbolische und das Reale.

50 Vgl. Ernesto Laclau: Was haben leere Signifikanten mit Politik zu tun? In: Ders.: Emanzipation und Differenz. Wien 1996, S. 65–78, hier: S. 69.

51 Uwe Hebekus / Ethel Matala de Mazza: Einleitung: Zwischen Verkörperung und Ereignis. Zum Andauern der Romantik im Denken des Politischen. In: Das Politische. Figurenlehren des sozialen Körpers nach der Romantik. Hg. v. dens. / Albrecht Koschorke. München 2003, S. 7–22, hier: S. 9.

handlung von Ordnung anhand zweier widerstreitender Erzählstränge, Figuren und Erzählstimmen in Szene setzt. Solchermaßen gestört ist die Ausrichtung der horizontalen Textstruktur durch den vertikalen Einschlag des Anderen der Narration in die Narration gleichermaßen Aussetzung des Symbolischen und Einsetzen des Präsentischen, ein Changieren zwischen zwei Wahrnehmungsweisen. Dieses Verständnis des Politischen lässt sich mit Gumbrechts Begriff der Präsenz, wie anfangs ausgeführt, und seiner Verknüpfung von Präsenz und Gewalt engführen: Insofern sie die „Macht als Performanz oder Ereignis"[52] darstellt, ist auch in Peltzers Text die Gewalt der Präsenz in der Überlagerung und Umorganisation von Körpern und Räumen zu lesen, als Realisierung der Möglichkeit einer solchen Umordnung, die diese Möglichkeit performativ erst zum Vorschein bringt. In der Erzählung selbst wird der Aufbruch der Ordnung von Ulrich expliziert: „Wie man beim Lesen eine Seite verschlägt",[53] habe das Ereignis und seine quasi-dokumentarische Aufarbeitung durch ‚ihn selbst' den Schaffensprozess von *Bryant Park* unterbrochen.

Baudrillards Auffassung vom Unpolitischen oder Jenseits-des-Politischen des Ereignisses lässt sich demnach insofern modifizieren, als das Politische „nicht aus Machtverhältnissen, [sondern] aus Weltverhältnissen gemacht" ist.[54] In der Umordnung von Körpern, die das dislozierende Gewaltereignis in *Bryant Park* vorführt, entsteht eine zumindest kurzzeitige Veränderung der Verhältnisse ihrer Positionierung als (fiktive) Körper im (diegetischen) Raum und somit ein Modell des Politischen, das aus dem Kampf um die Besetzung von Räumen besteht. Auch nach Jacques Rancière ist diejenige Tätigkeit politisch, „die einen Körper von dem Ort entfernt, der ihm zugeordnet war oder die die Bestimmung eines Ortes ändert".[55] Mit Rancière ist die Neuordnung von Räumen also politisch, weil sie die sinnliche Gestaltung aufbricht und die Art und Weise, wie Ordnung eingerichtet ist, radikal in Frage stellt. Moderne Literatur positioniere sich damit in zweierlei Hinsicht zum Politischen als ein primär demokratisches Medium, insofern sie einerseits soziale Hierarchien im Syntagma der gleichrangigen Schriftzeichen und ihrer unendlichen Kombinierbarkeit aufhebe und andererseits

> [...] der Demokratie der Schrift eine neue Poetik entgegen[setzt], die andere Regeln der Übereinstimmung zwischen der Bedeutung der Wörter und der Sichtbarkeit der Dinge erfindet. Sie identifiziert diese Poetik mit einer Politik oder vielmehr mit einer Metapolitik, wenn es richtig ist, Metapolitik den Versuch zu nennen, die Szenen und die Aussagen der

52 Gumbrecht: Präsenz, S. 347.
53 Peltzer, S. 116.
54 Rancière: Das Unvernehmen, S. 54.
55 Rancière: Das Unvernehmen, S. 41.

> Politik, durch die Gesetze einer „wahrhaften Szene", die ihnen als Grundlage dient, zu ersetzen. Genau das macht die Literatur, indem sie den Radau der demokratischen Bühne den Rednern überlässt, um in die Tiefen der Gesellschaft zu reisen [...].[56]

Die Gleichheit einer jeden Textposition durch die „Demokratie der Schrift" wird demnach ergänzt durch poetische Umbesetzungen von gesellschaftlichen Verhältnissen, so dass neue Räume der Sichtbarkeit und neue Formen der Sagbarkeit entstehen. Das Politische der Präsenz in Peltzers Text besteht demnach nicht in der Neugründung einer abweichenden Einrichtung des Sozialen, sondern in der strukturellen Ausstellung der Verhandlungssituation, die die Stagnation und Wiederholung von Zeichenketten durchbricht und die Leerstelle sichtbar macht, deren Besetzung kontingent und damit streitbar ist.

Ulrich Peltzers Text oder einer Lesart von schriftsprachlicher Präsenz als Textereignis könnte eine affirmative Haltung zur fundamentalen Wirkkraft von Terror und Gewalt vorgeworfen werden. So bemühen sich einige Auseinandersetzungen mit *Bryant Park* zu betonen, dass der Text die Wirkung des Anschlagsereignisses abmildere, indem er die Erzählung um Stefan Matenaar danach wieder aufnehme und somit eine gänzliche Neuordnung der Diegese als Folge gerade unterlaufe. Unabhängig davon, dass die Frage nach der erzählerischen Ethik[57] eines literarischen Textes als höchst problematisch anzusehen ist, geht es in der hier vorgenommenen Lesart des Politischen von Präsenzeffekten nicht um eine inhaltliche Bewertung eines realpolitischen Geschehens, sondern um die ästhetische Form eines fiktionalen Textes, der auf verschiedenen Ebenen durch den materiellen Überschuss des Bezeichnungsprozesses die In-Form-Setzung bzw. Außer-Form-Setzung gesellschaftlicher Strukturen inszeniert und sich damit auf die Wahrnehmung von Weltverhältnissen und ihrer Einrichtung auswirkt.

3 Die Gegenwart des Politischen

Im Anschluss an die Ausführungen zum Politischen der Präsenz in der Gegenwartsliteratur drängt sich die Frage nach der Gegenwärtigkeit eines solchen

56 Jacques Rancière: Politik der Literatur. Hg. v. Peter Engelmann. 2. Aufl. Wien 2011, S. 35. Rancières Unterteilung in die *Politik* und die *Polizei* entspricht der Trennung des Politischen von der Politik in anderen hier aufgeführten politischen Theorien. Politik bei Rancière meint also das Politische, wie es hier verwendet wird.

57 Bender: Den kommenden Terror erzählen, S. 141 f.

Textverfahrens auf. Mit anderen Worten: Inwiefern treffen sich die Dimensionen des Politischen und des Gegenwärtigen in der ästhetischen Strategie der Präsenz?

„Präsenz/s“[58] – und die Chiffre trifft, angesichts der Bedeutung von ‚Gegenwart‘ als sowohl zeitliche wie räumliche Nähe zum gesetzten Standpunkt, den Kern des Phänomens – bringt das Spannungsverhältnis von medialer Strategie und medialer Wirkung prägnant zum Ausdruck: Das Erscheinen einer Substanz, die sich qua ihrer Anwesenheit auf die bestehende Ordnung auswirkt, schafft gleichermaßen ein Bewusstsein für die unmittelbare Gegenwärtigkeit des Geschehens. So wird die Gegenwart der Gegenwartsliteratur, die als Untersuchungsgegenstand wegen der ihr eigenen „Prozesslogik“[59] und der notwendigen methodischen und epistemologischen Nachträglichkeit der wissenschaftlichen Auseinandersetzung eine Provokation der Literaturwissenschaft darstellt,[60] auch als Textstrategie aufgefasst, die bei aller Zeichenhaftigkeit ihres Materials ein/e Präsens/z des Geschilderten erzeugt. Im präsentischen Verfahren treffen das Politische und das Gegenwärtige in zweierlei Hinsicht aufeinander:

Peltzers Text schafft zum einen zumindest für kurze Zeit jene produktive Instabilität, die Gumbrecht der gewaltvollen ästhetischen Erfahrung attestiert. Der einsetzende neue Erzählstrang erzeugt Unmittelbarkeit, weil er die zeitliche und räumliche Situation der Diegese im fingierten wirklichkeitsnahen Dokumentarstil an den gegenwärtigen Standpunkt des schreibenden Subjekts heranholt. Literatur ist somit prädestiniert, zwischen Sinn- und Präsenzmomenten und somit auch zwischen der Ordnung der Präsenz und der Ordnung der Repräsentation zu oszillieren. Gegenwärtigkeit ist in diesem Sinne als „diskursiver Wahrnehmungsmodus, eine Form der Aufmerksamkeit auf die Erscheinungen, Sprechweisen und Äußerungsformen der Zeit“[61] politisch, weil die im Präsenzmoment entstehende Drastik des ‚Jetzt‘ auch die Instabilität der Einrichtung von textueller und gesellschaftlicher Ordnung zum Erscheinen bringt. Das Soziale ist in solchen Augenblicken des Politischen in seiner Ordnung gestört, unser räumliches Verhältnis zur Umwelt verändert sich.

---

58 Anne Kolb / Tanja Prokic: Be, Now, Here: Präsens/z-Präsentationen wider die Repräsentation. In: Wider die Repräsentation. Präsens/z Erzählen in Literatur, Film und Bildender Kunst. Hg. v. dens. / Oliver Jahraus. Frankfurt a. M. 2011, S. 10–20.

59 Kai Kaufmann: Ohne Ende? Zur Geschichte der deutschsprachigen Gegenwartsliteratur. In: Literaturgeschichte: Theorien – Modelle – Praktiken. Hg. v. dems. / Matthias Buschmeier / Walter Erhart. Berlin / New York 2014, S. 357–376, hier: S. 361.

60 Siehe dazu: Carlos Spoerhase: Literaturwissenschaft und Gegenwartsliteratur. In: Merkur 68 (2014), H. 776, S. 15–24.

61 Lothar van Laak: Gegenwärtigkeit und Geschichte als Kriterien der Gegenwartsliteratur. In: Gegenwart, Literatur, Geschichte. Zur Literatur nach 1945. Hg. v. dems. / Wolfgang Braungart. Heidelberg 2013, S. 121–132, hier: S. 122.

Zum anderen entwirft sich Literatur mit der Modellierung des Politischen durch ordnungsstörende Präsenz nicht nur als unmittelbar gegenwärtig, sondern auch als gegenwärtig im Sinne einer Zeitgenossenschaft,[62] die ein Text annimmt, wenn er die Kontingenz einer vorherrschenden gesellschaftlichen Einrichtung sowie die Möglichkeit der Umbesetzung von Strukturpositionen sichtbar macht. Gegenwart ist dann vor allem geteilte Zeit und das Politische eines literarischen Textes eng daran geknüpft, eine vermeintlich isolierte Stellung der Kunst zugunsten eines Eingriffs in die Weltverhältnisse durch Umordnung von Sicht- und Sagbarem aufzugeben. Indem *Bryant Park* die Denkfigur der (hier ereignisgeschichtlichen) Zäsur, die gemeinhin der kommunikativen Verständigung einer Gemeinschaft dient und die Unterscheidung zweier Epochen oder einer Gegenwart zu einer Nicht-Mehr-Gegenwart markiert,[63] textstrukturell integriert, avanciert der Roman durch seine ästhetische Formung zudem zur Reflexionsinstanz des Verhältnisses von Literatur und ihrer jeweiligen Gegenwart. Die im Sprechen über Zäsuren häufig gebrauchten Metaphern wie etwa die der „Stunde Null" deuten darauf hin, dass historische Ereignisse mit einer (welt-)gesellschaftlichen Schlagkraft einen Mentalitätswandel implizieren, der es gewissermaßen unmöglich macht, die Zeit vor dem Ereignis und die danach derselben gemeinsamen Zeitspanne zuzurechnen. Ein Ereignis wie der 11. September ist dann – folgt man der impliziten Logik dieser Kategorisierungsgewohnheit – auch für die Literatur unserer Gegenwart konstitutiv, insofern die Literatur, die nach diesem Ereignis erscheint, nicht denselben Bedingungen unterliegt wie diejenige, die davor erschien. Der Roman thematisiert nun nicht nur diese Unvereinbarkeit des Denkens und Handelns vor und nach dem einschneidenden Ereignis, sondern ruft den

---

62 Vgl. Sandro Zanetti: Poetische Zeitgenossenschaft. URL: http://www.schreibszenen.net/zanetti-open/sz-poetische-zeitgenossenschaft.pdf (abgerufen am 06.06.2018). Zeitgenossenschaft verstehe ich nicht im Sinne einer geteilten Schriftzeit von Text und Lesenden und auch nicht als Zukunftsoffenheit von Literatur (vgl. ebd., S. 41 f. u. 51), sondern vielmehr als ihre Gegenwartsoffenheit (ebd., S. 53), die sich aus der Reziprozität von Text- und Sozialstruktur verbunden mit dem textpoetologischen Anspruch auf Umordnung beider ergibt.

63 Dasselbe Verfahren beschreibt die Praktik der Literaturgeschichtsschreibung, die besonders die ‚Epoche' der Gegenwartsliteratur an bestimmten Epochenkanten (1945, 1989, 2001 etc.) festmacht. In jüngsten Debatten wird ein solches Vorgehen zurecht als unterkomplex verworfen. Siehe dazu: Spoerhase: Literaturwissenschaft und Gegenwartsliteratur, S. 19 sowie das Forschungsprogramm des 2017 angelaufenen DFG-Graduiertenkollegs „Gegenwart/Literatur. Geschichte, Theorie und Praxeologie eines Verhältnisses" der Universität Bonn; URL: www.grk-gegenwart.uni-bonn.de (abgerufen am 06.06.2018). Doch erscheinen nach wie vor literaturwissenschaftliche Publikationen, die eine historische Zäsur als *terminus post quem* der Gegenwartsliteratur diskutieren. Vgl. dazu z. B. Michael Braun: Die deutsche Gegenwartsliteratur. Eine Einführung. Köln 2010 oder Leonhard Hermanns / Silke Horstkottes kürzlich erschienener Band: Gegenwartsliteratur. Eine Einführung. Stuttgart 2016.

Bruch der kulturellen Erzählung als Bruch der Diegese performativ auf. Die Figur der Zäsur als Bruch wird im Roman jedoch wiederum selbst gebrochen, der zweite Erzählstrang wieder durch den ersten abgelöst und die Möglichkeit einer narrativen Kontinuität textuell reflektiert. Was *Bryant Park* zu einem Text unserer Gegenwart macht, ist demnach nicht argumentativ mit seinem Erscheinungsdatum zu begründen, sondern mit seiner ästhetischen Form, die Zeitgenossenschaft nicht nur aufweist, sondern selbstreflexiv problematisiert, und mit der Verschränkung von Text- und Sozialstruktur die wechselseitige Bedingung von Literatur und ihrer Gegenwart zur Erscheinung bringt. Textuelle und soziale Logik sind in einem solchen Verständnis miteinander verbunden, weshalb die Veränderung der einen die Aufdeckung der Veränderbarkeit der anderen zur Folge haben kann.

Literaturverzeichnis

Baudrillard, Jean: Der Geist des Terrorismus. Die Herausforderung des Systems durch die symbolische Gabe des Todes. In: Der Schock des 11. September und das Geheimnis des Anderen. Eine Dokumentation. Hg. v. Haus am Lützowplatz / Lettre International. Köln 2003, S. 168–183.

Bender, Jesko: „Umschmeichelt von so viel Schrift". Zum Denkmuster der ‚Zäsur' im deutschen ‚Terrorismus'-Diskurs nach dem 11. September 2001 – Ulrich Peltzers *Bryant Park* (2004). In: NachBilder der RAF. Hg. v. Inge Stephan / Alexandra Tacke. Köln / Weimar / Wien 2008, S. 268–286.

Bender, Jesko: Den kommenden Terror erzählen. Ulrich Peltzers *Bryant Park*. In: Die Gegenwart erzählen. Ulrich Peltzer und die Ästhetik des Politischen. Hg. v. Paul Fleming / Uwe Schütte. Bielefeld 2014, S. 141–156.

Braun, Michael: Die deutsche Gegenwartsliteratur. Eine Einführung. Köln 2010.

de Man, Paul: Autobiographie als Maskenspiel. In: Ders.: Die Ideologie des Ästhetischen. Hg. v. Christoph Menke. Frankfurt a. M. 1993, S. 131–146.

Deupmann, Christoph: Ausnahmezustand des Erzählens. Zeit und Ereignis in Ulrich Peltzers Erzählung *Bryant Park* und anderen Texten über den 11. September. In: Nine Eleven. Ästhetische Verarbeitungen des 11. September 2001. Hg. v. Ingo Irsliger / Christoph Jürgensen. Heidelberg 2008, S. 17–28.

Deupmann, Christoph: Versuchte Nähe. Vom Ereignis des 11. September zum Ereignis des Textes. In: 9/11 als kulturelle Zäsur. Repräsentationen des 11. September 2001 in kulturellen Diskursen, Literatur und visuellen Medien. Hg. v. Sandra Poppe / Thorsten Schüller / Sascha Seiler. Bielefeld 2009, S. 139–161.

Derrida, Jacques: Eine gewisse unmögliche Möglichkeit, vom Ereignis zu sprechen. Berlin 2007.

Distelhorst, Lars: Umkämpfte Differenz. Hegemonietheoretische Perspektiven der Geschlechterpolitik mit Butler und Laclau. Berlin 2007.

Fischer-Lichte, Erika: Ästhetik des Performativen. Frankfurt a. M. 2004.

Forschungsprogramm Gegenwart/Literatur. Geschichte, Theorie und Praxeologie eines Verhältnisses. URL: http://www.grk-gegenwart.uni-bonn.de (letzter Zugriff: 06. 06. 2018).
Gumbrecht, Hans Ulrich: Diesseits der Hermeneutik. Die Produktion von Präsenz. Übersetzt v. Joachim Schulte. Frankfurt a. M. 2004.
Gumbrecht, Hans Ulrich: Etwas klarer sehen – Vorwort. In: Präsenz interdisziplinär. Kritik und Entfaltung einer Intuition. Hg. v. Sonja Fielitz. Heidelberg 2012, S. xxvii – xxxv.
Gumbrecht, Hans Ulrich: Präsenz. Berlin 2012.
Hartmann, Volker: Personifikation. In: Historisches Wörterbuch der Rhetorik, Bd. 6: Must–Pop. Hg. v. Gerd Ueding. Tübingen 2003, Sp. 810 – 814.
Hebekus, Uwe/, Ethel Matala de Mazza: Einleitung: Zwischen Verkörperung und Ereignis. Zum Andauern der Romantik im Denken des Politischen. In: Das Politische. Figurenlehren des sozialen Körpers nach der Romantik. Hg. v. dens. / Albrecht Koschorke. München 2003, S. 7 – 22.
Hermanns, Leonhard / Horstkotte, Silke: Gegenwartsliteratur. Eine Einführung. Stuttgart 2016.
Irsliger, Ingo / Christoph Jürgensen: Einleitung. In: Nine Eleven. Ästhetische Verarbeitungen des 11. September 2001. Hg. v. dens. Heidelberg 2008, S. 9 – 13.
Kaufmann, Kai: Ohne Ende? Zur Geschichte der deutschsprachigen Gegenwartsliteratur. In: Literaturgeschichte: Theorien – Modelle – Praktiken. Hg. v. dems., Matthias Buschmeier / Walter Erhart. Berlin / New York 2014, S. 357 – 376.
Kiening, Christian: Mediale Gegenwärtigkeit. Paradigmen, Semantiken, Effekte. In: Mediale Gegenwärtigkeit. Hg. v. dems. Zürich 2007, S. 9 – 70.
Kolb, Anne / Tanja Prokic: Be, Now, Here: Präsens/z-Präsentationen wider die Repräsentation. In: Wider die Repräsentation. Präsens/z Erzählen in Literatur, Film und Bildender Kunst. Hg. v. dens. / Oliver Jahraus. Frankfurt a. M. 2011, S. 10 – 20.
Laclau, Ernesto: New Reflections on the Revolution of Our Time. London / New York1990.
Laclau, Ernesto: Was haben leere Signifikanten mit Politik zu tun? In: Ders.: Emanzipation und Differenz. Wien 1996, S. 65 – 78.
Laclau, Ernesto: Identität und Hegemonie. In: Ders., Judith Butler / Slavoj Žižek: Kontingenz, Hegemonie, Universalität. Aktuelle Dialoge zur Linken. Wien / Berlin 2013, S. 57 – 111.
Lefort, Claude: Fortdauer des Theologisch-Politischen? Übersetzt v. Hans Scheulen / Ariane Cuvelier. Wien 1999.
Marchart, Oliver: Die politische Differenz. Zum Denken des Politischen bei Nancy, Lefort, Badiou, Laclau und Agamben. Frankfurt a. M. 2010.
Menke, Bettine: Prosopopoiia. Stimme und Text bei Brentano, Hoffmann, Kleist und Kafka. München 2000.
Menke, Bettine: Prosopopoiia. Die Stimme des Textes – die Figur des ‚sprechenden Gesichts'. In: Poststrukturalismus. Herausforderung an die Literaturwissenschaft. Hg. v. Gerhard Neumann. Stuttgart / Weimar 1997, S. 226 – 251.
Mergenthaler, Volker: Katastrophenpoetik. Max Goldts und Ulrich Peltzers literarische Auseinandersetzungen mit ‚Nine Eleven'. In: Wirkendes Wort 55 (2005), H. 2, S. 281 – 294.
Mersch, Dieter: Was sich zeigt. Materialität, Präsenz, Ereignis. München 2002.
Peltzer, Ulrich: Bryant Park. Roman. Frankfurt a. M. 2013.
Rancíere, Jacques: Das Unvernehmen. Politik und Philosophie. Aus dem Franz. v. Richard Steurer. Frankfurt a. M. 2002.
Rancière, Jacques: Die Aufteilung des Sinnlichen. Die Politik der Kunst und ihre Paradoxien. Hg. v. Maria Muhle. Berlin 2006.

Rancière, Jacques: Politik der Literatur. Hg. v. Peter Engelmann. 2. Aufl. Wien 2011.
Reckwitz, Andreas: Ernesto Laclau. Diskurse, Hegemonien, Antagonismen. In: Kultur. Theorien der Gegenwart. Hg. v. Stephan Moebius / Dirk Quadflieg. Wiesbaden 2006, S. 339 – 349.
Reinhäckel, Heide: Traumatische Texturen: Der 11. September in der deutschen Gegenwartsliteratur. Bielefeld 2012.
Seel, Martin: Die Macht des Erscheinens. Texte zur Ästhetik. 2. Aufl. Frankfurt a. M. 2013.
Spoerhase, Carlos: Literaturwissenschaft und Gegenwartsliteratur. In: Merkur 68 (2014), H. 776, S. 15 – 24.
van Laak, Lothar: Gegenwärtigkeit und Geschichte als Kriterien der Gegenwartsliteratur. In: Gegenwart, Literatur, Geschichte. Zur Literatur nach 1945. Hg. v. dems. / Wolfgang Braungart. Heidelberg 2013, S. 121 – 132.
Wagner-Egelhaaf, Martina: Einleitung: Was ist Auto(r)fiktion? In: Auto(r)fiktion. Literarische Verfahren der Selbstkonstruktion. Hg. von ders. Bielefeld 2013, S. 7 – 21.
Wiesing, Lambert: Artifizielle Präsenz. Studien zur Philosophie des Bildes. Frankfurt a. M. 2005.
Zanetti, Sandro: Poetische Zeitgenossenschaft. URL: http://www.schreibszenen.net/zanetti-open/sz-poetische-zeitgenossenschaft.pdf (letzter Zugriff: 06. 06. 2018).

Stephanie Willeke

Der eingehegte Terrorist? Dorothea Dieckmanns *Guantánamo* (2004)

Das Motiv des Krieges in der Literatur weist eine lange Tradition auf. Besonders die beiden Weltkriege haben in Deutschland eine regelrechte Flut von Literatur, die sich retrospektiv vor allem kritisch mit dem Thema Krieg auseinandersetzt, ausgelöst. Im Echoraum der terroristischen Anschläge vom 11. September 2001 auf das Word Trade Center in New York und das Pentagon in Washington D. C. sowie der daran anschließenden militärischen Interventionen gegen das Taliban-Regime in Afghanistan 2001 und gegen die Regierung Saddam Husseins im Irak 2003 rücken Krieg und Terrorismus erneut in den Fokus der deutschsprachigen Literatur. Dies hängt auch mit der Involvierung der deutschen Bundeswehrsoldaten und -soldatinnen in diesen Einsätzen zusammen, die durch die Solidaritätserklärung der Bundesregierung mit den USA und die Zusage, jegliche Vorhaben gegen terroristische Netzwerke zu unterstützten, legitimiert wurde. Die Literatur, die sich sowohl mit gegenwärtigen Kriegen als auch mit Terrorismus auseinandersetzt, weist im Vergleich zu der Nachkriegsliteratur der beiden Weltkriege große Unterschiede auf. In diesem Sinne stellt die Gegenwartsliteratur zwar eine politische Wirklichkeit aus, diese trifft aber nicht so unmittelbar die Lebenswirklichkeit ihrer Rezipientinnen und Rezipienten, da diese Kriege zwar medial omnipräsent sind – und das in einem Ausmaß, das die medialen Erzeugnisse anderer Kriege frappierend übersteigt –, aber nicht vornehmlich aus dem eigenen Erfahrungsraum stammen. Daran anknüpfend gibt es für die Gegenwartsliteratur auch keine Forderungen wie nach dem Zweiten Weltkrieg, eine möglichst realistische Schreibweise zu verfolgen,[1] die nichts beschönigt und auf Authentizität besteht, mit dem Ziel, sich literarisch von jeglicher etwaigen (nationalsozialistischen) Ideologie freizumachen. Die Literatur über gegenwärtige Kriege und Terrorismus eröffnet der Fiktionalität einen großen Raum, wobei hier eben weniger das Diktum der Augenzeugenschaft[2] fokussiert wird, sondern eher

1 Vgl. beispielsweise den ‚harten' Realismus von Gert Ledig. Siehe dazu: Raul Calzoni: Krieg und Zivilisationsbruch. Einleitung. In: Handbuch Nachkriegsliteratur. Literatur, Sachbuch und Film in Deutschland (1945–1962). Hg. v. Elena Agazzi / Erhard Schütz. Berlin / Boston 2013, S. 141–152, hier: S. 147.

2 Ursula Heukenkamp macht deutlich, dass die Qualität der Kriegsbücher, wie beispielsweise Erich Maria Remarques *Im Westen nichts Neues*, zum einen darin liege, beschrieben zu haben, ‚wie es war' und zum anderen „den Krieg des kleinen Mannes und Frontsoldaten so zur Sprache" gebracht zu haben, dass auch die Zivilbevölkerung daran teilnehmen konnte. Vgl. Ursula Heu-

https://doi.org/10.1515/9783110568561-024

die literarische Verarbeitung und Aufbereitung von Kriegen, die die Bevölkerung nicht unmittelbar erlebt und die zudem noch stark an andere, potentiell als fremd wahrgenommene Kulturen gebunden sind. Trotzdem oder gerade deshalb schreibt sie sich mit diesen Themen dezidiert in den politischen Diskurs ein, indem sie alltagspolitische Diskussionen und Entscheidungen aufgreift und teilweise auch stark kritisiert, vor allem aber, indem sie eine soziale Wirklichkeit ausstellt, die schnell aus dem Blick des öffentlichen Diskurses zu geraten droht.[3] Zu diesen Prosatexten zählt auch der 2004 erschienene Roman *Guantánamo*[4] von Dorothea Dieckmann. Da allein aufgrund des Romantitels der Bezug zu dem realen Ort überaus deutlich markiert ist, soll vor der Betrachtung der literarischen Konfiguration zunächst das Gefangenenlager, das einen wesentlichen Bestandteil des Politischen dieses Romans ausmacht, perspektiviert werden.

1 Politische Dimensionen des Raums Guantánamo

Es gibt wohl kaum einen anderen Ort auf der Welt, der den vom damaligen US-amerikanischen Präsidenten George W. Bush ausgerufenen ‚Krieg gegen den Terror' so sehr symbolisiert wie das Gefangenenlager Guantánamo Bay auf Kuba, in dem bereits wenige Monate nach den Anschlägen vom 11. September 2001 die ersten Männer interniert wurden. Die politische Dimension dieses Raums zeigt sich nicht nur an dem Wahlversprechen Barack Obamas, das Lager zu schließen, oder an Donald Trumps Ankündigung, das Gefängnis zukünftig mit „einigen üblen Typen auf[zu]füllen".[5] Auch auf juristischer Ebene tritt das politische Moment signifikant hervor: Guantánamo ist ein Raum jenseits des Rechts, weil die Internierten in Haft sind, ohne in einem Gerichtsverfahren durch einen Richter verurteilt worden zu sein, und auf unbestimmte Zeit festgesetzt werden. Der Publizist und Kritiker des Gefangenenlagers Roger Willemsen macht die Zirkelstruktur diese Grauzone wie folgt plausibel: „Im Lager soll ermittelt werden, dass es sich bei den Insassen um gesetzlose Straftäter handelt, die deshalb die In-

---

kenkamp: Zwang zur Erinnerung, Lust zum Vergessen. In: Militärische und zivile Mentalität. Ein literaturkritischer Report. Hg. v. ders. Berlin 1991, S. 7–23, hier: S. 15.

3 Vgl. zur Gegenwartsliteratur, die sich mit den sog. ‚neuen Kriegen' und mit islamistischem Terrorismus beschäftigt: Stephanie Willeke: Grenzfall Krieg. Zur Darstellung der neuen Kriege nach 9/11 in der deutschsprachigen Gegenwartsliteratur. Bielefeld 2018.

4 Dorothea Dieckmann: Guantánamo. Hamburg 2004.

5 Stefan Niemann: Ausflug nach Absurdistan. Reportage aus Guantánamo. https://www.tagesschau.de/ausland/guantanamo-139.html (letzter Zugriff: 13.11.2017).

haftierung im Lager verdienen.“[6] Auch die Verhörmethoden und die Anwendung der Folter offenbaren die Verbindung von Recht und Politik, die sich in diesem Raum zeigt, denn die Praktiken sind neben der Tatsache, dass das Folterverbot absolut und nicht-derogierbar ist, auch aus der nationalen Perspektive der USA grundsätzlich rechtswidrig.[7] Die rechtliche Grundlage für die Gefangennahme und Festsetzung terrorverdächtiger Menschen in Guantánamo ist das Dekret, das Bush im Nachklang der terroristischen Attentate im November 2001 unterzeichnete. Durch diese präsidiale Anordnung, so macht Giorgio Agamben deutlich, wird der rechtliche Status der Internierten radikal ausgelöscht und bringt damit „Wesen hervor [...], die juristisch weder eingeordnet noch benannt werden können“.[8] Dieser Status des Unbestimmbaren manifestiert sich nicht zuletzt in dem Phänomen ‚Terrorismus‘ selbst. Auch wenn der deklarierte ‚Krieg gegen den Terror‘ einen definierten Feind impliziert, ist dieser eben kein staatlicher Akteur und muss daher erst konstruiert werden. Die Unzuordbarkeit dieses Gegners gründet sich zum einen auf die geheime Organisation der Gruppierungen im Untergrund und zum anderen auf die Entwicklung vom nationalen zum transnationalen Terrorismus. Letzterer weist bereits darauf hin, dass einige terroristische Organisationen nicht nur grenzüberschreitend operieren, sondern sich auch untereinander zu transnationalen Netzwerkstrukturen zusammenschließen, welche die über große Distanzen verstreuten Schaltstellen und Mitglieder miteinander verbinden.[9] Zudem stellt der Terrorismus, speziell in der transnationalen Ausprägung, gesetzliche Bemühungen besonders in Form internationaler Abkommen wie der UN-Charta, die das Ziel der Einhegung des Krieges verfolgen, vor eine Herausforderung. Denn damit wird die definitorische Frage aufgeworfen, ob terroristische Attentate als Krieg bzw. Kriegserklärung gewertet werden können oder ob es sich um Taten krimineller Organisationen handelt. Seit den Anschlägen vom 11. September 2001 findet der unter Artikel 51 der UN-Charta angeführte, ursprünglich ausschließlich auf Staaten bezogene ‚bewaffnete Angriff‘, in dessen Folge eine Selbstverteidigung möglich ist, auch auf terroristische Angriffe An-

---

6 Roger Willemsen: Hier spricht Guantánamo. Interviews mit Ex-Häftlingen. Frankfurt a. M. 2006, S. 11.

7 Neben der Bestätigung der Genfer Konventionen aus dem Jahr 1949, die Gefangene unter besonderen Schutz stellen, und der Ratifizierung anderer internationaler Übereinkommen wie den Anti-Folter-Konventionen der Vereinten Nationen wurden zusätzlich noch verschiedene nationale Gesetze erlassen, wie der ‚War Crimes Act‘ von 1996, in dem ebenfalls ein Folterverbot verankert ist.

8 Giorgio Agamben: Ausnahmezustand. Frankfurt a. M. 2004, S. 10.

9 Vgl. Ulrich Schneckener: Transnationaler Terrorismus. Charakter und Hintergründe des „neuen“ Terrorismus. Frankfurt a. M. 2006, bes. S. 49 – 57.

wendung.[10] Die Konsequenzen, die mit der Definition terroristischer Akte als Krieg einhergehen, liegen im Kontext internationaler Operationen primär in den „umfassende[n] Ermächtigungsgrundlagen" zur Bekämpfung dieser Gruppierungen, die vor allem darauf abzielen, die „Souveränität anderer Staaten außer Acht zu lassen, weil innere und äußere Bedrohungen tendenziell ununterscheidbar werden".[11] Damit ist auch diese Einordnung insbesondere von „moralisch-normativen" und von „politisch-strategischen"[12] Momenten abhängig.

Da es sich bei dem Feind also nicht um einen festgelegten oder räumlich lokalisierbaren Gegner handelt oder auch nur um eine Gruppierung mit einheitlicher Zielsetzung oder Kampfmethodik, müssen im politischen Prozess jeweils Entscheidungen darüber getroffen werden, ob es sich um Terroristen handelt oder nicht. Dieser Prozess der Zuschreibung, der den Terroristen als ‚das Andere' definiert, geht mit Inklusions- und Exklusionsmechanismen einher und verdeutlicht, dass es sich dabei eben nicht um feststehende Entitäten handelt. Aus dieser Perspektive betrachtet befinden sich das Eigene und das Andere immer in einem Wechselverhältnis: Sie sind zugleich voneinander getrennt und miteinander verbunden; das Andere wird in die Definition des Eigenen immer eingeschlossen, indem sich das Eigene durch die Abgrenzung vom Anderen konstituiert. Wenn diese Unterscheidung im Kontext von asymmetrischen Bezeichnungsverfahren[13] vorgenommen wird, kommt zudem der Aspekt zum Tragen, „daß die Bezeichnenden sich selbst nicht als etwas Meßbares und als etwas Relatives – wie die Bezeichneten – in die Rede einbringen, sondern als Maßstab selbst, der dann

10 Vgl. dazu auch Mattias Iser: Paradoxien des (un)gerechten Krieges. In: Den Krieg überdenken. Kriegsbegriffe und Kriegstheorien in der Kontroverse. Hg. v. Anna Geis. Baden-Baden 2006, S. 179–202.

11 Goedart Palm / Florian Rötzer: Enduring War – eine Einführung. In: MedienTerrorKrieg. Zum neuen Kriegsparadigma des 21. Jahrhunderts. Hg. v. dens. Hannover 2002, S. 9–25, hier: S. 14.

12 Jutta Bakonyi: Terrorismus, Krieg und andere Gewaltphänomene der Moderne. In: Terrorismus und Krieg. Bedeutung und Konsequenz des 11. September 2001. Hg. v. ders. http://www.eth.mpg.de/cms/en/people/d/bakonyi/pdf/ap4-01_Terrorismus.pdf (= Arbeitspapier 4 (2001) Forschungsstelle Kriege, Rüstung und Entwicklung. Universität Hamburg), S. 5–20, hier: S. 10 (letzter Zugriff: 13.11.2017).

13 So stellt auch Bruce Hoffman heraus, dass die Bezeichnung als Terrorist mit „negativen Untertönen" verbunden ist, sodass die „Entscheidung, irgendjemand anderen als ‚Terroristen' zu bezeichnen oder eine Organisation als ‚terroristisch' zu etikettieren, fast unvermeidlich subjektiv" ausfalle, da diese nicht zuletzt davon abhänge, „ob man der betreffenden Person/Gruppe/dem Ziel mit Sympathie oder Ablehnung gegenübersteht." Bruce Hoffman: Terrorismus – der unerklärte Krieg. Neue Gefahren politischer Gewalt. 2. erweiterte und aktualisierte Ausgabe. Frankfurt a. M. 2007, S. 54.

selbst nichts zu Messendes ist".[14] Das bedeutet, dass eine sich als „neutral, normal und normativ"[15] begreifende Gruppe zumindest implizit den Anspruch erhebt, das Andere durch konstruierte Differenzen markieren zu können. Eine Unterscheidung in einem ähnlichen Kontext liegt auch dann vor, wenn die Bezeichnung ‚Terroristen' zum politischen Schlagwort wird, um auf der einen Seite Kampfhandlungen zu legitimieren und auf der anderen Seite diese Gruppierungen auf diplomatischer Ebene auszuschließen.[16] Gerade daraus resultiert häufig ein reziprokes Verhältnis, indem sich beide Seiten – die vermeintlich terroristische Gruppierung und die staatliche Seite – terroristischer Absichten beschuldigen.[17]

Daran wird ersichtlich, dass die definitorische Unterscheidung über den Status ebenfalls mit verschiedenen vormals politischen Implikationen verbunden ist. Zugleich liegt hier aber das entscheidende Kriterium für die argumentative Grundlage, auf der die Strukturen des Gefangenenlagers Guantánamo basieren: Weil es sich bei Terroristen nicht um reguläre Kämpfer handele und sie daher keinen Kriegsgefangenenstatus innehätten, könnten sie auch nicht unter den Schutz der Genfer Konventionen gestellt werden,[18] weswegen die Bezeichnung ‚Terrorist' für das präsidiale Dekret konstitutiv ist. Die Entscheidungshoheit betrifft indes nicht nur die Definition darüber, wer Terrorist ist, sondern auch die Bestimmung über die Dauer der Inhaftierung, die nicht in der juristischen Sphäre liegt, sondern von Sachbearbeitern durch Ermessensurteile festgelegt wird, wie Judith Butler darlegt.[19] Auf dieser Grundlage und mit Blick auf Michel Foucaults Theorem der Gouvernementalität charakterisiert sie die zirkuläre Wirkmächtigkeit der staatlichen Souveränität: „Mit dem gleichen Akt, mit dem sie das Recht außer Kraft setzt oder zu ihren Zwecken verbiegt, erweitert die staatliche Souveränität ihren Einflußbereich, verstärkt damit ihre Notwendigkeit und entwickelt damit die Mittel, mit deren Hilfe die Rechtfertigung ihrer eigenen Macht erfolgt."[20] Die Maßnahmen der souveränen Macht hängen dementsprechend eng mit dem Ausnahmezustand zusammen, der eine unbegrenzte Haft rechtfertigt. Das be-

---

14 Mona Singer: Fremd. Bestimmung. Zur kulturellen Verortung von Identität. Tübingen 1997, S. 49.

15 Singer, S. 50.

16 Dieses Ausschlussprinzip manifestiert sich beispielsweise in den zahlreichen Statements staatlicher Akteure mit der Kernaussage: „Wir verhandeln nicht mit Terroristen."

17 Vgl. Hoffmann, S. 53.

18 Vgl. Bernd Greiner: 9/11. Der Tag, die Angst, die Folgen. München 2011.

19 Vgl. Judith Butler: Unbegrenzte Haft. In: Dies.: Gefährdetes Leben. Politische Essays. Frankfurt a. M. 2005, S. 69–120, hier: S. 77.

20 Butler, S. 76.

deutet andersherum jedoch, dass die unbegrenzte Haft auch die ungesetzliche Macht des Ausnahmezustands zeitlich unbestimmt ausdehne, so Butler weiter.[21] Der Grund dafür liege wiederum in dem Phänomen Terrorismus, das sich weder zeitlich noch räumlich beschränke und hierdurch potentiell endlos sei.[22]

Durch diese Schlaglichter sollte bisher illustriert werden, welche politischen Aspekte im Aushandlungsprozess um das Phänomen Terrorismus greifen und damit auch, welche Einschreibungen dem Raum Guantánamo inhärent sind, indem, mit Butler gesprochen, das „Nachkriegsgefängnis zum fortgesetzten Schlachtfeld wird".[23] In diesem Sinne kann Guantánamo als Versuch gedeutet werden, die staatliche Monopolstellung im Kontext der Kriegsführung, die sich prozesshaft seit dem Mittelalter bis zum 19. Jahrhundert entwickelt hat,[24] wiederzuerlangen und dem in die gesellschaftliche Ordnung hereinbrechenden, unkalkulierbaren und undefinierbaren Terrorismus zu begegnen und ihn einzuhegen.

2 *Guantánamo* als Projektionsfläche politischer Aspekte

Der Raum Guantánamo ist nicht nur titelgebend für Dorothea Dieckmanns Roman, sondern auch der Handlungsort für den Großteil der Erzählung. Dabei werden die Streitpunkte der politisch, juristisch und philosophisch geprägten Diskussionen über Guantánamo im öffentlichen Diskurs dezidiert nicht aufgegriffen, stattdessen werden sie anhand eines Einzelschicksals auf einer Anwendungsebene zur Anschauung gebracht. So finden sich beispielsweise keine Überlegungen zur Rechtsgrundlage der Folter, sondern die gewaltsamen Verhörmethoden sind selbst Teil der Handlung. Die Darstellung aller in den Raum eingeschriebenen politischen Ebenen wird in diesem Sinne auch nicht auf eine allgemeingültige Weise mit einem allwissenden Erzähler vermittelt, ganz im Gegenteil. Im Mittelpunkt steht der Gefangene Rashid Bakhrani, aus dessen Perspektive erzählt wird, was bereits eins der zentralen politischen Momente in sich birgt: Der Roman bringt die vom öffentlichen Diskurs nahezu ausgeschlossene Stimme des Inhaftierten ein, wodurch zugleich auch die Prinzipien der

21 Vgl. Butler, S. 82.
22 Vgl. Butler, S. 84.
23 Butler, S. 99.
24 Vgl. Herfried Münkler: Der Wandel des Krieges. Von der Symmetrie zur Asymmetrie. Weilerswist 2006.

Verknappung und Regulierung des Zugangs zum Diskurs[25] sichtbar gemacht werden, indem das Ausschlussprinzip literarisch unterlaufen wird.

Auch die Verbindung des Raums zum Krieg wird durch seine Negation direkt zu Beginn des Romans ersichtlich: „War is over"[26] ist einer der immer wiederkehrenden Sätze, der durch seine Wiederholung den real-historischen Afghanistankrieg als Referenz in Stellung bringt und zugleich als Anstoß für die weitere Handlung fungiert. Der Afghane Mirgul, den der Protagonist auf seiner Reise nach Indien, dem Herkunftsland seines Vaters, kennenlernt, spricht diesen Satz zunächst aus und fordert Rashid auf, mit ihm nach Afghanistan zu reisen. Die in diesem Kontext dargelegte Einstellung des Protagonisten zum Krieg ist durch eine Ambivalenz charakterisiert; er übt auf ihn einerseits Faszination aus – „Dorthin zu fahren, wo ein Krieg vorbei war, das war fast so spannend wie In-den-Krieg-Ziehen"[27] – und andererseits behauptet der Erzähler: „Der Krieg hatte ihn sowieso nicht interessiert, sie warfen da ein paar Bomben herunter [...] und jagten in den Bergen ein paar bärtige Männer in Kaftanen, wie sie überall Bomben abwarfen und irgendwelche Männer jagten."[28] Letzteres stellt nicht nur eine Vergleichbarkeit verschiedener Kriege aus, die in eine Ununterscheidbarkeit mündet, sondern davon ausgehend wird auch veranschaulicht, dass diese Art kriegerischer Auseinandersetzung Bestandteil des Normalfeldes des Protagonisten ist, was eine vermeintliche Gleichgültigkeit herruft. Damit konform liegt der nur andeutungsweise beschriebene Grund für die Festnahme offenbar darin, dass sich Rashid eher zufällig bei einer Kundgebung von Islamisten befand, die von Soldaten[29] beendet wurde. Damit ist es gerade der hier abstrakt und undeutlich beschriebene ‚Krieg gegen den Terror', der Rashids im weiteren Verlauf beschriebene Tortur konkret werden lässt. So werden in dem Roman Krieg, Terrorismus und das Gefängnis Guantánamo miteinander verbunden und in eine Fluchtlinie gestellt.

Im weiteren Verlauf spielt der Krieg, abgesehen von den in Guantánamo dienstleistenden Soldaten, indes keine Rolle für die Beschreibung des Gefangenenlagers, vielmehr wird in der Folge ein untrennbares Geflecht zwischen den Figuren und dem Raum inszeniert. Gezeigt wird mithin, was in zahlreichen literaturwissenschaftlichen Arbeiten mit kulturwissenschaftlichem Fokus theore-

---

25 Vgl. zu diesen Ausschlussmechanismen: Michel Foucault: Die Ordnung des Diskurses. Mit einem Essay von Ralf Konersmann. Frankfurt a. M. 1991.

26 Dieckmann, S. 22, 23, 24, 30.

27 Dieckmann, S. 37.

28 Dieckmann, S. 37.

29 Im Folgenden findet für die Bezeichnung dieses Figurenkollektivs bewusst ausschließlich die männliche Form Verwendung, da bis auf sehr wenige Ausnahmen nur männliche Soldaten in dem Roman dargestellt werden.

tisch reflektiert wird: Der Raum fungiert als ein kultureller Bedeutungsträger, indem zum einen „[k]ulturell vorherrschende Normen, Werthierarchien, kursierende Kollektivvorstellungen von Zentralität und Marginalität, von Eigenem und Fremdem sowie Verortungen des Individuums zwischen Vertrautem und Fremdem" im Raum mittels einer „konkret anschauliche[n] Manifestation" erfahrbar werden und indem zum anderen „räumliche Gegebenheiten, kulturelle Bedeutungszuschreibungen und individuelle Erfahrungsweisen zusammenwirken".[30] Dabei spielen Identitätskonstruktionen und -zuschreibungen von Figuren eine besondere Rolle und sind allgemein in einem doppelten Sinn bedeutend für die kulturelle Zuordnung und Wahrnehmung von Räumen, da auf der einen Seite Räume durch die in ihnen lebenden und agierenden Figuren definiert werden können und auf der anderen Seite aber auch „Figuren [...] durch die Räume identifiziert [werden], in denen sie sich aufhalten".[31] So wird eine reziproke Bewegung deutlich: Das Gefangenenlager wird durch die Inhaftierten und die Inhaftierten werden durch das Gefangenenlager semantisiert. Damit einher gehen jedoch keine festen Zuschreibungen, vielmehr wird der Status des Undefinierbaren auch in der Raumbeschreibung immer wieder offenbar, besonders prononciert an den Käfigen, in denen die Inhaftierten zunächst eingesperrt sind, die sich dadurch auszeichnen, dass „das Drinnen draußen war und das Draußen von allen Seiten nach drinnen kam".[32] Die Grenzen des Lagers hingegen sind nicht nur starr, sondern auch für die Verortung des Protagonisten zentral:

> Auch sein [Rashids] Bewußtsein wird flüssig, es sickert durch die Maschen und breitet sich im Camp aus, als wäre es hier zu Hause, nichts Fremdes, kein Widerstand hält es auf, wenn es zwischen den durchsichtigen Liniengeweben, den Stacheldrahtrollen, den Tarnnetzen, dem Gestänge der Halogenlampen und den Holzstelzen der Pfahlbauten schweift, den Türmen, den Baracken, den Grenzzäunen. Nie weiter hinaus. Solange die Schwebe anhält, gibt es kein Draußen.[33]

Hier wird nicht nur die Selbstwahrnehmung Rashids als Fremder in seiner Umgebung deutlich, was den Status der Unbestimmtheit noch verstärkt, sondern auch, dass die Raumgrenzen des Camps sowohl seinen Körper in Form der Bewegungseinschränkung als auch seine Vorstellungskraft und seinen Geist im Kampf gegen die Zeit und die Langeweile begrenzen.

---

30 Wolfgang Hallet / Birgit Neumann: Raum und Bewegung in der Literatur. Zur Einführung. In: Raum und Bewegung in der Literatur. Die Literaturwissenschaften und der Spatial Turn. Hg. v. dens. Bielefeld 2009, S. 11–32, hier: S. 11.

31 Hallet / Neumann, S. 25.

32 Dieckmann, S. 149.

33 Dieckmann, S. 52.

Damit ist bereits angedeutet, dass es sich bei dem Gefangenenlager um einen besonderen Raum handelt, den man mit Michel Foucault als Heterotopie beschreiben kann. So ist Guantánamo ein außerhalb der Gesellschaft gelegener Raum,[34] der sich als Abweichungsheterotopie dadurch charakterisiert, dass dort Menschen untergebracht werden, „deren Verhalten vom Durchschnitt oder von der geforderten Norm abweicht".[35] Im fünften Grundsatz seines Theorems konstatiert Foucault zudem ein besonderes „System der Öffnung und Schließung",[36] das den Zugang zu diesen ‚anderen Räumen' durch bestimmte Faktoren reglementiert. Die zentrale Prämisse für den – erzwungenen – Zutritt in Guantánamo ist, wie bereits ausgeführt, die mit politischen Momenten verbundene Bezeichnungs- und Definitionspraxis. Außerdem weist die Abweichungsheterotopie ganz eigene Strukturen und Mechanismen, ganz eigene Regeln und Vorschriften auf. Zu diesen Spezifika zählt in *Guantánamo* auch die Lagerordnung, die den Alltag der Inhaftierten strukturiert. Ein wesentlicher Bestandteil sind dabei die täglichen Gebete, deren Beschreibung Rashids Außenseiterposition innerhalb des Figurenkollektivs der Inhaftierten markant zur Anschauung bringt. Der Erzähler charakterisiert den Protagonisten als „ungläubig"[37] und beschreibt die Gebetspraktiken der anderen Häftlinge mit den Worten:

> In der Richtung, nach der sie sich verneigen, steht der Feind. Da steht der Wachturm, da geht die Sonne auf, jeden Tag dieselbe, jeden Tag früher, und jeden Tag beginnt das Morgengebet, das kurze, mit dem Zwielicht; die Sonne geht auf, der Lautsprecher geht an. Amerika richtet sich nach der Sonne, Allah tanzt nach Amerikas Pfeife, und sie tanzen mit [...].[38]

Die Ausrichtung der Gläubigen nach Mekka fällt demnach symbolträchtig mit der Positionierung des Überwachungsturms des Gefängnisses zusammen.[39] Der Wachturm, der gemeinsam mit den Gitterkäfigen und dem permanenten künstlichen Licht eine vollkommene, panoptische Überwachung ermöglicht, symbolisiert in *Guantánamo* eine Allmacht der Amerikaner, die selbst Gott steuern

---

34 Vgl. Michel Foucault: Von anderen Räumen. In: Ders.: Schriften in vier Bänden. Dits et Ecrits. Bd. IV: 1980–1988, hg. von Daniel Defert / François Ewald. Frankfurt a. M. 2005, S. 931–942, hier: S. 935.

35 Foucault: Von anderen Räumen, S. 937.

36 Foucault: Von anderen Räumen, S. 940.

37 Dieckmann, S. 46.

38 Dieckmann, S. 49.

39 In einem klassischen Panoptikum, wie es Foucault im Zusammenhang mit dem Gefängnis beschrieben hat, bildet die Überwachung hingegen gerade das Zentrum eines Ringgebäudes. Vgl. Michel Foucault: Überwachen und Strafen. Die Geburt des Gefängnisses. Frankfurt a. M. 1977, S. 256 ff.

könnten. Dieser Gedanke erfährt durch Begriffe aus dem Semantikfeld des Theaters noch eine Steigerung: Rashid positioniert sich zu den Gebetszeiten in seinem Käfig wie ein „Theaterzuschauer",[40] der die „Musik und jeden Schritt des Balletts"[41] kennt, während die anderen Häftlinge als „Marionetten in orangeroten Kostümen, zu Boden geworfen, hochgezogen, wieder hingeworfen"[42] bezeichnet werden. Der Terminus ‚Kostüm' ist in diesem Zusammenhang besonders bedeutsam, denn das Kostümieren verweist zunächst auf eine durchaus temporäre Verkleidung, ein Verhüllen oder ein Vortäuschen[43] sowie auf den Berufsstand des Schauspielers. Erika Fischer-Lichte macht deutlich, dass eine wesentliche Funktion des Kostüms darin bestehe, die Identität der Rollenfigur zu markieren, genauso wie die Kleidung im sozialen Leben die Funktion habe, die jeweilige soziale Rolle ihres Trägers anzuzeigen.[44] Aber im Gegensatz zu der alltäglichen Kleidung ist die als ‚Kostüm' definierte orangerote Häftlingskleidung eben kein freiwillig gewähltes Statussymbol, sondern Chiffre einer durch Prozesse der Zweiteilung hervorgebrachten Stigmatisierung, die die Häftlinge zu einer uniformen, gleichartigen Masse werden lässt. Die Kleidung ist nicht nur das Ergebnis dieser Ausschließungsmechanismen, sondern deren integraler Bestandteil. Der Inhaftierte Guantánamos ist ja gerade kein gerichtlich Verurteilter, sondern ein Unbestimmter. Diese Zwischenposition manifestiert sich in der Kleidung, die auf der einen Seite die politische Unterscheidungspraxis stets präsent hält und auf der anderen Seite diese Situation erst performativ herstellt; sie ist in diesem Sinne Komponente und Resultat der Einteilung in ein binäres System. Durch die Bezeichnung ‚Kostüm' wird ersichtlich, dass zwei Realitätsebenen miteinander verwoben werden, denn ein Kostüm ist in der Regel als ein solches erkennbar, es zeigt eine Gegenordnung auf, die geltende Wirklichkeitsbilder durchkreuzt.[45] Wenn das Kostüm aber durch den Status der Unentscheidbarkeit der Häftlinge

---

40 Dieckmann, S. 45.

41 Dieckmann, S. 49.

42 Dieckmann, S. 50.

43 Vgl. dazu die Ausführungen zur Maske: Tilo Schabert: Einführung: Über die Notwendigkeit und den Nutzen einer Sprache der Maske. In: Die Sprache der Masken. Hg. v. dems. Würzburg 2002, S. 9–15, hier: S. 10. Den Zusammenhang zwischen Masken und Kostümen stellt beispielsweise Monika Schmitz-Emans u. a. auf der Grundlage des *Deutschen Wörterbuchs* der Brüder Grimm heraus, in dem der Artikel ‚Maske' sowohl als Gesichtsverkleidung als auch als Verkleidung überhaupt definiert wird. Vgl. Monika Schmitz-Emans: Maske – Verhüllung oder Offenbarung? Einige Stichworte zur Semantik von Masken und Maskierungen. In: Masken. Hg. v. Kurt Röttgers / ders. Essen 2009, S. 7–35, hier: S. 10.

44 Vgl. Erika Fischer-Lichte: Semiotik des Theaters. Das System der theatralischen Zeichen. Bd. 1. 5. Aufl. Tübingen 2007, S. 122.

45 Vgl. dazu Schabert, S. 11.

seinen temporären Charakter einbüßt und zur eigentlichen Realität wird, wird diese selbst als unentscheidbare und als die eigentliche ‚Theaterinszenierung' dekonstruiert.

Verbunden mit der Situation des Gebets zeigt sich zudem ein weiteres Spannungsverhältnis der Identität der Inhaftierten. Fischer-Lichte unterscheidet zwischen erstens der äußeren Erscheinung, die von dem Schauspieler ablösbar ist und potentiell auf jeden diese Rolle verkörpernden Darsteller übertragen werden kann, und zweitens der vom Schauspieler hervorgebrachten Zeichen, die spezifisch an diesen gebunden sind, wie seine Stimme und Körperlichkeit. Erst im Verlauf des Prozesses, in dem die verschiedenen Zeichensysteme in Relation zueinander treten, entfalte sich die Identität der Rollenfigur.[46] Bezogen auf die narrativ inszenierte ‚Theaterszene' in *Guantánamo* kann die austauschbare äußere Erscheinung als die Häftlingskleidung gelten, der zweite, individuelle und identitätsstiftende Teil hingegen ist das Gebet. Doch gerade hier, in dem persönlichen Zwiegespräch mit Gott, wird Individualität negiert: Die Häftlinge werden als ‚Marionetten' beschrieben. Neben den Konnotationen des Seelenlosen und Mechanischen ist hier beachtenswert, dass Marionetten (künstlich) erschaffen sind. Im Zusammenhang mit dem Gebet wird aber nicht Gott als Schöpfer ausgewiesen, sondern die Amerikaner, die Gott ja eben steuern könnten. In dieser Lesart erscheinen die Gefangenen als von den Strukturen des amerikanischen Gefängnisses geschaffene, willenlose Kreaturen, was auch hier die Vorstellung von individueller Identität verwirft.

Inwiefern die erzwungene äußere Erscheinung auch Einfluss auf das Selbstbild der Häftlinge nimmt, zeigt sich, wenn Rashids Zellennachbar Tarik die Häftlinge „Orang-Utans" nennt „und sich mit ihnen".[47] Das äußere Zeichen der Inhaftierten wird inkorporiert und zum Merkmal der eigenen Identität. Analog zu der Selbstbezeichnung als Tier werden die Soldaten als „Militärpolizisten im Stallbetrieb" und als „Experten in Menschenhaltung"[48] beschrieben, was offenkundig an den außerliterarischen, durch Fotografien aus dem Gefängnis Abu-Ghuraib entfachten Folterskandal erinnert.[49] Aber nicht nur die Häftlinge werden

46 Vgl. Fischer-Lichte, S. 130 f.

47 Dieckmann, S. 38.

48 Dieckmann, S. 42.

49 Eine traurige Prominenz erlangte beispielsweise ein Bild der Soldatin Lynndie England, das zeigt, wie sie einen auf dem Boden liegenden irakischen Gefangenen an einer um den Hals des Mannes geschlungenen Hundeleine hält. Unter dem Stichwort ‚Psychofolter' erläutert Alfred W. McCoy, dass es sich dabei nicht um einzelne sadistische Soldaten handele, sondern um einen „Werdegang, den die psychologischen Techniken der CIA von ihren Anfängen in den 1950er Jahren bis zu ihrer heutigen Vollendung genommen haben." Alfred W. McCoy: Eine kurze Ge-

in dem Roman als durch die Strukturen entmenschlicht dargestellt, auch die amerikanischen Soldaten werden als „Maschinen“[50] charakterisiert, die immerfort die gleichen Abläufe ausführen: „Er wird aufstehen, sie werden ihn an die Drahtwand ketten, den Käfig öffnen, das Futter auf den Boden stellen, den Käfig schließen, die Ketten durch die Maschen ziehen.“[51] Während hier vor allem der physische Aspekt mit dem Ziel des am-Leben-Haltens im Vordergrund steht, gibt es noch eine andere Prägung der Soldaten als Gewalttäter, zum Beispiel: „Rashid duckt sich, ein Schlag trifft ihn am Hinterkopf, zwei in die Seiten, rechtslinks, seine Knie knallen auf den Holzboden, ein Tritt in den Rücken, sein Oberkörper sackt vornüber [...].“[52] Bezeichnenderweise werden, ganz die Perspektive Rashids einhaltend, die Soldaten in diesem Zusammenhang zumeist nicht direkt dargestellt, lediglich ihr gewalttätiges Handeln fließt in die Beschreibung ein. Damit werden die Soldaten gleichsam typisiert, das für die Definition der Folter konstitutive Merkmal der ausübenden staatlichen Seite indes ist stets präsent, wodurch der eingeschriebene politische Diskurs zur Anschauung gelangt.[53] Prononciert werden in dem Roman also Strategien der Entmenschlichung in zweifacher Weise angeführt, die zeigen, dass in diesem System alle agierenden Figuren determiniert sind und sich niemand sein Menschsein bewahren kann.

Durch die mit Tieren verbundenen Bezeichnungen ist ein weiterer wesentlicher Bestandteil des heterotopischen Raums Guantánamo benannt: die Sprache, durch die die Fremd- und Selbstzuschreibungen vermittelt werden. Die Besonderheit zeigt sich schon bei der Festnahme Rashids: „Don't move, don't worry, you are being taken home.“[54] Dieser Satz deutet bereits auf das Hauptmerkmal der Gefängnissprache hin, da der semantische Gehalt der Wörter verkehrt wird, den Wörtern ist ein anderer Sinn inhärent als außerhalb des Lagers, denn Rashid wird nicht, wie versprochen, nach Hause gebracht, sondern der Satz bezeichnet den Anfang seiner Inhaftierung. Ein weiteres Beispiel ist der Gefängnisarzt, der die

schichte der Psychofolter durch die CIA. In: Folter. Politik und Technik des Schmerzes. Hg. v. Karin Harrasser / Thomas Macho/Burkhardt Wolf. München 2007, S. 323–351, hier: S. 324. Diese Fotografien zeugen nicht nur von einer körperlichen Folter, sondern auch von der sogenannten ‚berührungslosen‘ Folter, die unter anderem die „kulturbedingten Empfindlichkeiten der Muslime gegenüber Fragen der Sexualität und der Geschlechteridentität“ tangiert. Alfred W. McCoy, S. 337.

50 Dieckmann, S. 42.

51 Dieckmann, S. 62.

52 Dieckmann, S. 74.

53 Vgl. Übereinkommen gegen Folter und andere grausame, unmenschliche oder erniedrigende Behandlung oder Strafe vom 10. Dezember 1984. http://www.institut-fuer-menschenrechte.de/fileadmin/user_upload/PDF-Dateien/Pakte_Konventionen/CAT/cat_de.pdf (letzter Zugriff: 13.11.2017).

54 Dieckmann, S. 11, 13, 21.

Inhaftierten zwar fragt, ob alles in Ordnung sei, dabei aber an den Zellen vorbeiläuft, so dass sie keine Möglichkeit haben, ihm zu antworten.[55] Auch während der Verhöre wird das Prinzip der semantischen Verkehrung schnell ersichtlich: Nachdem ihm die Entlassung in Aussicht gestellt wurde, zumindest aber bessere Haftbedingungen, und Rashid daraufhin einen anderen Namen angab und erklärte, er sei rein zufällig zur falschen Zeit am falschen Ort gewesen, wird dem Protagonisten gesagt, er benötige, bevor das Verhör fortgesetzt werden könne, eine Unterbrechung – die angekündigte Erholung bedeutet, dass Rashid nach verbalen Demütigungen mit Wasser übergossen und anschließend nackt in einen Eisschrank gesperrt wird.[56]

Als Rashid die Rhetorik der Folter noch nicht kannte, sah er im Verhör die Möglichkeit, sich zu erklären und das Missverständnis um seine Verhaftung aufzulösen, er müsse einfach nur „richtig antworten".[57] Ein derartiges ‚Richtig' scheint allerdings nicht ausführbar, Rashid verstrickt sich selbst in Widersprüche: „Ich war noch nie in Pakistan, ich war noch nie in Afghanistan. Ich war in Pakistan, und ich wollte nach Afghanistan. Ich wollte nicht nach Afghanistan, ich bin nur eingeladen worden. [...] Nein, es waren keine Taliban. Nein, ich kannte sie nicht. Vielleicht waren es Taliban."[58] Diesen fragmentarischen und inkonsistenten Aussagen steht eine andere diametral entgegen, eine kohärente „gute Geschichte"[59], die die Verhörenden erzählen. Demnach sei Rashid ein Mitglied einer Terrororganisation, habe zum Dschihad aufgerufen und amerikanische Flaggen verbrannt. Signifikanter Weise wird der Schluss dieser ‚Geschichte' derart gewendet, dass Rashids aktuelle Situation aus einer glücklichen Wendung heraus resultiere: „Du wolltest gegen Amerika kämpfen, du wolltest Amerikaner töten. Wahrscheinlich hätten die Amerikaner dich getötet. Du siehst, du hattest Glück. Es wird dir nichts passieren. Du mußt uns nur sagen, was ihr geplant habt. Wer deine Kameraden waren. Und vor allem die Anführer."[60] Neben der bewertenden Ansprache mit ‚du', werden auch die Individualisierungsprozeduren, die auf eine Identifizierung der Inhaftierten als Terroristen abzielen, veranschaulicht. Ein

---

55 Vgl. Dieckmann, S. 61.

56 Das Besondere in diesem Zusammenhang ist wiederum die eingenommene Perspektive des Häftlings, an dem die Verhörpraktiken ausgeübt werden. Die Rezipientinnen und Rezipienten verbleiben dabei auf dem Wissensstand von Rashid, so wird beispielsweise beschrieben, dass ihm eine Injektion verabreicht wird, die nicht näher definiert wird. Das, was indes im Vordergrund steht, sind die Auswirkungen auf den Protagonisten: Schüttelfrost bis hin zu halluzinierten Stimmen. Vgl. Dieckmann, S. 71.

57 Dieckmann, S. 67.

58 Dieckmann, S. 68.

59 Dieckmann, S. 74.

60 Dieckmann, S. 73.

richtiges Antworten, wie es sich Rashid vorgenommen hat, ist im Rahmen dieser Erkenntnisprozedur demnach auch nicht notwendig, der Erzähler resümiert: „Sie wissen alles."[61] Die suggestive Wiederholungsstruktur der immerzu gleichen Fragen der Verhörenden, die lediglich als verschiedene Stimmen aus dem Licht[62] beschrieben werden und damit genauso wenig Kontur aufweisen, wie die folternden Soldaten, scheint also vornehmlich der Bestätigung bereits vorhandenen Wissens zu dienen. Die für diesen Raum ganz spezifischen Mechanismen der Wissen-Macht-Strukturen werden so demonstriert, der Inhaftierte soll die Bezeichnung als Terrorist als zutreffend markieren und wenn er dies, wie anfänglich Rashid, nicht tut, wird er dazu gebracht. Der Wahrheitsgehalt der Aussagen spielt dabei grundsätzlich eine untergeordnete Rolle, was sich vor allem darin zeigt, dass der Protagonist Informationen weiterleiten soll, die er offenbar nicht besitzt. Auf der anderen Seite werden alle Äußerungen dazu genutzt, Rashid zu unterwerfen, sie fungieren als „Insignien der Macht"[63] der Verhörenden. So werden die Prozeduren inszeniert, die entmenschlichte Subjekte durch Disziplinartechniken der Gewalt formieren, als „Archetypus der Macht" verweist die Folter mithin auf die „unmittelbarste Form der Herrschaft" und damit auf das „Wesen der Politik selbst".[64]

Die Brutalität während der Vernehmungen und die scheinbar willkürlichen Gewaltanwendungen zeigen alsbald Wirkung, sie lösen die Sprache des Inhaftierten auf,[65] indem die von den Verhörenden dargelegte Version der ‚Wahrheit' gleich einem Palimpsest Rashids eigene überschreibt: „Sie haben ihm die Richtung gezeigt, mit Worten und Schlägen, mit Hitze und Kälte, er muß nur mitgehen, muß sich nur auf die Spur verlassen, er hat verstanden, er ist einverstanden."[66]

---

61 Dieckmann, S. 67. Manfred Nowak stellt heraus, dass es dezidiert nicht das Ziel der Folter sei, ein Geständnis zu erzwingen, da es nicht darum gehe, die Inhaftierten vor ein Gericht zu stellen, vielmehr versuche man an geheimdienstlich verwendbare Informationen zu gelangen. Vgl. Manfred Nowak / Karin Harrasser: Herausforderungen an das Folterverbot im 21. Jahrhundert. Ein Interview mit Manfred Nowak, Sonderberichterstatter über Folter bei der UNO, Oktober 2006. In: Folter. Politik und Technik des Schmerzes. Hg. v. Karin Harrasser / Thomas Macho / Burkhardt Wolf. München 2007, S. 27–40, hier: S. 30.

62 Vgl. Dieckmann, S. 67.

63 Elaine Scarry: Der Körper im Schmerz. Die Chiffren der Verletzlichkeit und die Erfindung der Kultur. Frankfurt a. M. 1992, S. 85.

64 Dies hält David Le Breton mit Blick auf Vidal-Naquet für die außerliterarischen Praktiken der Folter fest: David Le Breton: Schmerz und Folter. Der Zusammenbruch des Selbst. In: Folter. Politik und Technik des Schmerzes. Hg. v. Karin Harrasser / Thomas Macho / Burkhardt Wolf. München 2007, S. 227–242, hier: S. 228.

65 Vgl. zum Verhältnis von Folter und Sprache: Scarry.

66 Dieckmann, S. 82.

Und in diesem Sinne fällt auch das Resümee in Bezug auf die Lagersprache aus: „Es ist eine klare durchsichtige Sprache, ihre Töne und Tonfälle und Gesten und Handlungen und der Nachdruck, den sie im Körper hinterlassen, alles paßt ineinander, wenn man den Plan begreift."[67] Dieser ‚Plan' bezieht sich auf die Einhegung und Sichtbarmachung der Inhaftierten. Die Struktur des gesamten Raums – die vollkommene Überwachung, die Entmenschlichung, die Sprache – ist darauf angelegt, den Terroristen als solchen zu identifizieren, ihn aus seiner Unbestimmtheit in die Sichtbarkeit zu ziehen. Dabei werden Gewalt und Folter als klandestine Praktiken von den Figuren eingesetzt, die als Staatsvertreter agieren. So stellt der Roman eine soziale und politische Wirklichkeit aus, die direkt auf rechtsstaatliche und demokratische Grundsätze verweist, die in diesem Raum lediglich durch ihre Negation in Erscheinung treten. Damit ist auch das letzte Merkmal der heterotopen Räume angesprochen: Mit Guantánamo wird ein illusionärer Raum geschaffen, der die anderen realen Räume als noch größere Illusion entlarvt.[68] Das tangiert vor allem die Selbstwahrnehmung und -darstellung demokratischer Staaten, die sich gerade über den Ausschluss des Anderen definieren. Die den Terroristen vorgeworfenen und tatsächlich praktizierten Strukturen, vor allem die Missachtung grundlegender Menschenrechte, werden in dieser Darstellung als Praktiken des Eigenen inszeniert. Somit wird dem Phänomen Terrorismus mit den gleichen Methoden begegnet, die in der mit hierarchisierenden Bewertungen einhergehenden Selbstwahrnehmung Charakteristika des Anderen sind. Potenziert wird diese Darstellung noch zum einen durch die Unschuldsbehauptung des Protagonisten und zum anderen dadurch, dass die dezidiert dargestellte Folter keine (wahren) Erkenntnisse hervorbringt. Es wird mithin eine soziale Wirklichkeit inszeniert, die binäre Denkschemata mit Konnotationen von richtigem und falschem Handeln hinterfragt. Gezeigt wird, dass es Konstruktionen in dieser Form nicht gibt, eine eindeutige Einteilung der Welt nicht möglich ist und vor allem, dass derartige Bewertungen eben auch vom Blickwinkel des Betrachters abhängen. Die literarische Inszenierung von Protagonisten aus dem konstruierten Raum des Anderen, der aus dem öffentlichen Diskurs ausgeschlossenen Seite, birgt das Potential, genau diese divergenten Standpunkte zu beleuchten und damit bei den Lesern und Leserinnen neue, andere Perspektiven in den Aushandlungsprozess zu integrieren.

---

67 Dieckmann, S. 81.

68 Vgl. Foucault: Von anderen Räumen, S. 941.

Literaturverzeichnis

Agamben, Giorgio: Ausnahmezustand. Frankfurt a. M. 2004.

Bakonyi, Jutta: Terrorismus, Krieg und andere Gewaltphänomene der Moderne. In: Terrorismus und Krieg. Bedeutung und Konsequenz des 11. September 2001. Hg. v. ders. URL: http://www.eth.mpg.de/cms/en/people/d/bakonyi/pdf/ap4-01_Terrorismus.pdf (Arbeitspapier 4 (2001) Forschungsstelle Kriege, Rüstung und Entwicklung. Universität Hamburg), S. 5–20 (letzter Zugriff: 13.11.2017).

Breton, David Le: Schmerz und Folter. Der Zusammenbruch des Selbst. In: Folter. Politik und Technik des Schmerzes. Hg. v. Karin Harrasser / Thomas Macho / Burkhardt Wolf. München 2007, S. 227–242.

Butler, Judith: Unbegrenzte Haft. In: dies.: Gefährdetes Leben. Politische Essays. Frankfurt a. M. 2005, S. 69–120.

Calzoni, Raul: Krieg und Zivilisationsbruch. Einleitung. In: Handbuch Nachkriegsliteratur. Literatur, Sachbuch und Film in Deutschland (1945–1962). Hg. v. Elena Agazzi / Erhard Schütz. Berlin / Boston 2013, S. 141–152.

Dieckmann, Dorothea: Guantánamo. Hamburg 2004.

Fischer-Lichte, Erika: Semiotik des Theaters. Das System der theatralischen Zeichen. Bd. 1. 5. Aufl. Tübingen 2007.

Foucault, Michel: Überwachen und Strafen. Die Geburt des Gefängnisses. Frankfurt a. M. 1977.

Foucault, Michel: Die Ordnung des Diskurses. Mit einem Essay von Ralf Konersmann. Frankfurt a. M. 1991.

Foucault, Michel: Von anderen Räumen. In: Ders.: Schriften in vier Bänden. Dits et Ecrits. Bd. IV: 1980–1988, hg. von Daniel Defert / François Ewald. Frankfurt a. M. 2005, S. 931–942.

Greiner, Bernd: 9/11. Der Tag, die Angst, die Folgen. München 2011.

Hallet, Wolfgang / Birgit Neumann: Raum und Bewegung in der Literatur. Zur Einführung. In: Raum und Bewegung in der Literatur. Die Literaturwissenschaften und der Spatial Turn. Hg. v. dens. Bielefeld 2009, S. 11–32.

Heukenkamp, Ursula: Zwang zur Erinnerung, Lust zum Vergessen. In: Militärische und zivile Mentalität. Ein literaturkritischer Report. Hg. von ders. Berlin 1991, S. 7–23.

Hoffman, Bruce: Terrorismus – der unerklärte Krieg. Neue Gefahren politischer Gewalt. 2. erweiterte und aktualisierte Ausgabe. Frankfurt a. M. 2007.

Iser, Mattias: Paradoxien des (un)gerechten Krieges. In: Den Krieg überdenken. Kriegsbegriffe und Kriegstheorien in der Kontroverse. Hg. v. Anna Geis. Baden-Baden 2006, S. 179–202.

McCoy, Alfred W.: Eine kurze Geschichte der Psychofolter durch die CIA. In: Folter. Politik und Technik des Schmerzes. Hg. v. Karin Harrasser / Thomas Macho / Burkhardt Wolf. München 2007, S. 323–351.

Münkler, Herfried: Der Wandel des Krieges. Von der Symmetrie zur Asymmetrie. Weilerswist 2006.

Niemann, Stefan: Ausflug nach Absurdistan. Reportage aus Guantánamo. URL: https://www.tagesschau.de/ausland/guantanamo-139.html (letzter Zugriff: 13.11.2017).

Nowak, Manfred / Karin Harrasser: Herausforderungen an das Folterverbot im 21. Jahrhundert. Ein Interview mit Manfred Nowak, Sonderberichterstatter über Folter bei der UNO, Oktober 2006. In: Folter. Politik und Technik des Schmerzes. Hg. v. Karin Harrasser / Thomas Macho / Burkhardt Wolf. München 2007, S. 27–40.

Palm, Goedart / Florian Rötzer: Enduring War – eine Einführung. In: MedienTerrorKrieg. Zum neuen Kriegsparadigma des 21. Jahrhunderts. Hg. v. dens. Hannover 2002, S. 9–25.

Scarry, Elaine: Der Körper im Schmerz. Die Chiffren der Verletzlichkeit und die Erfindung der Kultur. Frankfurt a. M. 1992.

Schabert, Tilo: Einführung: Über die Notwendigkeit und den Nutzen einer Sprache der Maske. In: Die Sprache der Masken. Hg. v. dems. Würzburg 2002, S. 9–15.

Schmitz-Emans, Monika: Maske – Verhüllung oder Offenbarung? Einige Stichworte zur Semantik von Masken und Maskierungen. In: Masken. Hg. v. Kurt Röttgers / ders. Essen 2009, S. 7–35.

Schneckener, Ulrich: Transnationaler Terrorismus. Charakter und Hintergründe des „neuen" Terrorismus. Frankfurt a. M. 2006.

Singer, Mona: Fremd. Bestimmung. Zur kulturellen Verortung von Identität. Tübingen 1997.

Übereinkommen gegen Folter und andere grausame, unmenschliche oder erniedrigende Behandlung oder Strafe vom 10. Dezember 1984. URL: http://www.institut-fuer-menschenrechte.de/fileadmin/user_upload/PDF-Dateien/Pakte_Konventionen/CAT/cat_de.pdf (letzter Zugriff: 13. 11. 2017).

Willeke, Stephanie: Grenzfall Krieg. Zur Darstellung der neuen Kriege nach 9/11 in der deutschsprachigen Gegenwartsliteratur. Bielefeld 2018.

Willemsen, Roger: Hier spricht Guantánamo. Interviews mit Ex-Häftlingen. Frankfurt a. M. 2006.

Helmut Grugger

Zerfallsprozesse einer Sport- und Biologielehrerin als ,Repräsentation' des Politischen?

Lesarten von Judith Schalanskys Roman *Der Hals der Giraffe* (2011)

1 Einleitung

Nach einer ersten Welle literarischer Texte zur Wende in den 1990er Jahren[1] erscheint in den 2010er Jahren eine neue Art von Romanen, die auf Kontinuitäten, Diskontinuitäten und auf die Frage des Umgangs mit der DDR-Vergangenheit abhebt. Das ist bei Judith Schalanskys *Der Hals der Giraffe* (2011) oder Juli Zehs *Unterleuten* (2016) erkennbar der Fall, in Thomas Lehrs *Schlafende Sonne* (2017) werden die (über die ,Protagonistin' Milena durchgängig präsente)[2] DDR-Geschichte und ihre Fortsetzung kapitelweise diskutiert und in die punktuelle literarische Bearbeitung der deutschen Geschichte der letzten 100 Jahre eingebunden. Der Zuzug von „Großstädtern" (Berlin) wird in den genannten Romanen Zehs und Schalanskys thematisiert, vor allem das dazugehörige Missverständnis:

> Auf der linken Seite der alte Gutshof, den ein paar Zugezogene bewirtschafteten. Die Großstädter konnten es einfach nicht lassen. Sahen nicht ein, dass sie diese Gegend nur künstlich am Leben erhielten, mit ihrer importierten Begeisterung für die störrische Weise und die unverputzten Häuser, sogar für die Maulfaulheit der Eingeborenen. Sie versuchten es ein paar Jahre, beschwerten sich, dass sie nicht dazugehörten, bis ihnen irgendwann dämmerte, dass sie deshalb niemals dazugehören würden, weil es hier so etwas wie Zugehörigkeit und Gemeinschaft nicht mehr gab.[3]

1 Die bekanntesten Beispiele für die Prosa sind wohl: Monika Maron: *Stille Zeile Sechs* (1991), Thomas Brussig: *Helden wie wir* (1995) und Günter Grass: *Ein weites Feld* (1995).

2 Uwe Tellkamps *Der Turm* (2008) fokussiert auf die Zeit zur Wende hin. Schalansky und Zeh verbindet u. a., dass ,Wende' als andauernder Prozess kodiert wird, bei Lehr ist dieser Prozess ein Strang verschiedener Phasen deutscher Zeitgeschichte. Protagonistin ist hier in Anführungszeichen gesetzt, weil dieser Begriff der Anlage des Romans nicht mehr ganz entspricht. Milena ist zugleich Erzählstimme, eigenständige Figur und Referenzfigur für ,Rückblenden'.

3 Judith Schalansky: Der Hals der Giraffe. Bildungsroman. Frankfurt a. M. 2011, S. 73 f.

https://doi.org/10.1515/9783110568561-025

Die poetischen, literarisch-strategischen Zugänge der beiden Texte zum Thema sind in ihrer Unterschiedlichkeit allerdings kaum zu vergleichen. Im Folgenden wird der Roman Schalanskys näher analysiert, der in seiner radikalen Reduzierung auf seine spezifische Protagonistin, die Sport- und Biologielehrerin Inge Lohmark, besonders geeignet erscheint, um immer wieder auf die Frage der Möglichkeit der Repräsentation von Prozessen des Politischen über eine Figur und ihre Geschichte zurückzukommen.

Erzählt werden hier nur drei Schultage beziehungsweise in erster Linie so etwas wie die (extensivierten, in kurze, oft elliptische Sätze transformierten) Gedankenströme der Protagonisten an bestimmten Knotenpunkten dieser Tage. Umschlossen wird dabei das „Früher" (DDR) ebenso wie die Phase des Umbruchs und das an diesen Erfahrungen gemessene Heute. Übergreifende Kommentare oder gar eine Position der Autorin herauszudestillieren ist hier sichtbar unmöglich gemacht, da die reflektierende, Impulse bearbeitende Figur alles andere als eindeutig ist. Ob und wie ihr Zerfallsprozess, der mehr als zehn Jahre nach der Wende stattfindet, in Korrespondenz zu demjenigen der früheren DDR zu lesen ist, bleibt weitgehend der Rezeption überlassen.[4]

Neben der Protagonistin sind folgende Figuren bedeutsam: der phrasenliebende Übergangsdirektor Kattner aus dem Westen, die fachlich schwache Neu-Pädagogin Karola Schwanneke, der noch immer Überzeugte Kollege Thiele, die nächste Revolution antizipierend, zwei Schülerinnen, die begehrte Erika und das emotionslos so wahrgenommene ‚lebenslange Opfer' Ellen, sowie die persönlichen Bezugspunkte Lohmarks, von den toten Eltern über die ausgewanderte Tochter Claudia bis zum abwesenden Partner Wolfgang, von dem es zum einen heißt, dass es zu spät sei, sich von ihm zu trennen, und zum anderen, dass man sich eigentlich scheiden lassen könnte. Aber mit Ausnahme von den in direkter Rede wiedergegebenen Zitaten v. a. Kattners, Thieles oder Schwannekes und gelegentlichen Auftritten einer Erzählstimme ist es einzig die Perspektive Inge Lohmarks, aus der erzählt wird. Nach Franz K. Stanzel verwendet Schalansky damit eine in der literarischen Moderne entwickelte Reflektorfigur.[5] Durch dieses

4 Zum Zerfallsprozess: Ihre Position als Lehrerin wird erschüttert, wenn sie von Direktor Kattner aus der Klasse geholt und mit dem von ihr ignorierten Bullying an Ellen konfrontiert wird. Am Ende werden auch die Gedanken an die biologische Fortentwicklung brüchig: „Degeneration war auch eine Anpassungsstrategie", S. 213. Der Gedanke „Entwicklung war Entwicklung. Sonst nichts" (ebd.), steht im Kontrast zu den Überlegungen zur Funktion des langen Halses der Giraffe davor. Aufeinander folgende Reflexionen zu Fortschritt und zu Fortschritt als Denkfehler verweisen darauf, dass die Stabilität ihres Orientierungssystems zerfällt. Die Sieger sind nun (potentiell) bloß noch die Sieger und nicht mehr die Fähigsten, vgl. S. 216 f.

5 Vgl. Franz K. Stanzel: Theorie des Erzählens. Göttingen 1995, S. 194.

Verfahren ist sichergestellt, dass es sich bei Textinhalten nicht um politische Analogien, Symbole oder Metaphern handeln kann, sondern um eine Struktur des Verweisens, wie sie sich ebenfalls prominent in der literarischen Moderne entwickelt.[6]

Die Szenerie ist das Charles-Darwin-Gymnasium, dargestellt wird eine in Auflösung begriffene Schule. Die letzte neue Klasse, die Lohmark übernimmt, besteht aus zwölf Schüler/innen. Zeitlich spielt die Handlung in den Nullerjahren, mehr als ein Jahrzehnt nach der Wende; die dargestellte Gegend ist massiv von Abwanderung betroffen. Der Schulname Charles Darwin entspricht der evolutionstheoretischen Ausrichtung der Protagonistin, er entstammt der neuen Zeit: „Nichts erinnerte mehr an Lilo Herrmann. Damals hatten sie alles richtig machen wollen und den alten Namen zusammen mit den Sperrholzbildern entsorgt."[7] Lohmark unterrichtete an die 30 Jahre an einer Schule, die nach einer gegen die NS-Diktatur Widerstand leistenden Kommunistin benannt war, ohne sich von Rassenideologie und Eugenik nachhaltig zu distanzieren. Das lässt sich vor dem Hintergrund eines in der DDR zur leeren Etikette gewordenen Antifaschismus lesen. Name und Entwicklung, also das Schulsterben durch Abwanderung, verfügen aber auch über historische Korrelate.[8]

Die Protagonistin erörtert den Kontrast zwischen Lenin und einem englischen Gelehrten, der über seinen Tod hinaus, ausgestopft, an seiner Universität bleiben wollte und blieb, mit folgenden Worten: „Wladimir Iljitsch schlief wenigstens und konnte vom Kommunismus träumen."[9] Kurze, scharfe Nebenbemerkungen, eingeflochten in die eigenwillige Gedankenkette der Protagonistin, sind die Würze des Textes. Eine Anti-Sympathieträgerin und, bizarre ‚Denkerin', überaus fehler-

6 Vgl. Helmut Grugger: Trauma – Literatur – Moderne. Poetische Diskurse zum Komplex des Psychotraumas seit der Spätaufklärung. Wiesbaden 2018, S. 192. Zu Verfahrensweisen der literarischen Moderne kann auch das in der Gegenwartsliteratur spätestens nach Sebalds *Austerlitz* sehr präsente Visuelle gezählt werden, das für diese Autorin von Beginn an bestimmend ist. Ebenso wie der in den Textfluss integrierte biologische Wissensdiskurs, dem die Rezipierenden unterzogen werden.

7 Schalansky, S. 36.

8 Medial diskutiert unter anderem für den Osten Berlins, wo auch ein historisches Pendant zum Roman vorliegt, und zwar eben das Charles-Darwin-Gymnasium, 2007 mit der Max-Plank-Oberschule fusioniert und 2013 abgerissen. Ursprünglich hieß es POS ‚Theodor Winter', nach dem kommunistischen Widerstandskämpfer, der mit Lilo Herrmann über den ähnlichen Lebensweg verbunden ist.

9 Schalansky, S. 23. Vgl. auch: „Wenn Kommunisten träumten. Wildostphantasien", S. 146, oder die Episode mit Klaus, S. 92f., wo sie en passant von ausgedachten Welten zu einem erlittenen dreistündigen Verhör und zu erzwungenen, nicht problematisierten, von ihr verfassten Berichten schreitet.

haft in ihren kognitiven Operationen, tritt zugleich als umfassende Kritikerin der beobachteten Verhältnisse sowie als einzige Quelle für das Geschehen auf. Das dürfte eine neuartige literarische Konstruktion sein. Sie ist keine blinde Nostalgikerin, dennoch ist ihre eigene Position deutlich von den neuen Verhältnissen abgesetzt:

> Inge Lohmark siezte ihre Schüler ab der neunten Klasse. Es war eine Angewohnheit aus der Zeit, in der sie in diesem Lebensjahr der Jugend geweiht worden waren. Mit Weltall, Erde, Mensch und sozialistischem Nelkenstrauß. Es gab kein wirkungsvolleres Mittel, sie an die eigene Unfertigkeit zu erinnern und sie sich vom Leib zu halten.[10]

Umbruchphasen auf persönlicher und sozialer Ebene sowie der Umgang damit sind im Text mehrfach codiert. Die Pubertät der Lernenden, die Wechseljahre der Protagonistin und vor allem das Danach werden thematisiert. Der Schulbeginn als Übergang von den Ferien zur Schulzeit gibt den zeitlichen Rahmen ab; es stehen stets die Veränderungen im Mittelpunkt, und zwar als sozialer, biologisch rekonstruierter Prozess.

An ihrer Rolle als Erzieherin scheitert Lohmark in mehrfacher Hinsicht: Um ihre Distanz zu wahren, überlässt sie sogar ihre eigene Tochter Claudia sich selbst und dem Bullying der anderen und begegnet ihrer Situation mitleidlos.[11] Ihre Aufzeichnungen zu den Schüler/innen pressen diese in ebenso abwertende wie oberflächliche Typisierungen.[12] Die gekonnte Verunsicherung der Lernenden über die Vermengung humaner und animaler Systeme verweist auf ihre persönlichen Grenzen. Die Nähe zur faschistischen Ideologie, das Nicht-Erkennen-Können selbst der Konsequenzen der NS-Ideologie sind dabei auch Teil des Gefangen-Seins im eigenen Denksystem.

Eine sprachgewaltige Charakterisierung, was die DDR für ihre Opfer ausmachte, findet sich in *Schlafende Sonne:* die Wahrnehmung aller, der Nachbarn und der Mitbürger, ist nur noch als Teil des diktatorischen, verlogenen Ganzen möglich.[13] Sichtbar wird in *Hals der Giraffe*, in gleichsam konträrer Sprachführung, die neuerliche Adaption in Richtung einer vorbuchstabierten Veränderung, und zwar durch eine Erzählinstanz, die an eben dieser Adaption scheitert. Dass dafür ausgerechnet eine ins Skeptische kippende Anhängerin der Evolutions-

---

10 Schalansky, S. 12 f. Die Angewohnheiten aus dieser Zeit stellen zugleich ihre Welt dar und bilden so einen Orientierungspunkt, wobei die biologistischen Ordnungen auch diesen strukturieren.

11 Vgl. Schalansky, S. 219.

12 Vgl. den Sitzplan auf S. 20 f.

13 Vgl. Thomas Lehr: Schlafende Sonne. München 2017, S. 196 f.

theorie, des Sozialdarwinismus, des (grundsätzlich gerechten) Überlebens der Stärksten gewählt wird, erzeugt reflexive Spannung.

2 Blühende Landschaften

Immer wieder tauchen in den Sprachketten Lohmarks kurze Erinnerungen an die DDR auf, an die roten Fahnen, an Feierlichkeiten, Bockwurst und Bier, an das frühere Leben hier, im „vorpommerschen Hinterland".[14] Sie als durchgängig positiv oder negativ besetzt zu etikettieren, würde zu kurz greifen, sie bilden aber, über die Reflektorfigur beobachtet, den Kontrast zum abgestorbenen Heute.[15] So werden Geschenke für Lehrer zu DDR-Zeiten über das Bild des Blühenden (s.u.) erinnert: „Das Lehrerzimmer war ein einziges Blumenmeer. Auch verordnete Gesten waren was wert."[16] Dagegen steht: „Die Zwölf hatte heute die ersten beiden Stunden Berufsvorbereitung.' Was die da wohl machten? Wahrscheinlich Besuche im Arbeitsamt. Lernen, wie man Hartz-IV-Anträge ausfüllt."[17] Reflektiert wird die in ihrer Region verlorene Zukunftsgeneration als wahrgenommene Realität anstelle der „blühenden Landschaften", die in einem der bekanntesten Zitate Helmut Kohls für die ökonomische Zukunft der neuen Bundesländer avisiert worden waren.

Im Gedankenfluss Lohmarks wird vielmehr die Rückkehr der Natur, die letztliche Ersetzung des Lebewesens, „das diesen Planeten für kurze Zeit befallen hatte",[18] durch Pflanzen – „Sie waren vor uns da, und sie würden uns überleben" (ebd.) – zur echten, ökologischen Wiederkehr der metaphorisch versprochenen blühenden Landschaften: „Nicht der Verfall würde diesen Ort heimsuchen, sondern die totale Verwilderung. Eine wuchernde Eingemeindung, eine friedliche Revolution. Blühende Landschaften."[19] Solche Stellen sind kennzeichnend für den Roman, denn zu fragen, wie es um die versprochenen blühenden Landschaften nun steht, würde der Figur nicht einfallen. Es findet eine ästhetische Kontrastierung statt, die ironisch-subversiv, im System der Biologie bleibend, auf den politische Diskurs verweist. In zahlreichen, teils witzigen, teils satirisch-zynischen, teils scharfsinnigen, teils die Figur selbst entblößenden Neben-Sätzen

14 Schalansky, S. 64.

15 Zur Abwanderung und zum Verfall der Region vgl. Lohmarks Charakterisierung der Autobahn, die nach dreißig Kilometern „einen scharfen Knick nach Westen" mache, S. 65.

16 Schalansky, S. 106.

17 Schalansky, S. 136.

18 Schalansky, S. 70.

19 Schalansky, S. 71.

wird eben nicht nur die Protagonistin literarisch eingefangen, sondern auch die Geschichte der DDR und die Zeit von der Wende bis zu den späten Nullerjahren, bis zur Gegenwart des Romans – stets gefiltert durch diese spezifische Figur, die in ihrem bizarren Denksystem gefangen bleibt, sich ebenso zutiefst anti-human zeigt wie feingliedrig beobachtend, die zum untergegangenen System gehört und dieses durch ihre Denkweise bloßstellt, aber aus ihrer Randposition die Mängel des neuen umso deutlicher wahrnimmt.

Auf der persönlichen Ebene korrespondiert die Reflexion ihrer Wechseljahre mit der Frage des abgestorbenen Heute. Verschwiegen werde „die zweite Verwandlung des Körpers", „der schleichende Rückbau", „[w]elkes Fleisch", denn immer gehe es „nur ums *Blühen.*"[20]

3 Kippender Biologismus und politische Biologie

Niemand hatte eine Wahl.
Es gab die Zuchtwahl und sonst nichts.[21]

Lohmarks Biologismus[22] kippt wiederholt in Richtung der sogenannten Eugenik, des Rassenwahns und der in die NS-Ideologie übernommenen Teile des Sozialdarwinismus: „Aus einem alten Biologiebuch. Dreißiger Jahre." Und weiter: „Man brauchte die Missbildungen [im Unterricht], um zu erkennen, was gesund war. Monster kam von monstrare. Es ging doch um Anschaulichkeit."[23] Nicht nur über die Sportszenen – wenn assoziative Ketten in ihrem Zweitfach eingefangen werden und an das Loblied der körperlich Starken gedacht wird – wird deutlich, dass ihr, hier wohl sinnbildlich für die DDR-Vergangenheit, nicht nur eine bewusste Distanz zum NS-Terror fehlt, sondern jegliches Problembewusstsein. Dass früher die Schule nach einer von den Nazis hingerichteten, kommunistischen Widerstandskämpferin benannt war, ordnet sich irgendwo zwischen roten Nelken und dem steten gedanklichen Abtauchen bei Massenveranstaltungen ein. Die Differenzierung der unterschiedlichen Diktaturen und Herrschaftssysteme sind nicht

20 Schalansky, S. 53, Herv. von Vf.

21 Schalansky, S. 10.

22 Charakteristisch ist auch ihre unsentimentale Sexualerziehung mit dem finalen Gedanken: „Leben wollte leben", dem (auf Schopenhauer beruhenden) biologischen Credo, S. 129. Aufschlussreich ist die optische Gestaltung des Buches, einschließlich der Kopfzeilen, die sowohl das Thema des Kapitels als auch des Abschnitts mit einem biologischen Begriff erfassen, sodass der biologische Diskurs der Protagonistin gedoppelt wird.

23 Schalansky, S. 104. Der Kontrast zu den ‚klinischen' Biologiebüchern der Jetzt-Zeit mit Doppelspirale entspricht ihrer Vorliebe für das Klare und Exakte des 19. Jahrhunderts.

Lohmarks Stärke,[24] die sich ihren Denkbewegungen gemäß gegen jede Form von ‚politischer Korrektheit' oder auch nur bewusster Sprachverwendung richtet: „Früher hieß es noch Trisomaler Schwachsinn. Aber das durfte man heute nicht mehr sagen." So wie „Neger, Fidschis, Zigeuner, Krüppel, Sonderschüler". Und: „Immer gab es irgendwas, das man nicht sagen durfte. Dass die UdSSR ein Vielvölkerstaat war. Nein, alles nur Sowjetmenschen."[25]

Genetische Gesetze vertrat sie auch zu DDR-Zeiten und handelte sich dafür Probleme ein.[26] Denn Genetik war, wie Kollege Thiele immer noch verinnerlicht hat, als westliches Denken markiert, er selbst erinnert sich nur an Stunden zu Mitschurin und dessen Schüler Lyssenko, den prominenten Genetik-Gegner des Stalinismus.[27] Verwiesen wird auf die Unterordnung von Wissenschaft unter einen ideologischen Sollzustand.[28] Genetik ist auch das Feld, wo der Erziehungsdiskurs sich zuspitzt: Lohmarks Ausführungen gegenüber ihren Kolleginnen zu dem Damals, als man glaubte, Pflanzen erziehen zu können und sich Lyssenko gegen die Naturgesetze stellte,[29] verweist auf einen weiteren Aspekt der politisierten, ideologisierten Biologie.[30] Ihre Breitseite gegen die „proletarische Biologie"[31] ist als direkte Rede ausformuliert. Hier funktionieren ihre Ideologiekritik und ihr Insistieren auf Wissenschaftlichkeit, während sie selbst biologische Verhältnisse unbedarft auf soziale überträgt:[32] „Auf die Weltformel folgt der Maulkorberlass",[33] so kommentiert sie die früheren Versuche, die Experimente zur gefälligen Aussage zu zwingen, einschließlich der in Kauf genommenen Missernten. Thiele ordnet die Genetik dem amerikanisch-kapitalistischen System zu. Während Lohmark im

---

24 Das Credo der Erfahrungswissenschaften, die Natur spreche im Versuch, vgl. S. 47, wird bei Lohmark gedanklich mit NS-Lehrbüchern vermengt.

25 Schalansky, S. 112.

26 Vgl. Schalansky, S. 113 f.

27 Vgl. Schalansky, S. 137 f. Vor ihrem Disput zur Genetik schwelgen Thiele und Lohmark in gemeinsamen Erinnerungen. Die Differenz ergibt sich erst aus dem konkreten Inhalt. Es ist kein Zufall, dass Lohmark weder die Naivität Thieles noch die Schwannekes teilt, zugleich aber in ihren eigenen Denkoperationen gefangen bleibt.

28 Der unter Stalin einflussreiche Gen-Skeptiker Lyssenko ist ein Schüler Mitschurins, beide argumentieren im Gegensatz zu Mendels Gesetzen, die von Lohmark gelehrt werden.

29 Vgl. Schalansky, S. 139.

30 Vgl. Schalansky, S. 141. Thiele dagegen verteidigt auch noch Lyssenko, Ideologie geht hier noch immer vor den realen Konsequenzen von Misswirtschaft.

31 Schalansky, S. 142.

32 Wie das im Detail funktioniert, habe ich am Beispiel der Schreiadler-Episode analysiert in Grugger: Trauma – Literatur – Moderne, S. 466–470. Kurzgefasst verfehlt sie ihre Aufgabe, die Schüler von der Übertragung zur Differenzierung zu führen und nutzt deren Bereitschaft, Tiere in Analogie zu sozialen Systemen zu denken, um sie zu erschüttern.

33 Schalansky, S. 143.

Sinne der Vererbungslehre von solchen und solchen Menschen spricht, redet er vom „Konstrukt kapitalistischer Weltanschauung".[34] Die inhaltliche Konfrontation Lohmark gegen Thiele erfüllt im Roman nicht zuletzt die Funktion, die eigenwillige und doch ‚repräsentative' Protagonistin klar von einer ‚Überzeugten' abzugrenzen, auch wenn ihr kommunistische Utopie im Vergleich zur kapitalistischen als „origineller" erscheint.[35]

Das zweite Fach, Turnen, steht wie gesagt deutlich im Hintergrund, aber ihre Sichtweise wird auch hier ersichtlich. Die Kader zu DDR-Zeiten ließen sich wunderbar ins System Lohmark integrieren, die Nahebeziehung von Diktatur und Faszination an körperlicher Tüchtigkeit: „Damals hatte sie eine ganze Reihe von Siegern der Kreisspartakiade und sogar einen Gewinner der Bezirksspartakiade hervorgebracht. Immer den Blick dafür, wer was taugte, jenseits der Sportweisheiten."[36] Die heutigen Schüler? „Wackelnde Fettpolster", sieht das verachtende Auge der (immer noch) trainierten Protagonistin.[37] Einsicht gehört nicht zu ihrem Repertoire. So lautet die Kritik an Kattner: „Ihr hatte er verbieten wollen, im Sport die Verlierer an die Tafel zu schreiben. Aber wer denn sonst sollte nach dem Unterricht die Matten und Geräte wegräumen?"[38]

Man könnte sagen, Inge Lohmark kommt, frei assoziierend, vom Hundertsten ins Tausendste, was allerdings nur die halbe Wahrheit wäre: Denn sie kommt von allem auf die Evolutionstheorie, oder allgemeiner, auf Fragen der Biologie. Die Hegemonie eines autonomisierten Teilsystems in ihren Gedankenketten liest sich dabei als dessen grenzenlose Ausdehnung. Ein politisches Weltbild wird wiederholt mit dem Verweis auf das Faktische des Biologischen zurückgewiesen, das von ihr v. a. in seiner Gestalt des 19. Jahrhunderts – vor der ästhetischen Moderne und den skeptischen Zersetzungsprozessen des 20. Jahrhunderts[39] – mit dem Wissenschaftlichen gleichgesetzt wird. Dabei handelt es sich um eine Aussage, die im Text zugleich unterlaufen wird, indem unterschwellig mögliche Konsequenzen eines radikalen Biologismus aufgezeigt werden und so sichtbar wird, dass es eben nicht um die wiederholt behauptete wissenschaftliche Neutralität geht. Besonders deutlich wird dieses mehrschichtige Verfahren, oszillierend zwischen Politischem und Biologischem, an folgender Gedankenkonstruktion:

---

34 Schalansky, S. 144.
35 Schalansky, S. 146.
36 Schalansky, S. 59.
37 Schalansky, S. 58.
38 Schalansky, S. 137.
39 In diesem Sinne sind die beiden positiv besetzten Figuren bei Lohmark eben Georg Mendel und Ernst Haeckel, als Biologen des 19. Jahrhunderts. Kunst ist für sie insgesamt jenseits ‚echter Ausbildung' positioniert, vgl. die Rede vom „Kunstkram", S. 29.

> Aber die Biologie. Die war Tatsache. Und der Biologieunterricht Tatsachenbericht. Hier wurde Wissen vermittelt, das gesichert war und durch keine Umstellung auf ein anderes politisches System hinfällig wurde. Die Welt ließ sich allein aus sich heraus beschreiben und erklären. Und die Gesetze, der sie unterworfen war, hatten uneingeschränkte Gültigkeit. Darüber gab es nichts abzustimmen. Das war echte Diktatur![40]

Formuliert wird zunächst so, als wäre biologisches Denken herrschaftsneutral, was genau durch die biologistische Brille Lohmarks, frei changierend zwischen persönlicher Bearbeitung, Empirismus, DDR- und NS-Ideologie, unterlaufen wird. Auch für den Umgang mit Vergangenheit[41] gilt das Ineinanderfallen der biologischen und der sozialen Perspektive, das insgesamt so kennzeichnend ist für diesen Roman: „Man starb nie an einer Krankheit, sondern an der Vergangenheit."[42] Lebensgeschichtlich ist die Konzentration auf Biologie als Bezug zum früh verstorbenen Vater und zu gemeinsamen Ausflügen in die Natur markiert.[43] Ein Vater, der aus einer Stadt stammte, die seit dem Ende des Zweiten Weltkrieg zu Polen gehört und der tief in das herrschende System verstrickt war: „Parteikreisleitung. Was er wirklich arbeitete, wusste wohl nicht mal ihre Mutter." Die Bemerkungen zur gefühlskalten Mutter und zu seinem frühen Tod legt die Lesart einer Suche der Protagonistin nach ihm nahe: „Er selbst war einfach umgefallen. War ihm alles erspart geblieben. Die sogenannte Wende."[44]

Die Machtsituation in der Klasse, der „allmächtige unbewegte Blick" Lohmarks, den sie bewusst vollzieht,[45] gerät in der neuen Umgebung langsam unter Druck, mehr allerdings ihr Frontalunterricht als Ausdruck ‚alter Methoden'. Das Aufeinanderprallen pädagogischer Systeme – verkürzt könnte man sagen: des eigenwilligen, fatal-traditionellen Lohmarks, des an die neuen Verhältnisse angepassten, inhaltsarmen Schwannekes[46] und des phrasenhaften Einerleis Kattners, das in seiner Plattitüde mit dem früheren der DDR konkurriert, weist von Anfang an über sich hinaus: die Schule als Repräsentation des Politischen. So

40 Schalansky, S. 49.
41 Schalansky, 198 f.
42 Schalansky, S. 199. Zum Eingeholt-Werden durch die Vergangenheit vgl. S. 198.
43 Vgl. Schalansky, S. 152.
44 Schalansky, S. 177.
45 Vgl. Schalansky, S. 10.
46 Bezeichnend ist die Auseinandersetzung um Haeckels ‚Quallen' und Monets ‚Sonnenaufgang', wo Schwanneke die Differenz zwischen den Naturwissenschaften des 19. Jahrhunderts und der literarischen Moderne fehlt, vgl. S. 31. Wenn Lohmark am Ende gleichsam von Kattner abgeführt wird, fällt ihr Blick wieder auf die beiden Bilder, die für sie die Differenz zwischen dem Künstlerisch-Ungeordneten der Moderne und der geliebten Klarheit der Naturwissenschaften des 19. Jahrhunderts symbolisieren, vgl. S. 205.

richtig bezeichnend für Lohmarks Reflexion von Macht ist allerdings der folgende Satz, denn sie verkettet ihre Assoziationen vom Biologischen her mit politischen, sozialen und personalen Systemen, denkt also durchgehend biologistisch: „Wenn der Organismus tatsächlich nur ein Sklave seiner Gene war, dann war sein Herr jedenfalls nicht zu verstehen.“[47] Das darf durchaus als Verweis auf die Komplexität gegenwärtiger politischer Machtverhältnisse gelesen werden.

4 Der „Zirkusdirektor“

> Und mit den Jahren hatte sich der Sozialkundelehrer, der hergekommen war, um ihnen Demokratie beizubringen, in ein Alphatier verwandelt. Aus dem Übergangsdirektor war ein gut gelaunter Vollstrecker geworden, der den Laden am Laufen hielt, solange es diesen Laden eben noch gab. Seit fünfzehn Jahren leitete er die Schule, und es schien ihm sogar Spaß zu machen, sie geradewegs ins Aus zu manövrieren.[48]

Relativ viel Platz eingeräumt wird einer Motivationsrede des Übergangsdirektors Kattner, die über die Lohmark'schen Gedankenketten satzweise in ihrer Banalität entblößt wird. Zu dieser Rede, zur neuen Form des Appells vor dem Hintergrund übermalter Graffitis, kommentiert sie zunächst:

> Hauptsache, die Fassade stimmte. Für Parolen war ja nun er zuständig. [...] Man nehme demokratisch und frei und ersetze es durch sozialistisch. Raus kam immer die Bildung von allseits entwickelten Persönlichkeiten. Im Mittelpunkt stand angeblich immer der Mensch.[49]

Freiheit sei ein ähnlicher Wortbetrug, wie es fortschrittlich und friedliebend gewesen seien:

> Niemand war frei. Und sollte es auch gar nicht sein. Allein die Schulpflicht. Das war ein staatlich organisierter Freiheitsentzug. [...] Es ging gar nicht um Wissensvermittlung. Sondern darum, die Kinder an einen geregelten Tagesablauf und die jeweils vorherrschende Ideologie zu gewöhnen.[50]

Dass Lohmarks Gedankengänge hier einiges übersehen und anderes nur sehr unscharf in den Blick nehmen, versteht sich ebenso fast von selbst wie die Tat-

47 Schalansky, S. 172.

48 Schalansky, S. 43. „Sozialkundelehrer“ ist als Hinweis auf früheren (westlichen) Unterricht Kattners zur DDR zu lesen.

49 Schalansky, S. 150.

50 Schalansky, S. 150.

sache, dass der Fokus auf das Phrasenhafte, ausgehend vom Gewesenen, neue Ideologien freilegt. In der Übergangsphase wird nicht nur die Piaget'sche Fähigkeit zur Adaption besonders sichtbar, sondern auch die Verfassung des neuen Systems als solches transparent. So hält sie zu Kastners Phrasenrepertoire für sich fest: „Das kannte sie. Kritisches Denken war immer erlaubt. Nur linientreu musste es sein. Gerade in einem kranken System musste man auf seine Gesundheit achten. Und der Kern aller Gesundheit war die Anpassung.“[51]

Auch hier steckt in Lohmarks wildem Denken fraglos ein Körnchen Wahrheit, vor allem wenn man „linientreu“ durch eine komplexere Variante der adaptiven Einordnung kognitiver Prozesse ersetzt. Zusammenfassend charakterisiert sie Kattners neue Diktion mit den Worten: „Er war sich wirklich für keinen Kalenderspruch zu schade.“[52] ‚Geschult‘ an den Reden aus Anlass von zahllosen Feiern, Aufmärschen und Massenveranstaltungen verarbeitet Lohmark seine phrasenhaften Worthülsen, indem sie diese mit den früheren und mit ihren eigenen Assoziationen vermischt: „Die Zelle war politisch. Die Familie die kleinste Zelle der Gemeinschaft. [...] Die Zelle, der Ort aller Krankheiten, allen Übels.“[53] Für sie wird Kattner zum neuen Thiele.[54] „Das letzte Mal hatte er auch minutenlang überzogen. Macht des Alleinherrschers. Demokratie predigen und den eigenen Willen durchsetzen.“[55] Und ihre eigene Überzeugung, wohl als evolutionstheoretische Konsequenz gedacht, lautet: „Gar keine Staatsform wäre das Allerbeste. Es würde sich alles schon von alleine organisieren.“[56] In diesem Sinn reagiert sie auch auf die Schüler/innen und schreitet nie in Konflikte ein, wird also, zumindest den neuen Maßstäben gemäß, den an sie gestellten Anforderungen, also ihrer Erziehungspflicht, nicht gerecht.

Später wird sie Kattner für sich einen Zirkusdirektor nennen,[57] weil sie ihn lächerlich findet. Es gehört zu den interessanten, sich nicht schließenden Aspekten des Romans, dass Inge Lohmark noch in ihren teils wirren, bizarren Assoziationsketten den Thieles, Kattners und Schwannekes intellektuell überlegen scheint. Die Evaluationen ‚westlicher Pädagogen‘ lesen sich aus ihrer Sicht als „Zeit der Eindringlinge“ und als „Zeit der [primitiven] Besserwisser“.[58] Vom (hospitierenden) Mäuschen zur Ratte wird in ihrer Wahrnehmung derjenige, der

51 Schalansky, S. 151.
52 Schalansky, S. 152.
53 Schalansky, S. 154.
54 Vgl. Schalansky, S. 155.
55 Schalansky, S. 156.
56 Schalansky, S. 157.
57 Schalansky, S. 171.
58 Schalansky, S. 45.

ihr Frontalunterricht vorwirft, was sich, von ihr aus betrachtet, zur inhaltsarmen Fokussierung auf eine Methodik à la Schwanneke in Bezug setzen lässt.[59]

Die literarische Zurschaustellung einer durch Phrasenhaftigkeit geprägten Sprache verfügt über eine lange Tradition, die in zahlreichen Varianten durchgeführt wurde und fast so etwas ist wie ein gemeinsames, grenzüberschreitendes Moment der Gegenwartsliteratur. Sie ist von Beginn an kennzeichnend für die Literatur Elfriede Jelineks, verbindet diese mit Herta Müller, taucht vermehrt auf in der interkulturellen Literatur im Sinne der Sprachreflexion,[60] ist Element der ‚Popliteratur' in verschiedenen Varianten, wird literarisch reproduziert, dekonstruiert, analysiert und thematisiert oder über Collagen und Ähnliches visibilisiert. Im Roman *Hals der Giraffe* sind es, der Anlage entsprechend, die Sprachketten Lohmarks, die den hauptsächlichen Ort für die Darstellung einer von Phrasen durchdrungenen ‚inneren Sprache' bilden. Ein typisches Beispiel ist im Kontext der Auseinandersetzung mit scheiternden Lehrenden – vom Burnout bis zu verzweifelnden Referendaren – die Erinnerung an Lohmarks Anfangszeit als Lehrerin: „Die Meute war gut vernetzt. Der Ruf, der einem vorauseilt. [...] Das Allerwichtigste war, gleich zu Beginn streng zu sein. Nachlassen konnte man immer noch. Zumindest theoretisch. Hart sein. Konsequent sein."[61] Die (ironisierende) Ellipse: „Zumindest theoretisch" bindet die Phrasen zurück an den Text und an die konkrete Situation Lohmarks, für die ein Nachlassen, ihrem Lehrverständnis nach, natürlich nicht in Frage kommt.

5 Was bleibt vom politischen Subjekt?

Die Frage des selbst denkenden, politisch aktiven Subjekts ist Teil des Konzepts einer kritischen Öffentlichkeit: Zu den progressiven Tendenzen der Aufklärung gehört die sich in unterschiedlichen Phasen fortentwickelnde Kernidee der Beteiligung mündiger Bürger an politischen Entscheidungsprozessen, die als solche kaum ersetzbar ist und die von der umfassenden Kritik am aufgeklärten Sub-

59 Lohmark genießt nach Kattners Ansprache das Mittagessen. Die unvermutet auftauchende Schwanneke, die Kattners Phrasen wiederholt, nimmt sie in deren steter Anbiederung als ‚unterbelichtet' wahr: „Sie war der lebende Beweis, dass sich der Mensch nicht durch Vernunft, sondern durch demonstrative Sprachfähigkeit vom Tier unterschied." S. 159; „So dumm, dass es weh tat", S. 160.

60 *Die Auswandernden* von Peter Waterhouse (2016) ist ein schönes Beispiel für Sprachreflexion durch die Konfrontation mit einem Außen, das erst die Begegnung mit der eigenen Sprache ermöglicht.

61 Schalansky, S. 202.

jektbegriff nach wie vor wenig betroffen scheint. Im Überschneidungsfeld des Politischen und des Künstlerischen, etwa im Zuge der Post-Colonial-Studies, ist allerdings bereits länger deutlich, dass es sich hier um ein an eine bestimmte Denkgeschichte gebundenes Konzept handelt. Der Topos einer Transformierbarkeit diktatorischer Systeme durch bloße Bürgerinitiativen wurde zudem in den letzten Jahren dekonstruiert, auch mit dem Hinweis, dass historisch autoritäre Systeme durch äußere oder innere Machtverschiebungen zu Fall gebracht wurden, kaum je durch eine kritische Öffentlichkeit: unmittelbare, wirtschaftliche, militärische und politische Machtverhältnisse überwiegen öffentlich-diskursive. Die westlichen Demokratien sind in diesem Sinne eher als glücklicher (aufhebbarer, zu verteidigender) Sonderfall zu verstehen, wie nicht zuletzt die weltpolitische Entwicklung der letzten Jahre aufzeigt. Geschwächt wurde das Konstrukt des mit entscheidenden Individuums, Markenzeichen des westeuropäischen politischen Verständnisses von den 1960er bis zu den 1990er Jahren, aber auch durch die kritische Erörterung dessen, was man sich denn darunter vorstellen soll: autonom denkende Subjekte. Sie waren zwar gerade psychoanalytisch als Ziel und nicht als Ist-Zustand markiert, aber auch diese teleologische Figur wird in der Kunst- und Ideengeschichte ab den 1990er Jahren in einer breiten Bewegung zersetzt.

Da in *Der Hals der Giraffe* kognitive Bearbeitungsprozesse kodiert werden, die traditionelle Differenz zwischen Innen und Außen demaskiert und die stete (fortlaufende) Gebundenheit von Denkoperationen an ordnende Systeme (hier: Biologie) vorgeführt wird, bleibt zunächst für die Figur Lohmark nichts übrig von der Möglichkeit des zu seinem Selbst kommenden Ich. Sicher ließe sich dies im herkömmlichen Sinn als zwanghafter Sonderfall gegenüber einer an sich differenten Norm verstehen, aber damit würde man nicht nur diesem Roman, sondern den literarischen Tendenzen seit den frühen 1990er Jahren insgesamt nicht gerecht werden. Auch die Darstellung des Phrasenhaften zielt ja letztlich nicht auf ein Gegenüber zu einer eigentlich überlegten, seiner selbst bewussten Seinsweise hin, sondern bietet einen anderen Ausschnitt gedanklicher Prozesse, wie sie nicht zuletzt durch die Entwicklung des Konstruktivismus, etwa durch die Rede von psychischen Systemen, nahe gelegt wird.

Politische Umbruchsprozesse können heute nicht mehr als intellektuell gesteuerte, offene Prozesse im Sinne der Gedankenwelt und des Diskurses der Aufklärung porträtiert werden, geprägt von bewussten Auseinandersetzungen zweckrational Handelnder. Eher lassen sie sich auf Subjektebene als komplexe Adaptionsprozesse formulieren, die freilich deshalb nicht ‚unbewusst' oder ‚nicht-konfrontativ' verlaufen. Gezeigt werden sie im *Hals der Giraffe* an einer Figur, der sie nicht gelingen und an der sie gerade deshalb sichtbar gemacht werden können. „East German Psyche“ gibt es dabei keine,[62] sondern differente Formen sozialer und individueller Adaption. Zwar wird im Roman das chaotische ‚Denken‘ der Figur über die narrative Vermittlung festgehalten, autonom ihre Handlungen steuernde Subjekte sind aber nicht einmal am Horizont sichtbar. Auch in diesem Sinne bildet der Untertitel *Bildungsroman* den Kontrast zur literarischen Konstitution des Subjekts von Christoph Martin Wielands *Agathon* über Goethes *Wilhelm Meister* bis zu Gottfried Kellers *Der Grüne Heinrich*. Denn dieser Text endet, im Zerrspiegel der Tradition, mit dem (Subjekt-)Zerfall einer weiblichen Protagonistin, dem eine komplexe symptomhafte Schicht zugeschrieben ist. Ihre Analyse kann nicht zur Rekonstruktion eines Gehalts führen, sondern zu der von Impulsen, die zur rezeptiven Fortführung konzipiert sind.

6 Die Frage der Repräsentation

Das Sinnbildliche, das Exemplarische, das Repräsentative: Was für die Autobiographie eine selbstverständliche Operation ist, betrifft die Fiktionalisierung von Lebensgeschichten im selben Ausmaß. Erzählt und gelesen wird seit jeher vor dem Hintergrund des die Figur Überschreitenden, vor der Frage der allgemeinen Bedeutung des Besonderen.

In Ota Filips *Der siebente Lebenslauf* wird die eigene Geschichte entlang der politischen Tschechiens erzählt, einsetzend mit dem vom Vater erzwungenen Schuleintritt des ausschließlich tschechisch sprechenden Kindes in eine deutschsprachige Schule am Beginn des Zweiten Weltkrieges. Stets wird in dieser spielerischen Inszenierung die eigene Erfahrung zum Spiegel der allgemeinen und umgekehrt, was durch die doppelte Fassung des Romans in zwei verschiedenen Sprachen, Deutsch und Tschechisch, besonders deutlich wird.[63]

Das Allgemeine muss nicht immer so eindeutig ins Politische kippen wie in den ‚Elendserzählungen‘ des Realismus. Lange vor den Protagonisten der 1968er-Bewegung stellt Marie von Ebner-Eschenbach ihrem *Gemeindekind*, einem „paradigmatische[n] Werk des Bürgerlichen Realismus“,[64] als Motto einen Gedanken von George Sand voran: Alles ist Geschichte, *Tout est l'histoire*, und bezieht sich

62 Rosalind Pritchard: Reconstructing Education: East German Schools and Universities after Unification. Providence, RI 1999, S. 18–25.

63 Vgl. Helmut Grugger: Vom ‚Ersatzteutonen‘ wider Willen zum deutschsprachigen Schriftsteller. Der siebente Lebenslauf von Ota Filip. In: Fragen an die interkulturelle Literatur in Deutschland und in Europa. Hg. v. Helmut Grugger / Szilvia Lengl. Würzburg 2015, S. 43–58.

64 Sabina Becker: Bürgerlicher Realismus. Literatur und Kultur im bürgerlichen Zeitalter 1848–1900. Tübingen 2003, S. 262.

damit auf die politische Relevanz der geschilderten Ereignisse. Dass das Politische mit dem Historischen fast deckungsgleich verwendet wird, ändert sich von Ebner-Eschenbach bis zu Hermann Broch nicht, so wie auch Theodor W. Adorno zumindest partiell in diesem gedanklichen Rahmen argumentieren wird, allerdings auch bereits vom Diskurs zum ‚Bruch mit der Geschichte' geprägt.[65] Inge Lohmark weiß um das Historische politischer Konstellationen, wenn sie die zum Topoi gewordene Rede zur Aufarbeitung über das Private reformuliert: „Man sah immer noch, dass man hier im Osten war. Man würde es noch in fünfzig Jahren sehen. Um eine Beziehung zu verarbeiten, brauchte man doppelt so lang, wie sie gedauert hat."[66]

Ging es Goethe mit dem Begriff der Idee des Kunstwerkes noch um Wahrheit und nicht um abzubildende Realität in einem unmittelbaren Sinn, war im Fortlauf des 19. Jahrhunderts die Frage der poetischen Abbildbarkeit des Realen in den Fokus gerückt, vom Realismus zum Naturalismus mit einer sich verschärfenden Aporie und mit ästhetisch-theoretischer Zurücknahme künstlerischer Gestaltung. Im Roman der literarischen Moderne, vgl. die Trilogie *Die Schlafwandler* von Broch, dem so verstandenen polyhistorischen Roman, wird unter dem Stichwort eines erweiterten Naturalismus und bewusst jenseits psychologischer Figurenführung die Bezugnahme auf das Reale (bei Broch stets: das Politische) über die Figur zur Herausforderung. Zu den bekannten Antworten auf die Krise der Repräsentation gehören Polyperspektivität, die Integration von Wissen über literarische Essayistik und nicht zuletzt, besonders bei James Joyce, Hermann Broch und Franz Kafka, die bereits angesprochene Arbeit mit Reflektorfiguren.[67] Brochs Vergil führt den inneren Monolog dezidiert aus der (nachbildenden) Sprachreduktion heraus, um ihn für das Irrationale und zugleich vom dezidiert Psychischen wegführend für neue Aufgaben zu öffnen. Die Gemeinsamkeit zu Schalanskys Lohmark ist die Behandlung unterschiedlicher Themen über eine bestimmte, komplexe, sich öffnende Perspektive.

Dass sich heute die soziale Bedeutung nicht mehr in der individuellen spiegeln kann und der (komplexe) Einzelne nicht mehr zum Zeichen für die

---

65 Broch übernimmt diese diskursive Figur nicht; sie entspricht auch nicht seiner Auffassung von der steten Möglichkeit extremer Formen der Gewalt unter differenten Voraussetzungen.

66 Schalansky, S. 206.

67 Die beiden Lieblingsbeispiele Stanzels für die deutschsprachige Literatur setzen gleichzeitig den Maßstab: Die Reflektorfigur kann im Wechselspiel mit einem auktorialen Erzähler die bekannten Fragen G. Genettes: Wer spricht? Wer beobachtet?, ins Nebulöse überführen (wie in Kafkas *Der Prozess*). Sie kann aber auch zur umfassenden Reflexion, zum Streifzug durch Zeit und Raum und durch gedankliche Systeme vor einem konkreten politischen Hintergrund genutzt werden (wie in Brochs *Der Tod des Vergil* u. a. als Charakterisierung der Barbarei des NS-Regimes).

(komplexe) Gruppe werden kann, scheint trotz aller praktischer Bemühungen – man denke an die interkulturelle Literatur und an die immer noch gesuchten (authentischen) ‚Repräsentanten' für Ereignisse, Nationen oder Schauplätze – theoretischer Common Sense zu sein. Als Voraussetzung für die erfolgreiche poetische Vermengung politisch-sozialer und individuell-lebensgeschichtlicher Prozesse in *Der Hals der Giraffe* kann vor diesem Hintergrund Folgendes festgehalten werden:

a) Die ‚Komplexität' bleibt erhalten, und zwar die der Figur und die der Thematik (des politischen Prozesses). Die Problematik der Repräsentation historisch-politscher Entwicklungen über Figuren ist im Text sichtbar und nicht verdeckt, das eine lässt sich nicht in das andere übersetzen, sondern verweist aufeinander, um unterschiedliche Lesarten zu erzeugen.
b) Die Diskursvermengung ist als ‚Lesart' neben weiteren möglichen konstituiert; man kann Lohmarks Verfall als Symbol für den Zusammenbruch der DDR und die Zeit nach der Wende lesen, aber so, wie der Roman über die Reflektorfigur zwischen sozialer Situation und personalen Verarbeitungsprozessen changiert, kann dies auch der Lesende.[68] Die Verbindungen sind da, sie sind über die Folie der Evolutionstheorie gelegt, wie sie die Protagonistin rezipiert und lebt, und schon dadurch gebrochen. Dass auch das evolutionäre Voranschreiten am Ende in den Gedankenketten der Protagonistin in die Ambivalenz kippt, ist ein wesentliches Element ihres Zusammenbruchs.
c) Die Figur ist eine ‚Antisympathieträgerin', keine letztlich triumphierende Heldin, kein Mitgefühl erweckender, scheiternder Antiheld. Dennoch ist ihr Verhalten nachvollziehbar und sie lässt sich auch, zumindest in einem systemtherapeutischen Sinn, als Symptomträgerin rezipieren. Ihre bizarren Verarbeitungsprozesse verweisen auf das soziale Außen zurück.
d) Es erfolgt keine eigentliche Spiegelung, denn ‚das Innen ist zugleich das Außen'. Für Luhmann überführt Sprache soziale in psychische Komplexität, über ihre Evolution erfolgt die Strukturierung psychischer Episoden, wobei er psychische Systeme als sich reproduzierenden Ablauf von Vorstellungen konzipiert. ‚Person' sei dann so etwas wie ein Begriff für die soziale Relevanz psychischer Systeme, womit die Differenz zwischen der für sich und andere konstituierten Person und der Reproduktion von Vorstellungen gezogen wird. Was sich an *Der Hals der Giraffe* reflektieren lässt, ist die Frage, „[...] wie psychische Systeme ihre Selbstreproduktion von Moment zu Moment, den

---

68 Dies setzt in anders gearteter Technik die Schreibweise Kafkas fort, dessen Literatur nicht zufällig die unversöhnliche Rezeption politischer und psychologischer Art hervorgerufen hat.

‚Strom' ihres Bewußtseinslebens' so einrichten können, daß ihre Geschlossenheit mit einer Umwelt sozialer Systeme kompatibel ist."[69]

e) Der Zerfall der Figur sowie die Darstellung ihrer fatalen Problematik erfolgt fast ausschließlich über die Technik der ‚Reflektorfigur'. Präsentiert wird der Text so, als würde eine innere Sprache wiedergegeben. In dieser Konstruktion narrativer Vermittlung fällt auf, dass keine realistische Abbildung innerer Sprachprozesse angestrebt wird, denn es finden sich zwar zahlreiche kurze Sätze bis hin zu Einwortsätzen, aber keine Gedankenfetzen und nur wenige Brüche. Es geht also um eine erzählende Wahrnehmung aus der Figurenperspektive, um ein weit um sich blickendes Ich als Sie (nach Stanzels Formel zur Reflektorfigur: er/sie = ich).

f) Bemerkenswert ist die Raffinesse der ‚Konstruktionsschleifen' in der ‚perpetuellen Erzeugung' von Realität. Die biologistische Rekonstruktion des Realen durch Lohmark ist keine private Handlung, sondern lässt sich nur in ihrem sozialen Umfeld verstehen. Zugleich dokumentiert sie die Schnittstelle. Reflexion wird hier als ‚komplexe Tätigkeit' gezeigt, als die Evolutionstheorie mit dem Konstruktivismus verbindend, als ‚konstruierende, adaptive Tätigkeit'.

7 Das Subversive, das Politische und die Politik

Wenn man über Elfriede Jelinek und Herta Müller unter dem Begriff des Subversiven diskutieren wolle, setze dies voraus, „Subversion nicht einzig im Bereich des Underground und der Subkultur zu verorten, sondern Subversion allgemein als ein Widerstandsprinzip zu definieren".[70] Sie erfolge aus dem Verborgenen, aus dem Verdeckten heraus, und das Prinzip der Subversion präge diejenigen Künstler, „die den Bezug auf die Welt, das Reale oder die Geschichte noch nicht aufgegeben haben".[71] Besonders das letzte Zitat zeigt, dass der Diskurs zur Repräsentationsproblematik auch im 21. Jahrhundert noch nicht erloschen ist, man kommt um diese Frage wohl nicht herum.

---

69 Niklas Luhmann: Soziale Systeme. Grundriß einer allgemeinen Theorie. Frankfurt a. M. 1987, S. 348. Systemtheorie ist hier ein Beispiel dafür, wie das Verhältnis von Individuum und Staat/Gesellschaft, mit Luhmann Kernthema des 19. Jahrhunderts, grundsätzlich problematisiert wird.

70 Teresa Kovacs: Widerständiges Schreiben. Subversion bei Elfriede Jelinek und Herta Müller. In: Schreiben als Widerstand. Hg. v. ders. / Pia Janke. Wien 2015, S. 237–257, hier: S. 237.

71 Diedrich Diederichsen: Freiheit macht arm. Köln 1993, S. 33.

Der *Hals der Giraffe* ist weder subversiv im Sinne von Subkultur noch in dem eines allgemeinen Widerstandsprinzips.[72] Die Kritik an Adaptionsprozessen, die die Vorstellung autonomer Subjektivität ridikülisieren,[73] die Visibilisierung von Herrschaftsstrategien, die sich als natürlich präsentieren, das Aufzeigen fatal scheiternder pädagogischer Konzepte, der fehlende Diskurs zu den ‚verwelkenden Landschaften' oder die Kritik an der Verschleierung ideologischer Systeme könnten am ehesten als Schnittpunkte zu emanzipatorischen Ansätzen verstanden werden.

Schon von der Wortbildung her zielt die Rede vom Politischen im Unterschied zu der von der Politik auf allgemeinere, abstraktere Bereiche. *Alles ist Politik* als Credo der 68er und als Neuerfindung des *Tout est l'histoire* (s.o.) zielt auf eine direkte Bezugnahme, die dem Diskurs des Politischen der Gegenwartsliteratur freilich oft fehlt. Markiert ist damit tentativ eine Differenz, der keine Zwangsläufigkeit zukommt. Hermann Brochs Schreiben und Aktivität beispielsweise, sein Ringen um internationale Verständigung, sein Einspruch gegen eine unkritische Autonomisierung der wirtschaftlichen und militärischen Teilsysteme, sein Einwand gegen eine absolute Rationalisierung durch die voranschreitende Moderne, der in dieser Radikalität Irrationalität zukomme[74] – prominent fortgeführt von Adorno/Horkheimer in *Dialektik der Aufklärung* –, all das fokussiert auf einen Zusammenfall des (abstrakten) Politischen und der (intentionalen) Politik.

In *Die Schlafwandler* hatte Broch die Hauptfiguren in den Folgeromanen zu Nebenfiguren werden lassen und scharfe Brüche in der Perspektive zu einem Merkmal gemacht, das bis zur postmodernen Literatur immer wieder aufgegriffen wird. In der Gegenwartsliteratur wird in unterschiedlichem Ausmaß versucht, den Wechsel zwischen Perspektiven zur Diskussion politischer Themen zu nutzen: Julia Franck beispielsweise macht dies in *Die Mittagsfrau* durch den Unterschied zwischen Rahmenhandlung und Geschichte (Perspektive des Sohns und der Mutter), wodurch sich ein scharfer Kontrast der beiden Wahrnehmungen ergibt, die nicht über eine übergeordnete zusammengeführt werden. Norbert Gstrein, als weiteres wichtiges Beispiel, versucht sich immer wieder an Polyperspektivität, spätestens seit den *Englischen Jahren*, und experimentiert mit der Möglichkeit, diese an ihre Grenzen zu führen. Dabei geht es ihm nicht zuletzt um die Mög-

---

72 Auch nicht in den in Thomas Ernst: Literatur und Subversion. Politisches Schreiben in der Gegenwart. Bielefeld 2013, aufgeworfenen Punkten, vgl. S. 81.

73 Die kritische Frage hierzu würde lauten: Wie können Prozesse der Subjektivierung jenseits von bloßer Adaption stattfinden?

74 Vgl. den Abschnitt zu den *Schlafwandlern* in Grugger: Trauma – Literatur – Moderne, S. 281–307.

lichkeit, die Erzählstimme so weit wie möglich zurückzunehmen.[75] Schalanskys Text ist dagegen von Anfang an auf eine Perspektive fokussiert, über die die Wirklichkeit wahrgenommen wird, und das mit höchster Konsequenz. Kommentiert wird nicht und eine Erzählstimme hinter der Reflektorfigur ist selten beobachtbar. Das eröffnet Interpretationsräume des Politischen, die sich nicht auf eine übergeordnete Stimme im Text oder auf Stimmenvielfalt berufen können, denn es existieren nur Varianten einer Stimme. Es gibt eine ebenso bizarre wie komplexe Art der Weltwahrnehmung, die umfassend dargestellt ist und die sich einer Analyse anbietet, die sich inhaltlich kaum auf das im Roman Dargelegte berufen kann.

Lorey entwickelt ihre politische Theorie in *Figuren des Immunen* prominent über Jacques Rancière.[76] Es ist leicht nachzuvollziehen, dass die aufgesuchten Momente des Plebejischen, im Kontext der Dichotomie Zeichen der Gleichheit versus herrschende Ungleichheit,[77] nicht unbedingt einen viablen Ausgangspunkt für die poetische Bearbeitung der DDR-Geschichte, der Wende und der Folgezeit anbieten. Prekarisierung als Normalisierungsprozess des Neoliberalismus zu verstehen, ist aber durchaus Teil des Außen der Nullerjahre, an dem Lohmarks Gedankenketten sich in ihrer diffusen Art und Weise abarbeiten. Anders gesagt richtet sie ihren zynischen Blick darauf: Dafür war das also? Während sich das Subversive in *Der Hals der Giraffe* potentiell in verschiedenen Formen der Auflehnung gegenüber den Herrschenden finden und definieren ließe (s.o.), sperrt sich in diesem Kontext konnotativ dennoch einiges gegen den Begriff des Plebejischen und gegen die Frage nach Widerstand. Im Roman ist, wie einleitend festgehalten, beides präsent, die DDR-Geschichte und der nicht abgeschlossene Prozess eines ‚Übergangs', wobei der letztere stets auf die erstere verweist.

Durch die Methode der radikalen Reflektorfigur erfolgt eine Beleuchtung aus dem Jetzt der quer durch die Zeit schweifenden kognitiven Tätigkeiten. Subversiv ist dabei vieles, aber das Subversive lässt sich weniger in Momenten einer Herrschaftskritik fassen als in solchen grundlegender Einwände. Und es ist meist in durchaus humorvollen, oft ‚schrägen', kurzen Ellipsen festgehalten. Subversiv ist die Charakterisierung von Schwanneke, die sich als umfassend adaptiert zeigt, als

75 Wenn Norbert Gstrein Realismus des Schreibens, Realismus des Lesens und den Begriff der Authentizität kritisiert, vgl. ders.: Wem gehört eine Geschichte Frankfurt a. M. 2004, 43 f. bzw. 49 f., geht es darum, die Position des Schreibenden mit einzubeziehen, um die Legitimität, Geschichten anderer zu erzählen sowie um das Verhältnis des Dokumentarischen und des Fiktionalen.

76 Isabell Lorey: Figuren des Immunen. Elemente einer politischen Theorie. Zürich 2011. Zur Kritik an der Konzentrierung des Politischen auf die Sprache bei Rancière vgl. S. 305 f. Zum differenten Begriff des Plebejischen vgl. S. 309 f.

77 Vgl. Lorey, S. 301.

Vertreterin einer neuen Logik, deren massive Mängel aufgezeigt werden.[78] Den Hintergrund bildet hier die neuerliche Adaption: ‚Der König ist tot. Es lebe der König'. Dieser Punkt, der eben auch an der betreffenden Stelle von *Schlafende Sonne* auftritt und den bereits Jean Améry im freilich grundlegend anderen Kontext des NS-Terrors für seine Unversöhnlichkeit namhaft gemacht hat, betrifft die Wahrnehmung der fortlaufend anpassungswilligen menschlichen Verfassung, die sich von der Perspektive der Opfer-Überlebenden aus als fatal präsentiert. Subversiv ist die Darstellung des Geschlechterverhältnisses, wobei Lohmark dieses nicht reflektiert, sondern nur aufscheinen lässt. Subversiv ist, dass Lohmark trotz ihrer katastrophalen eigenen Geschichte und Existenzweise – die starre Mutter blitzt ebenso auf wie die Tragödie des Vaters und die kognitive Flucht in den Biologie[79] – nicht als eigentlich bemitleidenswertes Opfer vorgeführt wird, sondern durchgehend in ihrem katastrophalen Verhalten porträtiert wird und dass sich dennoch der Blick gegen die anderen in gleichem Maße richtet, dass deutlich wird, wie sehr sie Symptomträgerin ist. Zugleich wird sie als Symbolfläche (im Sinne des Verweisungszusammenhangs) für die DDR aufgeladen: ihr Versagen im Umgang mit der NS-Vergangenheit, ihr Versagen in allem Menschlichen, dass einen Riss durch die Familie produziert gleichsam im Dienst höherer Werte,[80] ihr katastrophaler (familiärer) Ausgangspunkt, der sich zumindest als politische Parabel lesen lässt, ihre Unzeitgemäßheit und ihr notwendiges ‚Verschwinden', vom neuen System aus betrachtet.

Verwiesen wird auf Gesellschaftsformationen, die über Anpassung und vorgezeichnete Denksysteme funktionieren, in denen sich bestimmte denkende Systeme schneller und wendiger bewegen können als andere. Diese als erfolgreich oder intelligent zu etikettieren, liest sich hier als Operation eines herrschenden Diskurses. Nicht-wendige, scheiternde Figuren wie Lohmark sind, und

78 Beispiele sind die fehlende Differenz, die Nivellierung des Unterrichts und die Infantilisierung, wobei die Punkte angedeutet bleiben. Karola Schwanneke ist jünger, gibt sich, von Lohmark aus gesehen, zur Kompensation der mangelnden Kompetenz sexualisiert, vgl. S. 13 f. Wer will, kann es natürlich so lesen, dass die ‚westliche' Pädagogik in ihrer Oberflächlichkeit und durch sie ‚sexy' ist, aber nichts mit ‚realer' Ausbildung und ‚substantiellem' Lernen gemein hat. Aber wie immer bei diesem Text wäre das nur eine Fortführung aufgerissener Aspekte: eine ‚Aussage' ist nicht intendiert.

79 Nahe gelegt wird für den Aufbau dieses Systems der Anlass ihrer Verbindung zum Vater, positive Momente im Erleben von Natur, die freilich nicht wiederbelebt werden können. Dafür sprechen auch ihre plötzlich ergrauten Haare nach seinem Tod.

80 Dabei geht es um das abschließende Versagen gegenüber ihrer Tochter Claudia, S. 218 f., das sich an Ellen, S. 205 ff., wiederholt. Dass ihre Karriere als Lehrerin daran scheitert, dass sie sich um die gemobbte Ellen nicht kümmerte und grundsätzlich niemals einschritt, spricht auch vom Wechsel der Erwartungen durch das neue System.

das macht der Roman ja überaus deutlich, zugleich alles andere als eine Alternative. Wem es als Leser gelingt, die eigenen Rechtfertigungsstrategien auf die Systemimmanenz der Gedankengänge zurückzuführen, der kann eventuell einen Schritt über eine geschlossene kognitive Welt, wie sie diejenige von Inge Lohmark darstellt, hinaustun und die Fähigkeit zu einer komplexeren Perspektive gewinnen.

8 Die Frage der Utopie

Die Frage nach der (scheiternden) Utopie ist im Text mehrfach determiniert. Lohmark baut (nicht bewusst) ihr ‚Hier' auf, dem sie nicht entkommt, das aber dennoch als soziales System zu verstehen ist. Ihre Frage als Kind, noch vor der Schule, lautete: „Was gab es anderes als das Hier", eine Frage, die für sie zu einem bloßen „Leerlauf der Gedanken" führte und noch immer führt.[81] Anders als im unmittelbaren, ungebrochenen Diskurs zu Notwendigkeit von ‚Widerstand'[82] lesen wir von der scheiternden Bewegung zu einem Anderen hin, durch eine Protagonistin, die als Lehrerin fortlaufend Missverhältnisse und nicht produktive Irritationen produziert. Ein äußerliches System der Fremdbestimmung wird so zur Erinnerung an vergangene Diskursschichten. Was aber keine Stellungnahme zu konkreter politischer Tätigkeit beinhaltet, denn diesen Fragenkomplex berührt der Text in der Tat nicht oder nur, insofern als das alte Vokabular als verbraucht markiert ist und seine Aporien aufgeworfen werden. Er ist subversiv in einer anderen Form, lesbar als grundsätzlicher Einwand, als Vorbehalt. Die Protagonistin als Anti-Sympathiefigur ist keine bloße Instanz der Unterdrückung.

Der letzte Satz des Romans: „Inge Lohmark stand am Zaun und schaute",[83] beschließt Naturwahrnehmungen und richtet kurz, abschließend, den Blick von außen auf die Figur. Das Ende zielt ins Unbestimmte und verweist, so wie der Text insgesamt, auf offen bleibende Fragen. Eine positive Perspektive (Utopie) ist weder für die Figur noch für die Landschaften, auf die sie blickt, erkennbar.

---

81 Schalansky, S. 217.
82 Vgl. als ein sprechendes Beispiel der 1970er Jahre Bernward Vesper: Die Reise. Reinbek 1983.
83 Schalansky, S. 222.

9 Schluss

Es wurden mehrere Aspekte des Romans freigelegt, die einerseits spezifisch sind, anderseits aber doch für Möglichkeiten der Gegenwartsliteratur im Umgang mit dem Politischen stehen. Über die Verweisstruktur und das Aufzeichnen des Phrasenhaften wird Kritik nicht als rekonstruierbare Aussage formuliert (vgl. die Position der Reflektorfigur), aber es wird ein komplexer ‚kognitiver Raum' sichtbar gemacht und zur weiteren Diskussion angeboten. Die radikale Reduktion erweist sich zugleich als ‚Explosion' von Bedeutung über das Assoziative, wobei durch die stete Bearbeitung des ‚Außen', durch die Durchdringung von ‚Innen' und ‚Außen', nie das Interesse auf die Figur beschränkt bleibt. Im Kontext einer neuen Literatur zur Wende (und in Übereinstimmung mit anderen Texten) wird diese nicht als Ereignis, sondern als weiter andauernder Prozess literarisiert. Eine mögliche Kritik an Herrschaft wird ebenso der Rezeption überlassen: Weder die gemobbte Schülerin Ellen auf der individuellen Seite noch das Machtsystem Schule oder die staatlichen Unterdrückungsapparate stehen im Fokus der Aufmerksamkeit, was durch die gewählte Reflektorfigur so gar nicht zu leisten wäre. Herrschaft, Ohnmacht, Gewalt, Unterdrückung, Vereinnahmung und Traumatisierung blitzen immer wieder auf, ohne über ein externes Bewertungssystem diskutiert zu werden. Es bleibt der Rezeption überlassen, die subversiven Momente des Romans wahrzunehmen, sie zu reflektieren und zu diskutieren.

Literaturverzeichnis

Becker, Sabina: Bürgerlicher Realismus. Literatur und Kultur im bürgerlichen Zeitalter 1848–1900. Tübingen 2003.

Diederichsen, Diedrich: Freiheit macht arm. Köln 1993.

Ernst, Thomas: Literatur und Subversion. Politisches Schreiben in der Gegenwart. Bielefeld 2013.

Grugger, Helmut: Vom ‚Ersatzteutonen' wider Willen zum deutschsprachigen Schriftsteller. Der siebente Lebenslauf von Ota Filip. In: Fragen an die interkulturelle Literatur in Deutschland und in Europa. Hg. v. Helmut Grugger / Szilvia Lengl. Würzburg 2015.

Grugger, Helmut: Trauma – Literatur – Moderne. Poetische Diskurse zum Komplex des Psychotraumas seit der Spätaufklärung. Wiesbaden 2018.

Gstrein, Norbert: Wem gehört eine Geschichte Frankfurt a. M. 2004.

Kovacs, Teresa: Widerständiges Schreiben. Subversion bei Elfriede Jelinek und Herta Müller. In: Schreiben als Widerstand. Hg. v. ders. / Pia Janke. Wien 2015.

Lehr, Thomas: Schlafende Sonne. München 2017.

Lorey, Isabell: Figuren des Immunen. Elemente einer politischen Theorie. Zürich 2011.

Luhmann, Niklas: Soziale Systeme. Grundriß einer allgemeinen Theorie. Frankfurt a. M. 1987.

Pritchard, Rosalind: Reconstructing Education: East German Schools and Universities after Unification. Providence, RI 1999.
Schalansky, Judith: Der Hals der Giraffe. Bildungsroman. Frankfurt a. M. 2011.
Stanzel, Franz: Theorie des Erzählens. Göttingen 1995.
Vesper, Bernward: Die Reise. Reinbek 1983.

Marion Löffler / Georg Spitaler

Demo ohne Demos?

Politische Handlungsfähigkeit, Emotionen und „Unvernehmen" in *Die Reise einer jungen Anarchistin in Griechenland* von Marlene Streeruwitz als Nelia Fehn (2014)

Für viele Linke in Europa war es ein Moment der Demokratie im Sinne Jacques Rancières: Der Wahlsieg von Syriza bei den Griechischen Parlamentswahlen im Januar 2015 und das ‚Nein' beim Referendum über die geforderten Sparmaßnahmen der Troika im darauffolgenden Sommer. Der Schriftsteller Clemens Berger erinnert sich an „Die Tage der Hoffnung" und die damit verbundenen Gefühle politischer Handlungsfähigkeit, die er in einem linken Szenelokal am Wahlabend erlebt hat als „ansteckende Euphorie":

> Freude, Klatschen, Lachen [...] und vor allem Unglaube. [...] An diesem Sonntagabend schimmerte etwas Neues, zuvor Unvorstellbares auf: die Hoffnung, dass sich in Europa, in unserer Lebenszeit, endlich etwas zum Besseren ändern könnte. [...] Es war ein europäisches „¡Ya basta!", ein lautes und stolzes „Genug ist Genug!"[1]

Berger beschreibt einen hoch emotionalen Moment der Unterbrechung, ein Moment – wie Rancière sagt –, in dem „[...] etwas geschieht, das nicht geschehen dürfte. Plötzlich verlieren die normalen Gewalten ihre Legitimität".[2] In Bergers Wahrnehmung sendete Syrizas Wahlsieg affektive Schockwellen aus, und zwar trotz des Wissens um die prekären Rahmenbedingungen und die wahrscheinlich nur kurze Dauer dieses Sieges. Rancière hingegen spricht nicht von Euphorie, wenn er den Moment des Politischen beschreibt. Dennoch dreht sich seine Philosophie unweigerlich um Emotionen, vor allem um Hoffnung, versucht er doch mit seinem emphatischen Politikbegriff die Möglichkeit von Emanzipation zu denken.

Das Interesse an politischen Emotionen verfolgen wir auch in unserer politikwissenschaftlichen Auseinandersetzung mit literarischen Texten, gehen dabei aber dennoch nicht von der Annahme aus, Literatur sei für Emotionen, Wissenschaft für das Rationale zuständig. Die Beschäftigung mit Narrationen und Narrativen, sowohl als Forschungsobjekte als auch als „Forschungsstrategie und

---

1 Clemens Berger: Das Echo des Ochi: Schulden und Schuld. In: Der Standard (Album), 14.1.2017. URL: http://derstandard.at/2000050716222/Das-Echo-des-Ochi-Schulden-und-Schuld (13.10.2017).

2 Jacques Rancière: Die Methode der Gleichheit. Wien 2014, S. 190.

https://doi.org/10.1515/9783110568561-026

Darstellungsform“[3] hat mittlerweile Eingang in die Politikwissenschaft gefunden.[4] Wir verstehen Literatur in diesem Kontext als Teil eines ‚politiktheoretischen Diskurses‘, der spezifische Beiträge zu Theoriedebatten liefern kann. Diese gleichberechtigte Diskussion literarischer Texte ist für die politische Theorie ein vergleichsweise neuer Zugang. Literarische Mittel in Bezug auf Erzählung, Plot oder Perspektive ermöglichen die Überschreitung der engen Konventionen wissenschaftlicher Texte.[5] Ambiguität und Leerstellen in literarischen Texten erschweren zwar den theoretischen Zugriff, bergen aber das Potenzial, blinde Flecken und Auslassungen theoretischer Texte kenntlich zu machen und so Schwachstellen politischer Theorien aufzuzeigen. Dabei tragen literarische Texte selbst zur Theoretisierung des Politischen bei.[6] Eine solche literarische und politiktheoretische Begriffsarbeit wollen wir im Folgenden anhand einer parallelen Lektüre des Romans *Die Reise einer jungen Anarchistin in Griechenland.* von Neila Fehn alias Marlene Streeruwitz[7] mit Rancières Konzeptionen des Politischen vornehmen. Schließlich ist es das Konzept ‚politischer Handlungsfähigkeit‘, das in dem Roman zur Diskussion gestellt wird.[8]

Um die politiktheoretische Produktivität des Texts zu verdeutlichen, orientieren wir uns am sogenannten *affective turn* in den Sozialwissenschaften, der dazu beigetragen hat, dass auch in der Politischen Theorie die Bedeutung von

3 Dominika Biegón / Frank Nullmeier: Narrationen über Narrationen. Stellenwert und Methodologie der Narrationsanalyse. In: Politische Narrative. Konzepte – Analysen – Forschungspraxis. Hg. v. Frank Gadinger / Sebastian Jarzebski / Taylan Yildiz. Wiesbaden 2014, S. 39–66, hier: S. 49.

4 Vgl. z.B. Gadinger / Jarzebski / Yildiz / Gary S. Schaal: Narrationen in der Politik. In: Wirklichkeitserzählungen. Felder, Formen und Funktionen nicht-literarischen Erzählens. Hg. v. Christian Klein / Matías Martínez. Stuttgart / Weimar 2009, S. 217–228.

5 Marion Löffler: Contributions of Fiction to State-theoretical Issues. Joseph Roth's Novels in Textual Co-operation with Carl Schmitt and Hans Kelsen. In: European Political Science Vol. 9 (2010), H. 3, S. 328–340, hier: 336.

6 Für einen Überblick vgl. Marion Löffler: Fiktionale Literatur als Beitrag zur politischen Theorie. In: Theoriearbeit in der Politikwissenschaft. Hg. v. Eva Kreisky / Marion Löffler / Georg Spitaler. Wien 2012, S. 307–320; Sabine Zelger: Die große Erzählung von der geglückten Volksherrschaft und deren literarische Störung. Eine exemplarische Darlegung anhand vergessener Romane der Zwischenkriegszeit. In: Gadinger / Jarzebski / Yildiz, S. 287–310.

7 Marlene Streeruwitz als Neila Fehn: Die Reise einer jungen Anarchistin in Griechenland. Frankfurt a.M. 2014.

8 Willy Viehöver weist allgemein darauf hin, dass narrative Erzählungen als „Modus (Praxis) der Konfiguration und Refiguration von Handlungsfähigkeit“ verstanden werden können, und die Frage, wie diese „in der Erzählung konstruiert oder dekonstruiert wird“, somit an Bedeutung gewinnt. Willy Viehöver: Erzählungen im Feld der Politik, Politik durch Erzählungen. Überlegungen zur Rolle der Narrationen in den politischen Wissenschaften. In: Gadinger / Jarzebski / Yildiz, S. 67–91, hier: S. 73f.

Gefühlen, Affekten und Emotionen ernst genommen wird. Vor allem im Hinblick auf politisches Handeln in der gegenwärtigen (neoliberalen) Konstellation werden politische Emotionen thematisiert.[9] Literatur als ein Medium, in dem Gefühle und Emotionsausdruck zu Handlungsträgern werden können, bietet – so unsere These – ein Terrain, auf dem ein produktives Zusammentreffen von politischer Emotionsforschung und Theoriebildung stattfinden kann. Gerade in feministischer Literatur, zu der Marlene Streeruwitz' Texte zweifellos gezählt werden können, wird ein Konnex zwischen privaten, intimen und (gesellschafts-)politischen Emotionen zentral verhandelt. Das gilt auch für *Die Reise einer jungen Anarchistin in Griechenland.*: Die im Titel erfolgte Selbstbezeichnung als Anarchistin lässt Nelia Fehn zunächst als personifizierte Widerlegung einer vermeintlich ‚politikverdrossenen' Generation erscheinen. Die Protagonistin und Ich-Erzählerin ist eine politisch bewegte junge Frau, deren ‚Reise' selbst eine Unterbrechung darstellt. Denn Nelia ist auf dem Weg nach Athen zu einer Demonstration, um ihre Liebe Marios zu treffen. Die Demonstration als durchaus konventionelle politische Praxis bildet die Klammer einer episodenhaften Erzählung, die den Boden konventioneller Politik verlässt. Nelias ‚Reise' wird zu einer introspektiven Suche nach Handlungsfähigkeit. Die scheinbar gehemmte *agency* erweist sich jedoch, so unsere These, als Erweiterung des Politischen, als Multiplikator kleiner Unterbrechungen, die letztlich Rancières ‚große' Unterbrechung entscheidend korrigieren.

1 Politische Poetologie nach Streeruwitz

Streeruwitz' Roman mit Rancière gegenzulesen lässt sich mehrfach begründen. Einerseits ist Rancières Theorieverständnis offen für eine Verbindung von politischen, ästhetischen und literarischen Fragen.[10] Er versteht unter ‚Politik' eine Unterbrechung der „Aufteilung des Sinnlichen" – also einer hierarchischen Weltdeutung, die er ‚Polizei' nennt, sei diese in Form von Verwaltungsroutinen, wissenschaftlichen Festschreibungen oder eines ästhetischen Regimes gegeben,

---

9 Vgl. Brigitte Bargetz/Birgit Sauer: Politik, Emotionen und die Transformation des Politischen. Eine feministisch-machtkritische Perspektive. In: ÖZP 39. Jg. (2010), H. 2, S. 141–155; Brigitte Bargetz: Jenseits emotionaler Einseitigkeiten. Überlegungen zu einer politischen Grammatik der Gefühle. In: Affekt und Geschlecht. Eine einführende Anthologie. Hg. v. Angelika Baier / Christa Binswanger / Jana Häberlein /Yv Eveline Nay / Andrea Zimmermann. Wien 2014, S. 117–136; Wendy Brown: Resisting Left Melancholy. In: boundary 2 Vol. 26 (Autumn 1999), H. 3, S. 19–27.

10 Jacques Rancière: The Politics of Aesthetics. The Distribution of the Sensible. London / New York 2004; Ders.: Politik der Literatur. Wien 2011.

die je auf ihre Weise festlegen, was sichtbar, sagbar, wahrnehmbar ist. Ziel oder besser Effekt von Politik ist es, eine egalitäre Aufteilung des Sinnlichen vorstellbar zu machen und bestenfalls die gegebene Aufteilung zu verändern. Rancière gehört andererseits zu jenen Theoretiker*innen, deren Politikkonzepte für die Diskussion und Interpretation urbaner Protestbewegungen der letzten Jahre wie *Occupy Wall Street*, aber auch der Haus- und Platzbesetzungen in Spanien und Griechenland – dem politischen Kontext unseres Beitrags – herangezogen wurden.[11]

Im Gegenzug erweisen sich Marlene Streeruwitz' Texte als ausgesprochen theorieaffin. Sie gehört zu jenen Autor*innen, die „umfassend und öffentlich Auskunft [...] über ihre schriftstellerischen Intentionen und Methoden" geben.[12] Ihre Poetik rekurriert auf feministische Theorie, in einigen ihrer theoretischen Texte verschwimmt, so Streeruwitz, gar „die Grenze zwischen Theorie und Literatur".[13] Die „Beipackzettel",[14] die sie ihren Texten mit einer explizit ausformulierten und theoriegeschulten Poetologie mitgibt, erleichtern dabei den Anschluss an politiktheoretische Debatten. Auch mit Rancières Konzepten des Politischen hat sie sich auseinandergesetzt.[15] Rancières Begriff der ‚Polizei' entspricht in der Streeruwitz'schen Poetologie der durch die Sprache mitkonstituierten patriarchalen Ordnung. Eine Neuaufteilung des Sinnlichen beinhaltet den Versuch, diese patriarchale Ordnung zu destabilisieren. Dementsprechend konzipiert Streeruwitz ihre Figuren nach alternativen weiblichen Erfahrungen.[16]

---

11 Vgl. z. B. Lazaros Karaliotas: Staging Equality in Greek Squares: Hybrid Spaces of Political Subjectification. In: International Journal of Urban and Regional Research (2017), DOI:10.1111/1468-2427.12385, S. 54–69, hier: S. 55; Marina Prentoulis / Lasse Thomassen: Political theory in the square: Protest, representation and subjectification. In: Contemporary Political Theory Vol. 12 (2013), H. 3, S. 166–184, hier: S. 168; Isabell Lorey: The 2011 Occupy Movements: Rancière and the Crisis of Democracy. In: Theory, Culture & Society Vol. 31 (2014), H. 7/8, S. 43–65, hier: S. 44.

12 Katharina Döbler: Schlussfolgerungen aus einem Selbstversuch. Darf man die Bücher von Marlene Streeruwitz ohne Beipackzettel lesen? In: Text + Kritik H. 164 (Oktober 2004), S. 11–18, hier: S. 11.

13 Marlene Streeruwitz: Poetik. Tübinger und Frankfurter Vorlesungen. Frankfurt a. M. 2014, S. 233.

14 Döbler: Schlussfolgerungen, S. 13.

15 Marlene Streeruwitz: Eröffnungsrede Dramatiker*innenfestival Grenzgänge / Interpretationssache 16, Schauspielhaus Graz und Drama Forum 2. 6. 2016 in Graz. URL: http://www.marlenestreeruwitz.at/werk/eroffnungsrede-dramatikerinnenfestival/#0 (14.10.2017).

16 Dagmar C.G. Lorenz: Feminismus als Grundprinzip und Autorenposition bei Marlene Streeruwitz. In: „Aber die Erinnerung davon." Materialien zum Werk von Marlene Streeruwitz. Hg. v. Jörg Bong / Roland Spahr / Oliver Vogel. Frankfurt a. M. 2007, S. 51–73, hier: 52.

Wie Personen „wahrnehmen, fühlen, aushalten, ertragen, bewältigen“ sei, so Streeruwitz, die „eigentliche Erzählung“.[17] Die Introspektionen ihrer Figuren machen Verletzungen durch die patriarchale Ordnung lesbar, Räume, die sie betreten, werden als vergeschlechtlicht erfahren.[18] Damit wird die äußere zur inneren Welt, die Grenzen zwischen Introspektion und Welterzählung verschwimmen, was es erlaubt, die patriarchale Ordnung sowohl als subjektive Erfahrung als auch als gesellschaftliche Ordnung zu begreifen.

Streeruwitz fragt aber auch danach, wie „ein Anders-Denken möglich werden kann, obwohl wir keine andere Sprache als die patriarchale kennen“.[19] Ihr Lösungsvorschlag liegt meist im Einsatz einer Sprache des Fragmentierten und Zerbrochenen.[20] „Der vollständige Satz ist eine Lüge“, postuliert Streeruwitz.[21] Teil ihrer literarischen Strategie ist der spezifische Einsatz der Syntax bzw. die eigentümliche Setzung der Interpunktion (z. B. „Aber.“). Streeruwitz „setzt den Punkt für etwas, das nicht ausgesprochen werden kann, er markiert die ‚Unterbrechung der Semantisierung‘“.[22] Die „Sprache der Gefühle“ wird in „einen syntaktisch-feministischen Pointillismus“, als „Übersetzung weiblicher Wort- und (Lebens-)Atemlosigkeit“ aufgelöst.[23]

Bezogen auf die Frage nach politischer Handlungsfähigkeit, so schließen wir, zielt diese feministisch-literarische Praxis darauf, heroische Souveränitätsphantasien aufzubrechen. Dem männlichen Ideal des bürgerlichen Subjekts, der souveränen Erzählposition, stellt die „Syntax und Intonation des Feminismus“ weibliche Erfahrungen gegenüber, die der überschießenden Nichtidentität Raum geben. Die professionelle Sprache der Theorie, so auch der politischen Philosophie, ist im Gegensatz dazu bemüht, den „Spalt der Nichtidentität imaginär zu

---

17 Philosophie im Gespräch. Irmgard Klammer im Gespräch mit Marlene Streeruwitz, Okto TV 3.1.2014.

18 Carina Bücker: Die Entfernung von sich selbst. Verkörperungen des Ich-Verlusts durch Raumerleben im Werk von Marlene Streeruwitz. In: Neue Muster, alte Maschen? Interdisziplinäre Perspektiven auf die Verschränkungen von Geschlecht und Raum. Hg. v. Sonja Lehmann / Karina Müller-Wienbergen / Julia Elena Thiel. Bielfeld 2015, S. 113–131.

19 Streeruwitz: Poetik, S. 108.

20 Mario Scalla: Formvollendete Fragen. Über das Verhältnis von literarischer Form und gesellschaftlicher Aktualität in den Texten von Marlene Streeruwitz. In: Bong / Spahr / Vogel, S. 149–163.

21 Streeruwitz: Poetik, S. 78.

22 Hildegard Kernmayer: Poetik des Schweigens. Poetik der Brechung. Poetik des Banalen. Écriture Féminine. Zu Marlene Streeruwitz‘ poetologischen Konzepten. In: Marlene Streeruwitz. Hg. v. Günther A. Höfler / Gerhard Melzer. Graz 2008, S. 29–45, hier: 35.

23 Alexandra Kedveš: „Geheimnisvoll. Vorwurfsvoll. Aber zusammenhängend.“ Marlene Streeruwitz‘ Romane, Frauengeschichten, Männersprache. In: Text + Kritik H. 164 (Oktober 2004), S. 19–36, hier: S. 24 f.

schließen".[24] Edgar Forster nennt diese Praxis „männliche Resouveränisierung" und warnt davor, die passende Theorie zu suchen, mit der ein Gegenstand beherrscht werden kann. Ähnlich formuliert Rancière seinen Vorbehalt gegen die politische Philosophie, wenn er feststellt: „was man ‚politische Philosophie' nennt, könnte durchaus die Gesamtheit der Denkoperationen sein, durch welche die Philosophie versucht, mit der Politik Schluss zu machen, einen Skandal des Denkens abzuschaffen, der der Ausübung der Politik eigen ist".[25] Politik ist deshalb ein skandalöses Objekt, weil ihre Rationalität die des *Unvernehmens* ist, weil sich das politische Subjekt – der *demos* – nicht zählen, somit nicht vollständig beschreiben, kategorisieren und schließlich beherrschen lässt. Es bleibt immer ein „Anteil der Anteillosen" – ein Überschuss oder, wie erwähnt, eine überschießende Nichtidentität, die erst Politik ermöglicht. Rancières Politikverständnis ist also mit Streeruwitz' feministisch-literarischem Projekt kompatibel, weil es nicht erlaubt, ihren Gegenstand zu definieren und zu beherrschen. Dies bleibt die Domäne der ‚Polizei' bzw. der patriarchalen Gesellschaftsordnung und ihrer Sprache. Politik hingegen setzt der hierarchischen Polizeilogik eine Logik der Gleichheit entgegen, sie unterbricht die Routinen und Sicherheiten, die souveräne Weltbeherrschung kennzeichnen, und zeigt auf, dass eine andere Welt möglich ist.

2 Die Reise durch die Folgen des Neoliberalismus

Die Reise einer jungen Anarchistin in Griechenland. bricht auffällig mit dem syntaktisch-feministischen Pointillismus von Streeruwitz. Der Zwillingsroman zu *Nachkommen.*[26] erzählt die Vorgeschichte zu jenem Text über die deutsche Literaturwelt, und ist, so der Kunstgriff, von der 20-jährigen Protagonistin Nelia Fehn verfasst. Es handle sich um das Buch, mit dem Nelia zum Wettbewerb der Frankfurter Buchmesse eingeladen worden ist. *Die Reise* reflektiert die „Gedankenwelt und Weltwahrnehmung einer jahrzehntelang mit Sprache Experimentierenden einerseits, die unverhohlen direkte, naiv-kämpferische, einfache Sprache einer jungen, verliebten Maturantin andererseits".[27] Streeruwitz hat darin, so der Kritiker Klaus Nüchtern, ihre „comma per sentence"-Rate „um gefühlte

24 Edgar Forster: Männliche Resouveränisierungen. In: Feministische Studien 24. Jg. (2006), H. 2, S. 193–197, hier: S. 197.

25 Jacques Rancière: Das Unvernehmen. Politik und Philosophie. Frankfurt a. M. 2002, S. 12.

26 Marlene Streeruwitz: Nachkommen. Frankfurt a. M. 2014.

27 Claudia Peer: Marlene Streeruwitz: Nachkommen / Die Reise einer jungen Anarchistin in Griechenland, 13.11.2014. URL: http://www.literaturhaus.at/index.php?id=10496 (14.10.2017).

75 Prozent erhöht".[28] „Themen und Tonfall sind ganz Streeruwitz, doch bedient sich Nelia einer viel einfacheren, weniger experimentellen Sprache".[29]

Wie wir im Folgenden zeigen wollen, bedeutet dies jedoch nicht, dass der im sprachkritischen Sinn politisch unzuverlässige Text keinen Beitrag zu einer Neuaufteilung des Sinnlichen leistet. So macht die in diesem Roman beibehaltene konsequente Introspektion postfeministische Gefühlswelten erfahrbar und beschreibt, auch hinter dem Rücken der Erzählstimme, Momente des Politischen im Sinne Rancières. Gleichzeitig legt unsere Lektüre des Textes aber eine Erweiterung von Rancières Politikbegriff im Hinblick auf politische Handlungsfähigkeit nahe.

Der Plot spielt vor dem Hintergrund der Finanzkrise in Griechenland, die vor allem durch die Maßnahmen der Europäischen Troika zu massiven Einschnitten in das griechische Sozialsystem geführt hat. Die geforderten Sparmaßnahmen hatten eine neuartige Prekarisierung großer Teile der Bevölkerung zur Folge. Marlene Streeruwitz benennt das Thema als „Reise durch Griechenland mit dem Blick auf die Leben, die da geführt werden in der Krise".[30]

Dieses Thema schließt an ein ‚Leitmotiv' in den Texten von Streeruwitz an, nämlich ihre Beschäftigung mit Phänomenen des Neoliberalismus und seiner „sentimentalen Kolonisierung" des Subjekts. Die Macht, so Isolde Charim, „schreibt sich in das ein, was man der Macht bislang als entzogen wähnte: in die Gefühle, von denen man meinte, sie gehören einem ganz selbst, sie wären das eigentliche Selbst".[31] Diese Kolonisierung zeigen Streeruwitz' Texte auf. Im Neoliberalismus werde der Mensch auf seine ökonomische Verwertbarkeit reduziert. „Der Preis der Dienstleistung einer Person", so Streeruwitz, sei „die Formel der Welt bezogen auf diese eine Person".[32] Als gegenhegemoniale Erzählung müsse der Roman diese im Preis der Person enthaltene Formel auftrennen, indem er der Wahrnehmung der Person folgt und damit „die Zusammenhanglosigkeiten

28 Klaus Nüchtern: Die Reise einer jungen Anarchistin..., In: Falter 26 (2014). URL: https://cms.falter.at/falter/rezensionen/buecher/?issue_id=536&item_id=9783100022448 (14.10.2017).

29 Anja Kümmel: Dagegen!, 18.4.2015. URL: https://www.fixpoetry.com/feuilleton/kritiken/marlene-streeruwitz-alias-nelia-fehn/die-reise-einer-jungen-anarchistin-in-griechenland (14.10.2017). Ähnlich verhält es sich mit Streeruwitz' nachfolgendem *Wahlkampfroman 2016. „So wird das Leben."*, der ebenfalls aus der Perspektive einer jungen Frau erzählt ist. *Yseut.* (2016) kehrt teilweise zur charakteristischen Syntax zurück, doch wechselt der Stil je nach Lebensalter der Protagonistin.

30 Philosophie im Gespräch.

31 Isolde Charim: Nichts als Einsatz. Neoliberalismus im Werk von Marlene Streeruwitz. In: Bong / Spahr / Vogel, S. 24–37.

32 Marlene Streeruwitz: Ware Mensch. In: Karl Kraus Vorlesungen zur Kulturkritik. Bd. 6. Wien 2013, S. 41.

ebenso wie die Erzählfäden, die sich in einem Leben durch Kontingenz spinnen lassen", sichtbar mache. Dies bringe das Lebendige der ausgepreisten Person zur Erscheinung.[33]

Das Subjekt ist nicht erst im Neoliberalismus durch äußere Mächte konstituiert, und keine Erzählung vermag der notwendigen Fragmentierung eine Einheit und Kohärenz zu verleihen. Aber der Roman kann

> [...] die gelebt werden müssenden Splitter so [...] schreiben, dass die Fragmentierung der Leben offenkundig wird [...]. Darin ist der Roman dann unverzichtbares Medium der Politisierung der Realität der Zersplitterung der Leben zwischen der Frage, wie gelebt werden soll, und der Wirklichkeit, wie gelebt werden kann. Darin ist der Roman auch die Erinnerung daran, dass es andere gibt und dass Solidarität eine Möglichkeit ist.[34]

Die Reise verfolgt scheinbar diese Möglichkeit der Politisierung. Die Erzählstimme Nelia ordnet ihre Lebenssplitter in einer Mischung aus Reiseerlebnis und Egodokument. Sie sucht ihr politisches Engagement zwischen Feminismus und Neoliberalismuskritik zu erzählen, aber auch zu rechtfertigen. Die Antwort auf die Frage, wie gelebt werden soll, ist für Nelia wohl: Nicht so! Denn männliche Gewalt und prekäre, neoliberale Lebenslagen prägen die Wirklichkeit, die in Griechenland gelebt werden kann. Begegnungen mit dieser äußeren Realität rufen emotionale Reaktionen in Nelias Innenwelt hervor. Ungerechtigkeit macht sie wütend, aber auch ohnmächtig. Solidarität erscheint ihr als politisches Sollen, denn Nelia will in Athen für HIV-infizierte Prostituierte demonstrieren. Es zeigt sich aber schon bald, dass ‚Politik' an anderen Orten, aus anderen Gründen, mit anderen Akteur*innen stattfindet.

3 Stationen von Nelias Reise mit Jacques Rancière

Nelia Fehn hat – wie wir in *Nachkommen.* erfahren – ihr Tagebuch „ausgebessert"[35] und in einen retrospektiven Bericht der Ereignisse umgearbeitet, was durch Formulierungen wie „heute weiß ich"[36] deutlich wird. Im Unterschied zu *Nachkommen.* ist *Die Reise* aus der Ich-Perspektive verfasst, Erzählstimme und Hauptfigur werden noch weiter zur Deckung gebracht. Nelias Fahrt von Kreta

33 Streeruwitz: Ware, S. 42f.
34 Streeruwitz: Poetik, S. 251f.
35 Streeruwitz: Nachkommen, S. 47.
36 Streeruwitz: Reise: S. 19.

nach Athen wird zu einer „Reise zum Mittelpunkt der Krise".[37] *Die Reise* wird zur Anti-Odyssee, die sich sowohl dem literarischen Kanon des „Staatenepos als Heldenepos"[38] und seiner Feier von männlicher „Gewalt und Macht"[39] verweigert als auch den philosophischen Kanon von Griechenland als Wiege der Demokratie in Frage stellt.

3.1 Dimensionen des Unvernehmens

Den Kern des Politik- und damit auch Demokratieverständnisses bei Rancière bildet der Begriff „Unvernehmen". Unvernehmen nennt Rancière einen bestimmten Typus einer Sprechsituation, bei der einer der Gesprächspartner*innen gleichzeitig vernimmt und auch nicht vernimmt, was der/die andere sagt. Man kann zwar die Stimme wahrnehmen, aber die Worte nicht entsprechend dem gemeinten Sinn verstehen:

> Das Unvernehmen ist nicht der Konflikt zwischen dem, der weiß sagt und jenem, der schwarz sagt. Es ist der Konflikt zwischen dem, der „weiß" sagt und jenem, der auch „weiß" sagt, aber der keineswegs dasselbe darunter versteht bzw. nicht versteht, dass der andere dasselbe unter dem Namen der Weiße sagt.[40]

Das Unvernehmen zeigt also die Existenz unterschiedlicher Rationalitäten und Weltwahrnehmungen an. Rancière geht so weit, dass er von zwei Logiken spricht: die Logik der Polizei auf der einen Seite, die der Politik auf der anderen. Das Unvernehmen meint dann die Spannung zwischen diesen Logiken. Und dies ist zugleich Politik.[41]

In *Die Reise* werden unterschiedliche Arten von Unvernehmen miteinander verwoben: Das Unvernehmen durch die Tatsache, dass Nelia nicht griechisch kann und daher vieles rein sprachlich nicht versteht, verbindet sich mit dem Unvernehmen einer patriarchalen Macho-Kultur, die laut Erzählerin in Griechenland herrscht. So erklärt Nelia ihre fehlenden Sprachkenntnisse zur „schlechte[n] Erbschaft" ihrer feministischen Mutter, die über die Heirat ihrer ersten Tochter, Sidonie, mit einem „griechischen Macho" so entsetzt war, „dass sie mit der Sprache dieses

---

37 Priska Seisenbacher: Neue Götter, alte Patriarchen. Die Griechenlandkrise als Ausgangspunkt einer Kapitalismuskritik bei Jelinek und Streeruwitz, Dipl.-Arb. Univ. Wien 2015, S. 55.

38 Philosophie im Gespräch.

39 „Die Reise einer jungen Anarchistin in Griechenland." Gespräch mit Marlene Streeruwitz, Radio Orange 12.12.2014.

40 Rancière: Unvernehmen, S. 9f.

41 Rancière: Methode, S. 174.

Mannes nichts zu tun haben hat wollen".[42] Nicht griechisch zu können wird so zu einer feministischen Haltung – zu einem politischen Akt, der sich gegen die patriarchale Ordnung richten soll.[43]

Unvernehmen herrscht auch zwischen den Geschlechtern, denn Nelia tendiert dazu, jede Handlung fremder Männer auf sich zu beziehen und als potenzielle „Übergriffe" zu interpretieren.[44] So fürchtet sie von Touristen, die auf dem Balkon vor ihrem Hotelzimmer onanieren, vergewaltigt zu werden.[45] Ebenso flüchtet sie in Panik von einem Segelschiff, weil sie den Eindruck hatte, die Skipper wollten sie in die Sklaverei verkaufen.[46] Den sexuellen Übergriffen, die Nelia mit den selbstverständlichen Puffbesuchen griechischer Familienväter in Verbindung bringt,[47] stellt sie ihre Liebe zu Marios und ihr Ideal einer selbstbestimmten Sexualität gegenüber: „Ich mag auch Pornographie nicht. Ich will keine Vorlagen und Anweisungen für mein Leben, und ich will das schon gar nicht für die Liebe".[48]

Schließlich herrscht Unvernehmen zwischen den Generationen. Für die „Oldie-Generation"[49] ist Konsum noch ein Zeichen des sozialen Aufstiegs, was im Gebrauch von Kaffeekapselmaschinen symbolisiert wird: „Der Kaffee war schon damals [in den 1960er Jahren, Anm. d. A.] so eine Markierung für ein besseres Leben gewesen".[50] Für Nelia als Vertreterin der jungen Generation hingegen ist Konsumverzicht (sie ist Vegetarierin) Zeichen eines alternativen Life-Styles, der zugleich ein politisches Statement ist. Die neoliberalen Konsumversprechen sind „Lügen, von denen ohnehin alle wussten, dass sie Lügen waren".[51] Nur wer das Kleingedruckte studiert, kann zu einer gewissen Wahrheit kommen. Aber, so Nelia, man darf kein Vertrauen haben. Zwar gehören iPhone und Internet selbstverständlich zum Lebensstil, doch vor allem, um damit den Lügen auf die Schliche zu kommen.

Nelia ist Teil einer Generation ohne große politische Zukunftshoffnung, wenn auch ökonomisch weniger prekär als die Jugend Griechenlands („my generation is

42 Streeruwitz: Reise, S. 13.

43 Nicht zufällig war Alt-Griechisch lange Zeit an Mädchengymnasien verboten, weil es im klassischen Bildungskanon als Sprache der Philosophie ein männliches Privileg darstellte.

44 Streeruwitz: Reise, S. 24.

45 Streeruwitz: Reise, S. 32.

46 Streeruwitz: Reise, S. 67.

47 Streeruwitz: Reise, S. 11 f.

48 Streeruwitz: Reise, S. 34.

49 Streeruwitz: Reise, S. 85.

50 Streeruwitz: Reise, S. 89.

51 Streeruwitz: Reise, S. 23.

defunct", so ein griechischer Student):[52] „[A]ls Zukunft gibt es höchstens eine Red-Bull-Werbung oder Head & Shoulders, und am schönsten ist es, wenn Banken damit werben, dass mit einem Konto bei dieser Bank jede Freiheit möglich wird, und dazu turnt ein urban jumper als Kommentar zur Freiheit durch die Stadt".[53]

Das Unvernehmen zwischen den Generationen umfasst auch die Dimension von Befehl und Gehorsam. Selbst gut gemeinte „Oldie-Sätze"[54] versteht Nelia als unzulässige Bevormundung, die ihr Recht auf Selbstbestimmung beschneiden: „Das war *meine* Geschichte".[55] Nelia versucht jede Form von Gehorsam zu verweigern, was das Unvernehmen zwischen den Generationen mit der Frage von Anpassung und Widerstand verknüpft, aber auch mit jener nach dem Verhältnis von Feminismus und Post-Feminismus. Die ältere Generation von Feministinnen – so auch die verstorbene Mutter – steht Nelias Ideal der Selbstfindung im Weg. Sie fürchtet, in „winzige Oppositionen gegen unwichtige Dinge zu geraten"[56] und damit schließlich erst recht im vorgeschriebenen Gehorsam zu münden. Deshalb sieht sie sich genötigt, alles, was von der Oldie-Generation kommt, anzuzweifeln, so auch die Texte ihrer Mutter. Zur Sicherheit hat sie diese noch gar nicht gelesen: „Die Mami könnte ja den klügsten Satz geschrieben haben, und ich müsste ihn doch in Frage stellen".[57]

Nelia als junge, unerfahrene Frau und Autorin, bedient sich in der Erklärung der Politik immer wieder der Interpretationen von Marios. Wenn von Politik die Rede ist, hält er, fokalisiert durch die Erzählung Nelias, das Monopol. Seine Resouveränisierungsstrategien zeigen sich z. B. in der Umdeutung der Proteste für die „HIV-Frauen", von denen Marios meint, dass es nicht (nur) darum gehe, für die Rechte dieser Frauen zu kämpfen, sondern den „Schattenstaat" herauszufordern.[58] Die Prostituierten werden also zu einem Vorwand, zu einem beliebigen Anlass für den vorgeblich wichtigen Kampf gegen den korrupten Staat.

3.2 Politische Emotionen und Handlungsfähigkeit

Auf Widerstand gepolt, gerät Nelias Reise zu einer emotionalen Suche nach Handlungsfähigkeit, die sie in episodenhaften Abwehrkämpfen gegen die Zu-

52 Streeruwitz: Reise, S. 27.
53 Streeruwitz: Reise, S. 102 f.
54 Streeruwitz: Reise, S. 176.
55 Streeruwitz: Reise, S. 177, Hervorhebung d.A.
56 Streeruwitz: Reise, S. 105.
57 Streeruwitz: Reise, S. 105.
58 Streeruwitz: Reise, S. 13.

mutungen von Patriarchat und Neoliberalismus (Streeruwitz) bzw. von Polizeiordnung und Post-Demokratie[59] (Rancière) realisiert. Nelias Interpretation politischer Vorgänge orientiert sich an konventionellen Verständnissen. So hat sie in der Zeitung „gelesen, dass die Engländer in der Bewertung ihrer Politik und ihrer Politiker ausschließlich von Gerüchten ausgingen"[60] und kommt zu dem Schluss, dass auch die ganz große Politik nach diesem Prinzip verfahre. Alles sei „in Gefühle verfahren".[61] Die Armut in Griechenland mache dieses Prinzip, d. h. die Gemengelage aus Gerüchten, die nicht bewiesen und damit nicht widerlegbar seien, und aus Gefühlen nur offenkundig. Nelias eigene Wahrnehmung der Außenwelt, ihre Introspektionen und ihre Subjektivierungsweisen sind ebenfalls von Emotionen geprägt: Angst, Wut, Hass, Ekel, Schmerzen, Verlustgefühle, Trauer, Verzweiflung, aber auch Liebe und Lachen bilden ihr Register politischer Gefühle, in das die Spuren von Machtverhältnissen eingeschrieben sind.[62]

Schon die Eingangspassage des Romans zeigt, dass diese Gefühle auf ambivalente Weise mit politischer Handlungsfähigkeit verbunden sind. Weil ihr Reisebegleiter sie im Auto bedrängt, flüchtet Nelia aus dem Wagen und versäumt die Fähre nach Athen: „Sehnsucht und Verzweiflung" gehen Hand in Hand, der Wunsch nach Handlungsmacht, „in die Luft aufsteigen und fliegen" zu können, kollidiert mit Ohnmachtserfahrungen. „Wenn Gefühle etwas bedeuten würden, dann hätte ich über der Fähre schweben müssen, aber ich stand da und sah zu, wie dieses riesige Schiff davonfuhr".[63] Gefühle werden aber auch zum handlungshemmenden Faktor für *agency.* Nelia sieht sich „in Fassungslosigkeit versteinert. [...] Das Schiff war schon fast am Horizont angelangt, als ich mich erst wieder bewegen konnte".[64]

In den folgenden Kapiteln des Buches gerät Nelia auf ihrer Irrfahrt von einer misslichen Situation in die nächste. Als sie in ihrem Hotelzimmer Zeugin der onanierenden Touristen wird, führt die erzwungene Passivität zu Selbstzweifel

59 Rancière bezeichnet das gegenwärtige System von Machtoperationen und Repräsentationsmodi, das derzeit unter dem Namen Demokratie herrscht, als Post-Demokratie oder konsensuelle Demokratie. Der Konsens habe auch ein alternativlos erscheinendes Verhältnis zwischen staatlichen Regierungspraktiken und internationalen Regierungsformen etabliert. „Man kann sagen, dass der Konsens in der Errichtung dieser globalen, gemeinsamen und wesentlich vom Markt- und Profitgesetz strukturierten Welt besteht." Rancière, Methode, S. 209 – 212. Insofern gehen wir davon aus, dass man mit Rancière Neoliberalismus auch als Post-Demokratie bezeichnen kann.

60 Streeruwitz: Reise, S. 37.

61 Streeruwitz: Reise, S. 38.

62 Zum Register politischer Gefühle vgl. Bargetz: Jenseits, S. 122f.

63 Streeruwitz: Reise, S. 5.

64 Streeruwitz: Reise, S. 5f.

und Schuldgefühlen, sie schwankt in ihrer Introspektion zwischen Angst und Wut, klassischen politischen Gefühlen weiblicher Subjektivierung.

In ihrem Wunsch nach Handlungsmacht („Ich musste souveräner werden und mich nicht von meinen Wünschen so ablenken lassen“) versteckt sich jedoch gleichzeitig die von Streeruwitz kritisierte männliche Souveränitätsphantasie: „Warum hatte ich diese Männer nicht angeschrien? Das wäre mein gutes Recht gewesen, aber ich vermied es immer noch, mich in Situationen hineinzuwerfen“.[65] Es ist die Formulierung, sich „sein gutes Recht“ zu nehmen, die Nelia aus einem Diskurs patriarchaler Logik übernimmt und die diese Selbstaufforderung nach Aktivität fragwürdig erscheinen lässt.

Ähnlich verhält es sich, als die Fähre, auf der Nelia später mit ihrer Begleiterin Despina nach Santorin unterwegs ist, durch eine Havarie im Meer treibt. Nun konkurriert die Wut auf neoliberale Zustände – die Rettungswesten fehlen auf dem Schiff – mit Selbstvorwürfen, „nun selber schuld an meinem Schicksal zu sein, weil ich nicht so weit schwimmen konnte. Woher kommt das immer“, fragt sich Nelia im Hinblick auf diese Selbstbezichtigungen, und lenkt damit den Blick auf die sentimentale Kolonisierung durch patriarchale Souveränitätskonzepte. „Als müsste ich eine Superheldin sein“.[66]

Schließlich, in Athen, gelingt Nelia auch im Protestgeschehen die Bewährung nicht, sie bleibt „langsam und unentschlossen“,[67] ihre Festnahme kommentiert sie selbst mit „Es war richtig peinlich, was für ein Mädi ich da wieder gewesen war“.[68] Doch vielleicht ist es gerade diese Vorstellung einer souverän Handelnden, die ein autonomes (männliches) Subjekt voraussetzt, die es zu problematisieren gilt.[69] Nelia sitzt, so ließe sich argumentieren, einem Verständnis souveräner Handlungsfähigkeit auf, das sie die eigenen widerständigen Praktiken unterschätzen lässt. Denn ein solcher Impuls einer widerständigen Grundhaltung durchzieht den Text: „Ich jedenfalls will nicht [...] eingereiht werden. Ich weiß, dass ich es anders haben will und dass ich das selber machen muss.“[70]

Als Außenstehende und privilegierte westeuropäische Touristin verfügt Nelia in dieser Hinsicht über größeren Handlungsspielraum als die griechischen Figuren des Textes. Prekarität verringert die Handlungsmacht und passiviert, so werden Despinas Ausführungen von Nelia geschildert, wonach „jede Bewe-

---

65 Streeruwitz: Reise, S. 61.

66 Streeruwitz: Reise, S. 115.

67 Streeruwitz: Reise, S. 146.

68 Streeruwitz: Reise, S. 159.

69 Vgl. Hanna Meißner: Jenseits des autonomen Subjekts. Zur gesellschaftlichen Konstitution von Handlungsfähigkeit im Anschluss an Butler, Foucault und Marx. Bielefeld 2010, S. 9.

70 Streeruwitz: Reise, S. 110.

gungsfreiheit" verloren ginge, wenn man „nur noch mit dem Durchrechnen der Möglichkeiten beschäftigt war und kein Ausweg zu finden sei [...]."[71]

„Was soll der Sinn des Lebens sein, wenn man nur noch im Mangel lebt?",[72] so Nelia. Ganz im Sinne Rancières wird die polizeiliche Logik eines ‚geordneten' Staates von ihr zitiert („Ein Staat will ein Bienenstock sein") und mit dieser Passivierung in Verbindung gebracht: „Ich hätte schon längst losgeschlagen. Die Menschen werden langsam in klebrige Spinnfäden eingesponnen, bis alle bewegungslos in ihren Waben stehn."[73]

Wie in anderen Büchern von Streeruwitz[74] ist es Trauer, die im Text als zentrales Gefühl artikuliert wird und ebenfalls auf weibliche Erfahrungen verweist. Anders als dies z.B. in den Theoretisierungen bei Judith Butler oder Angela McRobbie[75] behandelt wird, bleibt die Trauer um die Zurichtungen des weiblichen Subjekts durch die patriarchale Ordnung aber nicht ‚unlesbar' bzw. findet nur in Form von weiblicher ‚Melancholie' ihren Ausdruck, sondern wird explizit zum Thema gemacht: Nelia beharrt auf ihrer Trauer um den Verlust der Mutter, die starb, als sie ein Kind war. „Ich schaue mehr auf das, was gewesen ist, statt mich in die Zukunft zu werfen".[76] Diese Trauerarbeit kann gleichzeitig jedoch auch als Ausdruck spezifischer ‚postfeministischer' Trauer gelesen werden, wobei der Tod der Mutter, als Vertreterin einer älteren Generation der Frauenbewegung, für die Abwicklung des Feminismus in Zeiten des neoliberalen Geschlechtervertrags steht: Junge Frauen, so McRobbie, können heute als erfolgreiche und aktive Subjekte in Erscheinung treten, „unter der Bedingung, dass Feminismus von der Bildfläche verschwindet".[77]

3.3 Das Erscheinen des Demos

Rancière nennt den Zustand gegenwärtiger Machtverhältnisse „Post-Demokratie" – also eine Demokratie nach dem bzw. ohne Demos. Post-Demokratie sei „die Praxis und das Denken einer restlosen Übereinstimmung zwischen den Formen

71 Streeruwitz: Reise, S. 97.
72 Streeruwitz: Reise, S. 104.
73 Streeruwitz: Reise, S. 104.
74 Streeruwitz: Poetik, S. 119f.
75 Judith Butler: Gefährdetes Leben. Politische Essays. Frankfurt a.M. 2005; Angela McRobbie: Top Girls: Feminismus und der Aufstieg des neoliberalen Geschlechterregimes. Wiesbaden 2010.
76 Streeruwitz: Reise, S. 102.
77 McRobbie, S. 89.

des Staates und dem Zustand der gesellschaftlichen Verhältnisse".[78] Sie ist also die Herrschaft eines bestimmten konsensuellen Regimes der Sichtbarkeit, die vollständige Verwirklichung der polizeilichen Logik. Der Demos – das politische Subjekt schlechthin – kann nicht mehr erscheinen. Das Volk ist auf die soziale Existenz von Individuen und Gruppen reduziert. Alles und jeder bzw. jede ist der polizeilichen Zählung zugänglich, es gibt keinen Überschuss, keinen Spalt des Nicht-Identitären.

Der Demos als politisches Subjekt, wie ihn Rancière versteht, zeigt sich im Anteil der Anteillosen – d. h. das, was in den klassischen Definitionen von Politik ausgeschlossen wird, wird zum Erscheinen gebracht.[79] Dieses Ausgeschlossene (das Überzählige oder Nicht-Zählbare) konstituiert die Macht des Demos – das ist die Macht jedes und jeder Beliebigen. „Es gibt Politik, sobald es die Erscheinungssphäre eines Subjekts Volk gibt, dessen Eigenschaft darin besteht, von sich selbst unterschieden zu sein".[80] Politische Subjektivierung setzt also einen Prozess der Des-Identifikation voraus. Das politische Subjekt (der Demos) ist nicht identisch mit dem soziologischen Volk, das sich dort befindet und das tut, was die polizeiliche Ordnung für es vorsieht.

Wir wollen nun anhand eines Beispiels der Frage nachgehen, ob sich in *Die Reise* ein Demos konstituiert und wie Nelia dies wahrnimmt. Dafür wenden wir uns dem Naheliegenden zu: der Schilderung einer Demonstration in Athen. Die polizeiliche Ordnung wird schon im Hafen spürbar, als Nelia mit den anderen Passagieren im Gänsemarsch durch das Leitsystem des Schiffsterminals geschleust wird.[81] In diesem Duktus weitergeschoben erkennt Nelia erst, als sie eine Gruppe von Polizisten in Kampfuniform sieht, dass sie sich inmitten einer Demonstration befindet. „Ihre Helme, ihre Kampfanzüge, die Beinschienen und die Brustpanzer, sogar die Handschuhe waren dunkelerbsengrün. Nur die Visiere und die Schilder waren durchsichtiges Plexiglas".[82] Etwas später in der Erzählung treten Demonstranten auf, die sich bewaffnet haben und in einer Kampfformation aufmarschieren. Nelia empfindet den Anblick als bedrohlich. Es waren junge Männer, die sich beieinander untergehakt hatten. Die Schilderung entspricht weitgehend dem, was in deutschen Medien gerne als ‚der schwarze Block' bezeichnet wird und die sogenannten gewaltbereiten Autonomen benennt, von denen behauptet wird, dass sie eigentlich friedliche Demonstrationen unterwandern. Nelia stellt vor allem fest, dass sie der Altersgruppe von Marios ent-

78 Rancière: Unvernehmen, S. 111.
79 Rancière: Methode, S. 175.
80 Rancière: Unvernehmen, S. 99.
81 Streeruwitz: Reise, S. 144.
82 Streeruwitz: Reise, S. 148.

sprechen, während davor die Demonstrant*innen eher gemischt waren – „die Mehrheit eher im Alter von der Mami“:[83]

> Sie trugen Holzstangen mit roten Fahnen. Sie gingen im Gleichschritt. Eine Sirtaki-Reihe, dachte ich. [...] und dann hörte ich ihre Schuhe. Es waren Arbeiterschuhe mit Metallverstärkung vorne [...]. Marios hatte solche Schuhe erwähnt. Ich hatte damals gemeint, dass man friedlich demonstrieren müsse. Marios hatte nur erwidert, dass ich nichts wissen könne [...]. Mittlerweile hatte ich ja die Schienbeinschienen der Polizisten gesehen und die Knüppel und die Schilde.[84]

Wieder wird Marios' Politikmonopol deutlich. Die Kampfausrüstung der Polizei visualisiert die ‚Logik der Polizei', die Demonstrant*innen als gewaltbereite Störfaktoren betrachtet, die mit Tränengas, Schlagstöcken usw. attackiert und schließlich ins Gefängnis gebracht werden müssen, um Ruhe und Ordnung wiederherzustellen. Doch die Störung von Ruhe und Ordnung durch Demonstrant*innen entspricht nicht der Unterbrechung der Polizeilogik und damit auch nicht der Politik in Sinne Rancières. Ganz im Gegenteil, sie bekräftigt die polizeiliche Logik.

Kurz bevor Nelia die Szene schildert, erzählt sie von ihrer Familie und erwähnt u. a. die Tatsache, dass alle männlichen Familienmitglieder – ihr Großvater und ihre Urgroßväter – im Krieg waren: „Alle Männer in dieser Familie hatten getötet, und alle waren dabei schwer verletzt worden“.[85] Damit legt der Text nahe, auch die ‚Schlachtszenen' auf der Demonstration in Athen analog einem Kriegsgeschehen zu betrachten. Beide Seiten sind gerüstet, wenn auch ungleich. Die Polizisten stehen in Nelias Interpretation nur stellvertretend für die Politiker, die mit ihren Gesetzen genauso „Unglück herstellen und verletzen“[86] wie die Polizisten mit dem Tränengas. Diese sind Exekutive im Wortsinn, die Ausführenden, die selbst distanziert und unberührt bleiben. Nelia vergleicht sie mit den Technikern – Beleuchter und Tonmann – bei einer Pornoproduktion, die „ohne jede Reaktion ihren technischen Aufgaben nachkamen“.[87]

Was Nelia hier also als Politik beschreibt – die Fortsetzung des Krieges mit anderen Mitteln – entspricht einer der Definitionen von Politik, die Rancière kritisiert, weil sie im Grunde nur Polizei sind. Sie geben dem Erscheinen des Demos keinen Raum. Im Unterschied dazu erscheint auf der Demonstration in Athen tatsächlich auch ein politisches Subjekt. „We are the Cleaners“ steht auf

83 Streeruwitz: Reise, S. 155.
84 Streeruwitz: Reise, S. 154.
85 Streeruwitz: Reise, S. 152.
86 Streeruwitz: Reise, S. 154.
87 Streeruwitz: Reise, S. 155.

den Transparenten der Putzfrauen zu lesen, die vom Ministerium gekündigt worden sind.[88] Doch wären sie wirklich nur Putzfrauen, so müssten sie, der polizeilichen Logik folgend, die ihrerseits die Zeiten, Orte und Tätigkeiten jeder sozialen Gruppe definiert, dort sein, wo sie zu putzen haben. Aufgrund ihrer Arbeitslosigkeit könnten sie freilich auch zu Hause oder am Arbeitsamt sein. Auf jeden Fall widerspricht es der polizeilichen Logik, dass Putzfrauen als Putzfrauen demonstrieren, den Verkehr behindern und einen Park besetzen. Der Slogan „We are the Cleaners“ konstituiert somit ein politisches Subjekt analog Rancières Beispiel des Proletariats, das nicht identisch ist mit den Arbeiter*innen.[89] Die Cleaners erschüttern die Logik der Polizei und werden so zu politischen Handlungsträger*innen.

Bevor die „Sirtaki-Reihe“ auftaucht, werden die „Cleaners“ von der Polizei mit Tränengas auseinandergetrieben. Nelia, für die Weinen unweigerlich mit der höchst intimen Trauer um ihre Mutter verbunden ist, stürzt dieses erzwungene öffentliche Weinen zunächst in Wut und Verzweiflung. Zum einen verliert sie ihre Individualität, weil sie der „Masse der Demonstranten zugerechnet“ wird. „Meine Verletzung war einkalkuliert, ohne dass ich jemandem bekannt gewesen wäre. Ich fühlte mich dadurch wie ausgelöscht […]“.[90] Andererseits erinnert sie die Situation an ihre Position innerhalb ihrer Familie, die ihre Trauer nicht verstand. „[I]ch [war] immer außerhalb von allem gewesen und hatte nicht dazugehören können“.[91]

Diese gewaltsame Hinzurechnung durch die Polizei, dieses Eingereiht- und Mitgezählt-Werden, ermöglicht ihr nun dazuzugehören, obwohl Nelia sicher keine Putzfrau ist. Sie ist noch nicht einmal Griechin. Diese sozialen Identitäten sind aber für ein politisches Kollektiv nicht erforderlich. Politisch im Sinne Rancières ist ein Subjekt, wenn es ein Kollektiv ist, das sich von den sozialen Identitäten löst – d. h. von der polizeilichen Zuschreibung absetzt – und auch für sozial anders positionierte Menschen ein Identifikationsangebot sein kann. Was Rancière nicht thematisiert, ist die affektive Ebene der Vergemeinschaftung und die Gegenseitigkeit, die dabei errichtet wird:

> Ich heulte mit den anderen. Ich heulte öffentlich. Es war so wichtig gewesen, niemals in der Öffentlichkeit zu weinen und niemals das Ausmaß des Elends zu bekennen, und nun stand

---

88 Streeruwitz: Reise, S. 149.
89 Rancière: Unvernehmen, S. 95.
90 Streeruwitz: Reise, S. 151 f.
91 Streeruwitz: Reise, S. 152.

> ich da, und die Tränen liefen mir in den Schal, und alle rund um mich grinsten mir unter den Tränen zu, und wir schauten einander prüfend an.[92]

Es sind also nicht notwendig Triumph und Euphorie die Emotionen, die ein politisches Kollektivsubjekt zusammenbringen. In *Die Reise* sind es mitunter das gemeinsame Weinen, die wechselseitigen prüfenden Blicke, das gemeinsam erlebte Unrecht und schließlich die Sorge um die Anderen. Denn schnell ist eine Frau an Nelias Seite und fragt: „Are you okay?"[93]

4 Conclusio

Die Reise handelt von Ereignissen in Griechenland noch vor dem eingangs erwähnten Wahlsieg von Syriza. Allerdings hat Streeruwitz seit Erscheinen des Romans 2014 die intertextuell verschachtelt angelegte Erzählung Nelia Fehns noch weiter gesponnen: In der Zeitung *Die Welt* veröffentlichte sie als Nelia Fehn eine Art Nachgeschichte der *Reise*, in der Nelia berichtet, was sich nach dem Ende des Buches weiter getan hat.[94] In dieser Erzählung ist Nelia auf einer Lesung im selben Lokal in Wien, in dem – wie eingangs erwähnt – Clemens Berger den Wahlsieg von Syriza als euphorisches Ereignis erlebt hat. Doch in Nelias Erzählung findet die Syriza-Regierung nur einmal Erwähnung – und zwar ärgert sich die Figur Kiki darüber, dass zu wenige Frauen in der Regierung seien.

In einem Interview nach dem Wahlsieg Syrizas spricht auch die Autorin Streeruwitz davon, dass der Sieg der Linkspartei aus ihrer Sicht wenig an der emotionalen und politischen Grundkonstellation des Landes geändert habe. Anders als ihr Kollege Berger sieht sie keinen Neuanfang und Aufbruch: Auch Syriza habe an der Geschlechterordnung, dem „Bruch zwischen Frauen und Männern", nichts geändert.[95]

„Die Revolution", heißt es in Streeruwitz' Poetik, „die die phallisch ödipale Auflehnung nachstellt, will nur selbst in den Besitz des Geheimnisses kommen. Selbst Macht werden".[96] Eine Unterbrechung im Sinne Rancières hingegen, so möchten wir betonen, würde die (patriarchale) Macht nicht imitieren, sondern

---

92 Streeruwitz: Reise, S. 153.

93 Streeruwitz: Reise, S. 153.

94 Marlene Streeruwitz als Nelia Fehn: Diese miese Krise. In: Die Welt 11.4.2015. URL: https://www.welt.de/print/die_welt/literatur/article139401532/Diese-miese-Krise.html (14.10.2017).

95 Marlene Streeruwitz: Die Ausbeutung der Gerechten, Goethe Institut Griechenland, Juni 2015. URL: https://www.goethe.de/ins/gr/de/kul/mag/20606736.html (14.10.2017).

96 Streeruwitz: Poetik, S. 219.

infrage stellen. Doch auch Rancière übersieht in seiner Theoretisierung einiges. Zunächst führt *Die Reise* vor, dass wir mit wesentlich mehr Dimensionen des Unvernehmens rechnen müssen, als Rancière mit seiner Gegenüberstellung von polizeilicher und politischer Logik erfassen will. Der Roman verweist auf die große Zahl kleiner und mitunter nur partieller Unterbrechungen, obwohl sie von einem konventionellen Politikverständnis und der Phantasie souveräner Handlungsmacht verdeckt werden.

Sodann scheint der Text nahezulegen, dass jegliche Unterbrechung, die die Dimension des Geschlechts ausspart, nicht unter den Begriff der Politik fallen kann. Rancière, der so auf die Nicht-Identität des politischen Subjekts (demos) konzentriert ist, erkennt zwar die Geschlechterordnung als polizeiliches Regime, macht dessen Unterbrechung aber von einer Art (politischer) Geschlechtslosigkeit abhängig. *Die Reise* wirft also die Frage auf, ob eine Unterbrechung der polizeilichen Geschlechterordnung unter Absehung von Identitäten erfolgen kann, oder ob nicht – so die implizite These – das vermeintlich nicht-identitäre Subjekt (demos) einem männlichen Ideal folgt und somit diese Unterbrechung für unmöglich erklärt wird.

Unsere parallele Lektüre von Rancières politischer Theorie und *Die Reise* hat zudem gezeigt, dass Rancière die Dimension der politischen Emotionen ausspart. Nelias Introspektionen offenbaren ein strukturelles Patriarchat, das sie internalisiert hat und in Form von Emotionalität bearbeitet. Trauer und Melancholie lassen sie in Passivität erstarren, während Emotionen wie Wut, Angst, aber auch Liebe politische Handlungsfähigkeit begründen. Sie treiben sowohl die Handlung voran wie sie auch unzählige kleine Unterbrechungen in der vorherrschenden Logik des Patriarchats vorführen.

Anhand der Protagonistin und Ich-Erzählerin Nelia wird schließlich die Problematik neoliberaler Subjektivierung demonstriert. Trotz ihrer selbstreflexiven Bemühungen gelingt es ihr nicht, die neoliberale Vergesellschaftung zu durchschauen und ihre andauernden widerständigen Praktiken als politisches Handeln zu verstehen. Sie schließt das Buch mit dem Satz „Ich bemühe mich, an ein Wunder zu glauben, aber das wird manchmal sehr schwer.“[97] Nelia bleibt somit dem Ideal souveräner Handlungsmacht und Unabhängigkeit verhaftet. Die Sehnsucht nach einem Wunder entspricht der Sehnsucht nach der ‚großen‘ Unterbrechung als souveräne (männliche) Geste. Die Erzählstimme Nelias kann ihre eigene antipatriarchale Politik nicht deuten.

97 Streeruwitz: Reise, S. 188.

Literaturverzeichnis

Bargetz, Brigitte / Birgit Sauer: Politik, Emotionen und die Transformation des Politischen. Eine feministisch-machtkritische Perspektive. In: ÖZP 39. Jg. (2010), H. 2, S. 141–155.

Bargetz, Brigitte: Jenseits emotionaler Einseitigkeiten. Überlegungen zu einer politischen Grammatik der Gefühle. In: Affekt und Geschlecht. Eine einführende Anthologie. Hg. v. Angelika Baier / Christa Binswanger / Jana Häberlein / Yv Eveline Nay / Andrea Zimmermann. Wien 2014.

Berger, Clemens: Das Echo des Ochi: Schulden und Schuld. In: Der Standard (Album), 14.1.2017. URL: http://derstandard.at/2000050716222/Das-Echo-des-Ochi-Schulden-und-Schuld (20.7.2018).

Biegón, Dominika / Frank Nullmeier: Narrationen über Narrationen. Stellenwert und Methodologie der Narrationsanalyse. In: Politische Narrative. Konzepte – Analysen – Forschungspraxis. Hg. v. Frank Gadinger / Sebastian Jarzebski / Taylan Yildiz. Wiesbaden 2014.

Brown, Wendy: Resisting Left Melancholy. In: boundary 2 Vol. 26 (Autumn 1999), H. 3, S. 19–27.

Bücker, Carina: Die Entfernung von sich selbst. Verkörperungen des Ich-Verlusts durch Raumerleben im Werk von Marlene Streeruwitz. In: Neue Muster, alte Maschen? Interdisziplinäre Perspektiven auf die Verschränkungen von Geschlecht und Raum. Hg. v. Sonja Lehmann / Karina Müller-Wienbergen / Julia Elena Thiel. Bielefeld 2015, S. 113–131.

Butler, Judith: Gefährdetes Leben. Politische Essays, Frankfurt a. M. 2005.

Charim, Isolde: Nichts als Einsatz. Neoliberalismus im Werk von Marlene Streeruwitz. In: „Aber die Erinnerung davon." Materialien zum Werk von Marlene Streeruwitz. Hg. v. Jörg Bong / Roland Spahr / Oliver Vogel. Frankfurt a. M. 2007, S. 24–32.

Döbler, Katharina: Schlussfolgerungen aus einem Selbstversuch. Darf man die Bücher von Marlene Streeruwitz ohne Beipackzettel lesen? In: Text + Kritik H. 164 (Oktober 2004), S. 11–18.

Forster, Edgar: Männliche Resouveränisierungen. In: Feministische Studien 24. Jg. (2006), H. 2.

Gadinger, Frank / Sebastian Jarzebski / Taylan Yildiz (Hg.): Politische Narrative. Konzepte – Analysen – Forschungspraxis, Wiesbaden 2014.

Karaliotas, Lazaros: Staging Equality in Greek Squares: Hybrid Spaces of Political Subjectification. In: International Journal of Urban and Regional Research (2017), DOI:10.1111/1468-2427.12385.

Kedveš, Alexandra: „Geheimnisvoll. Vorwurfsvoll. Aber zusammenhängend." Marlene Streeruwitz' Romane, Frauengeschichten, Männersprache. In: Text + Kritik H. 164 (Oktober 2004), S. 19–36.

Kernmayer, Hildegard: Poetik des Schweigens. Poetik der Brechung. Poetik des Banalen. Écriture Féminine. Zu Marlene Streeruwitz' poetologischen Konzepten. In: Marlene Streeruwitz. Hg. v. Günther A. Höfler/Gerhard Melzer. Graz 2008, S. 29–45.

Kümmel, Anja: Dagegen!, 18.4.2015. URL: https://www.fixpoetry.com/feuilleton/kritiken/marlene-streeruwitz-alias-nelia-fehn/die-reise-einer-jungen-anarchistin-in-griechenland (14.10.2017).

Löffler, Marion: Contributions of Fiction to State-theoretical Issues. Joseph Roth's Novels in Textual Co-operation with Carl Schmitt and Hans Kelsen. In: European Political Science Vol. 9 (2010), H. 3, S. 328 – 340.
Löffler, Marion: Fiktionale Literatur als Beitrag zur politischen Theorie. In: Theoriearbeit in der Politikwissenschaft. Hg. v. Eva Kreisky / Marion Löffler / Georg Spitaler. Wien 2012, S. 287 – 310.
Lorenz, Dagmar C.G.: Feminismus als Grundprinzip und Autorenposition bei Marlene Streeruwitz. In: „Aber die Erinnerung davon." Materialien zum Werk von Marlene Streeruwitz. Hg. v. Jörg Bong / Roland Spahr / Oliver Vogel. Frankfurt a. M. 2007, S. 51 – 73.
Lorey, Isabell: The 2011 Occupy Movements: Rancière and the Crisis of Democracy. In: Theory, Culture & Society Vol. 31 (2014), H. 7/8, S. 43 – 65.
McRobbie, Angela: Top Girls: Feminismus und der Aufstieg des neoliberalen Geschlechterregimes. Wiesbaden 2010.
Meißner, Hanna: Jenseits des autonomen Subjekts. Zur gesellschaftlichen Konstitution von Handlungsfähigkeit im Anschluss an Butler, Foucault und Marx. Bielefeld 2010.
Nüchtern, Klaus: Die Reise einer jungen Anarchistin..., In: Falter 26 (2014). URL: https://cms.falter.at/falter/rezensionen/buecher/?issue_id=536&item_id=9783100022448 (14.10.2017).
Peer, Claudia: Marlene Streeruwitz: Nachkommen / Die Reise einer jungen Anarchistin in Griechenland, 13.11.2014. URL: http://www.literaturhaus.at/index.php?id=10496 (14.10.2017).
Prentoulis, Marina / Lasse Thomassen: Political theory in the square: Protest, representation and subjectification. In: Contemporary Political Theory Vol. 12 (2013), H. 3, S. 166 – 184.
Rancière, Jacques: Das Unvernehmen. Politik und Philosophie. Frankfurt a. M. 2002.
Rancière, Jacques: The Politics of Aesthetics: The Distribution of the Sensible. London / New York 2004.
Rancière, Jacques: Politik der Literatur. Wien 2011.
Rancière, Jacques: Die Methode der Gleichheit. Wien 2014.
Scalla, Mario: Formvollendete Fragen. Über das Verhältnis von literarischer Form und gesellschaftlicher Aktualität in den Texten von Marlene Streeruwitz. In: „Aber die Erinnerung davon." Materialien zum Werk von Marlene Streeruwitz. Hg. v. Jörg Bong / Roland Spahr / Oliver Vogel. Frankfurt a. M. 2007, S. 149 – 165.
Schaal, Gary S.: Narrationen in der Politik. In: Wirklichkeitserzählungen. Felder, Formen und Funktionen nicht-literarischen Erzählens. Hg. v. Christian Klein / Matías Martínez. Stuttgart / Weimar 2009, S. 217 – 228.
Seisenbacher, Priska: Neue Götter, alte Patriarchen. Die Griechenlandkrise als Ausgangspunkt einer Kapitalismuskritik bei Jelinek und Streeruwitz, Dipl.-Arb. Univ. Wien 2015.
Streeruwitz, Marlene: Ware Mensch. In: Karl Kraus Vorlesungen zur Kulturkritik. Bd. 6. Wien 2013, S. 46.
Streeruwitz, Marlene: Nachkommen. Frankfurt a. M. 2014.
Streeruwitz, Marlene: Poetik. Tübinger und Frankfurter Vorlesungen. Frankfurt a. M. 2014.
Streeruwitz, Marlene: „Die Reise einer jungen Anarchistin in Griechenland." Gespräch mit Marlene Streeruwitz, Radio Orange 12.12.2014.
Streeruwitz, Marlene als Neila Fehn: Die Reise einer jungen Anarchistin in Griechenland. Frankfurt a. M. 2014.

Streeruwitz, Marlene als Nelia Fehn: Diese miese Krise, In: Die Welt 11.4.2015. URL: https://www.welt.de/print/die_welt/literatur/article139401532/Diese-miese-Krise.html (14.10.2017).

Streeruwitz, Marlene: Die Ausbeutung der Gerechten, Goethe Institut Griechenland, Juni 2015. URL: https://www.goethe.de/ins/gr/de/kul/mag/20606736.html (14.10.2017).

Streeruwitz, Marlene: Eröffnungsrede Dramatiker*innenfestival Grenzgänge / Interpretationssache 16, Schauspielhaus Graz und Drama Forum 2.6.2016 in Graz. URL: http://www.marlenestreeruwitz.at/werk/eroffnungsrede-dramatikerinnenfestival/#0 (14.10.2017).

Viehöver, Willy: Erzählungen im Feld der Politik, Politik durch Erzählungen. Überlegungen zur Rolle der Narrationen in den politischen Wissenschaften. In: Politische Narrative. Konzepte – Analysen – Forschungspraxis. Hg. v. Frank Gadinger / Sebastian Jarzebski / Taylan Yildiz. Wiesbaden 2014, S. 67–91.

Zelger, Sabine: Die große Erzählung von der geglückten Volksherrschaft und deren literarische Störung. Eine exemplarische Darlegung anhand vergessener Romane der Zwischenkriegszeit. In: Politische Narrative. Konzepte – Analysen – Forschungspraxis. Hg. v. Frank Gadinger / Sebastian Jarzebski / Taylan Yildiz. Wiesbaden 2014, S. 287–310.

Sonja Klocke

Die Provinz als Austragungsort globaler Probleme: Juli Zehs *Unterleuten* (2016)

Im Frühjahr 2016 erschien Juli Zehs Roman *Unterleuten*, der von der Kritik lebhaft aufgenommen wurde und sich nahtlos ins Gesamtwerk der Autorin einordnet. In Essays und Zeitungsbeiträgen genau wie in fiktionalen Texten hat sie sich wiederholt politisch zu Wort gemeldet, wobei das Verhältnis des Individuums zur Gesellschaft immer wieder in den Vordergrund rückt. Zeh gehört damit zu dem Teil der Literaturschaffenden, die sich einer *littérature engagée* verpflichtet fühlen, die im Zuge des sogenannten deutsch-deutschen Literaturstreits zu Beginn der 1990er Jahre fälschlicherweise totgesagt wurde.[1] Wie Corina Caduff und Ulrike Vedder hervorheben, zeichnet sich gerade die jüngere deutschsprachige Literatur „durch ihr reflektiertes Beobachtungsvermögen [und] durch engagierte Intervention" aus.[2] Dies spiegelt sich im um die Jahrtausendwende proklamierten und nach wie vor aktuellen *Ethical Turn*, dem zufolge gesellschaftspolitische und moralische Fragen zum Sujet der Literatur werden.[3] Zeh hat bereits in ihrem Essay *Auf den Barrikaden oder hinterm Berg* (2005) betont, dass für sie nicht politische Farbenspiele zählen, sondern „der feste Glaube, dass der Literatur per se eine soziale und im weitesten Sinne politische Rolle zukommt."[4] Indem sie sowohl der Literatur als auch deren Verfasserinnen und Verfassern politische und soziale Bedeutung zuschreibt, positioniert sie sich in zwei Traditionen: der engagierten Literatur der Klassischen Moderne[5] und der in der Bonner Republik aktiven Intellektuellen, die sich geradezu selbstverständlich in Debatten zu aktuellen po-

---

1 Thomas Anz (Hg.): Es geht nicht um Christa Wolf: Der Literaturstreit im vereinten Deutschland. Frankfurt a. M. 1991; Karl Deiritz und Hannes Krauss (Hg.): Der deutsch-deutsche Literaturstreit oder „Freunde, es spricht sich schlecht mit gebundener Zunge". Hamburg 1991.

2 Corina Caduff / Ulrike Vedder: Gegenwart schreiben. Zur Einleitung. In: Deutschsprachige Gegenwartsliteratur 2000 – 2015. Hg. v. Corina Caduff / Ulrike Vedder. München 2017, S. 9 – 12, hier: S. 9.

3 Julia Schöll: Die Rückkehr des Autors als moralische Instanz. Auktoriale Inszenierung im 21. Jahrhundert. In: Deutschsprachige Gegenwartsliteratur 2000 – 2015. Hg. v. Corina Caduff / Ulrike Vedder. München 2017, S. 211 – 222, hier: S. 214. Schöll nennt als Beispiele für in dieser Weise engagierte Autorinnen und Autoren Karen Duve, Lukas Bärfuss, Kathrin Röggla, Marlene Streeruwitz, Sibylle Berg, Ilija Trojanow und Juli Zeh.

4 Juli Zeh: Auf den Barrikaden oder hinterm Berg? In: Alles auf dem Rasen. Kein Roman. 2006. München 2008, S. 214 – 219, hier: S. 219.

5 Siehe die Beiträge in Stefan Neuhaus / Rolf Selbmann / Thorsten Unger (Hg.): Engagierte Literatur zwischen den Weltkriegen. Würzburg 2002.

https://doi.org/10.1515/9783110568561-027

litischen Fragen äußerten.[6] Während die Autorin einem größeren Publikum vermutlich nicht zuletzt wegen ihrer offenen Briefe an Politiker wie Wolfgang Schäuble und Angela Merkel bekannt ist, verhandelt sie in ihren literarischen Schriften Aspekte politischer Wirklichkeit an konkreten Beispielen und individuellen Schicksalen. Nach eigener Aussage hat sie jedoch nur einen explizit politischen Roman geschrieben: *Corpus Delicti*, in dem sie – ihrer eigenen Definition von „echte[r] politische[r] Literatur" folgend – „beim Schreiben ein konkretes politisches Ziel verfolgte".[7] Während für solch politische Literatur „Eindeutigkeit [...] unverzichtbar" ist, erachtet Zeh ihre anderen Romane durchaus als „‚gesellschaftlich relevant' [...], denn gesellschaftlich relevant ist Literatur sowieso."[8]

In ihrem bisher umfangreichsten Roman schafft Zeh mit dem – ihrem Buch seinen Namen gebenden – brandenburgischen 250-Seelen-Dorf Unterleuten einen Kosmos, in dem verschiedene Akteure ihre gesellschaftliche und politische Wirklichkeit aushandeln. Wie bereits in früheren Romanen verdeutlicht die Autorin damit, wie unterschiedliche Menschen sich in ihrem Handeln ihrem eigenen Mikrokosmos und dessen Werten gemäß vermeintlich richtig verhalten können, obwohl sie oftmals Schaden verursachen. Indem Zeh ihren Roman ferner mit dem Zeitgeschehen und gesellschaftlich dominanten Diskursen korrespondieren lässt, interveniert sie auch in Fragen des Politischen. Damit wird *Unterleuten* zu einem überzeugenden Beispiel für einen literarischen Text, der Martha Nussbaums Kriterien zufolge geeignet ist, in öffentliche Diskurse einzugreifen und politische Wirkung zu entfalten.[9]

Am Beispiel der individuellen Reaktionen auf einen in der Nähe des nur augenscheinlich idyllischen Dorfes von einer Investmentfirma geplanten Windpark zeigt *Unterleuten*, welche Rolle die im aktuellen politischen Geschehen pa-

6 Patricia Herminghouse: The Young Author as Public Intellectual. The Case of Juli Zeh. In: German Literature in a New Century. Trends, Traditions, Transitions, Transformations. Hg. v. Katharina Gerstenberger / Patricia Herminghouse. New York/Oxford 2008, S. 268–284, hier: S. 270; Lars Richter: Juli Zeh. Literatur und Engagement unter Leuten. In: Protest und Verweigerung. Neue Tendenzen in der deutschen Literatur seit 1989/Protest and Refusal. New Trends in German Literature since 1989. Hg. v. Hans Adler / Sonja E. Klocke. Paderborn 2018, S. 129–155.

7 Juli Zeh: Treideln. Frankfurter Poetikvorlesungen. Frankfurt a. M. 2013, S. 133.

8 Zeh: Treideln, S. 133.

9 Nussbaum betont die Bedeutung von Literatur und insbesondere Romanen, „that [... have] the potential to make a distinctive contribution to our public life." Sie fokussiert daher auf die Charakteristika der „literary imagination as a public imagination, an imagination that will steer judges in their judging, legislators in their legislating, policy makers in measuring the quality of life of people near and far." Martha C. Nussbaum: Poetic Justice. The Literary Imagination and Public Life. Boston 1995, S. 2–3.

radigmatischen Spannungsfelder Individuum/Gesellschaft, Information/Manipulation, Stadtflucht/Landflucht, Idee und Recht des Individuums/neoliberale Wirtschaftsordnung, Globalisierung/Regionalisierung und Moral/Eigeninteresse spielen. Zu diesem Zweck lässt Zeh in *Unterleuten* verschiedene Gruppen aufeinanderprallen, die auf ihre Weise auf den neusten „Weltuntergang" reagieren, der in Form der geplanten Windkraftanlage auftritt. Die Diskrepanzen, die sich angesichts der sich anbahnenden Windenergie auftun, lassen sich nicht zuletzt durch die Herkunft der Dorfbewohner erklären: Es sind primär die Großstadtflüchtlinge aus Berlin, die weder mit der DDR-Geschichte noch mit dem Landleben vertraut sind. Wenngleich sie alternative Energieformen befürworten, fühlen sie sich von den dafür notwendigen Anlagen vor ihrer Haustür bedroht und lehnen diese ab. Was sie nicht begreifen ist, so der Roman, „dass der Weltuntergang hier bereits stattgefunden hatte. Mehrmals."[10]

Meine Analyse des Romans verdeutlicht, wie Zeh durch ihre Behandlung der obengenannten Spannungsfelder Literatur als Form der Kritik am Bestehenden und als Ort, an dem gesellschaftliche Fragen des 21. Jahrhunderts verhandelt werden, etabliert. In der Gegenwart angesiedelt verweist der Roman auf die andauernde Nachgeschichte von zwei der größten politischen Umbrüche des 20. Jahrhunderts, auf die Entstehung der sozialistischen Ordnung einschließlich der Bodenreform in der DDR und auf das Ende dieses Staates.

1 Polyphonie und Politik

Die zwischen Individuen und Gesellschaft bestehende Spannung wird in *Unterleuten* durch eine Vielzahl von Erzählstimmen hörbar gemacht. Wenngleich es eine übergeordnete auktoriale Erzählinstanz gibt, wird die Romanhandlung durch die Strategie vorangetrieben, jedes Kapitel durch eine andere, dem jeweiligen Kapitel seine Überschrift gebende Person zu fokalisieren. Diese variable interne Fokalisierung – oftmals durch eine Figur, die zuvor bereits in einer Nebenrolle aufgetreten ist – zwingt die Leserschaft, ständig mit neuen Perspektiven auf das Geschehen umzugehen. So beginnt das Buch beispielsweise mit dem Abschnitt: „‚Das Tier hat uns in der Hand. Das ist noch schlimmer als Hitze und Gestank.' Jule schaute auf."[11] In diesem „Fließ" betitelten Kapitel werden nicht nur das

10 Juli Zeh: Unterleuten. Roman. München 2016, S. 613. Der Roman benennt die bereits stattgefundenen „Weltuntergänge", zu denen die Bomben des Zweiten Weltkrieges und die Rot-Armisten während des Vormarschs auf die Hauptstadt ebenso gehören wie die Ankunft der Vertriebenen aus Ostpreußen und der Bau der Mauer sowie deren Fall.

11 Zeh: Unterleuten, S. 9.

Ehepaar Gerhard und Jule Fließ sowie ihre sechs Monate alte Tochter Sophie eingeführt, sondern auch deren Nachbar Bodo Schaller. Seit dieser auf seinem Grundstück Tag und Nacht Autoreifen verbrennt, nennt Jule ihn nur noch „das Tier". Als in Kapitel 4 dann Schaller zum *Focalizer* wird, erfährt man, dass die aus Berlin stammenden Fließens ihm „einen Sakkoträger vom Bauamt" geschickt haben, statt wie in Unterleuten üblich direkt zu kommunizieren.[12] Spätestens durch dieses Verhalten haben sie sich in Schallers Augen „[d]en stinkenden Qualm [...] redlich [selbst]" verdient.[13] Als der Roman nach und nach enthüllt, dass Schaller mehrfach selbst zum Opfer wurde, gleichzeitig aber auch andere Menschen auf dem Gewissen hat, wird die Komplexität dieses nur scheinbar schlichten Lebens deutlich. Als Opfer eines Verkehrsunfalls, der ihm sein Erinnerungsvermögen und seine Existenzgrundlage raubt, wird Schaller nur langsam klar, dass Gombrowski, einer der Dorfbewohner, derartig in seiner Schuld steht, dass er ihm ein Haus mit Hof für seine Autowerkstatt schenkt.[14] Auch die Leserinnen und Leser erfahren erst gegen Ende des Romans, dass Schaller ein von Gombrowski bezahlter Schläger war, der in dessen Auftrag einen Mord verübte und das Bein seines Erzfeindes Kron schwer verletzte, weswegen dieser hinkt. Mittels der variablen internen Fokalisierung gelingt es, die verschiedenen Akteure aus der Innen- und Außenperspektive zu zeigen, sodass sie – wie das obige Beispiel zeigt – mal unsympathisch, mal aber vom Schicksal gezeichnet erscheinen. Aufgrund dieser Strategie ähnelt die Leseerfahrung der Lebenserfahrung im Dorf: Will man sich im Universum Unterleuten orientieren, ist man auf eher vage Hinweise und Gerüchte angewiesen. Doch auch mithilfe des ‚Dorffunks' offenbaren sich Hintergrund und Handlungsmotive der individuellen Figuren nur langsam und im Zweifelsfall nie vollständig.

Für aufmerksame Leserinnen und Leser, die sich die Mühe machen, die in *Unterleuten* offerierten Links zu diversen digitalen Kommunikationskanälen zu verfolgen, hat Zeh noch zusätzliche Fährten ausgelegt. So kann man nicht nur die Homepage der im Roman agierenden Windkraftanlagenbauer Vento Direct GmbH oder der Dorfkneipe „Märkischer Landmann" einsehen, sondern auf der Webseite des Vogelschutzbunds Unterleuten e.V. auch T-Shirts mit dem Vereinslogo kaufen.[15] Indem diese Verweise auf den digitalen Raum dem ‚Dorffunk' gegenübergestellt werden, problematisieren sie das Verhältnis von Information und Mani-

12 Zeh: Unterleuten, S. 68.

13 Zeh: Unterleuten, S. 69.

14 Zeh: Unterleuten, S. 78–81.

15 Bereits zu *Corpus Delicti* hatte Zeh eine Webseite erstellt, die u. a. ein Plakat der Terrorgruppe „Recht auf Krankheit" enthielt, das unmissverständliche Nähe zu RAF-Plakaten der 1970er Jahre insinuierte.

pulation sowohl analoger als auch digitaler Kommunikation: Die Validität der Gerüchteküchen entpuppt sich als vergleichbar, wobei Realität und Fiktion schwer unterscheidbar sind. In dem vermeintlichen Wissen, alles über alle und alles zu wissen, müssen die einzelnen Akteure in *Unterleuten* erkennen, dass sie de facto mit einem gewaltigen Netz aus vielperspektivischen Geschichten, Legenden und Anekdoten konfrontiert sind. Diese müssen alle hinterfragt werden, von der Dorfbevölkerung wie den Rezipienten. Was dies für den modernen Roman des 21. Jahrhundert bedeutet, verrät ein Blick auf Zehs Webseite zu *Unterleuten:*

> Die Erzählung ‚Unterleuten' geht weiter, in Büchern, in Zeitungen, im Internet. Wenn Sie ihr folgen, werden Sie überall auf Teile von ‚Unterleuten' stoßen. Weil die Gesellschaft nicht mehr so funktioniert wie zu Zeiten von Balzac, Thomas Mann oder John Updike, ist ‚Unterleuten' als Gesellschaftsroman des 21. Jahrhunderts ein literarisch-virtuelles Gesamtkunstwerk.[16]

Für das Verständnis der Romanhandlung ist es nicht nötig, die angesprochenen Zusatzangebote zu konsultieren. Allerdings unterstreicht Zehs Hinweis auf die ausgelegten Fährten, dass man in einer Zeit, in der man ein fast kriminalistisches Gespür benötigt, um Nachrichten von ‚alternativen Fakten' zu unterscheiden, auch bei der Lektüre eines Gesellschaftsromans Anstrengungen unternehmen muss, wenn man die Beweggründe der verschiedenen Akteure erkunden möchte.

Doch hier wird nicht nur mit intra- und extraliterarischer Realität gespielt. Vielmehr rückt Zeh eines der dringlichsten gesellschaftlichen Themen des 21. Jahrhunderts in den Vordergrund, nämlich die Frage nach der Informationsverbreitung im digitalen Zeitalter. Bereits in einem offenen Brief an Angela Merkel vom 15. Mai 2014 offenbart sich Zehs Sorge angesichts einer fehlenden Regierungsstrategie für das digitale Zeitalter, „in dem die Freiheitsrechte der Bürger mit Füßen getreten und Grundprinzipien der Demokratie auf den Kopf gestellt werden". Weiter heißt es:

> Wir erleben einen Epochenwandel, der aufgrund seiner politischen, gesellschaftlichen und wirtschaftlichen Implikationen mit der industriellen Revolution verglichen werden kann. [...] Wir haben es mit Technologien zu tun, die unsere Lebensrealität bis in den tiefsten Kern des humanistischen Menschenbilds verändern.[17]

Unterleuten ruft gerade durch die formal wie inhaltlich aufgeworfene Diskussion um den Wahrheitsgehalt von Narration auch Fragen der Ethik auf und knüpft so

---

16 Juli Zeh, 3. Mai 2016. http://www.unterleuten.de/ (letzter Zugriff: 15.12.2017).

17 Juli Zeh. Offener Brief an Bundeskanzlerin Angela Merkel vom 15. Mai 2014. In: Nachts sind das Tiere. Frankfurt a. M. 2014, S. 272–279, hier: S. 272–273.

am ehesten an einen Roman wie *Schilf* (2007) an. Noch extremer werden in *Unterleuten* verschiedene politische Überzeugungen und Realitätswahrnehmungen durch die Perspektive einer Vielzahl von Charakteren vermittelt. Da die Autorin dabei auf Kommentare verzichtet, müssen die Rezipienten sich aufgrund der offerierten Mosaikteilchen selbst positionieren – und diese Position während des Lesevorgangs mehrfach revidieren.

Der Roman rekurriert damit auf Claudia Öhlschlägers in den postmodernen Diskurs um Ästhetik und Ethik eingebundene Diskussion über die ethischen Möglichkeiten von Literatur. Dabei interessiert weniger der moralische Anspruch literarischer Texte als vielmehr die Frage, „inwiefern Literatur dank ihrer fiktiven Beschaffenheit Möglichkeitsräume des Denkens und Handelns eröffnet, die fremde, neue und alternative Deutungs- und Wahrnehmungsoptionen sichtbar machen".[18] Mit diesem Ziel nutzt Zeh das Potential von Fiktion in *Unterleuten*. Sie zeigt, dass vielfältige Wahrheiten nicht nur verschiedene Lebensgeschichten bestimmen, sondern auch von diesen hervorgebracht werden – und zwar in spezifischen politischen und historischen Konstellationen, die wiederum von den ideologischen Phantasmen des 20. und 21. Jahrhunderts geprägt sind. Die Leserinnen und Leser erhalten jedoch erst im Epilog einen das Textverständnis erleichternden Kommentar. Die Geschichte mit einem Kaleidoskop vergleichend erklärt die Journalistin Lucy Finkbeiner, die hier als übergeordnete Erzählinstanz hervortritt:

> Man drehte ein wenig, und alles sah anders aus. [...] Eine Geschichte wird nicht klarer dadurch, dass viele Leute sie erzählen. [...] Wenn ich in Unterleuten eines gelernt habe, dann dass jeder Mensch ein eigenes Universum bewohnt, in dem er von morgens bis abends recht hat.[19]

Man muss also nur ein wenig am Rad der Geschichte drehen und die vermeintliche Wahrheit verliert ihre Grundlage. Gleichzeitig stellt Finkbeiner mit ihrem Axiom zwei Komplexe in den Vordergrund, denen ich mich im Folgenden widmen möchte: in der Dorfgemeinschaft Unterleuten sprechen und agieren „viele Leute", deren Welt von unterschiedlichen Wahrheiten bestimmt ist; und durch die so erzeugte Polyphonie ermöglicht der Roman mittels teilweise multipler interner Fokalisierung, dass ein Geschehen im Dorf einem Kaleidoskop gleich aus verschiedenen Perspektiven beleuchtet wird. Erst durch diese Konstellation tritt der Konflikt zwischen Individuum und Gesellschaft offen zutage.

18 Claudia Öhlschläger: Narration und Ethik. Vorbemerkung. In: Narration und Ethik, Ethik – Text – Kultur 1. Hg. v. Claudia Öhlschläger. München 2009, S. 9–21, hier: S. 11.
19 Zeh: Unterleuten, S. 629–630.

2 Individuum und Dorfgemeinschaft

Eine Dorfversammlung im örtlichen Dorfgasthof, einberufen, um die Unterleutener vom zu erbauenden Windpark zu überzeugen, mag als Ausgangspunkt für die Erkundung des Verhältnisses von Individuen und Gesellschaft dienen. Da Zeh die knapp 80 Seiten nutzt, um diverse problematische Aspekte der Themen Stadtflucht und Landflucht anzusprechen, verdienen sie besondere Aufmerksamkeit. Der erste Teil dieses Abschnitts ist aus der Perspektive des Altkommunisten Kron geschildert, der „aus einer Familie von Kleinbauern [stammt], die seit Generationen ihren mageren Lebensunterhalt aus der kargen Erde kratzte".[20] Der Name des ehemaligen Brigadeführers der LPG „Gute Hoffnung", der sein Leben der Ernährung der sozialistischen Gesellschaft gewidmet hatte, verweist bereits auf seine Funktion als „Chronist" von Unterleuten. Nachdem seine Frau die DDR, ihn und die gemeinsame, heute 35 Jahre alte Tochter Kathrin zurückließ, ist Kron stolzer Großvater des ungewöhnlich hübschen und willensstarken fünfjährigen „Krönchens". Dank seines guten Gedächtnisses, das alle Ungerechtigkeiten des Dorfes ständig protokolliert, ist Kron einer der wenigen Dorfbewohner, die das „Gesamtwesen" Unterleuten mitsamt seinen über Generationen gewachsenen Beziehungen durchblickt. So heißt es im Roman:

> Hätte man die Beziehungsfäden sichtbar machen können, welche zwischen den Anwesenden hin und her liefen, wäre für den Uneingeweihten ein undurchschaubares Knäuel zum Vorschein gekommen. Ein Experte wie Kron hingegen sah ein logisches System, klar strukturiert wie ein Spinnennetz.[21]

Kron kennt die alteingesessenen Dorfbewohner, die alleine die Gründe für seit Jahrzehnten bestehende Allianzen und Animositäten im Dorf durchschauen, welche nicht zuletzt auch durch das Thema Wendeverlierer und -gewinner motiviert sind. In die Kategorie der Gewinner gehört auch Krons Erzfeind Rudolf Gombrowski, Sohn von in der DDR enteigneten Großgrundbesitzern, der seinem Vater auf dem Sterbebett versprach, die Ländereien wieder in den Familienbesitz zu überführen.[22] Als studierter Agrarwissenschaftler hat er diesen Plan sein Leben lang verfolgt: In der DDR wurde er Vorsitzender der LPG „Gute Hoffnung", nach 1990 betrieb er deren Umwandlung in die Ökologica GmbH, deren Geschäftsführer mit Prokura er im Jahr 2010 ist und dabei siebzig Prozent der Anteile hält.[23]

20 Zeh: Unterleuten, S. 94.
21 Zeh: Unterleuten, S. 104.
22 Zeh: Unterleuten, S. 187.
23 Zeh: Unterleuten, S. 190.

Zu den im „Märkischen Landmann" versammelten Anhängern Krons gehören die sogenannten LPG-Veteranen, die aufgrund der von Gombrowski betriebenen LPG-Umwandlung ihre Anteile am Betrieb und ihre Jobs verloren haben und verarmt sind. Für diese Opfer der die Nachwendezeit bestimmenden neoliberalen Wirtschafts- und Weltordnung, die zu immer größeren Einkommensunterschieden und damit sozialer Ungleichheit geführt hat,[24] bedeutet das Land daher Frustration und nicht antizivilisatorische Entschleunigungs-Zone wie für die hinzugezogenen Städter. Nach individuellen und gesellschaftlichen Enttäuschungen suchen diese in Unterleuten vergeblich nach einem Ort der Zuflucht. Dabei profitieren sie von den technologischen Entwicklungen, die es ihnen ermöglichen, auch im ländlichen Raum eine urbane Arbeitssituation herzustellen und dabei von einem naturnahen Leben mit Gartenglück und Ponyhof zu träumen.

In diese Kategorie gehören die mit ihrem Freund Frederik Wachs nach Unterleuten geflüchtete Equidentrainerin Linda Franzen sowie Gerhard Fließ, der an der Großstadt Berlin und an den Bologna-Reformen verzweifelte ehemalige Dozent der Humboldt Universität. Anders als die *Millennials* Frederik und Linda, für die das Landleben die Voraussetzung für die erfolgreiche Umsetzung von Lindas Businessplan liefert, gestressten Managern durch den Umgang mit Pferden auf dem Land zu Ruhe zu verhelfen, wollte Gerhard Fließ genau diesen Auswüchsen des Turbokapitalismus entkommen. Als er zu seinem 45. Geburtstag seine Stelle in der Soziologie kündigte und mit seiner zweiundzwanzig Jahre jüngeren Frau Jule ins Dorfleben floh, versuchte er auch, sich der Gesellschaft zu entziehen. Zwar wird er bald glücklicher Vater und vollberuflicher Vogelschützer, doch bei seiner Suche nach verlangsamter Zeit und idyllischem Gemeinschaftsleben macht er die typischen Fehler, die Karen Leeder in ähnlichen Fällen ausmacht: die

> […] various revisionist forms of ,deceleration: this is, for example, nostalgia for long slow time, on the one hand, or those versions of localism or communitarianism, on the other, that fail to address the larger social forces acting on the individual and culture more broadly.[25]

---

24 Victor Roudometof: The Glocal and Global Studies. In: Globalizations 12 (2015), H. 5, S. 774–787, hier: S. 780.

25 Karen Leeder: Figuring Lateness in Modern German Culture. In: New German Critique 125 (2015), H. 42/2, S. 1–29. Ähnlich hebt auch Anne Fuchs das Verlangen nach Verlangsamung hervor als „perceived inability to keep up with the social, economic, and cultural speed of an age. […] As the flip side of acceleration, lateness and slowness disrupt the relentless logic of the modernizing project by critiquing the harnessing of attention that is a hallmark of modernity's high-speed society". Anne Fuchs: Defending Lateness: Deliberations on Acceleration, Attention, and Lateness, 1900–2000. In: New German Critique 125, (2015), H. 42/2, S. 31–48, hier: S. 33.

Indem Fließ die hier angesprochenen größeren sozialen, sein Leben wie die Gesellschaft bestimmenden Strukturen – ironischerweise trotz seines Berufes als Soziologe – ignoriert, ist er zum Scheitern verurteilt und vermag es nicht, einen Platz im Sozialgefüge von Unterleuten zu erobern.

Den Versuch, diese Städter mit den Ureinwohnern Unterleutens zu vereinen, unternimmt Arne Seidel, ehemaliger Tierarzt der LPG „Gute Hoffnung“ und heute Bürgermeister des Dorfs.[26] Er sieht vor allem die finanziellen Spielräume, die sich durch den von der Windkraftfirma Vento Direct GmbH – vertreten durch Herrn Pilz – zu errichtenden Windpark für sein Dorf eröffnen. Doch da Seidel traditionell ein besonders gutes Verhältnis zu Gombrowski pflegt, ist insbesondere dessen Erzfeind Kron alarmiert. In dem aus Krons Perspektive geschilderten Teil der Dorfversammlung zeigt sich dann auch dessen subjektive, von seiner sozialistischen Vergangenheit geprägte Sicht auf Gegenwart, Vergangenheit und das Zukunftsprojekt Windenergie. Das Dorf und das, was von der Gemeinschaft übriggeblieben ist, entpuppen sich dabei als Brennglas, unter dem die vornehmlich mit dem 21. Jahrhundert eingeläuteten neoliberalen Veränderungen besonders stark zutage treten. So hält der Chronist fest:

> Die neoliberale Ideologie, getarnt als Mischung aus Pragmatismus und Leistungsgerechtigkeit, eroberte die letzten Winkel des gesellschaftlichen Lebens. [...] Was sich heute im Landmann versammelt hatte, war kein Dorf mehr, sondern eine Zweckgemeinschaft von Einzelkämpfern.[27]

Kron mag das Ende der DDR tatsächlich nur schwer verkraftet haben, doch er verkörpert keinen „hoffnungslosen Ostalgiker“, wie von einigen im Dorf angenommen.[28] Vielmehr ist er auf merkwürdige Weise gleichzeitig der Vergangenheit zugetan und offen für die Zukunft, die er primär für seine Enkelin denkt. Seine Altersgedanken erinnern an Edward Saids Vorstellung eines „late style“, der als „in, but oddly apart from, the present“ beschrieben werden kann.[29] So überblickt Kron die dem dörflichen Kosmos zugrundeliegenden, in der Vergangenheit verwurzelten Strukturen, welche die nur Insidern bekannten Spielregeln für – auch gegenwärtige und zukünftige – gesellschaftliche Inklusion bzw. Exklusion bestimmen. Dieses Wissen über die Verbindungen von Vergangenheit, Gegenwart und Zukunft prägt den Roman und verweist gleichzeitig auf die Beschränkungen einer Zweckgemeinschaft, die nur durch die Erfahrung eines geteilten ländlichen

26 Zeh: Unterleuten, S. 155.
27 Zeh: Unterleuten, S. 107–108.
28 Zeh: Unterleuten, S. 108; S. 195.
29 Edward W. Said: On Late Style. London 2006, S. 24.

Raumes begründet ist. Doch da Kron die Spielregeln besser kennt als die meisten anderen Dorfbewohner, weiß er, dass der geplante Windpark zu einem offenen Krieg zwischen verschiedenen Ortsansässigen führen wird. Da bei diesem Spiel um viel Geld plötzlich diverse *Player* von außen involviert sind, werden die Auswirkungen von Globalisierungsprozessen auf individuelle Figuren und ursprünglich enge Gemeinschaften sichtbar, deren Grenzen sich nun auflösen: Die (DDR-) Vergangenheit tritt in den Hintergrund und Unterleuten wird Teil der globalen Welt und des sie dominierenden Neoliberalismus – eine Entwicklung, die auch Kron nicht mehr aufhalten kann und will. Monate nach der berühmten Dorfversammlung konstatiert er seinen Sieg, denn ein Teil des mit Windkrafträdern zu bestückenden Landes und damit auch des durch den Wind gewonnenen Geldes gehört ihm.

Erst gegen Ende des Romans wird deutlich, dass Kron diesen Gewinn einer Schenkung Gombrowskis verdankt, die dieser ihm als Schweige- und Schmerzensgeld zukommen ließ. Nach Schallers Unfall und Gedächtnisverlust weiß nur noch Kron, dass Gombrowski, um seine Macht bei der Umstellung der LPG in die Ökologica zu sichern, nicht nur seinen Erzfeind, sondern auch dessen Gehilfen Erik Kessler mit Hilfe des bezahlten Schlägers Schaller ausschalten wollte. Somit ist Gombrowski für den Tod Erik Kesslers in einer Gewitternacht 1990 verantwortlich.[30] Die moralische Position des Altkommunisten Kron, dessen Bein damals unwiederbringlich verletzt wurde, wird dadurch gerettet, dass er das geschenkte Land, dessen wahrer Wert erst durch den Bau der Windparkanlage entsteht, nur auf Druck seiner Tochter und aufgrund einer wirtschaftlichen Notlage annahm.[31] Da der Sohn des ehemaligen Großgrundbesitzers sich gezwungen sieht, den Proletarierssprössling durch die Schenkung zum Schweigen zu bringen, verhandelt der Roman an den Lebensgeschichten Krons und Gombrowskis auch das Spannungsverhältnis von Kontingenz und Schicksal, denn die Mikrogeschichte der beiden Antagonisten wird nicht nur durch diverse Zufälle, sondern auch durch die Makrogeschichte beeinflusst. Gombrowski und Kron müssen sich nach den Systemwechseln von 1949 und 1989 den zeithistorisch bedingten Machtverhältnissen anpassen – und sind beide durchaus erfolgreich. Im Fall Krons zeigt sich dies insbesondere durch seinen Erfolg um den Windparkstreit. Dass Kron auf die 1949 überholt geglaubten und von ihm (als Jugendlicher sogar gewaltsam) bekämpften sozialen Gesetze in Zeiten des Neoliberalismus zurückfällt, zeigen seine Pläne für das nun in Aussicht stehende Geld: es soll seiner Enkelin Krönchen zugutekommen, denn in ihr erkennt Kron den „Beginn einer

30 Zeh: Unterleuten, S. 492–494.
31 Zeh: Unterleuten, S. 167–168.

neuen Ära".[32] Krönchen soll das durch die Windkraftanlagen erwirtschaftete Geld zur Flucht aus dem Dorf dienen, sie soll „den Knoten durchschlagen, der die Familie an Unterleuten band. Es galt, eine ganze Ahnenreihe von Bauern, Landarbeitern und Leibeigenen zu beerdigen".[33] Und damit, so der Romankommentar,

> [...] war auch in Kron das 20. Jahrhundert zu Ende gegangen, diese Epoche des kollektiven Wahnsinns. Mit einem kleinen Schritt war er in der Gegenwart angekommen, im 21. Jahrhundert, dem Zeitalter bedingungsloser Egozentrik. [...] Kron fühlte sich gut. Er war jetzt kein Kommunist mehr. Sondern [...] ein Don Quijote, der entschieden hatte, seine eigenen Windmühlen zu errichten, statt gegen fremde anzurennen.[34]

Mit anderen Worten: Kron akzeptiert die neuen Spielregeln und spielt auch im 21. Jahrhundert an maßgeblicher Stelle mit, genau wie er zu DDR-Zeiten nach den damals gültigen Regeln spielte.[35]

Haben wir es hier also mit Zehs Bekenntnis zum Neoliberalismus zu tun? Das wäre überraschend, hat sie sich doch anderweitig kritisch zum Neoliberalismus und zur ihm zugrundeliegenden Selbstoptimierung geäußert, am hervorstechendsten in ihrem in *Nachts sind es Tiere* veröffentlichten Essay *Selbst, selbst, selbst* von 2012. Dort setzt sie sich mit der *Quantified Self* Bewegung auseinander, deren Gefolgschaft ihre vitalen Daten sammelt und online veröffentlicht, um sie dann mit (fragwürdigen) Normwerten zu vergleichen.[36] Folglich ist die Situation – wie bereits durch die Diskussion der Multiperspektivität im Roman angedeutet – komplexer: es finden sich nicht nur Kommentare zum Verhältnis Individuum und Gemeinschaft, sondern auch verschiedenen Vorstellungen und Bewertungen von Individualismus.

3 Loveparade vs. neoliberale Wirtschaftsordnung

In *Unterleuten* prallen zwei radikal unterschiedliche Versionen des Individualismus aufeinander, die sich in dem Pärchen Linda Franzen und Frederik Wachs verdichten. Während Frederik die Techno-Generation der 1990er Jahre vertritt, für welche die Loveparade ein „Gottesdienst für [den] neuen Zeitgeist" darstellte,[37] ist

32 Zeh: Unterleuten, S. 612.
33 Zeh: Unterleuten, S. 612.
34 Zeh: Unterleuten, S. 614–615.
35 Zeh: Unterleuten, S. 166.
36 Juli Zeh: Selbst, selbst, selbst. In: Nachts sind das Tiere. Frankfurt a. M. 2014, S. 205–210.
37 Zeh: Unterleuten, S. 412.

Linda ausschließlich an ihren Lebenszielen interessiert. Als die Duisburger Loveparade im Sommer 2010 in einer Katastrophe endet, sieht Frederik sich bei seiner ersten Loveparade 1999 unter „Hunderttausenden tanzender Menschen [...], ein Ich, das er lieben konnte, ganz anders als das grässliche Spiegelbild, vor dem er beim Zähneputzen im Bad die Augen senkte“.[38] Frederik erinnert sich an eine Massenveranstaltung, bei der er seine eigene Individualität finden und sich als „Herz einer Generation“ begreifen konnte.[39] Doch das auf die Duisburger Katastrophe folgende Telefongespräch mit seiner zwei Jahre jüngeren Freundin Linda, die auf ihre kleine, ihren Erfolg bestimmende Welt in Unterleuten fokussiert, zwingt Frederik zu zwei Erkenntnissen. Zum einen „war Duisburg nicht nur das Grab von mindestens 19 Menschen, sondern das einer Epoche und eines Lebensgefühls“;[40] und zum anderen

> [...] erblickte er in ihr [Linda] die Vertreterin einer anderen Spezies. Linda war nur zwei Jahre jünger und trotzdem niemals auf einer Loveparade gewesen. Sie gehörte keiner Bewegung an und empfand auch kein Bedürfnis danach. [...] Linda war das Gegenteil der Loveparade, und die Loveparade war tot.[41]

Frederiks Reflexionen unterstreichen das Ablösen der Loveparade-Generation durch vom Neoliberalismus vereinnahmte Egoisten wie Linda. Die ausgebildete Pferdewirtin bietet nicht nur Schulungen für Pferdebesitzer an, die mit ihren Tieren überfordert sind, sondern möchte auch Pferde für ihre geplanten Manager-Kurse einsetzen. Dabei folgt sie ihrer persönlichen Bibel, *Dein Erfolg* von Manfred Gortz, ein – in Wahrheit ebenfalls von Juli Zeh verfasstes – neoliberale Ideale auf die Spitze treibendes Bändchen, das als Sub- bzw. Ergänzungstext zum Roman gelesen werden kann.[42] Mit diesem Intertext, der Aspekte des Spiels und der Spieltheorie betont, spielt Zeh mit dem Literaturbetrieb und verspottet die populäre Ratgeberliteratur. „Wer entschieden hat, sein Spiel zu spielen“, heißt es beispielsweise, „braucht keine Spielverderber“.[43]

---

38 Zeh: Unterleuten, S. 412.

39 Zeh: Unterleuten, S. 412.

40 Zeh: Unterleuten, S. 413.

41 Zeh: Unterleuten, S. 417–418.

42 Manfred Gortz: Dein Erfolg. München 2015. Nachdem aufgrund frappierender Ähnlichkeiten zwischen den beiden Texten Plagiatsvorwürfe in der Literaturkritik zu vernehmen waren, enthüllte der SZ-Journalist Tobias Lehmkuhl im Frühjahr 2016, dass Zeh sowohl den Autor Manfred Gortz erfunden als auch *Dein Erfolg* geschrieben hatte. Tobias Lehmkuhl: Hat Juli Zeh für ihren aktuellen Roman abgeschrieben? In: Süddeutsche Zeitung v. 14.04.2016.

43 Gortz, S. 39. Das Thema „Spiel“ nimmt im gesamten Werk Zehs eine zentrale Position ein. Siehe Herminghouse, S. 272–274; Sonja Klocke: Transnational Terrorism, War, and Violence:

Doch Gortz' – und damit auch Lindas – Spiel ist brutal. Gortz propagiert einen Individualismus für das 21. Jahrhundert, der frei von Mitgefühl die gesellschaftliche Verbundenheit mit anderen ignoriert. In Lindas Reaktion auf Frederiks Entsetzen über die Ereignisse in Duisburg – „Worüber regst du dich auf? [...] die Sache [geht dich] nichts an“[44] – manifestiert sich der fundamentale Gegensatz zwischen diesen beiden Generationen und ihrem Verständnis von Individuum und Gesellschaft. Während ein *Killjoy* Frederik Gortz zufolge „glaubt, es gäbe allgemeinverbindliche Kategorien von ‚richtig' und ‚falsch'“, weiß ein *Mover* wie Linda, „was die Welt tatsächlich zusammenhält: Es ist das vernünftig verfolgte Eigeninteresse“.[45] So ein *Mover* hat verstanden, dass „Macht die Antwort auf die Frage [ist], wer wen bewegt“; und wer wen bewegt ist ausschließlich eine Frage des Willens.[46]

Linda hat mehrere Generationengenossen in *Unterleuten*. Zu ihnen gehören Fredriks zwei Jahre jüngerer Bruder Tom, der mit seinem Freund Roland schon zu Schulzeiten eine gewinnbringende Firma für Computerspiele gegründet hat, sowie der bereits erwähnte Herr Pilz, der für die Vento Direct GmbH über Land reist und Dorfbewohner dahingehend manipuliert, dass sie den Bau von Windkraftanlagen akzeptieren. Bürgermeister Arne Seidel entlarvt diese Generation als vom Sieg des Kapitalismus nach 1989 beeinflusste „Arbeitszombies“, in deren Seelen das kapitalistische System einen „Angstkern“ gepflanzt hat, der sie zu immer größerer Leistungsbereitschaft motiviert.[47] Dass es sich bei dieser Generation um die geistigen Kinder von Angela Merkel handelt, zeigt der durch die Brille von Seidel offerierte Kommentar. Demzufolge lässt der Dank Gortz' Training vollkommen angstfrei auftretende Pilz „das ganze Projekt [als] *alternativlos* erscheinen“, denn er „brauchte keine Zustimmung, er brauchte nur Resignation“. Seidel realisiert fassungslos: „Der Junge sprach wie die Bundeskanzlerin“.[48]

Globalization and Transborder Exchanges in Juli Zeh's *Spieltrieb* (2004). In: Seminar. A Journal of Germanic Studies. 47 (2011), H. 3. Sonderheft: Globalization, Literature, Film, and the New Economy. Hg. v. Sabine von Dirke / David Coury, S. 520–536.

44 Zeh: Unterleuten, S. 414.

45 Gortz, S. 43.

46 Gortz, S. 22–23.

47 Zeh: Unterleuten, S. 152. Zum angeblichen ultimativen Sieg des Kapitalismus siehe Francis Fukuyama: The End of History? In: The National Interest 16 (1989), S. 3–18.

48 Zeh: Unterleuten, S. 153–154, meine Hervorhebung, S.K.

4 Glocalization

Somit hat auch auf dem Boden der untergegangenen DDR die durch den Neoliberalismus geprägte und auf Effizienz gedrillte Post-Loveparade-Generation die Macht übernommen. Indem Zeh ausgerechnet ein ostdeutsches Dorf als Schauplatz wählt, somit also einen Ort in der Provinz, der von der globalen Wirtschaftsordnung nach dem Ende der DDR besonders stark „überrannt" wurde, tritt auch in *Unterleuten* zutage, was Heinz-Peter Preußer bereits für Zehs Debüt *Adler und Engel* festgehalten hat: Wieder haben wir es mit einem Text zu tun, in dem „Mikrokosmos und Makrokosmos einander reflektieren",[49] denn in den Strukturen des Dorfs Unterleuten und den hier verhandelten Konflikten treten genau jene Diskurse zutage, welche die Gesellschaft dominieren. Es finden sich Landflucht, Stadtflucht und die Idealisierung des als authentisch empfundenen Landlebens; Ost und West; die drohende Klimakatastrophe und die Energiewende; die Frage nach der Verlässlichkeit von Fakten im post-faktischen Zeitalter; und nicht zuletzt der Drang zum überbordenden und die Gemeinschaft zerstörenden Individualismus und die damit einhergehende Tendenz der Entsolidarisierung.

Dabei offenbaren sich die thematisierten Probleme mit Ausnahme der auch bald 30 Jahre nach dem Mauerfall immer noch wahrnehmbaren Differenz zwischen Ost und West eben nicht als spezifisch deutsche Auseinandersetzungen, sondern als globale Herausforderungen, die aber auch auf der lokalen Ebene ihre Spuren hinterlassen. Somit wird auch in *Unterleuten* deutlich, was sich schon beispielsweise in *Spieltrieb* zeigte: die Globalisierung tritt hervor als Prozess, der mitnichten abgeschlossen, sondern vielmehr dynamisch ist und im Endeffekt jeden Winkel der Welt erreicht. Dabei spielt jedoch die lokale Welt des Dorfes Unterleuten eine wesentliche Rolle, die Globalisierung ist also entgegen der landläufigen Meinung kein Prozess, der die lokale Ebene überschreibt, wie Robert Rolandson bereits 1995 hervorgehoben hat.[50] Vielmehr, so wird am Beispiel des Streits um den Windpark deutlich, ist die Auseinandersetzung charakterisiert durch die spezifischen Gegebenheiten Unterleutens und spielt so auf Rolandsons Konzept der *Glocalization* an. Danach sind die Ebenen der Globalisierung und

---

49 Heinz-Peter Preußer: Juli Zeh. In: Kritisches Lexikon zur deutschsprachigen Gegenwartsliteratur: KLG. Hg. v. Heinz L. Arnold. München. http://www.munzinger.de/search/klg/Juli+Zeh/737.html (Stand: 15. Dezember 2017).

50 Robert Rolandson: Glocalization: Time–Space and Homogeneity–Heterogeneity. In: *Global Modernities*. Hg. v. Mike Featherstone / Scott Lash / Robert Rolandson. London 1995, S. 25–44, besonders S. 26; Robert Rolandson und Kathleen E. White: What is Globalization? In: The Blackwell Companion to Globalization. Hg. v. George Ritzer. Oxford 2007, S. 54–66; besonders S. 62.

lokale Besonderheiten eben nicht diametral entgegengesetzt, sondern sie bedingen sich gegenseitig:

> I want to use the general idea of glocalization to make a number of points about the global-local problematic. There is a widespread tendency to regard this problematic as straightforwardly involving a polarity, which assumes its most acute form in the claim that we live in a world of local assertions *against* globalizing trends, a world in which the very idea of locality is sometimes cast as a form of opposition or resistance to the hegemonically global. [...] I maintain [...] that globalization has involved the reconstruction [...] of ‚home', ‚community' and ‚locality' [...]. To that extent the local is not best seen, at least as an analytic or interpretative departure point, as a counterpoint to the global.[51]

Diese Vorstellungen Rolandsons werden in *Unterleuten* – dem „silent glocal turn at the dawn of the twenty-first century"[52] entsprechend – nachvollziehbar entwickelt. Das globale Problem der Erderwärmung und drohenden Klimakatastrophe kombiniert mit dem Profitstreben der sich wandelnden Energieindustrie erhält hier eine ortsspezifische Komponente, wenn es um die Errichtung des Windparks geht: Die örtlichen, teilweise bereits seit Generationen bestehenden Verbindungen und Konflikte zwischen den Dorfbewohnern und die spezifischen Methoden, mit denen in Unterleuten Konflikte bewältigt werden,[53] behalten durchaus zumindest teilweise ihre Gültigkeit. Dies verdeutlicht, dass globale Prozesse mitnichten außerhalb lokaler Machtnetzwerke stattfinden oder sich gegen dort wirksame Kräfte problemlos durchsetzen können. Das Gegenteil ist der Fall: Gerade weil das Globale und das Örtliche sich gegenseitig bedingende Konzepte darstellen, verstärken sich vielfach bereits gegebene Strukturen von sozialer und/oder wirtschaftlicher Vorherrschaft bzw. Benachteiligung. Die dörfliche Sozialstruktur mag sich zwar in den Augen Krons nicht zuletzt aufgrund der neoliberalen Einflüsse stark verändert haben, komplett aufgelöst ist sie jedoch nicht. Kron und Gombrowski bleiben auch unter den neuen Bedingungen Kräfte mit maßgeblichem Einfluss in Unterleuten, während die LPG-Jünger unter den Gegebenheiten der neoliberalen Wirtschaftsordnung keine sozial wesentliche Rolle spielen. Somit zeigt sich, dass die lokale Ebene die globalen Probleme auf ihre Weise auffängt, dass also die regionale Kultur den globalen Einflüssen spe-

51 Rolandson, S. 29–30. Siehe auch Ulrike Schuerkens: Social Transformations between Global Forces and Local Life-Worlds: Introduction. In: Global Forces and Local Life-Worlds. Hg. v. Ulrike Schuerkens. London 2004, S. 1–13, hier 2.

52 Roudometof, S. 783.

53 So betont Hilde Kessler gegenüber Gombrowski, dass in Unterleuten grundsätzlich alle Angelegenheiten ohne die Polizei gelöst werden (Zeh: Unterleuten, S. 101).

zifische Bedeutung zuweist und so herausstellt, wie das Globale und das Lokale miteinander verwoben sind und sich gegenseitig ermöglichen.

Abschließend lässt sich festhalten, dass gerade Literatur – und insbesondere der moderne Gesellschaftsroman des 21. Jahrhunderts, so wie die Autorin ihn definiert – dazu geeignet ist, die wesentlichen gesellschaftlichen Fragen der Gegenwart zu verhandeln. Zeh reiht sich damit ein in die Riege jüngerer deutschsprachiger Autorinnen und Autoren, deren Schriften „als ein Medium der Wahrnehmung, Reflexion und Kritik gegenwärtiger Verhältnisse" fungieren und die so verhandelte Verhältnisse im öffentlichen kulturellen Diskurs verankert.[54] Diese Autorinnen und Autoren heben die Überlegenheit von Literatur gegenüber anderen Medien hervor, gerade wenn es um das Politische geht. Wie Martha Nussbaum festhält, kann nur die fiktive Literatur die Leserinnen und Leser einladen, über sich nachzudenken, indem sie sich in die Situation verschiedener anderer Akteure versetzen und sich deren Erfahrungen zu eigen zu machen.[55]

Indem Zeh in diesem multiperspektivischen Werk genauso Repräsentanten des Neoliberalismus auf Kinder der Loveparade und auf Bauern prallen lässt wie Vertreter verschiedenster Generationen auf digitale Kommunikationsformen und den ‚Dorffunk', verdeutlicht sie, dass Werte und Wissen als diskursive Elemente, die Gesellschaften grundlegend bestimmen, zugleich machtaffine und machtkritische Strukturen aufweisen. Somit stellt *Unterleuten* die Frage nach dem Verhältnis von Wissen und Macht sowie von Individualismus und Gemeinschaft. In der Form, in der Zeh gesellschaftliche Widersprüche, Probleme und offene Fragen darlegt, zeigt sich auch in *Unterleuten* das Selbstbewusstsein einer Autorin, die im Schreiben vorführt, wie Literatur eine Rolle als gesellschaftlich relevante Kraft erfüllen kann.

Literaturverzeichnis

Anz, Thomas (Hg.): Es geht nicht um Christa Wolf: Der Literaturstreit im vereinten Deutschland. Frankfurt a. M. 1991.

Caduff, Corina / Ulrike Vedder: Gegenwart schreiben. Zur Einleitung. In: Deutschsprachige Gegenwartsliteratur 2000 – 2015. Hg. v. Corina Caduff / Ulrike Vedder. München 2017, S. 9 – 12.

Deiritz, Karl / Hannes Krauss (Hg.): Der deutsch-deutsche Literaturstreit oder „Freunde, es spricht sich schlecht mit gebundener Zunge". Hamburg 1991.

Fuchs, Anne: Defending Lateness: Deliberations on Acceleration, Attention, and Lateness, 1900 – 2000. In: New German Critique 125, (2015), H. 42/2, S. 31 – 48.

54 Caduff und Vedder, S. 9.
55 Nussbaum, S. 5.

Fukuyama, Francis: The End of History? In: The National Interest 16 (1989), S. 3–18.
Gortz, Manfred: Dein Erfolg. München 2015.
Herminghouse, Patricia: The Young Author as Public Intellectual. The Case of Juli Zeh. In: German Literature in a New Century. Trends, Traditions, Transitions, Transformations. Hg. v. Katharina Gerstenberger / Patricia Herminghouse. New York/Oxford 2008, S. 268–284.
Klocke, Sonja: Transnational Terrorism, War, and Violence: Globalization and Transborder Exchanges in Juli Zeh's *Spieltrieb* (2004). In: Seminar. A Journal of Germanic Studies. 47 (2011), H. 3. Sonderheft: Globalization, Literature, Film, and the New Economy. Hg. v. Sabine von Dirke / David Coury, S. 520–536.
Leeder, Karen: Figuring Lateness in Modern German Culture. In: New German Critique 125 (2015), H. 42/2, S. 1–29.
Lehmkuhl, Tobias: Hat Juli Zeh für ihren aktuellen Roman abgeschrieben? In: Süddeutsche Zeitung v. 14.04.2016.
Neuhaus, Stefan / Rolf Selbmann / Thorsten Unger (Hg.): Engagierte Literatur zwischen den Weltkriegen. Würzburg 2002.
Nussbaum, Martha C.: Poetic Justice. The Literary Imagination and Public Life. Boston 1995.
Öhlschläger, Claudia: Narration und Ethik. Vorbemerkung. In: Narration und Ethik, Ethik – Text – Kultur 1. Hg. v. Claudia Öhlschläger. München 2009, S. 9–21.
Preußer, Heinz-Peter: Juli Zeh. In: Kritisches Lexikon zur deutschsprachigen Gegenwartsliteratur: KLG. Hg. v. Heinz L. Arnold. München. Online. Letzter Zugriff 15. Dezember 2017.
Richter, Lars: Juli Zeh. Literatur und Engagement unter Leuten. In: Protest und Verweigerung. Neue Tendenzen in der deutschen Literatur seit 1989/Protest and Refusal. New Trends in German Literature since 1989. Hg. v. Hans Adler / Sonja E. Klocke. Paderborn 2018, S. 129–155.
Rolandson, Robert: Glocalization: Time–Space and Homogeneity–Heterogeneity. In: *Global Modernities*. Hg. v. Mike Featherstone / Scott Lash / Robert Rolandson. London 1995, S. 25–44.
Rolandson, Robert / Kathleen E. White: What is Globalization? In: The Blackwell Companion to Globalization. Hg. v. George Ritzer. Oxford 2007, S. 54–66.
Roudometof, Victor: The Glocal and Global Studies. In: Globalizations 12 (2015), H. 5, S. 774–787.
Said, Edward W.: On Late Style. London 2006.
Schöll, Julia: Die Rückkehr des Autors als moralische Instanz. Auktoriale Inszenierung im 21. Jahrhundert. In: Deutschsprachige Gegenwartsliteratur 2000–2015. Hg. v. Corina Caduff / Ulrike Vedder. München 2017, S. 211–222.
Schuerkens, Ulrike: Social Transformations between Global Forces and Local Life-Worlds: Introduction. In: Global Forces and Local Life-Worlds. Hg. v. Ulrike Schuerkens. London 2004, S. 1–13.
Zeh, Juli: Alles auf dem Rasen. Kein Roman. 2006. München 2008.
Zeh, Juli: Treideln. Frankfurter Poetikvorlesungen. Frankfurt a. M. 2013.
Zeh, Juli: Offener Brief an Bundeskanzlerin Angela Merkel vom 15. Mai 2014. In: Nachts sind das Tiere. Frankfurt a. M. 2014, S. 272–279.
Zeh, Juli: Selbst, selbst, selbst. In: Nachts sind das Tiere. Frankfurt a. M. 2014, S. 205–210.
Zeh, Juli: Unterleuten. Roman. München 2016.
Zeh, Juli: 3. Mai 2016. URL: http://www.unterleuten.de/ (letzter Zugriff: 15.12.2017).

Stefan Neuhaus

Politisches Schreiben und Handeln in Uwe Timms Roman *Ikarien* (2017)

Mit einigen allgemeinen Überlegungen zum Verhältnis von Literatur und Politik

1 Einführung

Seit Beginn der literarischen Moderne um 1900, spätestens aber nach zwei Weltkriegen und dem Holocaust hat sich die Überzeugung durchgesetzt, dass es keinen unaufhaltsamen Fortschritt, kein teleologisches Weltbild und keinen aus metaphysischen Konzepten herleitbaren Sinn im Leben und auch keine absolute Macht und Kontrolle des Menschen über seine Umwelt, ja nicht einmal über sich selbst geben kann. Sigmund Freud hat bereits 1917 in seinem Aufsatz *Eine Schwierigkeit der Psychoanalyse* eine entsprechende Einsicht formuliert, „[...] daß der allgemeine Narzißmus, die Eigenliebe der Menschheit, bis jetzt drei schwere Kränkungen von seiten der wissenschaftlichen Forschung erfahren hat."[1] Die erste Kränkung ist die „Zerstörung der narzißtischen Illusion", die Erde und damit der Mensch selbst sei im Zentrum des Universums, hierfür steht der Name Kopernikus.[2] Die zweite Kränkung ist die durch Darwin und andere formulierte Erkenntnis: „Der Mensch ist nichts anderes und nichts Besseres als die Tiere, er ist selbst aus der Tierreihe hervorgegangen [...]."[3] Die dritte Kränkung der „Eigenliebe" des Menschen schreibt Freud der Psychoanalyse und damit den Ergebnissen seiner eigenen Forschung zu, sie besteht in der Erkenntnis, „[...] daß das *Ich nicht Herr sei in seinem eigenen Haus.*"[4] Der Mensch scheint weder in der Lage zu sein, seine Umwelt zu kontrollieren noch sich selbst. Welche Konsequenzen dies für den Fortschrittsglauben der Aufklärung hat, zeigt eine lange Reihe von philosophischen Arbeiten, die bereits im 19. Jahrhundert mit Schopenhauer und Nietzsche beginnt und sich im 20. mit der populären *Dialektik der Aufklärung* von

1 Sigmund Freud: Eine Schwierigkeit der Psychoanalyse. In: Ders.: Werke aus den Jahren 1917–1920. Gesammelte Werke, Bd. 12. Frankfurt a.M. 1999, S. 3–12, hier: S. 7.
2 Ebd.
3 Freud, S. 6.
4 Freud, S. 11.

https://doi.org/10.1515/9783110568561-028

Max Horkheimer und Theodor W. Adorno oder mit dem Werk Michel Foucaults fortsetzt.

Georg Lukács hat für die sich um 1900 durchsetzende Erfahrung bekanntlich die Formel von der „transzendentalen Obdachlosigkeit" gefunden.[5] Jean-François Lyotard hat später die nicht weniger berühmte Formulierung vom ‚Ende der großen Erzählungen' geprägt. Gesellschaftlich relevanter Sinn wird, historisch betrachtet, durch Erzählungen geschaffen, die Gültigkeit beanspruchen.[6] Die zentrale Veränderung im ‚postmodernen Wissen' ist, dass das Wissen nun „seine Gültigkeit nicht in sich selbst" findet, „sondern in einem praktischen Subjekt, welches die Humanität ist".[7] Für Lyotard gibt es kein „Wissen in seiner Selbstlegitimation" mehr, „[...] sondern die Freiheit in ihrer Selbstbegründung, oder, wenn man dies vorzieht, in ihrer Selbstverwaltung."[8] Dass die neue Situation Risiko und Chance zugleich beherbergt, hat Ulrich Beck in seinem Klassiker *Risikogesellschaft* ausgeführt.[9]

Man könnte auch von der Dezentrierung des Subjekts durch die Erfahrung von Kontingenz sprechen. Richard Rorty ist daher der Auffassung, wir sollten die Suche „[...] nach einer Theorie, die das Öffentliche und das Private vereint, aufgeben und uns damit abfinden, die Forderungen nach Selbsterschaffung und nach Solidarität als gleichwertig, aber für alle Zeit inkommensurabel zu betrachten."[10] Rorty beruft sich dabei auf eine dreifache Kontingenz: die der Sprache, des Selbst und der Gesellschaft.[11] Er schließt an Freud und zugleich an ein kanonisiertes literarisches Werk mit folgender Feststellung an:

> Nabokov konstruierte sein bestes Buch, *Pale Fire* (Fahles Feuer), um das Wort „Menschenleben als Kommentar zu abstruser, unvollendeter Dichtung". Dieses Wort dient als Zusammenfassung von Freuds Behauptung, daß jedes Leben die Ausarbeitung einer komplexen idiosynkratischen Phantasievorstellung ist, und als Erinnerung daran, daß keine solche Ausarbeitung abgeschlossen ist, wenn der Tod ihr ein Ende setzt. Sie kann nicht vollendet

5 Georg Lukács: Die Theorie des Romans. Ein geschichtsphilosophischer Versuch über die Form der großen Epik. Frankfurt a. M. 1988, S. 32.

6 Vgl. Jean-François Lyotard: Das postmoderne Wissen. Ein Bericht. Hg. v. Peter Engelmann. 5. Aufl. Wien 2005, S. 75.

7 Lyotard, S. 106.

8 Lyotard, S. 106 f.

9 Vgl. Ulrich Beck: Risikogesellschaft. Auf dem Weg in eine andere Moderne. Sonderausgabe. Frankfurt a. M. 2003. Vgl. auch Zygmunt Bauman: Flüchtige Moderne. Aus dem Englischen von Reinhard Kreissl. Frankfurt a. M. 2003.

10 Richard Rorty: Kontingenz, Ironie und Solidarität. Übersetzt von Christa Krüger. 10. Aufl. Frankfurt a. M. 2012, S. 14.

11 Vgl. Rorty, S. 21–123.

> werden, weil es nichts zu vollenden gibt, es gibt nur ein Beziehungsnetz, das neu gewoben werden muß, ein Netzwerk, das die Zeit jeden Tag vergrößert.[12]

Auf die kontingente Konstruiertheit des Menschen und seines Lebenssinns lässt sich auch der Begriff der Hybridität anwenden, wie dies Andreas Reckwitz in seiner „Theorie der Subjektkulturen" mit dem Titel *Das hybride Subjekt* programmatisch getan hat.[13] Seine Charakterisierung des Subjekts fasst die hier nur kursorisch skizzierte Entwicklung pointiert zusammen:

> Die Moderne produziert keine eindeutige, homogene Subjektstruktur, sie liefert vielmehr ein Feld der Auseinandersetzung um kulturelle *Differenzen* bezüglich dessen, was das Subjekt ist und wie es sich formen kann. Kennzeichnend für die Moderne ist gerade, dass sie dem Subjekt keine definitive Form gibt, sondern diese sich als ein Kontingenzproblem, eine offene Frage auftut, auf die unterschiedliche, immer wieder neue und andere kulturelle Antworten geliefert und in die Tat umgesetzt werden.[14]

Für Reckwitz sind „Subjektkulturen nicht eindeutig und homogen gebaut, sie sind vielmehr durch eine spezifische *Hybridität* gekennzeichnet: Subjektkulturen erweisen sich als kombinatorisches Arrangement verschiedener Sinnmuster".[15]

Die sogenannte ‚schöne', zumindest die ernstzunehmende (d.h. die konsensuell von Literaturexperten kanonisierte) Literatur spielt bei dieser Entwicklung eine wichtige Rolle. Sie diskutiert sie und spielt sie durch, und dies seit der Entstehung des modernen Subjekts im 18. Jahrhundert. Die Literatur modelliert mögliche Subjekte und Möglichkeiten des Zusammenlebens von Subjekten. Indem sich die ‚schöne' Literatur allein aufgrund ihrer Fiktionalität in ein Möglichkeitsverhältnis zur Realität setzt, verweist sie auf die Kontingenz dieser Realität und zugleich auf alternative Entwürfe, wie Realität gestaltet werden könnte. Dieses Verhältnis reflektiert sie auch zunehmend selbst. Auf diese Weise werden alle teleologischen Konzepte historischer Entwicklungen als ‚große Erzählungen' (Lyotard) entlarvt. Die eigene Erzählung wird durch distanzerzeugende Mittel wie Metafiktionalität[16] so imprägniert, dass sie nicht selbst zum metaphysischen Vademecum werden kann und einen kritischen Blick auf die beobachtbare Realität ermöglicht, die es (das ist der große Konsens) in Richtung auf Humanität zu verändern gilt.

---

12 Rorty, S. 82f.

13 Vgl. Andreas Reckwitz: Das hybride Subjekt. Eine Theorie der Subjektkulturen von der bürgerlichen Moderne zur Postmoderne. Weilerswist 2006.

14 Reckwitz, S. 14.

15 Reckwitz, S. 15.

16 Vgl. hierzu die grundlegende Arbeit von Ilona Mader.

2 Politik, politisches Schreiben und Handeln

Politik ist zunächst ein „bestimmtes Handeln einzelner Subjekte".[17] Dieses Handeln ist im Rahmen der antiken Polis auf eine Ordnung bezogen, die das Fortbestehen und die Weiterentwicklung des griechischen Staatenbundes sicherstellt. Zu den Grundlagen der Ordnung des Staatenbundes gehören die politische Selbstverwaltung durch die männlichen Bürger und die Gleichheit vor dem Gesetz.[18] Politik und politisches Handeln kann allerdings immer nur zeit- und kulturabhängig verstanden werden. Beides orientiert sich an den konkreten politischen Institutionen, die immer auch Manifestationen der historisch gewordenen politischen Kultur sind. Dabei lässt sich zwischen *politics* (politische Institutionen und politisches Handeln) einerseits und *policy* (politisches Programm oder politische Strategie) andererseits unterscheiden.[19]

Politisches Schreiben kann als kritische Reflexion über die politischen Verhältnisse, als Bestandteil für eine demokratische Entwicklung notwendiger, weil die Verfestigung von Machtverhältnissen verhindernder, gesellschaftlicher (Selbst-)Kritik verstanden werden. Für Michel Foucault ist Kritik deshalb „die Kunst, nicht dermaßen regiert zu werden".[20] Politisches Handeln wird in der Literatur simuliert, in der Realität wird es von Diskursen gesteuert, die sich in Institutionen und Regeln verfestigt haben und wiederum von diesen mit ausgehen. In Deutschland sind das Grundgesetz und das Bundesverfassungsgericht Garanten der Stabilität des politischen Systems. Politik ist im intellektuellen Diskurs so präsent (etwa bei Derrida, Foucault, Lyotard, Agamben, Butler, Bhabha, Spivak u. a.), dass es kaum möglich ist, politisches Schreiben oder politisches Handeln zu kategorisieren und zu beschreiben, ohne die entsprechenden komplexen theoretischen Voraussetzungen mit zu reflektieren.

Literarisches Schreiben kann politisches Handeln sein, wenn es mit einigem Erfolg auf Veränderung der politischen Verhältnisse zielt; für die neuere deutsche Literatur wäre der sich viele Jahre für die SPD und vor allem für ihren damaligen Kanzlerkandidaten Willy Brandt durchaus erfolgreich engagierende Günter Grass ein Beispiel. Bei Schriftstellern und literarischen Texten lässt sich die Bedeutung politischen Schreibens als Handeln aber nicht zeit- und erfolgsabhängig bemes-

17 Joachim Ritter (Hg.): Historisches Wörterbuch der Philosophie. Völlig neubearb. Ausg. des „Wörterbuchs der philosophischen Begriffe" von Rudolf Eisler. Basel 1989, Bd. 7: P–Q, Sp. 1038–1072 („Politik"), hier Sp. 1038.

18 Ritter, Sp. 1038.

19 Ritter, Sp. 1056.

20 Michel Foucault: Was ist Kritik? Aus dem Franz. v. Walter Seitter. Berlin 1992, S. 12.

sen. Zola hatte Erfolg, aber andere wie Bertolt Brecht oder Ernst Toller konnten trotz aller Bemühungen, auch publizistischer Natur, weniger Wirkung im politischen Feld erzielen.

3 Der Schriftsteller als kritischer Intellektueller

Seit der Entwicklung und Ausdifferenzierung der bürgerlichen Gesellschaft mit der Ausbildung eines eigenen künstlerischen Feldes[21] haben Schriftsteller und Künstler einen Sonderstatus, der es ihnen ermöglicht, in das politische Feld aus einer kritisch-neutralen Perspektive einzugreifen. Ihre Produkte gehören nicht zur industriellen Massenproduktion, sondern dienen als Ausweis individueller, besonderer Befähigung. Für die literarische Ästhetik hat sich die begriffliche Entgegensetzung von Autonomie und Heteronomie eingebürgert. Um nicht nur kurzfristig als besonders qualitätvoll zu gelten und um in den literarischen Kanon einzugehen, müssen Texte das Prinzip der Autonomieästhetik vertreten und das heißt, dass sie vor allem formal (sprachlich) innovativ sein müssen.[22] Es geht nicht primär um den Inhalt, sondern darum, wie etwas gemacht ist. Auf diese Weise „wird Kunst zur Artikulation ihrer Selbstreferenz"[23] und sie hat zunächst „*keinen externen Nutzen*", auch wenn sie Bezüge zur außersprachlichen Realität herstellt.[24] Anders als journalistische oder dokumentarische Texte lösen sich literarische zugleich von den Kontexten, auf die sie sich beziehen: „Wenn Literatur dekontextualisierte Sprache ist, Sprache, die von ihren Funktionen und Zwecken abgetrennt ist, stellt sie zugleich selbst eine Art Kontext dar, der besondere Formen der Aufmerksamkeit bedingt bzw. verlangt."[25]

Der skizzierte Sonderstatus führt zu einer Verkomplizierung des Verhältnisses von Literatur und Politik. Wenn sie als Literatur im engeren Sinn akzeptiert werden wollen, dann müssen Texte neue formale Strategien und Verfahrensweisen und entsprechende Codierungsverfahren verwenden, etwa durch intertextuelle Verweise, die sich vor allem Experten erschließen – also jenen, die über

---

21 Zum Begriff und Konzept vgl. Pierre Bourdieu: Die Regeln der Kunst. Genese und Struktur des literarischen Feldes. Übersetzt von Bernd Schwibs und Achim Russer. Frankfurt a. M. 2001.

22 Vgl. Stefan Neuhaus: Literaturvermittlung. Konstanz 2009, S. 43–60; grundlegend zum Thema: Renate von Heydebrand / Simone Winko: Einführung in die Wertung von Literatur. Systematik – Geschichte – Legitimation. Paderborn u. a. 1996.

23 Niklas Luhmann: Die Kunst der Gesellschaft. Frankfurt a. M. 1997, S. 75.

24 Luhmann, S. 77.

25 Jonathan Culler: Literaturtheorie. Eine kurze Einführung. Aus dem Englischen übersetzt von Andreas Mahler. Stuttgart 2002, S. 40.

die Qualität der literarischen Texte urteilen. Wenn Literatur die politische Botschaft zu stark macht und das Postulat der Autonomieästhetik verletzt, läuft sie Gefahr, dekanonisiert zu werden, das hat bereits der Streit zwischen Heinrich Heine und Ludwig Börne im Vormärz gezeigt.[26] Börne setzte auf politische Wirkung, Heine betonte den Primat des Ästhetischen. Bekanntlich hat sich Heines Werk durchgesetzt, es ist das weitaus bekanntere geworden und geblieben.

Der französische Soziologe Pierre Bourdieu hat von der „Erfindung einer ‚reinen' Ästhetik" gesprochen,[27] die es ermöglicht, dass nur Experten den Wert eines Texts beurteilen können, den sie ihm durch ihre Wertung, auf der Basis der Konventionen des Feldes überhaupt erst zuschreiben. Die „Paradoxie des literarischen Feldes" ist es, dass der Erwerb von kulturellem Kapital nicht nur, aber auch auf ökonomischen Erfolg abzielt. Vermittlerfunktion haben Experten wie etwa „Kritiker", „Verleger" oder „Theaterleiter", die durch eine „Konsekration von Objekten" die „Macht" haben, „Wert zu verleihen und aus dieser Operation Gewinn zu schlagen".[28]

Bourdieu hat aber auch, am Beispiel der Dreyfus-Affäre in Frankreich, in die der Schriftsteller Émile Zola 1898 mit einem offenen Brief öffentlichkeitswirksam eingegriffen hatte, die Möglichkeit des Schriftstellers betont, politisch wirksam zu werden.[29] Gerade der Sonderstatus stattet den Autor mit der notwendigen Glaubwürdigkeit aus, er bedeutet politische Unabhängigkeit und Unbestechlichkeit des politischen Urteil(en)s. Zola hat den Typus des kritischen Intellektuellen begründet, eine Rolle, die im 20. Jahrhundert beispielsweise Bertolt Brecht und Günter Grass offensiv genutzt haben, aber stets auf der Basis der Autonomieästhetik, die dem Werk und damit auch dem Autor überhaupt erst die Zugehörigkeit zum literarischen Feld und damit die nötige Unabhängigkeit sichert.

Es lässt sich allerdings eine Entwicklung beobachten. Die Werke jüngerer AutorInnen seit der Pop-Generation Mitte der 1990er Jahre haben sich von der operativen Programmatik eines kritischen Intellektuellen dieses Typus abgesetzt, indem sie die Zahl der reflexiven Schleifen maximal erhöht haben. Prägnante Beispiele wären etwa der Roman *Tomboy* (1998)[30] von Thomas Meinecke oder die

---

26 Vgl. Hans Magnus Enzensberger (Hg.): Ludwig Börne und Heinrich Heine: Ein deutsches Zerwürfnis. Frankfurt a. M. 1997.

27 Vgl. Bourdieu, S. 174.

28 Bourdieu, S. 239.

29 Bourdieu, S. 209–214.

30 Vgl. etwa Sabine Kyora: Theorie-Pop? Thomas Meineckes Roman *Tomboy* und die Gender Studies. In: Pop – Pop – Populär. Jugendliteratur und Popkultur. Hg. v. Johannes Pankau. Oldenburg 2004, S. 109–120.

Werke von Christian Kracht, beginnend mit *Faserland* (1995). Dass und inwiefern die gesteigerte Reflexivität in Krachts Werk keine Abstinenz von politischen Themen bedeutet, ist erst in jüngeren Forschungsarbeiten beschrieben worden.[31]

4 Die Verbindung von Ästhetik und Politik im Werk von Uwe Timm

Uwe Timm (geb. 1940) ist vielleicht der bedeutendste Autor, der solchen Veränderungen vorgearbeitet hat. Allerdings gibt es bisher dazu keine umfassende Arbeit in der Forschung, auch wenn immer wieder auf das Politische von Timms Schreiben hingewiesen und in einer Studie der wichtige Bezug zu 1968 in den Blick genommen worden ist.[32] Timm wird in seiner Bedeutung für die deutschsprachige Gegenwartsliteratur chronisch unterschätzt. Ulrich Greiner hat beispielsweise aus Anlass des Erscheinens von Timms Roman *Rot* festgestellt: „Unter denen, die ihn [den Georg-Büchner-Preis als den wichtigsten deutschsprachigen Literaturpreis] gekriegt haben, sind nicht wenige, die Uwe Timm und seinem Werk nicht das Wasser reichen können."[33] Die Verleihung des Büchner-Preises an Timm lässt bis heute auf sich warten, trotz des hohen Ansehens, das sein Werk im Literaturbetrieb und im Feuilleton genießt.

Timms ästhetische und politische Kategorien gleichermaßen berücksichtigendes Werkkonzept soll in diesem Beitrag als eines konturiert werden, das zwischen dem eher operativ-politischen der Generation eines Günter Grass[34] und dem eher metareflexiv-politischen eines Christian Kracht zu positionieren ist und den ‚missing link' zwischen beiden darstellt. Es kann aus Platzgründen hier nicht gezeigt werden, dass andere Angehörige der Generation Timm, etwa F. C. (Friedrich Christian) Delius (geb. 1943) oder W. G. (Winfried Georg) Sebald (geb. 1944), auf zwar andere und eigene Weise, aber in einem vergleichbaren

---

31 Vgl. etwa Immanuel Nover: Referenzbegehren. Sprache und Gewalt bei Bret Easton Ellis und Christian Kracht. Köln / Weimar / Wien 2012; Christoph Kleinschmidt (Hg.): Christian Kracht. Text + Kritik. Zeitschrift für Literatur. H. 216. München 2017.

32 Vgl. v. a. Martin Hielscher: Uwe Timm. München 2007. – Die besondere Bedeutung von 1968 im Werk wird herausgearbeitet von: Sabine Weisz: Die 68er-Revolte im Werk von Uwe Timm. Marburg 2009.

33 Ulrich Greiner: Der Wiedergänger. Uwe Timm erzählt in seinem Roman *Rot* von der Liebe, vom Älterwerden und vom Sterben und erinnert an die Geschichte der verlorenen Utopien. In: Die Zeit Nr. 41 (4.10.2001), Literaturbeilage S. 3–4.

34 Vgl. hierzu etwa Jos Joosten / Christoph Parry (Hg.): The Echo of *Die Blechtrommel* in Europe. Studies on the Reception of Günter Grass's *The Tin Drum*. Leiden / Boston 2016.

Mischungsverhältnis ästhetische und politische Konzepte miteinander verbinden, auch wenn es gerade Timm ist, der den AutorInnen der jüngeren Pop-Generation vorarbeitet. Der Begriff der ‚Generation' sollte allerdings nicht zu stark gemacht werden, da zumindest die neueren Konzepte, für die hier exemplarisch Timm und Kracht stehen sollen, auch heute noch parallel und von AutorInnen unterschiedlichen Alters vertreten werden. So könnte man etwa Juli Zeh als eine Autorin in den Blick nehmen, die ein vergleichbar politisches und wirkungsbezogenes, zugleich aber auch besonders auf die ästhetischen Vermittlungsverfahren achtendes Erzählkonzept verfolgt wie Timm. Vergleiche sind immer misslich, weil Literatur von der Innovation lebt und jedes Werk singulär ist. Daher lässt sich wohl nur – aber immerhin – von Tendenzen sprechen.

Timm knüpft an seine Erfahrungen als junger Mann während der Studentenbewegung an. Der während einer Demonstration 1967 ohne erkennbaren Grund von einem Polizisten erschossene Student Benno Ohnesorg (1940 – 67) war ein Jugendfreund, eine Freundschaft, die Timm noch 2005 in der Erzählung *Der Freund und der Fremde* verarbeitet hat. Eine Bilanz der Studentenbewegung zieht Timm bereits in seinem Debütroman *Heißer Sommer* (1974), der die Ereignisse insbesondere der Jahre 1967/68 zur Grundlage hat und autobiographisch gefärbt ist; er gilt noch heute als einer der wichtigsten Romane über diese Zeit.[35] Timm ist selbst Philologe, er hat 1971 mit einer Arbeit über *Das Problem der Absurdität bei Albert Camus* promoviert.

Nach *Heißer Sommer* handelt auch *Kerbels Flucht* (1980) von den Folgen der Studentenrevolution, während *Morenga* (1978) als der erste große und vielleicht bedeutendste Roman über die deutsche Kolonialzeit gelten kann. Timm verlängert also in der zweiten Hälfte der 1970er Jahre, in der er sich bereits über den Stoff des erst 2017 veröffentlichten Romans *Ikarien* Gedanken macht,[36] die Zeitachse zurück bis ins 19. Jahrhundert, um auch die geistes- und sozialgeschichtlichen Grundlagen der politischen Verhältnisse der damaligen Gegenwart in den Blick nehmen zu können. *Der Schlangenbaum* (1986) verbindet das Interesse an nationaler und globaler Politik in der zeitgenössischen Gegenwart. Es handelt sich um die Geschichte eines Ingenieurs, der mit seinen sehr deutschen Vorstellungen

35 Vgl. Ralf Bentz u.a.: Protest! Literatur um 1968. Eine Ausstellung des Deutschen Literaturarchivs in Verbindung mit dem Germanistischen Seminar der Universität Heidelberg und dem Deutschen Rundfunkarchiv im Schiller-Nationalmuseum Marbach am Neckar. Marbach / Neckar 1998, S. 594.

36 „Die Anfänge des Projekts ‚Ikarien' reichen zurück in das Jahr 1978, als ich den Roman ‚Morenga' abgeschlossen hatte. Die damals begonnene Arbeit wurde unterbrochen – es wollte sich keine den Stoff fassende epische Struktur finden [...]." Uwe Timm: Ikarien. Roman. 2. Aufl. Köln 2017, S. 502.

in einem südafrikanischen Land beruflich und privat scheitert. Dieser frühe Roman über die Globalisierung schreibt Max Frischs *Homo faber* (1957) fort und macht aus dem Stoff des sich selbst überschätzenden europäischen Technokraten eine politische Parabel.

Kopfjäger. Bericht aus dem Inneren des Landes (1991) verbindet ebenfalls, allerdings mit einer vor allem in Deutschland spielenden Handlung, Nähe und Ferne, für die vor allem die Osterinseln stehen. In diesem Zeitroman kreuzen sich Diskurse, die in Timms Romanen immer wiederkehren und die alle um die Frage kreisen, wie menschliches Zusammenleben in einer Gesellschaft organisiert sein kann, um die individuellen Bedürfnisse in eine Balance mit größtmöglicher Gerechtigkeit der Verteilung von Chancen und Ressourcen zu bringen. Formal setzt Timm sein schon in *Heißer Sommer* begonnenes Verfahren fort, mit Zitaten aus ganz unterschiedlichen Texten und Kontexten zu arbeiten, mit literarischen und philosophischen ebenso wie solchen aus Songs der aktuellen Popmusik; ein Verfahren, das eigentlich erst mit der sogenannten Popliteratur ab 1995 zu einer besonders beachteten Praxis in der Literatur geworden ist.[37] Mit der Novelle *Die Entdeckung der Currywurst* (1993), die im Hamburg der Gegenwart und zugleich der späten Kriegsjahre spielt, schlägt Timm ebenso eine Brücke zwischen zwei historischen Abschnitten wie in seinem Roman *Johannisnacht* (1996), der den Schwerpunkt auf die Wiedervereinigung legt und den Veränderungen in der ostdeutschen Gesellschaft nachspürt. Der Roman *Rot* (2001) stellt wieder eine Verbindung zwischen der Zeit der Studentenrevolution und der Gegenwart der Zeit der Erstveröffentlichung her (wie die Novelle *Freitisch* von 2011 und der Roman *Vogelweide* von 2013, allerdings im Rahmen eines im Vergleich stark reduzierten Figurenpersonals und Handlungsgerüsts), während einige der jüngeren Bücher in der Handlung bis in die Zeit des Nationalsozialismus zurückgehen. *Am Beispiel meines Bruders* (2003) ist als autobiographische Erzählung ein halbfiktionaler Text, der sich vor allem mit dem begeistert in den Krieg gezogenen und gefallenen älteren Bruder Karl-Heinz und mit dem Vater beschäftigt, der diesen älteren Bruder seinen Geschwistern vorgezogen und mit dem Faschismus sympathisiert hat. Der Roman *Halbschatten* (2008) ist ebenfalls nur teilfiktiv, ihm liegt die Lebensgeschichte der Fliegerin Marga von Etzdorf (1907–33) zugrunde.[38]

---

37 Vgl. Moritz Baßler: Der deutsche Pop-Roman. Die neuen Archivisten. München 2002.

38 Zu einzelnen Themen des Werks von Uwe Timm habe ich bereits Aufsätze vorgelegt, vgl. Stefan Neuhaus: „Erzählen ist total erotisch“: Literature, pleasure and desire in novels by Thomas Brussig, Uwe Timm and Ulrich Woelk. In: German Language Literature Today: International and Popular? Hg. v. Arthur Williams / Stuart Parkes / Julian Preece (Hg.): Oxford u. a. 2000, S. 153–172; ders.: „Plötzlich findest du dich in einem Buch wieder, und du bist ein anderer.“ Grenzauflösungen als konstitutives Merkmal von Uwe Timms Werk. In: Grenzen – Grenzüberschreitungen –

Die literarisch-ästhetische Auseinandersetzung mit politischen Konzepten in historischer Perspektive ist das zentrale, verbindende Element aller Werke Timms, sie wird auf formal und sprachlich innovative Weise geführt. Kennzeichnend sind vor allem das Verwenden von Zitaten von der Popmusik bis zur politischen Theorie, ein weitgehend neutral-distanziertes Erzählverhalten und ein fragmentiertes Erzählen gegen jede chronologische Ordnung, das allerdings auf diese Weise dem tatsächlichen Erinnerungsprozess viel eher entspricht und dem Eindruck des Dokumentarischen ebenso gegenarbeitet wie andere literarisch-distanzierende Mittel, etwa die Ironie, mit der die Figuren geschildert werden.[39] Auch die Hauptfiguren werden stets kritisch gezeichnet, allerdings können sie durchaus – von Ullrich Krause in *Heißer Sommer* über den Veterinär Gottschalk in *Morenga* bis zu Thomas Linde in *Rot* – Identifikationspotential bereithalten, wenn es darum geht, an ihrem Beispiel mögliche Lernprozesse zu zeigen. Die Hauptfiguren sind aber stets als Sonden konzipiert, die durch die (Zeit-)Geschichte geführt werden und an denen politische Prozesse auf ihre Tauglichkeit hin geprüft werden, inwieweit sie es dem Individuum ermöglichen, sich in der gezeigten Gemeinschaft entfalten und seine Bedürfnisse oder Wünsche (ein wichtiger Begriff bei Timm)[40] so selbstbestimmt wie möglich ausleben zu können.

5 *Ikarien* als ästhetisches Experiment und politischer Roman

Timms Roman spielt 1945 während des Kriegsendes. Es gibt noch letzte Verteidigungsgefechte des sogenannten Volkssturms, als der junge US-amerikanische Offizier Michael Hansen nach Deutschland kommt und von Frankfurt aus nach Bayern aufbricht. Er bekommt den Auftrag, den Hintergründen des Euthanasie-

Grenzauflösungen. Zur Darstellung von Zeitgeschichte in deutschsprachiger Gegenwartsliteratur. Hg. v. Edgar Platen / Martin Todtenhaupt. München 2004, S. 79–92; Identität durch Erinnerung: Zur Vermessung der Vergangenheit in Uwe Timms Werk. In: Das „Prinzip Erinnerung" in der deutschsprachigen Gegenwartsliteratur nach 1989. Hg. v. Carsten Gansel / Pawel Zimniak. Göttingen 2010, S. 59–71; ders.: Zärtliche Nähe und unüberwindbare Ferne: Hybride Subjekte im Werk von Uwe Timm. In: Gegenwartsliteratur. Ein germanistisches Jahrbuch 11 (2012). Schwerpunkt: Uwe Timm. Hg. v. Paul Michael Lützeler, Erin McGlothlin / Jennifer Kapczynski. Tübingen: Stauffenburg 2012, S. 55–76.

39 Vgl. hierzu bereits umfassend die Studie von Simone Christina Nicklas: „Erinnern führt ins Innere". Erinnerung und Identität bei Uwe Timm. Marburg 2015.

40 Vgl. Manfred Durzak (Hg.): Die Archäologie der Wünsche. Studien zum Werk von Uwe Timm. Köln 1995.

Programms der Nationalsozialisten nachzuspüren, hierbei spielt der Arzt und Wissenschaftler Alfred Ploetz (1860 – 1940) eine Schlüsselrolle. Hansen bezieht Quartier in einem Haus nahe Ploetz' Villa in Herrsching am Ammersee, in der noch die Frau des Vordenkers der Eugenik (Vererbungstheorie) und des Konzepts einer ‚Rassenhygiene' wohnt. Der größte Teil des Romans besteht aus Gesprächen Hansens mit Ploetz' früherem Weggefährten Karl Wagner, der die Verfolgung durch die Nationalsozialisten im Keller eines Münchner Antiquariats überstanden hat: „Die Abschriften sind nach Tagen gekennzeichnet. Es fehlen Datumsangaben. Die Befragung muss sich über einen Zeitraum von etwas mehr als drei Monaten erstreckt haben."[41] Wagner erzählt Hansen die Geschichte seiner jahrzehntelangen Freundschaft mit Ploetz, die beide als Studenten erst nach Zürich und dann in die USA führte. Dort erlebten sie den Versuch der Umsetzung des utopischen Projekts Ikarien, das der französische Denker Étienne Cabet in dafür neu gegründeten amerikanischen Gemeinden umsetzen wollte.

Wie zu anderen Stoffen hat Timm auch zu diesem einen starken autobiographischen Bezug: „Ploetz, der 1940 siebzigjährig starb, war der Großvater seiner Frau, der Übersetzerin Dagmar Ploetz."[42] Timm hat in Interviews darauf hingewiesen, dass er sich seit Jahrzehnten mit dem Stoff beschäftigt, aber so lange nicht den richtigen Zugriff gefunden hat. Die Rücksichtnahme auf seine Familie dürfte wohl auch eine Rolle gespielt haben. Der persönliche Bezug wird, wie in vielen anderen Werken Timms, durch Anspielungen auf die eigene Familiengeschichte verstärkt, etwa mit der Schilderung der Situation in Coburg.[43] Die Zeit 1943 – 45 verbrachte Timm in Coburg als Kleinkind und erlebte dort das Kriegsende. Seine Mutter war mit ihm vor den Folgen des Krieges zu Verwandten in die oberfränkische Stadt geflohen. Die als „Legende" bezeichnete Erzählung *Der Mann auf dem Hochrad* von 1984 spielt vor diesem Hintergrund.[44] In *Ikarien* ist Hansens Vater Tierpräparator und ein Gorilla sein Meisterstück.[45] Das Vorbild für diese Figur und ihr präparatorisches Werk lieferte Timms Coburger Großonkel.[46]

---

41 Timm: Ikarien, S. 78.

42 Maike Albath: „Ikarien": Drei Männer, eine Utopie. Der neue Roman von Uwe Timm dreht sich um Rassentheorie und Eugenik. In: Die Zeit (9.10.2017). Zeit online. URL: http://www.zeit.de/2017/41/ikarien-uwe-timm-roman (letzter Zugriff: 04.01.2018).

43 Timm: Ikarien, S. 35 – 50.

44 Vgl. Hielscher: Uwe Timm, S. 15 u. 110 – 119.

45 Timm: Ikarien, S. 22.

46 Vgl. Hielscher: Uwe Timm, S. 115. – Es gibt zahlreiche weitere Anspielungen im Roman auf autobiographische Erlebnisse, die auch in anderen fiktionalen Texten Timms verarbeitet wurden, es kann hier nur beispielhaft darauf hingewiesen werden.

Der scheinbar dokumentarische Charakter der Gespräche in *Ikarien* gehört zur Strategie des Erzählens, an der Fiktionalisierung wird von Anfang an jedoch kein Zweifel gelassen. Wagner, dem vermutlich keine reale Person entspricht (oder ein Konglomerat aus realen Personen), heißt nicht zufällig so, denn Ploetz und er werden intertextuell als Faust und dessen Schüler Wagner markiert:

> Wagner ist eine erfundene Figur. Man denkt an Wagner in Goethes „Faust". Der Hinweis bezieht sich auf Goethes Teufelspakt-Tragödie, damit aber auch auf den „Doktor Faustus", den Thomas Mann 1947 veröffentlichte. In „Ikarien" wie im „Doktor Faustus" gibt es ehemalige Freunde als Erzähler. Zeitblom ist der katholische Humanist, der seine Ideale im Werk des Erasmus von Rotterdam formuliert findet und sich damit von Leverkühn absetzt; Wagner, ebenfalls Vertreter des inneren Exils, ist ein Sozialrevolutionär, für den Étienne Cabet, Gustav Landauer, Ernst Toller und Ernst Bloch Autoren sind, die seine Ethik des humanistischen Sozialismus geprägt haben. Auch „Ikarien" ist ein Teufelspakt-Roman.[47]

Wagner wird im Roman sogar, ein Begriff aus Goethes Tragödie, als „Famulus" von Ploetz apostrophiert[48] und nennt sich selbst seinen „Adlatus."[49] Ploetz spielt auf das Ende von *Faust II* an, wobei er die Position Mephistos einnimmt und somit die implizite Kritik am Verhalten von Faust ignoriert: „Und Philemon und Baucis? Das Haus wird ihnen über ihren Köpfen angezündet. Das Alte muss fallen. Das ist ein Naturgesetz. Alles andere ist soziale Sentimentalität."[50] Über die intertextuelle Referenz zu Goethes *Faust* wird Ploetz als Figur der Hybris charakterisiert. Die Bewertung wird allerdings sehr deutlich, wenn Wagner noch folgende Worte spricht: „Ja, ich kann Zeugnis ablegen. Seine Hoffart und seine Verdammnis."[51]

Der Einstieg entspricht dem collageartigen Stil, der für die Romane Timms charakteristisch ist und der distanzierend und zunächst befremdend wirkt (am ausgeprägtesten, wegen der Thematisierung des ‚Fremden', wohl in *Morenga*). Er setzt ein Zeichen der Hoffnung vor der Schilderung des Grauens der NS-Jahre:

---

47 Paul Michael Lützeler: Uwe Timms Roman „Ikarien": Pakt mit dem Teufel. Wer war Alfred Ploetz? In seinem Zeitroman „Ikarien" spürt Uwe Timm einem Wegbereiter der NS-Euthanasie nach. In: der Tagesspiegel v. 17.10.2017. URL: http://www.tagesspiegel.de/kultur/uwe-timms-roman-ikarien-pakt-mit-dem-teufel/20455926.html (letzter Zugriff: 04.01.2018). – Weiteren intertextuellen Nachweisen wäre zu folgen, so hat Hansen zwei Bücher im Gepäck, die ihm sein Professor gescheckt hat, die Bücher dürften vor allem für die dunkle und die hoffnungsvolle Seite der historischen Zäsur des Kriegsendes 1945 stehen: „Ernst Blochs Spuren und E.T.A. Hoffmanns Nachtstücke. Mit achtundvierzig Zeichnungen von Alfred Kubin" (Timm: Ikarien, 27).

48 Timm: Ikarien, S. 62.

49 Timm: Ikarien, S. 97.

50 Timm: Ikarien, S. 91 f.

51 Timm: Ikarien, S. 98.

> Er lebt.
> Ich bin Zeuge.
> Er hat überlebt.[52]

Gemeint ist Karlchen, ein offenbar mongoloider oder anders geistig zurückgebliebener Junge, der nur überlebt hat, weil er versteckt wurde:

> Er war etwas anders. Man hätte ihn getötet.
> Sie haben geschwiegen.
> Hätten Sie geschwiegen, wenn es eine jüdische Familie gewesen wäre?
> Der Schrecken, das Unaussprechliche.[53]

Am Ende des kurzen Abschnitts schenkt ein US-Soldat dem Jungen Kaugummi,[54] eine prototypische Handlung der unmittelbaren Nachkriegszeit, die wie keine andere für die sich anbahnende Versöhnung steht. Erst später wird sich herausstellen, dass dieser Soldat Michael Hansen ist, der gerade den familiären Wurzeln in Hamburg nachspürt.[55] Im Verlauf des Romans wird ebenfalls deutlich, dass die Eugenik nicht nur ein deutsches Phänomen war: „Man hatte 1934 die gesetzliche Zwangssterilisation in Schweden beschlossen, in Dänemark hatte man sie schon früher praktiziert. Übrigens von sozialdemokratischen Parteien gesetzlich eingeführt. Auch in einigen Staaten der USA wurde die Zwangssterilisation praktiziert."[56]

Hansen heißt nicht zufällig Michael. Schon der Anfang des ersten, mit einer Überschrift („Die Ausfahrt") versehenen Kapitels stellt fest: „Er heißt Hansen, Michael, genannt nach dem Engel, den die Deutschen für sich reserviert haben."[57] Später wird immer wieder auf den Engel der Geschichte von Paul Klee (so heißt eines seiner berühmten Bilder) und auf Walter Benjamin (der einen berühmten kurzen Text dazu geschrieben hat) angespielt: „Das Unfassliche. Der Engel der Geschichte sagt: Alles. Alles, auch das Fürchterlichste, ist nicht nur denkbar, es wurde wahr."[58]

---

52 Timm: Ikarien, S. 9.
53 Timm: Ikarien, S. 12.
54 Timm: Ikarien, S. 14.
55 Timm: Ikarien, S. 290.
56 Timm: Ikarien, S. 79.
57 Timm: Ikarien, S. 15.
58 Timm: Ikarien, S. 271.

Diese Verbindung spielt bereits in dem Roman *Rot* eine zentrale Rolle.[59] Über die Zeichnung *Angelus Novus* hat Benjamin in dem aphoristischen Essay *Über den Begriff der Geschichte* von 1940 geschrieben:

> Es gibt ein Bild von Klee, das Angelus Novus heißt. Ein Engel ist darauf dargestellt, der aussieht, als wäre er im Begriff, sich von etwas zu entfernen, worauf er starrt. Seine Augen sind aufgerissen, sein Mund steht offen und seine Flügel sind ausgespannt. Der Engel der Geschichte muß so aussehen. Er hat das Antlitz der Vergangenheit zugewendet. Wo eine Kette von Begebenheiten vor *uns* erscheint, da sieht *er* eine einzige Katastrophe, die unablässig Trümmer auf Trümmer häuft [...]. Aber ein Sturm weht vom Paradiese her [...]. Dieser Sturm treibt ihn unaufhaltsam in die Zukunft, der er den Rücken kehrt, während der Trümmerhaufen vor ihm zum Himmel wächst. Das, was wir den Fortschritt nennen, ist *dieser* Sturm.[60]

Das Wort Engel kommt auch in *Ikarien* immer wieder vor, etwa als Name und in Verbindung mit einem weiteren intertextuellen Verweis auf Goethes kanonischen Bildungsroman *Wilhelm Meisters Lehrjahre*, der Hansens Erfahrungen als Teil eines Bildungskonzepts ausweist, freilich nicht ohne Ironie:

> Aber Major Engel sagte, ohne dass Hansen gefragt hätte, keine Angst, wir, die Gesellschaft vom Turm – Sie sind doch Literaturwissenschaftler –, behalten Sie im Auge. Sie haben die harte Wirklichkeit gesehen. Das war die Initiation. Jetzt sollen Sie zum Geistigen kommen. Sie wurden ausgewählt.[61]

Das ironische Spiel geht aber noch weiter: „Tut mir übrigens immer leid, sagte Engel in seinem Deutsch mit Berliner Tonfall, dass an meinem Namen ein S fehlt."[62] Angespielt wird erkennbar auf Friedrich Engels, den Freund und Weg-

59 Am Ende des Romans und während er stirbt imaginiert Linde den Sturz der mit einem Engel gekrönten, symbolisch für den deutschen Nationalismus stehenden Berliner Siegessäule und die Vereinigung mit seiner Geliebten Iris, der Lichtbringerin: [...] der Engel in horizontaler Lage dreht sich langsam, mit leichter Rückenlage – da –, ein goldener Flügel hat sich gelöst, der Engel stürzt, mit dem Kopf voran, während zwei Säulenteile wegbrechen, der Däne, der arme Däne, dem der pickelhäubige Preuße an den Kragen geht, den er würgt, nein, nicht mehr, der kann ihn nicht mehr würgen, alles stürzt, dieser Lärm, ein Sausen, Reißen, Zischen, Flügelschlag, ich fliege, endlich, Lösung, immer dieses Voranschreiten, Erlösung, endlich, Gegenwart, Sturz, Allgegenwart, Gewölk, sanftes Grau und darüber das Licht. / Licht." Uwe Timm: Rot. Roman. 2. Aufl. Köln 2001, S. 429 f.

60 Walter Benjamin: Über den Begriff der Geschichte. In: Ders.: Sprache und Geschichte. Philosophische Essays. Ausgewählt von Rolf Tiedemann. Mit einem Essay von Theodor W. Adorno. Stuttgart 1992, S. 141–154, hier: S. 146.

61 Timm: Ikarien, S. 61.

62 Timm: Ikarien, S. 62.

gefährten von Karl Marx. Die Bedeutung des Begriffs reicht bis zu seiner hoffnungsvollen, positiven Besetzung und zugleich Umcodierung des scheinbar ‚unwerten' Lebens: „Unser Menschsein ist ein Geschenk, egal, ob aus Kreation oder Evolution hervorgegangen, und dieses Geschenk gilt es zu hüten. Sie [die Patienten einer Heilanstalt] sind die Engel des Schmerzes, die uns lehren, was Glück ist [...]."[63]

Zu Anfang beschränkt sich der Erzähler weitgehend auf das Beschreiben der Figuren und Ereignisse, auf die biographischen Hintergründe Hansens und seine kurze, von der Abreise unterbrochene Liebschaft mit Catherine, die er möglicherweise (das Ende des Romans ist diesbezüglich offen), gereift durch die Erfahrungen in Deutschland (auch in Liebesangelegenheiten), wieder aufnehmen wird. In die Erzählung werden Tagebucheintragungen Hansens eingeschoben, beginnend am 2. April 1945,[64] und mit den ausführlichen Protokollen der Gespräche Hansens mit Wagner[65] spielt sie ins scheinbar Dokumentarische.

Die Verbindung von privatem Figurenschicksal und historisch-politischer Situation wird immer deutlicher, etwa wenn Hansen in dem fast vollständig zerstörten Würzburg Gespräche über die Schäden der Bombardierung führt:

> Einer sagte, die Krauts haben es ja nicht anders verdient. Wirklich alle? Alle! Ich sagte, ja, schon, widersprach dann aber, weil es mir zu einfach erschien, dieses Alle. Gilt das für die Kinder, gilt das auch für die, die sich den Nazis widersetzt hatten?
>
> Ein Colonel sagte, die Bombardierung sei militärisch völlig sinnlos gewesen. Idiotisch. Ein Major hingegen sah darin ein gerechtes Strafgericht.[66]

In solchen unterschiedlichen Perspektiven wird das Divergierende und Widersprüchliche der Ansichten eingefangen. Der Roman kann auf für Literatur charakteristische offene, die eigene Reflexion anstoßende Weise an einen über Jahrzehnte kontrovers geführten öffentlichen Diskurs anschließen, für den beispielsweise die Debatte im Anschluss an das Erscheinen von Daniel Goldhagens Buch *Hitlers willige Vollstrecker* (1996) steht.[67] Dabei wird aber nichts entschuldigt, schon gar nicht der Versuch der Deutschen, von nichts gewusst zu haben;

63 Timm: Ikarien, S. 280.
64 Timm: Ikarien, S. 28 f.
65 Timm: Ikarien, S. 79 ff.
66 Timm: Ikarien, S. 32.
67 Vgl. Ulrich Herbert: Goldhagen-Debatte: Aus der Mitte der Gesellschaft. Der Zusammenhang zwischen Antisemitismus in Deutschland und dem millionenfachen Mord an den Juden darf nicht wegdiskutiert werden. In: Die Zeit vom 14.6.1996. Zeit online. URL http://www.zeit.de/1996/25/golda.txt.19960614.xml (letzter Zugriff: 04.01.2018).

dafür stehen satirische Kommentare wie: „Ein Volk der Opfer."[68] Der Roman versucht nicht, die Geschehnisse zu erklären, aber er stellt sie weniger in einen nationalen als in einen anthropologischen oder psychologischen Zusammenhang: „Die Lust, die tiefe Lust der Macht, sich für die eigene Sterblichkeit durch das Töten anderer zu rächen."[69]

Der Roman wählt einen besonderen historischen Augenblick, um die Frage nach der politischen Verfasstheit menschlichen Zusammenlebens literarisch gestalten zu können: „Es war ein Moment, in dem eine Ordnung in eine andere, noch nicht gesicherte überging – ein Moment der Anarchie."[70] Der Begriff der Anarchie wird verschieden definiert, er ist im Roman aber eindeutig positiv konnotiert, ohne näher konturiert zu werden. Man kann Parallelen ziehen zu einer ‚linken', aber nicht sozialistischen politischen Tradition, wie sie in einer neueren Arbeit zusammengefasst wird:

> Versuchen wir es mit einer Kurzdefinition: Ein Anarchist glaubt an eine freie Gesellschaft gleichberechtigter Menschen ohne Herrschaft. Er tritt für die Beseitigung jeder Herrschaft ein und bekämpft deshalb Staat, Kirche, Polizei, Kapital, Herrschaftsideologie. Er tritt immer und überall für die Interessen der unterdrückten Masse ein, gleichzeitig arbeitet er an den theoretischen Modellen und den praktischen Beispielen für eine künftige Gesellschaft ohne Herrschaft und Autorität, ohne Ausbeutung und Entfremdung, aufgebaut auf neuen Prinzipien wie Solidarität statt Egoismus, gegenseitige Hilfe statt Konkurrenz und freie Vereinbarung statt Befehlsprinzip.[71]

Der Begriff der Anarchie im negativen Verständnis meint nicht nur (bereits in der Antike) „Regierungs- und Herrscherlosigkeit", sondern auch „Unordnung und Zügellosigkeit",[72] er gilt als Synonym für „Unordnung und Chaos".[73] Seit der Französischen Revolution wird der Begriff zu einem positiv besetzten „gängigen

68 Timm: Ikarien, S. 68.

69 Timm: Ikarien, S. 67.

70 Timm: Ikarien, S. 37.

71 [Autorenkollektiv:] Was ist eigentlich Anarchie? Einführung in die Theorie und Geschichte des Anarchismus. 2., überarb. Aufl. Berlin 1997, S. 7 f. – Der sympathische, aber an Naivität grenzende Idealismus wird deutlich, wenn festgestellt wird, dass es doch ganz einfach sei, die Produktionsweise „in der neuen Gesellschaft [auf] eine Bedürfnisproduktion" umzustellen und so, „unter der größtmöglichen Verminderung entfremdeter menschlicher Arbeit", die Weltbevölkerung mit allem zu versorgen, was sie „zum Leben, zum Vergnügen und zur Bequemlichkeit" benötigt (vgl. ebd., S. 35). Ob es in der Natur des Menschen liegt oder welche Gründe es sonst dafür geben mag – eine solche Umstellung scheint heute so illusorisch wie zu jeder anderen Zeit in der Geschichte.

72 Vgl. Ulrich Dierse: Anarchie, Anarchismus. In: Joachim Ritter (Hg.): Historisches Wörterbuch der Philosophie. Bd. 1: A–C. Basel: Schwabe & Co. 1977, Sp. 267–294, hier Sp. 267.

73 Dierse, Sp. 271.

Schlagwort in der Publizistik und Propaganda der Revolution“[74] und als Gegenbegriff zu „Autorität“ in Stellung gebracht. Anarchie in diesem Sinn meint „Gleichheit und Gerechtigkeit“.[75] In einer solchen idealen Konzeption gilt: „Anarchie ist nicht Chaos – sondern Ordnung ohne Herrschaft.“[76] Anarchie kann auch regelgeleitet sein, bei Proudhon etwa „verbinden sich die Partner durch einen Vertrag zu einem bestimmten Handeln“.[77] In dem allgemeinen Sinn, wie ihn der Roman verwendet, und in der Analogie zu den Ereignissen am Ende des Ersten Weltkriegs, vor allem mit Blick auf die bayerische Räterepublik,[78] verweist der Begriff vor allem auf die gestalterischen Potentiale, die durch die Niederlage freigeworden sind. Angesichts der im Roman angedeuteten und den LeserInnen bekannten Entwicklung wird so auf eine kritisch zu bewertende Differenz von Möglichkeiten und Realisierungen hingewiesen, wohl um das politische Bewusstsein der LeserInnen zu schärfen.

Die politische Ordnung steht nicht nur in der berühmten ‚Stunde Null‘, sondern im Roman überhaupt zur Disposition, darauf deuten der Titel des Romans und die differenzierte Auseinandersetzung mit dem Versuch der Verwirklichung einer Utopie, die an die Ideale der Französischen Revolution anschließt, in der Idee

> [...] der Gründung einer kommunistischen Gemeinschaft, in der Gleichheit, Freiheit und Brüderlichkeit herrschen, und zwar nicht irgendwann, sondern sofort, im Hier und Jetzt. Am Schluss der Reise nach Ikarien [von Étienne Cabet] steht ein Aufruf zur Auswanderung nach Amerika.[79]

Als problematische Figuren werden allerdings die Exponenten ikarischer Gemeinschaften in Deutschland gezeichnet, darunter die Brüder Carl und Gerhart Hauptmann.[80] Der Kritik verfällt vor allem der Versuch von Ploetz, Darwins Erkenntnisse auf die Entwicklung der Gesellschaft zu übertragen: „Die natürliche Selektion als Mechanismus der Evolution.“[81]

Zu der differenzierten Darstellung gehört die einerseits ironische, andererseits sympathische Zeichnung des Dissidenten Wagner, der in der NS-Zeit buchstäblich

---

74 Dierse, Sp. 274.
75 Dierse, Sp. 279.
76 [Autorenkollektiv:] Was ist eigentlich Anarchie?, S. 9.
77 Dierse: Anarchie, Anarchismus, Sp. 281.
78 Timm: Ikarien, S. 387.
79 Timm: Ikarien, S. 137.
80 Timm: Ikarien, S. 150.
81 Timm: Ikarien, S. 153.

„im Untergrund“ gelebt hat,[82] im Keller eines Antiquariats. Der belesene Wagner ist ein Anhänger des Rätegedankens, wie er in der ersten bayerischen Republik nur sehr kurz ausprobiert werden konnte, zu seinen Gewährsmännern gehört der während der Niederschlagung der Räterepublik ermordete Gustav Landauer, dessen Ideen er in der chaotischen Ordnung der Bücher im Keller erprobt, mit positivem Ergebnis: „Sein politisches Konzept der Dezentralisation war auf die Bücher übertragen worden, die ich so vor dem Zugriff und der Vernichtung retten konnte.“[83] Rettung bringt das Konzept aber nur in der Literatur und für die Literatur. Dazu passt, dass der Intellektuelle Ploetz nicht kanonische Literatur liest, sondern – wie Wagner feststellt – nachhaltig von Felix Dahns Roman *Ein Kampf um Rom* (1876) beeinflusst wurde,[84] der den deutschen Nationalismus des ausgehenden 19. und 20. Jahrhunderts durch seine (im Kontext der Entstehungszeit vor allem gegen Frankreich gerichtete) mythologische Aufladung des Germanentums und seine starke Präsenz am Markt nachhaltig beeinflusste.[85]

Zu den verwendeten und für die reflexive Literatur der Postmoderne unverzichtbar gewordenen, Distanz erzeugenden literarischen Techniken gehört auch Metafiktionalität, einerseits durch intertextuelle Verweise und Kommentare (etwa wenn Wagner Ploetz' Lektüre von *Ein Kampf um Rom* mit den Worten kommentiert: „Ja, Romanlektüre kann bilden, aber auch ziemlich Exaltiertes in die Welt bringen“),[86] aber auch durch Hinweise auf das Verhältnis von Schreiben und Erleben, von Literatur und Realität: „Der Meister hat recht, das Schreiben macht alles etwas leichter, schiebt es in die Distanz des Erträglichen.“[87] Die Bezeichnung „Meister“ wirkt zusätzlich ambivalent, so heißt es bekanntlich in Paul Celans berühmten Gedicht *Todesfuge:* „der Tod ist ein Meister aus Deutschland“.[88] Im Text selbst wird die Bezeichnung auf den in den USA lebenden Mentor Hansens bezogen, der österreichische Wurzeln hat,[89] und gleich mit dem Symbolfeld des Engels verbunden:

> Professor Kuppitsch hatte Hansen beim Abschied zwei fadengebundene Leinenhefte geschenkt, um Zeugnis abzulegen: Es gibt ein Hauptbuch der Engel, in dem all die Schandtaten

---

82 Timm: Ikarien, S. 86.
83 Timm: Ikarien, S. 87.
84 Timm: Ikarien, S. 147 u. 305.
85 Vgl. Stefan Neuhaus: Literatur und nationale Einheit in Deutschland. Tübingen / Basel 2002, S. 230–243.
86 Timm: Ikarien, S. 147.
87 Timm: Ikarien, S. 32.
88 Paul Celan: Gesammelte Werke in sieben Bänden. 1. Band: Gedichte I. Frankfurt a. M. 2000, S. 42.
89 Timm: Ikarien, S. 84.

> verzeichnet werden, aber auch die Taten der Gerechten. Die himmlische Bürokratie. Schreiben Sie nieder, was Sie sehen. Schreiben Sie auf Deutsch, so kommen Sie sich selbst und dem Land näher und halten es doch auf Distanz.[90]

Auch die mit den Mitteln der Literatur erzeugte Distanz kann keine objektive Haltung zu den Ereignissen erzeugen, aber sie kann ein Bewusstsein dafür schaffen, dass einfache Wahrheiten gefährlich sein können, weil sie, und das meist aus machtstrategischen Gründen, die Komplexität der Welt und ihrer Wahrnehmung auf unzulässige Weise einschränken. Andererseits sind im Nationalsozialismus und durch den Holocaust die verabscheuungswürdigsten Taten begangen worden, eine Relativierung dieser Taten kann es nicht geben. Deshalb kann der Roman in der letzten Konsequenz die Verantwortung für die Erinnerung nur an den Leser zurückverweisen: „Der Versuch, das zu verstehen, was, und da hatte George recht, letztendlich nicht zu verstehen war."[91]

6 Fazit

Alle Romane Timms sind philosophisch wie politisch grundiert und kreisen mehr oder weniger deutlich um das große Ganze, das Wagner, der in *Ikarien* erkennbar Positionen des Autors vertritt, Hansen gegenüber in rhetorische Fragen kleidet: „Die Frage nach Gott interessiert mich nicht. Da wir es nicht wissen können. Es genügt die Frage: Wie soll ich leben? Wie sollen wir leben? In einem gemeinsamen Kampf gegen Leid und Tod. Für ein irdisches Glück."[92] Auch *Morenga* thematisiert die Suche nach der Möglichkeit, einfach das eigene Leben leben zu dürfen, ohne von anderen unterdrückt zu werden. Nach der Darstellung des grausamen Genozids schließt der Roman mit dem Bild einer Ballonfahrt und gibt damit der Hoffnung das letzte Wort: „Nichts wird ausgebeutet, wenn man einmal vom Gas absieht. Kein Mensch, kein Tier gequält oder geschunden, alle Teile finden spielerisch zueinander."[93] Am Ende des vorletzten Kapitels von *Ikarien* heißt es: „Und wer weiß, vielleicht gibt es einen neuen Anfang, eine Gesellschaft, die auf Gleichheit, Freiheit und Brüderlichkeit aufbaut."[94] An *Morenga* schließt *Ikarien* inhaltlich ganz deutlich an, wenn Wagner die „Niederschlagung des Aufstandes in der Kolonie Südwest" wie folgt kommentiert:

---

90 Timm: Ikarien, S. 32f.

91 Timm: Ikarien, S. 322.

92 Timm: Ikarien, S. 91.

93 Uwe Timm: Morenga. Roman. 6. Aufl. Köln 1998, S. 394.

94 Timm: Ikarien, S. 490.

> Die Deutschen, die angeblich Zivilisation und Kultur bringen wollten, waren in Wirklichkeit die Wilden, nicht die Hereros, nicht die Namas. Die verteidigten ihre Freiheit, ihr Menschsein gegen die wild gewordenen Weißen. Und die waren durch ihre unkontrollierte Herrschaft völlig verroht. Eine solche Verrohung fanden Sie überall in den Kolonien der Europäer.[95]

Stets kreisen die Überlegungen Wagners um die Frage, wie Freiheit und Gerechtigkeit verwirklicht werden könnten: „Freiheit und Gerechtigkeit sind nicht einfach da, sie müssen immer wieder verteidigt werden. Auch im kleinen, im kleinsten Umkreis."[96]

Die eingangs angesprochenen Veränderungen im Denken der literarischen Moderne und Postmoderne werden auch in Timms Romanen thematisiert. Das Subjekt ist in Freiheit gesetzt, aber diese Freiheit bedeutet Vor- und Nachteile und sie bringt Verantwortung mit sich. Dazu kommt, dass das Subjekt nicht nur in seinen sozialen Beziehungen hybrid ist, sondern dass auch die Möglichkeiten, das eigene Leben zu leben, von Wahlentscheidungen abhängen, über deren Voraussetzungen und Konsequenzen das Subjekt nur wenig Kontrolle hat – wenn es denn überhaupt viel Kontrolle über sich selbst hat.

Der Roman zeigt die Risiken, betont letztlich aber die Chancen, ähnlich wie Judith Butler, die das Erkennen der eigenen Begrenzungen als Grundlage der Befreiung von Zwängen ansieht:

> Es heißt aber, dass wir von eben dem, was unser Handeln bedingt, keine vollständige Rechenschaft geben, dass wir keine konstitutive Grenze dafür angeben können, und es heißt, dass dieser Zustand paradoxerweise die Grundlage unserer Zurechenbarkeit ist.[97]

In *Ikarien* kritisiert der, trotz aller Erfahrungen optimistisch bleibende, Wagner einen Vortrag seines Freundes mit folgenden Worten:

> Für die Gefühle gelten nicht die vom Verstand gemachten Vorschriften. Die Logik lässt uns in unseren Wünschen nicht wählen. Sie ist der Terror des Verstandes gegen unsere Empfindungen, denn sie sind unsere gelebte Wahrheit. Sie sind die Boten unserer Freiheit. Durch sie wissen wir, dass wir wählen können.[98]

---

95 Timm: Ikarien, S. 173.

96 Timm: Ikarien, S. 417.

97 Judith Butler: Kritik der ethischen Gewalt. Aus dem Engl. v. Rainer Ansén / Michael Adrian. Adorno-Vorlesungen 2002. Erw. Ausg. 4. Aufl. Frankfurt a. M. 2014, S. 148.

98 Timm: Ikarien, S. 227.

Auch wenn die Figur, etwa durch das Versteck im ‚Untergrund' oder die an den armen Poeten spitzwegscher Prägung erinnernde Dachwohnung,[99] immer wieder ironisiert wird, machen solche Stellen die Sprachrohr-Funktion Wagners deutlich und lassen *Ikarien* zu einem Thesenroman werden. Es ist zu fragen, ob Timm damit nicht dem operativ-politischen Konzept eines Günter Grass näher steht als dem metareflexiv-politischen eines Christian Kracht.[100] Andererseits zeigen Timms wie Krachts Romane eine hohe Reflexivität, erstens durch die intertextuellen Referenzen auf ‚schöne' Literatur wie auf politische Theorie, zweitens durch den collageartigen (fragmentarischen, achronologischen) Stil und drittens durch Verwendung von reflexivitätssteigernden Techniken des Erzählens wie der Metafiktionalität.

Wenn die Deutlichkeit, mit der Timm bestimmte Konzepte zur Sprache bringt, ein Hinderungsgrund für eine noch größere Akzeptanz im literarischen Feld sein sollte (ein Beispiel war der fehlende Büchner-Preis), dann dürften seine Romane vielleicht eine größere Chance haben, nicht nur zur literarischen, sondern auch zur politischen Bildung ihrer LeserInnen beizutragen. Man könnte es so zusammenfassen: Friedrich Schiller war ein Enkel der Aufklärung, Erich Kästner ein Urenkel und Uwe Timm ist ihr Ururenkel – eine Familientradition, derer man sich nicht schämen muss.

Literaturverzeichnis

[Autorenkollektiv:] Was ist eigentlich Anarchie? Einführung in die Theorie und Geschichte des Anarchismus. 2. Überarb. Aufl. Berlin 1997.

Albath, Maike: „Ikarien": Drei Männer, eine Utopie. Der neue Roman von Uwe Timm dreht sich um Rassentheorie und Eugenik. In: Die Zeit (9.10.2017). Zeit online. URL: http://www.zeit.de/2017/41/ikarien-uwe-timm-roman (letzter Zugriff: 04.01.2018).

Baßler, Moritz: Der deutsche Pop-Roman. Die neuen Archivisten. München 2002.

Beck, Ulrich: Risikogesellschaft. Auf dem Weg in eine andere Moderne. Sonderausgabe. Frankfurt a. M. 2003.

Benjamin, Walter: Über den Begriff der Geschichte. In: Ders.: Sprache und Geschichte. Philosophische Essays. Ausgewählt von Rolf Tiedemann. Mit einem Essay von Theodor W. Adorno. Stuttgart 1992, S. 141–154.

---

99 Timm: Ikarien, S. 77.

100 Auf einen Widerspruch sei noch hingewiesen. Ein deutscher Junge bittet Hansen darum, ihm Hemingways *In einem anderen Land* im englischen Original zu besorgen, Hansen willigt ein (Timm: Ikarien, 208). Als Hansen später im Antiquariat eine Ausgabe von „Hemingways *A Farewell to Arms*" entdeckt, ist davon allerdings keine Rede mehr (Timm: Ikarien, 233). Offenbar geht es hier einzig um den intertextuellen Verweis (dem an dieser Stelle nicht nachgegangen werden kann).

Bentz, Ralf u. a.: Protest! Literatur um 1968. Eine Ausstellung des Deutschen Literaturarchivs in Verbin-dung mit dem Germanistischen Seminar der Universität Heidelberg und dem Deutschen Rundfunkarchiv im Schiller-Nationalmuseum Marbach am Neckar. Marbach / Neckar 1998.

Bourdieu, Pierre: Die Regeln der Kunst. Genese und Struktur des literarischen Feldes. Übersetzt von Bernd Schwibs und Achim Russer. Frankfurt a. M. 2001.

Butler, Judith: Kritik der ethischen Gewalt. Aus dem Engl. v. Rainer Ansén / Michael Adrian. Adorno-Vorlesungen 2002. Erw. Ausg. 4. Aufl. Frankfurt a. M. 2014.

Celan, Paul: Gesammelte Werke in sieben Bänden. 1. Band: Gedichte I. Frankfurt a. M. 2000.

Culler, Jonathan: Literaturtheorie. Eine kurze Einführung. Aus dem Englischen übersetzt von Andreas Mahler. Stuttgart 2002.

Dierse, Ulrich: Anarchie, Anarchismus. In: Joachim Ritter (Hg.): Historisches Wörterbuch der Philosophie. Bd. 1: A–C. Basel 1977, Sp. 267 – 294.

Durzak, Manfred (Hg.): Die Archäologie der Wünsche. Studien zum Werk von Uwe Timm. Köln 1995.

Enzensberger, Hans Magnus (Hg.): Ludwig Börne und Heinrich Heine: Ein deutsches Zerwürfnis. Frankfurt a. M. 1997.

Foucault, Michel: Was ist Kritik? Aus dem Franz. v. Walter Seitter. Berlin 1992.

Freud, Sigmund: Eine Schwierigkeit der Psychoanalyse. In: Ders.: Werke aus den Jahren 1917 – 1920. Gesammelte Werke, Bd. 12. Frankfurt a. M. 1999, S. 3 – 12.

Greiner, Ulrich: Der Wiedergänger. Uwe Timm erzählt in seinem Roman Rot von der Liebe, vom Älterwerden und vom Sterben und erinnert an die Geschichte der verlorenen Utopien. In: Die Zeit Nr. 41 (4. 10. 2001), Literaturbeilage S. 3 – 4.

Herbert, Ulrich: Goldhagen-Debatte: Aus der Mitte der Gesellschaft. Der Zusammenhang zwischen Anti-semitismus in Deutschland und dem millionenfachen Mord an den Juden darf nicht wegdiskutiert werden. In: Die Zeit (14. 6. 1996). Zeit online. URL http://www.zeit.de/1996/25/golda.txt.19960614.xml (letzter Zugriff: 04. 01. 2018).

Heydebrand, Renate von / Simone Winko: Einführung in die Wertung von Literatur. Systematik – Geschichte – Legitimation. Paderborn u. a. 1996.

Hielscher, Martin: Uwe Timm. München 2007.

Hildebrandt, Dieter: Ödön von Horváth. Mit Selbstzeugnissen und Bilddokumenten. 29. – 31. Tausend. Reinbek 1989.

Joosten, Jos / Christoph Parry (Hg.): The Echo of *Die Blechtrommel* in Europe. Studies on the Reception of Günter Grass's *The Tin Drum*. Leiden / Boston 2016.

Kleinschmidt, Christoph (Hg.): Christian Kracht. Text + Kritik. Zeitschrift für Literatur. H. 216. München 2017.

Kyora, Sabine: Theorie-Pop? Thomas Meineckes Roman *Tomboy* und die Gender Studies. In: Pop – Pop – Populär. Jugendliteratur und Popkultur. Hg. v. Johannes Pankau. Oldenburg 2004, S. 109 – 120.

Luhmann, Niklas: Die Kunst der Gesellschaft. Frankfurt a. M. 1997.

Lukács, Georg: Die Theorie des Romans. Ein geschichtsphilosophischer Versuch über die Form der großen Epik. Frankfurt a. M. 1988.

Lützeler, Paul Michael: Uwe Timms Roman „Ikarien": Pakt mit dem Teufel. Wer war Alfred Ploetz? In seinem Zeitroman „Ikarien" spürt Uwe Timm einem Wegbereiter der NS-Euthanasie nach. In: der Tagesspiegel v. 17. 10. 2017. URL: http://www.tagesspiegel.de/

kultur/uwe-timms-roman-ikarien-pakt-mit-dem-teufel/20455926.html (letzter Zugriff: 04.01.2018).

Lyotard, Jean-François: Das postmoderne Wissen. Ein Bericht. Hg. v. Peter Engelmann. 5. Aufl. Wien 2005.

Neuhaus, Stefan: „Erzählen ist total erotisch“: Literature, pleasure and desire in novels by Thomas Brussig, Uwe Timm and Ulrich Woelk. In: German Language Literature Today: International and Popular? Hg. v. Arthur Williams / Stuart Parkes /Julian Preece. Oxford u. a. 2000, S. 153–172.

Neuhaus, Stefan: „Plötzlich findest du dich in einem Buch wieder, und du bist ein anderer.“ Grenzauflösungen als konstitutives Merkmal von Uwe Timms Werk. In: Grenzen – Grenzüberschreitungen – Grenzauflösungen. Zur Darstellung von Zeitgeschichte in deutschsprachiger Gegenwartsliteratur. Hg. v. Edgar Platen / Martin Todtenhaupt. München 2004, S. 79–92.

Neuhaus, Stefan: Identität durch Erinnerung: Zur Vermessung der Vergangenheit in Uwe Timms Werk. In: Das „Prinzip Erinnerung“ in der deutschsprachigen Gegenwartsliteratur nach 1989. Hg. v. Carsten Gansel / Pawel Zimniak. Göttingen 2010, S. 59–71.

Neuhaus, Stefan: Literatur und nationale Einheit in Deutschland. Tübingen / Basel 2002.

Neuhaus, Stefan: Literaturvermittlung. Konstanz 2009.

Neuhaus, Stefan: Zärtliche Nähe und unüberwindbare Ferne: Hybride Subjekte im Werk von Uwe Timm. In: Gegenwartsliteratur. Ein germanistisches Jahrbuch 11 (2012). Schwerpunkt: Uwe Timm. Hg. v. Paul Michael Lützeler, Erin McGlothlin / Jennifer Kapczynski. Tübingen: Stauffenburg 2012, S. 55–76.

Nicklas, Simone Christina: „Erinnern führt ins Innere“. Erinnerung und Identität bei Uwe Timm. Marburg 2015.

Nover, Immanuel: Referenzbegehren. Sprache und Gewalt bei Bret Easton Ellis und Christian Kracht. Köln / Weimar / Wien 2012.

Reckwitz, Andreas: Das hybride Subjekt. Eine Theorie der Subjektkulturen von der bürgerlichen Moderne zur Postmoderne. Weilerswist 2006.

Rippl, Gabriele / Simone Winko (Hg.): Handbuch Kanon und Wertung. Theorien, Instanzen, Geschichte. Stuttgart / Weimar 2013.

Ritter, Joachim (Hg.): Historisches Wörterbuch der Philosophie. Völlig neubearb. Ausg. des „Wörterbuchs der philosophischen Begriffe“ von Rudolf Eisler. Basel 1989, Bd. 7: P–Q, Sp. 1038–1072 („Politik“).

Rorty, Richard: Kontingenz, Ironie und Solidarität. Übersetzt von Christa Krüger. 10. Aufl. Frankfurt a. M. 2012.

Schiller, Friedrich: Sämtliche Werke. Bd. 5: Erzählungen. Theoretische Schriften. Darmstadt 1981.

Timm, Uwe: Morenga. Roman. 6. Aufl. Köln 1998.

Timm, Uwe: Rot. Roman. 2. Aufl. Köln 2001.

Timm, Uwe: Ikarien. Roman. 2. Aufl. Köln 2017.

Weisz, Sabine: Die 68er-Revolte im Werk von Uwe Timm. Marburg 2009.

Brigitte Schwens-Harrant

„Es tritt durch diese Versuchsanordnungen etwas zutage“: Lydia Mischkulnig im Gespräch

Was ist eine literarische Narration? Worte, Worte, Worte. Aneinandergereihte Worte, die Sätze bilden. Sätze, die Details beschreiben, die man nicht sieht – lesend nun aber doch, die Personen vorstellen, die es nicht gibt – lesend nun aber doch, die Handlungen entwerfen, die vielleicht unmöglich erscheinen und nun – hier in diesem Text – aber doch möglich sind. Literarische Narration ist Sprache – und doch immer *mehr* als nur Sprache. *Mehr* auch deswegen, weil sie gelesen werden will und Lesende – ja, was tun sie da? Den Text weiterschreiben, sagen die einen, den Text überhaupt erst erschaffen, sagen die anderen. Der Leser „singt mit den Augen die Noten vom Blatt und sein Geist ergänzt die literarische Melodie mit ausmalenden Klangfarben der Empathie“,[1] sagt Lydia Mischkulnig. Lesende realisieren den Text und Mischkulnig, die in Graz Bühnenbild und an der Filmakademie in Wien studierte, arbeitet mit auch dramaturgischer Raffinesse darauf hin, dass dieses Realisieren zu einer spannenden Angelegenheit werden kann.

Die Autorin nimmt ihre Leserinnen und Leser *nicht* bei der Hand. Das käme in der Literatur einer Entmündigung gleich und Mischkulnigs Texte stellen sich gegen jede Art der Entmündigung. Lösungen sind von der Literatur keine zu erwarten. „Politik hat ein Lösungsprogramm vorzuschlagen“, schrieb Lydia Mischkulnig in einem Essay zum Thema Literatur und Politik, „und ich habe nur mich zu erlösen von dem Einfall, der ausgeschrieben werden will“.[2]

BSH: Unter ‚politischer Literatur‘ versteht man häufig Literatur, die sich ‚realistisch‘ und kritisch mit der konkreten Gegenwart beschäftigt. 2005 erschien in der deutschen Wochenzeitung Die Zeit *unter dem Titel* Was soll der Roman? *etwa ein* Manifest für einen Relevanten Realismus. *Darin hieß es unter anderem: „An den vorlauten Zeitgeistverlautbarungen und den Berührungsängsten der Sprachartisten vorbei ist unser Ziel eine relevante Narration, denn wir glauben, dass dem Roman heute eine gesellschaftliche Aufgabe zukommt: Er muss die vergessenen oder tabuisierten Fragen der Gegenwart zu seiner Sache machen, er muss die Problem-*

1 Lydia Mischkulnig: Nachrichten von der Literaturpolitik. In: Die Furche, Nr. 49, 3. 12 .2015, S. 43 – 44, S. 43.

2 Lydia Mischkulnig: Nachrichten von der Literaturpolitik. S. 43.

https://doi.org/10.1515/9783110568561-029

felder, ob in lokalem oder globalem Kontext, in eine verbindliche Darstellung bringen.“ [3] *Was fangen Sie mit solchen Forderungen an die Literatur an?*

LM: Wenn ich solche Sätze höre, quasi Dogmen, die für die Literatur ausgerufen werden, dann passiert in mir sofort eine Art Trotzreaktion dagegen. Denn das ist ein Eingriff in die künstlerische Gestaltungsmöglichkeit, die ich mir ja eröffne, indem ich schaue: Was brennt mir unter den Fingernägeln, was ist in der Gesellschaft los, was haucht mich aus der Gesellschaft an und was ist das für ein Gefühl da? Dann gehe ich auf die Suche nach den Brüchen der Zeit und versuche Widersprüche aufzufinden. Denn aus den Widersprüchen entsteht ja erst so etwas wie eine Geschichte – und aus komplexen Sachverhalten. Darum interessiert mich doch eher die Struktur, diese sauge ich mir ab. Zum Beispiel: Wie ist Nachbarschaft gebaut? Wie ist die Nachbarschaft gebaut in meinem Haus? Zwischen Arm und Reich, zwischen Besitzer und Untermieter und Mieter? Und wie ist das mit den Generationen? Wie ist so etwas heute gebaut? In so ein Setting kann ich jede Handlung einspannen, die ich will. Ich kann eine Liebesgeschichte hineinsetzen oder daraus herausschreiben. Und trotzdem ist dann so viel von der Zeit und von der Art, wie die Menschen miteinander umgehen, hineingeflossen in die Sprache und in die Darstellung mit der Sprache, daß die Literatur die Zeitumstände spiegelt. Es geht darum, dass ich *zeige*, wie es ist. Und nie *sage*, wie es ist.

Man weist oft darauf hin, dass die Literatur die Möglichkeit habe, im Kleinen etwas zu zeigen, was die Verhältnisse im Großen ausmacht …

Sagen wir einmal so: Ich versuche exemplarische Szenen zu entwerfen, die für etwas stehen. Aber nicht, indem sie etwas abbilden, sondern indem sie über sich hinaus auf etwas verweisen. Das ist der Anspruch, den ich an meine Texte stelle. Da darf auch etwas entstehen, was nicht wie im konkreten Realismus nur einen Appell abliefert oder eine Weisheit absondert oder einen Rat gibt – was also moralisierend auftaucht. So etwas ist kontraproduktiv und wird falsch, denn dann ist die Wahrhaftigkeit untergraben. Der Blick ist dann nur auf ein Aussageziel gerichtet und dieses Aussageziel ist entweder auf der Seite der Guten oder auf der Seite der Bösen, je nachdem wie ich dazu stehe. Das ist mir zu billig. Es ist wichtig, die eigenen Standpunkte zu überprüfen. Schreiben ist eine höchst verantwortungsvolle Tätigkeit, die man sich selbst aufbürdet. Es ist grausam schwer, der Wahrhaftigkeit auf der Spur zu sein und diese sich in der Sprache entfalten zu

---

3 Martin R. Dean, Thomas Hettche, Matthias Politycki und Michael Schindhelm: Was soll der Roman? In: Die Zeit, Nr. 26, 23.6.2005, S. 49.

lassen, damit ein Denken in den Köpfen in Gang gesetzt werden kann. Und Fragen wie: Wie halten wir eigentlich alles zusammen und was geht gerade schief? Und was geht gerade nicht schief und wo setzen wir an und worum geht es, was sind denn überhaupt die Fragen? Es geht darum, dass wir uns den Kopf freimachen von all diesen Storys und Narrativen, die uns eingehämmert werden. Sodass in der Literatur die Wahrhaftigkeit zur Sprache kommen kann. Und das heißt *Suche nach Wahrhaftigkeit.*

Die Form ist hier entscheidend, mit ihr passiert viel. Ich denke an Ihre Erzählung Die Firma *im 2009 erschienenen Band* Macht euch keine Sorgen, *in der die Firma als Ich-Erzählerin spricht.*

Genau, da passiert etwas. Das Ganze, eine Firma, wird etwas Lebendiges. Es fängt an, sich auszubreiten, sich zu formieren und zu verwandeln und ins Leben einzugreifen und dadurch lebendig zu werden. Ich weiß nicht mehr, wie mir das damals eingefallen ist, als ich diese Geschichte schrieb, aber es muss etwas zu tun gehabt haben mit der berühmten Grasserschen „Ich-AG". Mir kam es spannend vor, das Ich zusammenzusetzen mit etwas, das kein Ich haben kann. Eine Firma ist eine juristische Person, und eine juristische Person hat kein Ich. In der Literatur kann man das aber ausprobieren. Und so habe ich eine Geschichte geschrieben über ein System, das sich überlegt: Wie nutze ich alles, was es gibt und was die Menschen so brauchen für ihre Befürfnisse, wie nutze ich das optimal für meine Bilanz und für meine Existenz. Damit geht es um einen Überlebenskampf für diese Firma und das wird zu einem Sprachrausch ausgeweitet. Diese Firma darf sich dann in einem großen Monolog so richtig auskotzen. Mir wurde dabei bewusst: Man muss diese Konzerne als sehr lebendig sehen. Sie werden geleitet von Menschen. Nestlé etwa wird geleitet von einem Manager, der zusieht, wie kleine philippinische Babys durchwurmt sterben, weil Milchpulver verkauft wird. Die gleiche Geschichte kennen wir schon aus den 70er Jahren, als Nestlé bereits an den Pranger gestellt worden war. Als Krankenschwestern verkleidete Verkäuferinnen trichterten den Müttern die Milchpulver-Vorteile ein und die Babies starben wegen der verseuchten Wasserzugaben.

Ich frage mich: Was geht in diesen Firmenköpfen vor sich, was ist das, was rafft ihr? Ich kapier's nicht. Das ist alles nicht so abstrakt, wie ich mir das immer vorstelle. Die Konzerne werden geleitet von Menschen, und die entscheiden, wo es langgeht. Daher gibt's kein excuse. Mir ist das bewusster geworden, als ich mir dieses Spiel erlaubt habe, einer juristischen Person ein Ich zu geben. Ein Ego hat sie eh. Aber nun auch ein Ich.

Schreiben und Formen als Versuch, etwas zu verstehen?

Ja, es tritt durch diese Versuchsanordnungen etwas zutage und damit bekommt es etwas Fassbares. Dann wird es für mich zu etwas Konkreterem. So Abstraktes wie ein Konzern oder eine Firma wird dabei auf ein menschliches Maß eingeschrumpft. Die größte Unmenschlichkeit wird auf ein menschliches Maß eingeschrumpft, sodass ich es behandeln kann – und das ist eine Leistung von Literatur. Wenn man aber verordnet, das müsse man so oder so machen, um relevante Narrative zu haben, ist das ein Blödsinn. Denn da gelingt vielleicht einmal an einem Schreibnachmittag an diesem Schreibtisch an diesem Ort durch diese Person etwas Besonderes und Eigensinniges. Und das erscheint mir wertvoll. Es gibt lauter individuelle Zugänge zu den Themen der Zeit. Man kann nicht groß darüberschreiben: Jetzt machen wir alle auf Weltverbesserung! Denn was dann dabei herauskommt, ist meist nichts Gutes. Es riecht nach Propaganda. Aufrechte Autoren müssen jeden Tag vor sich selber wissen, warum und wovon sie schreiben. Das wozu zu beantworten, erübrigt sich, da es für andere ist. Ich ist ein anderer, bedeutet also auch für mich. Die Verantwortlichkeit muss jeder mit sich selber ausmachen. Dann kann daraus so etwas wie eine lesenswerte Literatur entstehen.

Das Verhältnis der Ökonomie zu den menschlichen Wünschen, die Frage, wie geht das zusammen oder auch nicht, zieht sich durch Ihre Bücher ...

Ich glaube sowieso, dass alles miteinander zu tun hat und zusammenhängt. Diese Abhängigkeit macht es ja auch so schwer, das Ersehnte zu erreichen, zu bekommen. Oder zu geben. Diese Abhängigkeiten interessieren mich. Wie es ist, wenn man in dieses Dilemma gestoßen ist. In meinem Roman *Hollywood im Winter* zum Beispiel: Ich will die Regie oder die Hauptrolle haben im Theaterstück *Ödipus Rex*. Was muss ich dafür tun, um diese Rolle zu bekommen, die Regie, im Apparat eines riesigen Theaterfestivals? Das hat mit Abhängigkeiten zu tun. Es gibt Leute, die bestimmen, es gibt Leute, die bestimmen, weil sie gut sind, es gibt Leute, die bestimmen, weil sie mächtig sind. Wie geht Macht? Ich möchte das kapieren, wie Macht geht. Ich weiß mittlerweile nur, es gibt Menschen, die können Macht, sie sind nervenstark, ausdauernd, opportunistisch in eigener Sache und eigenen Reihen, in die sie sich hineinmövrieren. Sie haben eine Unverfrorenheit, eine Unverschämtheit, mit der instrumentalisiert wird, wer nützlich ist. Wie wird instrumentalisiert? Wie geht man mit jemandem um, wenn er merkt, dass er instrumentalisiert werden soll und sich denkt, ich instrumentalisiere jetzt zurück? Was entstehen da für Informationen darüber und wie zeigt sich das? An solchen Modellen bastle ich dann herum, weil ich verstehen möchte, wie unsere Gesellschaft funktioniert und was die Organsiation tut. Dann gibt es auch noch die menschlichen Ebenen. Wie wird mit den Gefühlen umgegangen? Werden sie verdrängt, werden sie ausgelebt, werden sie kaschiert? Wie drückt sich das in Handlung aus und wie drückt sich die Handlung wiederum aus in Wirkung auf andere? Die wieder weiter wirken. Diese Kettenreaktionen interessieren mich sehr. Faszinierend ist dabei: Man kann überall anfangen, die Welt daran aufzuhängen. An einem Gegenstand, an einem menschlichen Gesicht. An allem. Denn jede Materialität hat ihre Geschichte. Diese verästelt sich, sie bringt Assoziationen, und mit den Verknüpfungen, die ich daraus erstelle, versuche ich zu begreifen, was so abgeht. Viel mehr will ich gar nicht, als dann eine Form zu finden, in der es möglich ist, diese Wege, die ich mir da erarbeite oder erschließe, ein Stück mitzugehen.

Diese Verknüpfungen sind das, was sich dann irgendwann einmal im Text niederschlägt als Schrift. Die dann einmal fixiert ist. Das hat für mich etwas Ordnungsstiftendes. Das ist dann meine private, aber öffentlich gemachte Ordnung, die ich anzubieten habe. Das kann man sich anschauen und man kann man davon auch wieder weggehen.

Was ist Ihnen als Material hilfreich? Ist es Fachliteratur, Psychologie, Soziologie, andere Literatur?

Um zu schauen, was *vor* dem Text passiert, was alles in den Text hineinkommt und wie es da hineinkommt, was ich dazu brauche: Da bin ich auf Zufälle angewiesen. Was begegnet mir und was erweckt meine Aufmerksamkeit so, dass meine Gedanken um eine Thematik zu kreisen beginnen und eigentlich nicht aufhören und ich dann merke: Aus dem lässt sich eine Art Geschichte denken. Und wie würde die dann aussehen? Zum Beispiel: Die Kinder, die den illegal aus Mexiko in die USA eingewanderten Eltern weggenommen wurden, laufen nun mit ihrer Schultasche in New York in einer Straße herum, wo ich vielleicht vor zwanzig Jahren gegangen bin oder wo ich Filmaufnahmen gemacht habe, weil ich einmal einen filmischen New York-Essay über Edgar Allen Poe machen wollte. Dann frage ich: Was hat beides miteinander zu tun, Edgar Allen Poe und die Situation von heute, wo stehe ich und was lässt sich aus diesen zwei Zeiten Gemeinsames finden? Was erzählt sich mir aus diesem Spannungsverhältnis, wenn ich in dieses hineingehe? Dann schreibt sich was daraus hervor. Lektüre kommt dann hinzu. Es kommt auch viel Zeitungslesen hinzu, allerdings lese ich dann eine Zeitlang ganz gezielt zu bestimmten Themen. Dann die übliche Recherche. Gespräche sind sehr wichtig, sehr sachbezogene aber, zum Beispiel über die Frage: Was ist Grenze? Denn ich finde es hoch aufschlussreich, wie man das betrachten kann. Das nimmt zu, ich bin mehr und mehr an Gesprächen interessiert bei meiner Recherchearbeit, um das tastende Denken der anderen kennenzulernen. Und ich blättere gerne Statistiken durch. Durch das Internet kommt man leicht an die Daten im statistischen Zentralamt und kann da österreichische oder internationale Statistiken durchblättern. Da wird viel relativiert. Bilder, die man im Kopf hat, kann man neu schlichten. Etwa, wenn man sich ansieht, wie sich die Welt entwickelt hat in den vergangenen hundert Jahren: Kindersterblichkeit, Armut, Frauensterblichkeit. Wenn man sieht, dass alles ein wenig besser geworden ist, ist das interessant. Dann geht es darum, warum und wo nicht und wo schon. Und dann schaut man sich das an. Das sagt dann etwas aus über unsere Verteilungsenergien und -bemühen.

Kann politisches Denken einer Schriftstellerin auch mit dem Nachdenken über ein Wort oder ein Bild beginnen?

Das finde ich schon. Es ist die Frage, welches Wort. Welches Wort macht staunen? Es hängt auch davon ab, womit man es gerade auflädt. Man ist überrascht. Das Staunen ist wie ein Erwachen. Wie eine Erweckung. Es muss ein Funke überspringen, um in einem Staunen aufzuschauen.

Ein Bild, bei dem ich gestaunt habe, ist das Foto von einer kleinen Puppe, in einer Schachtel, aufgenommen von der Künstlerin Carla Degenhardt. Es ist eine Fotografie aus ihrem Privatarchiv. Auf diese Schachtel mit der Puppe drin wurden von irgendjemanden, der unachtsam war, Schuhe gestellt. Wenn man dieses Bild anschaut, ist das ein erschütterndes Element. Ich frage mich: Wer hat die Puppe, liebevoll gebettet in einer Schachtel, übersehen und die Schuhe darauf abgestellt? Warum stehen überhaupt Schuhe darauf? Der Blick wird genauer, es handelt sich nicht um Schuhe, es sind Hausschuhe. Da ging jemand, vielleicht eine Mutter, zu Bett, und hat die Hausschuhe ausgezogen und neben das Bett auf das Puppenbett gestellt. Wer hat diese Puppe da hingelegt, was hat sie denn für eine Bedeutung? Und da setzt die Sprache ein, denn das passt zu einem Sprachbild und das heißt: Ich steh auf dich. Was heißt das dann, wenn man es so sieht? Was bedeutet die Phrase für ein Mutter-Tochter-Verhältnis? Die Bilder und Phrasen machen Purzelbäume im Kopf und dann schlichten sie sich zu einer Volte und schon beginnt dieser Sprachmotor sich anzuwerfen und der Wunsch sich diesen Gedankenpalawatsch, der sich da ergibt, zu formen und zu modellieren.

Sie spitzen in Ihren Texten etwas oft so lange zu, bis es kippt, damit bringen Sie auch die Leserinnen zum Staunen.

Ich habe einmal eine Geschichte geschrieben über die Ikeaisierung unserer Welt. Ich blätterte den Ikea-Katalog durch (das war noch, bevor Hellmuth Karasek ihn literaturkritisch als möblierten Roman besprochen hat). Alle Lebensbereiche sind darin super abgebildet, aber das Sterbezimmer nicht, auch die Aufbahrungshalle nicht. Dabei kann man mit dem Tod ein gutes Geschäft machen. Das funktioniert sehr gut. Da war also ein Staunen. Ich wollte wissen: Was steckt dahinter? Meine Geschichte fängt ganz normal an, da wird nichts als ein Betriebsausflug geschildert, und mit der Zeit wird das immer irrer und am Ende ist es die Geschichte einer Rache, denn ein fieser Manager wird zur Strecke gebracht. Dass das möglich ist mittels Sprache, sich durch die Macht durchzuschreiben, das ist schon eine große Lust.

Jetzt lachen Sie angesichts einer recht bösen Geschichte. Humor und Abgrund passen auch in Ihren Geschichten ganz gut zusammen.

Humor und Ironie sind ganz wichtig! Es ist ja auch so komisch! Dass eine Firma Ich sagt, zum Beispiel. Wie kann man nur! Und dann wird sie ausgespielt und in diesem Spiel ist sehr viel Lust untergebracht. In dieser Kopfinszenierung ist auch eine Distanzierung zu dieser Szene möglich. Damit wird diese Absurdität deutlich und das Gefühl für die Absurdität spiegelt sich dann in der Sprache und kann das Lachen im Hals stecken bleiben lassen, aber doch auch lösen, erlösen. Denn es ist doch alles sehr menschlich, was passiert. Menschen sind sehr komische Geschöpfe, auch in dem, was sie alles aufführen, um zu ihren Zielen zu gelangen, und wobei sie freilich scheitern.

Lesen Sie gerne Samuel Beckett?

Ja, ich finde Beckett sehr gut. Er ist urkomisch. Und ist trotzdem zum Verzweifeln. Aber wenigstens komisch.

Sie haben einmal von der Sprache als Lupe gesprochen, mit der man näher heranzoomen kann. Wie kann ich mir das vorstellen?

Ich habe damit gemeint, dass durch die Verschriftlichung ... Nehmen wir ein Insekt. Eine normale Heuschrecke. Durch die Sprache lerne ich die Heuschrecke kennen. Wie ein Biologe. Der nimmt halt die Pinzette und zerlegt sich das Teil. Ich schaue mir an, aus welchen Worten eigentlich eine Heuschrecke besteht. Sie hat solche Flügel und solche Flügel. Wie sind diese Augen, wie sehen sie aus, was können sie? Dann beginne ich zu recherchieren, weil ich dadurch Ideen und Sprachmaterial bekomme. Und dann bemerke ich, dass es ja Insekten gibt, die einen Hals besitzen. Und welche, die keinen besitzen. Auf so etwas würde ich nie kommen, wenn ich mich nicht sprachlich mit einer einfachen Heuschrecke beschäftigen würde, weil sie notwendig ist für eine Geschichte. So dringe ich in die Sachverhalte ein und weiß viel feiner Bescheid als vorher. Das meinte ich mit dem Zoom. Ich vergrößere mir Dinge, im Sinn von ‚den Blick tiefer und präziser machen', und sehe dann viel mehr Details. Ich weiß hinterher auch mehr über die Abweichungen und Differenzen, die es auf der Welt gibt. Das ist sehr befriedigend. Es ist ein anderes Hören, ein anderes Sehen, ein anderes Riechen, ein anderes Tasten. Man gewinnt an Aufmerksamkeit, vor allem an Vorsicht bei der Beurteilung, die sich dann in den Zusammenhängen, die ich herstelle, zeigt.

Das Fremde und der Umgang damit sind politisch wichtige Themen. Nun kann man Literatur auch als Versuch verstehen, sich dem Fremden, dem Unheimlichen zu nähern, es sich mit der Sprache näher anzusehen, zu versuchen es zu verstehen.

Ja, ich denke schon, dass ich immer mit dem Unheimlichen konfrontiere. Das macht es auch spannend, einen Text zu entwickeln, in einer Geschichte Spannung zu haben. Auch der Heuschreck ist etwas Fremdes. Es gibt auch die abstraktere Fremde. Die Macht zum Beispiel. Der Tod. Sogar die Liebe. Es lässt sich in allem das Befremdliche finden, und dieses Befremdliche interessiert mich. Es ist wahrscheinlich das Femde, das sich überall untermischt.

Kann man durch diese Auseinandersetzung, durch das Lesen von Literatur etwas lernen für das politische Denken?

Ich finde schon, denn es schärft die Sinne. Man wird sensibler, auch fürs Vokabular. Man wird vielleicht auch in der eigenen Haltung, den Positionen schärfer und das ist ja sehr notwendig vor allem in Zeiten wie diesen, wo sogar von Regierungsseite aus Instrumentalisierungen und Manipulationen vorgenommen werden und die Sprache geführt wird und man merkt es gar nicht. Weil man im Rauschen der Zeit so überschwemmt ist von einer machtbesessenen demagogischen Sprache, die dauernd um Aufmerksamkeit wirbt. Und die sich dauernd wichtig machen möchte. Man beschäftigt sich dann damit: Was heißt Liberalismus, was heißt Neoliberalismus, was wird da vertreten, was heißt Steuersenkung, was heißt Sozialabbau, was heißt Privatisierung? Lesen ist ja wie diskutieren. Wenn man sich auf diese Prozesse einlässt, sind wir etwas geschützter. Um uns gegen den Sozialabbau, gegen Steuersenkung, gegen Privatisierung stemmen zu können. Weil wir argumentativ besser werden. Denn da geht es ja um unsere Argumente und nicht um unsere Feelings. Um politisch formulierbare und verhandelbare Argumente. Die werden ja weggeschwemmt von Werbetextern, die ihren Text auswendig gelernt haben und sich als Politiker ausgeben.

Sie sind in Kärnten, in einem slowenisch- und deutschsprachigen Gebiet aufgewachsen, in einem Gebiet also, das politisch hochexplosiv war und immer noch ist, und zwar gerade wegen der Sprache. Inwieweit hat Sie das geprägt?

Das ist eine Frage, die ich mir selber immer stelle. Ich komme zu keiner Antwort. Ich bin aufgewachsen mit slowenischsprachigen Familienmitgliedern. Slowenisch war mir in den ersten Lebensjahren sehr vertraut. Aber darum geht es gar nicht. Es geht darum, wie die Gesellschaft darauf reagiert hat. Und eines war deutlich: In allen Schulen, in denen ich war, war Slowenisch quasi nicht existent. In der Volkschule war ich in der ersten Klasse das einzige Kind, das am Samstag Nachmittag länger in der Schule bleiben musste, weil ich dann Slowenischunterricht bekommen habe. Ich kam mir wie ein Sonderling vor. Weil meine Eltern später in einem deutschsprachigen Gebiet gewohnt haben, wurde Slowenisch in meinem Leben immer weniger. Ich hatte aber immer das Gefühl – und meine Eltern hatten dieses Gefühl auch (zumindest bilde ich mir das ein): Eine Unsicherheit in der Verwendung der deutschen Sprache ist da. Die habe ich internalisiert und das geht auch nicht weg. Bei der Verwendung mancher Begriffe bin ich immer doppelt neugierig, was ich da und wie ich es zum Ausdruck bringe, weil ich es nicht so genau weiß, wie man eindeutig sein könnte. Deutsch ist für mich eine – eigenartige Sprache. Es ist für mich aber eh jede Sprache eigenartig. Es ist etwas Unsicheres im Wissen um die Funktion der Grammatik und Wörter. Ich denke, dass es damit zu tun hat, dass ich unter Leuten aufwuchs, bei denen sich, wenn sie Deutsch sprachen, viel hineingemischt hat, was Verunsichertheit mittransportiert hat. Man muss genau hinhören, was da wirklich gesagt wird. Es ist aber vielleicht auch eine Enttäuschung, weil ich so gerne hätte, dass das Wort und das Ding zusammenfallen. Wenn ich meiner Mutter und meinem Vater zugehört habe, habe ich immer gedacht, die wissen gar nicht, was sie reden. Egal in welcher Sprache. Sie kriegen das Wovon nicht rüber. Aber es wurde ja auch jede leise Sprachfärbung noch sozial bewertet und slowenisch war das minderwertigere, und unter den Deutschsprachigen war das Deutsch der Slowenischsprachigen unterscheidbar und der deutsche Dialekt gegenüber dem Standarddeutschsprachigen übrigens auch weniger wert. Wenn jemand hochdeutsch gesprochen hat, war von vornherein klar: Der wird die besten Aufsätze schreiben. Und da habe ich mir immer gedacht: Sicher nicht! Das ist ein Missverständis! Auch die hochdeutsche Sprache war für mich ein pausenloses Missverständnis.

Literaturverzeichnis

Dean, Martin R.: Thomas Hettche, Matthias Politycki und Michael Schindhelm: Was soll der Roman? In: Die Zeit, Nr. 26, 23. 6. 2005.

Mischkulnig, Lydia: Nachrichten von der Literaturpolitik. In: Die Furche, Nr. 49, 3. 12 .2015, S. 43–44.

Zu den Beiträger*innen

Johannes Birgfeld, geb. 1971. Studium der Germanistik in Hamburg, London und Bamberg. Promotion 2009. Nach Lehre in Bamberg, Sewanee (TN, USA) und Oxford Studiendirektor im Hochschuldienst an der Universität des Saarlandes. Initiator der Saarbrücker Poetikdozentur für Dramatik. Dissertation: Krieg und Aufklärung (2012). Monografie: Franz Innerhofer als Erzähler (2002). (Mit-)Herausgeber: Das Unterhaltungsstück um 1800 (2007); Christian Kracht. Zu Leben und Werk (2009); Curiosity in German Literature and Culture after 1700 (2009); Kotzebues Dramen (2011); Rimini Protokoll: ABCD (2012); Michael Kleeberg: Eine Werksbegehung (2014); Roland Schimmelpfennig: Ja und Nein (2014); Rimini Protokoll *Close Up:* Lektüren (2015); Kathrin Röggla: Die falsche Frage (2015); Albert Ostermaier: Von der Rolle (2016); Re-Populating the Eighteenth Century: Second-Tier Writing in the German Enlightenment (2018); She She Pop: Sich fremd werden. Drei Beiträge zu einer Poetik der Performance (2018).

Lothar Bluhm, geb. 1958. Studium der Germanistik, Geschichte, Philosophie und Erziehungswissenschaften in Wuppertal. 1990 Promotion, 1996 Habilitation, Professuren an den Universitäten Wuppertal (Vertretung) und Oulu/Finnland. Seit 2006 Professor für Neuere deutsche Literaturwissenschaft und Kulturwissenschaft an der Universität Koblenz-Landau, Standort Landau. Dissertation: Das Tagebuch zum Dritten Reich. Zeugnisse der Inneren Emigration von Jochen Klepper bis Ernst Jünger (1991). Habilitation: Die Brüder Grimm und der Beginn der Deutschen Philologie. Eine Studie zu Kommunikation und Wissenschaftsbildung im frühen 19. Jahrhundert (1997). Weitere Monographien: Grimm-Philologie. Beiträge zur Märchenforschung und Wissenschaftsgeschichte (1995); (mit Heinz Rölleke): „Redensarten des Volks, auf die ich immer horche“. Märchen – Sprichwort – Redensart. Zur erzähltechnischen Ausgestaltung der *Kinder- und Hausmärchen.* Neue Ausgabe (1997); Begegnungen. Studien zur Literatur der Klassischen Moderne (2002); Auf verlorenem Posten. Ein Streifzug durch die Geschichte eines Sprachbildes (2012); vielfältige Herausgeberschaften (Auswahl): (mit Friedhelm Marx und Andreas Meier) Interferenzen. Studien zum Verhältnis von Literatur und Geschichte (1992); (mit Markus Schiefer, Hans-Peter Wagner und Christoph Zuschlag) Untergangsszenarien. Apokalyptische Denkbilder in Literatur, Kunst und Wissenschaft. (2013); zuletzt (mit Markus Schiefer Ferrari und Christoph Zuschlag) „Ich wandle unter Blumen / Und blühe selber mit“. Zur Kultur- und Sozialgeschichte des Gartens (2018); eine Vielzahl von Aufsätzen zur Gegenwartsliteratur.

Anna S. Brasch, geb. 1983. Studium der Deutschen Literatur, Politikwissenschaft, Kunst- und Medienwissenschaft in Konstanz und Roskilde. 2016 Promotion an der Rheinischen Friedrich-Wilhelms-Universität Bonn. 2010 bis 2016 sowie seit 2016 Wissenschaftliche Mitarbeiterin am Institut für Germanistik, Vergleichende Literatur- und Kulturwissenschaft ebenda. Dissertation: Moderne – Regeneration – Erlösung. Der Begriff der ‚*Kolonie*‘ und die weltanschauliche Literatur der Jahrhundertwende (2017). Aufsatzpublikationen zum Kolonial- und Weltanschauungsroman sowie unter anderem zum Boxroman der Weimarer Republik und zum Wahnsinn in Literatur und visuellen Künsten des Expressionismus.

Michael Braun, geb. 1964. Studium der Germanistik, Kath. Theologie, Erziehungs- und Politikwissenschaften in Aachen, Bonn, Edinburgh und Pittsburgh. Promotion 1992, Habilitation 1999. Seit 1992 Leiter Literatur der Konrad-Adenauer-Stiftung (Bonn / Berlin), seit 2005 auch apl. Professor für Neuere Deutsche Literatur und ihre Didaktik an der Universität zu Köln. Gastprofessuren an den Universitäten Bielefeld, Metz (Université Lorraine) und St. Louis (Washington University). Jüngste Publikationen: Komik im Film (Mithg. 2018), Deutsche Literatur und europäische Zeitgeschichte (Hg. 2018), Probebohrungen im Himmel. Der religiöse Trend in der Gegenwartsliteratur (2017), Stefan Andres: Werkausgabe Band 9: Briefe 1930 – 1970 (Mithg. 2018). Monographien und Aufsätze zum Film, zur Literatur des 19. bis 21. Jahrhunderts, zur modernen Lyrik, zu Religion und Literatur.

Johanna Canaris, geb. 1982. Studium der neueren deutschen Literaturwissenschaft, Linguistik und Politologie in Konstanz. Promotion 2010 in Paderborn. 2009 Tätigkeit am Schauspiel Frankfurt, seit 2010 wissenschaftliche Mitarbeiterin an der Universität Paderborn. Dissertation: Mythos Tragödie. Zur Geschichte und Aktualität einer theatralen Wirkungsweise (2012). Veröffentlichungen u. a. zum Gegenwartstheater, zuletzt „Du sollst nicht immer ‚Ich' sagen. Du bist doch gar kein Ich". Das tragische Potenzial im Theater René Polleschs. in: Text und Kontext 39 (2017); „das prinzip der schraube". Kathrin Rögglas diskursiver Realismus. In: Jahrbuch Gegenwartsliteratur 16 (2017), und zur Geschichte der Autobiographie, z. B. Inszenierte Aufrichtigkeit als Rechtfertigung für das Schreiben: Ulrich Bräkers *Lebensgeschichte und natürliche Ebentheuer des armen Mannes im* Tockenburg. In: Aufrichtigkeitseffekte (2016).

Thomas Ernst, geb. 1974. Studium der Germanistik und Philosophie in Duisburg, Bochum, Berlin und Leuven. 2008 Promotion, derzeit laufendes Habilitationsverfahren. 2008 – 2010 Postdoktorand an der Université du Luxembourg, 2010 – 2016 Assistenzprofessur an der Universität Duisburg-Essen. Seit 2017 ‚Universitätsdozent' (entspricht einer Mischung aus Juniorprofessur und Hochschuldozentur) an der Universiteit van Amsterdam mit den Schwerpunkten Deutsche Literatur und Kultur, Medientheorie und digitale Kulturwissenschaft. Dissertation: Literatur und Subversion. Politisches Schreiben in der Gegenwart (2013). Mitherausgeber der Sammelbände: SUBversionen. Zum Verhältnis von Politik und Ästhetik in der Gegenwart (2008); Verortungen der Interkulturalität (2012); Literatur als Interdiskurs (2016). Weitere Veröffentlichungen zu mehrsprachiger Literatur und digitalem Publizieren.

Caroline Frank, geb. 1982. Studium der Germanistik und Geographie für das Lehramt an Gymnasien und Gesamtschulen in Saarbrücken. 2015 Promotion. Von 2009 – 2017 wissenschaftliche Mitarbeiterin am Institut für Germanistik der Universität des Saarlandes (‚Neuere dt. Literaturwissenschaft'), seit 2017 wissenschaftliche Mitarbeiterin am Lehrstuhl für ‚Neuere Deutsch Literaturwissenschaft/Medienwissenschaft' (Prof. Dr. Stefanie Kreuzer) der Universität Kassel. Dissertation: Raum und Erzählen. Narratologisches Analysemodell und Uwe Tellkamps *Der Turm* (2017). Sammelbände: An den Grenzen der Disziplinen. Literatur und Interdisziplinarität (2018, zus. mit Daniel Kazmaier und Markus Schleich). Mitarbeit an: Das Wunderbare. Dimensionen eines Phänomens in Kunst und Kultur (2018, zus. mit Stefanie Kreuzer und Uwe Durst).

Helmut Grugger, Studium der Germanistik in Innsbruck (A). Seit 2012 Dozent am MIC, University of Limerick, Irland. Dissertation: Dramaturgie des Subjekts bei Heinrich von Kleist (Königshausen & Neumann, 2010), Habilitation: Trauma – Literatur – Moderne. Poetische Diskurse zum Komplex des Psychotraumas seit der Spätaufklärung (Metzler, 2018). Auszug aus weiteren Veröffentlichungen: Fragen an die interkulturelle Literatur in Deutschland und in Europa (hg. mit Szilvia Lengl, 2015); 50 Jahre Stanisław Lems *Der Unbesiegbare.* Eine Relektüre (2014);

„Versagen der Sprache, rührend". Annäherung an die Konzeption von Sprachkritik, Subjekt und Modernität in Thomas Manns *Doktor Faustus* (2013). „Schrei ins Leere". Hans Keilsons Poetik der Intersubjektivität zwischen Sagbarem und Unsagbarem (2013).

Steffen Hendel, geb. 1976. Studium an der Martin-Luther-Universität Halle-Wittenberg, der Burg Giebichenstein Kunsthochschule Halle und der Universidad de Granada. Freischaffender Grafiker, 2017 Promotion, arbeitet als wissenschaftlicher Mitarbeiter in Halle, S.; Forschungsschwerpunkt: politische und ökonomische Kritik in Literatur und Kunst. Dissertation: Den Krieg erzählen. Positionen und Poetiken der Darstellung des Jugoslawienkriegs in der deutschen Literatur (2018). Weitere Veröffentlichungen: mit Werner Nell: Atlas der fiktiven Orte (Illustrationen, 2011); mit Stephan und Wiebke Porombka: Atlas inspirierender Orte (Illustrationen, 2012); mit Sebastian Löwe: Das Elend der Kritik (2014); Die Welt als Dreck und Anschauung. Zu den frühen Reportagen von Sibylle Berg (Aufsatz, 2017).

Christoph Jürgensen, geb. 1972. Studium der Germanistik und Philiposophie in Kiel. 2005 Promotion, 2017 Habilitation. Seit 2017 Akademischer Oberrat a.Z. für Neuere deutsche Literatur / Allgemeine Literaturwissenschaft an der Bergischen Universität Wuppertal. Dissertation: Der Rahmen arbeitet – Paratextuelle Strategien der Lektürelenkung im Werk Arno Schmidts (2007). Habilitation: Federkrieger – Autorschaft im Zeichen der Befreiungskriege (2018). (Mit-)Herausgeberschaften u. a.: Nine Eleven – Ästhetische Verarbeitungen des 11. September 2001 (2008, mit Ingo Irsigler); Schriftstellerische Inszenierungspraktiken – Typologie und Geschichte (2011, mit Gerhard Kaiser); Schnitzler-Handbuch: Leben – Werk – Wirkung (2014, mit Wolfgang Lukas und Michael Scheffel); Younger than yesterday – 1967 als ‚Schaltjahr des Pop' (2017, mit Gerhard Kaiser und Antonius Weixler).

Sonja E. Klocke, geb. 1967. Studium der Germanistik in Mainz, Frankfurt/M., Oxford, Tucson (Arizona) und Bloomington (Indiana). 2007 Promotion. Professuren am Knox College (Illinois) und in Flensburg (Gastprofessur). Seit 2012 Professorin für deutsche Literatur, Film und Kultur an der University of Wisconsin – Madison (seit 2016 als Associate Professor). Dissertation: Heroines of a Different Kind: Reading Illness and the Fantastic in Depictions of the GDR from the 1960s to the Present (2007). Monographie: Inscription and Rebellion: Illness and the Symptomatic Body in East German Literature (2015). Herausgeberschaften: Christa Wolf: A Companion (2018; mit Jennifer R. Hosek); Protest und Verweigerung. Neue Tendenzen in der deutschen Literatur seit 1989/Protest and Refusal. New Trends in German Literature since 1989 (2018; mit Hans Adler).

Marion Löffler, geb. 1968, Dr. phil. Studium der Politikwissenschaft und Geschichte. Projektmitarbeiterin und Lektorin am Institut für Politikwissenschaft der Universität Wien. Forschungsschwerpunkte: moderne politische Theorien mit Fokus auf Staat und Demokratie, politische Rhetorik und Parlamentsforschung, Männlichkeit(en) in der Politik, fiktionale Literatur in der politischen Ideengeschichte. Publikationen: Feministische Staatstheorien: Eine Einführung (2011); Geschlechterpolitische Strategien: Transformationen von Staatlichkeit als politisch gestaltbarer Prozess (2012); Denkbilder moderner Staatlichkeit (Hg. mit Eva Kreisky und Sabine Zelger 2011); Theoriearbeit in der Politikwissenschaft: Einführung in den Umgang mit politischer Theorie (Hg. mit Eva Kreisky und Georg Spitaler 2012); denken, schreiben, tun. Politische Handlungsfähigkeit in Theorie, Literatur und Medien (Hg. mit Amália Kerekes, Georg Spitaler, Sabine Zelger 2018).

Katharina Meiser, geboren 1980. Studium der Germanistik und Romanistik in Saarbrücken und Metz. 2014 Promotion. Seit 2015 wissenschaftliche Mitarbeiterin an der Universität des Saarlandes. Dissertation: Fliehendes Begreifen. Hugo von Hofmannsthals Auseinandersetzung mit der Moderne (2014). Aufsätze: Der Dichter und diese Zeit. Hofmannsthal, Musil und Camus zwischen Eigenwertsuche und Totalitätsanspruch (2016). Die ‚Dimension Auschwitz' in Ilse Aichingers Spiegelgeschichte (2017). Forschungsschwerpunkte: Literatur im Modernisierungsprozess; Literatur und Soziologie; Literatur und Politik; Ästhetik und Poetik.

Urania Julia Milevski, Studium der Germanistik, Soziologie und Politikwissenschaft an der TU Darmstadt. Promotion 2010 bis 2014 im DFG-Graduiertenkolleg „Dynamiken von Raum und Geschlecht" (Göttingen/Kassel). Derzeit wissenschaftliche Mitarbeiterin im Bereich Neuere deutsche Literaturwissenschaft/Literaturdidaktik an der Johannes Gutenberg-Universität Mainz und Mitarbeiterin im DFG-Projekt zur Untersuchung der literaturwissenschaftlichen Argumentationspraxis an der Georg-August-Universität Göttingen. Habilitationsprojekt zu Kollaborativen Schreibszenen der Moderne. Dissertation: Stimmen und Räume der Gewalt (2016); Herausgeberschaften: Gender und Genre. Populäre Serialität zwischen kritischer Rezeption und geschlechtertheoretischer Reflexion (2018), Interpunktion (2018) sowie Frank Wedekinds ‚Simplicissimus'-Gedichte (2019).

Lydia Mischkulnig, geboren 1963, studierte Bühnenbild an der Universität für Musik und darstellende Kunst in Graz sowie Drehbuch und Produktion an der Filmakademie in Wien. Hinwendung zur literarischen Prosa. 1994 erster Roman: Halbes Leben, Roman. Graz 1994; Hollywood im Winter, Roman. Wien/Innsbruck 1996; Sieben Versuchungen, Erzählungen. München 1998; Umarmung, Roman. München 2002; Macht Euch keine Sorgen, Erzählungen. Innsbruck/ Wien 2009; Schwestern der Angst, Roman. Wien/Innsbruck 2010; Vom Gebrauch der Wünsche, Roman. Wien/Innsbruck 2014; Die Paradiesmaschine, Erzählungen. Wien/Innsbruck 2016. Seit 2015 Kolumnenbeiträge und Essays zum Thema Kultur. Herausgeberin der Reihe Nadelstiche im Theodor Kramer Verlag. Konzeptionistin und Leiterin von Gesprächsreihen im literarischen Quartier (Werk/Leben, Textlupe), Alte Schmiede, in Wien.

Michael Navratil, geb. 1988. Studium der Germanistik, Anglistik und Philosophie in Freiburg, Oxford und Berlin. Seit 2016 Dissertationsprojekt zu Theorie, Ästhetik und Politik der Kontrafaktik in der deutschsprachigen Gegenwartsliteratur an der Universität Potsdam. Lehrbeauftragter für neuere deutsche Literaturwissenschaft an der Universität Potsdam. Promotionsstipendiat der Studienstiftung des deutschen Volkes. Aufsatzpublikationen zur Literatur um 1900 (Thomas Mann, Franz Kafka, Arthur Schnitzler, Frank Wedekind) und zur Gegenwartsliteratur (Daniel Kehlmann, Kathrin Röggla), ferner zu Ludwig Tieck, Friedrich Nietzsche und Judith Butler. Mit-Herausgeber: Sammelband zur Kultursemantik der Gesundheit (voraussichtlich 2019), Sammelband zum Werk Daniel Kehlmanns (voraussichtlich 2019).

Stefan Neuhaus, geb. 1965. Studium der Germanistik in Bamberg und Leeds. 1996 Promotion, 2001 Habilitation, 2005 Ehrendoktorwürde der Universität Göteborg. Professuren an den Universitäten Oldenburg und Innsbruck. Seit 2012 Professor für Neuere deutsche Literatur an der Universität Koblenz-Landau, Standort Koblenz. Dissertation: Freiheit, Ungleichheit, Selbstsucht? Fontane und Großbritannien (1996). Habilitation: Literatur und nationale Einheit in Deutschland (2002). Weitere Monographien: Das verschwiegene Werk. Erich Kästners Mitarbeit an Theaterstücken unter Pseudonym (2000); Das Spiel mit dem Leser. Wilhelm Hauff: Werk und Wirkung (2002); Sexualität im Diskurs der Literatur (2002); Literaturkritik (2004); Literaturvermittlung (2009); Märchen (2. Aufl. 2017); Grundriss der Literaturwissenschaft (5. Aufl. 2017); Grundriss der Neueren deutschsprachigen Literaturgeschichte (2017).

Immanuel Nover, geb. 1976. Studium der Germanistik in Bonn. Von 2005 bis 2009 Promotion in Bonn und Florenz; im Anschluss Tätigkeit als wissenschaftlicher Mitarbeiter in Bonn. Von 2010 bis 2012 wissenschaftlicher Koordinator des Promotionskollegs *Literaturtheorie als Theorie der Gesellschaft* und der Graduate School *Practices of Literature* in Münster. Seit 2013 Wissenschaftlicher Mitarbeiter bzw. Akademischer Rat (auf Zeit) an der Universität Koblenz-Landau. Dissertation: Referenzbegehren. Sprache und Gewalt bei Bret Easton Ellis und Christian Kracht (2012). Herausgeberschaft: Schlusspunkte. Poetiken des Endes (2017). Aufsätze u. a.: Diskurse des Extremen. Autorschaft als Skandal. In: Christian Kracht. Text+Kritik. Zeitschrift für Literatur. Heft 216 (2017), S. 24–33; Postpolitische Stagnation – Leif Randts *Planet Magnon*. In: Wirkendes Wort. Deutsche Sprache und Literatur in Forschung und Lehre 66 (2016), Heft 3, S. 447–460.

Julian Osthues, geb. 1983. Lehramtsstudium der Fächer Musik und Deutsch an der Universität Dortmund. Stipendiat des *Fonds National de la Recherche* (FNR) und Promotion am Institut für deutsche Sprache, Literatur und für Interkulturalität an der Universität Luxemburg (2012–2016). Seit 2016 wissenschaftlicher Mitarbeiter an der Universität Bremen. Junior-Fellow am Hanse-Wissenschaftskolleg (HwK) Delmenhorst (2017–2019). Dissertation: Literatur als Palimpsest. Postkoloniale Ästhetik im deutschsprachigen Roman der Gegenwart (2017). (Mit-)Herausgeberschaften: Postkolonialismus und (Inter-)Medialität. Perspektiven der Grenzüberschreitung im Spannungsfeld von Literatur, Musik, Fotografie, Theater und Film (zus. mit Laura Beck 2016), Kindler Kompakt: Reiseliteratur (zus. mit Andreas Erb/Christof Hamann). Arbeitsschwerpunkte: Neuere deutsche Literatur vom 18. Jahrhundert bis zur Gegenwart, Theorien des Postkolonialismus und der Interkulturalität, Intertextualität, Literatur und Reisen.

Artur Pełka, geb. 1967. Studium der Germanistik und Theaterwissenschaft in Łódź und Leipzig. Humboldt-Stipendiat. 2004 Promotion, 2017 Habilitation. Seit 2017 Leiter der Abteilung für Deutschsprachige Medien und Österreichische Kultur am Institut für Germanistik der Universität Łódź. Dissertation: Körper(sub)versionen. Zum Körperdiskurs in Theatertexten von Elfriede Jelinek und Werner Schwab (2005). Habilitation: Das Spektakel der Gewalt – die Gewalt des Spektakels. Deutschsprachige Theatertexte zwischen 9/11 und Flüchtlingsdrama (2016). Mitherausgeberschaften u. a.: Das Drama nach dem Drama: Verwandlungen dramatischer Formen in Deutschland nach 1945 (2011), Junge Stücke: Theatertexte junger Autorinnen und Autoren im Gegenwartstheater (2014).

Kristin Rebien, geb. 1974. Studium der Germanistik und Politikwissenschaft in Leipzig. 2005 Promotion in German Studies an der Stanford University. Dozentur an der Princeton University. Seit 2006 Professorin für German and European Studies an der San Diego State University. Dissertation: Politics and Aesthetics in Postwar German Literature: Heinrich Böll, Hans Erich Nossack, Paul Celan (2005). Weitere Publikationen: Gruppe 47: Literature, Politics, and the Political Economy of Postwar Publishing. *German Life and Letters* 62.4 (2009), Literary Awards and the Practice of Aesthetic Judgment. *Journal of Austrian Studies* 45:3–4 (2012), Whose Nation? Johannes Bobrowski's Case for Inclusive Communities and Equal Rights. *German Studies Review* 40.3 (2017).

Matthias Schaffrick, geb. 1982. Studium der Fächer Deutsche Philologie, Psychologie und Kultur, Kommunikation & Management in Münster. 2012 Promotion. Seit 2013 Wissenschaftlicher Mitarbeiter am Germanistischen Seminar der Universität Siegen, seit 2018 Leiter des DFG-Projekts „Szenarien der Postsouveränität in der deutschsprachigen Gegenwartsliteratur". Dissertation: In der Gesellschaft des Autors. Religiöse und politische Inszenierungen von Autorschaft (ersch. Heidelberg 2014). Weitere Monographien: Populäre Kultur zur Einführung (zus. mit Niels Penke; 2018). Mitherausgeberschaften: Theorien und Praktiken der Autorschaft (zus. mit Marcus Willand; 2014, Paperback 2017); Szenarien der Ausnahme in der Populärkultur (zus. mit Niels Werber; 2016 [= LiLi 46/3]); Liste (zus. mit Niels Werber; 2017 [= LiLi 47/3]).

Sebastian Schuller, geb. 1990. Studium der Komparatistik und Germanistik an der LMU München. Seit 2016 Arbeit an einem von der Studienstiftung des Deutschen Volkes geförderten Dissertationsprojekt zur materialistischen Literaturtheorie. Mitherausgeberschaft: Die Zeit der Monster. Die ‚neue' Rechte im Neoliberalismus, das Scheitern linker Kritik und Möglichkeiten emanzipatorischer Praxis in Kunst und Akademie (2018). Aufsätze (Auswahl): Vom Pícaro zum Partisanen. Der Erzähler als Schelm in Oskar Maria Grafs *Wir sind Gefangene* (Oskar-Maria-Graf-Jahrbuch 2014); „Die Säure der materialistischen Geschichtsauffassung." Zur Literatur des eingreifenden Denkens bei Bertolt Brecht und Gisela Elsner (Brecht-Jahrbuch 2/2018); Literatur der Arbeit –Arbeit der Literatur (Literatur und Arbeit 2018).

Georg Spitaler, geb. 1972. Studium der Politikwissenschaft und Geschichte in Wien. 2005 Promotion. 2008 – 2014 Post-Doc Assistent am Institut für Politikwissenschaft der Universität Wien. Seit 2015 wissenschaftlicher Mitarbeiter am Verein für Geschichte der ArbeiterInnenbewegung (VGA). Zahlreiche Publikationen zu Fragen des Politischen im Sport, Politischer Theorie und Cultural Studies, ArbeiterInnengeschichte. U. a.: Authentischer Sport – inszenierte Politik? Zum Verhältnis von Mediensport, Symbolischer Politik und Populismus in Österreich (2005); Theoriearbeit in der Politikwissenschaft (Hg. mit Marion Löffler und Eva Kreisky 2012); denken, schreiben, tun. Politische Handlungsfähigkeit in Theorie, Literatur und Medien (Hg. mit Amália Kerekes, Marion Löffler, Sabine Zelger 2018).

Isabelle Stauffer, geb. 1973. Studium der Deutschen Sprach- und Literaturwissenschaft, Filmwissenschaft und Philosophie in Zürich und Berlin. 2006 Promotion, 2015 Habilitation. Seit 2018 Professorin für Neuere deutsche Literaturwissenschaft an der Katholischen Universität Eichstätt-Ingolstadt. Dissertation: Weibliche Dandys und blickmächtige Femmes fragiles. Ironische Inszenierungen des Geschlechts im Fin de Siècle (2008). Habilitation: Verführung zur Galanterie. Benehmen, Körperlichkeit und Gefühlsinszenierungen im literarischen Kulturtransfer 1664 – 1772 (2018). (Mit-)Herausgeberschaften: Mehr als Schein. Ästhetik der Oberfläche in Film, Kunst, Literatur und Theater (2008); Im Zeichen des Geschlechts: Repräsentationen, Konstruktionen, Interventionen (2008); Georg Büchner und das 19. Jahrhundert (2012); Jenseitserzählungen in der Gegenwartsliteratur (2018).

Eva Stubenrauch, Studium der Germanistik, Philosophie und Geschichte an den Universitäten Koblenz-Landau und Trier. Seit Oktober 2017 wissenschaftliche Mitarbeiterin am DFG-Graduiertenkolleg „Gegenwart/Literatur. Geschichte, Theorie und Praxeologie eines Verhältnisses" an der Universität Bonn. Promotionsprojekt (Arbeitstitel): „Politische Gegenwartsmodelle in ästhetischen Zukunftsentwürfen seit 1800". Publikation: Staatsfeinde. Funktion und Konstruktion antagonistischer Strukturen in Heinrich von Kleists *Die Hermannsschlacht* und *Prinz Friedrich von Homburg*. In: Kritische Ausgabe 31 (2016), S. 68–79.

Brigitte Schwens-Harrant, geb. 1967. Studium der Germanistik und Theologie in Wien. 1995 Promotion. 1992 Würdigungspreis des Bundesministers für Wissenschaft und Forschung. 2015 Österreichischer Staatspreis für Literaturkritik. Seit 2002 Ressortleiterin Literatur der Wochenzeitung „Die Furche" in Wien, seit 2013 Feuilletonchefin. Lehrbeauftragte an den Universitäten Innsbruck und Salzburg. Publikationen in Auswahl: Erlebte Welt – Erschriebene Welten. Theologie im Gespräch mit österreichischer erzählender Literatur der Gegenwart (1997); Zerstreute Stimmen. Menschen – Themen – Bücher (2010); Literaturkritik. Eine Suche (2008); Der geplünderte Tempel. Ein Dialog (mit Jörg Seip, 2012); Schrift ahoi! Literatur als Seefahrt. Ein Lexikon (mit Jörg Seip, 2013); Ankommen. Gespräche mit Dimitré Dinev, Anna Kim, Radek Knapp, Julya Rabinowich, Michael Stavaric (2014).

Robert Walter-Jochum, geb. 1981. Studium der Neueren deutschen Literatur, Philosophie und Neueren Geschichte in Berlin und Brüssel. Seit 2009 wissenschaftlicher Mitarbeiter an der FU Berlin, seit 2016 als Postdoc am dortigen SFB „Affective Societies". 2015 Promotion: Autobiografietheorie in der Postmoderne (erschienen 2016). Weitere selbstständige Publikationen u. a.: Schroedel Interpretationen zu Kleist: Prinz Friedrich von Homburg (2009) und Grass: Im Krebsgang (2012); Von den Rändern zur Moderne (Hg. mit Tim Lörke u. Gregor Streim 2014); Religion und Literatur im 20./21. Jahrhundert (Hg. mit Tim Lörke 2015); Doderer-Gespräche (Hg. mit François Grosso u. a. 2016); Performance zwischen den Zeiten: Reenactments und Preenactments in Kunst und Wissenschaft (Hg. mit Adam Czirak u. a., erscheint 2019); Hass/Literatur (Hg. mit Jürgen Brokoff, erscheint 2019).

Kerstin Wilhelms, geb. 1982. Studium der Germanistik, Philosophie und Politikwissenschaft in Münster. 2015 Promotion. Gegenwärtig wissenschaftliche Mitarbeiterin am Lehrstuhl für Neuere und Neueste Deutsche Literatur (Prof. Wagner-Egelhaaf) in Münster und Mitglied des Teilprojekts „Szenarien des Entscheidens in der autobiogr. Lebenswegkonstuktion" des SFB „Kulturen des Entscheidens". Habilitatonsprojekt: Szenarien. Modellierungen des Politischen im Drama. Dissertation: My Way. Der Chronotopos des Lebenswegs in der Autobiographie (Moritz, Fontane, Dürrenmatt, Facebook) (2017). Herausgeberschaft: Opus und Labor. Arbeit in autobiographischen und biographischen Erzählungen (2018). Thematisch relevanter Aufsatz: The Sound of Germany. Nationale Identifikation bei Rammstein. In: Katharina Grabbe u. a. (Hg.): Das Imaginäre der Nation. Bielefeld 2012, S. 245–263.

Stephanie Willeke, geb. 1986. Studium der Germanistik und Geschichtswissenschaft in Paderborn. 2016 Promotion. Seit 2016 wissenschaftliche Mitarbeiterin im Bereich Neuere deutsche Literatur an der Universität Paderborn und Redakteurin der „Zeitschrift für deutsche Philologie". Dissertation: Grenzfall Krieg. Zur Darstellung der neuen Kriege nach 9/11 in der deutschsprachigen Gegenwartsliteratur (2018). Mitherausgeberschaften: Das Radikale. Gesellschaftspolitische und formal-ästhetische Aspekte in der Gegenwartsliterstur (2017); Zwischen den Sprachen – Mit der Sprache? Deutschsprachige Literatur in Palästina und Israel (ersch. 2018). Aktuelle Aufsätze: Shoah und Gulag. In: Herta Müller-Handbuch (2017); Konstruktionen des Terrors. Zur Hassrede in den Romanen von Georg Tenner und Sherko Fatah. In: Hass/Literatur (ersch. 2019).

Sabine Zelger, geb. 1966. Studium der Germanistik und Theaterwissenschaften an der Universität Wien. 1990 Sponsion, 1997 Promotion, seit 2016 Post-doc-Assistentenstelle mit Habilitationsstudien am Institut für Germanistik an der Universität Wien. Dissertation: Kulturgeschichte des Telefonierens (1998). Weitere Monographie: Das ist alles viel komplizierter, Herr Sektionschef! Bürokratie – literarische Reflexionen aus Österreich (2009); Mitherausgaben: Menschen gehen. Flucht und Ankommen (ide 1/2017), gem. mit Werner Wintersteiner; Literatur und Politik unterrichten (Wiener Beiträge zur Politischen Bildung 4/2015), gem. mit Stefan Krammer; Tropen des Staates (Staatsdiskurse 21/2012), gem. mit Stefan Krammer und Wolfgang Straub; Mehr als Ethik, gem. mit Doris Pfabigan (2012); Denkbilder moderner Staatlichkeit, gem. mit Eva Kreisky und Marion Löffler (2011).